Hermann von Lips

Glaube - Gemeinde - Amt

Meinen Eltern

HERMANN VON LIPS

Glaube - Gemeinde - Amt

Zum Verständnis der Ordination
in den Pastoralbriefen

GÖTTINGEN · VANDENHOECK & RUPRECHT · 1979

Forschungen zur Religion und Literatur
des Alten und Neuen Testaments
Herausgegeben von
Ernst Käsemann und Ernst Würthwein
122. Heft der ganzen Reihe

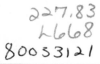
CIP-Kurztitelaufnahme der Deutschen Bibliothek

Lips, Hermann von :
Glaube, Gemeinde, Amt : zum Verständnis d. Ordination
in den Pastoralbriefen / Hermann von Lips. - Göttingen :
Vandenhoeck und Ruprecht, 1979.
(Forschungen zur Religion und Literatur des Alten und
Neuen Testaments ; Bd. 122)
ISBN 3-525-53283-0

Gedruckt mit Unterstützung der Deutschen Forschungsgemeinschaft

VORWORT

Die vorliegende Arbeit wurde unter dem Titel „Die Ordination in den Pastoralbriefen — im Zusammenhang der Aussagen über Glaube — Gemeinde — Amt neu untersucht" im Sommersemester 1974 von der Theologischen Fakultät der Universität Heidelberg als Dissertation angenommen. Für den Druck wurde die Arbeit leicht überarbeitet. Dabei wurde die seither erschienene Literatur — soweit erreichbar — berücksichtigt.

Die Beschäftigung mit diesem Thema gab Anlaß zur Rückfrage nach dem exegetischen Befund. Diese Frage führte zur Untersuchung wesentlicher Bereiche im Denken der Pastoralbriefe. Der exegetische Befund in diesem Teil der neutestamentlichen Schriften mag zugleich Anstöße geben für die weiterhin im ökumenischen Gespräch aktuelle e-Diskussion um Amt und Ordination.

In mehrfacher Weise habe ich im Blick auf dieses Buch Dank zu sagen: Herrn Prof. Dr. Erich Dinkler, der die Entstehung der Arbeit in allen ihren Phasen mit seinem Rat und seiner Ermutigung begleitet hat; Herrn Prof. Dr. Ernst Käsemann und Herrn Prof. Dr. Ernst Würthwein für die Aufnahme in die Reihe FRLANT; Herrn Prof. Käsemann verdanke ich darüber hinaus durch seine Arbeiten wesentliche Anregungen für meine Beschäftigung mit dem Thema Amt und Gemeinde im Neuen Testament. Zu danken habe ich für finanzielle Unterstützung: dem Evangelischen Studienwerk in Villigst, das mir zur Erarbeitung der Dissertation ein Doktorandenstipendium gewährte; der Deutschen Forschungsgemeinschaft, die durch ihren namhaften Druckkostenzuschuß den Druck ermöglicht hat; ebenso dem Landeskirchenrat der Evangelisch-Lutherischen Kirche in Bayern, der einen Zuschuß zum Druck gab. Schließlich gilt mein Dank denen, die mich während der Doktorandenzeit als Freunde begleitet haben, und denen, die an der Herstellung dieses Buches — einschließlich Korrekturlesen — beteiligt waren.

Fürth/Bayern, im Februar 1979   Hermann von Lips

INHALT

Kap. I: Problemübersicht und Fragestellung 11

1. Einleitung 11
2. Exemplarische Literaturübersicht 13
  2.1 Lohse 14
  2.2 Schlier 15
  2.3 von Campenhausen 15
3. Problemübersicht zur Ordination in den Pastoralbriefen ... 17
  3.1 Textgrundlage 17
  3.2 Differenzen in der Interpretation der Ordinationstexte 18
  3.3 Probleme im Kontext der Ordination 20
4. Ziel der Untersuchung 22
  4.1 Fazit aus dem Forschungsstand 22
  4.2 Disposition der Untersuchung 23

Kap. II: Das Glaubensverständnis der Pastoralbriefe 25

1. Die Redeweise vom Glauben 25
2. Der Glaube und sein Gegenstand 29
  2.1 πίστις und διδασκαλία 30
  2.2 πίστις und ἀλήθεια 31
    Exkurs 1: ἀλήθεια 33
    Exkurs 2: ἐπίγνωσις ἀληθείας 35
  2.3 ἀλήθεια und διδασκαλία 38
  2.4 εὐαγγέλιον und διδασκαλία 40
    2.41 Die Wortgruppe εὐαγγέλιον – κήρυγμα – μαρτύριον 41
    2.42 διδασκαλία 44
    2.43 Die Relation zwischen εὐαγγέλιον (παραθήκη) und
        διδασκαλία 47
  Zusammenfassung (2) 52
3. Der Glaube unter individuellem Aspekt 53
  3.1 νοῦς 55
  3.2 συνείδησις 57
    3.21 Problem der Interpretation 57
    3.22 συνείδησις in 1.Tim 4,2 58
    Exkurs 3: συνείδησις und ὑπόκρισις 59
    3.23 συνείδησις in Tit 1,15 60
    Exkurs 4: Moralisch gutes Gewissen vor- und außer-
        christlich 61
  3.3 καρδία καθαρά 65
  3.4 πίστις ἀνυπόκριτος 66
  3.5 Folgerung 68
  3.6 ὑγιαίνειν ἐν πίστει 69
  Zusammenfassung (3) 72

4. Die Bewährung des Glaubens im Handeln 72
  4.1 Glaube und Handeln 72
  4.2 Christliche Tugenden 76
  4.3 πίστις und εὐσέβεια............................. 80
      Exkurs 5: Interpretation von εὐσέβεια in den
             Pastoralbriefen 80
  Zusammenfassung (4)................................ 87
5. Glaube, Soteriologie, Eschatologie 87
  5.1 Soteriologische und heilsgeschichtliche Grundbegriffe 87
      5.11 Beschreibung des Heilsgeschehens 87
      5.12 Zeitschemata 88
  5.2 Heilsgeschehen und menschliche Existenz 89
  5.3 Vergegenwärtigung des Heilsgeschehens 91
  5.4 Konstituenten christlichen Lebens 92
  Zusammenfassung (5)................................ 93

Kap. III: Das Verständnis von Gemeinde und Amt in den
         Pastoralbriefen 94

1. Bezeichnungen der Kirche als Hinweis auf ihr Selbstverständnis 94
  1.1 Bezeichnung als Gesamtheit 95
      1.11 ἐκκλησία................................. 95
      1.12 Haus 96
      1.13 Fundament 98
      1.14 λαὸς περιούσιος 101
  1.2 Bezeichnung als Personenkreis..................... 101
      1.21 Nominale Bezeichnungen (ἅγιοι, ἀδελφοί, ἐκλεκτοί,
           κληρονόμοι).............................. 101
      1.22 Verbale Bezeichnungen 102
  Zusammenfassung (1)............................... 105
2. Funktionen und Autorität in der Gemeinde analog der
   Hausgemeinschaft 106
  2.1 Die Ämter in der Gemeinde 106
      2.11 Das „Amt" des Timotheus und Titus 106
      2.12 Presbyter 108
      2.13 Episkopos 111
      2.14 Diakone 116
      2.15 Witwen 118
  2.2 Die Analogien zwischen Gemeinde und Hausgemeinschaft 121
      2.21 Fragestellung 121
      2.22 Familie und Hausgemeinschaft in den Pastoralbriefen 123
           Exkurs 6: Haus/Familie in der Umwelt der Pastoralbriefe . 126
      2.23 Amt und Gemeinde im Rahmen der Hausgemeinschafts-
           Vorstellung 130
  2.3 Konsequenzen für Struktur und Verständnis der Gemeinde 138
      2.31 Der Amtsträger in der Rolle des Hausvaters/Erziehers 138
      2.32 Hausgemeinschaft und Funktionen in der Gemeinde 141

2.33 Die Hausgemeinschaft als Modell für Funktionen und
Ordnung in der Gemeinde 142
Zusammenfassung (2)................................. 143
3. Das Amt in der Gemeinde als dem οἶκος θεοῦ 143
3.1 Die Gemeinde als οἶκος θεοῦ....................... 143
3.11 οἶκος und οἶκος θεοῦ 143
3.12 Die Funktion der Gemeinde 144
3.2 Das Prinzip der οἰκονομία θεοῦ 145
3.3 Der Amtsträger als οἰκονόμος θεοῦ 147
3.31 Der οἰκονόμος................................. 147
3.32 Autorität und Funktion des Amtsträgers 148
Zusammenfassung (3)................................. 150
4. Die Kirche in der Situation der Konsolidierung 150
4.1 Allgemeine Kennzeichen 150
4.2 Die Kirche und die Häretiker 152
4.21 Das Auftreten der Häretiker 152
4.22 Die Reaktion der Kirche 154
4.3 Die Kirche und ihre Umwelt 157
Zusammenfassung (4)................................. 160

Kap. IV: Analyse der auf die Ordination bezogenen Texte ... 161

1. Analyse der Texte 1Tim 4,6—16 und 2Tim 1,3—2,13 161
1.1 I 4,6—16 161
1.2 II 1,3—2,13 166
Zusammenfassung 172
2. Texte mit Bezügen auf die Ordination 173
Zusammenfassung 182

Kap. V: Das Ordinationsverständnis der Pastoralbriefe 183

1. Charisma und Amt im Zusammenhang der Ordination 183
1.1 Das Verständnis von Charisma bei Paulus und in paulinischer
Tradition 184
1.11 Charisma bei Paulus 184
Exkurs 7: Relation von χάρισμα und χάρις 185
1.12 Charisma in paulinischer Tradition................ 201
1.2 Das Charisma des Amtsträgers nach den Pastoralbriefen 206
1.21 Sprachliche Aspekte zur Verwendung des Begriffs
χάρισμα 206
1.22 Die pneumatische Qualifikation des Amtsträgers 210
Exkurs 8: δύναμις und πνεῦμα im pln und nachpln
Sprachgebrauch 215
1.23 Charisma und Amt 219
Zusammenfassung (1)................................. 222
2. Die Ordination als kirchliche Handlung 223
2.1 Die Frage nach Herkunft und Anfängen der urchristlichen
Ordination 223
2.11 Die Ordination auf atl-jüdischem Hintergrund 223
Exkurs 9: Die jüdische Ordination 224

    2.12 Die Ordination in der Apostelgeschichte 231
Zusammenfassung (2.1) 240
2.2 Die Interpretation der Ordination in den Pastoralbriefen 240
    2.21 Konstituenten der Ordinationshandlung 240
    2.22 Aspekte der Interpretation 247
        Exkurs 10: διά und μετά in I 4,14 und II 1,6 250
    2.23 Die Ordination als „Sakrament"? 254
    2.24 Die Ordination als rechtlich-institutioneller Akt 263
Zusammenfassung (2.2) 265
3. Ordination — Tradition — Sukzession 265
    3.1 Tradition und Ordination 265
    3.11 Verständnis und Relevanz der Tradition 265
        Exkurs 11: παραθήκη 266
    3.12 Relevanz der Ordination für die Tradition 270
    3.2 Traditionsweitergabe und Amts-Sukzession 271
Zusammenfassung (3) 278

Kap. VI: Schluß 279

1. Die Ordination in den Pastoralbriefen 279
2. Die Ordination der Pastoralbriefe im Verhältnis zur
   paulinischen Theologie 280
3. Gesichtspunkte für die heutige Diskussion um die
   Ordination 283

Abkürzungsverzeichnis 289
Literaturverzeichnis 290
Bibelstellenregister 316
Namen- und Sachregister 322
Verzeichnis der griechischen Wörter 325

KAPITEL I: PROBLEMÜBERSICHT UND FRAGESTELLUNG

1. Einleitung

Die Ordination als Einsetzung in das kirchliche Amt ist in den letzten Jahren verstärkt Gegenstand der Diskussion geworden, sowohl innerhalb der einzelnen Kirchen als auch im Rahmen des ökumenischen Gesprächs. Einerseits werden generell kritische Bedenken gegen die Ordination erhoben[1]: von dem Gegensatz zu Taufe und allgemeinem Priestertum her; gegen ein Verständnis als Sakrament und sakramentale Weihe. Andererseits steht bei Anerkennung der Ordination in Frage, welches Verständnis das richtige sei, auf das sich die verschiedenen Konfessionen einigen könnten[2].

---

[1] Vgl H. Diem, Amt ohne Weihe. Zur Diskussion über die Ordination und den Dienst des Pfarrers, in: Evang. Kommentare 2 (1969), 511—515; E. Wolf, Zur Frage der Ordination, in: Gemeinde — Amt — Ordination (Hg F. Viering), Gütersloh 1970, 63—93; Chr. Hilbig, Junge Theologen verweigern die Ordination, in: Korrespondenzblatt, hg vom Pfarrerverein in der Evang.-Luth. Kirche in Bayern, 83 (1968), Heft 8, 2f (= Bericht über Vorgänge in Genf). Die „Süddeutsche Zeitung" berichtete am 12.6.1969 unter der Überschrift „Pfälzische Landeskirche suspendiert sieben Kandidaten" u.a.: „Nach Ansicht der Kandidaten kann die bisherige Form der Ordination zu Mißverständnissen führen und dem Gedanken Vorschub leisten, die Ordination sei im Sinne der katholischen Priesterweihe zu verstehen."

[2] Zur ökumenischen Diskussion zwischen den Kirchen des Weltkirchenrats vgl „Ökumenische Diskussion", Band IV, Nr. 4 (Hg Ökumenischer Rat der Kirchen), Genf 1968; sowie K. Raiser (Hg), Löwen 1971. Beiheft zur Ökumenischen Rundschau Nr. 18/19 (77—102: das ordinierte Amt). — Zur evangelisch-katholischen Diskussion: Reform und Anerkennung kirchlicher Ämter. Ein Memorandum der Arbeitsgemeinschaft ökumenischer Universitätsinstitute, München — Mainz 1973 (speziell 189—207: Ordination und Sakramentalität). Der Optimismus in These 23 des Memorandums (S. 25: „Da einer gegenseitigen Anerkennung der Ämter theologisch nichts Entscheidendes mehr im Wege steht, ist ein hauptsächliches Hindernis für die Abendmahlsgemeinschaft überwunden.") hat sich bisher nicht bestätigt. Vgl die Äußerung von F. C. Schilling (Evang. Pressedienst), wonach „im Grund genommen keine Änderung der Standpunkte eingetreten ist. Die Kernprobleme Autorität (Lehr- und Papstamt), geistliches Amt (‚Rechtmäßigkeit' der Ordination) und Abendmahl (Eucharistie, Interkommunion) bleiben kontrovers." (Der Evangelische Bund, Darmstadt 1977, Nr. 1, S. 7) — Dokumentation und Erörterung der Standpunkte in der ökumenischen Diskussion siehe: A. Burgsmüller, R. Frieling (Hg), Amt und Ordination im Verständnis evangelischer Kirchen und ökumenischer Gespräche, Gütersloh 1974; G. Gassmann u.a.

Wenngleich in der Diskussion bei Bezugnahme auf das NT meist die Aussagen über Amt und Gemeinde allgemein im Blick sind, so werden doch immer wieder die Texte herangezogen, die eine urchristliche Analogie zur heutigen Ordination bezeugen: vor allem 1Tim 4,14 und 2Tim 1,6, aber auch Apg 6,6 und 13,3. Alle diese Texte reden von Handauflegung im Zusammenhang einer besonderen Beauftragung oder Amtseinsetzung.

Die Bezugnahme auf diese Texte von heutiger Fragestellung aus geschieht allerdings in sehr unterschiedlicher Intention, teils zur Unterstützung der Kritik[3], teils als positiver Hinweis auf die Analogie zur heutigen Ordination[4]. Ein anschauliches Bild von der unterschiedlichen Heranziehung dieser Texte geben — unabhängig von der aktuellen Diskussion — die dogmatischen Lehrbücher. In der katholischen Dogmatik[5] gelten die genannten Texte (in Verbindung mit den kirchlichen Dogmen) als Begründung 1. für das Verständnis der Ordination als Sakrament der Weihe, durch das dem Bischof bzw. Priester die Amtsvollmacht vermittelt wird, 2. für die an den Vollzug der Handauflegung gebundene apostolische Sukzession. Die protestantischen Dogmatiker haben gemeinsam, daß sie die Texte nicht einfach als Begründung der Ordination heranziehen, zeigen aber im einzelnen eine unterschiedliche Wertung. Barth[6] kommt von einer generellen Kritik an der Ordination dennoch zu einer wohlwollenden Beurteilung der in den Pastoralbriefen (= Past) bezeugten Praxis;

(Hg), Um Amt und Herrenmahl. Dokumente zum evangelisch/römisch-katholischen Gespräch, Frankfurt/M. 1974; H. Vorgrimler (Hg), Amt und Ordination in ökumenischer Sicht, Freiburg/Basel/Wien 1973; H. Schütte, Amt, Ordination und Sukzession im Verständnis evangelischer und katholischer Exegeten und Dogmatiker der Gegenwart sowie in Dokumenten ökumenischer Gespräche, Düsseldorf 1974. Zu den Standpunkten der Konfessionen in der Frage „Ist die Ordination ein Sakrament?" siehe Concilium 8(1972), 250ff.

[3] zB E. Wolf, aaO 75: „Auch die im Neuen Testament bei Beauftragung mit einem Amt oder Dienst bezeugte ‚Handauflegung' macht eine solche Amtseinsetzung nicht zur Ordination." Duss-von Werdt, Concilium 4(1968), 285.

[4] zB Heidelberger Studie „Die Apostolische Sukzession und die Gemeinschaft der Ämter" in: Reform und Anerkennung kirchlicher Ämter, 123—162, speziell 134 Anm 10; M. Schmaus, Das Priestertum. Sein Wesen und seine Aufgabe, in: St.-Otto-Tage 1969 Bamberg, Bamberg 1969, 3—32, speziell 7f.

[5] Vgl M. Schmaus, Katholische Dogmatik, III/1, München 1958, 155. 522f und IV/1, München 1964, 732ff. 756; M. Premm, Katholische Glaubenskunde, III/2, Wien [2]1957, 190f; L. Ott, Grundriss der katholischen Dogmatik, Freiburg [4]1959, 537f; J. Pohle / J. Gummersbach, Lehrbuch der Dogmatik III, Paderborn [10]1960, 542ff.

[6] K. Barth, Kirchliche Dogmatik, IV/4, Zürich 1967, 221 in Verbindung mit IV/1, Zürich 1953, 801f.

ähnlich ist dies bei Diem[7] der Fall. Althaus[8] und Elert[9] bejahen die Ordination aufgrund ihres lutherischen Amtsverständnisses. Aber sie kritisieren die Aussagen der neutestamentlichen Texte, soweit sie darin magische oder sakramentale Aspekte impliziert sehen[10].

Welche dieser Auffassungen wird den Textaussagen des NT gerecht? Die exegetische Frage, der in dieser Untersuchung nachzugehen ist, ist die nach dem adäquaten Verständnis der neutestamentlichen Aussagen über die „Ordination"[11]. Dabei kommen in erster Linie die Texte der Past in Frage, da nach weitgehendem Konsens eigentlich nur sie sich mit der heutigen Ordination vergleichen lassen. Es kann aber nicht Aufgabe der Exegese sein, die Frage nach heutigem Ordinationsverständnis direkt zu beantworten[12]. Gleichwohl können die Ergebnisse der Untersuchung Aspekte aufzeigen, die sich für die heutige Fragestellung als wesentlich erweisen[13].

2. Exemplarische Literaturübersicht

Das Thema der urchristlichen Ordination ist vielfältig und in unterschiedlichem Rahmen behandelt worden. Einige Beispiele werden im folgenden analysiert.

---

[7] H. Diem, Die Kirche und ihre Praxis (Theologie als kirchliche Wissenschaft, Bd III), München 1963, 293ff.

[8] P. Althaus, Die christliche Wahrheit, Gütersloh [4]1958, 510ff.

[9] W. Elert, Der christliche Glaube, Hamburg [3]1956, 425.

[10] O. Weber, Grundlagen der Dogmatik, II, Neukirchen 1962, 633f, erwähnt bei Behandlung der Ordination die neutestamentlichen Texte nicht ausdrücklich, nimmt aber indirekt darauf Bezug, wenn er feststellt, daß die Trennung der Ordination von der Einführung „ohne jeden neutestamentlichen Hinweis" sei.

[11] Ich verwende im Fortgang der vorliegenden Arbeit den Begriff „Ordination" für die im NT bezeugte Einsetzungshandlung, da er auch im exegetischen Bereich üblich geworden ist. Damit ist noch nichts über das Verhältnis zur heutigen Ordination gesagt. Der in der Exegese auch gebrauchte Terminus „Handauflegung" erscheint mir zu eng, da — vor allem in den Past — die Handauflegung nur ein, wenn auch sehr wesentlicher Teil der Einsetzungshandlung ist.

[12] Vgl. Marxsen, Die Nachfolge der Apostel 78.

[13] Vgl F. Hahn, Neutestamentliche Grundlagen für eine Lehre vom kirchlichen Amt (in: Dienst und Amt, Regensburg 1973, 7—40), 30. Ob das Ordinationsverständnis der Past unser heutiges bestimmen kann (wie Hahn meint) oder nicht, muß die Untersuchung zeigen.

2.1 Lohse

Die umfassendste exegetische Arbeit zur urchristlichen Ordination ist E. Lohses Dissertation „Die Ordination im Spätjudentum und im Neuen Testament"[14]. Ziel der Arbeit ist die Untersuchung der neutestamentlichen Grundlagen der heutigen Ordination[15].

Lohse untersucht die religionsgeschichtlichen Wurzeln und findet sie im Judentum[16]. Dort war die Ordination durch Handauflegung die rechtliche Autorisation und geistliche Bevollmächtigung zum rabbinischen Lehrer, die der Lehrer an seinem Schüler vollzog. Durch die Urgemeinde wurde der Ritus im Christentum heimisch, erfuhr aber wesentliche Änderungen[17]: das Gebet begleitet die Handauflegung; die Ordination ist kein Sukzessionsritus; sie ist auf die Wortverkündigung, nicht auf Gelehrtentradition bezogen. Im Neuen Testament zieht Lohse Texte aus der Apostelgeschichte (6,1–6. 13,1–3) und den Past (1Tim 4,14; 2Tim 1,6 ua) heran und entwirft von daher ein Gesamtbild von Ordinationshandlung und -verständnis im Urchristentum. Ergebnis von Lohses Arbeit ist die Feststellung, daß die Ordination Bevollmächtigung zur διακονία τοῦ λόγου ist, nicht aber einen priesterlichen Charakter verleiht[18].

Kritisch ist zu Lohses Arbeit anzumerken, daß manches in der Verhältnisbestimmung von jüdischer und christlicher Ordination unklar bleibt, zB was die Relevanz der Handauflegung und den Begriff der Tradition betrifft. Die neutestamentliche Darstellung basiert auf einer Harmonisierung zwischen Apg und Past. Das hat zur Folge, daß die spezifische Amtsauffassung der Past unberücksichtigt bleibt, die Ordination stattdessen auf ein allgemeines Amtsverständnis bezogen wird. Lohses Ausgangspunkt, die heutige Ordination der evangelischen Kirche zu begründen, hat zur Folge, daß eine kritische Würdigung der urchristlichen Ordination und damit die Frage nach ihrer theologischen Legitimität im gesamtneutestamentlichen Kontext unterbleibt.

---

[14] E. Lohse, Die Ordination im Spätjudentum und im Neuen Testament, Göttingen 1951.
[15] aaO 9.
[16] aaO 13ff: Einleitung sowie Teil I (Die semikhah im Alten Testament) und II (Die Ordination der jüdischen Gelehrten).
[17] aaO 67ff: III. Die Ordination im Neuen Testament.
[18] aaO 95ff.

2.2 Schlier

Die Analyse H. Schliers in seinem Aufsatz „Die Ordnung der Kirche nach den Pastoralbriefen"[19] nimmt dem Thema entsprechend nur auf die Ordination in den Past Bezug. Die Konzeption der Past von Amt und Kirche bildet den Rahmen, in dem das Ordinationsverständnis dargestellt wird.

Schlier findet im Kirchenverständnis der Past die Prinzipien des Amtes, der Sukzession und (in Ansätzen) des Primates[20]. In dieser Konzeption nimmt die Ordination eine wichtige Rolle ein als Bindeglied in der Reihe der Amtsträger vom Apostel über den Apostelschüler zum lokalen Amtsträger. Bei der Ordination wird die apostolische Tradition dem Amtsträger übergeben, und es wird ihm durch die Handauflegung das Amtscharisma objektiv vermittelt. Durch die Ordination ist der Amtsträger dauernder Träger dieses Amtscharisma und damit hineingestellt in die Sukzession[21].

Kritik an Schliers Darstellung muß darin geübt werden, daß sie — wie schon die Terminologie zeigt — die Grundzüge katholischen Amtsverständnisses in die Analyse einwirken läßt[21a]. Es ist zu fragen, ob die zT weitgehenden Aussagen über die Ordination exegetisch gerechtfertigt sind. Völlig außer acht bleibt für Schlier das Problem der Verfasserschaft der Past und damit deren historischer Kontext[21b].

2.3 von Campenhausen

In H. von Campenhausens Buch „Kirchliches Amt und geistliche Vollmacht in den ersten drei Jahrhunderten"[22] findet die Ordina-

---

[19] H. Schlier, Die Ordnung der Kirche nach den Pastoralbriefen, in: Glaube und Geschichte. Festschrift für Friedrich Gogarten 1948. Jetzt auch in: H. Schlier, Die Zeit der Kirche 129—147. (Die folgenden Seitenangaben beziehen sich auf letztgenanntes Buch.)
[20] aaO 146.
[21] aaO 135f. 143.
[21a] Vgl die Kritik von G. Lohfink, Normativität 94: Schlier sehe in der Kirchenordnung der Past „die katholische Kirche des I. Vatikanum präformiert". Dem Urteil Vielhauers (Einleitung 231 Anm 22: „Die beste Darstellung der Ordnung der Kirche nach den Past gibt im Sinne ihres Verfassers H. Schlier.") muß klar widersprochen werden.
[21b] In einer neueren Darstellung im Rahmen der „Ekklesiologie des Neuen Testamentes" (Mysterium Salutis Bd. 4,1, S. 179, Köln 1972) schließt sich Schlier den Argumenten von Brox für eine Einordnung der Past als nachpaulinisch an.
[22] H. Frhr. von Campenhausen, Kirchliches Amt und geistliche Vollmacht in den ersten Jahrhunderten, Tübingen ²1963.

tion nähere Berücksichtigung bei der Behandlung der Past. Im Unterschied zu Lohse und Schlier fragt von Campenhausen bewußt nach dem geschichtlichen Ort der Past und damit auch ihres Ordinationsverständnisses. Die Konzeption der Past wird dargestellt [23] in zeitlicher Einordnung zwischen Ignatius von Antiochien und Polykarp von Smyrna, den v.C. für den möglichen Verfasser hält [24].

Die Kirchenordnung der Past sieht v.C. als ein „Zeugnis für das allmähliche Zusammenwachsen der paulinisch-bischöflichen Tradition mit den Traditionen der Ältestenverfassung"[25]. Zusammen mit dem monarchischen Bischof sind die Ältesten Inhaber des kirchlichen Lehramts, das verantwortlich ist für die Wahrung der apostolischen Lehre im Kampf gegen die gnostische Irrlehre. Geistliches Berufungsbewußtsein und öffentliche Stellung und Anerkennung in der Gemeinde sind in der Ordination [26] des Amtsträgers begründet. Die Ordination ist sakramentaler Akt, indem durch die Handauflegung „dem Empfänger eine wirksame Amtsgnade zuteil" wird. Ebenfalls gehört zur Ordination die Übergabe der apostolischen Überlieferung. Um von einem Sukzessionsgedanken in Verbindung mit der Ordination zu sprechen, sind die Anhaltspunkte in den Texten zu gering [27].

Auch gegenüber dieser Darstellung sind einige kritische Anmerkungen zu machen. Bestimmte historische Vorentscheidungen bleiben nicht ohne Einfluß auf das Verständnis der Ordination: die späte zeitliche Ansetzung der Past bis in die Mitte des 2. Jhs.; die Annahme der Existenz des monarchischen Episkopats in Past; die Auffassung über die Entstehung der Sukzessionstheorie ab der Mitte des 2. Jhs., die demnach zur Zeit der Past noch nicht vorlag. Weiter ist anzumerken, daß bei der Darstellung der Ordination manche Fragen angeschnitten, aber nicht ausgeführt werden: daß zB die Ordination mit dem paulinischen Taufverständnis parallelisiert wird [28], läßt die Frage offen, wie dann das Nebeneinander von Taufe und Ordination zu sehen ist.

Fazit

Die genannten Literaturbeispiele können als typisch gelten für den Rahmen, in dem die Ordination bisher untersucht worden ist: unter

---

[23] aaO 116—129.
[24] Vgl dazu: von Campenhausen, Polykarp von Smyrna und die Pastoralbriefe (Sitzungsberichte der Heidelberger Akademie der Wissenschaften, Phil.-hist Klasse), Heidelberg 1951; ders., Die Entstehung der christlichen Bibel, 1968, 212.
[25] Kirchliches Amt, 117.
[26] aaO 125ff.
[27] aaO 169f.   [28] aaO 128.

religionsgeschichtlicher Fragestellung nach der Herkunft, im Kontext des prägenden Amtsverständnisses, im Blick auf den geschichtlichen Ort des betreffenden Amts- und Ordinationsverständnisses. Daher kann hier auf eine entsprechende Analyse weiterer Literatur[29] verzichtet werden. Stattdessen erweist es sich als sinnvoll und notwendig, anhand der bisherigen Untersuchungen die speziellen Probleme aufzuzeigen, die sich für die Interpretation der Ordination ergeben.

3. Problemübersicht zur Ordination in den Past

3.1 Textgrundlage

Die Mehrzahl der Forscher stimmt darin überein, daß als Textgrundlage für das Phänomen der Ordination im NT in erster Linie die Past in Frage kommen. Nur die hier erwähnte Handauflegung kann man mit der heutigen Ordination vergleichen. Die Stellen der Apg geben eine Art Vorstufe wieder, die man nicht damit gleichsetzen kann. Im übrigen NT und in der frühen nachneutestamentlichen Literatur (Apostolische Väter)[30] fehlen Hinweise auf die Ordination.

Ein erstes Problem ergibt sich mit der Frage, welche Texte zur Erarbeitung des Ordinationsverständnisses der Past heranzuziehen sind. Von der Verleihung eines χάρισμα durch Handauflegung ist in I 4,14[31] und II 1,6 die Rede. Demnach wollen einige Forscher — wenn überhaupt[32] — nur hier einen Niederschlag der Ordination sehen.

---

[29] Zu nennen sind die Kommentare, die zT auch Exkurse zur Ordination/Handauflegung enthalten. Im Rahmen einer Behandlung des Amtsverständnisses der Past gehen auf die Ordination ein die Arbeiten von Schweizer, Blum, Roloff, H. G. Schütz, Maehlum, Hasenhüttl, Ritter, Kertelge und Knoch. Allgemein die Ordination (bzw Handauflegung) im NT ist im Blick bei Behm, Coppens, Barclay, Ferguson, Parratt, Peacock, Torrance, Corsani, K. Richter (Ansätze), Kretschmar. Speziell zur jüdischen Ordination: Hruby, Newman, Daube, Mantel. Auf sonstige Literatur, die von der Ordination nur beiläufig die Rede ist, wird — wo nötig — an der betreffenden Stelle der Untersuchung Bezug genommen. Im übrigen siehe das Literaturverzeichnis! (Nicht erreichbar war mir: W. Scott, The Laying on of Hands in OT Theology and in NT Thought, Diss Newcastle upon Tyne 1967/68.)
[30] Lohse, Ordination 68; Behm, Handauflegung 72. Vgl aber Kap. V Anm. 129.
[31] Für die einzelnen Briefe werden folgende Abkürzungen verwendet: I = 1. Timotheus; II = 2. Timotheus; T = Titus.
[32] Schweizer, Gemeinde und Gemeindeordnung 190: „Absolut sicher ist nicht, dass hier überhaupt an Ordination zu denken ist." Noch stärker abschwächend

Die Mehrzahl der Forscher jedoch bezieht weitere Stellen ein, in denen ein Bezug auf die Ordination gesehen werden kann: Handauflegung I 5,22; Einsetzung von Amtsträgern I 3,10; T 1,5; einzelne Elemente des Ordinationsvorganges: prophetische Auswahl des Ordinanden I 1,18. 4,14; Traditionsübergabe II 1,13. 2,2; Vollzug vor Zeugen I 6,12; II 2,2; Verpflichtung des Ordinanden I 6,12. Ob hier ein Bezug auf die Ordination vorliegt, ist vorweg nicht zu entscheiden. Als die offensichtlich wesentlichsten Texte sind daher zunächst nur die beiden erstgenannten Texte heranzuziehen.

3.2 Differenzen in der Interpretation der Ordinationstexte

Die unbestrittene Aussage von I 4,14 und II 1,6 ist es, daß 1. der angeredete Timotheus ein χάρισμα bekommen hat, 2. dies im Zusammenhang steht mit dem Akt der Handauflegung. Darüber hinaus aber beginnen die Differenzen in der Interpretation.

1. Der Begriff χάρισμα entstammt paulinischer Tradition und wird daher von manchen Exegeten im paulinischen Sinn interpretiert (als die dem einzelnen in der Gemeinde gegebene Gnadengabe von Gott)[33]. Doch verbietet sich wohl — wie die Mehrzahl der Exegeten sieht — durch die Weise, wie in den Past von χάρισμα geredet wird (Verleihung durch einen besonderen Akt), eine einfache Gleichsetzung mit der Bedeutung bei Paulus. Die Frage, was χάρισμα tatsächlich meint, ist damit aber noch nicht geklärt.

Der Kontext zeigt, daß χάρισμα irgendwie auf den Dienst des Timotheus bezogen ist. Aber strittig ist, ob der Schwerpunkt mehr auf der geistlichen Bevollmächtigung liegt oder mehr auf dem in der Ordination erteilten Auftrag. Letztere Deutung findet sich bei manchen protestantischen Exegeten[34], während die andere Deutung (χάρισμα = Amtsgeist, Amtsgnade) primär bei katholischen Exegeten begegnet. Mit diesem Verständnis verbindet sich die Frage, ob diese Amtsgnade als habituelle Größe zu denken sei[35] oder nicht[36].

2. Fast allgemeine Übereinstimmung besteht darin, eine Interpretation der Handauflegung als „magischen" Ritus — wie dies wohl reli-

---

war die Beurteilung in seinem früheren Buch: Das Leben des Herrn in der Gemeinde und ihren Diensten, 1946, 113 (mit Anm 26). Vgl die ebenfalls sehr einschränkende Äußerung bei G. d'Ercole, Concilium 4(1968), 69.

[33] zB Lohse, Ordination 83f.
[34] zB Roloff, Apostolat 260; Maehlum, Vollmacht des Timotheus 79. 84.
[35] Knoch, Testamente 51.
[36] Dib-Conz 73.

gionsgeschichtlich am Anfang steht[37] — abzulehnen. Aber es bleiben trotzdem noch mehrere Möglichkeiten des Verständnisses: a) die Handauflegung als „sakramentaler" Akt, durch den die Amtsgnade real auf den Ordinanden übertragen wird (vor allem katholische Exegese)[38]; b) die Handauflegung als nur sinnbildliche Handlung, die keinen Eigenwert hat, die den Amtsträger seines Charismas vergewissern, dieses bestätigen, nicht aber übertragen soll (teilweise in der protestantischen Auslegung)[39]; c) Abgrenzung gegen „sakramentales" Verständnis, jedoch Betonung der Relevanz der Handauflegung analog der jüdischen Praxis (vor allem protestantische Ausleger)[40].

3. Durch wen die Handauflegung durchgeführt wurde, ist den Texten nicht klar zu entnehmen. War es Paulus (II 1,6), war es das Presbyterium (I 4,14) oder waren es beide zusammen? Welche Rolle haben dabei Propheten gespielt (I 4,14. 1,18: προφητεία)? Wird das χάρισμα durch den übertragen, der die Handauflegung vollzieht (wie in der katholischen Auslegung vielfach betont), oder ist die Person des Ordinators nicht so wesentlich, da Gott der eigentliche Geber des χάρισμα ist? Diese Frage wird wesentlich, wenn es um das Problem der apostolischen Sukzession mittels der Handauflegung geht.

4. Wie ist der Unterschied zwischen dem ordinierten Amtsträger und den anderen Gemeindegliedern zu sehen? Es zeigt sich der Tatbestand, daß die Past von den Charismen aller Gemeindeglieder nichts sagen. Schweigen die Past nur zufällig von den Charismen der anderen Gemeindeglieder[41], oder ist es das Charisma, das den Amtsträger

---

[37] Vgl Morenz, Handauflegung I. Religionsgeschichtlich, RGG³ III 52f.
[38] Aber auch Dib-Conz 56; von Campenhausen, Kirchliches Amt 126; Blum, Tradition und Sukzession 58.
[39] Vor allem in der älteren Auslegung, zB Behm, Handauflegung 49, sowie die Kommentatoren Weiß (179) und Wohlenberg (166). Aber auch bei neueren klingt dieses Verständnis an: vgl Holtz 111; Stuhlmacher, Evangelium-Apostolat-Gemeinde 41; Wolf, Zur Frage der Ordination 75 mit Anm 20 (der sich aber für den „Konfirmationscharakter der Ordination" zu Unrecht auf Lohse beruft. Siehe Lohse, Ordination 96!). Auch das Verständnis der Handauflegung als Teil des Gebetes (Peacock, Ordination 271ff) mißt dieser keine eigene Relevanz zu. Die Feststellung von Hasenhüttl, Charisma 249, das Verständnis der Handauflegung als „nur symbolhaft" werde „heute allgemein abgelehnt", trifft daher nicht zu.
[40] Aber auch Hasenhüttl, Charisma 247ff. Diese Sicht hat hauptsächlich Lohse entfaltet, wenngleich er sich auf eine Diskussion um die Anwendung des Begriffs „Sakrament" nicht einläßt. Ausdrücklich gegen ein Verständnis als „sakramentaler Akt": Goppelt, Apostolische und nachapostolische Zeit 137.
[41] Diem, Die Kirche und ihre Praxis 295. Holtz (passim) sieht in den Past noch das allgemeine Priestertum in Geltung.

aus der Gemeinde heraushebt[42]? Manche Exegeten sehen in der Art, wie in den Past von der Ordination geredet wird, eine Parallelität zur Taufe[43]. Dann aber scheint die Ordination zu einer Art zweiter Taufe zu werden (mit zusätzlicher Gabe von Geist und Gnade?). Dieser Frage wird in der Forschung kaum nachgegangen. Es wäre zu prüfen, ob exegetisch darüber Aufschluß zu erhalten ist.

3.3 Probleme im Kontext der Ordination

1. Wichtig für das Verständnis der Ordination ist, wie das Amt inhaltlich zu bestimmen ist, auf das sie bezogen ist. Welche Funktionen machen das Wesen dieses Amtes aus: nur die Lehre? eine allgemeine Leitungsfunktion? Sind auch kultische Funktionen relevant?

Zentral für die Lehrtätigkeit ist der Bezug auf die von Paulus kommende Tradition. Wie aber ist die Stellung des Paulus zu dieser Tradition zu sehen: ist er Autor dieser Tradition[44] oder nur der erste, dem sie anvertraut wurde[45]? Wie hat der Amtsträger diese Tradition anzuwenden: sie nur uninterpretiert weiterzugeben[46] oder sie selbständig zu entfalten[47]?

Ist mit der Weitergabe der Tradition an die nächste Generation zugleich an die Weitergabe des Amtes gedacht? Die Interpretationen reichen von der Feststellung, daß in Past die Grundlage für die Lehre von der apostolischen Sukzession gegeben sei[48] bis zur ebenso festen Betonung, daß von Sukzession im ganzen NT nicht die Rede sei[49].

2. Was bei der Interpretation einzelner Fragen bereits zum Vorschein kam, wird bei der Beurteilung der Gesamtkonzeption der Past von Amt und Gemeinde zentral: die Frage nach der Relation der Past zu Paulus. Wo an paulinischer Verfasserschaft der Past festgehalten wird (auch mit Hilfe der Sekretärshypothese), stellen die Aussagen

---

[42] zB Schlier, Ordnung der Kirche 136: Der Ordinierte ist „dauernder Träger des Charisma und dadurch von den anderen Gliedern der Gemeinde unterschieden".
[43] Außer von Campenhausen (Kirchliches Amt 128) vgl Goppelt, Apostolische und nachapostolische Zeit 137.
[44] Dinkler, Tradition im NT, RGG³ VI, 972; Wegenast, Tradition 140.
[45] Roloff, Apostolat 249.
[46] Wegenast, Tradition 140. Vgl Schweizer, Gemeinde 70.
[47] Schlier, Ordnung der Kirche 140ff; Roloff, Apostolat 256.
[48] Dornier 203 (Zitat von Roux).
[49] Goppelt, Apostolische und nachapostolische Zeit 136f.

der Past nur eine Weiterentwicklung zu den früheren Paulusbriefen dar[50].

Nach weitgehendem Konsens ist aber heute davon auszugehen, daß Paulus nicht der Verfasser der Past ist und ihre Abfassung wahrscheinlich um die Wende vom 1. zum 2. Jh anzusetzen ist[51]. Auf dem Hintergrund dieses Konsens bleibt aber doch die Beurteilung der Past sehr different, wie die vor allem durch Ernst Käsemann[52] angeregte Diskussion um den „Frühkatholizismus"[53] im NT gezeigt hat. Die Frage, wie groß der sachliche Abstand der Past zu Paulus ist, ist deswegen strittig, weil zweierlei unklar ist: 1. wie weit die in Past sichtbaren Faktoren der Gemeindeordnung bereits fest ausgeprägt sind oder erst Ansätze bedeuten; 2. ob der Befund als folgerichtige Entwicklung von Paulus her, als völliger Neuansatz oder einfach als pragmatische Lösung angesichts der geschichtlichen Situation (zB Gnosis!) zu werten ist[54].

---

[50] So zB Jeremias; Kelly; Maehlum, Vollmacht; E. Schütz, Werdende Kirche im NT.
[51] Vgl die Einleitungen zum NT: Kümmel ([17]1973) 341; Wikenhauser-Schmid ([6]1973) 537f. (Anders Vielhauer 237, der von Campenhausens Spätdatierung zuneigt.)
[52] Vgl vor allem seine Aufsätze „Amt und Gemeinde im Neuen Testament" (Exeget. Vers. und Bes. I, 109—134) und „Paulus und der Frühkatholizismus" (Exeget. Vers. und Bes. II, 239—252).
[53] Vgl u.a. Marxsen, Der „Frühkatholizismus" im Neuen Testament (1958), und Küng, Der Frühkatholizismus im Neuen Testament als kontroverstheologisches Problem (ThQ 1962, 385—424). Aus der Diskussion der letzten Jahre: Mussner, Schelkle-Festschr 166—177; Neufeld, ZKTh 94(1972), 1—28; Luz, ZNW 65(1974), 88—111; Hahn, EvTh 38(1978), 341ff; sowie die Arbeiten von Heinz (Problem der Kirchenentstehung 396ff: Darstellung verschiedener Positionen), Schulz (Mitte der Schrift: grundsätzliche Erörterung sowie Analyse der in Frage kommenden ntl Schriften) und Schmitz (Frühkatholizismus bei A. v. Harnack, R. Sohm und E. Käsemann).
[54] Auf katholischer Seite besteht eher die (heute aber nicht mehr allgemein geteilte) Neigung, eine kontinuierliche Entwicklung zu sehen. Die meisten protestantischen Ausleger betonen dagegen mehr den Abstand zu Paulus. Gegen Käsemanns Wertung als „frühkatholisch" (vgl Wegenast, Tradition 144: katholisierende Tendenzen) betonen aber andere Exegeten, die Past seien nicht „frühkatholisch", da noch keine prinzipielle Institutionalisierung vorliege (vgl Conzelmann, NT-Theologie 327; Bartsch, Anfänge urchristlicher Rechtsbildungen 175; Marxsen, Frühkatholizismus 69f; Diem, Die Kirche und ihre Praxis 293ff).

4. Ziel der Untersuchung

4.1 Fazit aus dem Forschungsstand

Die Differenzen in der Interpretation der Ordination in Past lassen sich teilweise auf verschiedene Ausgangspositionen zurückführen:

1. Es zeigt sich immer wieder der Einfluß dogmatischer Vorurteile, wenngleich dies zT auch unbewußt geschehen mag. Aber schon die Wahl der Begriffe bei der Auslegung ist oft von der konfessionellen Dogmatik geprägt[55].

2. Die Exegeten sind sich weithin einig, daß in den Past verschiedene urchristliche Traditionen einwirken. Das gilt auch für die Ordination, indem hier der Charisma-Begriff einerseits, der Ritus der Handauflegung andererseits sich verbinden. Die Überbetonung der einen oder anderen Traditionslinie führt bereits zu Differenzen ebenso wie die verschiedene Sicht bezüglich der Frage, ob Akzentverschiebungen in einer Tradition (zB des Charisma-Begriffs) vorliegen.

3. Schließlich spielt eine wesentliche Rolle, wie der geschichtliche Ort der Past gesehen wird samt den Einflüssen, die für die Konzeption der Past prägend waren. Die kontroverstheologisch bestimmten Positionen in der Frühkatholizismusfrage verstärken solche Differenzen.

Schon von hier aus zeigt sich die Notwendigkeit, die Ordination in den Past unter Vermeidung solcher Einseitigkeiten sowie mit Berücksichtigung ungenügend behandelter Fragen neu zu untersuchen. Gewichtiger aber ist die Beobachtung, daß die bisherigen Untersuchungen meist zu eng auf das Phänomen der Ordination beschränkt sind. Die schmale Textbasis für die Eruierung des Ordinationsverständnisses verleitet geradezu dazu, Interpretamente zuhilfe zu nehmen, die nicht den Past entstammen[56]. Stattdessen muß versucht werden, in einem

---

[55] Die Einwirkung des konfessionellen Standpunktes wird am Beispiel Lohses deutlich: er weist in der Einleitung (aaO 12f) darauf hin, daß die bisherigen Untersuchungen zur Ordination zu sehr von anglikanischem oder römisch-katholischem Amtsverständnis beeinflußt sind — entgeht aber selbst nicht der Gefahr, nun seinerseits vom lutherischen Amtsverständnis auszugehen. Nicht zufällig zitiert er im Schluß aus Schlink, Theologie der lutherischen Bekenntnisschriften!

[56] Ganz ist die Anwendung solcher textfremder Interpretamente freilich nicht zu vermeiden; denn dazu gehören ja auch die Begriffe „Ordination", „Amt", „Tradition" u.ä. Zu Recht und Grenze der Anwendung unsres Begriffes „Amt" auf die Gegebenheiten im NT vgl zB Roloff in TRE II, 509f.

weiteren Kontext das Verständnis der Ordination und zusammen-
hängender Fragen zu klären. Das geschieht in dieser Untersuchung,
indem Glaubensverständnis sowie Kirchen- und Amtsverständnis der
Past auf ihre Konsequenzen für die Ordination hin befragt werden.

4.2 Disposition der Untersuchung

Der Aufbau der Arbeit ergibt sich bereits aus dem genannten Ziel:
Das Glaubensverständnis als das Grundlegende gibt den Ausgangspunkt für die Frage nach dem Kirchen- und Amtsverständnis. In diesem Kontext ist dann nach Sinn und Relevanz der Ordination zu
fragen.

Die Darstellung des Glaubensverständnisses erfordert eine intensive
und ausführliche Analyse, da hier keine umfassenden Vorarbeiten
vorliegen[57], wenngleich einzelne Aspekte verschiedenenorts behandelt sind[58]. Weit zahlreicher ist die Literatur, die sich mit dem Kir-
chen- und Amtsverständnis befaßt[59]. Allerdings handelt es sich hier
vielfach um summarische Darstellungen, ohne daß auf die exegetischen Details eingegangen wird. Zudem ist in unserem Zusammenhang die Auswertung der Analyse des Glaubensverständnisses für das
Kirchen- und Amtsverständnis wesentlich. Bei der Analyse des Ordinationsverständnisses kann für die Handauflegung an die bisherigen
religionsgeschichtlichen Arbeiten angeknüpft werden. Da Lohses Untersuchung des jüdischen Materials vor der Veröffentlichung der Qumran-Texte liegt, ist auf diese speziell einzugehen. Als einzige neutestamentliche Parallelen sind die Texte der Apg in die Untersuchung einzubeziehen. Die Frage nach dem Verständnis von χάρισμα in Past erfordert eine Aufarbeitung der Diskussion um den paulinischen χά-

---

[57] Kommentare gehen zT in Einleitungen (Holtzmann, von Soden) oder Ex-
kursen (Lock) darauf ein. Schlatter (Glaube im NT) geht im Kapitel „Der Glaube
bei Paulus" auf die Past ein (wobei er die Übereinstimmung mit den andren
Pls-Briefen betont). Die Arbeit von Kos fragt nach dem Glaubensverständnis der
Past von systematischem Ausgangspunkt her. Eine kurze Analyse der Verwendung
von πίστις gibt zB Hasler (aaO 69f). Vgl jetzt auch Merk, Glaube 92ff. Eine Bezugnahme auf die Past vermißt man bei Lührmann, Glaube im frühen Christentum.
[58] Dazu gehören Arbeiten zu einzelnen Begriffen wie zB εὐσέβεια (Tillmann,
Cruvellier, Foerster), συνείδησις (Exkurse in Kommentaren) oder thematisch
zur „Christlichen Bürgerlichkeit" (Schierse; Exkurse bei Dib-Conz, Brox).
[59] Dazu die Arbeiten von Schlier, von Campenhausen, Schweizer, Schnackenburg, Roloff, HGSchütz, Ritter, Martin, Kertelge, Knoch, Haufe (Gemeinde),
Merklein, Rohde, Sand (Anfänge) u.a.

ρισμα-Begriff. Im übrigen sind die mit der Ordination im Zusammenhang stehenden Texte unter Berücksichtigung der durch die Forschung gestellten Probleme neu zu untersuchen.

Nicht behandelt wird im Rahmen dieser Arbeit die Frage der Verfasserschaft der Past. Mit der Mehrzahl der gegenwärtigen Exegeten wird davon ausgegangen, daß die Abfassung dieser Briefe durch einen anonymen Verfasser in die Zeit um die Jahrhundertwende bzw zu Anfang des 2. Jhs. fällt[60]. Thematisch nicht behandelt wird die angeschnittene Problematik des „Frühkatholizismus", da sie in einem weiteren Rahmen geklärt werden müßte. Sachlich werden Aspekte dieser Fragestellung aufgenommen: indem auf den geschichtlichen Kontext der Konzeption der Past Bezug genommen wird und indem die Auffassung der sich in paulinischer Tradition verstehenden Past auf ihre Relation zu Paulus hin befragt wird.

---

[60] Entscheidend für die Zustimmung zu dieser *zeitlichen Einordnung* erscheinen mir folgende Gesichtspunkte:

1. Gegen eine Frühdatierung (mittels Sekretärshypothese oder der Annahme, ein unmittelbarer Pls-Schüler sei der Vf) spricht die Entfernung zu Pls in Theologie und Gemeindeordnung. Das wird als ein Ergebnis dieser Untersuchung deutlich werden.

2. Gegen eine Spätdatierung (Mitte 2. Jh) spricht: Es liegt noch kein ausgeprägter monarchischer Episkopat vor wie bei Ignatius; bei der bekämpften Irrlehre ist noch kein ausgeprägtes gnostisches System zu erkennen, und der von manchen vermutete Bezug von I 6,20 auf Marcions „Antithesen" ist (daher) zu hypothetisch. (Siehe Kap. III)

3. Ein weiterer Gesichtspunkt ergibt sich aus der für die Gemeinden der Past vorauszusetzenden politischen Lage: Es gibt keine Hinweise auf akute Verfolgungssituation, andrerseits gehört die Bedrohung durch Verfolgung zum festen Bewußtsein (II 3,12). Die zugleich erkennbare Tendenz, als christliche Gemeinde nicht als anstoßerregend aufzufallen, läßt auf die Verhältnisse unter Trajan in Kleinasien — dem vermutlichen Abfassungsraum — schließen (Plinius! Siehe dazu Kap. III 4.3). (Die These Bo Reickes, Chronologie 94, terminus ad quem der Abfassungszeit sei die neronische Verfolgung 65 n.Chr., weil danach einem christlichen Vf das Gebet für Kaiser und Obrigkeit — I 2,1f mit T 3,1 — nicht mehr am Herzen liegen könne, ist doch wohl abwegig!)

KAPITEL II:
DAS GLAUBENSVERSTÄNDNIS DER PASTORALBRIEFE

1. Die Redeweise vom Glauben

Ausgangspunkt für die Untersuchung des Glaubensverständnisses ist der Begriff πίστις (samt der zugehörigen Wortgruppe), da er wie im übrigen NT terminus technicus des christlichen Glaubens ist. Der Begriff πίστις ist für die Past eine Selbstverständlichkeit, die keiner Erläuterung bedarf und daher nirgends erläutert wird. Das hat in der Forschung zu sehr unterschiedlichen Interpretationen geführt, je nachdem man Nähe oder Ferne zu Paulus betont. Zur Klärung wird im folgenden versucht, daraus, wie im ganzen von πίστις gesprochen wird, in welchen Zusammenhängen und mit welchen Intentionen, Rückschlüsse zu gewinnen für das Glaubensverständnis.

Von der Wortgruppe werden in Past folgende Wörter verwendet: πίστις, πιστός, πιστεύειν, πιστόομαι, ἀπιστεῖν, ἀπιστία, ἄπιστος [1]. Dabei fällt auf, daß die ganze Bedeutungsbreite der Wortgruppe zum Zuge kommt (zT mehr als im pln Schrifttum) und nicht nur die speziell religiöse Bedeutung als Glaube. Die Grundbedeutung von πίστις als Bezeichnung eines Vertrauensverhältnisses schließt ja die Aspekte des Vertrauens und der Treue ein [2]. Eindeutig an 2 Stellen (I 5,12; T 2,10), darüber hinaus aber möglicherweise an einigen anderen Stel-

---

[1] Die Häufigkeit des Vorkommens sieht wie folgt aus: πίστις = 33 X, πιστός = 17 X, πιστεύειν = 6 X, πιστόομαι = 1 X (Hapax legomenon im NT), ἀπιστεῖν = 1 X, ἀπιστία = 1 X, ἄπιστος = 2 X.

[2] Vgl W. Schmitz, ἡ πίστις in den Papyri, 121: Entsprechend den klassischen griechischen Quellen „liegt die Grundbedeutung in der Bezeichnung eines Vertrauensverhältnisses, dessen Elemente einerseits das Vertrauen und andererseits die Vertrauenswürdigkeit oder die Treue sind. Dabei kann das Vertrauen als das aktive Element angesehen werden." und aaO 1: von der Grundbedeutung „Vertrauen" her „strahlt dieses Wort in fast alle Lebensbereiche aus. Es kann in deutscher Sprache nicht einheitlich durch ein Wort übersetzt werden." — Man steht daher wie allgemein so auch bei den Past vor der Schwierigkeit, πίστις angemessen zu übersetzen, da an verschiedenen Stellen verschiedene Aspekte hervortreten. Linguistisch falsch aber ist, daraus zu folgern, daß πίστις in den Past 4 oder 5 verschiedene „Bedeutungen" habe: so H. G. Schütz, Kirche in spät-neutestamentlicher Zeit, 121.

len von insgesamt 33 steht πίστις im Sinn von Treue[3]. πιστός (im Vergleich zu Pls doppelt so häufig, während πίστις etwa im Verhältnis 1 : 3 vorkommt), das 17 X vorkommt, bedeutet nur an 6 Stellen eindeutig „gläubig" oder „christlich" (I 4,3.10.12. 5,16. 6,2ab)[4], an den übrigen Stellen dagegen „treu" oder „verläßlich"[5]. πιστεύειν tritt im Vergleich zu Pls in der Häufigkeit stark zurück[6]. Von 6 Stellen haben 2 die Bedeutung „anvertrauen" (I 1,11; T 1,3). An 2 weiteren Stellen, die mit Dativkonstruktion auf Gott bzw Christus bezogen sind, ist offen, ob der Aspekt des Vertrauens oder des Glaubens im Vordergrund steht (II 1,12; T 3,8). Die beiden übrigen Stellen haben jedenfalls den technischen Sinn „glauben" (I 1,16. 3,16)[7]. Im ganzen zeigen diese Beobachtungen zweierlei: 1. Die technische Bedeutung der Wortgruppe πίστις zur Bezeichnung des christlichen Glaubens gilt hauptsächlich nur noch für das Nomen πίστις. In dieser Reduktion auf einen Begriff ist sicher eine gewisse Formalisierung zu sehen. Was dies inhaltlich für πίστις bedeutet, hat die weitere Untersuchung zu zeigen. 2. Es zeigt sich, daß der Aspekt der Treue oder Verläßlichkeit für die Gemeinde der Past zunehmende Relevanz gewinnt. Das wird sich bestätigen in weiteren Beobachtungen, die nicht an die Wortgruppe πίστις gebunden sind.

---

[3] Für I 5,12 und T 2,10 legen Formulierung und Kontext das Verständnis als „Treue" (oder für I 5,12 auch: Gelübde, Versprechen) nahe: vgl Bultmann, πιστεύω, ThW VI 204, Anm 227 sowie die Kommentare. πίστις als Treue wahrscheinlich auch in II 4,7: vgl Dib-Conz 91 sowie Barton, Biblica 1959, 878. Weiter erwägen ein Verständnis als Treue: Lock zu I 2,15. 4,12 und II 2,22; Alfaro, Fides 485 Anm 65; Scott 23 zu I 2,7 vgl Wohlenberg 112.
[4] Vgl Alfaro, aaO 485 Anm 63 (dort verdruckt II 4,3 etc statt I 4,3 etc.).
[5] πιστός ist bezogen auf Menschen (I 1,12. 3,11; II 2,2; T 1,6), auf Gott (II 2,13) und auf Worte als Inhalte der Lehre oder des Kerygmas in der Formel πιστὸς ὁ λόγος (I 1,15. 3,1. 4,9; II 2,11; T 3,8; ähnlich T 1,9).
[6] Die Relation der Häufigkeit von πίστις zu πιστεύειν ist bei Paulus 87 : 39, in den Past 32 : 6.
[7] Zu I 1,11; T 1,3 πιστεύειν = anvertrauen: s. Bauer, WB, s.v. 3. Bultmann, πιστεύω, ThW VI 204 Anm 226. — I 1,16 πιστεύειν = glauben (im Sinne des Zum-Glauben-Kommens) vgl Bultmann, aaO 215. Bauer, s.v. 2 a)γ. — I 3,16 pass = Glauben finden: Bauer, s.v. 2a)a. — II 1,12; T 3,8 ordnet Bauer (s.v. 2a)a) unter der gleichen Rubrik „glauben" ein (ebenso Bultmann, aaO 215 Anm 293 u. 295). Doch interpretieren mehrere Kommentatoren II 1,12 im Sinne von „vertrauen" o.ä. (Weiß 254. Lock 88. Scott 95. Brox 228. Kohl, Verfasser 63. Vgl Dib-Conz 78: Zuversicht setzen auf). Dafür spricht zweifellos der mit dem Begriff παραθήκη gegebene Vorstellungskomplex (siehe den Exkurs in Kap V). Für T 3,8 erwägen manche infolge der Konstruktion mit Dativobjekt ebenfalls eine weiter gefaßte Bedeutung von πιστεύειν: „Vertrauen setzen auf" (Weiß 373; vgl Dib-Conz 112; Merk, Glaube 93).

Einen ersten Aufschluß über die Redeweise von πίστις vermögen die sprachlichen Kombinationen zu geben, in denen der Begriff begegnet. Die offensichtlich andere Rolle, die πίστις hier im Vergleich zu Pls spielt, wird schon an den verwendeten Präpositionen andeutungsweise erkennbar. Bei Pls sind als Präpositionen in Verbindung mit πίστις διά und ἐκ vorherrschend und dienen zur Bezeichnung der soteriologischen Relevanz der πίστις [8]. In den Past kommen beide Verbindungen nur je einmal vor (I 1,5; II 3,15), wovon nur 1 Stelle sich dem prägnanten pln Gebrauch vergleichen läßt (II 3,15). Der bei Pls öfter im Kontext dieser Wendungen stehende Gegensatz zu νόμος fehlt in Past völlig [9]. Überwiegend ist dagegen in den Past die Verbindung ἐν πίστει (bei Pls nur 2 ✕), die — gelegentlich einfach als Apposition [10] — mehr den Glauben als Status bezeichnet oder sich auf πίστις als gemeinsames Kennzeichen aller Christen bezieht [11].

Weiteren Aufschluß geben die in Verbindung mit πίστις verwendeten Verben. Dabei fällt auf, daß (mit einer Ausnahme: II 1,5) — anders als bei Pls [12] — Subjekt immer der Glaubende ist: es geht um

---

[8] Bei Paulus 21 ✕ die Formulierung ἐκ πίστεως, 12 ✕ die Verbindung διά (τῆς) πίστεως. An der Mehrzahl dieser Stellen handelt es sich um „illa πίστις, per quam homo ad iustificationem pervenit" (Alfaro, aaO 487). Vgl Bultmann, πιστεύω, ThW VI 220f (Anm 333); Theologie des NT [6]1968, 280f.

[9] Zum paulinischen Gegensatz ἐκ πίστεως — οὐκ ἐκ νόμου vgl die angegebenen Stellen bei Bultmann. II 3,15 hat σωτηρία im unmittelbaren Kontext zu διά πίστεως. Aber die genauere Beziehung ist nicht eindeutig, da διά πίστεως sowohl unmittelbar mit σωτηρία als auch mit σοφίσαι verbunden werden kann. Vgl Kos, Fides 131ff sowie die Kommentare. — Vom νόμος ist nur I 1,8f die Rede. Vom Gegensatz zur πίστις als Heilsweg wird nicht gesprochen.

[10] I 1,4. 2,7; II 1,13; siehe Brox u. Dib-Conz zu I 1,14 u. II 1,13, Holtzmann zu I 2,7 u. II 1,13.

[11] ἐν πίστει: I 1,2.4. 2,7.15. 3,13. 4,12; T 1,13. 3,14 (I 2,15 und T 1,13 ἐν von Verben, I 4,12 von Nomen abhängig). Zu einem Teil der Stellen vgl Alfaro, aaO 488: πίστις = „status hominis habentis kerygma christianum ut verum". Holtzmann (zu I 1,2. 2,7.15): ἐν πίστει als „Sphäre", in der das Gesagte gilt. Gemeinsamkeit im Glauben: I 1,2; T 3,15; vgl Bultmann, ThW VI 214: πίστις mehrmals = „Christentum". Manche konservativen Autoren wollen auch in ἐν πίστει den prägnant pln Glaubensbegriff sehen, von neuen zB Holtz.

[12] Bei Paulus kann das Subjekt in Verbverbindungen mit πίστις sehr verschieden sein: mehrmals ist πίστις selbst Subjekt (zB als heilsgeschichtliche Größe: Gal 3,25 ἐλθεῖν oder als dynamische Größe im Leben der Christen: αὐξάνεσθαι); Subjekt ist einmal die ἀπιστία (καταργεῖν Röm 3,3), Gott als logisches Subjekt des λογίζεσθαι im Zitat Röm 4,9. Überwiegend sind freilich auch bei Pls Verbindungen, in denen die Glaubenden Subjekt sind: es geht aber dabei mehr um das Sein im Glauben (zB εἶναι ἐν, ζῆν ἐν, περιπατεῖν διά, περισσεύειν), nicht um ein Verhalten zur πίστις als einem Gegenüber.

ein Verhalten zur πίστις. Die Verben lassen sich aufteilen in eine
Gruppe positiven Verhaltens und eine Gruppe negativen Verhaltens
zur πίστις. Die negative Gruppe umfaßt: ἀδόκιμος εἶναι, ἀνατρέπειν,
ἀποπλανᾶσθαι, ἀρνεῖσθαι, ἀστοχεῖν, ἀφίστασθαι, ναυαγεῖν[13]. Es sind
in der Mehrzahl Termini, die einander begriffsgeschichtlich naheste-
hen als Bezeichnungen des religiösen Abfalls[14]: während aber in der
LXX Objekt des Abfallens Gott ist, ist es hier die πίστις. Darin wird
sichtbar, wie sehr πίστις eine feste Größe ist, die zum Gegenstand
positiven oder negativen Verhaltens werden kann. Die Verben der
positiven Gruppe sind: ἔχειν, διώκειν, μένειν ἐν, ὑγιαίνειν, evtl.
τηρεῖν (das aber wahrscheinlich wie ἐνδείκνυσθαι πίστις = Treue
zum Gegenstand hat). Zwei Aspekte werden damit zum Ausdruck
gebracht: das Festhalten an der πίστις im Gegensatz zur Möglichkeit des Abfallens, zweitens die πίστις als Gegenstand der Bewährung[15].

An mehr als einem Drittel aller Stellen steht πίστις nicht alleine,
sondern kombiniert mit anderen Nomina. Die Verbindung πίστις
und ἀγάπη, die ja schon bei Pls begegnet und inzwischen formel-
haft geworden scheint, steht dabei an 9 der 13 in Frage kommenden
Stellen[16]. Meist aber sind darüber hinaus weitere Begriffe angereiht,
die in irgendeiner Weise Charakteristika des christlichen Lebens sind
und daher vielfach als „christliche Tugenden" bezeichnet werden[17]:
zB δικαιοσύνη, ὑπομονή, σωφροσύνη usw. Die auffallend häufige
Koordination von πίστις mit anderen Termini legt den Schluß nahe,
daß πίστις nicht mehr wie bei Pls der umfassende Begriff zur Bezeichnung christlicher Existenz ist: Offenbar bezeichnet πίστις nur
einen Teilbereich und bedarf der Ergänzung durch andere Begriffe,
um das Ganze des christlichen Lebens zu beschreiben[18].

---

[13] Der Vollständigkeit halber ist ἀθετεῖν I 5,12 zu ergänzen, wo aber πίστις
im Sinne von Treue/Gelübde steht.
[14] Das gilt vor allem für ἀποπλανᾶσθαι, ἀρνεῖσθαι, ἀφίστασθαι und ἀδόκιμος.
Vgl dazu die betreffenden Artikel im ThW..
[15] Sachlich gehört hierher — etwa in Parallele zu διώκειν πίστιν — die Formulierung ἀγωνίζεσθαι τὸν καλὸν ἀγῶνα τῆς πίστεως I 6,12. (II 4,7 πίστιν
τηρεῖν: = Treue.) Zum Verständnis der πίστις als statische Größe, wie es in diesen Formulierungen zum Ausdruck kommt, vgl Merk, Glaube 93f.
[16] An folgenden Stellen ist πίστις durch καί oder asyndetisch mit anderen
Termini koordiniert: I 1,5.14.19. 2,7.15. 4,6.12. 6,11; II 1,13. 2,22. 3,10;
T 1,1. 2,2. ἀγάπη fehlt in I 1,19. 2,7. 4,6; T 1,1.
[17] Schütz, Kirche 122; Holtzmann 179; Dib-Conz 66; vgl Brox 213.
[18] Vgl Holtzmann 309.

2. Der Glaube und sein Gegenstand

Es entspricht dem gemeinsamen urchristlichen Sprachgebrauch, daß πίστις nicht nur personalen Bezug (auf Christus oder Gott), sondern auch einen sachlichen Bezug hat. Der Glaube hat einen Inhalt, der angenommen wird, ist Glaube an das Kerygma. Die Annahme des Kerygmas ist geradezu die Voraussetzung für den personal bezogenen Glauben, sofern es das Verhältnis zur Person Christi vermittelt[19]. Beide Aspekte des Glaubensbegriffes lassen sich auch in den Past aufweisen: In bezug auf Christus kann gesagt werden πιστεύειν ἐπ᾽ αὐτῷ (I 1,16), und als Beispiel für den inhaltlichen Bezug kann die Formulierung οἱ λόγοι τῆς πίστεως (I 4,6) angeführt werden. Die wesentliche Frage aber, die es zu untersuchen gilt, ist die, welches Gewicht die beiden Aspekte haben. Denn es zeigt sich innerhalb des NT, daß die Akzente sehr verschieden gesetzt werden und die Schriften der späteren Zeit stärker die inhaltliche Bestimmung des Glaubens, also den Glaubensgegenstand betonen[20]. Das Ergebnis vorwegnehmend, ist zu sagen, daß dies gerade auch für die Past gilt[21].

Über den personalen Aspekt der πίστις läßt sich näherer Aufschluß nicht gewinnen. Außer der genannten Stelle sind zwei andere Wendungen mit πιστεύειν heranzuziehen, die mit ϑεῷ (T 3,8) bzw. ᾧ (II 1,12) auf Gott, im 2. Fall möglicherweise auf Christus bezogen sind[22]. Von hier aus ist in πίστις als dem zugehörigen Nomen der personale Aspekt als implizit anzunehmen, auch wenn dies offensichtlich keine primäre Rolle spielt.

Als Ausgangspunkt für die Frage nach der Relevanz des inhaltlichen Aspektes bietet sich die Formulierung οἱ λόγοι τῆς πίστεως an. Sie steht in I 4,6 parallel zu (οἱ λόγοι) τῆς καλῆς διδασκαλίας und entspricht auch der Formulierung ὁ λόγος τῆς ἀληϑείας (II 2,15). Die Parallelität der Formulierungen läßt auch eine Parallelität der ge-

---

[19] Vgl Bultmann, πιστεύω κτλ, ThW VI, 212. Zum Grundsätzlichen vgl M. Buber, Zwei Glaubensweisen, 5ff, der unterscheidet zwischen einer Glaubensweise, deren Ausgangspunkt ein Vertrauensverhältnis ist, und einer Glaubensweise, die auf einem Akt der Akzeptation basiert. Beide Glaubensweisen umfassen den personalen und inhaltlichen Aspekt, aber in verschiedener Priorität. Zur Relation des inhaltlichen und personalen Moments vgl auch G. Muschalek, Glaubensgewißheit in Freiheit, 62ff.

[20] Vgl G. Muschalek, aaO 64; K. H. Schelkle, Theologie des NT, III, 97ff; Conzelmann, NT-Theologie, 325ff.

[21] Darin besteht weitgehende Übereinstimmung der Exegeten.

[22] Dabei ist es nicht gewichtig, ob der Ton mehr auf „Glauben" oder „Vertrauen" liegt: denn in beiden Fällen ist ja eine personale Relation gemeint.

meinten Inhalte vermuten. Die Worte, auf die sich die πίστις bezieht, entsprechen demnach den Worten der Lehre bzw. dem Wort der Wahrheit[23]. Die Parallelität dieser Formulierungen ist nicht zufällig. Vielmehr zeigen die drei Begriffe πίστις, ἀλήθεια und διδασκαλία mehrere Gemeinsamkeiten in ihrem Gebrauch — genauer gesagt: jeweils zwei von ihnen.

2.1 πίστις und διδασκαλία

διδασκαλία erscheint wegen seiner Häufigkeit in den Past als terminus technicus für die Verkündigung[24]. Die Relation zur πίστις, die aus der Verkündigung ihre Inhalte empfängt, ist daher naheliegend. So ist in I 4,1 von Menschen die Rede, die sich von der πίστις abwenden und dämonischen Lehren (διδασκαλίαι δαιμονίων) zuwenden. Das ist doch wohl so zu verstehen, daß die inhaltliche Beschaffenheit der Lehre maßgebend ist für die πίστις. Die — im Sinne der Past — richtige Lehre wird wiederholt als ὑγιαίνουσα διδασκαλία bezeichnet[25]. ὑγιαίνειν bezeichnet dabei in einem der hellenistischen Sprache geläufigen Sinn das Rechte, Vernünftige, Ordentliche[26]. In T 1,13. 2,2 steht ὑγιαίνειν in Verbindung mit πίστις: ὑγιαίνειν (ἐν) πίστει. Das entgegengesetzte Verhalten wird wie in I 4,1 als „Zuwendung" (προσέχειν)[27] zu Mythen (dort: Lehren) bezeichnet. Diese Analogie und der Gebrauch von ὑγιαίνειν sprechen dafür, daß es um

---

[23] Eine Identität der Inhalte ist damit zunächst nicht ausgesagt. Denn der Stelle I 4,6 ist nicht zu entnehmen, ob die beiden Formulierungen den gleichen Inhalt aussprechen oder ob zwischen beiden eine Nuancierung vorliegt. Im letzteren Fall können mit λόγοι τῆς πίστεως die Glaubensinhalte im engeren Sinne, mit λόγοι τῆς διδασκαλίας deren weitere Entfaltung in Form der Lehre gemeint sein. Vgl Wohlenberg, Weiß, Holtz zSt. Manche Kommentatoren interpretieren dagegen im Sinne eines Hendiadyoin, zB Holtzmann 180. Der λόγος τῆς ἀληθείας II 2,15 wird unterschiedlich als Evangelium (Holtzmann, Dib-Conz), orthodoxe Predigt (Brox) oder christliche Lehre (vSoden) verstanden.
[24] διδασκαλία steht insgesamt 15 ×: I 1,10. 4,1.6.13.16. 5,17. 6,1.3; II 3,10.16. 4,3; T 1,9. 2,1.7.10. Dazu kommen noch verschiedene Termini vom gleichen Wortstamm: διδάσκειν, διδάσκαλος, ἑτεροδιδασκαλεῖν, διδακτικός, νομοδιδάσκαλος, καλοδιδάσκαλος und διδαχή. Näheres zum Begriff διδασκαλία siehe unten; zum Gesamtkomplex des Lehrens in der Gemeinde: s. Kap. III.
[25] I 1,10; II 4,3; T 1,9. 2,1.
[26] Vgl Cremer-Kögel, s.v. (1080f). Luck, ὑγιαίνω/ὑγιής, ThW VIII, 308ff. Dib-Conz 20f: Exkurs ὑγιαίνειν / ὑγιής. — Siehe auch im gleichen Kapitel zu ὑγιαίνειν ἐν πίστει.
[27] προσέχειν steht im gleichen Sinn wie I 4,1 u. T 1,14 auch I 1,4; in I 6,3 in medialer Form (als varia lectio zu προσέρχεσθαι). In anderem Zusammenhang: I 3,8 und 4,13.

die rechte inhaltliche Beschaffenheit der πίστις geht, wie sie der „gesunden Lehre" entspricht[28]. Die inhaltliche Komponente rückt deutlich in den Vordergrund, so daß πίστις nicht mehr nur die Glaubenseinstellung, sondern auch den Glaubensinhalt, den Glaubensgegenstand bezeichnen kann. Dieses Verständnis spielt wohl mit bei μένειν ἐν πίστει κτλ (I 2,15), wie der Vergleich mit II 3,14 zeigt: μένε ἐν οἷς ἔμαθες κτλ[29]. Das Bleiben bei dem durch die Lehre gelernten Glaubensinhalt (Lehrinhalt) ist dann gemeinsamer Gesichtspunkt beider Texte. Deutlicher ist eine andere Analogie zwischen πίστις und διδασκαλία: ein negatives Verhalten von Christen wird in I 5,8 bezeichnet als ἀρνεῖσθαι τὴν πίστιν[30]. Das Verhalten von Sklaven wird in I 6,1 motiviert: ἵνα μή ... ἡ διδασκαλία βλασφημῆται[31] und in positiver Formulierung T 2,10: ἵνα τὴν διδασκαλίαν ... κοσμῶσιν. Ethisches Verhalten wird hier als Verhalten gegenüber der Lehre bzw. der πίστις bezeichnet: dann ist von πίστις offensichtlich unter inhaltlichem Aspekt die Rede, so daß πίστις als Glaubensinhalt = Lehrinhalt zu verstehen ist.

Fazit: 1. πίστις steht in wesentlicher Relation zur Lehre und ihrem Inhalt. 2. Bei πίστις ist der inhaltliche Aspekt so stark betont, daß es selbst als Terminus zur Bezeichnung des Inhalts, nämlich des Glaubensgegenstandes, dienen kann[32].

2.2 πίστις und ἀλήθεια

Zwischen den Begriffen πίστις und ἀλήθεια zeigt sich eine noch deutlichere Beziehung als zwischen πίστις und διδασκαλία. In T 1,1

---

[28] Vgl Alfaro, aaO 488 zu T 1,13. 2,2.

[29] Vgl die Kommentare zu II 3,14, die ἐν οἷς verstehen als gelernte „Wahrheit" (Weiß 302. vgl Wohlenberg 322) oder als übernommene Glaubenstradition (Brox 259 vgl Lock 109). Für die inhaltliche Bestimmtheit von πίστις in I 2,15 kann man auch auf die Analogie in I 4,3 hinweisen, wonach die Wahrheitserkenntnis der Glaubenden die richtige Einstellung zu den Gegebenheiten der Schöpfung vermittelt (wozu doch auch die τεκνογονία gehört).

[30] Dem entspricht sachlich T 1,16: das ἀρνεῖσθαι der (angeblichen) Gotteserkenntnis durch die an den Tag gelegten Werke.

[31] Vgl T 2,5: λόγος τοῦ θεοῦ statt διδασκαλία.

[32] Im Blick auf die Wortverwendung liegt folgende Entwicklung zugrunde: πίστις bezeichnet primär ein Vertrauensverhältnis, beschreibt also die Relation „ich vertraue jemandem" bzw „ich vertraue einem Sachverhalt" — im Sprachgebrauch des Urchristentums: „ich glaube (an Christus)" bzw „ich akzeptiere (das Kerygma) als wahr". πίστις hat demnach in seiner Verwendung die Zweideutigkeit, daß der personale und/oder der inhaltliche Aspekt gemeint sein kann. Zunehmend erhält der inhaltliche Aspekt Vorrang und damit das inhaltliche Objekt. Das Subjekt „ich" tritt zurück, stattdessen wird beim Gebrauch von πίστις an das Objekt „Kerygma" gedacht.

wird das Apostolat des Paulus beschrieben als κατὰ[33] πίστιν ἐκλεκ-
τῶν θεοῦ καὶ ἐπίγνωσιν ἀληθείας. πίστις und Erkenntnis der Wahrheit stehen offensichtlich in einem engen Zusammenhang. Dies kommt
klar zum Ausdruck in I 4,3 mit der Formulierung οἱ πιστοὶ καὶ ἐπεγνωκότες τὴν ἀλήθειαν. Dies kann man nicht anders verstehen als
so, daß die Glaubenden als solche bezeichnet werden, die die Wahrheit erkannt haben[34]. Dem Gläubigsein als gegenwärtigem Zustand
liegt demnach das Zur-Erkenntnis-der-Wahrheit-Kommen voraus.
Das besagt dann: Das Zum-Glauben-Kommen wird verstanden als
Vorgang der Wahrheitserkenntnis. I 2,4 spricht daher davon, daß es
Gottes Wille sei, daß alle Menschen σωθῆναι καὶ εἰς ἐπίγνωσιν ἀληθείας ἐλθεῖν[35].

Nach II 3,7 ist die ἐπίγνωσις ἀληθείας als Ergebnis eines Lernvor-
gangs (vgl II 3,14) zu verstehen. Hier aber kommt es nicht zur Wahrheitserkenntnis, da das Lernen nicht die Wahrheit zum Gegenstand
hat. Solche, die zur Wahrheit oder zur gesunden Lehre im Widerspruch stehen, sollen vom Amtsträger zurechtgewiesen werden (T
1,13 ἐλέγχειν; II 2,25 παιδεύειν): ἵνα ὑγιαίνωσιν ἐν τῇ πίστει
(T 1,13) oder in anderer Formulierung: μήποτε δώῃ αὐτοῖς ὁ θεὸς
μετάνοιαν εἰς ἐπίγνωσιν ἀληθείας (II 2,25). Wenn auch die vorausgesetzte Situation in beiden Fällen unterschiedlich ist[36], ist doch
die Intention beider Formulierungen als gleichbedeutend anzusehen:
in Erkenntnis der Wahrheit Stehen entspricht dem Gesundsein im
Glauben.

---

[33] Schwierig ist die genaue Interpretation von κατά: gibt es die Norm des
Apostolats an (Holtzmann 462 „gemäß"), sein Ziel (Dib-Conz 99: wofür der
Apostel wirkt) oder Norm und Ziel in einem (Holtz 204)? Oder nur allgemein: Beziehung des Apostolats zum Glauben (Weiß 331)? Weiterführend ist
der Hinweis auf I 2,7 (vSoden 207): ἐν πίστει καὶ ἀληθείᾳ. Daß einmal κατά,
einmal ἐν steht, hat eine Parallele: I 1,2 τέκνον ἐν πίστει und T 1,4 τέκνον
κατὰ κοινὴν πίστιν. Beide Male aber ist der Glaube als das Verbindende gemeint: gemeinsame Beziehung auf den Glauben. Man wird dann auch in T 1,1
(κατά) wie in I 2,7 (ἐν) die Beziehung ausgedrückt sehen.
[34] Nur ein Artikel vor beiden Ausdrücken! Dib-Conz 52, Brox 168: „Selbstbezeichnung der Christen".
[35] Wenn somit die Erkenntnis der Wahrheit als Beschreibung des Glaubens
stehen kann, dann liegt hier (wie II 3,15) die Verbindung von πίστις und
σωτηρία vor. Die Infinitive σωθῆναι und εἰς ἐπίγνωσιν ἀληθείας ἐλθεῖν
können in verschiedene logische Beziehung gesetzt werden (dazu vSoden 229).
Am ungezwungensten scheint mir das Verständnis, wonach das σωθῆναι sich
in der ἐπίγνωσις ἀληθείας vollzieht (vgl Holtzmann 308).
[36] In T 1,13 sind wohl Leute gemeint, die zur Gemeinde gehören, deren Glaube
aber geschwächt ist. In II 2,25 scheint es sich um Leute zu handeln, die außerhalb der rechtgläubigen Gemeinde stehen, also den grundlegenden Akt der
μετάνοια κτλ wieder neu vor sich haben.

Zwei Fragen stellen sich:
1. Was ist mit ἀλήθεια gemeint?
2. Was bedeutet der Terminus ἐπίγνωσις τῆς ἀληθείας?

[*Exkurs 1*: ἀλήθεια

Bei der Verwendung des Begriffs ἀλήθεια in der Bibel wird in der Forschung die Frage gestellt, ob mehr der griechische oder der hebräische Wahrheitsbegriff einwirkt: ob also Wahrheit mehr im Sinne objektiven Tatbestandes oder im Sinne geschichtlicher, beanspruchender Wirklichkeit gemeint ist. Für die Mehrzahl des biblischen Sprachgebrauchs wird letzteres, also das hebräische Verständnis zugrundegelegt (Bultmann, ThW I 242ff; H.-G. Link, ThBNT III 1343ff; kritisch gegen obige Alternative Barr, Bibelexegese, 190ff). Ohne daß hier auf die Diskussion eingegangen werden kann, sind doch die beiden genannten Aspekte zu berücksichtigen.

Die Verwendung bei Pls läßt das Verständnis von ἀλήθεια im Sinne beanspruchender Wirklichkeit erkennen: in semantischer Opposition stehen zB ἀδικία (Röm 1,18. 2,8; 1Kor 13,6) (vgl Dupont, Gnosis 9), ἀσέβεια (Röm 1,18), κακία und πονηρία (1Kor 5,8), πανουργία (2Kor 4,2). Es geht bei allen diesen Begriffen um ein Verhalten, und zwar um ein solches, das dem Anspruch der Wahrheit zuwiderläuft.

Mehr in Richtung eines Verständnisses als des objektiv Wahren weist die Verwendung von ἀλήθεια im Gegensatz zur Lüge, zur Unwahrheit und im Sinne von Wahrhaftigkeit, Aufrichtigkeit. Dieser Aspekt inhaltlicher Wahrheit ist gewiß betont, wenn Pls bei der Bezeichnung der Christusverkündigung von ἀλήθεια redet: so von der ἀλήθεια τοῦ εὐαγγελίου in Gal 2,5 und 14, von der ἀλήθεια Χριστοῦ (2Kor 11,10) und vom λόγος ἀληθείας (2Kor 6,7). Aber auch ἀλήθεια absolut kann zweimal zur Bezeichnung des Evangeliums-Inhaltes dienen (Link, ThBNT 1349; Bultmann, ThW I 244f).

Mit dieser Bezeichnung der Verkündigung als ἀλήθεια ist der Ansatz dafür gegeben, daß in späterer Zeit der Aspekt beanspruchender Wirklichkeit gegenüber dem Aspekt inhaltlicher Wahrheit zurücktritt. Zwar ist der Zusammenhang von ἀλήθεια mit δικαιοσύνη im Gegensatz zu ἀδικία im Epheserbrief (4,24. 5,9. 6,14) noch sichtbar. Darüber hinaus aber zeigt sich eine immer stärkere Relevanz des inhaltlichen Aspektes. Die Formulierung λόγος τῆς ἀληθείας hält sich von Paulus über die Deuteropaulinen (Eph 1,13; Kol 1,5) bis zu den Past (II 2,15) durch, erfährt aber durch den jeweiligen Kontext neue Nuancierung (vgl auch Jak 1,18). Kol 1,6 redet im Zusammenhang mit ἀλήθεια von ἀκούειν, ἐπιγινώσκειν und μανθάνειν. Der 2. Thessalonicherbrief bezieht πιστεύειν auf ἀλήθεια im Gegensatz zu πιστεῦσαι ψεύδει (2Thess 2,12), womit der inhaltliche Aspekt des Wahren gegenüber dem Trügerischen klar zum Ausdruck kommt. Im gleichen Zusammenhang wird dann direkt vom Glauben an die Wahrheit, πίστις ἀληθείας, gesprochen (2Thess 2,13).

In dieser Entwicklung des ἀλήθεια-Begriffes steht auch der Gebrauch in den Past. Auch hier gibt die Analyse der semantischen Umgebung einigen Aufschluß. Es begegnet einerseits Terminologie des Redens und Lehrens in Zusammenhängen, wo von ἀλήθεια die Rede ist (II 2,18 λέγειν; 2,24 διδακτικός 2,25 παιδεύειν mit dem Ziel, Wahrheitserkenntnis zu vermitteln; 4,4 Abwendung von der ἀλήθεια hin zu διδάσκαλοι). Andererseits sind Begriffe der geistigen Aufnahme durch die Hörer zu nennen: ἐπίγνωσις (s.u.), μανθάνειν (II 3,7), ἀκοή (II 4,4) und νοῦς (I 6,5; II 3,8; T 1,15). Die ἀλήθεια ist also Gegenstand des Lehrens und Redens. Sie ist Gegenstand des Hörens und Lernens. Und sie ist Gegenstand der Erkenntnis, sie ist erkennbar und einsichtig für den, dessen Vernunft in ungestörter Verfassung sich befindet. ἀλήθεια hat demnach ein stark rationales Moment (Dibelius, Ntl Studien für Heinrici, 177; Link, ThBNT 1350); sie besteht aus einsichtigen Inhalten, die durch Lehre vermittelt werden. Welche Inhalte damit gemeint sind, ist schwer zu sagen. (Die Kommentare differieren.) Ist alles gemeint, was Gegenstand der christlichen Lehre sein kann? Oder sind im engeren Sinne die kerygmatischen Glaubensinhalte gemeint? Der Kontext einiger Stellen, in denen ἀλήθεια vorkommt, spricht für letzteres: der Christushymnus I 3,16 nach 3,15 (στῦλος κτλ τῆς ἀληθείας), die Aussagen über die Schöpfungsgaben im Zusammenhang der Wahrheitserkenntnis (I 4,3) sowie die Kennzeichnung falscher Rede von der Auferstehung als Abweichung von der Wahrheit (II 2,18).

Die Verwendung des Begriffs ἀλήθεια hat für die Past zweifellos auch einen polemischen Sinn. In semantischer Opposition stehen Termini wie μῦθοι (II 4,4), βέβηλοι κενοφωνίαι (II 2,16), die ausdrücklich die Äußerungen von Irrlehrern meinen. Andernorts werden dafür auch Verbindungen mit ψεῦδος (I 4,1 ψευδολόγοι) und πλάνη (I 4,1 πνεύματα πλάνα) verwendet. Terminologische Verwandtschaft in diesen Gegenüberstellungen besteht zum hellenistischen und spätjüdischen Dualismus. In den Test XII ist der Gegensatz von ἀλήθεια und πλάνη wesentlich (vgl Braun, ThW VI 241). Es gibt zwei verschiedene πνεύματα: τὸ τῆς ἀληθείας καὶ τὸ τῆς πλάνης (Test Jud 20,1). Diese beiden πνεύματα streiten miteinander um den Einfluß auf die Menschen. Die Wahrheit wird greifbar in λόγοι ἀληθείας

(Gad 3,1) und wird erfaßt durch den νοῦς, solange dieser nicht durch schädliche Einwirkungen verdunkelt wird (vgl Rub 3,8; Jud 14,1).

Für Qumran (vgl Link, ThBNT III 1348; Murphy-O'Connor, RB 1965, 29ff; Nötscher, Vom AT zum NT, 112ff) spielt neben dem Dualismus von Licht und Finsternis, Gerechtigkeit und Bosheit auch der von Wahrheit und Lüge eine Rolle. Der Begriff Wahrheit steht dabei häufig als Bezeichnung einer geoffenbarten Lehre. Schließlich ist zu erwähnen Philo, der im Blick auf die jüdische Religion von ἀλήθεια spricht im Gegensatz zu den μυθικὰ πλάσματα des Heidentums (Spec Leg IV 178).

Die Terminologie der Past im Zusammenhang mit ἀλήθεια wird demnach auf bekannte dualistische Terminologie zurückgreifen. Doch zeigt der Tenor der Past, daß dahinter kein weltanschaulicher Dualismus steht, sondern eine polemische Intention: der Kampf gegen Irrlehrer. Diese Auseinandersetzung gibt dem Begriff ἀλήθεια sein besonderes Gewicht und seine besondere Nuancierung: zum Aspekt des Wahren tritt noch das Moment des Richtigen gegenüber dem Falschen, Verfälschten (vgl Dupont, Gnosis 10).]

[Exkurs 2: ἐπίγνωσις ἀληθείας

Die mehrfache Verwendung des Ausdrucks ἐπίγνωσις ἀληθείας (I 2,4; II 2,25. 3,7; T 1,1; verbal I 4,3) hat bereits Dibelius (Ntl Studien Heinrici) zur Vermutung geführt, daß hier eine geprägte Formel vorliegt. Sie findet sich ähnlich (mit Artikel) in Hebr 10,26. Zu fragen ist nach dem Sinn dieser Wendung.

Für ἀλήθεια wurde bereits das rationale Moment aufgezeigt. Dem entspricht im Sprachgebrauch der Past, daß mehrmals νοῦς im Zusammenhang mit ἀλήθεια steht (I 6,5; II 3,8 vgl 3,9 ἄνοια; T 1,15), ebenso wie die Verbindung mit ἐπίγνωσις. Alle drei Begriffe sind enthalten in der Wendung μετάνοια εἰς ἐπίγνωσιν ἀληθείας II 2,25 (zu μετάνοια vgl Langerbeck, Aufsätze zur Gnosis 36). Im griechischen Sprachgebrauch sind νοῦς (von LXX nicht als Äquivalent für bestimmtes hebräisches Wort verwendet! vgl Harder, Vernunft, ThBNT III 1290), γινώσκειν und ἀλήθεια thematisch korrespondierende Begriffe, indem sie erkennendes Organ (vgl Behm, νοέω, ThW IV 948), Erkenntnisvorgang und Erkenntnisgegenstand bezeichnen (vgl Bultmann, γινώσκω, ThW I 689): sei es im speziell philosophischen Sinn (außer der griechischen Philosophie vgl Philo), sei es mehr im populären Sprachgebrauch (zB Test Rub 3,8. Jud 14,1: νοῦς — ἀλήθεια). Damit fügt sich die Formel ganz in den Horizont hellenistischer Sprach- und Vorstellungswelt ein.

Für die Wendung ἐπίγνωσις ἀληθείας sind zwei Parallelen in der
außerbiblischen Literatur nachgewiesen: Epiktet, Diss II 20,21 und
Philo, Omn Prob Lib 74. In beiden Fällen handelt es sich aber nicht
um speziell religiöse Erkenntnis, so daß nicht mehr als die sprachliche Analogie festzustellen bleibt (Bultmann, ThW I 706 Anm 70; Dupont, Gnosis 11). Für den Bezug von γινώσκειν und ἐπιγινώσκειν
auf religiöse Erkenntnis bietet sich allerdings umfangreiches Material,
das den allgemeinen Hintergrund für den Sprachgebrauch in der Formel abgibt. Häufig ist dabei der Bezug des Erkennens auf Gott ausgesagt, sowohl im biblisch-jüdischen Schrifttum (mehrfach in LXX;
Test Naph 3,4 γνόντες ... Κύριον; Philo: mehrmals γνῶσις καὶ ἐπιστήμη θεοῦ bzw τοῦ ἑνός) wie auch in philosophischen Schriften
des Hellenismus (zB Epiktet, Diss I 6,42: ἐπιγινώσκειν τὸν εὐεργέ-
την). Die unmittelbare Verbindung von Erkenntnis und Wahrheit
findet sich wenige Male in Qumrantexten (דעת אמת 1 QS 9,17;
1 QH 10,29; vgl Murphy-O'Connor, RB 1965, 61ff). Eine Abhängigkeit wird man daraus allerdings kaum erschließen können. Das NT
kennt den Sprachgebrauch der γνῶσις (2Kor 10,5) bzw ἐπίγνωσις
τοῦ θεοῦ (Kol 1,10), auch τοῦ κυρίου Ἰησοῦ Χριστοῦ (2Petr 1,8. 2,20).
γινώσκειν mit ἀλήθεια kommt in den johanneischen Schriften vor
(Joh 8,32; 2Joh 1). Auffällig ist die partizipiale Form in 2Joh 1,
womit wie in I 4,3 die Christen bezeichnet werden. Freilich ist das
jeweilige Verständnis von ἀλήθεια verschieden (zu 2Joh vgl Bultmann, Johannesbriefe).

Der Sprachgebrauch im Bereich religiöser Erkenntnis läßt einen Unterschied zwischen γνῶσις und ἐπίγνωσις kaum erkennen. Es könnte
daher beliebig sein, daß in der Formel ἐπίγνωσις und nicht γνῶσις
verwendet wird. Bultmann folgert anhand von Vergleichsmaterial,
daß γνῶσις – επίγνωσις keinen Unterschied ausmachten (ThW I
706; ebenso für γινώσκειν – ἐπιγινώσκειν ThW I 703). Demgegenüber hat Sullivan (AnBibl 17–18, 1963, 405ff; ansatzweise auch
Dibelius, aaO 178 Anm 1) aufzuzeigen versucht, daß in den Pls-Briefen
(einschließlich Past) sehr wohl zu unterscheiden sei und ἐπίγνωσις
prägnante Bedeutung habe („fullness of knowledge inspired by love
and leading to love"). Beobachtungen anhand der biblischen Konkordanzen bestätigen dies: in LXX und NT überwiegt der absolute
Gebrauch von γνῶσις (LXX: ca. 39 von 57; NT: ca. 22 von 29),
während bei ἐπίγνωσις die Verwendung mit Genitivobjekt überwiegt
(LXX: 5 von 8; NT: 16 von 20). Das läßt auf einen engeren Bezug
von ἐπίγνωσις auf das Erkenntnisobjekt schließen. Ähnliche Beobachtungen zeigen sich für ἐπιγινώσκειν und γινώσκειν: letzteres
häufiger mit ὅτι o.ä. (Erkennen und Konstatieren eines Sachverhalts),

ersteres mehr mit Akkusativ-Objekt (also direkter auf Erkenntnis-gegenstand bezogen). Ein entsprechender Befund läßt sich bei Epik-tet erkennen. Die Stellen mit ἐπιγινώσκειν (Diss I 6,42. 9,11. 29,61; IV 8,20: beide ersten Stellen in religiösem Sinn, dritte Stelle ver-gleichbar) zeigen: Es ist eine Erkenntnis gemeint, die unmittelbare Konsequenzen für den Erkennenden beinhaltet, also mehr als nur konstatierende Erkenntnis ist.

Die gezeigten Beobachtungen sprechen dafür, daß ἐπίγνωσις eine intensive Erkenntnis ausdrücken soll (vgl Trench, Synonyma des NT 191f; Baljon, Grieksch-Theologisch Woordenboek 454; Moulton-Milligan, Vocabulary s.v. ἐπιγινώσκω; Moulton, NT-Grammar 312). Bei der Verwendung des Begriffs in Past (oder der Tradition, der die Wendung evtl entstammt) kann als Motiv die Polemik gegen die „γνῶσις" mitspielen (Dibelius, aaO 178; Prümm, Biblica 1965, 155). Damit mag auch der auffallende Befund zusammenhängen, daß im nachpaulinischen Schrifttum des NT die Verwendung von ἐπίγνωσις gegenüber γνῶσις überwiegt (γνῶσις: ἐπίγνωσις bei Pls = 20 : 5; nach Pls = 9 : 15).

Auch wenn ἐπίγνωσις ἀληθείας als feste Wendung übernommen wurde, ist nach ihrem Sinn im Kontext der Past zu fragen. Wie im Zusammenhang mit πίστις deutlich wurde, ist die Formel Ausdruck für das Christwerden bzw Christsein (so I 4,3; T 1,1) (vgl Dib-Conz 33; Dupont, Gnosis, 9f): Erkenntnis und Annahme der christlichen Glaubenswahrheit in ihrer traditionell geprägten Form. Dabei ist die Wahrheit als für jeden einsichtig verstanden, nicht mehr als Paradox (vgl Asting, Verkündigung des Wortes 193). Mit ἐπί-γνωσις verbindet sich der Aspekt, daß die Erkenntnis praktische „Anerkenntnis" einschließt, also Konsequenzen für die Lebensweise des Christen hat. In ihren verschiedenen Aspekten hat die Formel zugleich eine polemische Funktion gegen die Häretiker. Die Gemeinde, deren Glieder als ἐπεγνωκότες τὴν ἀλήθειαν verstanden werden, weiß sich im Besitz der allein gültigen Glaubenswahrheit (I 3,15).]

Indem ἐπίγνωσις ἀληθείας den grundlegenden Akt der Erkenntnis und Anerkenntnis christlicher Glaubenswahrheit meint, ist klar, daß es begrifflich parallel zu πίστις verwendet werden kann (s.o.). Nicht so selbstverständlich ist eine weitere Parallele in der Verwendung von πίστις und ἀλήθεια: der Abfall vom christlichen Glauben kann gleicherweise mit πίστις wie mit ἀλήθεια formuliert werden. Am auffälligsten ist dies in der gleichlautenden Formulierung ἀστοχεῖν περὶ τὴν ἀλήθειαν (II 2,18) bzw ἀστοχεῖν περὶ τὴν πίστιν (I 6,21; vgl I 1,5 mit Genitiv statt περί). Im Bezug auf ἀλήθεια heißt es an

anderen Stellen ἀποστρέφεσθαι τὴν ἀλήθειαν (T 1,14) oder ἀποστερεῖσθαι τῆς ἀληθείας (I 6,5). Vergleichbar wird bei πίστις der
Abfall durch Komposita mit ἀπό beschrieben: ἀποπλανᾶσθαι ἀπὸ
τῆς πίστεως (I 6,10) sowie ἀφίστασθαι τῆς πίστεως (I 4,1).

Diese Parallelisierung von πίστις und ἀλήθεια im genannten Zusammenhang ist nur zu erklären, wenn πίστις unter Betonung seines inhaltlichen Aspekts verstanden wird. Von πίστις ist demnach hier –
wie schon an einigen Stellen im Zusammenhang mit διδασκαλία –
als der Bezeichnung des Glaubensinhalts die Rede, der die ἀλήθεια
ja ist. Es sind dies die deutlichsten Stellen, an denen von πίστις als
fides quae creditur geredet wird[37]. Diese Nuancierung des Begriffs
πίστις ist Symptom für die zugrundeliegende Verschiebung im Glaubensverständnis, die analog auch beim Begriff ἀλήθεια sichtbar wurde: die Verschiebung vom existentiellen Aspekt zur Betonung der
geglaubten Wahrheit, somit der inhaltlich-objektiven und rationalen
Seite in πίστις.

2.3 ἀλήθεια und διδασκαλία

Beide Begriffe stehen, wie sich gezeigt hat, als objektive Größe der
πίστις gegenüber, sofern diese subjektiv als Annahme des Glaubensinhalts verstanden wird. So kann man geneigt sein, ἀλήθεια und
διδασκαλία als zwei Bezeichnungen der gleichen Sache anzusehen.
Beiden Begriffen ist auch dies gemeinsam, daß ihnen Widerstand
entgegengesetzt werden kann: ἀντίκεισθαι (I 1,10 neutrisch, vgl aber
I 5,14 ὁ ἀντικείμενος) und οὐκ ἀνέχεσθαι (II 4,3) gegenüber der
διδασκαλία; ἀνθίστασθαι (II 3,8) oder ἀκοὴν ἀποστρέφεσθαι (II 4,4)
gegenüber der ἀλήθεια.

---

[37] Alfaro (aaO 488) nennt folgende Stellen, an denen πίστις = fides quae
creditur („ad designandam doctrinam ipsam creditam"): I 1,19. 4,1.6. 6,10.21;
T 1,13. 2,2. Die meisten dieser Stellen auch bei Bultmann, ThW VI 214; zusätzlich nennt er I 3,9. Vgl Schelkle, NT-Theologie III 97. Die Bestreitung der
Verwendung von πίστις = fides quae creditur in Past (so manche konservative
Autoren, zB Weiß 234) ist nach den dargelegten Zusammenhängen mit διδασκαλία
und ἀλήθεια nicht haltbar. – Verwendet bereits Pls πίστις als fides quae creditur? Ja: Bultmann, ThW VI 214 (Gal 1,23); Alfaro, aaO 488 (zusätzlich: Röm
10,8; Gal 3,2.5; evtl Röm 12,6 und Phil 1,27: aaO Anm. 73). Nein: Hatch, The
Pauline Idea of Faith, 1917, 35 Anm 1. – Zur Entwicklung des Glaubensbegriffs
zur fides quae creditur vgl: Bultmann, NT-Theologie 488; Conzelmann, NT-
Theologie 325; Alfaro, Concilium 1967, 24; Binder, Glaube bei Paulus 77;
Lammers, Hören, Sehen und Glauben im NT 72f. – Kritisch zum Gebrauch
des Schemas von fides quae und fides qua äußert sich Lührmann, Glaube 97f
(ohne Bezug auf Past). Dagegen zu Recht Gräßer, ThLZ 103(1978), 190f.

Die gleichartige Anwendung von Begriffen im Sinne von Widerstand oder Ablehnung gegenüber ἀλήθεια und διδασκαλία zeigt einen bemerkenswerten Unterschied zu πίστις. Von einem Widerstand gegen πίστις wird nämlich nicht gesprochen, obwohl doch πίστις auch den Glaubensinhalt bezeichnen kann. Die Differenz ist in folgendem begründet: ἀλήθεια und διδασκαλία sind für den Hörenden reines Objekt, gegenüber dem man auf Distanz bleiben kann, ohne daß eine eigentliche Beziehung zustandekommt. Anders πίστις: daran ist der Glaubende als Subjekt selbst beteiligt. Auch wenn πίστις objektiven Sinn als Glaubensinhalt annimmt, ist offensichtlich das subjektive Moment noch mitgedacht: πίστις wird daher nicht als Objekt eines distanzierten Verhaltens verwendet.

Trotz der Gemeinsamkeit gegenüber πίστις muß zwischen ἀλήθεια und διδασκαλία deutlich differenziert werden, was meist nicht geschieht. Das ergibt sich schon von der Grundbedeutung her: ἀλήθεια bezeichnet einen Tatbestand, einen Inhalt, διδασκαλία eine Tätigkeit und erst in zweiter Linie auch den Gegenstand der Tätigkeit, also den Lehrinhalt. Entsprechend ist die Verwendung in Past: ἀλήθεια kommt nur im Singular und in der Regel ohne Attribut vor (Ausnahme T 1,1 κατ' εὐσέβειαν). διδασκαλία dagegen kommt auch im Plural vor (I 4,1)[38] und das Verbum ἑτεροδιδασκαλεῖν (I 1,3. 6,3) zeigt, daß es auch andere Lehre gibt[39]. Glaubenswahrheit kann es eo ipso nur eine geben, und über diese verfügt die Gemeinde (I 3,15). Lehren und Lehrer dagegen gibt es verschiedene. Darum liegt alles an der Qualifikation der Lehre: daran, daß sie eine ὑγιαίνουσα διδασκαλία ist. Die Relation zwischen ἀλήθεια und διδασκαλία sieht dann so aus: ἀλήθεια ist die Glaubenswahrheit, διδασκαλία ist primär neutral die Bezeichnung von Lehrtätigkeit samt Lehrinhalt[40]. Wenn sie wirklich die ἀλήθεια als Inhalt und Gegenstand hat, ist sie ὑγιαίνουσα διδασκαλία und darin begrifflich mit ἀλήθεια parallel verwendbar. Der eigentliche Gegenstand des Glaubens ist da-

---

[38] In Past nur hier im Plural; ferner im NT: Kol 2,22 und Mt 15,9, sonst immer Singular.
[39] Am Doppelaspekt von Lehrtätigkeit und Lehrinhalt liegt es, daß man fragen kann, ob ἑτεροδιδασκαλεῖν ein ἕτερον oder ἑτέρως Lehren meint: also einen anderen Lehrgegenstand (Brox, vSoden) oder ein anderes Lehrverfahren oder beides (Wohlenberg). Der sonstigen Intention der Past entsprechend ist sicher an anderen Lehrinhalt zu denken, also ἕτερον.
[40] Die Differenzierung läßt sich gut an II 4,3f zeigen. V. 3 formaler Aspekt: Abwendung von der (als ὑγιαίνουσα qualifizierten) διδασκαλία zu selbstgewählten διδάσκαλοι – Vergleichspunkt ist Lehrtätigkeit, nicht Lehrinhalt. V. 4 inhaltlicher Aspekt: Abwendung von der ἀλήθεια (//ὑγ. διδασκαλία) hin zu den μῦθοι (//διδάσκαλοι).

her ἀλήθεια, nicht διδασκαλία[41]: man kann von der ἀλήθεια abfallen wie von der πίστις (als fides quae creditur), bezüglich der διδασκαλία wird dies nicht gesagt. Der Lehre kann man im positiven Fall Ehre erweisen (sie „schmücken" κοσμεῖν T 1,10), im negativen Fall sie entehren und schmähen (I 6,1).

2.4 εὐαγγέλιον und διδασκαλία

διδασκαλία ist zwar der häufigste Begriff zur Bezeichnung der Verkündigung[42] und in der Formel ὑγιαίνουσα διδασκαλία geradezu terminus technicus für die rechte Verkündigung. Aber, außer dem schon genannten Begriff ἀλήθεια, wird noch eine Reihe weiterer Termini zur Bezeichnung der christlichen Verkündigung bzw der verkündigten Botschaft verwendet. Es sind dies (nach der Häufigkeit): λόγος[43], εὐαγγέλιον[44], παραθήκη[45], κήρυγμα[46], μαρτύριον[47], μυστήριον[48],

---

[41] Das oben über die Relation von πίστις und διδασκαλία Gesagte (Glaubensinhalt = Lehrinhalt) gilt unter diesem „Vorbehalt". In der Literatur wird hier meist nicht differenziert, zB Asting, Verkündigung des Wortes 194 zu I 4,6: πίστις nahezu = διδασκαλία (anders Seeberg, Katechismus 110); Lammers, aaO 73: Verfestigung des Glaubens zur Lehre.

[42] Zahlenmäßig häufiger ist zwar λόγος, doch liegt hier keine einheitliche Verwendung vor. Past haben den Hauptanteil der ntl Belege für διδασκαλία: 15 von 21.

[43] λόγος τοῦ θεοῦ I 4,5; II 2,9; T 1,3. 2,5. Davon wird man die meisten Stellen (auch II 4,2 λόγος absolut) im Sinne von Evangelium zu verstehen haben; I 4,5 meint vielleicht eher ein Gebet. (Vgl Asting, aaO 187ff.) Auf verschiedene Inhalte (Glaubensinhalt im engeren Sinn sowie Lehre) gehen die Genetivverbindungen λόγοι τῆς πίστεως u.ä. (I 4,6. 6,3; II 2,15). Auf den Wortvollzug beziehen sich I 4,12. 5,17; II 2,17. 4,15. Nur vermuten kann man, daß es dabei in I 5,17 um die Evangeliumspredigt neben der ebenfalls genannten διδασκαλία geht. An einigen Stellen liegt eine besondere Qualifizierung durch Attribute vor, womit betont wird, daß es auf die richtige Verkündigung ankommt: I 6,3; II 1,13; T 1,9. 2,8. Auch hier bleibt unklar, wie eng oder weit der betreffende Verkündigungsinhalt zu fassen ist. — Besonders zu nennen ist noch die mehrfach gebrauchte Wendung πιστὸς ὁ λόγος (I 1,15. 3,1. 4,9; II 2,11; T 3,8 vgl 1,9). Während im Anschluß an Dibelius (Past, 2. Aufl.) die Wendung oft als Zitationsformel verstanden wird, sieht u.a. Nauck (Verfasser 45ff) darin eine (dem Jüdischen analoge) Beteuerungsformel, wobei er auf den jeweils vorliegenden Kontextzusammenhang mit σῴζειν / σωτηρία verweist. Für ein Verständnis als Zitationsformel ist nicht nur I 3,1 schwierig (Dib-Conz 24), sondern auch II 2,11: wenn hier 2,11—13 als das gemeinte Zitat angesehen wird, wird übersehen, daß dieses ja als Begründung (γάρ) an πιστὸς ὁ λόγος anschließt, das demnach eher als Beteuerung des Vorhergehenden zu verstehen ist. Gegen eine Alternative wendet sich G. W. Knight (The Faithful Sayings) und versteht die Wendung als „a combined citation-emphasis formula".

[44] εὐαγγέλιον: I 1,11; II 1,8.10. 2,8.

[45] παραθήκη: I 6,20; II 1,12.14.   [46] κήρυγμα: II 4,17; T 1,3.

[47] μαρτύριον: I 2,6; II 1,8.   [48] μυστήριον: I 3,9.16.

διδαχή[49], παραγγελία[50]. Meist wird von den Exegeten zwischen den einzelnen Begriffen kein wesentlicher Unterschied gesehen, sondern diese promiscue mit Evangelium, Lehre, Botschaft o.ä. wiedergegeben[51]. Aber eine genaue Untersuchung der Verwendung zeigt, daß zumindest ein Teil dieser Begriffe in sehr präzis zu bezeichnenden Zusammenhängen verwendet wird und demnach in der Bedeutung klar zu unterscheiden ist.

2.41 Die Wortgruppe εὐαγγέλιον – κήρυγμα – μαρτύριον

Als Wortgruppe, die nur in bestimmten Zusammenhängen verwendet wird, heben sich die Begriffe εὐαγγέλιον, κήρυγμα und μαρτύριον heraus[52]. Die Gemeinsamkeiten ihrer Verwendung sind folgende:

---

[49] διδαχή: II 4,2; T 1,9.

[50] παραγγελία: I 1,5.18. — Die von den meisten der genannten Wortstämme ebenfalls vorkommenden Verben (sowie entsprechende Tätigkeitsbezeichnungen) bleiben hier unerwähnt, da es nur darum geht, die als Bezeichnung eines Verkündigungsinhalts verwendeten Nomina zu erfassen. Zu den betr. Verben siehe Kap. III.

[51] Einige Beispiele dafür seien zur Illustration des Tatbestandes angeführt: Holtzmann interpretiert διδασκαλία in I 1,10 als „gesunde *Moral*" (ὑγιαίνουσα), in I 6,3 u. II 3,10 als *Lehre*, in I 6,1 u. T 2,10 als *Evangelium*; λόγος τῆς ἀληθείας II 2,15 als *Evangelium*, hier „die kirchliche *Lehre* im Gegensatz zur Irrlehre". Wohlenberg 92 identifiziert die ὑγιαίνουσα διδασκαλία mit εὐαγγέλιον („im wesentlichen dasselbe") und versteht εὐαγγέλιον in II 1,10 als *Lehre* bzw *Evangelium*. vSoden (189f) bestimmt als Inhalt von παραθήκη das pln *Evangelium*, sodann „die überlieferte *Lehre*". Dib-Conz 21: ὑγιαίνουσα διδασκαλία als „das im Sinne fester *Lehr*tradition verstandene *Evangelium*", in I 6,3 bezeichnend „den rechten Glauben, die rechte *Botschaft* vom Glauben". Scott bezeichnet εὐαγγέλιον in II 2,8 als „the Pauline *teaching*", die Paulus anvertraute παραθήκη (II 1,12) wie λόγος τῆς ἀληθείας (II 2,15) und κήρυγμα (T 1,3) als „Christian *message*". Brox redet zu II 1,12 von παραθήκη als *Lehre* und als *Evangelium*; entsprechend zu εὐαγγέλιον II 2,8. Jeremias, Abba 180f, weist auf den Unterschied zwischen Kerygma und Didache im Urchristentum hin und kritisiert, daß dies in der exegetischen Terminologie zu wenig berücksichtigt werde. In seinem Kommentar der Past aber macht er zB zwischen εὐαγγέλιον und διδασκαλία keinen klaren Unterschied, obwohl der Sprachgebrauch es nahelegen würde: εὐαγγέλιον wird mit „*Evangelium*" (II 1,8) oder „*Botschaft*" (I 1,11) wiedergegeben, παραθήκη als „reine *Lehre* des Evangeliums" (I 6,20) oder „*Evangelium*" (II 1,12), διδασκαλία als „reine *Lehre* des Evangeliums" (I 1,10), in I 6,1 sowohl als „*Lehre*" wie „*Evangelium*", in I 4,16 (διδ. als Tätigkeit) als Verkündigung des „lauteren *Evangeliums*". Delling, NTS 13(1966f), 315: *Lehre* ist nicht vom *Kerygma* geschieden. Stuhlmacher, EvTh 1968, 185: *Evangelium* ist zur ὑγιαίνουσα διδασκαλία geworden. Vgl. Schulz, Mitte der Schrift 105.

[52] Alle drei Termini sind als Bezeichnungen der christlichen Botschaft auch sonst im NT geläufig, allerdings εὐαγγέλιον weit häufiger als μαρτύριον und κήρυγμα. Vgl dazu die entsprechenden Artikel im ThW. Zu μαρτύριον auch Michel, Cullmann-Festschrift 15–31; zu εὐαγγέλιον und dem Wortstamm

1. Die drei Begriffe werden wechselweise verwendet, wo von der Berufung des Paulus zu seinem Verkündigungsamt die Rede ist. An zwei Stellen wird dieses Geschehen als Akt bezeichnet, in dem Paulus das εὐαγγέλιον (I 1,11) bzw das κήρυγμα (T 1,3) anvertraut wurde (ἐπιστεύϑην)[53]. Zwei andere Stellen bezeichnen das gleiche als Einsetzungsakt: ἐτέϑην κῆρυξ καὶ ἀπόστολος καὶ διδάσκαλος (I 2,7; II 1,11)[54]. Beidemal ist als unmittelbarer Bezugspunkt (εἰς ὅ) der Einsetzung die zu verkündigende Botschaft angegeben: εὐαγγέλιον (II 1,10) bzw μαρτύριον (I 2,6)[55]. Die genannten vier Stellen sind die einzigen in den Past, an denen explizit von der Berufung des Paulus zum Verkündigungsdienst geredet wird. Es muß dabei auffallen, daß hier die drei in Past seltenen Begriffe εὐαγγέλιον, κήρυγμα, μαρτύριον stehen, dagegen das häufige διδασκαλία nicht in entsprechendem Zusammenhang verwendet wird[56]. Damit wird deutlich, daß diese Begriffsgruppe besondere Relevanz hat im Zusammenhang der Berufung des Paulus zum Verkündiger des Ev. Offensichtlich bezeichnet diese Terminologie die grundlegende Verkündigung, wie sie durch Paulus als „den Verkündiger" schlechthin geschehen ist. Die enge

---

μαρτυρ- in Past vgl Asting, aaO 426ff. 628ff; zu εὐαγγέλιον: Strecker, Evangelium 533ff; zu κήρυγμα und μαρτύριον: Burchard, EvTh 38(1978), 325—27. Gemeinsam ist den drei Termini, daß sie sowohl in aktivem (Tätigkeit) wie passivem Sinn (Inhalt der Verkündigung) verwendet werden können, was zu unterschiedlicher Interpretation Anlaß gibt.

[53] Strittig ist, ob κήρυγμα in T 1,3 Tätigkeit (Friedrich, ThW III 716; Holtzmann 466; vSoden 207f; Weiß 334) oder Inhalt (Alfaro, Fides 485 Anm 62; Brox 281; Scott 150f; Kelly 228) bezeichnet. II 4,17 macht deutlich, daß es nicht sinnvoll ist, sich alternativ für das eine oder andere zu entscheiden: πληροφορεῖν (vgl 4,5) läßt an die Tätigkeit denken, ἀκούειν setzt den inhaltlichen Aspekt voraus. Die parallele Verwendung zu (dem allgemein inhaltlich verstandenen) εὐαγγέλιον legt auch für κήρυγμα die Betonung der inhaltlichen Seite nahe — entsprechend Röm 16,25; 1Kor 1,21. 2,4. 15,14 (vgl Alfaro, aaO 485 Anm 62).

[54] Von Einsetzung, mit τίϑεσϑαι ausgedrückt, ist auch I 1,12 die Rede. Während in I 2,6f und II 1,10f die beiden Aspekte Berufung zu einem Amt — Betrauung mit der Verkündigung des Ev in einem formuliert sind, werden sie in I 1,11f getrennt.

[55] Übereinstimmung besteht, daß μαρτύριον (I 2,6) Apposition zum Vorhergehenden ist; strittig ist, ob der Bezug auf 4—6, auf 5f oder nur auf 6 (ὁ δούς) geht. Bei einem Bezug auf δούς könnte μαρτύριον das Zeugnis Christi bezeichnen (vgl Brox). Wahrscheinlicher aber ist der Bezug auf 5—6, wobei μαρτύριον dann das Zeugnis der christlichen Verkündigung meint (so Holtzmann, Beck, Wohlenberg, Weiß, vSoden, Brox).

[56] Letzteres wäre zu erwarten, wenn διδασκαλία tatsächlich im gleichen Sinne wie die drei Termini, also mit ihnen austauschbar, verwendet würde: so zB Strathmann, μαρτύριον ThW IV 510.

Bindung des Ev an Paulus wird auch in der Formulierung εὐαγγέ-λιόν μου (II 2,8) bestätigt.

Aber es findet keine volle Beschränkung der Wortgruppe auf Paulus statt. Vielmehr geschieht — und das scheint wesentlich für die Past — eine Verlängerung zu Timotheus hin[57]: vgl II 1,8 (μαρτύριον, εὐαγ-γέλιον)[58]. 4,2 (κηρύσσειν). 4,5 (εὐαγγελιστής).

2. Gemeinsam ist den drei Begriffen, daß das mit ihnen Bezeichnete in das Offenbarungsgeschehen einbezogen wird: die gemeinte Ver-kündigung ist nicht nur Verkündigung über das Heilsgeschehen, son-dern ist selbst Vermittlung des Heilsgeschehens. Nach II 1,10 ist die ζωή durch das εὐαγγέλιον offenbart worden. Gleiches gilt nach T 1,3 für κήρυγμα, wenn man λόγος αὐτοῦ als die der ἐπαγγελία ζωῆς (1,2) entsprechende Heilszusage Gottes verstehen darf. Vergleichbar ist die Relevanz von μαρτύριον nach I 2,6, das durch den Terminus καιροῖς ἰδίοις (wie T 1,3) als zum Heilsgeschehen gehörig qualifiziert ist.

3. Gemeinsam ist ebenfalls die Beziehung der Wortgruppe zur The-matik des Leidens, wie sie in II zur Sprache kommt. Dazu gehören die Verben ἐπαισχύνεσθαι einerseits, (συγ-)κακοπαθεῖν und πάσχειν andererseits. Vor allem II 1—2 ist von dem Gedanken bestimmt, daß der Verkündiger des Ev nicht sich schämen solle, sondern bereit sein, für das Ev zu leiden. Bezüge der genannten Verben auf μαρτύριον und εὐαγγέλιον liegen vor in II 1,8. 1,12 (Zusammenhang mit V. 10f). 2,8f. 4,5. Für κήρυγμα ist ein ebenso deutlicher Bezug nicht aufzuzeigen[59]. Auffällig ist aber jedenfalls, daß in den genannten Zusammenhängen der Leidensthematik das Wort διδασκαλία nicht vorkommt[60].

---

[57] Für Titus wird das Entsprechende gelten, wenngleich T dafür keine Belege bietet. Immerhin sind die zu nennenden Stellen alle in II zu finden, so daß sich für I ebenso wie für T ein negativer Befund ergibt. Das hängt gewiß mit der be-sonderen Eigenart von II zusammen, von der noch mehrfach zu reden sein wird.
[58] Das μὴ ἐπαισχυνθῇς τὸ μαρτύριον erinnert an οὐ ἐπαισχύνομαι τὸ εὐαγγέλιον Röm 1,16 und dürfte dem nachgebildet sein (Holtzmann 387). Schon dies spricht dafür, μαρτύριον im Sinne von εὐαγγέλιον zu verstehen: dazu kommt die parallele Verwendung in den Satzgliedern von II 1,8. Vgl Holtzmann, vSoden, Wohlen-berg, Weiß. Dib-Conz, Hanson, Holtz zSt erwägen den Gedanken an Tat-Zeugnis, also im späteren Sinn von Martyrium. Doch ist dies hier wohl reine Vermutung, ohne wirklichen Anhaltspunkt. Vgl Brox, Zeuge und Märtyrer 32ff sowie: vCam-penhausen, Die Idee des Martyriums 50f Anm 7.
[59] Man kann aber auf die Leidenssituation des Pls im Zusammenhang von II 4,17 verweisen sowie auf die Amtsbezeichnung κῆρυξ im Kontext von II 1 (V. 11).
[60] διδασκαλία fehlt in II 1—2. Vom Stamm διδάσκ- kommen hier vor: διδάσκαλος (1,11), διδάσκειν (2,2) (und διδακτικός 2,24), also nur Tätigkeitsbegriffe, kein

4. Daß die Termini εὐαγγέλιον, κήρυγμα, μαρτύριον nicht beliebig verwendet werden, zeigt noch eine weitere Beobachtung. Mit einer Ausnahme (II 4,17, wo κήρυγμα ohne Bezug auf einen bestimmten Inhalt steht) stehen die drei Begriffe immer in Verbindung mit kerygmatischen Aussagen: in I 1,12ff nach I 1,11 geht es vom Biographischen (12—14) ins generell Kerygmatische (15f); I 2,6 nach 5f; II 1,8 und 10 in Verbindung mit 9f; II 2,8; T 1,3 nach 2f.

Gewiß sind die genannten Stellen nicht die einzigen kerygmatischen Aussagen und Formeln in den Past. Besonders zu nennen sind zB T 2,11—14. 3,3—7 neben mehreren kurzen Aussagen. Aber es taucht hierbei sonst keine prägnante Begrifflichkeit auf (allenfalls ἀλήθεια, s.o.), die mit der Wortgruppe εὐαγγέλιον κτλ und ihren Charakteristika vergleichbar wäre.

2.42 διδασκαλία

Da nicht nur διδασκαλία häufig vorkommt, sondern überhaupt der Stamm διδασκ- häufig verwendet wird, ist die Verwendung der ganzen Wortgruppe zu berücksichtigen[61]. Wörter vom Stamm διδασκ- begegnen in verschiedenen Zusammenhängen. Aufgrund des viel häufigeren Vorkommens im Vergleich zur oben genannten Wortgruppe lassen sich keineswegs überall die gleichen Merkmale feststellen. Doch kann dieses Variieren gerade auf die verschiedenen Aspekte konkreten Lehrens hinweisen, während sich mit der Wortgruppe εὐαγγέλιον κτλ offensichtlich feste traditionelle Motive verbinden.

Die hauptsächlichen Aspekte in der Verwendung der Wortgruppe διδασκαλία κτλ sind im folgenden darzustellen:

1. Entsprechend der Grundbedeutung von διδάσκειν und διδασκαλία geht es — wie bereits früher gezeigt — primär um die Bezeichnung des Lehrens, der Lehrtätigkeit. Speziell ist die Lehrtätigkeit der Amtsträger in der Gemeinde im Blick. An einigen Stellen ist von

---

Inhaltsbegriff. Daß Pls auch διδάσκαλος war, sagt aber noch nichts über das Verhältnis des Lehrinhalts zum εὐαγγέλιον etwa im Sinne einer Identität.
[61] Vom Stamm διδασκ- kommen vor:

διδάσκω	I 2,12. 4,11. 6,2; II 2,2; T 1,11
διδάσκαλος	I 2,7; II 1,11. 4,3
διδασκαλία	I 1,10. 4,1.6.13.16. 5,17. 6,1.3; II 3,10.16. 4,3; T 1,9. 2,1.7.10
διδαχή	II 4,2; T 1,9
διδακτικός	I 3,2; II 2,24 (nicht im übrigen NT)
ἑτεροδιδασκαλέω	I 1,3. 6,3 (nicht im übrigen NT)
καλοδιδάσκαλος	I 2,3 (nicht im übrigen NT)
νομοδιδάσκαλος	I 1,7

der geforderten Fähigkeit zum Lehren die Rede (I 3,2; II 2,2.24; T 2,7), an anderen Stellen vom Lehren im Zusammenhang mit zugrundeliegendem Auftrag und Vollmacht (I 2,7.12. 4,13.16. 5,17; II 1,11)[62]. Gelegentlich ist nicht allein vom Lehren die Rede, sondern in Verbindung mit anderen, ähnlichen Tätigkeiten wie zB παραγγέλλειν, παρακαλεῖν, ἐλέγχειν u.a. (I 4,11.13. 5,17. 6,2; II 3,16. 4,2)[63].

2. Mehrfach wird die richtige Lehre betont im Gegensatz zur Irrlehre. Hier steht dann im Vordergrund der inhaltliche Aspekt von διδασκαλία[64]. Das gilt vor allem für die formelhafte Wendung διδασκαλία ὑγιαίνουσα (I 1,10; II 4,3; T 1,9. 2,1)[65]. In den gleichen Zusammenhang gehören ähnlich qualifizierende Formulierungen wie καλὴ διδασκαλία (I 4,6), ἡ κατ' εὐσέβειαν διδασκαλία (I 6,3), möglicherweise auch ἀφθορία ἐν τῇ διδασκαλίᾳ (T 2,7)[66]. Demgegenüber wird von der Tätigkeit der Irrlehrer geredet als einem ἑτεροδιδασκαλεῖν (I 1,3. 6,3) — womit ja auch auf den Inhalt, nämlich die inhaltliche Andersartigkeit Bezug genommen wird[67]. Ähnlich heißt es διδάσκειν ἃ μὴ δεῖ (T 1,11). Einmal werden die Irrlehren als διδασκαλίαι δαιμονίων (I 4,1) bezeichnet.

---

[62] Davon I 2,7 u. II 1,11 διδάσκαλος auf Paulus bezogen; außerdem noch II 4,3 auf Irrlehrer bezogen. Diaz, Wortgruppe σῴζειν 100, stellt fest, daß διδάσκαλος in Past „gewöhnlich" den Apostel bezeichne, dessen Auftrag es ist, die διδασκαλία zu verkündigen. Bei nur dreimaliger Verwendung von διδάσκαλος ist die Folgerung, daß damit „gewöhnlich" der Apostel bezeichnet werde, etwas eigenartig. Falsch aber ist es, den Verkündigungsauftrag des Paulus auf διδασκαλία zu beziehen: denn wo die Past von diesem Verkündigungsauftrag reden, verwenden sie eben gerade nicht διδασκαλία, sondern die Wortgruppe εὐαγγέλιον – κήρυγμα – μαρτύριον. Der Bezeichnung des Paulus als διδάσκαλος darf wohl in der Verbindung κῆρυξ καὶ ἀπόστολος καὶ διδάσκαλος (I 2,7; II 1,11) kein zu großes Eigengewicht beigemessen werden. Vgl zB die Titelhäufung in der Variante zu Kol 1,23: κῆρυξ καὶ ἀπόστολος καὶ διάκονος (Lesart von A syhmg) sowie in Herm sim 9,16,5 und 9,25,2: ἀπόστολοι καὶ διδάσκαλοι οἱ κηρύξαντες (vgl ThW III 694 Anm 87).
[63] Zur Zusammenstellung aller Termini im Zusammenhang der Lehrtätigkeit siehe Kap. III.
[64] Zur Unterscheidung von subjektivem und objektivem Aspekt in διδασκαλία, von Lehrtätigkeit und Lehrinhalt vgl Holtzmann, Weiß, vSoden zu II 3,10 sowie Lock zu I 1,10. Lock 12f legt den Sinn als „active teaching" zugrunde für I 4,1.13.16. 5,17; II 3,16; T 2,7, als „the body of doctrine" in I 1,10. 4,6. 6,1.3; II 3,10. 4,3; T 1,9.
[65] Zu ὑγ. διδ. siehe Abschnitt 3.6 ὑγιαίνειν ἐν πίστει.
[66] Infolge des Doppelaspekts von διδασκαλία ergeben sich für den Bezug von ἀφθορία zwei Möglichkeiten, zwischen denen nicht sicher zu entscheiden ist: a) Unschuld/Lauterkeit des Predigers oder b) Unverfälschtheit der Lehre (Brox zSt). Hier wird letzteres angenommen, in Analogie zu den anderen qualifizierenden Näherbestimmungen von διδασκαλία.
[67] Vgl Anm 39.

3. Ebenfalls unter inhaltlichem Aspekt ist von διδασκαλία die Rede in einigen Zusammenhängen, wo es um das christliche Leben analog der Lehre geht: also die Befolgung und Beherzigung der Lehre im Leben der Glaubenden. I 4,6; II 3,10: παρακολουθεῖν τῇ διδασκαλίᾳ, I 6,1: μὴ βλασφημεῖν τὴν διδασκαλίαν, T 2,10: τὴν διδασκαλίαν κοσμεῖν.

4. Einige Texte zeigen, an welche konkreten Inhalte zu denken ist, wenn von διδάσκειν / διδασκαλία geredet wird[67a]: Der Abschluß des Lasterkatalogs I 1,9f kennzeichnet die genannten Verhaltensweisen als im Widerspruch zur gesunden Lehre stehend. Man darf dann folgern: die Lehre zielt demnach auf das gegenteilige Verhalten.

In I 4,1—10 wird in Auseinandersetzung mit Häretikern das Gutsein der Schöpfungsgaben (Speisen!) und die rechte Übung zur εὐσέβεια betont, letztere mit Verweis auf die ἐπαγγελία ζωῆς motiviert. V. 11 (vgl auch schon 6: ὑποτίθεσθαι) kennzeichnet das Ganze als Gegenstand autoritativer Lehre (παράγγελλε ταῦτα καὶ δίδασκε)[68]. I 6,1—2 bringt Mahnungen für die Sklaven. Abschließend werden diese Anweisungen wiederum als Gegenstand der Lehre bezeichnet (2), im Gegensatz zum ἑτεροδιδασκαλεῖν (3). In II 3,10 zeigt die unmittelbare Nebeneinanderstellung von διδασκαλία, ἀγωγή, πρόθεσις (κτλ), daß die Lehre offensichtlich auf bestimmte Lebensführung und Vorsätze zielt[69].

In Abgrenzung gegen Häretiker (T 1,10—16) leitet T 2,1 die folgenden Mahnungen an die Stände in der Gemeinde ein: σὺ δὲ λάλει ἃ πρέπει τῇ ὑγιαινούσῃ διδασκαλίᾳ. Indem der abschließende V. 15 mit ταῦτα λάλει auf V. 1 zurückgreift, ist alles, was dazwischen steht, als „gesunde Lehre" anzusehen[70]. Dazu gehört demnach außer den einzelnen Mahnungen der begründend (γάρ) angeschlossene kerygmatische Abschnitt V. 11—14[71], in dem vor allem die ethische Abzweckung des Heilsgeschehens betont wird.

[67a] Wenn nach den Inhalten der διδασκαλία im Sinne der Past gefragt wird, müssen alle Textstellen herangezogen werden, an denen die Wortgruppe διδασκ-begegnet, also vor allem auch διδάσκειν und nicht nur διδασκαλία: gegen Lohfink, Normativität 99.

[68] Lock 52 zitiert Pelagius: „παράγγελλε ut fiant, δίδασκε quomodo fiant".

[69] Vgl zB Weiß zSt. Manche Exegeten wollen allerdings hier διδασκαλία nicht im Sinne von Lehrinhalt (so auch Holtzmann, vSoden, Wohlenberg), sondern als Lehrweise verstehen (Beck, ähnlich Brox).

[70] Es ist daher einleuchtend, wenn A δίδασκε anstelle von λάλει liest.

[71] Diaz, aaO 100, will (mit Scott) T 2,10 als Einleitung zu 2,11ff auffassen. Dann wäre διδασκαλία τοῦ σωτῆρος Bezeichnung für die kerygmatischen Aussagen in 2,11—14. Der Zusammenhang ist aber anders. 2,11ff schließt mit γάρ an, gibt also die Begründung zu den vorhergehenden Mahnungen. Das ent-

Nach diesen Beispielen kann nicht strittig sein, was διδασκαλία im Sinne der Past meint. Weder ist die „Lehre" mit der Umschreibung als „Sittenlehre" ausreichend charakterisiert[72], noch kann man einfach sagen, das Evangelium sei zur Lehre geworden[73]. διδασκαλία beinhaltet konkrete Mahnungen und Anweisungen an die Gemeinde oder einzelne ihrer Glieder, begründet durch Verweis auf das Kerygma/Evangelium, also den eigentlichen Glaubensinhalt. Das Evangelium ist also insofern auch Inhalt der Lehre. Andererseits wurde deutlich, daß die Wortgruppe εὐαγγέλιον κτλ als Bezeichnung des Evangeliums/ Kerygmas sehr wohl eigene Relevanz hat. Die Relation zwischen dem mit dieser Wortgruppe Bezeichneten und der διδασκαλία muß demnach noch genauer befragt werden.

2.43 Die Relation zwischen εὐαγγέλιον (παραθήκη) und διδασκαλία

2.43.1 Differenzierung

Nach den bisherigen Feststellungen legt sich folgender Schluß nahe: εὐαγγέλιον κτλ bezeichnen mehr die grundlegende, primär missionarische Verkündigung[74] und so die Glaubensinhalte im engeren Sinn. διδασκαλία bezeichnet die an die christliche Gemeinde gerichtete Verkündigung, in der das Ev als Grundlage für jegliche Art konkreter Mahnungen und Anleitungen zu christlichem Leben dient.

Diese Annahme läßt sich vor allem für εὐαγγέλιον κτλ weiter erhärten:

1. Im Zusammenhang mit dieser Wortgruppe taucht mehrmals das Wort ἔθνη auf: so in I 2,7 (nach 6 μαρτύριον), in II 4,17 (κήρυγμα) sowie im Christushymnus I 3,16 (ἐκηρύχθη ἐν ἔθνεσιν). Da an anderen Stellen das Wort ἔθνος nicht vorkommt, ist deutlich, daß sich mit der genannten Wortgruppe, insbesondere κήρυγμα, der universale Aspekt verbindet: es ist primär an die missionarische Verkündigung gedacht.

---

spricht genau dem Aufbau in Kap. 3: 3,1—2 bringt Mahnungen; in 3,3—7 schließt sich mit γάρ ein begründender kerygmatischer Abschnitt an.
[72] Seeberg, Katechismus 110, unterscheidet διδασκαλία als Sittenlehre von der Glaubenslehre. Vgl Hasler, Schweizer Theol Umschau 1958, 68: „Lehre" = ethischer Begriff; Holtzmann 297: „gesunde Lehre" = gesunde Moral.
[73] Vgl Anm 51.
[74] Im NT allgemein: vgl Delling, Wort Gottes 106ff. I. Hermann, Kerygma und Kirche, zeigt für κήρυγμα im NT, daß es nicht auf Missionspredigt beschränkt sei, sondern auch Gemeindepredigt bezeichnen könne.

2. Wie dargelegt, ist die Thematik des Leidens mit der Wortgruppe εὐαγγέλιον verbunden. Die Mahnung zur Leidensbereitschaft des christlichen Verkündigers läßt wohl auch in erster Linie an die missionarische Situation in heidnischer Umwelt denken. Daß in diesem Zusammenhang vom Prozeß des Pls vor Gericht die Rede ist (II 4,16f), bestätigt dies.

3. Die Thematik des Leidens stellt eine Besonderheit von II gegenüber I und T dar. Das steht offensichtlich in Verbindung damit, daß in II mehr generell von der christlichen Verkündigung geredet wird, dagegen die Gemeinde als Gegenüber weniger im Blick ist[75]. So finden sich in II keine konkreten Mahnungen und Anweisungen für die Gemeinde. Dem ist der Befund parallel, daß der Begriff διδασκαλία seltener als in I und T vorkommt, in wesentlichen Abschnitten wie II 1−2 überhaupt nicht, wogegen von 8 Vorkommen der Wortgruppe εὐαγγέλιον κτλ 4 in II 1−2 stehen.

2.43.2 εὐαγγέλιον als Norm

Wie verhält sich nun die διδασκαλία, wie sie in der Gemeinde vollzogen wird, zum εὐαγγέλιον, wie es Pls als Missionar beispielhaft verkündigt hat? Zunächst führen zwei Stellen weiter. In II 2,8 folgt auf die Aussage von der Auferweckung Jesu von den Toten die Apposition κατὰ τὸ εὐαγγέλιόν μου. Offensichtlich wird die Gültigkeit dieser Glaubensaussage daran gemessen, daß sie dem paulinischen εὐαγγέλιον entspricht, in ihm enthalten ist. Der Abschluß des Lasterkatalogs I 1,9f spricht summarisch von dem, was der gesunden Lehre widerspricht. Dann folgt unmittelbar: κατὰ τὸ εὐαγγέλιον ... ὃ ἐπιστεύθην ἐγώ. Zwar läßt sich diese Normangabe grammatisch nicht unmittelbar auf διδασκαλία beziehen[76]. Aber jedenfalls ist hier εὐαγγέλιον als übergeordnete Norm für die lehrhaften Aussagen dieser Verse bezeichnet.

Soviel kann man also sagen: εὐαγγέλιον hat nach diesen Stellen normative Funktion für das, was in der Gemeinde verkündigt wird. Und man wird sich das εὐαγγέλιον als feste und bekannte Größe vorstellen müssen, auf die jederzeit und eindeutig verwiesen werden kann[77].

Zur weiteren Klärung muß der Begriff παραθήκη berücksichtigt werden, der als Traditionsbegriff der Past wesentliche Bedeutung hat.

---

[75] Bei den ἀκούοντες in II 2,14 wird man an die Gemeinde zu denken haben.
[76] Dann wäre Wiederholung des Artikels zu erwarten: τῇ (scil διδασκαλίᾳ) κατὰ τὸ εὐαγγέλιον (Beck 61).
[77] Vgl Dib-Conz 21 (Exkurs): Das Ev ist zum anwendbaren Prinzip geworden.

Hier interessiert die Frage nach dem Inhalt dieser παραθήκη, während auf den mit dem Begriff verbundenen Vorstellungskomplex in einem späteren Kapitel einzugehen ist[77a]. In der Auslegung ist strittig, was als Inhalt der παραθήκη zu denken ist: der eigentliche Glaubensinhalt, speziell christologische Paradosis, also das auch mit εὐαγγέλιον Gemeinte, etwa in Gestalt einer festen Glaubensformel?[78] Oder die Gesamtheit an christlichem Lehr- und Glaubensgut, einschließlich von ethischen Regeln, Ordnungen für die Gemeinde, also alles, was zur διδασκαλία gehört?[79]

Die analogen Formulierungen παραθήκη μου (II 1,12), εὐαγγέλιόν μου (II 2,8) und διδασκαλία μου (vgl II 3,10) könnten nahelegen, alle drei Begriffe zusammenzusehen als Bezeichnung des von Pls Überlieferten. Aber es ist zu beachten, daß für διδασκαλία weder eine Formulierung analog κατὰ εὐαγγέλιον noch analog φυλάττειν παραθήκην zu finden ist. Wo der Begriff παραθήκη steht, fehlt διδασκαλία. Sollte beides austauschbar sein? Nach I 6,20f ist παραθήκη entscheidend wichtig für die πίστις: deren eigentlicher Inhalt ist aber, wie festgestellt, nicht die διδασκαλία. παραθήκη (bzw παρατίθεσθαι) steht auch in II 1,12.14. 2,2[80]. Wäre mit παραθήκη die διδασκαλία gemeint, so würde man dieses Wort eher erwarten anstatt der umschreibenden Formulierung ἃ ἤκουσας παρ᾽ ἐμοῦ (II 2,2 vgl 1,13)[81]. So aber fehlt διδασκαλία in II 1—2, während εὐαγγέλιον κτλ hier wesentlich ist. Der Zusammenhang II 1,8—14 läßt keinen anderen Schluß zu als unter παραθήκη das εὐαγγέλιον zu verstehen: 8 μαρτύριον / εὐαγγέλιον (9f kerygmatischer Abschnitt) 10f εὐαγγέλιον, zu dessen Verkündigung Pls eingesetzt 12 παραθήκη μου 13 (ἃ) παρ᾽ ἐμοῦ ἤκουσας 14 τὴν καλὴν παραθήκην φύλαξον. Die Frage, in welcher Gestalt das paulinische Ev für die Past παραθήκη war, ist schwer zu beantwor-

---

[77a] Siehe Kap. V 3.1 (Exkurs 11).
[78] Wohlenberg 218f: christliche Heilswahrheit; Stuhlmacher, EvTh 1968, 181: christologische Paradosis; Seeberg, aaO 108ff: Glaubensformel; Lohfink, Normativität 96f: Evangelium.
[79] Scott 82: „the whole of Christianity"; vSoden 189f: überlieferte Lehre, ähnlich: Jeremias 41f. Brox 221. 234ff. vgl Asting, aaO 189.194.
[80] παρατίθεσθαι außer II 2,2 noch in I 1,18, dort bezogen auf παραγγελία, womit offensichtlich die in I 1 gemachten Aussagen zusammengefaßt werden: diese Aussagen sind grundlegender, genereller Art, nicht konkrete Anweisungen wie die διδασκαλία.
[81] Von einer Weitergabe ist im Zusammenhang mit διδασκαλία bezeichnenderweise nicht die Rede. Der Kontext von I 4,6 und II 3,10 zeigt, daß παρακολουθεῖν τῇ διδασκαλίᾳ sich nicht auf amtliche Übernahme der Lehre bezieht, sondern die Realisierung der dem Amtsträger (als Vorbild aller I 4,12) zuteilgewordenen Lehre in seinem Leben: beide Male steht die εὐσέβεια im Kontext samt dem Hinweis auf die προκοπή (I 4,7.8.15; II 3,9.12.13).

ten. Man wird annehmen können, daß es fest formulierte Tradition gab[82]. Ob dies aber in mündlicher oder schriftlicher Form war: darüber kann man nur Vermutungen anstellen[83].

Aufschluß über die Relevanz der παραθήκη gibt II 1,13, indem sie (= ἅ παρ' ἐμοῦ ἤκουσας) als ὑποτύπωσις ὑγιαινόντων λόγων bezeichnet wird. Die „gesunden Worte" meinen die von Timotheus (bzw dem Amtsträger, dessen Typus er ist) zu leistende Verkündigung. Wesentlich ist das Verständnis von ὑποτύπωσις. Häufig wird hier von „Vorbild" geredet[84]. Dann hätte sich Timotheus in seiner Verkündigung an das diesbezügliche Vorbild des Paulus zu halten. Wird jedoch ὑποτύπωσις genauer in seiner Bedeutung gefaßt, ergibt sich eine wesentlich andere Nuance. ὑποτύπωσις hat primär die Bedeutung: „Entwurf, Skizze" und dient zB als Begriff in der bildenden Kunst. So stellt Plotin die ὑποτύπωσις einer Statue deren ἐξεργασία gegenüber[85]. Legt man diese Bedeutung für den Gebrauch in Past zugrunde[86], dann ist die paulinische παραθήκη gewissermaßen der Grundriß aller Verkündigung, die in seiner Nachfolge geschieht[87]. Oder aus der anderen Sicht: die Verkündigung, wie sie zur Zeit der Past geschieht, wird verstanden als Entfaltung der von Paulus überlieferten Verkündigung[88].

Da παραθήκη gleichbedeutend mit εὐαγγέλιον ist, liegen entsprechende Aussagen vor, wenn einerseits εὐαγγέλιον mit κατά als Norm gegenwärtiger Verkündigung eingeführt wird, andererseits die Worte der παραθήκη als ὑποτύπωσις, Grundriß, eben dieser gegenwärtigen Verkündigung bezeichnet werden. Inhalt der tradierten παραθήκη ist also nicht bereits die Lehre, wie sie der Amtsträger in der Gemeinde vorzutragen hat. Die παραθήκη gibt ihm vielmehr die Inhalte des εὐαγγέλιον an die Hand und damit gewissermaßen das Material, das er im Vollzug der διδασκαλία für die Gemeinde konkretisiert

---

[82] Vgl zB Seeberg, aaO 111; Lee, NTS 1961, 172; u.a.

[83] Nach II 1,13. 2,2 (ἤκουσας) hat man an mündliche Traditionsweitergabe zu denken.

[84] Weiß 255; vSoden 189; Holtzmann 398; vgl Brox 235; Bauer, WB s.v.

[85] Siehe vor allem Lee, NTS 1961, 171f. Aufgrund des Suffixes beinhaltet ὑποτύπωσις „the special idea of a form outlined as basis of further work".
Lee gibt verschiedene Belege für die Verwendung von ὑποτύπωσις, u.a. das genannte Beispiel von Plotin, Ennead. VI 37. Vgl Goppelt, τύπος κτλ, ThW VIII (246ff) 248: „Muster", „Skizze". Goppelt versteht aber II 1,13 auch im Sinne von „Vorbild" (250).

[86] So auch Wohlenberg 283.

[87] Vgl Lee, aaO 172.

[88] Diesen Aspekt betont vor allem Schlier, Ordnung der Kirche 140ff. Vgl Roloff, Apostolat 255f.

und entfaltet[88a]. Für das Evangeliumsverständnis der Past ist dabei wesentlich, daß die ethische Ausrichtung der Lehre nicht etwas Zusätzliches gegenüber dem Evangelium ist, sondern bereits in diesem angelegt ist (am deutlichsten: T 2,11−14)[89].

2.43.3 Kriterien der διδασκαλία

Die παραϑήκη ist nicht allein das Material, anhand dessen in der Gemeinde die διδασκαλία entfaltet wird, und nicht einziges Kriterium, woran sie gemessen wird.

1. Als Norm für die Lehre gilt auch die εὐσέβεια, wie in der Formulierung ἡ κατ᾽ εὐσέβειαν διδασκαλία (I 6,3) deutlich wird[90]. Der Begriff εὐσέβεια hat stark praktische Ausrichtung, wobei wesentlich an die Respektierung bestehender Ordnungen in der Welt (als Schöpfung Gottes) gedacht ist[91]. Da die παραϑήκη ja nicht Konkretion im einzelnen enthält, hat das Prinzip der Respektierung der Ordnungen als Anleitung für das Verhalten im Einzelfall seinen guten

---

[88a] In der Bezeichnung der διδασκαλία als „konkrete Realisation des Evangeliums in der Praxis" ist Lohfink, *Normativität* 100, zuzustimmen. Die Verhältnisbestimmung von παραϑήκη / εὐαγγέλιον und διδασκαλία bleibt aber unpräzise, sofern er beide als „zentrale Normbegriffe" der Past bezeichnet (101). Man muß dann differenzieren: die παραϑήκη ist grundlegende Norm, vor allem derart, daß sich an ihr der Amtsträger bei seiner Verkündigung (= διδασκαλία) auszurichten hat; die διδασκαλία kann daneben als Norm bezeichnet werden in dem Sinne, daß sich an ihr christliches Leben auszurichten hat. Da die διδασκαλία die an die Gemeinde zu richtende Verkündigung ist, hat die Feststellung Lohfinks, daß die Amtsstrukturen in Past nicht zum Inhalt der διδασκαλία gehören, keine Beweiskraft für seine These, daß die Amtsaussagen der Past nicht normativ gemeint seien. Was der Vf den „Paulus" an Amtsaussagen an Tim und Tit (also an Amtsträger als Adressaten) formulieren läßt, kann sehr wohl normativ gemeint sein: nur gehört dies nicht zur διδασκαλία (deren Adressat die Gemeinde ist), sofern nämlich Amtsstrukturen die Voraussetzung für den Vollzug der διδασκαλία sind (Siehe dazu Kap. III 2 u 3)! − Zur Frage der Normativität s auch Kap VI 3.
[89] Das führt Hasler, aaO 65ff, zu seiner These vom „nomistische(n) Verständnis des Evangeliums in den Pastoralbriefen", was in seiner Darstellung aber doch überspitzt formuliert ist.
[90] Man kann in I 6,3 den Bezug der Lehre auf Ev (ὑγ. λόγοι κτλ) und εὐσέβεια ausgedrückt sehen. Von diesem Doppelaspekt zu reden, setzt freilich voraus, die ὑγιαίνοντες λόγοι κτλ nicht als Bezeichnung für die gleiche Sache wie ἡ κατ᾽ εὐσέβειαν διδασκαλία zu verstehen (so zB Brox 208). Mit mehreren Kommentatoren sind die ὑγιαίνοντες λόγοι κτλ wohl als die Verkündigung, das Evangelium zu verstehen, auf der die διδασκαλία basiert: Weiß 215. Scott 73 vgl Dib-Conz 20 (Wohlenberg 201). Manche sehen in den ὑγ. λόγοι τοῦ κυρίου ἡμῶν Worte Jesu (statt über ihn) − so Wohlenberg 201; Lock 68 −, doch ergeben sich dafür keine Anhaltspunkte.
[91] Vgl Foerster, εὐσεβής / εὐσέβεια, ThW VII 177f. 182.

Sinn. Da die gemeinten Ordnungen die in der Umwelt gültigen sind, brauchen sie nicht eigens Inhalt christlicher παραϑήκη zu sein.

2. Die Verse II 3,15ff gehen auf Funktion und Nutzen heiliger Schriften ein, wobei mit der Mehrzahl der Ausleger[92] jedenfalls in erster Linie an das AT zu denken ist. Nach V. 16 ist jede von Gott inspirierte Schrift ὠφέλιμος πρὸς διδασκαλίαν[93]. Die Schrift also gibt Anhaltspunkte für Inhalt und Begründung der Lehre. In I 2,12ff und 5,18 wird dies in Past selbst praktiziert.

Die beiden genannten Kriterien für die Lehre erweisen sich als wichtig, wenn es um die Eignung der Amtsträger geht: sie müssen Vorbild in der εὐσέβεια sein (vgl I 4,7 mit 11; sowie die Betonung der Ordnung im eigenen Haus I 3,4f. 12 u.ö.); sie dürfen nicht Neulinge sein (I 3,6), sondern müssen mit dem christlichen Glauben und den heiligen Schriften gut vertraut sein (II 3,14f)[94].

3. Schließlich sind vom Selbstverständnis der Past her die in ihnen enthaltenen Mahnungen und Anweisungen als „paulinisch" verbindliche Beispiele für die rechte Lehre[95].

Zusammenfassung (2)

πίστις ist geprägt durch das Übergewicht des sachlich-inhaltlichen anstatt des personalen Bezuges. πίστις ist vor allem die Haltung, die die (inhaltlich verstandene) Glaubenswahrheit akzeptiert, und wird auf dieser Linie selbst zur Bezeichnung des Glaubensinhalts. Ein stark

---

[92] Vgl außer den Kommentaren: Hasler, aaO 67; Delling, Wort Gottes 22; Lammers, Hören, Sehen und Glauben im NT 73; Vögtle, BiLeb 1971, 276; Dias, Kirche 112. Auf Erwägungen, daß auch an Schriften der Apostel gedacht sei, nimmt Kos, Fides 135f Bezug. Vgl auch Thurian, VC 1961, 61.

[93] Strittig ist in der Formulierung πᾶσα γραφὴ ϑεόπνευστος καὶ ὠφέλιμος ..., ob ϑεόπνευστος prädikativ („every Scripture is inspired of God") oder attributiv („every God-inspired Scripture is also ..."). J. W. Roberts, Exp Tim 76(1964), 359, zeigt anhand des linguistischen Befundes in LXX und NT für die Verwendung von πᾶς in Verbindung mit Nomen + Adjektiv, daß von attributiver Bedeutung auszugehen ist.

[94] Zu den in II 3,14f wesentlichen Gedanken des Bleibens bei dem Gelernten und des Vertrautseins mit den Schriften vgl im hellenistischen Raum: Plutarch, Lib Educ 10 = Mor 8B (παλαιὰ συγγράμματα) und Praec Coniug 47 = Mor 145E (an eine Frau: ὧν καὶ πάρϑενος οὖσα παρ᾽ ἡμῖν ἀνέλαβες); an der erstgenannten Stelle wird dann die χρῆσις τῶν βιβλίων als ὄργανον τῆς παιδείας betont (vgl II 3,16!).

[95] Damit denken Past also durchaus an bestimmte „paulinisch" autorisierte Lehrüberlieferung. Der spezielle Traditionsterminus παραϑήκη bezeichnet aber nur das der gegenwärtigen διδασκαλία zugrundeliegende εὐαγγέλιον, nicht die pln Lehrbeispiele.

rationales Moment wird sichtbar in der Umschreibung des Glaubens als ἐπίγνωσις τῆς ἀληθείας, in welchem Ausdruck zugleich eine Abgrenzung gegen häretische Auffassungen und Haltungen impliziert ist.

Die Glaubenswahrheit ist Bestandteil der Lehre, sofern diese ὑγιαίνουσα διδασκαλία ist (auch dieser Terminus mit polemischem Akzent!). Grundlage und Norm der lehrenden Verkündigung (διδασκαλία) ist das paulinische Evangelium (εὐαγγέλιον / κήρυγμα / μαρτύριον), das als — mündlich oder schriftlich — formulierte Tradition (παραθήκη) überliefert und damit verfügbar ist. Aufgabe der Lehre ist es, unter Heranziehung weiterer Kriterien (εὐσέβεια, AT, Weisungen des Pls) das Ev für das Verhalten der einzelnen Glaubenden und der Gemeinde zu konkretisieren.

3. Der Glaube unter individuellem Aspekt

Daß die Glieder der Gemeinde die richtige Einstellung zum Glauben haben, ist eines der zentralen Anliegen der Past. Darum muß der Amtsträger gegen die Irrlehrer seinen Mann stehen, um die drohende Gefahr von der Gemeinde abzuwenden oder Irregeleitete wieder zum rechten Glauben zu bringen[96].

Das Sein im Glauben, wie es für den Christen charakteristisch sein soll, wird mehrmals einfach mit der Formulierung ἐν πίστει (als Apposition) ausgedrückt. Bestimmte Tätigkeiten oder Verhaltensweisen werden dabei als im Glauben geschehend bezeichnet und damit die πίστις als der dafür grundlegende Status angesehen[97]. Einige Male stehen verbale Verbindungen wie μένειν ἐν πίστει (I 2,15) und ὑγιαίνειν ἐν πίστει (T 1,13 vgl 2,2; dazu siehe unten)[98]. Indem von Bleiben und Gesundsein im Glauben geredet wird, ist bereits die gegenteilige Haltung im Blick: die Möglichkeit, daß am Glauben nicht festgehalten wird, daß der Glaube nicht mehr „gesund" ist. Das Vorherrschen von Verben in Verbindung mit πίστις, die ein negatives

---

[96] Zur Auseinandersetzung der Past mit der Irrlehre siehe Kap. III.
[97] zB I 3,13; II 1,13; T 3,15; fraglich ist I 2,7.
[98] Bei Pls findet sich eine größere Variabilität in der Beschreibung des Seins im Glauben, zB verbale Verbindungen mit ἑστηκέναι, περιπατεῖν, εἶναι ἐν, ζῆν ἐν, ἀσθενεῖν, ἐνδυναμοῦσθαι. Wie noch zu zeigen ist, hängt dies wohl mit der dynamischen Sicht von πίστις zusammen, während in Past daraus eher ein Stand, eine Haltung geworden ist.

Verhalten ausdrücken, zeigt, daß hier das Anliegen, genauer: die Besorgnis der Past zur Sprache kommt. Wo es um die Verkündigung in der Gemeinde und um den daraus genährten Glauben geht, stehen die Hörenden und Glaubenden vor der entscheidenden Alternative: nehmen sie das Gehörte auf, halten sie sich daran oder stellen sie sich dem entgegen, widersprechen ihm?[99] Halten sie an dem einmal angenommenen Glauben fest, bleiben sie standhaft darin? Oder: wenden sie sich von der πίστις ab, lassen sich durch Irrlehrer davon abbringen?[100]

Die Situation, in der die Glaubenden stehen, stellt sich dem Vf der Past als Entscheidungssituation dar. Das Moment der Entscheidung gehört freilich im ganzen Urchristentum zur πίστις. Aber dabei geht es primär um den Akt des Zum-Glauben-Kommens[101]. In den Past hat sich das Gewicht verschoben, indem sich die Entscheidung auf das Festhalten am Glauben bezieht. Darin spiegelt sich die geschichtliche Situation, in der die Past stehen, zugleich aber auch ihre Sicht der Situation. Die Situation ist die zunehmender Lehr- und Glaubensdifferenzen in der Kirche, sei es durch verschiedene Anschauungen in der Gemeinde selbst, sei es durch Prediger, die von außen in die Gemeinden kommen. Die Past deuten diese Situation nicht als eine nur momentane, geben ihr vielmehr eine letztgültige, nämlich endzeitliche Relevanz. Obwohl die Naherwartung für Past keine Rolle mehr spielt, wird gerade das Auftreten der Irrlehrer und der durch sie verursachte Abfall von Glaubenden in endzeitlichen Kategorien

---

[99] Dem ἀκούειν (I 4,16; II 2,14. 4,17 u.a.) auf die Verkündigung und dem daraus folgenden μανθάνειν (I 2,11; II 3,14; T 3,14 u.a.) steht als entgegengesetzte Haltung gegenüber die fehlende Bereitschaft zum Hören (οὐκ ἀνέχεσθαι II 4,3. ἀποστρέφειν τὴν ἀκοήν II 4,4) und der offene Widerspruch (ἀνθίστασθαι II 3,8. 4,15, ἀντιλέγειν T 1,9). Ausgehend von der Anschauung, daß jeder — ob Glaubender oder Nichtglaubender — sich an eine Lehre o.ä. hält, lautet die Alternative: προσέχειν μύθοις καὶ γενεαλογίαις I 1,4, πνεύμασι πλάνοις καὶ διδασκαλίαις δαιμονίων I 4,1, Ἰουδαϊκοῖς μύθοις T 1,14 oder προσέρχεσθαι ὑγιαίνουσιν λόγοις I 6,3; ἐπαγγέλλεσθαι θεοσέβειαν I 2,10 oder γνῶσιν I 6,21.
[100] Für das *Festhalten am Glauben*, Bleiben im Glauben gibt es keine spezielle Terminologie, es begegnen sehr verschiedene Formulierungen: ἔχειν πίστιν I 1,19, ἔχειν μυστήριον πίστεως I 3,9, πίστις ἐνοικεῖ II 1,5, ἐντρεφόμενος τοῖς λόγοις τῆς πίστεως I 4,6, μένειν ἐν οἷς ἔμαθες II 3,14, μένειν ἐν πίστει καὶ ἀγάπῃ I 2,15, μνημονεύειν II 2,8. Dem steht gegenüber die Terminologie zur Beschreibung des *Abfalls vom Glauben*: ἀποπλανᾶσθαι ἀπὸ τῆς πίστεως I 6,10, ἀποστρέφεσθαι τὴν ἀλήθειαν T 1,14, ἀστοχεῖν περὶ τὴν πίστιν I 6,21, περὶ τὴν ἀλήθειαν II 2,18, ἀφίστασθαι τῆς πίστεως I 4,1, ναυαγεῖν περὶ τὴν πίστιν I 1,19, ἀρνεῖσθαι τὴν πίστιν I 5,8; ἐκτρέπεσθαι εἰς ματαιολογίαν I 1,6, ἐπὶ τοὺς μύθους II 4,4. Das Tun der Irrlehrer, andere vom Glauben abzubringen, wird bezeichnet als ἀνατρέπειν (II 2,18; T 1,11), als αἰχμαλωτίζειν (II 3,6).
[101] Bultmann, πιστεύω κτλ, ThW VI 209; Conzelmann, NT-Theologie 79f.

beschrieben[102]. Damit soll doch wohl betont werden, wie entscheidend jetzt das Festhalten am Glauben und an der von den Past vertretenen Verkündigungstradition ist.

Mit dem Gesagten ist der Rahmen deutlich, in dem die Past das Glaubensverhalten des einzelnen Christen sehen. Anhand einiger charakteristischer Begriffe, die in diesem Zusammenhang verwendet werden, sind die Gesichtspunkte aufzuzeigen, die für die individuelle Glaubenshaltung im Sinne der Past wesentlich sind. Die Ausdrücke, die hier in Frage kommen, sind die anthropologischen Termini νοῦς, συνείδησις und καρδία, wovon vor allem συνείδησις mehrmals in engem Zusammenhang mit πίστις steht. Dazu kommen zwei direkt mit πίστις gebildete Formulierungen: πίστις ἀνυπόκριτος und ὑγιαίνειν ἐν πίστει.

3.1 νοῦς

Eine der wesentlichsten Voraussetzungen für den rechten Glauben auf anthropologischer Ebene ist die Unversehrtheit und Funktionsfähigkeit des νοῦς. Auf den rationalen Aspekt, den die πίστις dadurch erhält, wurde schon im Zusammenhang mit ἀλήθεια hingewiesen. νοῦς korreliert als Erkenntnisorgan — Einsicht, Vernunft, Verstand, Sinn bezeichnend — der ἀλήθεια als dem Glaubens- und Er-

---

102 Der Abfall vom Glauben durch Verführung endzeitlicher Mächte gehört zu den Themen apokalyptischer und dualistischer Literatur; vgl Braun, πλανάω κτλ, ThW VI 230ff. Die Past nehmen dieses Thema mehrfach auf: I 4,1 ἐν ὑστέροις καιροῖς, II 3,1 ἐν ἐσχάταις ἡμέραις, 4,3 ἔσται καιρός. Diese Zeitangaben sind Hinweis des Paulus auf den Glaubensabfall in künftigen, endzeitlichen Tagen. Faktisch aber sind es ja „vaticinia ex eventu" und dienen dazu, die Gefahren der Irrlehre in intensivsten Farben zu malen. Die formal eschatologischen Begriffe dienen in einer ent-eschatologisierten Konzeption als Mittel zur Qualifizierung der bedrohenden Situation in der Auseinandersetzung mit Irrlehre. Vgl Braun, aaO 250: „Das eschatologische Abgehen vom Heilsglauben wird nun in einem Prozeß der Rationalisierung und Moralisierung zum Abfall in die Irrlehre." Wobei die gewandelte Verwendung der Abfallterminologie sich auch darin zeigt, daß — wie Braun feststellt — sich das Abfallen nicht mehr atlich auf Gott, sondern auf die nun rational als neue Norm gefaßte πίστις bezogen werde. Auch im NT läßt sich dieser Unterschied feststellen, wenn es etwa im Hebräerbrief (mit seinem stärker atlich orientierten Sprachgebrauch) in 3,12 heißt: ἀποστῆναι ἀπὸ θεοῦ ζῶντος, dagegen in Past I 4,1 ἀποστήσονται τῆς πίστεως. Eine interessante terminologische Parallele aus der spätjüd.-dualist. Literatur ist zB Test N 3,3: Ἔθνη πλανηθέντα καὶ ἀφέντα τὸν Κύριον ... ἐξακολουθήσαντες πνεύμασι πλάνης, dem gegenübergestellt wird: ὑμεῖς δὲ ... γνόντες ... Κύριον. Dazu vgl I 4,1: ἀποστήσονται κτλ und im Gegensatz dazu 4,3: ... ἐπεγνωκόσι τὴν ἀλήθειαν.

kenntnisgegenstand. Sofern das Zum-Glauben-Kommen als ἐπίγνωσις τῆς ἀληθείας interpretiert wird, hat dabei also der νοῦς eine
wichtige Funktion. Weil der Glaubensinhalt als rational erfaßbar verstanden wird, müßte also jeder, dessen νοῦς intakt ist, auch den Weg
zum Glauben finden. Aber der Vf der Past zieht diese mögliche Konsequenz doch nicht, bleibt also bei der Beschreibung des Zum-Glauben-Kommens nicht auf der rein rationalen Ebene stehen. Denn in
II 2,25 wird die μετάνοια εἰς ἐπίγνωσιν ἀληθείας als Gabe Gottes
bezeichnet. Das Moment des Unverfügbaren hat der Glaube also nicht
verloren.

Wie beim Zum-Glauben-Kommen spielt der νοῦς auch beim Festhalten am Glauben eine wichtige Rolle. Nur solange der νοῦς intakt
ist, kann auch der Glaube als die Akzeptierung der ἀλήθεια Be-
stand haben. Es wird dies daraus ersichtlich, daß im Zusammenhang
der Abwendung von der ἀλήθεια die Zerstörung des νοῦς als dem
vorausgehend beschrieben wird. Die Zerstörung, die Befleckung des
νοῦς macht die Betroffenen unfähig, die Wahrheit zu erkennen oder
bei der erkannten Wahrheit zu bleiben[103]. Das hat seine Folgen für
das Verhalten. Was die Past als Fehlverhalten bei den Irrlehrern beurteilen, sehen sie als Folge des verkehrten Zustandes ihres νοῦς[104].
Wieder erscheint hier (wie beim Zum-Glauben-Kommen) eine doppelte Sicht: einerseits sind diejenigen, die sich von der Wahrheit abkeh-
ren, dafür und für ihr daraus folgendes Verhalten verantwortlich zu
machen[105]; andererseits kommt direkt und indirekt zum Ausdruck,
daß dämonische, also übernatürliche Mächte mit im Spiel sind, wo
der νοῦς gestört ist und zum Abfall führt[106].

---

[103] Am deutlichsten ist der Zusammenhang in II 3,8: unmittelbar nach der
präsentischen Aussage ἀνθίστανται τῇ ἀληθείᾳ steht die perfektische ἄνθρωποι
κατεφθαρμένοι τὸν νοῦν. Ähnlich T 1,14 und I 6,5. Die Verwendung von
-φθείρειν in diesem Zusammenhang scheint auch sonst geläufig, zB Test Ass
7,5 und Naph 3,1. Ebenso hat die Formulierung ἀποστερεῖσθαι τῆς ἀληθείας
ihre sprachlichen Vorbilder, so bei Plato, Phaed 90 D, Pol VI 484 C, ähnlich
Theaet 196 E, Prot 345 B, Epin 977 D; Alc I 135 A: νοῦ τε καὶ ἀρετῆς
κυβερνητικῆς ἐστερημένῳ.
[104] So deutlich T 1,15 betreffend die Auffassung über rein und unrein.
[105] Vgl zB II 3,8 ἀδόκιμοι περὶ τὴν πίστιν sowie T 1,16 πρὸς πᾶν ἔργον
ἀγαθὸν ἀδόκιμοι. ἀδόκιμος im NT (atl Hintergrund): Nichtbewährung in der
Situation zwischen empfangenem Heil und bevorstehendem Gericht. Vgl Grundmann, δόκιμος κτλ, ThW II, 258ff.
[106] Vgl II 2,26 (παγὶς τοῦ διαβόλου) und I 4,1 (Hinweis auf Geister und Dämonen
als die, die letztlich hinter den falschen Ansichten der Irrlehrer stehen). Dem
Terminus πνεύματα πλάνα entspricht der in Test XII häufige von den πνεύματα
πλάνης; in Test Jud 23,1 ist von δαίμονες πλάνης die Rede.

3.2 συνείδησις

3.21 Problem der Interpretation

Eine ebenso wichtige oder noch wesentlichere Rolle als νοῦς spielt der ebenfalls anthropologische Begriff συνείδησις. Er erscheint zweimal absolut verwendet (I 4,2; T 1,15), viermal in Verbindung mit den Adjektiven ἀγαϑός (I 1,5.19) bzw καϑαρός (I 3,9; II 1,3). Die enge Koordination mit πίστις, wie sie an drei Stellen vorliegt (I 1,5.19. 3,9), deutet an, daß συνείδησις im Denken der Past in enger Relation zur πίστις steht. Schwierig aber ist die Frage, was unter συνείδησις zu verstehen sei oder zumindest: welcher Aspekt in der Verwendung des Begriffs vorherrschend sei[107]. Im wesentlichen lassen sich 4 verschiedene Interpretationen aufzeigen: 1. im eigentlichen, terminologischen Sinn als moralisches Gewissen, das — je nach der zur Beurteilung anstehenden Handlungsweise — gut oder böse ist[108]; 2. συνείδησις im transmoralischen, religiösen Sinn als Bezeichnung für die Versöhnungsgewißheit im Glauben an Christus, als Bezeichnung der neuen Existenz in Christus und letztlich des gesamten Christenstandes[109]; 3. „gutes Gewissen" im engeren Sinne bezogen auf die Lauterkeit der Gesinnung, auf die subjektive Echt-

---

[107] Die Grundbedeutung ist das Bewußtsein vom eigenen Inneren, dann Selbstbewußtsein neben der allgemeineren Bedeutung Wissen, Kenntnis von etwas. Mit dem Verständnis als Selbstbewußtsein verbindet sich (vor allem seit dem 1. Jh vChr) die Vorstellung vom moralischen, primär bösen Gewissen. Vor allem im hellenistisch-jüdischen Bereich verbindet sich damit der Begriff des Gewissens als anklagender Instanz (ἔλεγχος). — Im NT steht συνείδησις außer Joh 8,3 nur in der pln und pln beeinflußten Literatur. Strittig ist, ob der Begriff bei Pls sich einfügt in die hellenistische Bedeutung oder weiter ist als diese. Demnach wird einerseits betont, der pln Begriff betreffe nur das eigene Handeln und nur geschehene, meist schlechte Taten (Pierce); auf der anderen Seite: der pln Begriff gehe nicht nur vom bösen Gewissen aus, sondern meine auch das mit dem Glauben verbundene befreite, gute Gewissen und habe auch künftiges Handeln im Blick (Maurer). — Während Pls συνείδησις stets ohne Attribut verwendet, steht es in der nachpln Literatur meist mit ἀγαϑή, καϑαρά, καλή verbunden. Die Frage ist, ob hier der pln Begriff des befreiten Gewissens unter atl Einfluß eine neue Formulierung erhält (Maurer) oder ob ein bereits vorchristlicher hellenistischer Begriff des guten Gewissens einwirkt (Stelzenberger). — Vgl aus der Literatur: Pierce, Conscience in the NT, 1955; Stelzenberger, Syneidesis — Conscientia, 1963; Maurer, σύνοιδα / συνείδησις, ThW VII 897ff; Thrall, The Pauline Use of Syneidesis, NTS 1967, 118—25; Jewett, Paul's Anthropological Terms, 1971. Zur vor-ntl Geschichte des Begriffs: Cancrini, Syneidesis.

[108] Weiß 83: conscientia consequens; Pierce, aaO 62; Stelzenberger, aaO 42 (zu I 1,5.19. 3,9. 4,2; T 1,15; anders II 1,3).

[109] Beck 86; Maurer, ThW VII, 917; Neufeld, BiLeb 1971, 41.

heit des Bekenntnisses zum Glauben[110]; 4. „gutes Gewissen" in einem sehr weiten Sinn als vulgär-kirchlicher Begriff, der sowohl das Stehen auf seiten der gesunden Lehre wie die moralische Bindung bezeichnet[111].

Als Ausgangspunkt für die Interpretation werden meist die Stellen mit καθαρά bzw ἀγαθὴ συνείδησις gewählt. Gerade diese Stellen aber sind inhaltlich sehr unergiebig, da ihnen außer der — zudem verschieden interpretierbaren[112] — Koordination mit πίστις nichts zu entnehmen ist. Die Interpretation ist dann von vornherein davon beeinflußt, auf welche Tradition man den συνείδησις-Begriff der Past zurückführt: „gutes Gewissen" als Explikation des paulinischen existentiell-transmoralischen oder Aufnahme des hellenistischen moralischen Gewissensbegriffes. Für die Frage, was συνείδησις in Past bedeutet, eignen sich aber als Ausgangspunkt besser die beiden Stellen, wo συνείδησις absolut verwendet wird; denn hier wird der Begriff jeweils in deutlicherem sachlichem Zusammenhang gebraucht.

3.22 συνείδησις in I 4,2

In I 4,2 wird die Art und Weise, in der die Irrlehren verbreitet werden, bezeichnet als ἐν ὑποκρίσει ψευδολόγων, also „in Heuchelei von Lügenrednern". Als Apposition[113] zu diesem Ausdruck steht κεκαυστηριασμένων τὴν ἰδίαν συνείδησιν, was wiederum fortgesetzt wird mit κωλυόντων γαμεῖν, also auf die konkreten Inhalte der Irrlehre eingeht. Will man nicht davon ausgehen, daß die Aussage über συνείδησις einfach ein pauschaler Vorwurf ist[114], für dessen inhaltliche Bedeutung der Kontext belanglos ist, dann legt sich nahe, einen Zusammenhang zu sehen zwischen dem Vollzug der Irrlehre als

---

[110] Holtzmann 321; vSoden 183. Scott 35 (zu I 3,9): „Men must be chosen who honestly believe what they profess."

[111] Dib-Conz 16f (Exkurs): Begriff „gutes Gewissen" im Zusammenhang vulgär-kirchlichen Gebrauchs wie Hebr 10,2.22; Barn 19,12; Did 4,14 u.a., gehört zu den Eigenschaften christlicher Bürgerlichkeit (S. 17). Brox 103f.

[112] Zu I 1,5 Wohlenberg 88: πίστις als Grundlage des guten Gewissens, beides zusammen als Voraussetzung des reinen Herzens. Umgekehrt vSoden 224: Begriffsreihe von Ursache zu Folge, also συνείδησις ἀγαθή als Folge von καρδία καθαρά und πίστις ἀνυπόκριτος als Folge von συνείδησις ἀγαθή. — Zu I 1,19 Wohlenberg 102: aus dem Glauben erwächst gutes Gewissen. Umgekehrt Weiß 102: ἀγαθὴ συνείδησις als Grund des Glaubens, nicht seine Folge.

[113] Wohlenberg 153.

[114] In diese Richtung gehen Dib-Conz 52, Brox 167, wenn sie von typischen Vorwürfen der Ketzerpolemik sprechen. Sehr wohl wird es typische Polemik sein, die nicht ein tatsächliches Bild der Irrlehrer gibt. Exegetisch wichtig aber ist, ob eine inhaltlich präzise Terminologie vorliegt.

ἐν ὑποκρίσει ψευδολόγων geschehend und dem Tatbestand des gestörten Gewissens. Eine der möglichen Bedeutungen von κεκαυστηριασμένων[115] ist die, daß gemeint ist, das Gewissen sei durch den medizinischen Vorgang des Ausbrennens betäubt und damit unempfindlich geworden. Diese Bedeutung ist hier die einleuchtendste: was die Irrlehrer sagen, ist Heuchelei und Lügnerei; hätten sie ein intaktes Gewissen, würde sie dies davon abhalten; so aber hat ihr Gewissen die Empfindung verloren. Der Gedankengang ist dann parallel dem bei νοῦς festgestellten: bei wem der νοῦς ungestört ist, der hält sich zur Wahrheit; bei wem das Gewissen, das Bewußtsein intakt ist, der verbreitet nicht in heuchlerischer Weise falsche Lehren.

[*Exkurs 3*: συνείδησις und ὑπόκρισις

Die Inbezugsetzung von συνείδησις und ὑπόκρισις in I 4,2 ist offensichtlich nicht ad hoc erfolgt, sondern entspricht üblichem Sprachgebrauch. Von 4 Belegen des Ausdrucks καθαρὸν τὸ συνειδός (συνειδός steht analog συνείδησις) bei Philo stehen drei in entsprechendem Zusammenhang. In Leg ad Gajum 165 betrachtet Caligula eine Ehrung durch Alexandria als ἀπὸ καθαροῦ τοῦ συνειδότος, während tatsächlich dem Verhalten der Stadt κολακεία, γοήτεια und ὑπόκρισις zugrunde lag. In Quod omn prob 99 wird die Freiheit der Rede (ἐλευθεροστομεῖν) als ἐκ καθαροῦ τοῦ συνειδότος in Gegensatz gestellt zu κολακεία und ὑπόκρισις. Vergleichbar ist auch die Wendung παρρησιάζεσθαι ἐκ καθαροῦ τοῦ συνειδότος in Spec Leg I 203.

Ein ähnlicher begrifflicher Zusammenhang wird bei Josephus Bell Jud 1,453 (23,3) sichtbar: von drei Brüdern macht der eine durch κολακεία und διαβολή gegen die anderen beiden Stimmung, während einer der beiden vor Gericht Gelegenheit zur παρρησία erhält, dazu befähigt durch Redegewandtheit μετὰ καθαροῦ τοῦ συνειδότος. Bei Pausanias, Achaika VII 10 findet sich die Wendung ὑπὸ συνει-

---

[115] Die 3 möglichen Bedeutungen des seltenen Worts καυ(σ)τηριάζω (von καυτήριον Brenneisen) sind: 1) die Brandmarkung von Sklaven an der Stirne: dann könnte man daran denken, daß die Irrlehrer als Sklaven des Satans gezeichnet sind — wobei das Gewissen anstelle der Stirne — vgl II 2,26; Scott 45, Lock 48. 2) die Brandmarkung von Verbrechern: dann sind die Irrlehrer damit als amoralisch gekennzeichnet, Verbrechern gleichzusetzen, vgl Weiß 162. 3) als medizinischer Terminus für die Anästhesierung: durch Berührung mit Brenneisen wurde die betreffende Stelle unempfindlich gemacht, Pierce, aaO 91f (vgl im Englischen: „cauterize" als medizin. Terminus), vgl Holtzmann 336. Für diese 3. Deutung spricht auch, daß der medizinische Vorgang sich ja auf verschiedene Körperteile beziehen konnte, so eben hier — übertragen — auf das Gewissen. In den ersten beiden Deutungen muß dagegen anstelle des geläufigen Bezugs auf die Stirn der Bezug auf das Gewissen gesetzt werden.

δότος ἐπαρρησιάζετο ἀγαθοῦ im Kontext zum Gegenbegriff κολακεία.

An beiden zuletzt genannten Stellen steht συνειδός zwar nicht im
Bezug zu ὑπόκρισις, doch zu κολακεία, das mehrfach in sachlichem
Zusammenhang mit ὑπόκρισις begegnet. Gemeinsam ist der Mehrzahl der Stellen die Verbindung mit παρρησία / παρρησιάζεσθαι (bzw
ἐλευθεροστομεῖν), für das die Aspekte der wahren und freimütig
offenen Rede wesentlich sind[116]. Für ὑπόκρισις ist dagegen kennzeichnend, daß Reden oder Tun mit der wirklichen Absicht nicht
übereinstimmen, vgl Polybius 35,2,13: κατὰ μὲν τὴν ὑπόκρισιν ...
τῇ γε μὲν προαιρέσει. (Vgl auch die in Thesaurus s.v. angegebene
Definition von Eustathius.) Angesichts der sonst nicht häufigen Belege für den Begriff „gutes Gewissen" führen die genannten Beispiele
(vgl noch Dionysius Hal., Ant Rom 8,48,5: συνείδησις καθαρά) zum
Schluß, daß der Begriff im Zusammenhang des offenen, freien, unge-
heuchelten Redens einen festen Platz hatte. Auf diesem Hintergrund
wird gut verständlich, daß die Past das — in ihrem Sinne — unwahre
Reden der Irrlehrer als Täuschung auslegen und mit einem abgestumpf-
ten Gewissen erklären: „gutes Gewissen" wäre da, wo Heuchelei fehlt
und das Reden in ehrlicher Intention geschieht[117].]

3.23 συνείδησις in T 1,15

In *T 1,15* wird von νοῦς und συνείδησις der Irrlehrer[118] gleicherweise
ausgesagt, daß sie befleckt seien. Daher sind ihnen die Dinge der

---

[116] Der Begriff der παρρησία entstammt der politischen Sphäre der griechischen
Polis. Dabei ist zum einen der Aspekt wichtig, daß die Wirklichkeit, die Wahrheit zur Sprache kommt, vgl Demosthenes, Or 6,31 (p 73,17). Der andere wichtige Aspekt ist der Freimut, der Mut zur Offenheit insbesondere angesichts politischer Verhältnisse, die das nicht ratsam erscheinen lassen: vgl Dio Chrys 32,26f,
wo die gegenüber einem harten Herrscher praktizierte κολακεία der παρρησία
entgegengesetzt ist. Philo, Quod omn prob 99, bezeichnet daher θωπεία, κολακεία
und ὑπόκρισις als δουλοπρεπέστατα. — Zum Ganzen: vgl Schlier, παρρησία, ThW
V 869ff.
[117] Zum vorliegenden Gedanken vgl 1Thess 2,1—7, wo Paulus seine missionarische Tätigkeit gegen mögliche Verdächtigungen verteidigt. Dabei verwendet er ähnliche Terminologie, wie sie im Komplex ὑπόκρισις — συνείδησις festgestellt wurde:
παρρησιάζεσθαι (2), οὐκ ἐκ πλάνης οὐδὲ ἐξ ἀκαθαρσίας οὐδὲ ἐν δόλῳ (3),
οὔτε ἐν λόγῳ κολακείας (5). V. 4 redet vom Prüfen der Herzen, wobei in Verbindung mit ἀκαθαρσία (4) wohl auch an die Lauterkeit, Redlichkeit des Verkündigers gedacht ist. Vgl. auch Röm 9,1: Sagen der Wahrheit durch Gewissen bestätigt.
[118] In T 1,10—16 scheint nicht ganz klar, von wem eigentlich die Rede ist, ob
von Irrlehrern — also nicht (mehr) zur Gemeinde Gehörigen — oder von Gemeindegliedern, deren Glaube wankend geworden ist. Letzteres trifft für αὐτοί in 1,13

Schöpfung nicht rein[119], während demgegenüber den Reinen (offensichtlich die dem Glauben gemäß Handelnden)[120] alles rein ist. Wie in I 4,3—5 sind Glaube (vgl T 1,15 ἄπιστοι) und Wahrheitserkenntnis (vgl T 1,14 ἀλήθεια) als Voraussetzung genannt, um die Gaben der Schöpfung als gut und rein empfangen zu können. Dazu kommt im Unterschied zu I 4 noch ein zweiter Aspekt. War dort nur von der (falschen) Lehre der Irrlehrer die Rede, so geht es hier auch um ihre Lebensweise. Schon die Redeweise von den Reinen und den Befleckten enthält für die Past die Bewertung des moralischen Verhaltens. Mit συνείδησις neben νοῦς tritt hier der Aspekt des richtigen Handelns gleichgewichtig neben den der rechten Glaubenseinstellung. V. 16 illustriert, inwiefern συνείδησις als das das Handeln begleitende Bewußtsein bei den Irrlehrern gestört, befleckt ist[121]: sie behaupten Gott zu kennen, ihre Werke aber sind eine Leugnung dessen. Die Past führen also den Widerspruch zwischen der behaupteten Gotteserkenntnis und dem an den Tag gelegten Handeln auf ein gestörtes Gewissen zurück.

[*Exkurs 4: Moralisch gutes Gewissen vor- und außerchristlich*

Pierce (Conscience in the NT) und Maurer (ThW VII 899.901) gehen davon aus, daß für das Profangriechische συνείδησις generell den

---

sicher zu, vgl Weiß 347. Im Unterschied davon ist in 1,14 von denen die Rede, an deren Lehre sich die Gemeindeglieder nicht halten sollen. Der Ausdruck Ἰουδαϊκοὶ μῦθοι weist auf 1,10, wo von denen ἐκ τῆς περιτομῆς geredet wird, die lehren, was nicht sein soll (1,11): hier geht es also um die Irrlehrer. Dasselbe ist auch für 1,15f anzunehmen: ἄπιστοι und das perfektische μεμιαμμένοι weisen auf einen abgeschlossenen Zustand, ein ὑγιαίνειν ist nicht mehr zu erwarten; daß es aber nicht nur Abgefallene, sondern aktiv Lehrende sind, dafür spricht ὁμολογοῦσιν (16).

[119] In 15 wendet der mit ἀλλά eingeleitete Satzteil die Aussagen vom Sachlichen (οὐδὲν καθαρόν) ins Persönliche (ἀλλὰ μεμίανται): anstatt im Anschluß an ἀλλά von der Unreinheit der Dinge für die „Unreinen" zu sprechen (vgl Dib-Conz 103). So erscheinen 15a und 15b (τοῖς δὲ μεμ.) als die eigentliche Gegenüberstellung, 15c (ἀλλὰ ...) als Begründung für die Aussage in 15b.

[120] Auf den Zusammenhang Glaube — Reinheit weist die Gegenüberstellung καθαροί einerseits — μεμιαμμένοι καὶ ἄπιστοι andererseits. Daß καθαρός, auf Menschen bezogen, nicht kultisch, sondern moralisch/ethisch gemeint ist (vgl die Kommentare zSt), zeigen andere Stellen der Past: II 2,19ff ἐκκαθαίρειν und ἁγιάζειν (21) im Zusammenhang mit ἀδικία (19); T 2,14 λυτροῦσθαι und καθαρίζειν mit ἀνομία gegenüber καλὰ ἔργα.

[121] Zwar läßt sich syntaktisch der genannte Zusammenhang zwischen 15 und 16 nicht beweisen, da eine verbindende Partikel fehlt. Es fügt sich aber gut in den Gesamtzusammenhang von 13—16, wenn mit νοῦς auf Vers 14 (ἀλήθεια) Bezug genommen wird und an συνείδησις dann die Aussage V. 16 sich explizierend anfügt. In der Mitte stehen 15ab als dogmatischer Kernsatz, 15c als Erläuterung, den Bezug auf 14 und 16 in sich schließend.

Begriff des bösen Gewissens meine (anders Stelzenberger, aaO 33). Dann käme für den Begriff des „guten/reinen Gewissens" in Past primär paulinischer Einfluß in Frage (so Maurer). Der Sachzusammenhang in T 1,15f eignet sich als Ausgangspunkt, dieser Frage nachzugehen.

Im Blick auf Übereinstimmung oder Diskrepanz zwischen Erkenntnis und Handeln verwendet auch Pls den Begriff συνείδησις [122]. Aber weder der gleiche Sachbezug (rein — unrein) noch die Redeweise von beflecktem Gewissen verlangt, hier nur an paulinischen Einfluß zu denken. Von beflecktem Gewissen wird schon im vorchristlichen Griechisch gesprochen (Dionys. Hal. de Thuc jud VIII 3: zitiert Pierce 50 Anm 3). Auffällig aber ist, daß Philo in ähnlichem Zusammenhang wie in T 1,15 von „reinem Gewissen" spricht (Pls verwendet συνείδησις nie mit Attribut!). In Praem Poen 79–84 fordert Philo die Übereinstimmung zwischen dem Hören der göttlichen Gebote und den Handlungen im Leben und spricht abschließend lobend von dem Volk, das Gott anrufe ἀπὸ καθαροῦ τοῦ συνειδότος. In vergleichbarem Zusammenhang steht die bereits genannte Wendung παρρησιάζεσθαι ἐκ καθαροῦ τοῦ συνειδότος (Spec Leg I 203). Offensichtlich gilt für beide Stellen der Gedanke, daß der Mensch sich dann ein καθαρὸν συνειδός zuschreiben könne, wenn seine Erkenntnis des göttlichen Willens und sein Tun übereinstimmen.

Nicht nur bei Philo gibt es Hinweise dafür, daß von einem guten Gewissen, guten Bewußtsein im Blick auf das eigene Handeln auch

---

[122] Die Thematik, in der *Pls* συνείδησις hauptsächlich verwendet, ist das Götzenopferfleisch (1Kor 8,7–13. 10,23–11,1). Pls stellt fest, daß für den Glaubenden das Götzenopferfleisch ein Adiaphoron sei (1Kor 8,8. 10,25f). Für den Glaubenden aber, der diese γνῶσις nicht hat (1Kor 8,7), wird es zum Anstoß (Röm 14,20), befleckt das Gewissen (1Kor 8,7). — Für Pls ist also — wie in Past — wesentlich, daß das Handeln mit der Glaubenserkenntnis übereinstimmt. In anderer Hinsicht bestehen wesentliche Unterschiede: 1. Bei Pls bedeutet die Reaktion des Gewissens (als „painful knowledge of one's transgression", Jewett) im konkreten Fall die Befleckung des Gewissens (μολύνεται 1Kor 8,7). In Past wird eine generelle Aussage gemacht, wonach das Gewissen befleckt (μεμίανται κτλ T 1,15) und damit praktisch funktionsunfähig geworden ist (vgl Pierce, aaO 92: ein Habitus). 2. Für Pls führt das befleckte Gewissen des Bruders in der Gemeinde zur Folgerung, auf diesen und sein Gewissen Rücksicht zu nehmen (1Kor 8,9ff. 10,29f; Röm 14,1–3. 15f. 20f), ihn nicht zu verurteilen (Röm 14,4). Für Past handelt es sich um die generelle moralische Beurteilung von Leuten, die nicht (mehr) zur Gemeinde gehören. Von ihnen gilt es, sich zu distanzieren und keinesfalls ihre Haltung zu akzeptieren. — Zu den genannten Stellen bei Pls vgl: Conzelmann, 1Kor; Michel, Römer; Käsemann, Römer; Jewett, aaO 458ff; Pierce, aaO 60ff; Bultmann, πίστις, ThW VI 220; ders., NT-Theologie 217ff; Maurer, συνείδησις, ThW VII 912ff; Stelzenberger, aaO 36ff; Ridderbos, Paulus 202ff; speziell zu συνείδησις ἀσθενής Dupont, Gnosis 274ff.

im vor- und außerchristlichen Bereich die Rede ist. Dabei sind zunächst zwei Aspekte zu trennen (vgl Maurer ThW VII 899; Pierce, aaO 22ff): ob von Abwesenheit, Nicht-in-Erscheinung-Treten der συνείδησις als schlechtem Gewissen geredet wird oder ausdrücklich von Anwesenheit einer συνείδησις als gutem Gewissen, gutem moralischen Bewußtsein. Von Abwesenheit schlechten Gewissens spricht zB Plutarch, Mor. 556 A: die Seele ist καθαρά, wenn sie τὸ συνειδός ἐξ ἑαυτῆς ἐκβαλοῦσα; mit Attribut vgl Lukian, Amores 49: οὐδεμιᾶς ἀπρεποῦς συνειδήσεως παροικούσης, womit eine positive Wirkung verbunden wird. Aber schon Plato redet von der positiven Wirkung abwesenden schlechten Gewissens, Polit 331 A: τῷ δὲ μηδὲν ἑαυτῷ ἄδικον συνειδότι ἐλπὶς ἀεὶ πάρεστι. Offensichtlich ist hier der Sache nach bereits von einem guten Gewissen die Rede. Direkt in moralisch positivem Sinn (gegen Maurer, ThW VII 899) verwendet Xenophon συνειδέναι in Cyrop. 1,5,11: ἐπείπερ σύνισμεν ἡμῖν αὐτοῖς ἀπὸ παίδων ἀρξάμενοι ἀσκηταὶ ὄντες τῶν καλῶν κἀγαθῶν ἔργων, ἴωμεν ἐπὶ τοὺς πολεμίους [123]. Ähnlich ist die Verwendung bei Epiktet, Ench 34, wo es im Bezug auf die Überwindung einer Begierde heißt: πόσῳ ἄμεινον τὸ συνειδέναι σεαυτῷ ταύτην τὴν νίκην νενικηκότι.

Wie die Xenophonstelle — eine Feldherrnrede (Kyros) vor dem Kampf — und andere Stellen zeigen, könnte es sich um einen festen Topos handeln, daß in einer Feldherrnrede vor der Schlacht vom moralisch guten Gewissen der Kämpfer als Voraussetzung zu erfolgreichem Kampf die Rede ist [124]. So sagt Josephus in einer Rede an seine Soldaten: am erfolgreichsten seien Kriege dann, wenn ἀγαθὸν τὸ συνειδὸς ἔχωσιν πάντες οἱ στρατευόμενοι (Bell Jud 2,582 = 20,7). In einer Feldherrnrede bei Herodian, Hist 6,3,4 heißt es, daß der Mut (τὸ θαρράλεον) ἐκ τῆς ἀγαθῆς συνειδήσεως komme und — parallel dazu — die Hoffnung (τὸ εὔελπι) ἐκ τοῦ μὴ ἀδικεῖν. Die ἐλπίς hat offensichtlich ihren Grund in moralisch gutem Gewissen

---

[123] Zu Beginn der Kyrosrede in Cyrop 1,5,11 heißt es: ἐκ παίδων ὁρῶν ὑμᾶς ἃ μὲν καλὰ ἡ πόλις νομίζει, προθύμως ταῦτα ἐκπονοῦντας, ἃ δὲ αἰσχρά ... τούτων ἀπεχομένους. Nach darauf bezogenen Beispielen folgt der zitierte Satz, der mit ἀπὸ παίδων auf das ἐκ παίδων Bezug nimmt. Man wird also gegen Maurer bei καλὰ κἀγαθὰ ἔργα (Maurer: Waffenkunst) an das zu denken haben, ἃ καλὰ ἡ πόλις νομίζει: die Übereinstimmung des Tuns mit dem in der πόλις als καλά Geltenden rechtfertigt es, sich ein gutes Gewissen zuzuschreiben. — Zum Rückbezug auf die gemeinsame Erziehung der Soldaten in der Feldherrnrede vgl auch Dionys Hal, Ant Rom VI 7.

[124] Zu einem anderen Topos der Feldherrnrede vgl J. B. Bauer, Wer sein Leben retten will, Mk 8,35 parr in: Neutestamentliche Aufsätze (Fs J. Schmid), Regensburg 1963.

(vgl oben Plato) und ist so selbst Motor guter Taten: so jedenfalls in einer Feldherrnrede bei Dionys. Hal., Ant Rom 6,9,5, wo die Soldaten aufgefordert werden, als λαβόντες καλὰς ἐλπίδας ἔργων καλῶν ἡγεμόνας. Eine Verbindung des Gewissensbegriffs mit ἐλπίς liegt — allerdings ohne Zusammenhang mit einer Feldherrnrede — auch in epArist 260f vor (συνιστορεῖν ἑαυτῳ).

Die angeführten Stellen zeigen, daß im vor- und außerchristlichen Bereich συνειδέναι/συνείδησις durchaus nicht nur das moralisch böse Gewissen bezeichnet, sondern auch die positive Verwendung erkennbar wird. Und die Verbindungen mit ἐλπίς machten deutlich, daß auch da, wo an sich nur von abwesendem schlechten Gewissen die Rede ist, ein positives Bewußtsein gemeint ist. Als positives Beispiel sei noch Alciphron 1,10,5 genannt, wo das absolut verwendete τὸ συνειδός in seinem Kontext das Bewußtsein einer guten Tat bezeichnet. Wie die Stellen bei Philo, läßt zB auch die Xenophonstelle in ihrem Gesamtzusammenhang erkennen, daß das moralisch gute Gewissen auf der Übereinstimmung zwischen dem Wissen um die moralische Norm und dem tatsächlichen eigenen Tun beruht. Die Kritik der Past am Zustand des Gewissens der Irrlehrer aufgrund des Widerspruchs zwischen behauptetem Wissen und tatsächlichem Tun fügt sich in diesen Zusammenhang. Angesichts des auch sonst bestehenden Einflusses hellenistischer Ethik in Past läßt sich die Verwendung des Begriffffs „gutes Gewissen" von hier aus leichter verstehen als von Pls her. Das besagt dann auch, daß Past die Auffassung vom moralischen Gewissen mit ihrer Umwelt teilen, es für Past also kein spezifisch christliches Gewisssen gibt.]

Anhand der Exkurse zu I 4,2 und T 1,15 wurden für den Gewissensbegriff der Past zwei unterschiedliche Aspekte aufgezeigt. Der jeweilige Kontext legt es nahe, zwischen καθαρὰ συνείδησις und ἀγαθὴ συνείδησις in diesem Sinne zu unterscheiden.

Die Entsprechung zu καρδία καθαρά (siehe unten) spricht dafür, συνείδησις καθαρά auf der Linie des zu I 4,2 aufgezeigten Aspekts zu verstehen: es geht um die reine Intention, um die Echtheit der Überzeugung und des Verhaltens, so demnach in I 3,9 und II 1,3.

Daß συνείδησις αγαθή mehr als nur die Echtheit und Redlichkeit bezeichnet, wird in I 1,5 deutlich. Das Motiv der redlichen Intention im Verhalten ist dort mit καθαρὰ καρδία im Bezug auf ἀγάπη ausgedrückt[125]. Das Motiv echter Glaubensüberzeugung kommt durch

---

[125] Die Verbindung ἀγάπη ἐκ καθαρᾶς καρδίας entspricht wohl der paulinischen ἀγάπη ἀνυπόκριτος.

πίστις ἀνυπόκριτος zur Sprache. So ist es am naheliegendsten, das syntaktisch in der Mitte stehende συνείδησις ἀγαθή auch dem Sinn nach als Mittelglied zwischen rechter Glaubensüberzeugung und redlichem Handeln zu verstehen: als Bewußtsein der Übereinstimmung zwischen Glauben und Handeln[126]. Für I 1,19 ist dann ebenfalls dieser Begriff des moralisch guten Gewissens anzunehmen, wobei man fragen kann, ob die Verbindung mit dem Motiv der καλὴ στρατεία (V. 18) zufällig oder bewußt ist (vgl Feldherrnrede!).

3.3 καρδία καθαρά

Die Wendung begegnet zweimal, nämlich I 1,5 und II 2,22. Während in I 1,5 der Begriff in der Koordination mit συνείδησις ἀγαθή und πίστις ἀνυπόκριτος nicht ohne weiteres klar ist, sind die Gegebenheiten in II 2,22 einfacher. Zwar gibt es auch hier verschiedene Möglichkeiten, woran ἐκ καθαρᾶς καρδίας anzuschließen sei[127]. Aber am ungezwungensten ist doch die Verbindung mit dem unmittelbar vorangehenden τῶν ἐπικαλουμένων τὸν κύριον. Die Formulierung καρδία καθαρά entstammt der Sprache der LXX[128], und auch die Verbindung mit der Relation zu Gott entstammt wohl dieser Tradition. So steht in Dt 11,13 λατρεύειν αὐτῷ (= τῷ θεῷ) ἐξ ὅλης τῆς καρδίας. In Dt 28,47 liest A anstelle λατρεύειν τῷ θεῷ ἐν ἀγαθῇ διανοίᾳ: ἐν ἀγαθῇ καρδίᾳ, ähnlich in Jo 22,5 λατρεύειν αὐτῷ ἐξ ὅλης τῆς καρδίας statt διανοίας. Im Spätjudentum vgl ep Arist 17: ἐπικαλουμένην τὸν κυριεύοντα κατὰ καρδίαν. Denkt man daran, daß καρδία im atlichen Sinn Sitz der menschlichen Gedanken und Pläne ist (προαίρεσις καρδίας Jer 14,14; Eccl 2,22)[129], dann geht es in den genannten Formulierungen um die Anrufung bzw Verehrung Gottes aus reinem Herzen, dh ohne Nebengedanken und

---

[126] Hier sind Erwägungen durchaus angebracht, mit συνείδησις ἀγαθή den Gesichtspunkt der neuen Existenz in Christus und den darin ermöglichten „guten" Wandel ausgedrückt zu sehen; vgl Beck, Maurer (s. Anm. 109). Nur rechtfertigt dies, wie die Untersuchung zu T 1,15 gezeigt hat, nicht, insgesamt die Verwendung des συνείδησις-Begriffs aus paulinischer Tradition abzuleiten; denn Past greifen auch sonst Terminologie aus ihrer hellenistischen Umwelt auf, deren Verwendung zT bei Paulus nicht denkbar ist (vgl zB ὑγιαίνειν).

[127] ἐκ καθαρᾶς καρδίας könnte außer auf ἐπικαλουμένων τὸν κύριον (so die Mehrzahl der Kommentatoren) auch auf den Hauptsatz mit διώκειν bezogen werden, so vSoden 196.

[128] Vgl Maurer, σύνοιδα κτλ, ThW VII 908, dort Stellenangaben; H. Ch. Hahn, Gewissen, ThBNT I 555; Hauck, καθαρός, ThW III 429.

[129] Zu καρδία im AT vgl καρδία, ThW III 609ff (Baumgärtel). 612f (Behm).

-absichten, in voller Identität der Intention mit der tatsächlichen Anrufung oder Verehrung Gottes. Dabei ist auch an die Stellen bei Philo zu erinnern, wo καθαρὸν τὸ συνειδός im Zusammenhang mit dem Reden vor Gott steht. So wenig καθαρὸν τὸ συνειδός und καθαρὰ καρδία einfach gleichzusetzen sind[130], ist doch alttestamentlicher Einfluß auf Philos Formulierungen durchaus wahrscheinlich.

Eine mit II 2,22 sehr verwandte Formulierung ist II 1,3: λατρεύειν τῷ θεῷ ἐν καθαρᾷ συνειδήσει. Es erinnert einerseits an die obigen Beispiele aus der LXX, wo καρδία steht − anderseits an Philo, bei dem συνειδός bereits in ähnlichem Sinn verwendet wird[131]. Man wird also II 1,3 συνείδησις καθαρά entsprechend dem καρδία καθαρά II 2,22 zu verstehen haben: die Anrufung bzw Verehrung Gottes aus reinem Herzen, dh reiner Intention[132].

Daraus ist zu schließen, daß zumindest in II 1,3 und II 2,22 συνείδησις bzw καρδία καθαρά im gleichen gedanklichen Zusammenhang stehen wie συνείδησις in I 4,2. Für I 3,9 συνείδησις καθαρά wurde dasselbe bereits im Zusammenhang der Untersuchung zu I 4,2 festgestellt, für I 1,5 καρδία καθαρά ist es jedenfalls zu vermuten.

3.4 πίστις ἀνυπόκριτος

Die Past verwenden diese Formulierung in I 1,5 und II 1,5. Da der jeweilige Kontext nicht unmittelbaren Aufschluß über das Verständnis gibt, muß nach dem begrifflichen Zusammenhang gefragt werden. Das Adjektiv ἀνυπόκριτος kommt selten vor und ist außerhalb der biblisch-christlichen Literatur kaum belegt[133]. In Sap 5,18 bezeichnet ἀνυπόκριτος die Eindeutigkeit und Endgültigkeit des göttlichen Gerichts (κρίσις), in Sap 18,15 das göttliche Gebot (ἐπιταγή) als ernstgemeintes[134]. Bei Paulus begegnet ἀνυπόκριτος als festes Attribut von ἀγάπη (Röm 12,9; 2Kor 6,6) und bezeichnet sie als „ungeheuchelt, aufrichtig"; vgl 1Petr 1,22 (φιλαδελφία) und Joh 3,17 (σοφία).

Zum Verständnis von ἀνυπόκριτος ist auch die Verwendung von ὑπόκρισις zu berücksichtigen, wie sie in I 4,2 vorliegt. Dort geht es

---

130 So Maurer, aaO 910.
131 Im NT vgl Apg 23,1. 24,16.
132 vSoden 183: συνείδησις καθαρά schließt jede unlautere Nebenabsicht aus.
133 Cremer-Kögel s.v. ἀνυπόκριτος (638); Bauer, WB s.v.; Wilckens, ὑπόκρισις, ThW VIII 558ff (ἀνυπόκριτος, aaO 569ff).
134 Vgl Cremer-Kögel, aaO; Wilckens, aaO 569.

im Zusammenhang mit συνείδησις um die Redlichkeit, subjektive Ehrlichkeit bei der Verkündigung. Offensichtlich ist im Blick auf πίστις an Ähnliches gedacht: daß der bekannte (= von „bekennen") Glaube, die an den Tag gelegte Glaubenseinstellung ehrlich ist und sich dahinter nicht andere Motive und Intentionen verbergen[135]. Innerhalb des urchristlichen Sprachgebrauchs kann auch auf die Synoptiker (speziell Matthäus) verwiesen werden, wo das Verhalten der Pharisäer als ὑπόκρισις bezeichnet wird: daß sie sich als etwas ausgeben, nämlich als Fromme und Gerechte, was sie in Wirklichkeit gar nicht sind[136].

Die Verwendung von ἀνυπόκριτος als Attribut zu πίστις ist charakteristisch für das Glaubensverständnis der Past: daß nämlich πίστις als eine Haltung verstanden wird, bei der Motive, subjektive Intention, Redlichkeit eine Rolle spielen[137]. Aufgrund der bereits festgestellten stark inhaltlichen Bestimmung der πίστις ist „ungeheuchelter Glaube" zu verstehen als die echte, lautere Glaubenseinstellung; die tatsächliche, innerliche Bejahung des Glaubensgegenstandes, der tradierten ἀλήθεια[138]. Eine Haltung, die nicht etwas als πίστις ausgibt, was in Wirklichkeit sich gar nicht auf die ἀλήθεια richtet; oder πίστις nicht um ihrer selbst willen praktiziert, sondern vielleicht aus irgendwelchen unlauteren Nebengedanken[139].

Der Sinn von ἀνυπόκριτος in Verbindung mit πίστις ist in gleichem Zusammenhang zu sehen wie συνείδησις καθαρά. Das wird am Vergleich von II 1,3 mit II 1,5 deutlich: daß „Paulus" von καθαρὰ συνείδησις bezüglich seiner Gottesverehrung redet, ist offensichtlich als Parallele dazu gedacht, daß er von der πίστις ἀνυπόκριτος bei Timo-

---

[135] Zur Kontrastierung von ὑπόκρισις und redlicher Intention (καθαρὰ διάθεσις) vgl auch Test Benj 6,5.

[136] Vgl Mt 23,28/Mk 12,15/Lk 12,1: ὑπόκρισις sowie bei Mt häufig: ὑποκριτής (10 ×).

[137] Hier wird der Unterschied zu Paulus deutlich sichtbar, der πίστις eben so nicht verstehen kann. vSoden 183 zu πίστις ἀνυπόκριτος (II 1,5): „für Paulus, der ἀνυπόκριτος wohl mit ἀγάπη verbindet Rm 12,9 2K 6,6, ein unvollziehbarer Begriff; πίστις ist für ihn immer ächt, weil eine Herzensstellung, die entweder existirt oder nicht existirt." Vgl Scott 9 (I 1,5): „For Paul faith is a relation to God which cannot be counterfeited, while love is a relation to our fellow-men which we constantly pretend to when it is absent."

[138] Vgl. Wilckens, ThW VIII 570: „Die fides qua creditur erweist ihre Echtheit, Unverfälschtheit, ihr ἀνυπόκριτος-Sein in der völligen Annahme der fides quae creditur der Orthodoxie."

[139] Man vergleiche etwa den Vorwurf gegen die Irrlehrer, ihre εὐσέβεια sei auf Gewinnstreben gerichtet (I 6,5). Ähnlich spricht Weiß im Blick auf συνείδησις καθαρά in I 3,9 vom Fernsein jeden Strebens nach unredlichem Gewinn.

theus und seinen Vorfahren spricht[140]. Also ist für beide Formulierungen die gleiche Stoßrichtung anzunehmen: wie der Apostel beispielhaft lautere Gottesverehrung vorgelebt hat, so auch ist die Autorität des Apostelschülers mit darin begründet, daß der Apostel ihm Lauterkeit in seiner Glaubenseinstellung bescheinigt. Das unterscheidet ihn von allen Irrlehrern. Und es soll das Kennzeichen wie jedes treuen Christen (I 1,5), so im besonderen das der Amtsträger sein: im genannten Sinne muß wohl I 3,9 ἔχοντας τὸ μυστήριον τῆς πίστεως ἐν καθαρᾷ συνειδήσει zu verstehen sein[141].

3.5 Folgerung

Für den individuellen Aspekt des Glaubens sind zwei Linien erkennbar, die sich am συνείδησις-Begriff verdeutlichen lassen. Die Untersuchung zu I 4,2 und T 1,15 hat diese Linien sichtbar gemacht:

1. Für den Glaubensbegriff der Past ist wesentlich, daß die Echtheit des Glaubens als entscheidendes Kriterium angesehen wird. Die Situation der Auseinandersetzung mit anderen Glaubensauffassungen, also „Irrlehren", verlangt in den Augen der Past, daß die Glieder der Gemeinde wirklich redlich und verläßlich sind. Daher liegt viel an Bezeichnungen wie καθαρὰ συνείδησις, καθαρὰ καρδία und schließlich πίστις ἀνυπόκριτος. Insbesondere von den Amtsträgern muß gefordert werden, daß ihr Glaube echt ist und sie treu und verläßlich sind (vgl II 2,2). Wie wesentlich die innere Motivation und Intention für das gesamte Verhalten ist, wird auch daran deutlich, daß zu dem, worin Timotheus dem Paulus nachgefolgt ist, ausdrücklich dessen πρόθεσις gezählt wird (II 3,10)[142].

---

[140] Vgl Holtzmann 376.
[141] Vgl Holtzmann 321; Brox 153; Scott 35.
[142] πρόθεσις, der Vorsatz, begegnet als philosophischer Terminus häufig bei Epiktet (vgl Stellen in Thesaurus, s.v.). In anderer philosophischer Literatur steht als entsprechender Begriff προαίρεσις, zB bei Plato und Aristoteles (zu letzterem ausführlich Thesaurus, s.v.): bei beiden spielt die Kombination προαίρεσις – πρᾶξις eine Rolle, also die Gegenüberstellung von Vorsatz und Handeln. Thesaurus zitiert aus Synes Epist 96 die Verbindung von προαίρεσις und ἀγωγή, was an das Nebeneinander von πρόθεσις und ἀγωγή in II 3,10 erinnert. – Der verwandte Gebrauch von προαίρεσις und πρόθεσις wird auch aus dem Aristeasbrief deutlich: vgl Ep Ar 9 ἐπὶ τέλος ἤγαγεν ... τὴν τοῦ βασιλέως πρόθεσιν mit Ep Ar 72 κατὰ τὴν προαίρεσιν αὐτοῦ πάντα ἐπετελέσθη; ferner κατὰ προαίρεσιν Ep Ar 265 und κατὰ πρόθεσιν Ep Ar 199 (hier in Verbindung mit πρᾶξις).307. Verbindung προαίρεσις – πρᾶξις auch Test Naph 2,6. Zur Formulierung in II 3,10 παρηκολούθησάς μου ... τῇ προθέσει vgl die Lesart von R in 2Makk 9,27: αὐτὸν ... παρακολουθοῦντα τῇ ἐμῇ προαιρέσει.

2. Der andere Aspekt, wie er sich aus der Verwendung von συνείδησις ergibt, ist die Betonung der Übereinstimmung von Glauben und
Lebensweise[143]. Von dieser These ausgehend, muß für die Past jedes
Abweichen von den herkömmlichen ethischen Normen als Zeichen
falschen Glaubens angesehen werden[144], umgekehrt aus abweichender Glaubenseinstellung auch falsches moralisches Verhalten gefolgert
werden[145]. Darum wird betont, daß das Verhalten der Glaubenden der
Lehre gemäß zu sein habe (I 6,1; T 2,10) und ein falsches Verhalten
eine Verleugnung des Glaubens sei (I 5,8). Darum ist einer der Haupt-
vorwürfe gegen die Irrlehrer, daß ihre angebliche (Glaubens-)Erkennt-
nis, ihre angebliche Frömmigkeit sich nicht in entsprechendem Verhalten verwirklicht (I 6,20f; II 3,5; T 1,16).

3.6 ὑγιαίνειν ἐν πίστει

ὑγιαίνειν ist ein für die Past charakteristischer Begriff, der im übrigen
NT kaum vorkommt[146]. Es kommen vor die Wendungen ὑγιαίνουσα
διδασκαλία (II 1,10. 4,3; T 1,9. 2,1), ὑγιαίνοντες λόγοι (I 6,3; II
1,13) und ὑγιαίνειν (ἐν) τῇ πίστει (T 1,13. 2,2). Der Gegenbegriff
νοσεῖν begegnet einmal (I 6,4) und ist hapax legomenon im NT. Die
Verwendung dieser Begriffe entstammt hellenistischem Sprachgebrauch[147]. Das Gesunde wird im Griechischen als das Ausgewogene,
das Maßvolle, das der Ordnung Entsprechende verstanden. Das Gesunde ist das Richtige, das Wahre, das Vernünftige. Seit Plato wird
von Gesundheit und Krankheit zunehmend auch im Bezug auf die
Seele, das geistige Leben gesprochen. Gesund sein heißt verständig
und besonnen sein, recht und richtig denken und wollen[148].

---

[143] Der Gesichtspunkt spielt eine wesentliche Rolle in der urchristlichen Polemik gegen die Irrlehrer, vgl zB Mt 7,16: ἀπὸ τῶν καρπῶν αὐτῶν ἐπιγνώσεσθε
αὐτούς.

[144] Diese Betrachtungsweise ist die häufigere: das ethische Verhalten, der moralische Zustand wird als Indiz dafür angesehen, daß es mit der Glaubenseinstellung
nicht stimmt: I 5,8; II 3,2ff in Verbindung mit 3,5.8; T 1,16. Es gibt sogar die
Sichtweise, daß das negative moralische Verhalten den Abfall vom Glauben nach
sich zieht: I 1,19. 6,10.

[145] Die zweite Betrachtungsweise geht vom Phänomen des Glaubensabfalls oder
falscher Lehre aus und weist dann auf die im Gefolge stehenden moralischen Erscheinungen hin: I 6,3 mit 6,4ff; vgl I 1,3f; I 4,1f mit 4,3.

[146] Lk 5,31. 7,10. 15,27; 3Joh 2. In Past: I 1,10. 6,3; II 1,13. 4,3; T 1,9.13.
2,1.2 sowie ὑγιής T 2,8.

[147] Vgl dazu Cremer-Kögel, s.v., 1080f; Luck, ὑγιαίνω / ὑγιής, ThW VIII 308ff.

[148] Das Gesundsein der Seele, woraus die Tugend folgt, ist für die Stoa relevant
(s. Luck, aaO 310). Ein gutes Beispiel für diese Redeweise von Gesundsein und

Auf diesem Hintergrund ist die „gesunde Lehre" die rechte, ordentliche Lehre, im Gegensatz zur verfälschten Lehre[149]. Die rechte, vernünftige Lehre annehmen, sich an sie halten: darauf zielt dann die Redeweise vom Gesundsein im Glauben. Die Aufgabe des Amtsträgers in der Gemeinde ist es, dafür zu sorgen, daß die Glaubenden in ihrem Glauben gesund bleiben (T 2,2) und die Gefährdeten wieder gesund werden (T 1,13): dh sich an den rechten Glauben mit seinen Folgerungen für das Leben (T 1,13ff) zu halten. Die Alternative, wie sie an den Irrlehrern sichtbar wird, heißt Kranksein (I 6,4), und das bedeutet: Verlust der Erkenntnis der Wahrheit (I 6,5), Abfall vom Glauben (I 6,10). Ein drittes gibt es nicht.

Eine Verdeutlichung dieser Auffassung der Past gibt eine Gegenüberstellung zu Paulus. Paulus kann vom Glauben in Formulierungen reden, die dem ὑγιαίνειν ἐν πίστει vergleichbar sind: ἀσθενεῖν τῇ πίστει (Röm 4,19. 14,1) und ἐνδυναμοῦσθαι τῇ πίστει (4,20). Könnte man zunächst vermuten, daß „stark" und „schwach" dem „gesund" und „krank" entsprechen, so zeigt sich jedoch, daß das Gemeinte bei Paulus eine ganz andere Beurteilung erfährt als in den Past. Denn Paulus akzeptiert, daß es beide gibt, solche, die stark sind im Glauben, und solche, die schwach sind. Paulus sagt nicht, daß die Schwachen stark werden müßten: vielmehr soll jeder sich gemäß seinem Glauben verhalten (Röm 14,22)[150]. Dahinter steht die Erkenntnis, daß es „verschiedene Grade und Stufen des Glaubens"[151] gibt. Es gibt ein Wachstum des Glaubens, und es gibt den Glauben in individuell verschiedener Ausprägung. Vom Wachstum des Glaubens ist die Rede in Formulierungen wie αὐξανομένης τῆς πίστεως ὑμῶν (2Kor 10,15), προκοπὴ τῆς πίστεως (Phil 1,25) oder περισσεύειν πίστει (2Kor 8,7). Der Glaube ist nicht ein für allemal auf einem

---

Kranksein bei Epiktet, Diss. II 15,15f: οὐ θέλεις τὰ τοῦ νοσοῦντος ποιεῖν καὶ τὸν ἰατρὸν παρακαλεῖν; 'νοσῶ κύριε · βοήθησόν μοι. τί με δεῖ ποιεῖν σκέψαι · ἐμόν ἐστι πείθεσθαί σοι.' οὕτω καὶ ἐνταῦθ' 'ἃ δεῖ με ποιεῖν οὐκ οἶδα, ἐλήλυθα δὲ μαθησόμενος.' Gesund sein hieße demnach zu wissen: ἃ δεῖ με ποιεῖν; und das Gesundsein setzt voraus, das Richtige, Vernünftige zu lernen, sich daran zu halten. Es gilt, das Leben eines ὑγιαίνων zu führen: πῶς οἱ γνησίως φιλοσοφοῦντες III 26,23; vgl III 13,21. Auch in der Gnosis ist die Redeweise von Gesundheit und Krankheit in vergleichbarem Zusammenhang bekannt, vgl Corp Herm XII (i) 3.

[149] Luck, aaO 312.

[150] Vgl dazu O. Michel, Römer 350. Conzelmann, 1. Korinther 174: Paulus gibt weder Starken noch Schwachen Ratschläge, wie man schwache Gewissen stärken könnte.

[151] W. Mundle, Der Glaubensbegriff des Paulus 23.

bestimmten Stand, sondern kann sich in seiner Intensität entwik-
keln[152].

Darum können nicht alle Glaubenden an einem bestimmten Grad
des Glaubens und der Glaubenserkenntnis gemessen werden. Das
ist das Anliegen des Paulus in Röm 14f und 1Kor 8.10. Den verschiedenen Graden und Stufen des Glaubens entsprechen „auch solche der Erkenntnis . . . , weil der Glaube seinem Wesen nach ein Erkennen in sich schließt."[153] Jeder soll nach seiner Glaubenseinsicht
handeln (Röm 14,5b), nicht sich an andere anpassen (Röm 14,20.22f).
Für alle Glaubenden gilt: $\pi\tilde{\alpha}\nu$ δὲ ὁ οὐκ ἐκ πίστεως ἁμαρτία ἐστίν
(Röm 14,23). Das Kriterium für die Konkretion dieses Satzes ist der
Glaube in seiner individuellen Realisierung.

Der genannte Grundsatz könnte auch in Past stehen (vgl zB I 4,3ff).
Aber die Folgerungen sind anders. Es gibt nicht verschiedene Stufen
der πίστις, sondern die fest umrissene, inhaltlich beschreibbare πίστις,
an die sich alle zu halten haben. Diese πίστις impliziert die rechte
Erkenntnis (I 4,3). Wer gesund im Glauben ist, kennt das, was für
alle verbindlich ist, weiß, was er zu tun hat. Der νοσῶν (I 6,4) aber
hat nicht geringere Erkenntnis, sondern gar keine (vgl I 6,4f). Er
kann nicht neben anderen Glaubenden akzeptiert werden, sondern
ist ein vom Glauben Abgefallener.

Für Paulus realisiert sich die πίστις individuell verschieden. Wie es
verschiedene Stufen und Grade der πίστις gibt, so gibt es das jedem
zugeteilte μέτρον πίστεως (Röm 12,3). Entsprechend dem individuellen Maß des Glaubens hat jeder sein besonderes χάρισμα (Röm
12,6)[154]. Jeder soll demgemäß wandeln, wie Gott ihm seine Gaben
zugeteilt hat (μεμέρικεν 1Kor 7,17), worin Gott ihn berufen hat
(1Kor 7,17.20). Die individuelle Situation des einzelnen — mit seinen individuellen Gaben (Röm 12) und in seinen sozialen Bezügen
(1Kor 7) — bestimmt die Gestalt seines Glaubens. Für Past dagegen
hat der Glaube seine für alle geltende Gestalt: dadurch, daß er primär inhaltlich gefaßt wird und als solcher festgelegt ist, kann er
nicht individuell variieren. Damit, daß der Glaube nicht in individuell verschiedener Realisierung im Blick ist, steht dann im Zusammenhang, daß der bei Paulus darauf bezogene χάρισμα-Gedanke kei-

---

152 Hatch, The Pauline Idea of Faith 48f: „Faith might grow in depth and
power . . . Such growth indeed was the normal result of living in Christ, and
was to be expected in the case of all Christians."
153 Mundle, aaO 23.
154 Vgl Bultmann, πιστεύω, ThW VI, 220.

nen Platz hat. χάρισμα ist nur noch die besondere Begabung des „ordinierten" Amtsträgers.

Der wesentliche Unterschied zwischen Paulus und Past ist deutlich geworden: Paulus akzeptiert die Verschiedenheit der individuellen Realisierung der πίστις, weil für ihn πίστις die ganze Existenz, so auch die Individualität des Glaubenden, umfaßt. Past können eine individuelle Differenzierung der πίστις nicht akzeptieren, weil es nur den einen, gemeinsamen Glauben mit seinen tradierten Glaubensinhalten gibt, der für alle verbindlich ist. Redet Paulus mit ἀσθενεῖν und ἐνδυναμοῦσθαι ἐν πίστει von der Intensität des Glaubens, so geht es für Past mit ὑγιαίνειν ἐν πίστει um die Integrität des Glaubens beim einzelnen[155].

Zusammenfassung (3)

Dem Verständnis der πίστις als „Gläubigkeit" entspricht eine anthropologisch-psychologische Betrachtungsweise derselben, veranlaßt durch schlechte Erfahrung mit Häretikern und die Bedrohung der Gemeindeglieder durch diese. Da der Glaubensinhalt festgelegt ist, gibt es nur *einen,* keinen individuell verschiedenen Glauben: „Gesundsein im Glauben" = Kenntnis und Akzeptierung des richtigen Glaubensinhalts. Voraussetzung dafür ist die Intaktheit des νοῦς. Bei wem die richtige Glaubenseinstellung fehlt, dessen Glaube wird als „krank" negativ bewertet. Der individuelle Aspekt des Glaubens kommt vor allem im Zusammenhang mit dem Gewissensbegriff in Blick: „reines Gewissen" ist wesentlich als die subjektive Ehrlichkeit der bekundeten Gläubigkeit; „gutes Gewissen" ist konstitutiv als Ausdruck der Übereinstimmung zwischen Glauben und Handeln.

4. Die Bewährung des Glaubens im Handeln

4.1 Glaube und Handeln

Wie wichtig für Past die Folgerungen aus der πίστις für das Leben der Glaubenden sind, wurde bereits angedeutet. Die Aussagen, in denen das konkret zum Ausdruck gebracht wird, lassen sich in drei Gruppen gliedern.

---

[155] Vgl Cremer-Kögel 1081.

Einige Aussagen machen generell die Auffassung deutlich, wonach Worte, Auffassungen, geistige Verfassung ihre Korrelation im Tun des Menschen haben. So zB, wenn nach I 6,4 ζητήσεις und λογο-μαχίαι zu φθόνος, ἔρις, βλασφημίαι κτλ führen. Oder wenn nach II 3,9 von den Irrlehrern keine Fortschritte zum Guten zu erwarten sind aufgrund ihrer ἄνοια[156].

Spezieller sind Aussagen, in denen betont wird, daß die Lehre auf bestimmte Lebens- und Verhaltensweisen zielt. In I 1,5 erscheint die ἀγάπη als τέλος τῆς παραγγελίας. Ähnlich wird in I 5,7 ein Ziel des παραγγέλλειν formuliert: daß die Witwen ἀνεπίλημπτοι sein sollen. Mehrmals wird hervorgehoben, daß das Leben und Verhalten der Lehre oder dem Wort Gottes gemäß sein müsse (I 6,1; T 2,5.10): daß also Lehre bzw Wort Gottes auf die Konkretion im Leben der Glaubenden ausgerichtet sind[157].

An mehreren Stellen werden entsprechende Aussagen ausdrücklich in Verbindung mit πίστις genannt. In I 1,5 ist die πίστις ἀνυπόκρι-τος grundlegend für die ἀγάπη. Nach I 4,3f bestimmt der Glaube (und die damit verbundene Wahrheitserkenntnis) das Verhalten zu den Dingen und Gegebenheiten der Welt als Schöpfung. Wenn die Vernachlässigung der eigenen Angehörigen I 5,8 als ἀρνεῖσθαι τὴν πίστιν qualifiziert wird, weist auch dies auf die ethischen Konsequenzen der πίστις. In II 3,8 wird den Irrlehrern zum Vorwurf gemacht, daß sie sich in ihrem Glauben nicht bewährt haben, und das ist wohl (wie an anderen Stellen vgl T 1,16) im Blick auf das Verhalten gemeint. T 3,8 weist auf die Notwendigkeit, daß die Glaubenden (οἱ πεπιστευκότες θεῷ) auf gute Werke aus sein sollen[158].

Als Hauptmotive des ethischen Handelns[158a] werden somit sichtbar die Tatsache, Glaubender zu sein, und damit verbunden die Inhalte des Glaubens und der Lehre. Verschiedentlich werden einzelne Anweisungen und Aussagen ausdrücklich begründet mit solchen Hinweisen. Beispiele im begrifflichen Zusammenhang mit πίστις wurden bereits genannt. Auch die christliche Hoffnung wird zur Begründung

---

[156] Man kann ferner verweisen auf II 3,10: Kombination von διδασκαλία mit ἀγωγή — πρόθεσις; II 3,13 πλανώμενοι (doch wohl als geistige Verirrung gemeint) als Begründung für προκόψουσιν ἐπὶ τὸ χεῖρον; sowie T 1,6 mit dem Gegensatz Bekenntnis — Handeln.
[157] Vgl auch II 3,16: Ziel der παιδεία mittels der γραφή ist die δικαιοσύνη, die Befähigung πρὸς πᾶν ἔργον ἀγαθόν (ähnlich T 2,11f: χάρις παιδεύουσα, die auf δικαίως κτλ ζῆν zielt); T 3,8 Ziel des διαβεβαιοῦσθαι: καλὰ ἔργα der Glaubenden.
[158] Dazu noch I 6,2, wo die Forderung zum Gehorsam der Sklaven begründet wird: ὅτι πιστοί εἰσιν.
[158a] Zu den Motiven des ethischen Handelns vgl auch Kap V 1.22.1.

herangezogen: I 4,10 ὅτι ἠλπίκαμεν ἐπὶ θεῷ. Die verheißene σωτηρία (I 2,15) oder die Verheißung der wahren ζωή (I 6,19) dienen als ethische Motive[159]. Auch gewissermaßen dogmatische Sätze
werden zur Begründung bestimmter Verhaltensweise herangezogen,
zB I 2,13f für das Verhältnis von Mann und Frau oder I 6,7f zur
Begründung der Haltung der αὐτάρκεια.

Aber neben den genannten Hauptmotiven werden auch Motive genannt, die sehr allgemeiner Art sind und nichts spezifisch Christliches an sich haben: zB indem der Gesichtspunkt der Nützlichkeit
herangezogen wird (ὠφέλιμος I 4,8; T 3,8)[160] oder von dem geredet wird, was notwendig ist (δεῖ)[161], was sich ziemt (πρέπει I 2,10
vgl T 2,2); oder es wird die Unanstößigkeit des Verhaltens (I 3,7;
T 2,8), die Untadeligkeit (I 5,7) hervorgehoben. Auch der Hinweis
auf das, was vor Gott angenehm und wohlgefällig ist, ist allgemeiner Art und gilt auch nichtchristlicher Religiosität als ethisches Motiv[162].

Ihre wesentliche Charakterisierung erfährt die ethische Konzeption
der Past mit dem Begriff der καλὰ ἔργα bzw des ἔργον ἀγαθόν[163].

---

[159] Das Motiv der σωτηρία auch im Bezug auf die Tätigkeit des Amtsträgers:
I 4,16b.
[160] Vgl II 2,14 χρήσιμος; T 3,9: Lehrdiskussionen als ἀνωφελεῖς (καὶ μάταιοι).
[161] zB I 5,13 τὰ μὴ δέοντα. T 1,11 ἃ μὴ δεῖ; ferner mehrmals δεῖ in Pflichtenlehren o.ä.: I 3,2.7.15; II 2,24; T 1,7.
[162] ἀπόδεκτον ἐνώπιον τοῦ θεοῦ I 2,3. 5,4; εὔχρηστος τῷ δεσπότῃ II 2,21. Vgl
dazu zB Test Iss 4,1: πᾶσα εὐαρέστησις Κυρίου. Xenophon, Mem IV 3,16:
νόμος δὲ δήπου πανταχοῦ ἐστι κατὰ δύναμιν ἱεροῖς θεοὺς ἀρέσκεσθαι. Solches
Verhalten wird im gleichen Satz als εὐσεβές bezeichnet.
[163] Auffällig ist der Unterschied, daß die Verbindung ἔργον ἀγαθόν immer singularisch (Ausnahme nur I 2,10 ἔργα ἀγαθά), die Verbindung ἔργα καλά dagegen
immer pluralisch ist (I 3,1 ἔργον καλόν kann nicht im Sinne des ethischen Terminus „gutes Werk" verstanden werden: ἔργον ist hier wie II 4,5 die Tätigkeit des
Verkündigers/Amtsträgers; καλός aber ist ein beliebtes Attribut der Past, zB I 4,6
καλὸς διάκονος). Der Unterschied könnte auf verschiedene urchristliche Sprach-
tradition zurückgehen, die dann in Past (überhaupt in der Spätzeit: auch Hebr) zu-
sammenlaufen. So findet sich die Verbindung ἔργον καλόν bzw. ἔργα καλά in der
Evv (Mt 5,16. 26,10; Mk 14,6; Joh 10,32.33) sowie Hebr 10,24; 1Pt 2,12, dazu
8 × in Past: I (3,1). 5,10.25. 6,18; T 2,7.14. 3,8.14. (Synoptische Tradition in
Past: vgl Michel, Grundfragen 86). — Die Formulierung ἔργον ἀγαθόν dagegen
entstammt wohl paulinischer Tradition, denn sie findet sich Röm 2,7. 13,3;
2Kor 9,8; Phil 1,6; Kol 1,10; 2Thess 2,17, im Plural ἔργα ἀγαθά in Eph 2,10;
Apg 9,36. In Past steht (außer I 2,10: Plural) immer die verallgemeinernde Wendung πᾶν ἔργον ἀγαθόν: I 5,10; II 2,21. 3,17; T 1,16. 3,1, was sein Vorbild in
den oben bereits genannten Stellen 2Kor 9,8; Kol 1,10; 2Thess 2,17 hat. Text-
kritisch unklar ist Hebr 13,21 wo es πᾶν ἀγαθόν oder πᾶν ἔργον ἀγαθόν heißen
kann.

Mehrmals wird von den Glaubenden gesagt, daß sie gute Werke an den Tag legen sollen[164]. Ja, es wird geradezu als Ziel des ganzen Heilsgeschehens angegeben, daß die Glaubenden gute Werke vollbringen[165].

Es stellt sich daher die Frage, welchen Ort die ἔργα in der Konzeption der Past haben. Gerade weil sie in pln Tradition stehen, fällt auf, daß hier die Antithese πίστις — ἔργα (νόμου) keine Rolle spielt. Das hängt zweifellos mit dem gewandelten intellektualistischen Glaubensbegriff zusammen. Zwar ist der pln Grundsatz festgehalten, daß die σωτηρία nicht auf menschlichen ἔργα, sondern auf Gottes Gnade gründet[166], aber sein Stellenwert hat sich geändert. Anliegen der Past ist nicht, ob die Rechtfertigung vor Gott durch Glauben oder Werke begründet wird. Den Past liegt an der Frage, wie gutes Handeln möglich ist. Nicht die Dialektik Indikativ-Imperativ ist bestimmend, sondern der Indikativ des Heils ermöglicht, den bestehenden Imperativ zu erfüllen. Die Bedeutung des Heilsgeschehens für die Menschen konzentriert sich darin, daß gute Werke möglich geworden sind und daher auch getan werden sollen[167].

Um diese Auffassung zu verstehen, darf man nicht unseren kontroverstheologisch geprägten Begriff „gute Werke" zugrundelegen[168]. „Gute Werke" sind für Past primär ein ethischer, nicht theologischer

---

[164] I 2,10. 5,10. 6,18; T 2,7. 3,8.14.

[165] Vgl T 2,14, wonach Christus sich ein λαὸς περιούσιος reinigte als ζηλωτὴν καλῶν ἔργων. Der Wandel in guten Werken als Ziel des σωθῆναι auch Eph 2,10; vgl dazu Dinkler, Taufe 104f.

[166] II 1,9; T 3,5. — Hahn, Taufe und Rechtfertigung 96f: die wesentlichen Elemente der pln Rechtfertigungslehre sind festgehalten, jedoch ist an die Stelle der Relation zur πίστις die Taufe getreten (T 3,4—7). Ausführlich zur reduzierten Rezeption der Rechtfertigungslehre: Luz, Rechtfertigung 376ff; Müller, Frühchristl Theologiegeschichte 90ff. Schulz verzeichnet den Tatbestand, wenn er sagt, in Past fehle die Rechtfertigungsbotschaft völlig (Mitte der Schrift 105).

[167] Diese Auffassung wird besonders in T 3 deutlich: T 3,3 stellt die menschliche Situation „einst" dar als Knechtung an die Begierden u.ä., demgegenüber das Heilsgeschehen aus den Glaubenden δικαιωθέντες gemacht hat (V. 4—7), die nun auf dieser Grundlage auf καλὰ ἔργα aus sein sollen. Mehrmals wird betont, daß Ziel des Heilsgeschehens sowie der daraus resultierenden Belehrung (vgl T 2,11f χάρις παιδεύουσα mit παιδεία II 3,16) das Bereitsein „zu jeglichem guten Werk" ist: II 2,21. 3,17; T 3,1. Dagegen heißt es von den Irrlehrern (also den von der πίστις Abgefallenen): πρὸς πᾶν ἔργον ἀγαθὸν ἀδόκιμοι T 1,16. πίστις als Kenntnis und Annahme der Glaubenswahrheit bedeutet das Wissen um die durch das Heilsgeschehen eröffnete Möglichkeit: daraus ergibt sich folgerichtig die Verbindung mit den ἔργα, die nun getan werden können. Windisch, Taufe und Sünde 248 (zu T 3,8): „Hiernach machen einfach Glaube und Werke das Wesen des Christen aus."

[168] zB Hasler, aaO 72: Das Ev als Aufforderung zur „frommen Tat"; 73: meritorische Wertung christlicher Dienste.

Begriff (etwa im Sinne einer Verdienstlehre)[169]. So ist zB καλός in Past ein beliebtes Prädikat für ganz Verschiedenes, bedeutet zwar ein Werturteil[170], bezeichnet aber keine theologische Kategorie. Hintergrund für die betonte Sicht des Menschen als Handelndem ist das hellenistische Menschenbild, nach dem „man den Menschen nach seinen Werken, seiner Leistung, seinen Taten, seinem Gesamtverhalten beurteilt."[171] Daher können Past zur Beschreibung der ethischen Inhalte auf die hellenistische Tugendlehre zurückgreifen und eine Ethik der „christlichen Bürgerlichkeit"[172] vertreten. Es sind nicht neue Verhaltensweisen, die das Christentum bringt. Sondern die Glaubenden haben durch ihre Einbeziehung in die Wirkung des Heilsgeschehens die Möglichkeit, die allgemein[173] geltenden Tugenden zu verwirklichen[174].

4.2 Christliche Tugenden

Ganz entsprechend griechischer Tugendlehre ist das Ziel des Heilsgeschehens für das Leben des Glaubenden in T 2,12 formuliert: ἵνα ... σωφρόνως καὶ δικαίως καὶ εὐσεβῶς ζήσωμεν. Hier werden drei Aspekte des menschlichen Lebens angesprochen: die Haltung des Menschen zu sich selbst, zum Mitmenschen und zu Gott[175]. Davon gehören σωφροσύνη und δικαιοσύνη zu den klassischen Kardinaltugenden, während εὐσέβεια dort als Teil der δικαιοσύνη verstanden wurde:

---

[169] Richtig Holtzmann, NT-Theologie II 310.

[170] Vgl Bertram, ἔργον, ThW II 632; Kohl, Verfasser 61f.

[171] Bertram, aaO 632; dort Verweis auf eine Wendung bei Xenophon: ἐκ τῶν ἔργων γιγνώσκειν. — Auf den Einfluß des hellenistischen Moralismus auf die Ethik der Past wird oft verwiesen. Zweifellos liegt in der Anlehnung an dieses Menschenbild die Gefahr, den „guten Werken" wieder theologische Relevanz im Sinne des Verdienstgedankens zu geben. Andeutungen des Lohn- und Verdienstgedankens (zB I 6,18f; II 4,7f) zeigen dies. Vgl Völkl, Christ und Welt 332.

[172] Dieser Ausdruck seit Dibelius. Je nachdem, ob man in der Bezeichnung etwas Positives oder Negatives sieht (vgl Le Fort, EThR 1974, 5: „bürgerlich" als „bourgeois" oder „civil"), wird sie in der Literatur als zutreffend oder unzutreffend angesehen. Zur Sache vgl in Kap III: Gemeinde und Umwelt.

[173] Dann sind Kriterien wie ὠφέλιμος und ἃ δεῖ als Begründung von bestimmten Verhaltensweisen durchaus verständlich.

[174] Vgl Scott XXXII; entsprechend Stuhlmachers Interpretation (EvTh 1968, 183): „Vor allen anderen Menschen ist gerade die christliche Gemeinde gerüstet und fähig, die Welt in Lauterkeit zu bestehen." Ähnlich Merk, Glaube 100.

[175] Vgl Foerster, εὐσεβής / εὐσέβεια, ThW VII 181. Eine mit T 2,12 vergleichbare Zusammenstellung enthält T 1,8: σώφρων, δίκαιος, ὅσιος (in der griechischen Tugendlehre gelegentlich anstelle von εὐσεβής, vgl Plato, Gorgias 507 bc sowie Protagoras 349b).

nämlich als δικαιοσύνη περὶ θεούς [176]. Gelegentlich finden sich die drei genannten Tugenden in antiken Tugendaufzählungen beisammen [177]. Gewiß kann man die drei Begriffe nicht einfach in ihrer Bedeutung als griechische Tugenden hier zugrundelegen [178]. Denn für δικαιοσύνη muß auch der jüdisch-hellenistische und dann urchristlich-paulinische Gebrauch berücksichtigt werden; und für εὐσέβεια ist ein weiter Bedeutungskreis gegeben, der für Past noch speziell eingegrenzt werden muß.

Aber es ist doch auffällig, daß die drei Begriffe nicht nur an der genannten Stelle zur Zusammenfassung dienen, sondern auch jeder für sich in einzelnen Abschnitten der Past eine Rolle spielt: σωφροσύνη und andere Wörter vom gleichen Stamm begegnen mehrmals in I 2—3 (2,9.15. 3,2) und T 1—2 (1,8. 2,2.4.5.6 sowie 12) als Kennzeichnung eines von den Glaubenden geforderten Verhaltens [179].

δικαιοσύνη steht in zwei wesentlichen Reihen christlicher Tugenden an erster Stelle: I 6,11 und II 2,22; δικαιοσύνη spielt eine Rolle bei der Kennzeichnung des erstrebten christlichen Handelns in II (2,22 gegenüber ἀδικία 2,19; sowie 3,16. 4,8), δίκαιος steht I 1,9 als Bezeichnung der Glaubenden. In T 3,5—7 erscheint die Terminologie im Zusammenhang der Taufe in einem wohl traditionellen Text [180].

---

[176] Vgl A. Vögtle, Die Tugend- und Lasterkataloge im NT, 58ff; S. Wibbing, Die Tugend- und Lasterkataloge im NT, 14ff; D. Loenen, Eusebeia en de kardinale deugden, Amsterdam 1960. Die Definition von εὐσέβεια als δικαιοσύνη περὶ θεούς bei (Ps)Plato, Definitionen 412 e (ff); zur Einordnung unter die δικαιοσύνη auch (Aristot.) Περὶ ἀρετῶν καὶ κακιῶν 1250 b 22; vgl Cicero: iustitia adversus deos (D. Loenen, aaO 15).

[177] Gegen E. Pax, Epiphaneia, 241 Anm 197, wonach die Verbindung in der Antike sonst nicht zu belegen sei. Vgl aber Aischylos, Septem 610: der Seher Amphiaraos wird als vollkommener Mann bezeichnet, nämlich σώφρων, δίκαιος, ἀγαθός, εὐσεβὴς ἀνήρ (Wilamowitz-Moellendorff, Gl. d. Hell. I, 15 Anm 1); ferner Plato, Prot 349 b (ὁσιότης statt εὐσέβεια); vgl Seneca, Cons Helv IX 3: iustitia ... prudentia, pietas.

[178] Aber man kann doch nicht so einschränken wie zB Wohlenberg zu T 2,12 (S. 248, Anm 2): „Es versteht sich, daß die antike Ethik eine Fülle von parallelen Begriffen und Wendungen aufweist. Zum Verständnis unserer Texte tragen sie nichts Wesentliches bei."

[179] Das Vorkommen von σώφρων (I 3,2; T 1,8. 2,2.5), σωφρόνως (T 2,12), σωφρονίζω (T 2,4) und σωφρονισμός (II 1,7) ist im NT auf die Past beschränkt. σωφροσύνη (I 2,9.15) kommt außer in den Past in Apg 26,25 vor, σωφρονεῖν (T 2,6) begegnet noch 5 × im NT. Vom zugrundeliegenden griechisch-hellenistischen Denken her ist die Wortgruppe σώφρων κτλ bedeutungsmäßig als Mäßigung, Selbstbescheidung geprägt. Luck, σώφρων κτλ, ThW VII 1094ff. Vgl auch R. Ch. Trench, Synonyma des NT, 45ff; Völkl, Christ und Welt 327.

[180] Schrenk, δικαιοσύνη, ThW II 214, erörtert das Verhältnis von δικαιοσύνη und ἀρετή in den paulinischen und deutero-paulinischen Schriften. Es liege nir-

Noch deutlicher lassen sich Textabschnitte zeigen, in denen εὐσέβεια (samt den zum Stamm gehörenden Wörtern: εὐσεβής, εὐσεβεῖν, auch ἀσέβεια) zentrale Bedeutung hat. Das gilt für I 2 (2,2; θεοσέβεια 2,10), I 4 (3,16. 4,7.8), I 6 (6,3.5.6.11), II 2–3 (2,16 ἀσέβεια; 3,5.12) und T 2,11ff (ἀσέβεια – εὐσεβῶς 2,12). Dabei sind herauszuheben I 4 und II 2–3, insofern in diesen Abschnitten der popularphilosophische Gedanke der προκοπή einbezogen ist[181]. Es ist also hier (I 4,15; II 2,16. 3,9.13) der Gedanke der individuellen sittlich-geistigen Entwicklung des Menschen aufgegriffen und in den Kontext christlicher Ethik gestellt. Damit erhält die Konzeption vom Handeln des Glaubenden eine durchaus wesentliche Nuancierung: insofern eben die Komponente der individuellen ethischen Entwicklung hervorgehoben wird, was ja mit dem Tugendgedanken überhaupt verbunden ist[182].

Die Bezugnahme auf die Tugendvorstellungen der Umwelt wird auch deutlich in den sog. Pflichtenlehren, wie sie auf die Amtsträger in der Gemeinde bezogen werden[183]. Im gleichen Zusammenhang sind auch die Tugend- und Lasterkataloge sowie Haus- und Ständeordnungen in Verbindung mit solchem Denken zu sehen[184].

Interessant zu beobachten ist, daß auch πίστις zu einem Glied in Tugendreihen wird[185]. Die in solchem Zusammenhang stehenden „Tugenden" sind zwar oft speziell christliche Verhaltensweisen, aber

---

gends hellenistische Tugendlehre vor. „Wohl aber könnte man bei den Pastoralbriefen von einer Erhebung des Wahrheitsmomentes hellenistischer Tugendlehre ins Christliche reden." δικαιοσύνη in I 6,11; II 2,22: als rechtschaffenes Verhalten neben anderen christlichen Betätigungen.
[181] Vgl dazu die Ausführungen zu I 4,6–16 in Kap IV.
[182] Vgl W. Jaeger, Das frühe Christentum und die griechische Bildung, S. 11: „Die Auffassung des Christentums als eines im Grunde ethischen Individualismus kann bereits, innerhalb des neuen Testaments, auf Schritt und Tritt in den sog. Pastoralbriefen festgestellt werden." Diese Auffassung sieht Jaeger ausgeprägt im 1. Clemensbrief.
[183] Das sind vor allem I 3,2ff. 3,8ff; T 1,5f. 1,7ff; vergleichbar sind aber auch: I 4,12; II 2,24; T 2,7. – Aus der Literatur vgl zu den Pflichtenlehren: Vögtle, aaO 51ff. 73ff; Dib-Conz 41f: Exkurs „Pflichtenlehren"; Lippert, Leben als Zeugnis 24ff.
[184] Dazu gehören Haustafeln/Ständeordnungen: I 2,2.8.9ff. 3,11. 5,4.10.14. 6,1f.17ff; T 2,2–6.9f; Tugend- und Lasterkataloge: I 1,9f. 6,4ff; II 3,2ff; T 1,10. 3,1ff. Vgl dazu: Vögtle, aaO; Dib-Conz 32f; Lippert, aaO 17ff; Wibbing, Die Tugend- und Lasterkataloge im NT 77ff; McEleney, CBQ 1974, 203–219. Nicht erreichbar war mir: R. J. Karris, The Function and Sitz im Leben of the Paraenetic Elements in the Pastoral Epistles, Diss Harvard 1970/71 (vgl HThR 64, 1971, 572).
[185] Kos, Fides 177: „(fides) cum aliis virtutibus harmonice coexsistit."

doch zum Teil auch ganz allgemeiner Art. Für das Verständnis von πίστις aber ist wichtig, daß es demnach ein Verhalten, eine Haltung, eine Tugend unter anderen ist – eine sehr wichtige zwar, aber doch nicht so, daß mit ihr schon das ganze Christsein zusammengefaßt wäre. Eine Folge des festgestellten Tatbestandes, daß πίστις gegenüber Paulus einseitiger geworden ist, indem es die Glaubenseinstellung, das Festhalten am Glaubensinhalt meint.

Von den 33 Vorkommen des Wortes steht πίστις 13mal in Kombination mit anderen Begriffen, davon allein 9mal mit ἀγάπη[186]. Die aus traditionellem paulinischem Sprachgebrauch stammende Verbindung πίστις – ἀγάπη ist aber mehrmals nur der Grundstock für umfangreichere Verbindungen[187]. An drei Stellen ist die Verbindung erweitert zur Trias πίστις – ἀγάπη – ὑπομονή (I 6,11; II 3,10; T 2,2), vielleicht eine Abwandlung der paulinischen Trias mit ἐλπίς[188]. Weitere „Tugenden", die in Verbindung mit πίστις und ἀγάπη genannt werden, sind: δικαιοσύνη (I 6,11; II 2,22), εὐσέβεια (I 6,11), σωφροσύνη (I 2,15) – also die bereits erwähnten „griechischen" Tugenden – sowie ἀγνεία, ἁγιασμός (I 4,12), πραϋπαθία (I 6,11), εἰρήνη (II 2,22), μακροθυμία (II 3,10) u.a. Besonders hervorzuheben sind die beiden Tugendreihen in I 6,11 und II 2,22, insofern als die Terminologie auf bestimmte paränetische Tradition hinweist. Beide Male sind einander gegenübergestellt die Verben φεύγειν und διώκειν: φεύγειν bezogen auf die zu meidenden Verhaltensweisen, διώκειν als die geforderte Einstellung gegenüber den zu verwirklichenden Tugenden[189]. Auch daß in beiden Fällen die positive Reihe mit der Wendung δίωκε (δὲ) δικαιοσύνην beginnt, ist wohl eine traditionelle Formulierung, vermutlich aus jüdisch-hellenistischer und

---

[186] Vgl Anm 16.

[187] So in I 2,15. 4,12. 6,11; II 2,22. 3,10; T 2,2.

[188] Vgl Dib-Conz 104.

[189] Der übertragene Gebrauch der beiden Verben im Bereich ethischen Verhaltens ist schon im klassischen Griechisch geläufig: zB bei Aristoteles (siehe Index) διώκειν τὸ ἡδύ, τὴν ἡδονήν, τὸ ὠφέλιμον, τἀληθές u.ä. oder Plato φεύγειν τὴν λύπην ὡς κακόν (Prot 354c), τὰ ὑπερβάλλοντα (Resp 10,619 A); διώκειν ἀλήθειαν, ἀρετήν, τὸ ἀγαθὸν καὶ καλόν (s. Plato-Index). Auch die Gegenüberstellung φεύγειν – διώκειν kommt vor: φεύγειν καὶ διώκειν ἡδονὰς καὶ λύπας Aristot de An γ 7. 431 a 10; καὶ μὴ φεύγειν τοὺς πόνους ἢ μηδὲ τὰς τιμὰς διώκειν, Thuk. 2,63. – Die Verwendung von φεύγειν und διώκειν im ethischen Bereich ist ebenso in LXX und Spätjudentum sowie dann im NT bei Pls gebräuchlich, vgl LXX: φεύγειν ἀπὸ ἁμαρτίας Sir 21,2 (Tob 4,21), διώκειν δικαιοσύνην Prov 15,9; Test Rub 5,5 φεύγειν τὴν πορνείαν; NT: φεύγειν τὴν πορνείαν 1Kor 6,18, ἀπὸ τῆς εἰδωλολατρείας 1Kor 10,14; διώκειν φιλοξενίαν Röm 12,13, ἀγάπην 1Kor 14,1, τὸ ἀγαθόν 1Thess 5,15.

dann paulinischer Tradition[190] — womit sich noch einmal die Ver-
knüpfung verschiedener Traditionen und Einflüsse in den auf die
Ethik bezogenen Aussagen der Past zeigt: paulinische, jüdisch-hellenistische und hellenistisch-popularphilosophische.

4.3 πίστις und εὐσέβεια

Gibt es in Past einen Begriff, der das Christsein als ganzes umfaßt,
oder nur Begriffe, die einzelne Aspekte christlichen Lebens und Glaubens betonen? δικαιοσύνη erwies sich als wichtiger Begriff, der aber
als Bezeichnung rechtschaffenen Verhaltens eben das Verhalten im
Blick hat, nicht alle Aspekte des Christseins. Anders ist es bei πίστις
und εὐσέβεια. Zwei Thesen stehen sich gegenüber: πίστις ist (wie bei
Pls) zentraler, umfassender Begriff christlicher Existenz[191]. Dagegen:
εὐσέβεια hat in Past den Platz eingenommen, den πίστις bei Pls hatte[192]. Vor einer Klärung der Relation beider Begriffe muß nach dem
genauen Verständnis von εὐσέβεια gefragt werden.

[*Exkurs 5: Interpretation von εὐσέβεια in Past*

Die verschiedenen Interpretationen faßt Foerster (NTS 1959, 213—
18) in 3 Typen zusammen: εὐσέβεια 1. als Grundbegriff religiösen
Verhaltens, allen Ausprägungen des christlichen Lebens vorgeordnet
(Schlatter, Spicq); 2. als Betonung der praktischen Seite des christlichen Lebens, in sich einschließend die glaubensmäßige wie sittliche
Seite der Religiosität (Holtzmann); 3. als Gott wohlgefälliges Verhalten im Rahmen der „christlichen Bürgerlichkeit" (Dibelius). Diesen Interpretationen stellt Foerster seine eigene gegenüber (NTS
1959; ThW VII 181f): εὐσέβεια als aus der πίστις geborene Art der
Lebensführung, die im Gegensatz zur Irrlehre die von Gott geschaffenen Ordnungen ehrt.

Foersters Interpretation umfaßt nicht den ganzen Bedeutungsbereich
von εὐσέβεια, entspricht der Grundbedeutung des Begriffs aber besser als die obigen Interpretationen. σέβεσθαι (= sich scheuen) ge-

---

[190] διώκειν δικαιοσύνην scheint im klassischen Griechischen nicht geläufig
zu sein (Hdt 1,96,2 heißt es zB: δικαιοσύνην ἀσκεῖν), dagegen aber in LXX:
διώκειν δικαιοσύνην Prov 15,9; διώκειν τὸ δίκαιον Dt 16,20; Sir 27,8; Jes 51,1;
sowie bei Paulus: διώκειν δικαιοσύνην Röm 9,30, νόμον δικαιοσύνης Röm 9,31.
[191] Vgl vor allem Weiß, Wohlenberg, Holtz passim.
[192] Vor allem Holtzmann 176. 180; ders, NT-Theologie II ²1911, 309; Vielhauer, Einleitung 233.

wann speziell die Bedeutung als religiöse Ehrfurcht: während diese
als spontan nicht gut oder verkehrt ist, wird εὐ – σέβεια verständlich, wenn es um das Tun der Ehrerbietung geht: um die Respektierung der familiären und staatlichen Ordnungen samt den dahinter-
stehenden göttlichen Mächten sowie auch speziell die Erfüllung kultischer Pflichten[193].

Im populären Sprachgebrauch lag der Ton auf der Beachtung der
Ordnungen des alltäglichen Lebens (vgl. Kern, Religion der Griechen,
289: „Für das Volk ... war der Hauptinhalt der Eusebeia immer in
dem beschlossen, was von Eltern und Ahnen ererbt war."). Für einige Stellen der Past fügt sich diese Bedeutung sehr gut in den Kontext: I 2,2. 4,7f. 5,4. An Stellen wie I 3,16. 6,3.11; T 1,1 ist dieses
Verständnis möglich, aber vom Kontext nicht so eindeutig gefordert.
Einige Stellen bleiben, an denen dieses Verständnis nicht zur Erklärung des Textes hilft oder gar im Widerspruch mit dem Kontext gerät. Für T 2,12; I 6,5f und II 3,5 denkt auch Foerster an eine Verwendung in engerem, religiösem Sinn, kommt aber damit letztlich
zu einem doppelten εὐσέβεια-Begriff in Past, da er für die anderen Stellen das andere, obige Verständnis zugrundelegt. Tatsächlich kommt
man mit einem Verständnis als Achtung der Ordnungen nicht aus:
in II 3,5 bliebe unverständlich, wie von einer μόρφωσις τῆς εὐσεβείας
bei den Irrlehrern gesprochen werden kann, wo doch der auf sie ge-
münzte Lasterkatalog (V. 2—4) alles andere als Achtung von Ordnungen erkennen läßt. Nicht einsichtig ist, wie man aus solcher εὐσέβεια
ein Geschäft machen kann (I 6,5). Auch II 3,12 muß befremden,
wonach die εὐσεβῶς Lebenden mit Verfolgung zu rechnen haben.
Foersters Erklärung, solche Aussage zeige, daß die Ordnungen nicht
verabsolutiert werden, befriedigt nicht.

Der Ansatz zu einem weiter gefaßten Verständnis von εὐσέβεια ergibt sich in I 6,5. Den Irrlehrern wird vorgeworfen, daß sie die εὐσέβεια für einen πορισμός, also für ein Mittel des Gewinns, des Gelderwerbs halten. Der Vorwurf, sie seien auf schändlichen Gewinn aus,
wird mit anderen Worten auch in T 1,11 erhoben. Dort wird als Mittel ihres Gelderwerbs genannt: διδάσκοντες ἃ μὴ δεῖ. Aus ihrer Lehrtätigkeit versuchen sie Gewinn zu schlagen. Wie andere urchristliche
Texte zeigen, ist dies ein häufig erhobener Vorwurf (zB: Röm 16,17f;
1Petr 5,2; 2Petr 2,3). Offensichtlich gab es Häretiker (bzw als solche

---

[193] Zum Philologischen vgl Foerster, εὐσεβής / εὐσέβεια, ThW VII 169ff. 175ff;
Loenen, Eusebeia 7ff; Frisk, Wörterbuch II, s.v. σέβομαι (686f). Zum Ganzen
der Bedeutung und deren Geschichte außer den Genannten: Kern, Die Religion
der Griechen I 273ff; Wilamowitz-Moellendorff, Der Glaube der Hellenen 15ff.

angesehene), die ausgiebig davon Gebrauch machten, daß die Gemeinden üblicherweise für die Versorgung der umherziehenden Missionare und Propheten aufkamen [194].

Was aber kann εὐσέβεια bedeuten, wenn die Irrlehrer damit sich solchen Gewinn, also Versorgung durch Gemeindeglieder, verschaffen können? Hier ist die Bedeutung zu beachten, die εὐσέβεια im gebildeten Griechentum und in der popular-philosophischen Tradition hat. εὐσέβεια ist das Wissen um die rechte Verehrung der Götter: ἐπιστήμη θεῶν θεραπείας [195]. εὐσεβής kann heißen, alles Tun nach dem Willen der Götter auszurichten (Xen., Mem IV 8,11). Also nicht einfach das praktische ordnungsgemäße Tun, sondern auch das Wissen um Willen und Forderungen der Götter wird mit εὐσέβεια bezeichnet. Auf dieser Linie liegt es wohl, wenn εὐσέβεια dann in gnostischen Texten als γνῶσις θεοῦ definiert wird, so zB Corp.Herm. IX 4: εὐσέβεια δέ ἐστι θεοῦ γνῶσις [196]. Da die Gegner der Past ausdrücklich als Anhänger der Gnosis bezeichnet werden (I 6,20f), liegt die Vermutung nahe, daß sie eine εὐσέβεια im Sinne von γνῶσις θεοῦ für sich in Anspruch nahmen. Dann machten sie eben diese εὐσέβεια zum πορισμός, indem sie ihre γνῶσις, ihre religiösen Erkenntnisse lehrten und sich dafür Lebensunterhalt geben ließen.

---

[194] Der Brauch des Unterhalts von Missionaren durch die Gemeinden wird aus den Paulusbriefen deutlich: Paulus hätte Anspruch auf Unterhalt durch die Gemeinden gehabt (1Kor 9,4.12.14 vgl Gal 6,6), aber er hat darauf verzichtet (1Kor 9,12.15.18; 2Kor 11,7 vgl 2Thess 3,8), hat mit seinen eigenen Händen gearbeitet (1Kor 4,12; 1Thess 2,9 vgl Apg 18,3. 20,33f), nur von der Gemeinde in Philippi nahm er Unterstüzung an (Phil 4,15f; 2Kor 11,8f). – Vgl 3Joh 5–8. – Zur Sache: Theissen, NTS 21 (1975), 192ff. – Der Versuch, sich gegen den Mißbrauch dieser Praxis zu wehren, wird in der Didache unternommen. 11,3ff: Apostel und Propheten sollen aufgenommen werden, aber nicht länger als 1 oder 2 Tage, denn: τρεῖς δὲ ἐὰν μείνη, ψευδοπροφήτης ἐστίν (11,5); wer aufbricht, dem soll Proviant mitgegeben werden, jedoch kein Geld: ἐὰν δὲ ἀργύριον αἰτῇ, ψευδοπροφήτης ἐστί (11,6). Vgl auch Herm mand XI 12: ein falscher Prophet läßt sich seine Prophetie bezahlen.

[195] Die Definition: ἐστὶ γὰρ εὐσέβεια ἐπιστήμη θεῶν θεραπείας bei Sextus Empiricus πρὸς φυσικούς I 123 p 242 (Kern, Religion der Griechen I 274 Anm 2) sowie DiogL VII 119; Stobaeus, Eth II 68 (D. Loenen, aaO 10): hier auch umgekehrt die Definition von ἀσέβεια als ἄγνοια θεῶν θεραπείας. Vgl (Ps)Plato, Definitionen 412 e ff: εὐσέβεια u.a. als ἐπιστήμη τῆς περὶ θεῶν τιμῆς.

[196] Vgl Corp Herm VI 5: ἡ μετὰ γνώσεως εὐσέβεια; X 19 ἀγὼν δὲ εὐσεβείας τὸ γνῶναι τὸν θεὸν καὶ μηδένα ἀνθρώπων ἀδικῆσαι. Andererseits wird ἀγνωσία in den hermetischen Schriften fast synonym mit ἀσέβεια verwendet: Norden, Agnostos Theos 64 Anm 2. In Corp Herm X 8 wird die ἀγνωσία als κακία τῆς ψυχῆς bezeichnet, in X 20 die ἀσέβεια als größte κόλασις ἀνθρωπίνης ψυχῆς. – Schon in LXX kann γνῶσις parallel zu εὐσέβεια stehen: Jes 11,2; zu εὐσέβεια im Judentum vgl Foerster, ThW VII 178ff.

Die gleiche Bedeutung von εὐσέβεια als γνῶσις θεοῦ läßt auch II 3,5 verständlich werden. Auf den Anspruch der Irrlehrer bezugnehmend, schreiben Past ihnen eine μόρφωσις [197] εὐσεβείας zu: sie haben so etwas wie εὐσέβεια, etwas, was sie dafür halten[198]. Aber diese εὐσέβεια ist nicht das, was die Past darunter verstehen. Das müßte sonst im Handeln der Irrlehrer sichtbar werden. Da dies nicht der Fall ist, bleibt nur die Feststellung: τὴν δὲ δύναμιν αὐτῆς (= εὐσεβείας) ἠρνήμενοι[199]. Es ist der gleiche Vorwurf, der in T 1,16 erhoben wird: Der behaupteten Erkenntnis Gottes folgen keine entsprechenden Werke. Die Erkenntnis Gottes, die εὐσέβεια im Sinne der Irrlehrer, müßte sich in die entsprechende Verhaltensweise umsetzen: beides zusammen ist εὐσέβεια im Sinne der Past.

Wenn εὐσέβεια diesen Doppelaspekt der religiösen Erkenntnis und des entsprechenden Tuns hat, dann wird auch II 3,12 verständlicher: εὐσεβῶς ζῆν ἐν Χριστῷ Ἰησοῦ ist nicht nur die den Ordnungen gemäße Lebensweise, sondern ist diese in Verbindung mit christlicher Glaubenserkenntnis. Erst letzteres, die Glaubenserkenntnis und das damit verbundene Bekenntnis zum Glauben, macht es verständlich, daß solche, die dies wollen, mit Verfolgung zu rechnen haben[200].

εὐσέβεια in Past ist also nicht nur und auch nicht primär das Verhalten gemäß den Ordnungen der Schöpfung. Wie die Auseinandersetzung mit den Irrlehrern zeigt, knüpfen Past durchaus an ein Verstännis von εὐσέβεια an, das im speziell religiösen Sinn das Verhältnis zu Gott, die Erkenntnis Gottes, die Erkenntnis der Wahrheit im Glauben meint. Aber das Entscheidende ist, daß diese εὐσέβεια im Leben der Glaubenden konkret wird: und zwar gemäß ihrer Erkenntnis über den Schöpfer und die Schöpfung als Respektierung der na-

---

[197] Als Ergebnis gestaltenden Tuns: „die Gestalt, äußere Form", dann auch: „der Schein". Bauer, WB s.v.; Behm, μόρφωσις, ThW IV 761f.
[198] Die Mehrzahl der Kommentatoren interpretiert dahingehend, die Irrlehrer hielten sich an bestimmte äußere religiöse Formen, denen nur das innere Wesen fehle. Doch läßt der vorausgehende Lasterkatalog schwerlich zu, daß hier auf gewisse positive (wenn auch nur äußerlich vollzogene) Verhaltensweisen Bezug genommen werde.
[199] Wie eine Erläuterung dazu sieht es aus, wenn unmittelbar vorausgehend (V. 4) steht: φιλήδονοι μᾶλλον ἢ φιλόθεοι. Wäre die εὐσέβεια echt, dann wären sie wirklich φιλόθεοι. So aber läßt die fehlende Realisierung der εὐσέβεια erkennen, daß sie letztlich φιλήδονοι sind.
[200] Zum Vergleich kann man darauf hinweisen, daß schon im hellenistischen Judentum εὐσέβεια mit dem Gedanken des Leidens verbunden ist: so begegnet ὑπομένειν / ὑπομονή in Verbindung mit εὐσέβεια Sir 16,13; 4Makk 9,6. 17,7. Dagegen ganz anders die Gnosis, wo es die ψυχὴ ἀσεβής ist, die leidet: Corp Herm X 20 ἢ οὐχ ὁρᾶς, ὅσα κακὰ πάσχει ψυχὴ ἡ ἀσεβής;

türlichen und geschichtlichen Ordnungen, in die sie (die Glaubenden) gestellt sind. Die einzelnen Textstellen zeigen, daß beim Gebrauch von εὐσέβεια mal der eine, mal der andere Aspekt mehr betont wird.]

Folgerung

Wenn εὐσέβεια, wie gezeigt, nicht einseitig Verhaltensbegriff ist,
sondern auch den Aspekt der Glaubenserkenntnis ausdrückt, stellt
sich schärfer die Frage nach dem Verhältnis zu πίστις. Und in der
Tat lassen sich mehrere Parallelen in der Verwendung beider Begriffe aufzeigen.

Am deutlichsten sind die parallelen Formulierungen μυστήριον τῆς
πίστεως (I 3,9) und μυστήριον τῆς εὐσεβείας (I 3,16). Wie die paulinischen und deuteropaulinischen Briefe (wenn auch in verschiedener
Nuancierung) erkennen lassen, hat hier μυστήριον einen eindeutigen
Bezug auf das Christuskerygma. Es geht um die in der Offenbarung
kundgewordene, in der Sphäre Gottes vorbereitete Geschichte, die
in der apostolischen Verkündigung an den Tag kommt[201]. Der in
I 3,16 folgende Christushymnus macht deutlich, daß μυστήριον τῆς
εὐσεβείας auch den Inhalt der Verkündigung und des Glaubens bezeichnet, nicht aber εὐσέβεια im Sinne eines bestimmten Verhaltens
zum μυστήριον machen will[202].

Wie im Bezug auf πίστις wird von εὐσέβεια die Notwendigkeit der
Bewährung im Handeln ausgesagt. Ausgehend von dem Aspekt εὐσέβεια = γνῶσις θεοῦ sind die Stellen I 6,20f; II 3,5; T 1,16 zusammenzusehen: Die Irrlehrer nehmen für sich in Anspruch, γνῶσις

---

[201] μυστήριον wird mehrfach verwendet in Röm, 1Kor, Eph, Kol, 2Thess; vgl
dazu Bornkamm, μυστήριον, ThW IV 825ff. Der Begriff des Geheimnisses spielt
in der alttestamentlich-jüdischen Tradition eine zunehmende Rolle, so besonders
deutlich in den Qumrantexten: Gott offenbart seine Mysterien (occulta consilia
seu decreta Dei) den Propheten und dem Lehrer der Gerechtigkeit, vgl Vogt,
Biblica 37 (1956), 248. – Brown, Biblica 40 (1959), 86 verweist auf eine Formulierung in En 58,5, die mit μυστήριον τῆς εὐσεβείας wiedergegeben werden kann
und dort in engem Kontext zum Glauben steht. Vgl ders, Biblica 39(1958), 426–
48. Und K. Prümm, Biblica 37 (1956), 135–61.

[202] Letztere Deutung gibt Foerster, NTS 1959, 217; ThW VII 182. Angesichts
des zu εὐσέβεια Festgestellten muß aber dem widersprochen werden. – Die
Mehrzahl der Exegeten bevorzugt die Lesart ὅς, wonach dann der Hymnus
Inhalt des μυστήριον τῆς εὐσεβείας ist, vgl Bornkamm, aaO 828; Brown, aaO 85.
Nach der Lesart ὅ würde mit μυστήριον κτλ das Geschehen der Offenbarung oder
speziell Christus bezeichnet, so zB Wohlenberg 144ff. – Zum Hymnus vgl aus der
neuesten Literatur: R. Deichgräber, Gotteshymnus und Christushymnus 133–137;
W. Stenger, TThZ 78(1969), 33–48; K. Wengst, Christologische Formeln 156–160.

θεοῦ zu haben. Aber mit ihrem Handeln verleugnen sie das faktisch: in T 1,16 wie in II 3,5 (hier εὐσέβεια) wird das mit ἀρνεῖσθαι bezeichnet. Im gleichen Sinn aber steht in I 5,8 τὴν πίστιν ἀρνεῖσθαι, wozu der Sache nach auch II 3,8 (ἀδόκιμοι περὶ τὴν πίστιν) gehört. In I 6,11 wird διώκειν auf πίστις wie auf εὐσέβεια bezogen. Doch sagt dies allein nicht viel aus, da das gleiche ja für eine Reihe anderer Begriffe auch gilt. In den gleichen Sachzusammenhang gehört es aber, daß sowohl auf εὐσέβεια wie auf πίστις das Motiv sportlicher Übung bzw sportlichen Wettkampfs angewendet wird. So fordert I 6,12 dazu auf: ἀγωνίζου τὸν καλὸν ἀγῶνα τῆς πίστεως (vgl II 4,7). Damit ist zu vergleichen I 4,7: γύμναζε δὲ σεαυτὸν πρὸς εὐσέβειαν. Beide Bilder sind keine Schöpfung der Past [203]. Aber daß sie beide nebeneinander aufgegriffen werden, zeigt, daß πίστις und εὐσέβεια eng zusammen gesehen werden.

Ein weiterer Gesichtspunkt im Kontext der beiden zuletzt genannten Stellen zeigt, daß die Gemeinsamkeit nicht zufällig ist. Sowohl im Zusammenhang von πίστις wie εὐσέβεια ist das letzte Ziel, um das es geht, die ζωή: I 1,16 (πιστεύειν). 4,8 (εὐσέβεια). 6,12 (πίστις). Aber es lassen sich auch ausdrückliche Unterschiede im Gebrauch von πίστις und εὐσέβειά feststellen. Zum Beispiel ist von εὐσέβεια nie in der Weise die Rede, daß man von ihr wie von der πίστις abfallen könnte. Das liegt wohl daran, daß letztlich für πίστις mehr das inhaltliche Moment, für εὐσέβεια mehr das praktisch-verhaltensmäßige Moment im Vordergrund steht. Damit hängt eine zweite Beobachtung zusammen. Mehrmals begegnet im Zusammenhang mit εὐσέβεια der Gedanke der Entwicklung, des Fortschritts (προκοπή/προκόπτειν) [204]. Paulus kann in Phil 1,25 auch von προκοπὴ τῆς πίστεως reden entsprechend seinem dynamischen Verständnis von πίστις [205]. Es ist gewiß kein Zufall, daß dies in Past nicht vorkommt.

---

[203] Zum Bild vom sportlichen Wettkampf im Zusammenhang des Glaubens vgl 1Kor 9,25; Phil 3,14; Hebr 12,1; Jud 3. Im Zusammenhang mit εὐσέβεια: 4Makk 12,11 τοὺς τῆς εὐσεβείας ἀσκητάς; Ep Arist 255 τὴν εὐσέβειαν ἀσκεῖν; Corp Herm X 19 ἡ τοιαύτη ψυχὴ ... τὸν τῆς εὐσεβείας ἀγῶνα ἠγωνισμένη.
[204] Vgl I 4,7f.15; II 2,16. 3,5.9.12f. (Siehe Kap IV: I 4,6—16.)
[205] Vgl Bultmann, Theologie des NT [6]1968, 325. — Mehrere Kommentatoren beziehen den Genitiv πίστεως nur auf χαράν: J. Gnilka, Philipperbrief 94 Anm 5; vgl Dibelius, Philipper 68: „eurem Fortschritt und eurer Glaubensfreude"; Lohmeyer (KEK) [9]1953,59. Für die Verbindung von χαρά und προκοπή mit πίστεως spricht, daß nur einmal der Artikel steht, der andernfalls auch vor χαρά zu erwarten wäre (vgl Blaß-Debr § 276 u § 259: Weglassung des Artikels vor χαρά müßte sonst als Semitismus interpretiert werden). Zur Verbindung von προκοπή mit πίστεως vgl auch: M. R. Vincent, Philippians and Philemon (ICC) 30; P. Ewald, Philipper (K z NT, Hg Th. Zahn) 1908, 83.

πίστις wird statischer verstanden, es geht um ὑγιαίνειν ἐν πίστει und πίστις ἀνυπόκριτος. So wie eine individuell verschiedene Ausprägung der πίστις nicht im Blick ist, so auch nicht der Gedanke einer προκοπή.

Die Gemeinsamkeiten zwischen πίστις und εὐσέβεια zeigen, daß beide Begriffe im Denken der Past manche gemeinsamen Funktionen haben. Sowohl πίστις wie εὐσέβεια kann offensichtlich zur Charakterisierung des Christseins im ganzen dienen. Der Hinweis auf den Gebrauch von προκοπή macht zudem deutlich, daß εὐσέβεια Funktionen übernommen hat, die im paulinischen Denken die πίστις hatte. Man kann allerdings nicht einfach sagen, εὐσέβεια sei an die Stelle der paulinischen πίστις getreten[206]. Denn πίστις hat ja nach wie vor zentrale Bedeutung in Past. Nur ist der Begriff nicht mehr so umfassend wie bei Paulus, insofern das Moment des Glaubensinhalts gegenüber dem existentiellen Aspekt in den Vordergrund getreten ist. Andererseits ist εὐσέβεια als stärker aufs Verhalten zielender Begriff besser geeignet, das aufs rechte Handeln bezogene Anliegen der Past zu kennzeichnen. Daher steht εὐσέβεια an manchen Stellen als umfassender Begriff zur Bezeichnung des Christseins. So in II 3,12, wo das εὐσεβῶς ζῆν geradezu wie eine Zusammenfassung der in II 3,10f aufgezählten „Tugenden" erscheint[207]. Oder man kann auf I 2,10 in Verbindung mit 2,15 verweisen. Die Charakterisierung des Christseins durch μένειν ἐν πίστει καὶ ἀγάπῃ καὶ ἁγιασμῷ μετὰ σωφροσύνης entspricht vom Gedankengang her dem ἐπαγγέλλεσθαι θεοσέβειαν (nur hier statt εὐσέβεια) in I 2,10[208]. εὐσέβεια ist also jedenfalls (gegen Foerster) als für die Konzeption der Past zentraler Begriff zu bezeichnen[209].

---

[206] Die Abgrenzung ist zu vollziehen mit Foerster, ThW VII 182 (vgl aber unten Anm 209) und Brox 177.

[207] Die Einleitung von 3,12 mit καί zeigt, daß es die (verallgemeinernde) Fortführung der Aussage von 3,10f ist. Das läßt vermuten, daß mit εὐσεβῶς ζῆν ἐν Χριστῷ an alle zuvor Paulus charakterisierenden Verhaltensweisen gedacht ist.

[208] θεοσέβεια wird gleichbedeutend zu εὐσέβεια gebraucht, Holtzmann, vSoden zSt. Zur Verbindung 2,10 mit 2,15: der Gesamtzusammenhang umfaßt 2,9—15 mit den Aussagen über Stellung und Pflichten der Frau. Während in 2,10 die Notwendigkeit von ἔργα ἀγαθά aus dem Bekenntnis zur θεοσέβεια gefolgert wird, wird in anderer Blickrichtung in 2,15 das μένειν ἐν πίστει κτλ als notwendige Verbindung zum Tun bezeichnet. Der innere Zusammenhang christliche „Einstellung" — Handeln ist beidemale entsprechend.

[209] Foerster (ThW VII 181) begründet seine These, εὐσέβεια sei kein unentbehrlicher Zentralbegriff der Past, damit, daß εὐσέβεια zwar in der Tugendreihe I 6,11 stehe, aber in II 2,22 fehle. Gegen dieses Argument spricht folgende Überlegung: Klammert man εὐσέβεια zunächst aus, beginnen beide Reihen mit δικαιοσύνη, πίστις, ἀγάπη, eingeleitet mit δίωκε. Da der in I 6,11 beginnende Abschnitt mit

Zusammenfassung (4)

Besonderer Akzent wird auf die ethischen Konsequenzen der πίστις gelegt. Da der intellektualistische Glaubensbegriff nicht die ganze Existenz umfaßt, geschieht dies durch Betonung der „guten Werke" als Korrelat zur πίστις. Materialiter sind die ethischen Weisungen mit den Normen der Umwelt identisch. Die Besonderheit christlicher Existenz besteht darin, daß ihr die Möglichkeit zur Erfüllung dieser Normen geschenkt ist.

Innerhalb der christlichen Tugenden ist πίστις zwar die wesentlichste, umfaßt aber nicht die ganze Existenz. Zur Kennzeichnung christlicher Existenz als ganzer tritt daher neben πίστις der Begriff εὐσέβεια: πίστις kennzeichnet das proprium des Christseins überhaupt; εὐσέβεια, die neben dem Bezug auf die Glaubenswahrheit zugleich das praktische Verhalten einschließt, dient als Bezeichnung christlicher Lebensweise.

5. Glaube, Soteriologie, Eschatologie

Der dargelegte Glaubensbegriff der Past ist abschließend in den weiteren Rahmen zu stellen, den die Auffassung der Past von der Soteriologie und Eschatologie bildet.

5.1 Soteriologische und heilsgeschichtliche Grundbegriffe

5.11 Beschreibung des Heilsgeschehens

Die Past verwenden geprägte soteriologische Terminologie, die hellenistischen Einfluß erkennen läßt. Wie die wesentlichen soteriologischen Texte zeigen, sind vor allem wichtig: σῴζειν — σωτήρ — σωτηρία, ἐπιφαίνειν — ἐπιφάνεια sowie φανεροῦν[210]. Das Heilsgut wird

---

οὐ δέ im Kontrast zum Vorhergehenden steht, lag es nahe, die vorher ausführlich diskutierte εὐσέβεια ausdrücklich als Gegenstand der Mahnung mit einzubeziehen. So wurde εὐσέβεια in die offensichtlich traditionelle Reihe eingefügt. Da gerade auch die Verbindung δίωκε δικαιοσύνην sprachliche Tradition ist (vgl Anm 190), war es wohl sprachlich störend, nun zu formulieren: δίωκε εὐσέβειαν, δικαιοσύνην κτλ; εὐσέβεια steht also in I 6,11 an frühestmöglicher Stelle, was für seine Wichtigkeit spricht. Auffällig ist daher nicht das Fehlen in II 2,22, sondern die Einfügung in I 6,11.

[210] II 1,9—11: σῴζειν, φανεροῦν, ἐπιφάνεια, σωτήρ; T 1,1b—3: φανεροῦν, σωτήρ; T 2,11—14: ἐπιφαίνειν, σωτήριος, ἐπιφάνεια, σωτήρ; T 3,4—7: ἐπιφαί-

formal beschrieben als σωτηρία (II 2,10. 3,15. 4,18), inhaltlich als
ζωή (αἰώνιος) (I 1,16. 4,8 u.ö.): II 1,10 präzisiert diese als ἀφθαρ-
σία im Gegensatz zum θάνατος. Das die Rettung bringende Offenbarungsgeschehen konkretisiert sich in Jesus als σωτήρ (II 1,10; T
1,4. 2,13. 3,6)[211]. Das Heilswerk Jesu wird — wie zT auch bei Pls[212]
— verstanden als Selbsthingabe für die Menschen, verbunden mit
dem Gedanken des Loskaufs (I 2,6; T 2,14), aber auch in synoptischer Tradition[213] als σῴζειν ἁμαρτολούς (I 1,15). Im ganzen erscheint darin das Kreuzesgeschehen als traditioneller Bestandteil
des Kerygmas, ohne wie bei Pls besondere Betonung zu erfahren.

Wie als Schöpfer (I 4,3. 6,13.17) wird Gott als Subjekt des erlösen-
den Heilsgeschehens (1. Epiphanie: II 1,10; T 1,3. 3,5; 2. Epiphanie: I 6,15) betont, auf dessen θέλημα (vgl I 2,4)[214] und πρόθεσις
(II 1,9) alles beruht. Das impliziert eine subordinatianische Christologie. Die Epiphanie Christi (II 1,10) kann so — mit Betonung Gottes als Subjekt — auch als Epiphanie von Gottes χάρις o.ä. bezeichnet werden (T 2,11 vgl 3,4; II 1,9f).

5.12 Zeitschemata

Ein präziseres Verständnis des Heilsgeschehens in seinem Ablauf
wird anhand der verschiedenen verwendeten Zeitschemata deutlich.

1. Der Gedanke von göttlichem Heilsplan und Prädestination[215]
kommt in dem Revelationsschema[216] mit den Zeitbegriffen χρόνοι
αἰώνιοι[217] und καιροὶ ἴδιοι[218] zum Ausdruck: ersterer bezieht sich
auf den vor aller Zeit liegenden Ratschluß Gottes (II 1,9: T 1,2),

---

νειν, σωτήρ, σῴζειν. Zur Terminologie: Pax, Epiphaneia; Diaz, Wortgruppe
σῴζειν κτλ; Lührmann, Epiphaneia (Kuhn-Festschrift 185—99); Dib-Conz 74f.
108ff (Exkurse).
[211] Auch Gott wird als σωτήρ bezeichnet (I 1,1. 2,3. 4,10; T 1,3. 2,10. 3,4),
worin möglicherweise ein antignostischer Akzent sichtbar wird (Holtzmann 165f).
[212] Vgl Käsemann, Heilsbedeutung des Todes Jesu bei Paulus, 73.81f.
[213] Vgl Mk 2,17 parr; Lk 19,10.
[214] θέλημα auch im Blick auf die Apostelberufung: II 1,1.
[215] Der Gedanke der Prädestination klingt auch in II 2,19 an (ἔγνω).
[216] Lührmann, Epiphaneia 198; Tachau, „Einst" und „Jetzt" 12.
[217] Vgl Röm 16,25.
[218] Man wird den Begriff einfach im Sinne „zu seiner Zeit" zu verstehen haben,
da im späten Griechisch ἴδιος häufig anstelle des Possessivpronomens steht (Liddell-
Scott s.v. ἴδιος I 6; vgl den häufigen Gebrauch von ἴδιος in diesem Sinne in den
Past). Zum Plural καιροί vgl Barr, Biblical Words for Time 62 Anm 1 sowie zum
ganzen Begriff: aaO 42. 61.

letzterer auf die Verwirklichung desselben in der 1. (I 2,6; T 1,3 vgl. *νῦν* II 1,10)[219] oder 2. Epiphanie (I 6,15).

2. *ἐπιφάνεια* wird in doppeltem Bezug verwendet: das vergangene Geschehen in Jesus (II 1,10; vgl *ἐπεφάνη* T 2,11. 3,4) wie auch die „Parusie" Jesu (I 6,14; II 4,1.8; T 2,13) bezeichnend. Mit dem Blick auf die 2. Epiphanie verbindet sich verschiedene Endzeitterminologie: *τὸ μέλλον*[220] (I 6,19 vgl 4,8), *ἐκείνη ἡ ἡμέρα* (II 1,12.18. 4,8)[221], *ὕστεροι καιροί* (I 4,1)[222], *ἔσχαται ἡμέραι* (II 3,1)[223]. Wurde in der 1. Epiphanie die *σωτηρία* bereits proleptisch vollzogen (II 1,9; T 3,5)[224], so steht die zweite Epiphanie unter dem Doppelaspekt von *κρίσις* (I 5,24 vgl II 4,1.8) und endgültiger Realisierung der *σωτηρία* (II 4,18).

3. Im Blick auf die menschliche Situation wird das traditionelle urchristliche Schema[225] von „einst" und „jetzt" angewendet (T 3,3ff): der vorchristlichen, heidnischen Vergangenheit wird gegenübergestellt das Ereignis des Heilsgeschehens bzw dessen Auswirkung in der Gegenwart der Glaubenden.

4. Zum Verständnis der gegenwärtigen Situation der Christen ist die Anwendung des Zwei-Äonen-Schemas wesentlich: das Leben der Christen vollzieht sich im *νῦν αἰών* (I 6,17; T 2,12; anders II 4,10). Aber dessen Vorläufigkeit wird mit dem Verweis auf *τὸ μέλλον* (I 6,19) bzw die 2. Epiphanie (T 2,13) betont.

5.2 Heilsgeschehen und menschliche Existenz

Was diese soteriologischen und heilsgeschichtlichen Aussagen bedeuten, wird konkret erst im Blick auf die aktuelle Relevanz für das Menschsein. Am besten wird dies in T 2,11—14 (neben T 3,3—7) deutlich, einem Abschnitt, der sich durch die Terminologie[226] als charakteristisch für das Denken der Past erweist.

---

[219] Zu beachten ist, daß es sich jeweils um Texte handelt, deren Aussage auf die Beauftragung des Pls mit der Evangeliumsverkündigung zielt. Dagegen begegnet dieses Schema nicht in den ethisch ausgerichteten Texten T 2,11ff und 3,3ff.

[220] Vgl die übliche Redeweise vom *αἰὼν ὁ μέλλων*.

[221] Vgl Mt 7,22. 24,36 u.ö. im NT; Test Lev 6,7.

[222] Als eschatologischer Terminus auch Test Benj 11,2.

[223] Vgl Jak 5,3; 2Petr 3,3 (*ἐσχάτη ἡμέρα* Joh 6,39ff); Test XII: Jud 18,1; Seb 8,2; Dan 5,4; Jos 19,10.

[224] Vgl dazu Klöpper, Soteriologie der Past 60f.

[225] Siehe dazu: Tachau, „Einst" und „Jetzt" im NT.

[226] *ἐπιφαίνειν / ἐπιφάνεια, σωτήριος / σωτήρ, χάρις, παιδεύειν, σωφρόνως, δικαίως, εὐσεβῶς, ἐλπίς, καλὰ ἔργα.*

1. Die Kontrastierung einst — jetzt (T 3,3ff) markiert den Wandel, den Heilsgeschehen generell und christliche Bekehrung speziell für die Menschen bedeuten. Die Situation vor und außer Christus (ἦμεν T 3,3; ἀρνησάμενοι T 2,12) ist bestimmt durch die Herrschaft der ἐπιθυμίαι (T 2,12. 3,3), gekennzeichnet als ἀσέβεια (T 2,12) und ἀνομία (T 2,14). Dem entspricht im Lasterkatalog I 1,9 die vorrangige Stellung von ἄνομοι und ἀσεβεῖς. In diese als heillos verstandene menschliche Situation hinein geschieht die helfende Erscheinung der χάρις (T 2,11 vgl 3,4; II 1,9f), die generell allen Menschen gilt (I 2,4. 4,10; T 2,11), speziell sich an den Glaubenden realisiert (I 4,10; II 2,10; T 2,12 ἡμᾶς). Die Erfahrung des Heilsgeschehens wird beschrieben als σωθῆναι (I 2,4; vgl. II 1,9; T 3,5), ἐλεοῦσθαι (I 1,13.16), καλεῖσθαι (I 6,12 vgl II 1,9), δικαιοῦσθαι (T 3,7)[227] — wobei jeweils verschiedene Aspekte zum Ausdruck kommen.

2. Der Zweck des Heilsgeschehens, dh hier der 1. Epiphanie, wird als erzieherischer gesehen: χάρις παιδεύουσα (T 2,11f). Gnade und Erziehung sind demnach nicht wie bei Pls Gegensätze[228]. Der (bei Bekehrung bzw Taufe vollzogenen) Absage (ἀρνησάμενοι T 2,12) an die Lüste und das sündige Verhalten der vorchristlichen Zeit steht positiv die Ermöglichung neuen Lebens gegenüber (T 2,14): eines Lebens unter der erziehenden Wirkung der Gnade, die tugendhaftes Leben möglich macht (σωφρόνως κτλ ζῆν T 2,12). Die ethischen Inhalte sind die des Hellenismus. Die Differenz zur popular-philosophischen Ethik liegt demnach nicht (noch weniger als bei Pls) im Materialen, auch nicht (oder nur teilweise) in den Motiven, sondern wesentlich im Verständnis des Menschen als einem, der nicht aus eigenen Kräften zum Tun des Guten fähig ist. Mit dieser Betonung der ethischen Ausrichtung des Heilsgeschehens und damit dem gewandelten Verhältnis von Indikativ und Imperativ ist der Unterschied zu Pls deutlich: Da nicht die Befreiung vom Gesetz das Anliegen ist, stellt sich ein Problem wie das der Kriterien des Handelns angesichts der geschenkten ἐλευθερία ἐν πνεύματι (vgl Gal 5,13ff) nicht. Was zu tun ist, erscheint als klar (ὠφέλιμος, ἃ δεῖ uä): das Heilsgeschehen hat seine Relevanz darin, dies überhaupt zu ermöglichen.

3. Die endgültige Realisierung der σωτηρία ist an die 2. Epiphanie geknüpft (zB II 4,18). Darum ist die Charakterisierung der Christen

---

[227] Beim Verständnis von δικαιωθέντες (T 3,7) ist allerdings strittig, ob es als gegenwärtig (im Zusammenhang der Taufe) oder als futurisch (im Zusammenhang des Gerichts) zu verstehen ist. Vgl von Soden 174f.

[228] Vgl Jentsch, Urchristliches Erziehungsdenken 183; Giese, ΧΑΡΙΣ ΠΑΙΔΕΥΟΥΣΑ 154.

als προσδεχόμενοι τὴν ... ἐπιφάνειαν (T 2,13) wesentlich. Diese 2. Epiphanie ist insofern auch ethisches Motiv, als sie 1. κρίσις über die ἔργα (I 5,24f[229] vgl. II 4,1.8; ἀποδιδόναι II 4,8.14; διδόναι ἔλεος II 1,16.18) und 2. die verheißene ζωή (I 4,8; II 1,1 ἐπαγγελία ζωῆς) bringt. Diese eschatologische Motivierung ist aber sehr verschieden von der eschatologischen Motivierung der Ethik bei Pls[230]: inzwischen ist die Naherwartung zurückgetreten. Daher hat die Zukunftshoffnung nicht mehr unmittelbare Aktualität. Anstelle der eschatologischen Relativierung der Gegebenheiten des Daseins in der Welt (1Kor 7,29ff) bekommt der νῦν αἰών volle Relevanz (I 6,17; T 2,12), ohne daß eine zeitliche Begrenzung unmittelbar sichtbar wird. Da keine Distanzierung von den weltlichen Gegebenheiten vollzogen wird, sondern diese als schöpfungsmäßig gewollt verstanden werden, ist christliches Dasein nicht von „bürgerlichem" Dasein unterschieden[231]. Andererseits wird die Vorläufigkeit des gegenwärtigen Lebens klar festgehalten (vgl Doppelaspekt in I 4,8: ζωὴ νῦν καὶ μέλλουσα): ζῆν ἐν τῷ νῦν αἰῶνι (T 2,12) heißt nicht ἀγαπᾶν τὸν νῦν αἰῶνα (II 4,10). Christen sind vielmehr ἠγαπηκότες τὴν ἐπιφάνειαν (II 4,8), dh sie warten auf die Parusie[232]. Das Heil ist — wie bei Pls — zukünftig (I 2,15. 4,16; II 2,10. 4,18), wenngleich proleptisch schon gegenwärtig (II 1,9; T 3,5). Diese Zukunft aber liegt in unbestimmter Ferne. Das zeigt sich u.a. daran, daß die Endzeitterminologie (s.o.; dazu: καιρός/καιροί II 3,1. 4,3) aktuelle Relevanz nur zur Heraushebung der Irrlehre-Gefahr hat (I 4,1; II 3,1. 4,3), nicht aber für die christliche Lebensgestaltung.

5.3 Vergegenwärtigung des Heilsgeschehens

1. Die in einigen Texten enge Verbindung von Wort und Heilsgeschehen (II 1,10; T 1,3)[233] läßt die Verkündigung als entscheidende Heils-Mitteilung erkennen. Das wird in den betreffenden Texten von εὐαγγέλιον ausgesagt. Demgegenüber ist die διδασκαλία als abgeleitete Größe anzusehen, die aber doch Entfaltung und konkrete

---

[229] Anders Kühl, Gemeindeordnung 41, der statt an das künftige Gericht an eine gegenwärtige Prüfung der einzusetzenden Presbyter denkt.
[230] Vgl Merk, Handeln 233ff (238. 240f. 242); Nieder, Motive 109ff. 133f.
[231] Vgl Schierse, Eschatologische Existenz 280. 289; Dib-Conz 32f; Brox 124ff.
[232] Daß hier mit ἐπιφάνεια die 2. Epiphanie gemeint ist, ist aus dem Kontext (ἐκείνη ἡ ἡμέρα, κριτής) zu schließen. (Lührmann, Epiphaneia 198)
[233] Auffällig ist auch, daß Objekt des φανεροῦν in II 1,10 χάρις, in T 1,3 ὁ λόγος αὐτοῦ ist.

Anwendung des heilsmittlerischen Evangeliums ist. In der konkreten Lehre ist wohl ein wesentliches Mittel der χάρις παιδεύουσα zu sehen.

2. Nach T 3,5—7 bedeutet die Taufe[234] individuelle Anteilgabe am Heilsgeschehen, konkrete Mitteilung der durch Christus geschehenen σωτηρία. Die Taufe ist der grundlegende Akt des Christseins, auf den auch in I 6,12 (ὁμολογία) und T 2,12 (ἀρνησάμενοι) verwiesen sein dürfte. Vom Herrenmahl ist in den Past explizit nicht die Rede, und die Annahme indirekter Bezüge ist nur Vermutung[235].

3. Als Bezug auf gegenwärtige Heilserfahrung kann man die Erwähnung von χάρις, ἔλεος, εἰρήνη in den Briefgrüßen verstehen. Von der Gabe des Geistes durch die Taufe redet T 3,5f. In II 1,7.14 kommt das konkrete Wirken des Geistes in Blick. Mehrere Stellen sprechen von der Erfahrung von Kraft und Beistand Christi (I 1,12; II 2,1.7. 3,11. 4,17.22)[236]. Daß diese Aussagen vom Geist (abgesehen von der Taufaussage) sowie vom Beistand Christi nur auf Paulus und Timotheus (also „Amtsträger") bezogen sind, könnte damit zusammenhängen, daß nur von diesen unmittelbar als handelnden Personen gesprochen wird, doch der Tatbestand bleibt jedenfalls zu beachten[237]. Im Blick auf alle Glaubenden ist noch das Gebet zu nennen als wesentlicher Faktor in dem durch das Heilsgeschehen bestimmten Leben (I 2,1.8. 4,4f. 5,5; II 2,22).

5.4 Konstituenten christlichen Lebens

1. An erster Stelle steht die πίστις als das Kennzeichen der Christen schlechthin. Vom Glauben wird verbal als dem geschehenen Zum-Glauben-Kommen (πεπιστευκέναι II 1,12; T 3,8) gesprochen, nominal (πίστις) als von der darin vollzogenen Annahme der Aussagen über das Heilsgeschehen. Die inhaltlich richtige Glaubenshaltung, das Bleiben im gesunden Glauben ist Kennzeichen des rechten Christen.

2. Eine zweite Komponente ist die ἐλπίς (T 1,2. 2,13. 3,7), wobei der Akt des Hoffnung-Fassens ebenfalls als zurückliegend gedacht wird (ἠλπικέναι I 4,10. 5,5. 6,17), wohl in Verbindung mit dem Zum-Glauben-Kommen. Dieser perfektische Aspekt der Hoffnung

---

[234] Näheres dazu vgl Kap V.
[235] Gegen Holtz, der die Past stark an der Abendmahlsliturgie orientiert sieht (19 und passim).
[236] ἐνδυναμοῦν I 1,12; II 2,1. 4,17; ῥύεσθαι II 3,11. 4,17; παρέστη II 4,17; διδόναι σύνεσιν II 2,7; κύριος μετὰ πνεύματός σου II 4,22.
[237] Siehe dazu Kap V 1.22.2.

deutet auch bei ἐλπίς wie bei πίστις auf ein statisches Moment. Entsprechend der nicht aktuellen Zukunftserwartung ist wohl mehr an den Hoffnungsinhalt (T 2,13: als Objekt der Erwartung)[238] gedacht anstatt an eine Bestimmtheit christlicher Existenz. Gegenstand bzw Inhalt der Hoffnung ist die im Zusammenhang der 2. Epiphanie realisierte ζωή αἰώνιος (T 1,2. 3,7).

3. Angesichts der Bedeutung, die die διδασκαλία für die Past hat, muß man sie als eigenes bestimmendes Element christlichen Lebens nennen. Gewiß ist es gemeinsame urchristliche Anschauung, daß es Christsein nicht ohne Hören, ohne stets neuen Empfang von Weisung für Glauben und Leben gibt. Aber dies erhält in Past seine Dringlichkeit noch dadurch, daß der einzelne in der Gefahr gesehen wird, dem Einfluß falscher Verkündigung zu unterliegen.

4. Das christliche Verhalten ist Korrelat der bisher genannten Elemente: es ist Bewährung der πίστις, die die Kenntnis des Heilsgeschehens und der damit eröffneten Möglichkeit guten Handelns beinhaltet (vgl die formelhafte Verbindung πίστις καὶ ἀγάπη); es steht im Zusammenhang mit der Zukunftserwartung, insofern mit der Parusie die κρίσις über die geforderten καλὰ ἔργα erfolgt und im Zusammenhang der Verheißung der ζωή auch der Gedanke des Lohns anklingt (I 6,18f); es ist Konsequenz der gehörten Verkündigung, deren Ziel wie das des Heilsgeschehens überhaupt das Tun von καλὰ ἔργα ist (T 2,14. 3,8).

Zusammenfassung (5)

Der Glaube ist bezogen auf die Inhalte des Heilsgeschehens (Epiphanie Jesu), dessen gegenwärtige Relevanz primär ethisch verstanden wird als Ermöglichung guten Tuns in den schöpfungsmäßigen Gegebenheiten der Welt. Das christliche Dasein in der Welt steht gleichwohl unter dem Aspekt der Vorläufigkeit, da das endgültige Heil an die erwartete 2. Epiphanie geknüpft ist. Diese Erwartung hat aber infolge des Zurücktretens der Naherwartung ihre unmittelbare Relevanz verloren.

---

[238] Vgl Klöpper, aaO 82 Anm 1.

KAPITEL III:

DAS VERSTÄNDNIS VON GEMEINDE UND AMT

IN DEN PASTORALBRIEFEN

Im vorhergehenden Kapitel wurde das Verständnis christlicher Existenz im Sinne der Past dargelegt, mit Schwerpunkt auf dem Begriff des Glaubens und seines Gegenstandes. Daran anschließend soll in diesem Kapitel nach dem Verständnis der Kirche gefragt werden, der alle Glaubenden angehören. Dabei wird der Schwerpunkt auf die Frage nach der konkreten Gemeinde[1] gelegt, in der der einzelne Glaubende lebt und in der er Hörer der Verkündigung ist. Vor allem interessiert die Frage nach Stellung und Funktion des verkündigenden Amtsträgers in der Gemeinde. Damit wird eine wesentliche Vorfrage für das Verständnis der Ordination geklärt: indem es um das Amt geht, auf das die Ordination als Einsetzungsakt bezogen ist.

1. Bezeichnungen der Kirche
als Hinweis auf ihr Selbstverständnis

Was für das Glaubensverständnis gesagt wurde, gilt auch für das Verständnis von Kirche bzw Gemeinde: die Past entfalten nicht ihr Verständnis der Sache[2]. Dies muß indirekt erschlossen werden. Ausgegangen wird von den verschiedenen Bezeichnungen für die Kirche. Dabei interessiert die Frage, inwieweit einfach traditionelle Terminologie verwendet wird oder aber Besonderheiten in der Auffassung der Past erkennbar werden.

---

[1] Die Begriffe „Kirche" und „Gemeinde" werden in der Literatur zT gleichbedeutend verwendet, vgl zB die Buchtitel von Schnackenburg einerseits („Die Kirche im Neuen Testament"), von Schweizer andererseits („Gemeinde und Gemeindeordnung im Neuen Testament"), obwohl die Thematik analog ist. Nach weithin üblichem Sprachgebrauch soll im folgenden von „Gemeinde" im Blick auf die Einzelgemeinde, von „Kirche" im generellen, die Gesamtheit der Glaubenden bezeichnenden Sinn gesprochen werden — wenngleich diese Differenzierung nicht immer genau durchzuhalten ist.
[2] Brox 157: „Der Verfasser macht die Kirche nirgends zum eigenen Thema, weil sie fortwährend sein Thema ist."

Zwei Texte enthalten in komprimierter Form Aussagen über die Kirche: I 3,15 und II 2,19—21.

I 3,14—16 gehört zu den Abschnitten, die Mahnungen oder Anordnungen abschließen und zugleich zum nächsten Briefteil überleiten[3]. Hier wird auf die in c. 2 und 3 entfaltete Kirchenordnung Bezug genommen[4] und diese dem Briefempfänger eingeschärft. Die dreifache Bezeichnung der Kirche als οἶκος θεοῦ, ἐκκλησία θεοῦ ζῶντος und στῦλος καὶ ἑδραίωμα τῆς ἀληθείας[5] ist wohl rhetorisches Mittel[6], die Bedeutung der Kirche zu betonen und damit die Wichtigkeit der dargelegten Kirchenordnung zu unterstreichen[7].

Nicht so eindeutig ist der Bezug auf die Kirche in II 2,19—21. Doch werden hier mit στέρεος θεμέλιος τοῦ θεοῦ (19)[8] und μεγάλη οἰκία (20) entsprechende Bilder wie in I 3,15 aufgegriffen, die — wie der Kontext (Irrlehrerpolemik) und die Einzelaussagen des Textes nahelegen — auf die Kirche zu beziehen sind[9].

1.1 Bezeichnung als Gesamtheit

1.11 ἐκκλησία

Die dem Urchristentum geläufige Bezeichnung ἐκκλησία wird dreimal in I verwendet: 3,5.15. 5,16. Dabei ist zT strittig, ob die Ein-

---

[3] Dib-Conz 48, vgl 26 (zu I 1,18—20): „Zäsurstücke". ταῦτά σοι γράφω ... ἵνα εἰδῇς πῶς (3,14f) ist an sich ein Motiv des Briefschlusses. Vgl dazu Koskenniemi, Studien zur Idee und Phraseologie des griechischen Briefes 78.

[4] ταῦτα, das stets in den zusammenfassenden Abschnitten und Wendungen verwendet wird (vgl I 4,6.11.15. 5,(7).21. 6,2.11; II(1,12). 2,(2).14; T 2,15. 3,8) faßt Kap 2 und 3 zusammen, während Kap 1 in 1,18—20 (ταύτην τὴν παραγγελίαν) abgeschlossen wurde. Vgl Kühl, Gemeindeordnung 6 Anm *. Gegen Wohlenberg 140 (ταῦτα = gesamter Briefinhalt) und Schütz 85 (läßt offen, ob ταῦτα nach vorne oder rückwärts bezogen).

[5] Der Bezug von στῦλος κτλ auf die Kirche ist nicht unbestritten, wird aber von den meisten angenommen. Daneben wird vorgeschlagen: 1. bezogen auf Timotheus als Subjekt zu εἰδῇς (σέ zu ἀναστρέφεσθαι ergänzen); 2. Apposition zu θεός; 3. neuer Satzbeginn (στῦλος κτλ mit καὶ ὁμολογουμένως κτλ zu verbinden). Vgl Holtzmann 326f; Lock 43.

[6] Vgl Minear, Bilder der Gemeinde 51.

[7] Holtzmann 323; 3,14—16 als dogmatische Motivierung zur vorhergehenden kirchlichen Anordnung.

[8] Da für θεμέλιος im Text kein Bezug formuliert ist, sind sehr verschiedene Deutungen erwogen worden, vgl Anm 36. Eine Zusammenstellung solcher Interpretationen bei Pfammatter, Die Kirche als Bau 133; vgl Lock 100; Holtzmann 419; Kelly 186.

[9] So mit vielen Exegeten.

zelgemeinde oder die gesamte Kirche gemeint ist. Für 3,5, wo es um die Leitung einer Gemeinde geht, und 5,16, wo die finanzielle Situation einer Gemeinde im Blick ist, ist jedenfalls an die Einzelgemeinde zu denken. Dem Charakter der Past als fingierte Briefe entsprechend, ist dabei nicht speziell an die Gemeinde von Ephesus zu denken, sondern an jede Gemeinde, für die die Anordnungen der Briefe gelten sollen[10]. Für 3,15 wird mehrfach auf die universale Kirche gedeutet[11]. Doch legt die gleiche Formulierung ἐκκλησία θεοῦ (ζῶντος) wie in 3,5 und die in beiden Fällen vorliegende Verbindung mit οἶκος nahe, auch hier an die Einzelgemeinde in einem generellen Sinn zu denken. Man kann aber sagen: „In jeder Gemeinde stellt sich repräsentativ die Kirche dar."[12]

1.12 Haus
I 3,15: οἶκος θεοῦ

Die Bezeichnung der Kirche mit dem Bild des οἶκος θεοῦ läßt mehrere Interpretationen zu: Grundsätzlich möglich, aber nicht wahrscheinlich, ist der Gebrauch von οἶκος im Sinne eines (religiösen) Vereins, wie dies in griechischen Inschriften belegt ist[13]. Die zweite Möglichkeit ist die, οἶκος θεοῦ zu verstehen als Wechselbegriff zu ναὸς θεοῦ, wie auch in LXX οἶκος τοῦ θεοῦ bzw κυρίου Bezeichnung für den Tempel ist[14]. Das entspräche den paulinischen Aussagen in 1Kor 3,16 und 2Kor 6,16, wobei das Wohnen des göttlichen Geistes in der Kirche im Blick ist; ähnlich auch Eph 2,22. Die Gemeinde wird als pneumatischer Bau verstanden: in diesem Sinne ist in 1Petr 2,5. 4,17 und Hebr 3,6 von der Gemeinde als οἶκος (θεοῦ bzw Χριστοῦ) die Rede[15]. Zwei Gründe aber sprechen in I 3,15 für eine dritte In-

---

[10] Vgl Schütz 85. Seine Erwägungen, wieso in I 3,5 bei ἐκκλησία trotz Determinierung durch θεοῦ an die Einzelgemeinde und nicht an die gesamte Kirche zu denken sei, sind überflüssig. Denn 1Kor 11,16, 1Thess 2,14 und 2Thess 1,4 (jeweils αἱ ἐκκλησίαι τοῦ θεοῦ) zeigen, daß durchaus auch die Einzelgemeinde als ἐκκλησία τοῦ θεοῦ bezeichnet wurde. Vgl ThW III 509 (KL Schmidt).
[11] Holtzmann 187; Jaubert, AnBibl 17/18, II 102.
[12] Schütz 85; vgl Weiß 152; Lock 43; ThW III 508 (KL Schmidt). Anders Kühl, Gemeindeordnung 5.
[13] Dib-Conz 49; Michel, ThW V 130 (Anm 33).
[14] Michel, Art οἶκος, ThW V 129ff; Jaubert, aaO 102; Klinzing, Die Umdeutung des Kultus 196; Wilckens, Art στῦλος ThW VII, 736. Vgl McKelvey, The New Temple 133.
[15] Vgl Michel aaO. Von der Gemeinde als Haus ist auch in den Qumrantexten die Rede: 1QS V 6 u. VIII 9 „Haus der Wahrheit"; 1QS VIII 5 „heiliges Haus"; vgl dazu Betz, ZNW 48(1957) — Klinzing, aaO 106 verweist darauf, daß die Formulierung „Haus Gottes" sich in Qumran nicht findet. — Zum ganzen vgl auch: J. Hempel, WZ Greifswald 1955f, 123—130.

terpretationsmöglichkeit von οἶκος ϑεοῦ: 1. In Hebr 3,6 und 1Petr
2,5 wie in 1Kor 3,16 und 2Kor 6,16 werden die Christen mit οἶκος
bzw ναός als pneumatischem Bau identifiziert. In I 3,15 heißt es dagegen: ἐν οἶκῳ ϑεοῦ ἀναστρέφεσϑαι, dh οἶκος ϑεοῦ wird als eine
Größe verstanden, die nicht einfach identisch ist mit denen, die dazu gehören. Sondern die Gemeinde ist ein Haus, *in* dem man lebt,
also offensichtlich als eine den Glaubenden vorausliegende (institutionelle) Größe verstanden[16]. 2. Die Parallelisierung der Gemeinde
mit der Hausgemeinschaft eines Privatmannes in 3,5 legt den Schluß
nahe, οἶκος in 3,15 in eben diesem Sinne zu verstehen: die Gemeinde
ist die Hausgemeinschaft oder Familie Gottes[17]. An späterer Stelle
ist aufzuzeigen, daß dies über eine nur bildliche Bedeutung hinaus-
geht.

II 2,20f: μεγάλη οἰκία

Das Bild vom Haus mit den verschiedenen Gefäßen bestätigt die bei
I 3,15 gemachte Beobachtung, daß die Kirche als übergreifende Größe verstanden wird, in der die Glaubenden leben. Anstelle eines personalen Verständnisses der Kirche als Hausgemeinschaft wird hier
der Vergleich zu den in einem Haushalt vorhandenen Geräten gezogen. Die Geräte werden nach dem Material und nach ihrem Gebrauch
unterschieden, ohne daß sich beide Unterscheidungen decken[18]. Die
Anwendung des Bildes steht im Kontext der Gefährdung der Kirche
durch Irrlehrer. Während in V. 19 die Kirche als nicht zu erschüttern-
des Fundament herausgestellt wird, veranschaulicht das Bild in V. 20
den Tatbestand, daß es überhaupt Abtrünnige in der Gemeinde gibt.
Es ist eine verständliche Erscheinung: wie es eben in einem Haus verschiedene Geräte gibt, hat auch die Kirche gute und schlechte Glieder[19]. Was allerdings im Blick auf die Geräte eines Hauswesens Nor-

---

[16] Vgl Brox 167; Pfammatter, aaO 127.
[17] Diese Deutung vertritt die Mehrzahl der Ausleger, vgl Holtzmann 325; Kühl,
Gemeindeordnung 4; Brox 157f; Weiß 151; Lock 42; Kelly 87; Scott 39 („the
household of God“); Minear, aaO 51 (60.170ff); Dahl, Volk Gottes 262. — Ein
vergleichbarer Gedanke, aber nicht so ausgeprägt wie in Past, begegnet in Eph
2,19: οἰκεῖοι τοῦ ϑεοῦ (vgl auch Gal 6,10: οἰκεῖοι τῆς πίστεως).
[18] Holtzmann 420. — Zum Bild von den Geräten vgl Röm 9,21; Sap 15,7. — A.
Penna, AnBibl 17/18, II 119ff, zeigt den atlichen Hintergrund der Gefäßparabel
auf: Im AT und vor allem in Qumran dient das Bild zur Betonung der Souveräni-
tät Gottes und der Nichtigkeit des Menschen, insbesondere im Zusammenhang
mit dem Erwählungsgedanken. Dieser Hintergrund liegt in II 2,20 fern, da hier
dem Menschen die Initiative sich zu reinigen zugeschrieben wird, er also nicht
durch Prädestination festgelegt ist.
[19] Der Hinweis auf die Differenzierung in der Gemeinde könnte zwei Motive
haben: 1. als Mahnung zur Geduld mit schwachen Gemeindegliedern (vgl 1Kor

malzustand ist, soll in der Kirche nicht so bleiben: wer als σκεῦος zum Haus Gottes gehört, soll sich reinigen zu einem σκεῦος εἰς τιμήν. Mit der Formulierung εὔχρηστος τῷ δεσπότῃ wird offensichtlich auf Gott als den Hausherrn angespielt: wer zum Haus Gottes gehört, hat sich darum zu mühen, daß sein Verhalten dem Hausherrn wohlgefällig ist. Indem vom δεσπότης die Rede ist, wird gegenüber I 3,15 die Vorstellung von der Hausgemeinschaft Gottes noch konkreter ausgeführt. Dabei macht die ethische Ausrichtung von II 2,21 deutlich, daß hier nicht mehr nur im Bild gesprochen wird[20]: von Gott als δεσπότης also nicht nur bildlich geredet wird.

1.13 Fundament

I 3,15: στῦλος καὶ ἑδραίωμα τῆς ἀληθείας

Diese Bezeichnung ist mit der Mehrzahl der Autoren als Apposition zu ἐκκλησία zu fassen. Man kann fragen, ob στῦλος καὶ ἑδραίωμα als eine Art Hendiadyoin zu verstehen sind oder aber „Säule" und „Fundament" zwei verschiedene Aspekte ausdrücken sollen[21]. Da στῦλος sowohl die Stütze als auch die freistehende Säule bezeichnet, könnte in letzterem Sinn an ein ragendes Zeichen gedacht sein[22]. So kann im Judentum von Menschen (zB Abraham) als Säule geredet werden[23], aber auch in der Gnosis kann vom himmlischen Bau im Bild einer Säule gesprochen werden[24]. Andererseits wird στῦλος auch in allgemeiner Bedeutung als „Stütze, Grundlage" und so fast synonym zu θεμέλιον und στερέωμα verwendet[25]. Es berührt sich dann mit der in ἑδραίωμα ausgedrückten Vorstellung vom Fundament und gehört mit diesem in das Bild vom Bau. Speziell im Judentum geschieht im Rahmen der Vorstellung vom göttlichen Bau die Reflexion auf das Fundament[26]. Die Qumrantexte kennen verwand-

---

12,22f). 2. die Warnung vor Kontakt mit falscher, verunreinigender Lehre. Vgl Lock 101; Wohlenberg 306. Der Kontext spricht jedenfalls für 2. Vgl Dib-Conz 85; Brox 250; Pfammatter, aaO 136f u.a. – Sidl, Kirche als Lebensprinzip 36, denkt an die unterschiedliche Aufgabe eines jeden in der Kirche.

20 Das Bild von V. 20 wird mit ἔσται σκεῦος εἰς τιμήν aufgenommen, mit der umgebenden Terminologie aber in den realen, ethischen Bereich übergeführt: so vor allem (εἰς) πᾶν ἔργον ἀγαθὸν (ἡτοιμασμένον) – ein Ausdruck, der auch sonst in Past die Bezeichnung rechter ethischer Verfassung ist.

21 Vgl Lock 43; Pfammatter, aaO 128f.

22 Vgl Wilckens, ThW VII, Art στῦλος, 733.

23 Wilckens, aaO 734; Strack-B III 537 (zu Gal 2,9); Vielhauer, Oikodome 20; Vgl Anm 30.

24 Vielhauer, aaO 41.46.

25 Dib-Conz 49 unter Hinweis auf Sir 36,29(26); Wilckens, aaO 733 (Anm 14).

26 Strack-B I 732; Vielhauer, aaO 152.

te Formulierungen wie die vorliegende: vom „Fundament der Wahrheit für Israel" redet 1QS V 5, womit allerdings nicht die Gemeinde bezeichnet wird, vielmehr deren Grundlage[27]. Möglicherweise ist die Formulierung סוד אמת in 1QH 2,10. 5,9.26 im Sinne von „Fundament der Wahrheit" als Titel des „Lehrers der Gerechtigkeit" zu verstehen[28]. Zu erwähnen sind noch mandäische Texte, in denen der himmlische Bau, in den die Gläubigen eingebaut werden, als „der große Bau der Wahrheit" bezeichnet wird[29].

Die Bezeichnung der Kirche als Fundament zeigt eine wesentliche Verschiebung innerhalb des NT. War in 1Kor 3,11 Christus das Fundament der Kirche, so in Eph 2,20 die Apostel und Propheten mit Christus als Eckstein. Für die Past ist die Kirche selbst zur grundlegenden Größe geworden[30]. Die Bezeichnung der Kirche als στῦλος καὶ ἑδραίωμα τῆς ἀληθείας beinhaltet zwei wesentliche Aspekte: 1. Die Kirche ist Grundlage und Träger der Wahrheit in der Welt. Dabei kann das in στῦλος enthaltene Moment des hochragenden Zeichens mitspielen, das die Kirche für die Welt ist. Aber der Ton liegt darauf, daß die Kirche der Ort ist, wo die tradierte Wahrheit verkündet und bewahrt wird[31]. 2. Vom atlich-jüdischen Hintergrund her ist für das Bild vom Fundament der Aspekt der Festigkeit und Unerschütterlichkeit wesentlich[32]. Die Kirche wird also verstanden als feste Größe. Sie ist nicht mehr eschatologische Gemeinde im Zei-

---

[27] Vgl Klinzing, Die Umdeutung des Kultus 197. Dort (196f) weitere Stellen zum Vorkommen von „Fundament" in den Qumrantexten. Zum gleichen Thema vgl Betz, ZNW 48 (1957) 49—77; Pfammater, aaO 155—164; Schnackenburg, Kirche 88.

[28] So nach Murphy-O'Connor, RB 72(1965) 67ff. Dieses Verständnis ist nicht sicher zu erweisen, da סוד אמת als „Rat der Wahrheit" oder als „Fundament der Wahrheit" übersetzt werden kann (aaO 70f). Murphy-O'Connor sieht letztere Übersetzung als die begründetere an und folgert von der Beziehung auf ein Individuum („le Maître"), daß auch in I 3,15 die Bezeichnung auf Timotheus zu beziehen sei (aaO 75).

[29] Vielhauer, aaO 40f; ders, aaO 49 verweist auf Od Sal 11,5: „Fels der Wahrheit". Zu „Haus der Wahrheit" in Qumran siehe Anm 15.

[30] Auch στῦλος wird an anderen Stellen des NT (Gal 2,9; Apk 3,12) auf einzelne Personen bezogen, nirgends sonst auf die Kirche. Daraus und aus der außerbiblischen Verwendung des Bildes von der Säule folgert Jaubert, AnBibl 17/18, II 101ff, daß auch in I 3,15 der Bezug auf ein Individuum, also Timotheus, vorzuziehen sei. Dies bringt aber in I 3,15 sprachliche Schwierigkeiten mit sich, während das Verständnis als Apposition zu ἐκκλησία ungezwungener und daher näherliegend ist. Vgl Brox 157.

[31] Schütz 86; Scott 40; vgl Murphy-O'Connor, aaO 67f.

[32] Stauffer, Art ἑδραῖος, ThW II 360ff; Betz, aaO 52 (Qumran); Vielhauer, aaO 11. — Vgl 1Kor 15,58 und Kol 1,23: hier ist ἑδραῖοι (also gleicher Stamm wie ἑδραίωμα) kombiniert mit ἀμετακίνητοι bzw μὴ μετακινούμενοι.

chen der Naherwartung, sondern feste geschichtliche Größe und tritt mit Ämter- und Gemeindeordnung als Institution in Erscheinung[33].

Auf den ersten Blick scheint in I 3,15 eine Spannung zu bestehen zwischen der Bezeichnung der Kirche als „Haus" einerseits, als „Säule und Fundament" andererseits: also einmal als ganzer Bau, einmal als Teil eines solchen[34]. Doch zeigt schon die genaue Beachtung der syntaktischen Zuordnung, daß kein eigentlicher Widerspruch besteht: Ausgangspunkt ist die Rede vom οἶκος θεοῦ, dem dann die Bestimmung als ἐκκλησία θεοῦ ζῶντος gegeben wird, dazu kommt als Apposition die Bezeichnung στῦλος καὶ ἑδραίωμα τῆς ἀληθείας[35]. Nach den obigen Ausführungen besagt das: die Kirche wird im Blick auf ihre Glieder verstanden als Hausgemeinschaft Gottes. Mit dem Titel στῦλος κτλ. wird dann deren Bedeutung als Ort und Hüterin der Wahrheit beschrieben.

II 2,19: στέρεος θεμέλιος τοῦ θεοῦ

Was θεμέλιος hier bezeichnen soll, ist nicht eindeutig auszumachen[36]. Aber der Kontext macht jedenfalls deutlich, worum es hier geht. Die Gefährdung der Kirche durch Irrlehrer ist im Blick: ihre Wortgefechte führen zur καταστροφή der Hörer; ihre Verkündigung führt bei einigen zum ἀνατρέπειν der πίστις. Die Wirkung der Irrlehrer ist also eine zerstörende und umstürzende. Dem wird entgegengestellt: στέρεος θεμέλιος τοῦ θεοῦ ἕστηκεν. Es gibt also ein feststehendes Fundament, dem die zerstörende Tätigkeit der Irrlehrer nichts anhaben kann[37]. Der zugrundeliegende Gedanke scheint der gleiche wie in I 3,15. Denn auch dort taucht im Kontext der Gegensatz zu den Irrlehrern auf: nachdem in I 3,16 auf den Inhalt der ἀλήθεια Bezug genommen wurde[38], wird in I 4,1ff der Blick auf solche gerichtet, die vom Glauben abgefallen sind und den Glauben anderer gefährden.

---

[33] Vgl Brox 158; Schütz 86f.

[34] Jaubert, aaO 105; vgl Pfammatter, aaO 128.

[35] Weiß 153; Wohlenberg 141.

[36] Erwogen werden vor allem: Christus, die Glaubenswahrheit, die Kirche als ganze oder ein Teil derselben. — Das Wort θεμέλιος kann Fundament, aber auch Eckstein bedeuten. KLSchmidt, Art θεμέλιος, ThW III 63. Vgl A. Fridrichsen, Themelios (1Kor 3,11). ThZ 2 (1946) 316f: θεμέλιος als Bezeichnung der Grundmauern insgesamt oder einzelner Mauerzüge.

[37] Vgl Holtzmann 419.

[38] μυστήριον τῆς εὐσεβείας dürfte wohl sachlich das gleiche bezeichnen wie ἀλήθεια.

Allerdings scheint in II 2,19 nicht (wie in I 3,15) die Kirche in ihrer Gesamtheit als Fundament gemeint, sondern nur ein Teil ihrer Glieder. Dafür spricht im Kontext zweierlei:

1. die beiden „Inschriften" (σφραγίς) in V. 19[39]. Vermutlich unter Anspielung auf die Auseinandersetzung Moses' mit der „Rotte Korah" ist von den wahren Glaubenden die Rede — unter dem Aspekt ihrer Auslese durch Gott einerseits, der Umsetzung ihres Bekenntnisses in die Tat andererseits[40].

2. das Bild vom Haus mit den Geräten in V. 20f. Demnach sind nur ein Teil der zur Kirche Gehörenden σκεύα εἰς τιμήν, und es gilt durch das Tun zu zeigen, daß man dazu zu rechnen ist.

Wenn hier also nur ein Teil der Kirche, die „wahren Glaubenden", als Fundament bezeichnet wird[41], bedeutet das eine Modifizierung gegenüber I 3,15. Es ergibt sich für das Verständnis der Kirche der Doppelaspekt: die Überzeugung von der Existenz der Kirche als unerschütterlichem Fundament der Wahrheit; andererseits das Wissen um die Gefährdung des Glaubens derer, die die Kirche bilden.

1.14 λαὸς περιούσιος

Das Wort λαός ist einer der Titel, mit dem das Urchristentum sein Selbstverständnis als neues Israel ausgedrückt hat[42]. Die aus Ex 19,5 übernommene Formulierung λαὸς περιούσιος erscheint in T 2,14 innerhalb des bekenntnisartigen Abschnitts 2,11—14. Dies läßt vermuten, daß hier traditionelle Formulierungen vorliegen und somit über das spezielle Verständnis der Past aus dem Titel λαός nichts zu entnehmen ist[43].

1.2 *Bezeichnung als Personenkreis*

1.21 *Nominale Bezeichnungen (ἄγιοι, ἀδελφοί, ἐκλεκτοί, κληρονόμοι)*

Alle vier Bezeichnungen sind im urchristlichen Sprachgebrauch mehr oder weniger geläufig, so daß ihre Verwendung in Past als traditio-

---

[39] Von Inschriften (Namen) auf mehreren θεμέλιοι ist in Apk 21,14 die Rede. An der vorliegenden Stelle kann auf Jes 28,16 angespielt sein, vgl Pfammatter 134.
[40] Zu den verschiedenen möglichen Anspielungen auf alttestamentliche Texte vgl die Kommentare. Für die Mahnung der 2. Inschrift ist auch hinzuweisen auf Test Dan 6,10: ἀπόστητε οὖν ἀπὸ πάσης ἀδικίας.
[41] So mit Holtzmann 419; Weiß 278; Klinzing, aaO 198.
[42] Strathmann, Art λαός, ThW IV 53ff. Vgl Kelly 247; Dib-Conz 108.
[43] Vgl Schütz 88.

nell anzusehen ist. Sie dienen in den neutestamentlichen Schriften als Selbstbezeichnungen der Kirche oder einzelner ihrer Glieder, wobei ihre Verwendung im Rahmen des Selbstverständnisses als neues Israel steht[44].

Von Christen als ἅγιοι ist I 5,10 die Rede[45]. ἐκλεκτοί (θεοῦ) als christliche Selbstbezeichnung wird in II 2,10 und T 1,1 verwendet, wobei erwogen werden kann, ob dabei auch künftig Glaubende einbezogen sind[46]. Der auf die Taufe bezugnehmende Text T 3,4—7 verwendet mit δικαιοῦσθαι (V. 7) paulinische Terminologie und in der gleichen Tradition ist auch der dort (V. 7) verwendete Ausdruck κληρονόμοι zu sehen[47]. Dreimal (I 4,6. 6,2; II 4,21)[48] ist von Gliedern der Kirche als ἀδελφοί die Rede, davon in I 4,6 bezogen auf die Gemeinde des Briefadressaten. Daß die Gemeindeglieder hier als ἀδελφοί bezeichnet werden, kann aber nicht als ausreichender Anhaltspunkt gelten, daraus Folgerungen für die Gemeindestruktur der Past zu ziehen[49]. Denn die Verwendung eines traditionellen Begriffes sagt noch nichts über seine Relevanz innerhalb der Konzeption der Past. Es muß mit anderen Kriterien ermittelt werden, ob wirklich von einer Gleichstellung der Gemeindeglieder in der Gemeinde der Past gesprochen werden kann.

1.22 Verbale Bezeichnungen

Einige Ausdrücke werden zur Bezeichnung von Christen oder der Kirche im ganzen verwendet, die Partizipialbildungen o.ä. sind. Darunter finden sich traditionelle Wendungen, aber auch solche, die

---

[44] Vgl dazu die Artikel: ἅγιος, ThW I 107f (Procksch); ἀδελφός, ThW I 145f (von Soden); ἐκλεκτός, ThW IV 186ff (Schrenk); κληρονόμος, ThW III 781ff (Foerster); Minear, aaO 81f. 140ff. 176ff. — Die sachliche Verwandtschaft der Begriffe zeigt sich darin, daß sie gelegentlich kombiniert verwendet werden: Hebr 3,1; Kol 1,2; Kol 3,12 (vgl Röm 1,7; 1Kor 1,2); Eph 1,18 (vgl Apg 20,32).
[45] So die meisten Kommentatoren. Demnach ist von Fußwaschung mehr symbolisch die Rede und meint jeden Liebesdienst am Mitchristen. Brox 193; Weiß 193; von Soden 244. Anders Wohlenberg 178, nach dem nur an beherbergte Wanderprediger gedacht ist.
[46] Lock 95; Scott 105; Kelly 178.
[47] Vgl Dib-Conz 113; Brox 310.
[48] In I 5,1, wo ebenfalls das Wort ἀδελφοί verwendet wird, geschieht dies in seiner eigentlichen, nicht übertragenen Bedeutung.
[49] Weiß 168f; Holtz 104 sehen in der Verwendung der Bezeichnung ἀδελφοί ein Argument gegen angebliche hierarchische Ansätze und besondere Stellung des apostolischen Delegaten in den Past. Doch wird wohl niemand aus der Tatsache, daß ἀδελφός zur Bezeichnung des Mitchristen in allen neutestamentlichen Schriften verwendet wird (ThW I 145), folgern können, daß demnach überall die gleiche Gemeindestruktur vorauszusetzen sei!

für die Past spezifisch sind und daher besondere Charakteristika zum Ausdruck bringen können.

Die Verwendung von πιστός als Adjektiv im Sinne von „gläubig" oder „christlich" begegnet auch in anderen ntl Schriften[50], in Past in I 6,2. Seltener und darum auffälliger ist die substantivische Verwendung πιστός = Christ[51], so in I 5,16 singularisch von einer Christin. Die gehäufte Verwendung der Bezeichnung οἱ πιστοί in I 4,3.10. 12 ist daher als bewußte Bezeichnung der Christen bzw der Kirche durch den Vf der Past anzusehen. Es wird dies auch durch den Kontext deutlich, wo es (4,1ff) um den Gegensatz zu den Irrlehrern geht. Indem das Verhalten zur πίστις über rechtes Christsein entscheidet[52], ist folgerichtig οἱ πιστοί die adäquate Bezeichnung der Kirche. Einen entsprechenden Sinn hat offensichtlich auch die in T 3,8 gebrauchte Bezeichnung οἱ πεπιστευκότες θεῷ[53], wobei die perfektische Form auffällt gegenüber dem bei Paulus gebräuchlichen οἱ πιστεύοντες[54].

Verbunden mit οἱ πιστοί steht in I 4,3 als Selbstbezeichnung der Kirche die den Past eigene Formulierung ἐπεγνωκότες τὴν ἀλήθειαν. Entsprechend der Bedeutung der zugrundeliegenden Formel ἐπίγνωσις ἀληθείας wird Christsein charakterisiert als Annahme und Anerkenntnis der christlichen Glaubenswahrheit. Wie οἱ πιστοί beinhaltet auch diese Bezeichnung ein polemisches Moment gegenüber den Irrlehrern.

Eine weitere den Past eigentümliche Bezeichnung der Christen ist die Formulierung οἱ ἠγαπηκότες τὴν ἐπιφάνειαν αὐτοῦ (II 4,8)[55]. Dem Kontext nach ist bei ἐπιφάνεια an die Wiederkunft Christi zu denken[56]. Diese christliche Selbstbezeichnung ist für das Verständ-

---

[50] Vgl Bultmann, Art πιστεύω, ThW VI 215 (Anm 310 u 311); Minear, aaO 143ff.
[51] Bultmann, aaO 215 (Anm 312).
[52] Vgl Kap II.
[53] Die Bezeichnung οἱ πεπιστευκότες begegnet mehrmals in Apg: 15,5. 18,27. 19,18. 21,20. Zu vergleichen sind die beiden Formulierungen: οἱ ἐκ περιτομῆς πιστοί 10,45 und τίνες ... πεπιστευκότες 15,5.
[54] Röm 3,22. 4,11.24; 1Kor 1,21 (σῶσαι τοὺς πιστεύοντας vgl dazu I 4,10: σωτήρ ... μάλιστα πιστῶν) 14,22; Gal 3,22; 1Thess 1,7. 2,10.13.
[55] Sprachlich und sachlich kann man dazu die Formulierung οἱ ἀγαπῶντες τὸν θεόν (Röm 8,28) vergleichen sowie manche atliche Wendungen: Ps 33(34),13 ἀγαπῶν ἡμέρας ἰδεῖν ἀγαθάς; Ps 39(40),16 u 69(70),4 οἱ ἀγαπῶντες τὸ σωτήριόν σου; 2Makk 15,27 (R) τῇ τοῦ θεοῦ ... εὐφρανθέντες ἐπιφανείᾳ.
[56] Dafür spricht: II 4,1 ἐπιφάνεια im Sinne der Parusie, 4,8 ἐκείνη ἡ ἡμέρα, 4,10 als Gegensatz ἀγαπᾶν τὸν νῦν αἰῶνα.

nis der Past deshalb nicht unwesentlich, weil sie Hinweis auf die vorhandene Zukunftshoffnung ist[57]. Trotz Zurücktretens der Naherwartung und Betonung der geschichtlichen Existenzweise der Kirche bleibt die Zukunftserwartung ein konstitutives Moment. Daher kann das ἀγαπᾶν τὴν ἐπιφάνειαν zum „distinctive mark"[58] der Christen werden gegenüber dem ἀγαπᾶν τὸν νῦν αἰῶνα (II 4,10).

Eine in ähnlicher Form auch sonst geläufige Bezeichnung der Glaubenden ist οἱ ἐπικαλούμενοι τὸν κύριον (II 2,22). So begegnet im NT mehrmals der Ausdruck οἱ ἐπικαλούμενοι τὸ ὄνομα (κυρίου)[59]. Innerhalb des Kontextes in II 2 ist die Verwendung wohl mitveranlaßt durch die inhaltlich verwandte, in II 2,19 zitierte Wendung ὁ ὀνομάζων τὸ ὄνομα κυρίου. Wie es im Zusammenhang von II 2,19ff um die echten Glieder der Kirche geht, so auch in II 2,22, indem die genannte Bezeichnung durch ἐκ καθαρᾶς καρδίας präzisiert wird. Auch hier also beinhaltet die Selbstbezeichnung der Christen zugleich eine polemische Spitze gegen die Irrlehrer, denen Unlauterkeit in ihrem Glauben und Verhalten unterstellt wird[60].

Zweimal (I 4,16; II 2,14) begegnet die Wendung οἱ ἀκούοντες. Wenngleich diese Formulierung auch sonst im NT als Bezeichnung der jeweiligen Zuhörerschaft verwendet wird[61], ist in Past doch speziell die Gemeinde darunter zu verstehen und nicht nur ein zufälliger Zuhörerkreis. Man wird in dem Abschnitt I 4,11—16 gemäß dem inhaltlichen Zusammenhang unter οἱ ἀκούοντες den gleichen Personenkreis zu verstehen haben wie οἱ πιστοί (V. 11): nämlich die Gemeinde, gegenüber der der angeredete Amtsträger seinen Auftrag hat. In V. 16 ist von der besonderen Verantwortung des Amtsträgers für die σωτηρία die Rede: das macht es ebenso wahrscheinlich, daß mit den οἱ ἀκούοντες die ganze ihm anvertraute Gemeinde als seine Hörergemeinde gemeint ist[62]. Das Entsprechende ist dann auch für II 2,14

---

[57] Brox 267; Schütz 146.
[58] Kelly 210.
[59] Apg 2,21 (Joel-Zitat). 9,14.21. 22,16; 1Kor 1,2; Röm 10,12f. Vgl ThW III 498ff (KL Schmidt).
[60] Zu fragen ist in V. 22, inwieweit das Frieden-halten auf die echten Glaubenden beschränkt ist und damit eine gewisse Einschränkung der „Kirchengemeinschaft" angesprochen wird. Vgl T 3,10!
[61] zB Apg 9,21. 10,44; Eph 4,29; häufiger begegnet οἱ ἀκούσαντες, zB: Apg 4,4.24. 16,38. 21,20 u.a.
[62] Holtz 112f versteht hier unter den ἀκούοντες „alle zu Missionierenden und die Gemeindeglieder" (ähnlich Brox 183). Doch ist dieser Bezug auf „zu Missionierende" nicht möglich, da die Untersuchung zu διδασκαλία (V. 16!) gezeigt hat, daß διδασκαλία nicht die missionarische Verkündigung, sondern die Lehrverkündigung in der Gemeinde ist.

anzunehmen, wo es darum geht, daß bei der zuhörenden Gemeinde nicht durch Streitgespräche Verwirrung entsteht. Die Bezeichnung der Gemeinde als οἱ ἀκούοντες ist dann Ausdruck dafür, daß die Gemeinde verstanden wird als die dem lehrenden Amtsträger gegenüberstehende Hörerschaft — womit feste, nicht einfach vertauschbare Rollen in der Struktur der Gemeinde sichtbar werden[63].

Zusammenfassung (1)

Neben traditionellen Bezeichnungen, die nichts Spezifisches für das Kirchenverständnis der Past austragen, stehen einige auffällige Bezeichnungen, die einen Wandel[64] im Selbstverständnis der Kirche erkennen lassen.

Die Anwendung des Bildes von Fundament und Haus zeigt, daß die Kirche als feste, institutionelle Größe verstanden wird, für die trotz bleibender Zukunftserwartung die geschichtliche Existenz konstitutiv geworden ist. Damit hängt der andere Aspekt zusammen, wonach die Kirche Fundament der (ebenfalls als feste Größe verstandenen) Wahrheit gegenüber jeder Bedrohung durch Verfälschung ist.

Das Bild von Haus und Hausgemeinschaft hat diejenigen im Blick, die in der Ordnung dieser Institution Kirche zusammenleben und zusammengehören. In geschichtlich-realistischer Sicht wird die Kirche als „corpus permixtum" verstanden, in dem neben wahren Glaubenden auch Abtrünnige sind. Das wird aber nicht einfach hingenommen, sondern fordert den Ruf zum rechten Glauben, wie auch einige Bezeichnungen polemischen Akzent gegen Abtrünnige enthalten.

Somit ist für das Verständnis der Kirche ein Doppelaspekt kennzeichnend: 1. die Kirche als Fundament und Ort der tradierten Wahrheit, mit der Tendenz hin zur „Heilsanstalt"[65]; 2. die Kirche als durch Irrlehre gefährdete Gemeinschaft der Glaubenden, als „rechtgläubig" sich abgrenzend gegen abweichende Auffassungen.

---

[63] Die in II 2,14 vorausgesetzte Situation legt einen Vergleich mit 1Kor 14 nahe: dort geht es um die οἰκοδομή der ἐκκλησία, hier um Vermeidung der καταστροφή der ἀκούοντες in der Situation der versammelten Gemeinde. Dort ist von den verschiedenen Gemeindegliedern die Rede, die grundsätzlich alle in der Versammlung auftreten können (1Kor 14,26.31), während hier, nach dem ganzen Tenor der Past, offensichtlich der oder die lehrenden Amtsträger der hörenden Gemeinde in klar verteilten Rollen gegenüberstehen.
[64] Siehe Anm 250.
[65] Die Formulierung, die „Gemeinde der Endzeit" sei zur „Heilsanstalt in der Zeit" geworden (Schütz 86), trifft also wohl die Tendenz der Past, ist aber etwas überspitzt.

2. Funktionen und Autorität in der Gemeinde analog der Hausgemeinschaft

Wenn von der Kirche als institutioneller Größe mit fester Ordnung, von der Kirche als Gemeinschaft die Rede war, dann stellt sich die Frage, welche konkrete Erscheinungsform dies in der einzelnen Gemeinde annimmt. Zugleich kann das Erscheinungsbild der Gemeinde dazu beitragen, das Verständnis der Kirche weiter zu klären.

Der Analyse des Befundes vorgreifend, war schon mehrfach von der wesentlichen Rolle des Amtsträgers in der Gemeinde die Rede. Wenn von „dem" Amtsträger gesprochen wird, bedeutet dies bereits eine Verallgemeinerung. Denn die Past bringen das, was sie sagen wollen, nicht solcherart auf einen Begriff. Vielmehr spielt in den Briefen eine Mehrzahl von Ämtern eine Rolle. Auf diese und ihre Relation zueinander ist zunächst einzugehen[66]. Verschiedene Fragen sind hier aufgrund des exegetischen Befundes strittig, und eine eindeutige Lösung ist auch von einer neuen Überprüfung nicht zu erwarten. Es handelt sich daher im folgenden im wesentlichen um eine Bestandsaufnahme, wobei nach der jeweils wahrscheinlichsten Lösung gefragt wird.

2.1 Die Ämter in der Gemeinde

2.11 Das „Amt" des Timotheus und Titus

Schwer zu bestimmen sind Stellung und Vollmacht der Briefadressaten, also des Timotheus und Titus. Im wesentlichen sind es vier Möglichkeiten, die erwogen worden sind:

1. Dem von den Briefen vorausgesetzten historischen Rahmen entsprechend sind Timotheus und Titus apostolische Delegaten[67], die in den paulinischen Missionsgebieten besondere Aufgaben wahrnehmen. Solche Interpretation ergibt sich nicht nur bei der Annahme paulinischer Verfasserschaft[68], sondern auch, wenn man bei nichtpaulinischer Verfasserschaft doch Timotheus und Titus in historisch faßbarer Stellung dargestellt sieht[69]. Unterschiedlich beantwortet wird die

---

[66] Das Apostelamt bleibt hier außer Betracht, da es für Past nicht als Amt in der Gemeinde relevant ist. Seine Bedeutung liegt vor allem in der Legitimierung der Tradition. Vgl daher Kap V 3.
[67] Kelly 13; Lock XIX; Bourke, CBQ 30(1968), 505 u.a.
[68] So in neuester Zeit vor allem Maehlum.
[69] Roloff 250.

Frage, ob es sich nur um eine zeitlich begrenzte Bevollmächtigung der beiden handelt[70], oder ob sie als Nachfolger des Apostels anzusehen sind[71].

2. Von der zutage tretenden Stellung gegenüber der Gemeinde hat man in den Briefadressaten Repräsentanten des monarchischen Episkopats zu sehen[72]. Möglicherweise beinhaltet die Beschreibung ihrer Stellung und Funktionen geradezu die Propagierung des monarchischen Bischofs für die Zeit der Abfassung der Past[73].

3. Andererseits besteht der Eindruck, daß die beiden Apostelschüler Aufgaben haben, die über die einzelne Gemeinde hinausreichen (vor allem T 1,5!). Man kann demnach ihre Stellung als die eines Diözesanbischofs oder Metropoliten charakterisieren[74].

4. Den drei genannten Interpretationen ist gemeinsam, daß sie jeweils einen Aspekt der Stellung der „Apostelschüler", wie er in den Past sichtbar wird, verabsolutieren. Aber gerade die Verschiedenheit der Aspekte warnt davor, etwas präzisieren zu wollen, was die Past im unklaren lassen. Angesichts des bewußt fiktiven Charakters der Past darf darin nicht mangelnde Präzision des Verfassers gesehen werden. Gegen die Interpretationen 2 und 3 ist einzuwenden, daß ein eindeutiger Amtstitel auf die Adressaten gerade nicht angewendet wird[75] und eine kirchenrechtlich feste Position der beiden demnach

---

[70] Maehlum (passim). Lock XIX.

[71] Carrington, Early Christian Church 261.272; Menoud, L'église et les ministères 52f; Colson, Les Fonctions Ecclesiales 159ff.

[72] Pfleiderer, Urchristentum 280; Schütz 96.98. Vgl Hanson 16; vCampenhausen, Amt 118; Ernst, ThGl 58(1968), 178; Ritter, Amt und Gemeinde 37; Kretschmar, Ordination 61; Fischer, Epheserbrief 26ff. — Beachtenswert ist immerhin, daß der ἐπίσκοπος — im Unterschied etwa zu den Presbytern — nie direkt (indirekt durch die Verbindung T 1,7 mit 1,5) als Objekt von Funktionen des Briefadressaten erscheint. Das schließt eine Identifikation also nicht aus.

[73] Vgl Schiwy 64. Ein mögliches Argument für diese Sicht liegt darin, daß die Adressierung der Past an Einzelpersonen damit den Typus des monarchischen Amtsträgers herausstellen will. Dagegen Burke, Journal of Ecum Stud 7(1970), 514, und Martin, Amtspriestertum 57: Einzelperson als Adressat ist im fiktiven Charakter der Past begründet, da bei Adressierung an eine Gemeinde die Pseudonymität leicht erkannt worden wäre.

[74] Vgl Schütz 89.96; vCampenhausen, aaO 117; Ernst, aaO 178; Rohde, Ämter 84. Diese Interpretation wurde in der altkirchlichen Exegese vertreten: vgl Roloff 251; Schütz 90.

[75] Vgl Lock XIX; Knoch, Testamente 49. Timotheus wird I 4,6 διάκονος Χριστοῦ Ἰησοῦ genannt, I 6,11 ἄνθρωπος θεοῦ, II 2,24 δοῦλος κυρίου sowie II 4,5 εὐαγγελιστής. Während die ersten drei Begriffe klar als allgemeine Charakterisierung anstatt feste Titel ersichtlich sind, scheint der letztgenannte Titel doch mehr auf die Funktion als auf ein festes Amt ausgerichtet zu sein (vgl Brox 264; Roloff 251f). — Eine besondere These knüpft Hegermann, Theol Versuche (Rogge/

nicht zu fassen ist[76]. Interpretation 1 betont umgekehrt zu sehr die Apostelschüler in historisch erfaßbarer Stellung und läßt die implizierten Gegenwartsbezüge aus der Zeit der Past außer acht. Von Intention und Tenor der Past her ist — mit vielen neueren Exegeten — die Bedeutung der Adressaten im folgenden zu sehen: Sie sind 1. Garanten der apostolischen Überlieferung. Ihre wesentliche Funktion als Apostelschüler ist die, Bindeglied zwischen Paulus und der gegenwärtigen Gemeinde der Past zu sein[77]. Sie sind 2. der allgemeine Typus des Amtsträgers[78] und bekommen daher keinen speziellen Amtstitel zugewiesen. Ihre Stellung gegenüber der Gemeinde und ihre amtlichen Funktionen, voran die der Lehre, spiegeln die Auffassung, die der Verfasser der Past für den „Amtsträger" seiner Zeit für verbindlich hält. Die genannten Funktionen schließen dabei sowohl die der Presbyter wie die des Episkopos in sich[79].

2.12 Presbyter

Der Begriff πρεσβύτερος begegnet in I 5,1.17.19; T 1,5. Während in I 5,1 von den alten Gemeindegliedern die Rede ist, liegt in I 5,17.19; T 1,5 nach fast allgemeiner Auffassung[80] titularer Gebrauch vor zur Bezeichnung des Presbyteramtes in der Gemeinde. Wenngleich es den Titel Presbyter auch im hellenistischen Vereinswesen gibt[81], wird heute doch überwiegend die patriarchalische Presbyterialverfassung der jüdischen Synagoge als Vorbild des urchristlichen Presbyteramtes angenommen[82]. Die Past bezeugen die Existenz dieses Amtes in pau-

---

Schille) II 56ff. 60, an die Bezeichnung εὐαγγελιστής: Timotheus als Typus des übergemeindlichen leitenden Dienstes deuteroapostolischer „Evangelisten".

[76] Dib-Conz 47; Kühl, Gemeindeordnung 32.

[77] Dib-Conz 47; Scott XXIX; Brox 43; Kertelge, Gemeinde 143; Hasenhüttl, Charisma 245ff. Ausführlich: Stenger, Kairos 1974, 252—267 (vor allem 263ff.).

[78] Hanson 15; Brox 43; ders, Falsche Verfasserangaben 23; Roloff 250ff. Vgl vSoden 169f; vCampenhausen, Amt 125. Dagegen Hasenhüttl, Charisma 246. 260.

[79] Die Grundfunktion des διδάσκειν wird von Presbyter (I 5,17) und Episkopos (T 1,9) ausgesagt; παρακαλεῖν und ἐλέγχειν (T 1,9: Episkopos) werden mehrfach von den Apostelschülern gefordert; die προιστάναι-Funktion ist zwar nicht ausdrücklich für die Apostelschüler formuliert, ergibt sich aber aus ihrer Stellung.

[80] Anders Jeremias 36.61; ders., ZNW 52(1961), 101ff: gemeint sind die Alten der Gemeinde, kein Amt. Vgl Nauck, Herkunft des Verfassers 81ff. Holtz 124 modifiziert: Amtsälteste inbegriffen.

[81] Bornkamm, πρεσβύς, ThW VI 654; Dib-Conz 60f. Davon das christliche Presbyteramt abgeleitet zB: Weizsäcker, Apost Zeitalter 618.

[82] Bornkamm, aaO 664ff; Brox 150; Gnilka, Philipper 34; Romaniuk, Sacerdoce 225; Moody, RExp 56(1959), 41; Michaelis, Ältestenamt. — Gegen Übernahme des Presbytertitels aus dem Judentum: Harvey, Elders und Kraft, Anfänge 95 (mit 84).

linischen Gemeinden[83], die ursprünglich dieses Amt nicht kannten, sondern wohl vom Judenchristentum übernahmen.

Es gibt in der Gemeinde eine Mehrzahl[84] von Presbytern (I 5,17). Sie bilden zusammen ein Kollegium, das zB die Ordination von Amtsträgern durchführt (I 4,14)[85]. Die Presbyter werden offiziell in ihr Amt eingesetzt (T 1,5 καθιστάναι) und werden für ihre Tätigkeit in der Gemeinde bezahlt (I 5,17)[86]. In I 5,17 werden als Funktionen der Presbyter genannt: προιστάναι und κοπιᾶν ἐν λόγῳ καὶ διδασκαλίᾳ. Es ist offensichtlich[87], daß nur einige, wohl besonders befähigte[88] Presbyter die Verkündigungsfunktion ausüben. Umstritten aber ist, ob alle Presbyter die Funktion des προιστάναι ausüben oder ob die Grundfunktion der Presbyter eine andere, nicht genannte ist[89]. Das entscheidet sich an der Interpretation von καλῶς προεστῶτες und διπλῆς τιμῆς. διπλῆς τιμῆς scheint darauf zu verweisen, daß ein Teil der Presbyter doppelte Bezahlung im Vergleich zu den anderen erhält. Hält man καλῶς für unbetont und sieht darin nur eine anerkennende Formulierung für die προιστάναι-Funktion[90], dann kann man folgern: Es ist von den Presbytern die Rede, die als zusätzliche Funktion das προιστάναι ausüben und daher doppelte Vergütung bekommen[91]. Doch zeigen Analogien in den Past, daß καλῶς betont zu nehmen ist[92]. Daraus zu folgern, daß solche, die ihre Tätigkeit gut aus-

---

[83] So auch Apg 14,23. 20,17.

[84] Rein sprachlich könnte man T 1,5 wohl auch so interpretieren, daß in jeder Gemeinde (Stadt) nur ein Presbyter eingesetzt wurde. Doch wäre das ohne Analogie, vgl Michaelis, aaO 45. Der als πρεσβύτερος bezeichnete Verfasser der Johannesbriefe ist aber kaum als (einzelner) Amtsträger zu verstehen, vgl Bornkamm, aaO 670f.

[85] Zum Verständnis von πρεσβυτέριον in I 4,14 siehe Kap V 2.21.

[86] τιμή kann Ehrung oder Bezahlung bedeuten (vgl Bauer, WB s.v.) und ist daher in der Deutung umstritten. Von I 5,18 her legt sich aber das Verständnis als Bezahlung, Honorar, zwingend nahe. Vgl Bornkamm, aaO 667; Schütz 100; Dib-Conz 61.

[87] Durch μάλιστα werden die οἱ κοπιῶντες κτλ als besondere Gruppe herausgehoben. Vgl Schütz 100; Kertelge, aaO 146; Bartsch, Rechtsbildungen 94.

[88] Vgl II 2,2 ἱκανοὶ ... διδάξαι.

[89] Vgl Schütz 100. Die Auffassung, daß nicht alle Presbyter προεστῶτες sind, vertreten zB: Bornkamm, aaO 667f; Dib-Conz 61; Brox 151; Carrington 268; Holtz 124f (für den aber die πρεσβύτεροι die Alten der Gemeinde sind).

[90] Bornkamm, aaO 67: καλῶς προεστῶτες als „anerkennender Ausdruck". So auch Dib-Conz 61; Kertelge, aaO 146.

[91] Dib-Conz 61.46.

[92] In I 3,4 ist καλῶς προΐστασθαι eine vom ἐπίσκοπος geforderte Qualifikation. Diese verlöre ihren Sinn, wenn καλῶς ohne Relevanz wäre. Denn jeder Hausvater ist durch seine Rolle ein προιστάμενος, nicht aber schon einer, der seinem Haus „gut" vorsteht. — I 3,13 beinhaltet eine Verheißung für die καλῶς

üben, doppelt soviel bekommen wie die, die es weniger gut machen,
ist unwahrscheinlich[93]. Bartsch hat eine Interpretation von $\delta\iota\pi\lambda\tilde{\eta}\varsigma$
$\tau\iota\mu\tilde{\eta}\varsigma$ wahrscheinlich gemacht, die die Zusammenhänge klären kann:
In Verbindung mit I 5,3 ($\tau\iota\mu\alpha$) ergibt sich, daß die Presbyter von
der Gemeinde doppelt soviel erhalten wie die Witwen[94]. Dann ist
zu folgern: Wie nur die $\mathring{o}\nu\tau\omega\varsigma$ $\chi\mathring{\eta}\rho\alpha$ von der Gemeinde versorgt wird,
so erhält nur der $\kappa\alpha\lambda\tilde{\omega}\varsigma$ $\pi\rho\omega\epsilon\sigma\tau\mathring{\omega}\varsigma$ $\pi\rho\epsilon\sigma\beta\mathring{\upsilon}\tau\epsilon\rho\omega\varsigma$ die volle ihm zu-
stehende Vergütung — im Unterschied zu solchen, die sich etwas
zuschulden kommen ließen (V. 19f)[95]. Ist somit die Relevanz von

---

$\delta\iota\alpha\kappa\omega\nu\mathring{\eta}\sigma\alpha\nu\tau\epsilon\varsigma$, also doch auch unter der Voraussetzung, daß sie ihren Dienst
gut ausführen. (Das wird durch das Präteritum unterstrichen.) Zu verweisen
ist auch auf I 4,6: wenn der Angeredete das zuvor Gesagte lehrt, wird er ein
$\kappa\alpha\lambda\mathring{\omega}\varsigma$ $\delta\iota\mathring{\alpha}\kappa\omega\nu\omega\varsigma$ sein. Also auch hier wird auf gute Ausführung des Dienstes
reflektiert.

[93] Das ist wohl schon praktisch schwer durchzuführen. Das würde genaue Kri-
terien voraussetzen für das, was als $\kappa\alpha\lambda\tilde{\omega}\varsigma$ zu qualifizieren wäre und was nicht.
Aber für die Gemeinde der Past solche detaillierten Regelungen für die Be-
zahlung der Gemeindeämter anzunehmen, ist sicher abwegig.

[94] Bartsch, aaO 93f verweist dazu auf eine gleichlautende Regel in der Syr Did. -
Daß $\tau\iota\mu\alpha$ I 5,3 auch materielle Versorgung einschließt, ist daraus ersichtlich, daß
eine Beschränkung von Ehrerbietung auf die Gruppe der $\mathring{o}\nu\tau\omega\varsigma$ $\chi\tilde{\eta}\rho\alpha\iota$ wenig
plausibel wäre.

[95] Einen Bezug auf V. 19 sieht Bartsch nicht, zudem läßt er V. 20 nicht mehr
von den Presbytern handeln. Geht man jedoch vom Zusammenhang zwischen
V. 17f und 19f aus (siehe dazu im einzelnen in Kap IV 2), so wird damit die
Relevanz des $\kappa\alpha\lambda\tilde{\omega}\varsigma$ in V. 17 noch schlüssiger. Auf die Entgegensetzung
$\kappa\alpha\lambda\tilde{\omega}\varsigma$ $\pi\rho\omega\epsilon\sigma\tau\tilde{\omega}\tau\epsilon\varsigma$ — $\mathring{\alpha}\mu\alpha\rho\tau\mathring{\alpha}\nu\omega\nu\tau\epsilon\varsigma$ verweist auch Holtzmann 351f. V. 17
$\delta\iota\pi\lambda\tilde{\eta}\varsigma$ $\tau\iota\mu\tilde{\eta}\varsigma$ analog zu V. 3 $\tau\iota\mu\alpha$ zu sehen, läßt insgesamt den Aufbau von
I 5(3ff) klarer erscheinen. Während V. 1—2 vom Verhalten gegenüber den
Altersgruppen in der Gemeinde die Rede ist, wird V. 3ff auf die Witwen und
dann (17ff) die Presbyter Bezug genommen. Nachdem V. 16 noch einmal abschließend auf die Versorgung der Witwen durch die Gemeinde Bezug nimmt,
bringt V. 17 einen Neueinsatz, indem er von den Presbytern redet, durch $\delta\iota\pi\lambda\tilde{\eta}\varsigma$
$\tau\iota\mu\tilde{\eta}\varsigma$ aber zugleich im Zusammenhang mit dem Vorhergehenden steht. — Diese
Nebeneinanderstellung von Regeln über 2 Ämter entspricht dem Aufbau von I 3,
wo V. 1ff vom $\mathring{\epsilon}\pi\mathring{\iota}\sigma\kappa\omega\pi\omega\varsigma$, V. 8ff von den $\delta\iota\mathring{\alpha}\kappa\omega\nu\omega\iota$ die Rede ist. Dort schließt
V. 8 mit $\mathring{\omega}\sigma\alpha\mathring{\upsilon}\tau\omega\varsigma$ an das Vorhergehende an, indem syntaktisch $\delta\epsilon\tilde{\iota}\ldots\epsilon\tilde{\iota}\nu\alpha\iota$
aus dem Beginn des $\mathring{\epsilon}\pi\mathring{\iota}\sigma\kappa\omega\pi\omega\varsigma$-Katalogs (V. 2) zu ergänzen ist. Formal ent-
spricht dem in I 5, daß $\delta\iota\pi\lambda\tilde{\eta}\varsigma$ $\tau\iota\mu\tilde{\eta}\varsigma$ (V. 17) auf $\tau\iota\mu\alpha$ (V. 3) Bezug nimmt.
Eine Formulierung mit $\mathring{\omega}\sigma\alpha\mathring{\upsilon}\tau\omega\varsigma$ (so auch I 2,9; T 2,3.6) kann hier natürlich
wegen des abweichenden Sachverhalts ($\delta\iota\pi\lambda\tilde{\eta}\varsigma$) nicht stehen. Wie I 3,14 alles
Vorhergehende mit $\tau\alpha\tilde{\upsilon}\tau\alpha$ zusammengefaßt wird, so vergleichbar auch in I 5,21.
Wobei der Unterschied ist, daß I 3,14 sich auf allgemeine Anweisungen bezieht
(V. 15: $\mathring{\iota}\nu\alpha$ $\epsilon\mathring{\iota}\delta\tilde{\eta}\varsigma$), I 5,21 dagegen speziell ein Verhalten des Adressaten im
Blick hat ($\mathring{\iota}\nu\alpha$ $\varphi\upsilon\lambda\mathring{\alpha}\xi\eta\varsigma$ — vgl die Imperative in I 5,3.11.19.20). — Gemeinsames
Thema in I 5,3—20 ist also die Bezahlung von Gemeindeämtern: der Witwen (da-
zu im einzelnen den betr Abschnitt) und der Presbyter. Offensichtlich sind im
Zusammenhang beider Ämter Probleme und Verfehlungen aufgetreten, auf die

καλῶς erklärt, ist anzunehmen, daß mit προεστῶτες die Funktion aller Presbyter bezeichnet ist. Die Gesamtheit der Presbyter ist dann als gemeindeleitendes Kollegium[96] zu verstehen, aus dem einige auch in der Verkündigung tätig sind.

2.13 Episkopos

Am schwersten zu erfassen ist das mit dem Titel ἐπίσκοπος (I 3,2; T 1,7) angesprochene Amt. Im einzelnen ergeben sich dabei drei Fragenkreise:

Zunächst stellt sich die Frage nach Herkunft und Hintergrund der Bezeichnung. Hier bietet sich einerseits die Beziehung zum Titel des ἐπίσκοπος in der hellenistischen Welt, wo der ἐπίσκοπος als Kommunal- oder Vereinsbeamte mit aufsichtsführender oder verwaltender Tätigkeit begegnet[97]. Andererseits kann eine Entsprechung im jüdischen Bereich gesehen werden: In der Damaskusschrift und in der Sektenregel von Qumran wird das Amt des Mebaqqer bezeugt, dem Lehr- und Leitungsfunktion in der Qumrangemeinde zukommen[98]. Doch sind die Analogien des christlichen ἐπίσκοπος-Amtes nicht so, daß eine Abhängigkeit von Amt des Mebaqqer wahrscheinlich zu machen ist[99]. Überwiegend wird heute angenommen, daß sich das ἐπίσκοπος-Amt im heidenchristlichen Bereich analog der dort bekannten ἐπίσκοπος-Funktion entwickelt hat[100].

---

daher neben dem Aspekt der Versorgung eingegangen wird. Deshalb wird herausgestellt, daß nur die ὄντως χῆραι und die καλῶς προεστῶτες πρεσβύτεροι Anspruch auf Versorgung haben. Darüber, ob die nicht καλῶς προεστῶτες (V. 19f) überhaupt keine Vergütung oder nur eine geringere erhalten, läßt sich nichts sagen. Jedenfalls ist im Unterschied zu dem oben und Anm 93 Gesagten zu betonen, daß der Normalfall die καλῶς προεστῶτες sind, nicht aber eine Klassifizierung in καλῶς und nicht καλῶς προεστῶτες.

[96] So auch Bornkamm, aaO 666, obwohl er dann (668) die προεστῶτες von der patriarchalischen Funktion aller Presbyter abhebt.

[97] Siehe dazu Beyer, ἐπίσκοπος, ThW II 607f; Dib-Conz 44f; Linton, Urkirche 105ff; Gnilka, Philipper 38; Holtz 81; Lietzmann, ZWTh 55(1914), 97ff.

[98] Beyer, aaO 614f; Holtz 81; Gnilka, Philipper 36ff; Nötscher, Festg. Frings 315ff. Die Ableitung vom Amt des Mebaqqer vertreten u.a.: Jeremias, Jerusalem zur Zeit Jesu II 1, 130ff; Stauffer, ThLZ 77(1952), 201ff; Nauck, ZNW 48(1957), 207.

[99] Dazu vor allem Nötscher, aaO 336ff; auch Gnilka, aaO 37f. Beide betonen, daß eher von einer Parallelität der Entwicklung zu sprechen ist.

[100] Vgl Dib-Conz 45; Holtz 81; Gnilka, aaO 38; Moody, aaO 41; Schelkle, Jüngergemeinde 80. — Stalder, ΕΠΙΣΚΟΠΟΣ und Guerra y Gomez (nach Lemaire, Ministries 146) betonen, daß in der griechischen Welt ἐπίσκοπος nicht ein festes Amt, sondern viel allgemeiner eine Funktion bezeichne (Stalder 224: besagt, daß jemand kraft einer Beauftragung die Verantwortung für etwas zu übernehmen

Die zweite Frage zielt auf Stellung und Funktion des ἐπίσκοπος in der Gemeinde der Past. Wenn als Grundfunktion des ἐπίσκοπος eine ökonomische angenommen wird, so ist sie doch in Past nicht mehr die einzig wesentliche. Der Aspekt verwaltungsmäßiger Führung ist gewiß in προίστασθαι und ἐπιμελεῖσθαι (I 3,4f) eingeschlossen, wie auch mit dem Begriff οἰκονόμος (T 1,7) solche Aspekte angesprochen sein können[101]. Aber als wesentlich erscheint doch daneben die Funktion der Lehre und deren Verteidigung gegen Anderslehrende (T 1,9).

In welchem Rahmen werden diese Funktionen ausgeübt? Vereinzelt ist die Annahme, es handele sich um den Leiter der Hausgemeinde[102]. Überwiegend wird das Amt als auf die gesamte Gemeinde bezogen angesehen. Die Frage, welche Stellung der ἐπίσκοπος in der Gemeinde hat, ob es nur einen oder mehrere ἐπίσκοποι gibt, führt zur Frage nach dem Verhältnis zwischen Episkopos und Presbyter.

Der Fragenkreis Episkopos-Presbyter hat in der Forschung die meiste Aufmerksamkeit gefunden, da es hierbei um die Frage geht, ob die Past bereits den monarchischen Episkopat kennen und vertreten. Der der Diskussion zugrundeliegende exegetische Befund ist folgender: Vom ἐπίσκοπος wie von den Presbytern werden die Funktionen der Lehre und der Leitung ausgesagt. Vom ἐπίσκοπος ist aber im Unterschied zu den Presbytern nur im Singular die Rede. Während in T 1,5ff Presbyter und Episkopos anscheinend identifiziert werden, werden sie in I nicht zueinander in Beziehung gesetzt. Weitgehende Übereinstimmung besteht heute darin, daß das Nebeneinander der Amtstitel ἐπίσκοπος und πρεσβύτερος auf das Zusammenwachsen der judenchristlichen Presbyterialverfassung und der heidenchristlichen Episkopalverfassung zurückzuführen ist[103]. Strittig ist, ob damit in Past ein Amt oder zwei verschiedene Ämter angesprochen werden. Die hauptsächlich vorgeschlagenen Lösungen sind folgende:

1. Der Singular ἐπίσκοπος ist, da beidemal (I 3,2; T 1,7) in einem Bischofsspiegel stehend, generisch zu verstehen. Nach T 1,7 sind ἐπίσκοπος und πρεσβύτερος als identisch anzusehen. Es handelt sich

---

habe). Dieser Befund warnt davor, allein vom Begriff ἐπίσκοπος her auf eine bestimmte Tätigkeit zu schließen.

[101] Vgl Kertelge, aaO 145; Brox 149.

[102] Holtz 79; vgl Carrington, aaO 266.269.

[103] vCampenhausen, Amt 117; Dib-Conz 45; Bornkamm, ThW VI 668; Brox 150; Schnackenburg, Kirche 92; Carrington, aaO 270; Schütz 97; Kertelge, aaO 147; Romaniuk, aaO 225; Vielhauer, Einleitung 230; Roloff, Amt 523. — Nach dem Motiv für dieses Zusammenwachsen fragt Merklein, Kirchliches Amt 385ff.

um zwei austauschbare Begriffe für das gleiche Amt, dem in jeder Gemeinde eine Mehrzahl (Kollegium) zugehört[104].

2. Der Singular ist — wie in 1. — generisch zu verstehen. Der Zusammenhang zwischen Presbytern (T 1,5) und Episkopen (T 1,7) ist aber nicht als Identifikation, sondern als Inklusion zu sehen: die Episkopen gehören zu den Presbytern, aber nicht alle Presbyter sind Episkopen. Gemäß der Unterscheidung verschiedener Funktionen innerhalb der Presbyter nach I 5,17ff sind die Episkopen als führende Gruppe der Presbyter ($\pi\rho\epsilon\sigma\beta\acute{u}\tau\epsilon\rho\omicron\iota\ \pi\rho\omicron\epsilon\sigma\tau\tilde{\omega}\tau\epsilon\varsigma$) anzusehen[105].

3. Der Singular $\dot{\epsilon}\pi\acute{\iota}\sigma\kappa\omicron\pi\omicron\varsigma$ liegt in eigentlichem Gebrauch vor. Nur vom $\dot{\epsilon}\pi\acute{\iota}\sigma\kappa\omicron\pi\omicron\varsigma$ wird im Singular gesprochen, von den anderen Ämtern (Presbyter, Diakone) im Plural. Es gibt also in der Gemeinde nur *einen* $\dot{\epsilon}\pi\acute{\iota}\sigma\kappa\omicron\pi\omicron\varsigma$: den monarchischen Bischof als Leiter der Gemeinde. Er ist in seiner Stellung von dem Presbyterkollegium unterschieden[106].

4. Im $\dot{\epsilon}\pi\acute{\iota}\sigma\kappa\omicron\pi\omicron\varsigma$ ist der Präsident des Presbyteriums als primus inter pares zu sehen, der zugleich die Gemeinde nach außen repräsentiert. Damit wird einerseits der Singular als eigentlich anerkannt: es gibt nur *einen* $\dot{\epsilon}\pi\acute{\iota}\sigma\kappa\omicron\pi\omicron\varsigma$. Andererseits wird der nach T 1,5ff bestehenden Beziehung zwischen Presbytern und Episkopos Rechnung getragen[107].

Keiner der vier Lösungsversuche ist völlig unproblematisch[107a]. Doch ermöglichen einige Kriterien, die letztgenannte Auffassung als wahr-

---

[104] Michaelis, Ältestenamt 52; Lock XIX; Scott XXVIII; Kelly 13; Schlier, Ordnung 144, Anm 31; Martin, Amtspriestertum 53; Stanley, CBQ 39(1967), 569; Leaney 36 (erwägt aber auch Lösung 4); Roloff 265: faktische Identität, aber Intention des Vf ziele auf Episkopenamt.

[105] Pfleiderer, aaO 279; Weizsäcker, aaO 617; Beyer, ThW II 614f; vSoden 170; Carrington, aaO 268f; Bornkamm, ThW VI 668 (der aber 667 Anm 95 den Singular als generisch infragestellt); Dib-Conz 46.61; Brox 150f; Holtz 202; Romaniuk, aaO 223; Kertelge 147.

[106] Blum, Tradition und Sukzession 55; Menoud, aaO 51f; Molland, Oecumenia 3 (1968), 25; Moody, aaO 41f; Schütz 95f; Bartsch, aaO 106f: $\dot{\epsilon}\pi\acute{\iota}\sigma\kappa\omicron\pi\omicron\varsigma$ als Amt neben den Presbytern, das aber noch nicht monarchischen Charakter habe.

[107] Hahn, Gottesdienst 74; Schmithals, Apostelamt 224; Gnilka, aaO 35; Grelot, in: Giblet, Vom Christus zur Kirche 212. Diese Lösung wird auch (ohne eindeutige Entscheidung) erwogen von: Dib-Conz 46; Colson, aaO 154 Anm 2; Lock XX; Leaney 36.

[107a] Vereinzelt begegnen weitere Lösungsversuche zur Klärung des Verhältnisses von Presbyter und Episkopos: 1. Meier, Presbyteros, versucht die zwischen I und T bestehenden Differenzen zu lösen, indem er für T (Situation auf Kreta) ein früheres Entwicklungsstadium (alle Presbyter sind Episkopen) annimmt als für I (Situation in Ephesus: erfolgte Spezialisierung, nur eine Gruppe der Presbyter hat Episkopenfunktion). Wie hypothetisch aber solche Annahme verschiedener

scheinlichste anzusehen. Gegen völlige Gleichsetzung Presbyter = Episkopos (1.) spricht, daß nach I 5,17 nur ein Teil der Presbyter Lehrtätigkeit ausübt, diese aber nach T 1,9 wesentlicher Bestandteil der Episkoposfunktion ist. Die Annahme, die Episkopen seien eine Gruppe der Presbyter mit leitender Funktion, also die πρεσβύτεροι προεστῶτες (2.), widerspricht dem oben dargelegten Befund, daß alle Presbyter προεστῶτες sind. Gegen ein monarchisches Bischofsamt in Abgrenzung gegen ein nachgeordnetes Presbyterium (3.) spricht die nach T 1,5ff eindeutig bestehende Verbindung[108] zwischen Episkopos und Presbyter sowie die weitgehende Gleichheit der Funktionen. Das Argument, daß es wegen des nur singularischen Sprachgebrauchs nur *einen* ἐπίσκοπος gebe, ist für T 1,7 nicht stichhaltig. Denn nachdem T 1,5 von πρεσβύτεροι im Plural spricht, redet bereits V. 6 im Singularstil einer Regel von den Presbytern, so daß die Fortsetzung mit der singularischen ἐπίσκοπος-Regel in V. 7 nicht

---

Entwicklungsstufen ist, zeigt sich daran, daß Merklein (aaO 390) und Fischer (Epheserbrief 28) zu genau entgegengesetzter Vermutung gelangen (in T fortgeschrittenere Entwicklung gegenüber I)! — 2. Auch der Versuch einer Lösung anhand rein sprachlich-semantischer Kriterien (πρεσβύτερος: Titel für Amtsträger, ἐπίσκοπος nur Angabe der Funktion, nicht Amtstitel; Stalder, aaO 211.214ff; Rohde, aaO 86; vgl Lemaire, Les ministères 109) führt in ein Dilemma: Wenn alle Amtsträger als πρεσβύτεροι bezeichnet werden, stellt sich als neues Problem die Frage, ob dann auch die διάκονοι eine Gruppe der Presbyter sind (Stalder, aaO 217f)!

[108] Man kann dem nur durch eine *Interpolationshypothese* für T 1,7—9 sowie I 3,1—13 entgehen; diskutiert bei Dib-Conz 46 (läßt die Möglichkeit offen), Bartsch 83f (lehnt die These ab). — Als Argument für die Möglichkeit einer Interpolation in T 1 wird angeführt, daß bei Fehlen von T 1,7—9 durch das Stichwort ἀνυπότακτος ein guter Anschluß von 1,10 an 1,6 bestehe. Doch kann davon nicht die Rede sein. Denn abgesehen vom Stichwort ἀνυπότακτος läßt sich zwischen 1,6 und 1,10ff nur schlecht ein inhaltlicher Zusammenhang herstellen, insofern im einen Fall von ungehorsamen Kindern, dann aber von Irrlehrern die Rede ist. Sehr sinnvoll ist dagegen der Zusammenhang zwischen 9 und 10, indem 10ff begründet (γάρ V. 10), warum die rechte Lehre und das ἐλέγχειν τοὺς ἀντιλέγοντας notwendig ist. Im Blick auf ἀντιλέγοντες und ἀνυπότακτοι kann man von Stichwortanknüpfung sprechen, da für den Vf der Past beides einander entsprechende Begriffe sind, wie T 2,9 zeigt (ὑποτάσσεσθαι neben μὴ ἀντιλέγειν). Wesentlicher aber ist der direkte Stichwortzusammenhang zwischen 1,6 und 1,7 durch das jeweils am Beginn stehende ἀνέγκλητος. Der Anschluß von 1,7 mit γάρ kann dann so zu verstehen sein: jeder Presbyter kann für das Amt des ἐπίσκοπος in Frage kommen; daher soll ein Presbyter ἀνέγκλητος sein, wie es insbesondere für den ἐπίσκοπος unabdingbar ist (vgl I 3,2 an erster Stelle: ἀνεπίλημπτος sowie I 3,7 μαρτυρία καλὴ ἀπὸ τῶν ἔξωθεν). — Eine modifizierte Interpolationsthese vertritt Barnikol, Festg. Emil Fuchs 447ff.

als auffällig angesehen werden muß[109]. Schwerwiegender ist I 3,2. Denn es muß auffallen, daß in I 3 von zwei Ämterspiegeln der eine durchweg im Singular, der andere unmittelbar anschließende durchweg im Plural gehalten ist. Im Unterschied zu Phil 1,1 (ἐπίσκοποι καὶ διάκονοι) erscheint hier das Amt des ἐπίσκοπος im Singular, nur das des διάκονος im Plural. Der Singular τὸν ἐπίσκοπον wird noch dadurch verstärkt, daß er im Unterschied zu διακόνους mit Artikel steht[110]. Das kann anzeigen, daß die Entwicklung inzwischen dahin gegangen ist, daß nur noch einer die ἐπισκοπή innehat.

Zu wenig beachtet für die Klärung der Relation zwischen Episkopos und den Presbytern ist m.E. I 5,19f. Hier wird eine den Presbytern gegenüberstehende Instanz in der Gemeinde vorausgesetzt, die die Funktion des ἐλέγχειν ausübt[111]. Die gleiche Funktion aber wird in T 1,9 ausdrücklich dem ἐπίσκοπος zugeschrieben. Es liegt nahe, auch hier an nur einen ἐπίσκοπος zu denken, der diese Funktion des ἐλέγχειν, auch dem Presbyterium gegenüber, ausübt.

---

[109] Vgl Brox 148f; Meier, aaO 338. — Der Wechsel zwischen Singular und Plural bei Aussagen über Ämter findet sich in Past öfter, vgl I 5 über die Witwen: V. 3 Plural, V. 4 Singular (Regel mit εἴ τις wie T 1,6 — so daß I 5,3f in dieser formalen Hinsicht T 1,5f entspricht), ebenso V. 5ff, wieder Plural V. 11ff; über die Presbyter: V. 17 Plural, V. 19 Singular (Übergang zum Singular bereits durch das Zitat V. 18), V. 20 Plural. Zum Wechsel von Plural und generischem Singular auch I 5,1f: πρεσβύτερος, aber νεώτεροι κτλ sowie I 2,9ff über die Frauen: V. 9f Plural, V. 11ff Singular.

[110] In der Diskussion um *eigentlichen oder generischen Singular* ist, soweit mir bekannt, nicht der Tatbestand berücksichtigt, daß ἐπίσκοπος beidemale (I 3,2; T 1,7) mit Artikel steht. Das besagt für sich genommen noch nicht viel, da der generische Singular mit und ohne Artikel stehen kann (vgl Kühner-Gerth I 1,589. Mayser 2,1 S. 43f: die Mehrzahl der Seite 44 unter 2. zitierten Beispiele steht ohne Artikel; vgl 2,2 S. 41; Moulton III 180; Blaß-Debr § 139.252). Auffällig ist aber, daß andere Beispiele von generischem Singular in Past meist ohne Artikel stehen: I 1,9 δίκαιος, 2,11f γυνή, 5,1 πρεσβύτερος, 5,9 χήρα, 5,19 πρεσβύτερος; II 2,24 δοῦλος κυρίου; T 3,10 αἱρετικὸς ἄνθρωπος. In 5,4 (τις χήρα) und 5,16 (τις πιστή) stehen Verbindungen mit τις als unbestimmtem Artikel. In I 5,5 (ἡ ὄντως χήρα) und II 2,6 (τὸν κοπιῶντα γεωργόν) wird der Artikel durch die Attribute veranlaßt sein, in II 3,17 (ὁ τοῦ θεοῦ ἄνθρωπος) durch die Stellung des Genitivattributs. Daß nur bei ἐπίσκοπος konsequent der Artikel steht, ist doch dann am einfachsten damit zu erklären, daß von „dem" Bischof als jeweils nur einem in der Gemeinde gesprochen wird. Auch die Annahme einer fest formulierten Regel würde dagegen nichts besagen. Denn man braucht nicht anzunehmen, daß der Vf sich sklavisch genau an übernommene Formulierungen hielt.

[111] Daß — der Brieffiktion nach — Timotheus gegenüber Presbytern Kirchenzucht ausübte, wäre doch wohl wenig von Interesse, wenn dem nicht die Praxis in der Gegenwart des Vf entsprechen soll. — Vgl vCampenhausen, Amt 118 Anm 2; Schütz 96.

Als Fazit ergibt sich: Die Identifizierung des ἐπίσκοπος mit allen Presbytern oder einer Gruppe daraus wird dem Textbefund nicht gerecht. Im ἐπίσκοπος ist ein Amtsträger zu sehen, der zwar dem Personenkreis der Presbyter angehört, aber in gewissen Funktionen auch das Presbyterium zum Gegenüber hat. Den ἐπίσκοπος als Leiter des Presbyteriums zu sehen, ist angesichts dieses Tatbestandes das Naheliegendste.

Von einem monarchischen Bischofsamt im ausgeprägten Sinn kann man noch nicht sprechen, da den Past offensichtlich nicht an der Betonung einer hierarchischen Amtsstruktur liegt[112]. Mehr als an einer klaren Differenzierung zwischen den verschiedenen Ämtern liegt den Past an der Funktion und Stellung der lehrenden und leitenden Amtsträger in der Gemeinde[113]. Man kann insofern verallgemeinernd von „dem Amtsträger" sprechen, unter dem aber ἐπίσκοπος und Presbyter zu verstehen sind[114]. Daß dabei dem einen ἐπίσκοπος offensichtlich die Hauptverantwortung zukommt, zeigt sicher eine deutliche Tendenz zur monarchischen Führung der Gemeinde[115].

2.14 Diakone

Im Anschluß an den Bischofsspiegel wird in I 3,8ff auf das Amt der Diakone Bezug genommen. Der Kontext und die Analogie in Phil 1,1 lassen den διάκονος als ein dem ἐπίσκοπος zugeordnetes Amt erscheinen[116]. Was die Funktion eines διάκονος ist, wird aber mit direkten Worten nicht ausgesagt. Man hat daher versucht, mit Hilfe der Aussagen des Diakonenspiegels die Funktionen zu eruieren: meist wird an administrative und karitative Aufgaben[117] gedacht, gelegentlich an Aufgaben der Verkündigung[118], oder man sieht gar im

---

[112] Vgl Bartsch 107.

[113] Vgl Hanson 16f.

[114] Sofern es um die Hauptfunktionen von Lehre und Leitung der Gemeinde geht, kann man also in den Presbytern wie im Episkopos die Repräsentanten des „Amtsträgers" im Sinne der Past sehen. Vgl Wegenast, Tradition 142 Anm 1.

[115] Ohne von der Existenz nur eines ἐπίσκοπος auszugehen, kommen zu ähnlichem Ergebnis: Bornkamm, ThW VI 668; Hanson 16; Beyer, ThW II 614f; Pfleiderer, aaO 280.

[116] Freilich läßt sich vom διάκονος als „Gehilfen des Bischofs" (Brox 151) nicht reden, solange man nicht genau seine Funktionen angeben kann. Vgl Holtz 82, der davor warnt, bereits aus der Reihenfolge im Text eine Unterordnung des διάκονος herauszulesen. Freilich überzeugt seine Lösung (s Anm 119) nicht.

[117] Beyer, διάκονος, ThW II 90 unter Bezug auf μὴ διλόγους und μὴ αἰσχροκερδεῖ (V. 8). Vgl Menoud, aaO 50; Brox 151f; Grelot, aaO 213f; Scott XXVIII.

[118] Gnilka, Philipper 35 unter Bezug auf V. 9 (wobei μυστήριον τῆς πίστεως als das „gesamte Evangelium" verstanden, aaO Anm 16). Vgl Grelot, aaO; McKenzie, Autorität 76.

Diakonenamt das eigentliche geistliche Amt[119] der Past. Aber mit einiger Wahrscheinlichkeit wird man doch sagen können, daß dieses Amt nicht auch wie Presbyter und Episkopos die Funktion der Lehre und Gemeindeleitung hat[120]. Daß der Diakon stattdessen tatsächlich administrative und karitative Aufgaben in der Gemeinde wahrnimmt, kann man nur vermuten[121], nicht nachweisen. Aus der Verheißung für gute Ausübung des Dienstes in I 3,13[122] kann jedenfalls geschlossen werden, daß es sich um ein in der Gemeinde angesehenes Amt handelt.

Nicht sicher zu entscheiden ist die Frage, ob in den I 3,11 erwähnten γυναῖκες Diakonissen in Analogie zu den daneben genannten Diakonen zu sehen sind[123]. Doch ist das Wort γυναῖκες zu allgemein, um daraus ein Amt erschließen zu können[124]. Zudem spricht die Stel-

---

[119] Holtz 82ff (bes 86f) sieht im Diakon den liturgischen Gemeindeleiter, insbesondere beim Herrenmahl. Doch fragt man sich, wie das dem Text zu entnehmen sei!

[120] Schütz 104: von προστῆναι in der Gemeinde sowie διδακτικός ist beim Diakon im Unterschied zum Episkopos nicht die Rede.

[121] zB unter Verweis auf Apg 6,1ff: die Gestaltung des Abschnitts ist wohl an dem zZ des Lk bestehenden Diakonat mit karitativen Aufgaben orientiert (vgl Beyer, aaO 90). Berücksichtigt man die auch sonst zwischen Apg und Past im Blick auf die Ämter bestehenden Parallelen (Überschneidung bzw Identität von Episkopos und Presbyter vgl Apg 20,17.28; Amtseinsetzung durch Handauflegung), dann kann man auch Parallelität im Amt der Diakonen annehmen. Wenn — wie Bartsch 119 aufgrund späterer Zeugnisse vermutet — die Bezahlung der Gemeindestände (I 5) durch die Eucharistiegaben erfolgte, ist denkbar, daß die Verwaltung und Verteilung dieser Gaben (und anderer Güter der Gemeinde) in Händen der Diakone lag. — Zur Entwicklung der Diakonatsfunktion vgl Kötting, in: Zum Thema Priesteramt 46f.

[122] Der Vers enthält zwei schwer zu interpretierende Ausdrücke: 1. βαθμὸν ἑαυτοῖς καλὸν περιποιοῦνται: βαθμός ist interpretiert worden als gnostisch-mystischer Aufstieg zum Himmel, als Aufstieg in der kirchlichen Ämterhierarchie (zum Bischof: Bartsch 91 vgl Rohde, Ämter 94) oder als Zunahme des Ansehens in der Gemeinde. Letzteres ist wohl im Zusammenhang am sinnvollsten. Dib-Conz 48; Nauck, ZNW 48(1957), 217ff (unter Bezug auf Qumran). Vgl auch Schütz 105; Brox 155. Völlig anders Holtz 86. — 2. πολλὴ παρρησία gibt vor allem dann Probleme auf, wenn man es eng mit dem Vorhergehenden verbinden will: man kann an die Art des Auftretens in der Gemeinde (Weiß 158; Holtzmann 323) oder an die Freudigkeit im Glauben, die Zuversicht gegenüber Gott denken. Vielleicht sind beide Aspekte inbegriffen. (Schütz 105; Brox 155).

[123] Zur Diskussion vgl Dib-Conz 48; Schütz 105f; Brox 154. Die Deutung auf Diakonissen vertreten zB: Lock XX; Kelly 13; vgl Moody, aaO 40; Brox 154; Powers, Deacons 254f; Lemaire, Les ministères 114.

[124] Vgl Schütz 106. — Beachtenswert ist immerhin der Hinweis von Powers, aaO 255 (vgl Lemaire, aaO), daß in Röm 16,1 eine Frau (Phoebe) als διάκονος (!) bezeichnet wird: dann ließe διακόνους in I 3,8 den Bezug auch auf Frauen

lung innerhalb des Diakonenspiegels dafür, an die Frauen der Diakone zu denken[125], da ja auch in anderen Ämterspiegeln auf die Familienverhältnisse der betreffenden Amtsträger Bezug genommen wird[126].

2.15 Witwen

Der Abschnitt I 5,3—16 redet von den Witwen[127] in der Gemeinde. Dabei wird eindeutig von einem Stand oder Amt der Witwe gesprochen, dem nicht alle Witwen angehören[128]. Vielmehr werden bestimmte Kriterien aufgestellt, wer als ὄντως χήρα zu gelten hat und so ins Witwenamt übernommen werden kann. Wegen mancher exegetischer Schwierigkeiten wird gelegentlich angenommen, der erste Teil (V. 3—8) handele allgemein von der Versorgung der Witwen, nur der zweite (V. 9—16) von den Amtswitwen. Mit vielen neueren Auslegern[129] ist jedoch von der literarischen und thematischen

offen und die Nennung in V. 11 wäre somit plausibel. — Auch die von den Frauen geforderten Eigenschaften tragen nichts für amtliche Funktionen aus. Wenn zB Holtzmann 322 in πιστὰς ἐν πᾶσιν eine amtliche Qualität der Frauen sieht, so ist dagegen zu verweisen auf die πᾶσα πίστις ἀγαθή, die von den Sklaven (T 2,10) verlangt wird, sowie auf die Kinder der Presbyter, die πιστά (T 1,6) sein sollen. Es handelt sich also einfach um ein in Haustafeln übliches Motiv, in dem Treue und Zuverlässigkeit gefordert wird.
[125] Schütz 106. Sein zweites Argument trägt freilich nicht: nämlich daß im NT an keiner Stelle mit Sicherheit von „Diakonissen" gesprochen werde. Das besagt doch noch nichts über den Befund in Past! Immerhin kann Moody, aaO 40 auf die ministrae im Christenbrief des Plinius verweisen, mit dem man sich wohl etwa in der Abfassungszeit der Past befindet. — Vgl Weidinger, Haustafeln 70. — Daß ganz allgemein die Frauen der Gemeinde gemeint seien (Sand, Anfänge 231), ist sicher am unwahrscheinlichsten.
[126] Vgl I 3,2.4; T 1,6; im Diakonenspiegel auch noch anschließend V. 12. Vgl Schiwy 26.
[127] Stählin, Art. χήρα, ThW IX 442ff unterscheidet 3 Gruppen: 1) Witwen im Verband der Familie; 2) jüngere verwitwete Frauen; 3) die eigentlichen Witwen. Vgl Spicq I 524; Brox 186; Sand, BiLeb 12 (1971), 193.
[128] Das erhellt aus der ausdrücklichen Unterscheidung zwischen χῆραι und ὄντως χῆραι in V. 3 und 16 sowie aus V. 9, wo von formeller Aufnahme (καταλέγειν) einer Witwe die Rede ist. Unter den ὄντως χῆραι hat man dann die Amtswitwen zu verstehen (anders: Duncker, Angelicum 35(1958), 121ff). καταλέγειν (9) kann „auswählen" heißen oder „durch Wahl in eine Körperschaft aufnehmen" (Stählin, ThW IX 445), aber auch speziell „in eine Liste eintragen". Vgl Bauer, WB s.v. sowie die Kommentare. Ob mit der Aufnahme in den Witwenstand ein Gelübde verbunden war (vgl 12: πίστιν ἀθετεῖν), ist umstritten. Dazu außer den Kommentaren Bartsch, Rechtsbildungen 132; Sand, aaO 196. Die von Sand (193ff) vertretene These, es sei überhaupt kein Witwenstand vorauszusetzen, geht zu wenig auf die sich im einzelnen ergebenden exegetischen Probleme ein, als daß sie überzeugen könnte.
[129] Dib-Conz 58; Holtz 122; Schütz 106; Bartsch, aaO 112ff; Brox 186; Stählin, aaO 442; vgl Müller-Bardorf, Festg. Fascher 116; Ernst, ThGl 59(1969), 436.

Einheit der VV. 3—16 auszugehen. Die Intention des Abschnitts ist auf die Einschränkung der Zugehörigkeit zum Witwenamt gerichtet (im Blick auf die Besoldung[130] dieser Witwen), nicht allgemein auf die Versorgung von Witwen[131].

Im Unterschied zu den anderen Ämtern entspringt das Witwenamt nicht einem Bedürfnis des Gemeindelebens. Vielmehr lief die Entwicklung so, daß die von der Gemeinde versorgten Witwen zu einem Stand geordnet und ihnen bestimmte Funktionen zugewiesen wurden[132]. Der vorliegende Text bezeugt, daß Gründe bestanden, die Zulassung zum Witwenstand einzuschränken. Die Gründe der Beschränkung sind offensichtlich einerseits der Mißbrauch der Einrichtung des Witwenamtes[133], andererseits die begrenzten Versorgungsmittel der Gemeinde (V. 16). Als hauptsächliche Einschränkungen werden genannt: 1. Familiäre Bindungen und daraus resultierende Aufgaben (4.8.14)[134] haben die Priorität vor der Aufnahme

---

[130] Zum Verständnis von τίμα (V. 3) siehe Anm 94.

[131] Gegen Brox 185. Bei Annahme der Einheitlichkeit des Abschnitts ergibt sich diese Folgerung aus V. 9: die Festlegung eines bestimmten Alters ist nur für die Aufnahme in eine amtliche Stellung vorstellbar, nicht aber, wenn — unter dem Gesichtspunkt der Bedürftigkeit — an die Versorgung der Witwe gedacht wäre. Man kann kaum annehmen, daß einer bedürftigen Witwe unter 60 Jahren Hilfe von der Gemeinde verweigert worden wäre! (Scott 60). Diese Überlegung ist wesentlich für das Verständnis der VV. 4 und 8 (Anm 134): Was wäre mit der Versorgung einer Witwe, die keine Angehörigen hat (vorausgesetzt: VV. 4.8 reden von der Versorgung durch die Angehörigen), noch nicht 60 Jahre ist, aber auch keinen Mann zum Heiraten findet?

[132] Bartsch, aaO 114; Brox 186; Ernst, aaO 437ff. Sand, BiLeb 12(1971), 192f verweist auf die Möglichkeit, auch in Apg 9,41 die Witwen als fest organisierte Gruppe mit besonderen Funktionen in der Gemeinde anzusehen.

[133] Das ist aus verschiedenen Aussagen zu erschließen, zB V. 11ff.

[134] Dabei wird (mit Holtzmann 345f; Wohlenberg 171ff; Bartsch, aaO 125ff (127!); Stählin, aaO 442) davon ausgegangen, daß V. 4 (μανθανέτωσαν κτλ) und 8 (nicht Wohlenberg) das Verhalten der Witwen ansprechen. Das ist vor allem bei V. 4 wegen der Inkongruenz zwischen χήρα und μανθανέτωσαν seit der Alten Kirche umstritten (Variante μανθανέτω!). Viele Ausleger ziehen vor, τέκνα ἢ ἔκγονα als Subjekt zu μανθανέτωσαν zu verstehen: dann ginge es um die Versorgungspflicht der Angehörigen gegenüber der Witwe. Zur Diskussion vgl Stählin, aaO 442; auch Wohlenberg 171ff. Was den Numeruswechsel in V. 4 betrifft, ist auf die gleiche Erscheinung in I 2,15 zu verweisen, wo es wenig wahrscheinlich ist, anstatt der Frauen die Kinder (τεκνογονία!) als Subjekt zu μείωσιν anzunehmen (vgl die Kommentare). Im Zusammenhang von 5,3f ist zu beachten, daß V. 3 von den Witwen im Plural redet. Der Singular in 4a kann einfach durch die in Regeln übliche Wendung εἴ τις (vgl V. 8.16 sowie I 3,1.5. 6,3; T 1,6: dazu Anm 109) veranlaßt sein, während 4b im Plural fortfährt. Sowohl das πρῶτον als auch das dem οἶκον vorangestellte ἴδιον passen sehr gut, wenn man an eine amtliche Tätigkeit der Witwen (insbesondere nach V. 13: evtl Hausbesuche) denkt: Priorität

als amtliche Witwe; diese muß wirklich völlig alleinstehend (5) und
so ohne Verpflichtungen sein. 2. Es gilt ein Mindestalter von 60 Jahren (9)[135]; jungen Witwen wird offensichtlich die nötige Reife zur
Ausübung der Witwenfunktion abgesprochen (11ff). 3. Andere, pri-
vate Versorgungsmöglichkeiten sollen ausgeschöpft sein (16)[136].

---

haben die Pflichten im eigenen Haus (vgl I 3,5). εὐσεβεῖν hier: „seine Frömmigkeit an etw beweisen" (Stählin, aaO 442). — Gegen die Deutung auf die Witwen
wird eingewandt: ἀμοιβὰς διδόναι τοῖς προγόνοις sei nur auf den Dank der
Kinder gegenüber den Eltern (hier die verwitwete Mutter bzw Großmutter)
sinnvoll zu beziehen, könne aber nicht das Tun der Witwe charakterisieren.
Demgegenüber Holtzmann 345: nach normalem Sprachgebrauch bezeichnet
πρόγονοι bereits Verstorbene, so ja auch II 1,3. Dann wird hier gesagt: durch
ihr εὐσεβεῖν sollen die Witwen die Liebe ihrer verstorbenen Eltern vergelten
(aaO). Ein noch direkterer Bezug dessen, was εὐσέβεια meint, auf die Vorfahren wird bei Isokrates VII (Areop) 30 hergestellt: (über die Athener) οὐ γὰρ
ἐν ταῖς πολυτελείαις ἐνόμιζον εἶναι τὴν εὐσέβειαν, ἀλλ' ἐν τῷ μηδὲν κινεῖν
ὧν αὐτοῖς οἱ πρόγονοι παρέδοσαν. Die εὐσέβεια der Witwen könnte dann sinngemäß als ein Sich-orientieren an den überkommenen Pflichten verstanden
werden. Diese Orientierung an dem von den Vorfahren Überkommenen liegt
aber deutlich in II 1,3 vor (Bezug auf „Paulus") sowie in II 1,5 im Bezug auf
die πίστις des Timotheus. Dann aber hat der gleiche Gedanke in I 5,4 innerhalb
der Past nichts Befremdendes an sich. — Die Intention von V. 4 geht offensichtlich dahin, daß die Übernahme des Witwenamtes kein Alibi für die Vernachlässigung häuslicher Pflichten werden dürfe. Dann werden damit Bewerberinnen
abgewiesen, die sich wegen der damit verbundenen Besoldung um das Witwenamt bewerben, obwohl ihre Dienste im Kreis der Angehörigen gebraucht werden können (vgl V. 8). Eine Illustration von etwas anderer Seite gibt V. 13,
der dagegen polemisiert, daß sich junge Witwen (in ihrem wohl nicht anstrengen-
den Dienst) zur Untätigkeit (2 ×: ἀργαί) verleiten ließen. Demgegenüber werden sie auf den Hausfrauenstand verwiesen (14). Der dahinterstehende Grundsatz der Past ist wohl der: der Platz der Frau ist im Haus; der Dienst in der Gemeinde ist die Ausnahme, beschränkt auf einen Kreis bewährter Frauen (9f).
Die Formulierung λαλοῦσαι τὰ μὴ δέοντα (V. 13 vgl T 1,11 διδάσκοντες ἃ μὴ
δεῖ) in Verbindung mit II 3,6f und wohl auch I 5,15 spricht dafür, daß manche
negativen Vorgänge im Bereich des Witwenamtes auf Einflüsse der Irrlehrer zurückzuführen sind. Dann könnte die aufgezeigte Festlegung auf die Hausarbeit
gegen emanzipatorische Tendenzen etwa unter den jungen Witwen gerichtet
sein. Daß es nach V. 11 auch solche gibt, die wieder heiraten wollen, spricht
nicht dagegen.
[135] Meist wird das Alter von 60 Jahren unter Bezug auf 11f damit erklärt, daß
dann der Gedanke an eine Heirat entfalle (Scott 60; Lock 59; vgl Holtzmann
347: „ein über aller Versuchung stehendes Normalalter"). Nach dem zuvor
(Anm 134) Gesagten kann aber auch daran gedacht sein, daß Frauen dieses
Alters nicht mehr voll den Anforderungen der Hausarbeit gewachsen sind, aber
doch noch manche Funktion in der Gemeinde übernehmen können. Vgl
Schlatter 141: Witwen, die „im natürlichen Bereich der Welt ihr Werk getan haben."
[136] Zur Versorgung von Witwen durch einzelne Gemeindeglieder (wohl τις
πιστή zu lesen; Variante πιστὸς ἢ πιστή analog späteren Kirchenordnungen.

Für die Funktionen der Witwen in der Gemeinde gibt es einige, wenn auch indirekte Anhaltspunkte. Das als Charakteristikum genannte Gebet (5)[137] deutet auf besonderen Gebetsdienst für die Gemeinde hin. Wahrscheinlich gehören Hausbesuche (Krankenbesuche?) zu den Funktionen der Witwe (13)[138]. Die Voraussetzung der Bewährung in hausfraulichen Tätigkeiten (9f vgl 4.8) und allgemeiner Wohltätigkeit (10) lassen auch an karitative Aufgaben denken[139].

2.2 Die Analogien zwischen Gemeinde und Hausgemeinschaft

2.21 Fragestellung

Die dargelegte Bezeichnung der Kirche mit dem Bild des οἶκος θεοῦ deutete an, daß die Kirche bzw die einzelne Gemeinde sich analog einer Hausgemeinschaft versteht. Einen Schritt weiter führt I 3,4f, wo die Funktion des ἐπίσκοπος in der Gemeinde mit seiner Aufgabe als Hausvater in Parallele gesetzt wird. Auch die Bezeichnung des ἐπίσκοπος als οἰκονόμος θεοῦ (T 1,7) ist in diesem Zusammenhang zu beachten. Steht auch der Begriff der οἰκονομία θεοῦ (I 1,4) damit in Verbindung? Zur vielfach als auffällig empfundenen[140] Paral-

---

Bartsch, aaO 137), wie V. 16 dies voraussetzt, ist auch auf Apg 9,39 zu verweisen. Vgl Stählin, aaO 440.

[137] Müller-Bardorf, Festg. Fascher 123f. 126ff sieht unter Bezug auf V. 5 (u.a.) die eigentliche Grundlage des Witwenamtes im (gnostisch beeinflußten) Ideal der „Gotteswitwe". (Ähnlich Niederwimmer, Askese 175). Daß der Vf der Past das Witwenamt nicht prinzipiell beseitigt (wie es M.-B. erwarten würde, aaO 133), spricht aber gerade dafür, daß dieses Amt nicht nur (als fast häretisch) geduldet wird, sondern daß es ein voll bejahtes Amt ist, von dem man die Ausübung konkreter Funktionen erwartet.

[138] Weiß 196; Schlatter 143; Scott XXVIII; Holtz 120; Stählin, aaO 446; E. Schütz, Werdende Kirche 61. Mit Dib-Conz 60 ist in V. 13a zu ἀργαί ein εἶναι zu denken, worauf sich μανθάνουσιν bezieht. περιερχόμεναι τὰς οἰκίας ist dann untergeordnetes Partizip (wenn oder indem sie von Haus zu Haus laufen) und beinhaltet die als normal gegebene Voraussetzung, deren negative Begleiterscheinungen im Vers kritisiert werden. Nichts im Text zwingt dazu, das In-die-Häuser-gehen als „Fehlentwicklung" im Witwenamt anzusehen (so Brox 195. Vgl Bartsch, aaO 133; Müller-Bardorf, aaO 123).

[139] Vgl Scott XXVIII. 61; Lock XXI; Brox 193: fraglich; ähnlich Ernst, ThGl 59(1969), 441. Während V. 9f nur Vermutungen, aber keine direkten Folgerungen (so zB Schiwy 35) im Blick auf die Witwenfunktion erlaubt, läßt die Formulierung πρῶτον τὸν ἴδιον οἶκον (V. 4) nach Analogie zu I 3,5 an Tätigkeiten denken, die den „normalen" Aufgaben einer Frau entsprechen.

[140] zB Schweizer, Gemeinde 69.71; Brox 157f; Kamlah, Katalogische Paränese 199; Kohl, Verfasser 81 (wendet sich gleichwohl aaO 82 gegen Vorliegen eines anderen Kirchenbegriffs als bei Pls).

lelisierung von Gemeinde und Haus gehört auch der Befund, daß Haustafeln in die Gemeindeordnung hineingenommen werden[141].

Relevanz und Hintergrund dieser Zusammenhänge sind bisher nicht genügend untersucht worden. Ist die Rede von der Gemeinde als Haus nur bildlich gemeint, indem damit die Gemeinde als soziales Ganzes bezeichnet und das Zusammengehörigkeitsbewußtsein ihrer Glieder ausgedrückt wird?[142] Oder wird die Gemeinde auch in ihrer Ordnung und Struktur vom Verständnis als Hausgemeinschaft geprägt? Die folgende Aufzählung terminologischer Parallelen zwischen Haus und Gemeinde soll die Notwendigkeit dieser Fragestellung verdeutlichen:

Die parallele Verwendung von προιστάναι im eigenen Haus (I 3,4f. 12) und in der Gemeinde (I 5,17) wurde bereits angedeutet. Dem entspricht in beiden Bereichen das ὑποτάσσεσθαι: gegenüber dem Hausherrn gefordert von der Frau (T 2,5), von den Kindern (I 3,4 ὑποταγή) und von den Sklaven (T 2,9); in der Gemeinde von der Frau gefordert (I 2,11 μανθάνειν ἐν ὑποταγῇ). Demgegenüber wird das διδάσκειν parallelisiert mit αὐθεντεῖν (= herrschen) und in T 2,15 die Autorität des lehrenden Amtsträgers mit ἐπιταγή (als Gegenbegriff zu ὑποταγή) beschrieben. Von den Sklaven wird neben dem ὑποτάσσεσθαι verlangt: μὴ ἀντιλέγειν (T 2,9). Entsprechend wird Irrlehrern zum Vorwurf gemacht, daß ihnen solche Haltung gegenüber dem lehrenden ἐπίσκοπος fehlt: sie sind ἀντιλέγοντες und ἀνυπότακτοι (T 1,9f). Die Sklaven sollen ihren Herrn nicht verachten (I 6,2 καταφρονεῖν). Das gleiche wird von der Gemeinde gegenüber einem Amtsträger gefordert: I 4,12 (καταφρονεῖν) und T 2,15 (περιφρονεῖν). Vom Sklaven wird verlangt, gegenüber seinem Herrn (δεσπότης) εὐάρεστος zu sein. Ähnlich wird vom einzelnen Christen gegenüber Gott erwartet: εὔχρηστος τῷ δεσπότῃ (II 2,21).

Sind solche Analogien mehr zufälliger Art oder steht dahinter eine durchgängige Konzeption? Es ist zu fragen, inwieweit auch die sonstigen Aussagen der Past über Haus und Familie einerseits, über Struktur und Ordnung der Gemeinde andererseits sachliche und sprachliche Übereinstimmung zeigen. Das geschieht in zwei Arbeitsgängen: 1. Welche Vorstellungen von Haus und Familie zeigen sich in Past?

---

[141] Vgl Schulz, Festschr Braun 499; Wikenhauser-Schmid 533; vCampenhausen, Amt 116; ders, Polykarp und die Pastoralbriefe 30ff; Dib-Conz 6; Wendland, Ethik des NT 99f.
[142] Vgl Minear, Bilder der Gemeinde 172.

2. Welchen Bezug dazu lassen Funktionen und Autoritätsstruktur in der Gemeinde erkennen?[143]

2.22 *Familie und Hausgemeinschaft in den Pastoralbriefen*

Grundlage für die Eruierung der diesbezüglichen Anschauungen sind die verschiedenen Tugend- und Lasterkataloge, Pflichtenlehren[144] und Haustafeln in den Briefen. Darin finden sich zahlreiche Eigenschaften und Verhaltensweisen, wie sie für alle Menschen gelten, nicht nur für bestimmte Personenkreise. Daneben aber treten spezifische Verhaltensweisen und Funktionen zutage, die jeweils für bestimmte Personenkreise in ihrer sozialen Position charakteristisch sind.

Eine Analyse des in Frage kommenden Materials[145] ergibt folgendes Bild:

1. Die von *allen* Menschen geforderten Eigenschaften und Verhaltensweisen geben gewissermaßen die Folie ab für das, was dann im besonderen für einzelne Gruppen gilt. Zusammenfassend steht immer wieder die Betonung der ἔργα καλά[146] als das, was das Leben des Christen kennzeichnen soll. Darunter sind die einzelnen Eigenschaften und Verhaltensweisen oder „Tugenden" subsumiert. Es sind zunächst solche, die mehr die moralische Beschaffenheit des einzelnen im

---

[143] Ziel ist also nicht, detailliert die soziologische Erscheinungsform der Gemeinde darzustellen. Das wäre nach den Texten auch nur sehr bruchstückhaft möglich. Vielmehr geht es um die in der Gemeinde ausgeübten Funktionen sowie um das Zueinander von Ämtern und Gemeindegliedern.

[144] Wie seit langem erkannt, vermitteln auch die Pflichtenlehren der Amtsträger mehr die allgemein geltenden Erwartungen, kaum aber spezielle Anforderungen für die besondere Aufgabe des jeweiligen Amtes. Das rechtfertigt es, auch diese auf Amtsträger bezogenen Aussagen miteinzubeziehen.

[145] Insgesamt kommen folgende Texte in Frage: 1) Tugend- und Lasterkataloge u.ä. Zusammenstellungen: positive Aussagen: I 2,2; II 2,21; T 3,1f. 2,12; negative Aussagen: I 1,9f. 6,4ff; II 3,2ff; T 1,10ff. 3,3. — 2) Verhalten einzelner Personengruppen (Haustafeln): Männer: I 2,8; T 2,2.6 — Frauen: I 2,9ff. 3,11. 5,11ff; T 2,3.4f — Kinder: I 3,4; T 1,6 — Sklaven: I 6,1f; T 2,9f — Reiche: I 6,17ff. — 3) Eigenschaften und Verhalten der Amtsträger: Paulus I 1,12 — Timotheus/Titus I 4,12. 5,1—3; T 2,7 — allgemein: II 2,2. 2,24 — ἐπίσκοπος: I 3,2ff; T 1,7ff — Presbyter: I 5,17; T 1,5f — Diakone: I 3,8ff — Witwen: I 5,3ff. — Zur inhaltlichen Analyse dieser Texte im einzelnen siehe die Kommentare sowie teilweise bei Vögtle, Wibbing, Weidinger, Lippert und McEleney. In unserem Zusammenhang interessiert es nur, die wesentlichen Züge herauszuarbeiten.

[146] I 5,10. 6,18; T 2,7. ἔργον ἀγαθόν: I 2,10. 5,10; II 2,21; T 1,16. 3,1; ἀγαθοεργεῖν I 6,18; φιλάγαθος II 3,3; T 1,8.

Blick haben, den „individualethischen" Aspekt[147]. Daneben stehen Eigenschaften, die speziell das Verhalten zu den Mitmenschen betreffen[148]. Auffällig ist der große Umfang, den die Terminologie einnimmt, die sich auf die Respektierung gegebener Ordnungen und die Anerkennung anderer Menschen in ihrer jeweiligen Stellung bezieht[149].

2. Von diesen mehr generellen Aussagen, die aber charakteristische Züge der in Past vorliegenden Anschauungen zeigen, hebt sich ab, was im einzelnen über die verschiedenen Personengruppen gesagt wird: an speziellen Rollenerwartungen, die sich mit bestimmten sozialen Positionen verbinden.

Mann: Seine spezifische Rolle wird beschrieben mit προΐστασθαι τοῦ ἰδίου οἴκου (I 3,4.12), dh er steht an der Spitze seines οἴκος, worunter das Haus mit den darin lebenden Personen zu verstehen ist. Besonders erwähnt wird die Beziehung des Mannes zu seiner Frau (μιᾶς γυναικὸς ἀνήρ I 3,2.12; T 1,6)[150] und zu seinen Kindern (I 3,4.12; T 1,6). Offensichtlich ist es das Kennzeichen eines guten Hausvaters (καλῶς προιστάμενος I 3,4.12), daß er seine Kinder in Unterordnung hält (I 3,4 ἐν ὑποταγῇ; T 1,6 μὴ ... ἀνυπότακτα) und diese sich durch Treue auszeichnen (T 1,6 πιστά)[151].

Frau: Zwar wird häufiger von jungen und alten Frauen getrennt gesprochen, doch sind die für die Frau spezifischen Charakterisierun-

---

[147] Dazu gehört ὅσιος (I 1,9. 2,8; II 3,2; T 1,8 vgl ἱεροπρεπής T 2,3), zentral aber ist σώφρων (I 3,2; T 1,8. 2,2.5.12; σωφρονεῖν T 2,6; σωφροσύνη I 2,15); im gleichen Zusammenhang: ἐγκράτεια (II 3,3; T 1,8) und Nüchternheit (νηφάλιος I 3,2.11; T 2,2). Zu meidende Gefahren: ἡδονή (T 3,3; φιλήδονος II 3,4) bzw ἐπιθυμία (II 2,22; T 2,12. 3,3), Wein (I 3,3.8; T 1,7. 2,3) und Geld (φιλαργυρία I 3,3. 6,10; II 3,2; αἰσχροκερδής I 3,8; T 1,7.11).

[148] Zu meiden sind Zorn (I 2,8; T 1,7), Streitsucht (I 3,3; II 2,24; T 3,2) und große Heftigkeit (ἐπιπλήττειν I 5,1; πλήκτης I 3,3; T 1,7); stattdessen: Milde (ἐπιεικής I 3,3; T 3,2; πραΰτης II 2,24; T 3,2).

[149] Wortgruppe ὑποτάσσεσθαι (I 1,9. 2,11. 3,4; T 1,6.10. 2,5.9. 3,1); Betonung des Gehorsams (ἀπειθής II 3,2; T 1,16. 3,3; πειθαρχεῖν T 3,3) und der Treue (πίστις II 4,7; T 2,10; πιστός I 1,12. 3,11; II 2,2; T 1,6). Jeder hat seine Stellung mit Würde einzunehmen (σεμνότης I 2,2. 3,4; T 2,7; σεμνός I 3,8.11; T 2,2), dem anderen die nötige Ehre zu erweisen (τιμή I 6,1 vgl 5,3; μὴ καταφρονεῖν I 6,2 vgl I 4,12; T 2,15) und nicht verleumderisch zu reden (βλάσφημος κτλ I 6,4; II 3,2; T 3,2; διάβολος I 3,11; II 3,3; T 2,3). All das ist auch enthalten in εὐσέβεια κτλ, das mehrmals in den zugrundegelegten Texten begegnet (I 1,9. 2,2.10. 5,4; T 2,12).

[150] Zur Frage der Interpretation dieser Formulierung: Schulze, KuD 4(1958), 287ff; Lyonnet, VD 45(1967), 3ff; Trummer, Bibl 51(1970), 471ff.

[151] Entsprechend dem allgemeinen Charakter der Pflichtenlehren und analog der Verwendung in I 3,11 und T 2,10 (πίστις) erscheint mir (entgegen den meisten Auslegern) das Verständnis von πιστός als „treu" anstatt „gläubig" angemessener zu sein.

gen dabei ziemlich dieselben. Die Rolle der Frau wird vor allem in drei Bereichen gesehen:

1. ihr Verhältnis zum Mann (I 5,9 ἑνὸς ἀνδρὸς γυνή; φίλανδρος T 2,4): dabei wird vom Verheiratetsein der Frau mehr oder weniger als Selbstverständlichkeit ausgegangen (γαμεῖν I 5,14); das Verhältnis der Frau zum Mann ist das der Unterordnung (T 2,5; οὐδὲ αὐθεντεῖν ἀνδρός I 2,12).

2. ihre Aufgabe als Mutter: das Kindergebären wird geradezu als die Aufgabe der Frau schlechthin angesehen (I 2,15 vgl τεκνογονεῖν I 5,14); die gleiche Rolle der Frau ist im Blick, wenn vom τεκνοτροφεῖν (I 5,10) die Rede ist oder von den Frauen erwartet wird, daß sie φιλότεκνοι sind (T 2,4).

3. ihre Aufgabe als Hausfrau: sie hat den Haushalt unter sich, ihre Rolle kann daher als οἰκοδεσποτεῖν (I 5,14) beschrieben werden; auf die gleiche Funktion bezieht sich οἰκουργός (T 2,5); mit dem Ausdruck προνοεῖν τῶν ἰδίων καὶ μάλιστα οἰκείων (I 5,8) wird auf die Aufgabe der Fürsorge für die zum Haus gehörenden Personen Bezug genommen.

Kinder: Von den Kindern ist selbständig nicht die Rede, sondern nur im Zusammenhang mit den ihnen übergeordneten Personen. Daher erscheint auch die Unterordnung als Hauptkennzeichen ihrer Rolle (I 3,4; T 1,6 vgl I 3,12), wobei jeweils in erster Linie an den Vater als Bezugsperson gedacht ist. Im übrigen wird von den Kindern Treue und ordentliches Verhalten erwartet (T 1,6).

Sklaven: Ihre Stellung ist klar die der Unterordnung (T 1,9) gegenüber dem Hausherrn, da ihre Funktion als δοῦλοι eben die des δουλεύειν (I 6,2) ist. Besonderer Ton wird dabei auf den Respekt gegenüber dem δεσπότης gelegt (I 6,1f), dem nicht widersprochen werden darf (T 2,10). Treue und Zuverlässigkeit in jeder Hinsicht macht sie für ihren Herrn zu brauchbaren Sklaven (T 2,10).

Die (2.) Frage, in welchem Bezug die Funktionen der Amtsträger und das Verhalten der Gemeindeglieder zur Ordnung der Hausgemeinschaft stehen, ist allein aufgrund des Textmaterials der Past nicht zu beantworten. Die direkten Analogien wurden bereits genannt. Zur Klärung der Frage ist auf den Gebrauch der verwendeten Terminologie im allgemeinen Sprachgebrauch einzugehen. Im Zusammenhang damit aber ist zuvor zu klären, in welcher Relation die Aussagen der Past über Hausgemeinschaft zu der in der Umwelt üblichen Vorstellung und Redeweise stehen. Denn nur, wenn hier

Übereinstimmung besteht, sind dann auch Folgerungen für die in den Past verwendete „Amtsterminologie" erlaubt.

[*Exkurs 6: Haus und Familie in der Umwelt der Pastoralbriefe*[152]

Das soziale Gefüge der Hausgemeinschaft ist ein grundlegender Faktor in der ganzen antiken Welt. Dabei gibt es zwar Modifikationen, wenn man Griechenland, Rom und Judentum vergleicht, aber im wesentlichen besteht doch Gemeinsamkeit. Terminus für die Hausgemeinschaft ist das Wort οἶκος im übertragenen Sinn, aber auch οἰκία, im Lateinischen familia. Zur Hausgemeinschaft gehören der Hausherr, die Frau und die Kinder, aber auch die Sklaven — wenn auch deren Zugehörigkeit offensichtlich nicht generell gilt (vgl Leonhard, PW VI 1981f; Gaudemet, RAC VII 304.308.313.321.336; Horst, RGG³ II 865f; Strobel, ZNW 56 (1965), 91ff). Die Hausgemeinschaft fungiert als Kult- und Lebensgemeinschaft, ist rechtlich autonom und nach außen hin souverän.

1. Bestimmend ist die patriarchalische Struktur: der *Vater* ist Herr des Hauses (δεσπότης τῆς οἰκίας Plat Leg VII 808 B. XII 954 B; davon: οἰκοδεσπότης). Der Hausherr hat volle Verantwortung und ist alleiniger Inhaber von Rechten. Seine Vorrangstellung wird verschieden ausgedrückt: προιστάναι τοῦ οἴκου (LXX: 2Sam 13,17; Prov 23,5; Am 6,10; vgl προεστηκὼς τῆς συνοικίας PPetr III 73⁴ zit: M-M s.v. προιστάναι); ἡγεμονία (Plut Praec Coniug 11 = Mor 139D; vgl Xen Oec VII 39); οἰκονομικὴ μοναρχία (Aristot Pol 1,7. 1255b 19). Die Funktion des Hausherrn als Herrscher, Gebieter (mitsamt dem Recht zur Bestrafung der Hausinsassen) ist nur die eine Seite; die andere Seite ist die Funktion des Vorsorgens, des Helfens, der Verantwortung für die Glieder der Hausgemeinschaft: ἡ περὶ οἰκίας ἐπιμέλεια (Philo Ebr 91 vgl Jos 37; u.ö.), ἐπιμέλειαι οἰκονομικαί (Aristot Pol

---

[152] Vgl dazu die Artikel über Familie, Frau, Haus, Vater u.ä. in ThW, PW, RAC und RGG; außerdem aus der Literatur: Schneider, Kulturgeschichte des Hellenismus (1967); Marquardt, Das Privatleben der Römer (1964); Jaeger, Paideia (1934ff); Burck, Die Frau in der griechisch-römischen Antike (1969); Leipoldt, Die Frau in der antiken Welt und im Urchristentum (1954); Goessler, Plutarchs Gedanken über die Ehe (1962); Kehnscherper, Die Stellung der Bibel und der Alten christlichen Kirche zur Sklaverei (1957); speziell zum Begriff οἶκος : Weigand, NovTest 6(1963), 49ff und Strobel, ZNW 56(1965), 91ff. — Der Exkurs führt sachlich nicht über die angegebene Literatur hinaus. Doch finden sich die zusammengestellten Aussagen in der Literatur nur verstreut, auch sind die jeweiligen Angaben meist wenig ergiebig im Blick auf das hier interessierende sprachliche Material.

4,15.1299a 20); im Blick auf einzelne Personen: προνοεῖν τῶν παίδων (Xen Cyrop 8,1,1), ἐπιμέλεια γυναικός (Philo Poster C 181).

Die Gewalt über die Kinder haben zwar beide Elternteile (Plat Leg III 690A; Philo Spec Leg II 227.233), aber in erster Linie zählt doch die Autorität des Vaters. Er ist der Verantwortliche für die Erziehung der Kinder (primär der Söhne), indem er die Erziehung selbst in die Hand nimmt oder einen Lehrer bestellt. Funktionen der Väter gegenüber den Kindern sind zB: παιδεύειν (Plut Lib Educ 7 = Mor 5B; Xen Oec VII 12; Plat Hi I 283D), διδάσκειν (Plut aaO 16 = Mor 12C; Plat Men 94C), σωφρονίζειν (Plut aaO 16 = Mor 12C) u.a. Wesentlich ist das gute Beispiel, das der Vater durch sein Verhalten zu geben hat: τοὺς πατέρας ... αὐτοὺς παράδειγμα τοῖς τέκνοις παρέχειν (Plut aaO 20 = Mor 14A; vgl Mor 12C); vgl Ditt, Or 383,212 (zit M-M s.v. τύπος): τύπον εὐσεβείας.

Die Auffassung vom Vater bzw Hausherrn hatte vielfachen Einfluß auf das politische Leben. So werden politische Funktionen analog der Hausherrnfunktion gesehen, wird die πόλις mit dem οἶκος parallelisiert: πόλις μὲν οἶκος μέγας, πολιτεία δὲ κοινή τις οἰκονομία (Philo Jos 38; ähnlicher Vergleich bzw Nebeneinanderstellung von πόλις und οἶκος: Plat Gorg 520E, Leg VII 796D; Xen Mem 4,1,2 vgl Cyrop 1,6,12). Die Fähigkeit, ein politisches Amt zu bekleiden, setzt die Bewährung im eigenen Haus voraus: ὁ γὰρ κακῶς διανοηθεὶς περὶ τῶν οἰκείων οὐδέποτε καλῶς βουλεύσεται περὶ τῶν ἀλλοτρίων (Ps-Isocr Demon 35; vgl Isocr Nicocl 19; Plut Praec Coniug 43 = Mor 144C; weitere Beispiele siehe Dib-Conz 43f). Die Funktionen politischer Ämter können mit der gleichen Terminologie wie die des Hausvaters beschrieben werden, zB Philo Ebr 91: ἡ περὶ πόλιν καὶ ἡ περὶ οἰκίας ἐπιμέλεια (vgl Aristot Pol 4,15. 1299a 20ff). Gebräuchlich ist die Redeweise von προεστῶτες τῆς πολιτείας (Plut Mor 304A), τῆς κώμης (PRyl II 122⁶: zit M-M s.v. προιστάναι, dort weitere Belege) oder von einem προεστὼς πόλεως (Plat Ep VII 351B vgl Lach 197D; vgl Philo Poster C 181: πόλεως προστασία). Auch der Doppelaspekt von Vorrangstellung und Fürsorge wird ausgedrückt: οἱ φάσκοντες προεστάναι τῆς πόλεως καὶ ἐπιμελεῖσθαι (Plat Gorg 520A; vgl Philo Praem Poen 77: ὁ τοῦ ἔθνους ἐπιμελητὴς καὶ προστάτης). Ausgangspunkt solcher Parallelisierungen von οἶκος und πόλις ist wohl, daß die Hausgemeinschaft als die grundlegende Gemeinschaftsform angesehen wird, vgl Aristot Eth Nic 8,14. 1162a 18f: πρότερον καὶ ἀναγκότερον οἰκία πόλεως.

2. In der Hausgemeinschaft hat die zweite Stelle nach dem Hausherrn seine *Frau* inne. Sie ist aber rechtsunfähig (wenngleich abgestuft ge-

genüber Kindern und Sklaven) und klar dem Mann untergeordnet. Im allgemeinen Sprachgebrauch wird daher wie in bezug auf Kinder und Sklaven vom ὑποτάσσεσθαι der Frau gesprochen (Plut Praec Coniug 33 = Mor 142E). Dem Ehemann als dem προιστάμενος (BGU IV 1105,5f: zit ThW VI 701) soll die Frau gehorchen (PTebt I 104¹⁴: zit M-M s.v. πειθαρχεῖν).

Während die römische Frau mehr Freizügigkeit hatte, war die Frau in Griechenland, aber auch im Judentum, stärker ans Haus gebunden, zT überhaupt auf den Aufenthalt im Frauengemach beschränkt. Ohne den Mann soll die Frau nicht in Erscheinung treten, sondern das Haus hüten (οἰκουρεῖν Plut Praec Coniug 9 = Mor 139C). Das Wort οἰκουρός ist Charakteristikum für das Leben der Frau: ἀγωγὴν οἰκουρὸν καὶ ὕπανδρον (Diodor Exc p 520,38: zit Thesaurus s.v.; vgl Philo Exsecr 139: οἰκουροὺς καὶ φιλάνδρους; Soranus p 18,2 v.l.: οἰκουργὸν καὶ καθέδριον διάγειν βίον zit Bauer, WB s.v. οἰκουργός). Nicht nur soll die Frau nicht alleine öffentlich auftreten, sondern auch in Begleitung ihres Mannes nicht reden (Plut aaO 31 = Mor 142D), vielmehr ziemt der Frau σιωπή (vgl Soph Ajax 293: σιγή): δεῖ γὰρ ἢ πρὸς τὸν ἄνδρα λαλεῖν ἢ διὰ τοῦ ἀνδρός (Plut aaO 32 = Mor 142D).

Der Aufgabenbereich der Frau umfaßt zweierlei: 1. Wie ein Hauptaspekt der Ehe die Sicherung der Nachkommenschaft ist, so eine Hauptaufgabe der Frau, Kinder zu gebären und aufzuziehen (zur Auffassung von der Ehe: Burck, Frau 26; Leipoldt, Frau 58f. 100ff). Die Frau soll selbst die Säuglinge nähren: τέκνα τρέφειν (Plut Lib Educ 5 = Mor 3c), vgl παιδοτρόφος (Dio Cassius 56,3,3: neben σώφρων, οἰκουρός, οἰκονόμος), und soll für die kleinen Kinder sorgen (ἐπιμέλεια Plut aaO 3 = Mor 3C; vgl POxy IV 744⁶: zit M-M s.v. ἐπιμελεῖσθαι). Insgesamt gesehen ist die φιλοτεκνία das Kennzeichen einer guten Frau und Mutter (Plut aaO 20 = Mor 14B). 2. Der Frau untersteht die Leitung des Haushaltes, worin sie Anteil an der Hausherrnfunktion des Mannes hat, aber doch in einem anderen Bereich (Aristot Pol 3,4. 1277b 24f: Mann: κτᾶσθαι, Frau: φυλάττειν). Ihr untersteht die Hauswirtschaft im engeren Sinn, wozu die Fürsorge für die Familie gehört; ggf hat sie die Aufsicht über Sklavinnen. Analog dem Mann als κύριος καὶ οἰκοδεσπότης kann die Frau κυρία καὶ οἰκοδέσποινα heißen (Plut Quaest Rom 30 = Mor 271E vgl Praec Coniug 27 = Mor 141F u.ö.).

Die nötigen Kenntnisse bringt die junge Frau von zu Hause, von den Eltern mit (Xen Oec VII 4 u. 14). Aber auch der Mann nimmt gegenüber seiner Frau eine Erziehungsfunktion wahr und führt sie in ihre Aufgaben ein (Xen Oec VII 7: ἐπαίδευσας τὴν γυναῖκα κτλ; aaO 8: der Mann als διδάσκων, seine Frau als μανθάνουσα). In hellenistischer Zeit und in der Kaiserzeit wird auch die allgemeine Bildung der Frau betont (Thraede, RAC VIII 203.210.222). Aber auch da bleibt die Frau auf Vermittlung der Bildung durch ihren Mann angewiesen: κοινωνεῖν παιδείας τοῖς ἀνδράσιν (Plut Praec Coniug 47 = Mor 145E), und der Mann ist seiner Frau διδάσκαλος oder θάλαμος διδασκαλεῖος (aaO 47 = Mor 145C u. A).

3. Die *Kinder* unterstehen rechtlich der Verfügungsgewalt des Vaters, aber faktisch verteilt sich die Verantwortung für die Kinder auf beide Eltern, so daß im Bezug auf Vater (Philo Migr Abr 193) wie Mutter (Plut Lib Educ 5 = Mor 3C; POxy 744.7: zit M-M s.v. παιδίον) von ἐπιμέλεια für die Kinder gesprochen werden kann. Entsprechend ist vom Verhalten der Kinder gegen beide Eltern die Rede. Zwar wird der Gehorsam gegen den Vater betont (πειθαρχεῖν πατρί Soph Trachin 1178), und dem Vater soll nicht widersprochen werden (vgl POxy VIII 1148.5ff: ἀντιλέγειν τῷ πατρί, zit M-M s.v. ἀντιλέγειν), aber das Gebot, die Eltern zu ehren, richtet sich auf beide (Philo Spec Leg III 21; vgl Plut Lib Educ 10 = Mor 7E; PsIsocr Demon 16; Plat Leg XI 932A). Die Kinder stehen in Verpflichtung gegen beide Eltern (vgl POxy VIII 1121.11: zit M-M s.v. γονεῖς), vor allem im Blick auf deren Lebensunterhalt.

Beide Eltern sind — wenn auch in verschiedener Weise — für die Erziehung der Kinder zuständig: die Mutter für die kleinen Kinder und weiterhin für die Töchter, der Vater (bzw ein Lehrer) für die Söhne. Vor allem im Judentum wird die religiöse Erziehungsaufgabe des Vaters gegenüber dem Sohn betont. Im Rahmen der Erziehung wird großer Wert gelegt auf das Vorbild der Eltern und Erzieher (vgl außer den oben zitierten Texten: Xen Oec XII 18; Ps-Isocr Demon 11). Zu den Inhalten der Erziehung gehört vor allem die individuelle Tugendhaftigkeit (wie T 1,6 — ἀσωτία — betont zB Plut Lib Educ 9 = Mor 6B, daß die Heranwachsenden nicht ἄσωτοι καὶ φιλήδονοι sein sollen) und das rechte Verhalten in den verschiedenen Bezügen des Lebens (vgl zB die Aufzählung bei Plut Lib Educ 10 = Mor 7E).

4. Völlig rechtlose Gruppe in der Hausgemeinschaft sind die *Sklaven,* die juristisch als Sachen und nicht als Personen gelten. Zu unterscheiden ist zwischen Landsklaven (auf großen Latifundien) und Stadtsklaven, die überwiegend zu Kleinbetrieben von Handwerkern und Gewerbetreibenden gehörten, zu deren Hausgemeinschaft sie zählten (Kehnscherper, Stellung zur Sklaverei 100ff: gilt für die in der urchristlichen Literatur angesprochenen Sklaven). Die strikte und

ungefragte Unterordnung (ἄκοντες τοῖς δεσπόταις ὑπηρέτουσι Xen Cyrop 8,1,4) galt in jedem Fall. Widerspruch (ἀντιλέγειν) gegen den Herrn durfte es nicht geben (Aristot Rhet 2,3. 1380a 16f). Verlangt waren Gehorsam und Zuverlässigkeit (PLond 251.14: δούλους πιστοὺς καὶ ἀδράστους, zit Bauer, WB s.v. πιστός).]

Als *Folgerungen* aus dem Exkurs sind festzuhalten:

1. Nicht nur besteht sachliche Übereinstimmung mit den Aussagen der Past über die Hausgemeinschaft, sondern diese Aussagen bewegen sich auch in üblichem Sprachgebrauch, so daß dies auch für die in 2.23 zu untersuchende Terminologie vorausgesetzt werden kann.

2. Von besonderer Relevanz ist der aufgezeigte Vergleich der πόλις mit dem οἶκος als der grundlegenden Gemeinschaftsform sowie die entsprechende Parallelisierung von Hausvaterfunktion und Funktion im öffentlichen Amt.

2.23 Amt und Gemeinde im Rahmen der Hausgemeinschafts-Vorstellung

Ziel dieses Abschnitts ist zu prüfen, ob das zur Bezeichnung von Funktionen und Verhaltensweisen der Amtsträger bzw der Gemeinde verwendete Vokabular[153] eine besondere Beziehung zur Ordnung der Hausgemeinschaft erkennen läßt. Für die Funktionen der „Amtsträger" wird nach 2.11 die auf Timotheus, Titus, Episkopos und Presbyter bezogene Terminologie zugrundegelegt.

2.23.1   Funktionen der Amtsträger

2.23.11   Autoritative Terminologie[154]

Vier Termini sind als generelle Merkmale der Amtsausübung in Past anzusehen: προΐστασθαι (I 3,5. 5,17), ἐπιμελεῖσθαι (I 3,5), παραγ-

---

[153] Vgl dazu die Wörterbücher sowie die Artikel im ThW (allerdings werden dort nicht alle in Frage kommenden Wörter behandelt); zu einem Großteil des Vokabulars vgl Spicq, Theologie morale II 567ff.

[154] Der Vollständigkeit halber sind hier einige Verben dieser Gruppe zu nennen, die aber nicht generell für den Amtsträger gelten. 1. Nur im Munde des „Paulus" begegnen: βούλομαι (I 2,8. 5,14; T 3,8; in anderem Zusammenhang I 6,9) διατάσσομαι (T 1,5) und ἐπιτρέπω (I 2,12). Alle drei Begriffe werden auf Willenskundgebungen und Anordnungen von Autoritäten angewandt: zB βούλομαι begegnet bei gesetzgeberischen Maßnahmen (Stellen Dib-Conz 60; vgl Plat Symp 184A, Philo Spec Leg II 132), auch in testamentarischen Verfügungen (Stellen bei Simon, ZSavRG Rom Abt 82(1965), 65); noch stärker ist der Anordnungscharakter bei διατάσσειν betont, zB auf die Anweisungen von Herrschern (Plat Resp V 458B), von Gesetzen (Plat Leg V 746E. VI 764B) oder des Vaters

γέλλειν (I 1,3. 4,11. 5,7. 6,13.17), ἐπιταγή (T 2,15). Die gebräuch-
liche Verwendung der beiden erstgenannten Termini im Zusammenhang der Hausgemeinschaft wurde im Exkurs aufgezeigt. προίστασθαι
bezeichnet die Funktion des an der Spitze einer Gemeinschaft Stehenden. Vereine kennen den Titel eines προστάτης [155]. προίστασθαι
kann parallel zu ἄρχειν stehen [156], womit auf das in dieser Funktion
liegende Herrschaftsmotiv hingewiesen ist. Die Stellung impliziert zugleich die Verantwortung für die betreffende Gemeinschaft. προίστασθαι τῆς πόλεως schließt zum Beispiel ein: διαφυλάττειν und ἐπιμελεῖσθαι im Blick auf die Stadt [157]. Der in I 3,5 neben προίστασθαι
stehende Begriff ἐπιμελεῖσθαι gehört also offensichtlich wesentlich
in die Funktion des an der Spitze Stehenden mit hinein. Auch das
Nebeneinander von ἄρχειν und ἐπιμελεῖσθαι [158] zeigt dies: dem an
der Spitze einer Gemeinschaft Stehenden ist damit die verantwortliche Sorge für diese übertragen [159].

Die beiden anderen Begriffe drücken die mit der leitenden Stellung
verbundene Befugnis zu Anordnungen aus, kennzeichnen also die
Ausübung der verliehenen Autorität. Die Anordnungen verschiedener Autoritäten [160] werden mit παραγγέλλειν beschrieben, zB ἄρχοντες, νομοθέτης, νόμος, βασιλεύς [161], aber auch Anweisungen des Vaters an seine Kinder [162]. Das gegenüber solchen Anordnungen und
Weisungen erwartete Verhalten ist Gehorsam: πειθαρχεῖν [163]. Glei-

---

(Philo Poster C 146) bezogen; ἐπιτρέπειν hier: „gestatten, erlauben" (vgl Plat
Euthyd 307B: τῷ υἱεῖ). Die Verwendung der drei Begriffe nur für „Pls" betont
das Gewicht seiner Anordnungen als verbindlich, mit dem Aspekt testamentari-
scher Verfügung für die Kirche (zur Sache: Knoch, Testamente). 2. Zwei auf
Titus bezogene Funktionen lassen sich nicht verallgemeinern: ἐπιδιορθοῦν und
καθιστάναι (T 1,5). καθιστάναι ist üblicher Terminus für die Einsetzung in jede
Art von Amt oder Stellung (im gesellschaftlich-politischen Bereich wie dann
auch im kirchlichen Bereich, vgl Oepke, ThW III 447; Apg 6,3; 1Clem 42,5.
54,2), erlaubt daher nicht die weitreichenden Folgerungen von Roloff 267
Anm 122 (Zusammenhang mit Lk 12,42—44).
[155] Reumann, JBL 77(1958), 347.
[156] Plat Resp IV 428E: τῷ προεστῶτι καὶ ἄρχοντι.
[157] Thuk 2,65: διαφυλάττειν; Plat Gorg 520A: ἐπιμελεῖσθαι.
[158] Plat Resp I 353D.
[159] Zum Aspekt der Verantwortung in ἐπιμελεῖσθαι vgl Plat Gorg 485E:
ὅτι ἀμελεῖς ... ὧν δεῖ σε ἐπιμελεῖσθαι.
[160] Vgl Bauer, WB s.v.: „von Respektspersonen aller Art."
[161] ἄρχοντες Plat Leg VI 764A; Aristot Pol 4,14. 1298a18. νομοθέτης Plat Resp
IV 429C; Philo Spec Leg II 239. νόμος (νόμοι) Philo Spec Leg II 82. Praem Poen
82 (παράγγελμα). βασιλεύς 3Kön 12,6 AB.
[162] Test Jud 21,1 (v.l.), Zeb 5,1 (v.l.).
[163] POxy XII 1411.16: εἰ μὴ πειθαρχήσιαν τῇδε τ[ῇ παρ]αγγελίᾳ, πειραθήσονται.

ches Verhalten, also Gehorsam, Unterordnung ($\pi\epsilon\iota\vartheta\alpha\rho\chi\epsilon\tilde{\iota}\nu$, $\pi\epsilon\acute{\iota}\vartheta\epsilon$-$\sigma\vartheta\alpha\iota$, $\acute{\upsilon}\pi\eta\rho\epsilon\tau\epsilon\tilde{\iota}\nu$)[164] gilt auch gegenüber der mit $\acute{\epsilon}\pi\iota\tau\alpha\gamma\acute{\eta}$ bzw. $\acute{\epsilon}\pi\iota\tau\acute{\alpha}\tau$-$\tau\epsilon\iota\nu$ bezeichneten Befehlsbefugnis. Auch hier können Autoritäten aller Art das gebietende Subjekt sein: $\beta\alpha\sigma\iota\lambda\epsilon\acute{\upsilon}\varsigma$, $\acute{\alpha}\rho\chi\alpha\acute{\iota}$, $\nu\acute{o}\mu o\varsigma$[165], der $\delta\epsilon\sigma\pi\acute{o}\tau\eta\varsigma$ gegenüber dem Sklaven[166], der Vater gegenüber den Kindern[167]. Der befehlsmäßige, definitive Charakter, den das Wort $\acute{\epsilon}\pi\iota$-$\tau\alpha\gamma\acute{\eta}$ hat, wird bei Paulus deutlich: indem er bei bestimmten Weisungen betont, sie seien keine $\acute{\epsilon}\pi\iota\tau\alpha\gamma\acute{\eta}$ (1Kor 7,6; 2Kor 8,8); nur im Zusammenhang mit Gott (Röm 16,26) bzw dem $\kappa\acute{\upsilon}\rho\iota o\varsigma$ (1Kor 7,25), redet er von $\acute{\epsilon}\pi\iota\tau\alpha\gamma\acute{\eta}$. Past haben diesen auf Gott bezogenen Sprachgebrauch auch (I 1,1; T 1,3). Daß der gleiche Begriff auch die Befugnis des Amtsträgers bezeichnet, zeigt — wenn man zudem noch die anderen hier genannten Begriffe einbezieht — die Autorität, die dem Amtsträger in der Gemeinde zugesprochen wird[168].

2.23.12 Terminologie der Verkündigung und Lehre

Während die autoritative Terminologie mehr die Stellung des Amtsträgers verdeutlicht, beschreibt eine größere Gruppe von Verben die Lehr- und Verkündigungstätigkeit[169] der Amtsträger.

Zwei Begriffe der gebräuchlichen urchristlichen Verkündigungsterminologie werden aufgegriffen: $\kappa\eta\rho\acute{\upsilon}\sigma\sigma\epsilon\iota\nu$ (II 4,2) und $\epsilon\grave{\upsilon}\alpha\gamma\gamma\epsilon\lambda\acute{\iota}\zeta\epsilon$-$\sigma\vartheta\alpha\iota$ in der Formulierung $\acute{\epsilon}\rho\gamma o\nu$ $\epsilon\grave{\upsilon}\alpha\gamma\gamma\epsilon\lambda\iota\sigma\tau o\tilde{\upsilon}$ $\pi o\iota\epsilon\tilde{\iota}\nu$ (II 4,5). Dazu treten einige allgemeinere Begriffe, für die kein technischer Gebrauch erkennbar ist: $\lambda\alpha\lambda\epsilon\tilde{\iota}\nu$ (T 2,1.15); das bei hellenistischen Schriftstellern, zB Plutarch, verwendete $\delta\iota\alpha\beta\epsilon\beta\alpha\iota o\tilde{\upsilon}\sigma\vartheta\alpha\iota$, worin eine gewisse Nachdrücklichkeit des Redens zum Ausdruck kommt; schließlich die Wendung $\acute{o}\rho\vartheta o\tau o\mu\epsilon\tilde{\iota}\nu$ $\tau\grave{o}\nu$ $\lambda\acute{o}\gamma o\nu$ $\tau\tilde{\eta}\varsigma$ $\acute{\alpha}\lambda\eta\vartheta\epsilon\acute{\iota}\alpha\varsigma$, womit das geradlinige Ausrichten der rechten Verkündigung bezeichnet wird[170].

---

[164] $\pi\epsilon\iota\vartheta\alpha\rho\chi\epsilon\tilde{\iota}\nu$ $\tau o\tilde{\iota}\varsigma$ $\acute{\epsilon}\pi\iota\tau\acute{\alpha}\gamma\mu\alpha\sigma\iota$ (des Mannes) Philo Op Mund 167. $\pi\epsilon\acute{\iota}\vartheta\epsilon\sigma\vartheta\alpha\iota$ $\tau\tilde{\wp}$ $\acute{\epsilon}\pi\iota\tau\acute{\alpha}\gamma\mu\alpha\tau\iota$ Plat Tim 70A. $\acute{\upsilon}\pi\eta\rho\epsilon\tau\epsilon\tilde{\iota}\nu$ Sap 19,6.
[165] $\beta\alpha\sigma\iota\lambda\epsilon\acute{\upsilon}\varsigma$ 1Es 1,18; 3Makk 7,20. $\acute{\alpha}\rho\chi\alpha\acute{\iota}$ Aristot Pol 4,15. 1299a27. $\nu\acute{o}\mu o\varsigma$ 1Es 5,51.
[166] Aristot Eth Nic 5,12. 1136b31 $\acute{o}$ $o\grave{\iota}\kappa\acute{\epsilon}\tau\eta\varsigma$ $\pi o\iota\epsilon\tilde{\iota}$ $\acute{\epsilon}\pi\iota\tau\acute{\alpha}\xi\alpha\nu\tau o\varsigma$ $\tau o\tilde{\upsilon}$ $\delta\epsilon\sigma\pi\acute{o}\tau o\upsilon$.
[167] $\acute{\epsilon}\pi\acute{\iota}\tau\alpha\gamma\mu\alpha$ $\tau o\tilde{\upsilon}$ $\pi\alpha\tau\rho\acute{o}\varsigma$ Philo Ebr 64 vgl Omn Prob Lib 36; $\acute{\epsilon}\pi\iota\tau\acute{\alpha}\sigma\sigma\epsilon\iota\nu$ $\tau o\tilde{\iota}\varsigma$ $\upsilon\grave{\iota}o\tilde{\iota}\varsigma$ Gen 49,33 vgl Bel 14; Philo Mut Nom 226.
[168] Da $\acute{\epsilon}\pi\iota\sigma\tau\acute{\alpha}\tau\eta\varsigma$ Bezeichnung für Aufseher, Lehrer o.ä. ist (Oepke, ThW II 619f), könnte auch bei $\acute{\epsilon}\pi\acute{\iota}\sigma\tau\eta\vartheta\iota$ (II 4,2) das Moment des autoritativen Auftretens betont sein.
[169] Vgl die Zusammenstellung bei Schlier, Ordnung 139 (nur verbale, nicht nominale Ausdrücke wie $\nu o\upsilon\vartheta\epsilon\sigma\acute{\iota}\alpha$ u.a.).
[170] Die Bedeutung von $\acute{o}\rho\vartheta o\tau o\mu\epsilon\tilde{\iota}\nu$ ist nicht eindeutig. Vgl Bauer, WB s.v.; Köster, ThW VIII 112f.

Den größten Umfang nehmen Verben ein, deren Verwendung dem Bereich von Lehre und Erziehung entstammt. Dazu gehören: διαμαρτύρεσθαι, διδάσκειν, ἐλέγχειν, ἐπανόρθωσις, ἐπιτιμᾶν, νουθεσία, παιδεύειν, παρακαλεῖν, ὑπομιμνῄσκειν, ὑποτίθεσθαι. Die Zusammengehörigkeit dieser Begriffe zu einem Wortfeld zeigt sich an der gelegentlichen Parallelisierung jeweils einiger dieser Begriffe. Das gilt für fast alle der genannten Termini, wie die folgenden Beispiele zeigen: διδάσκειν καὶ ἐλέγχειν (Plato Leg V 727D), ἔλεγχος καὶ παιδεία (Prov 6,23; Philo Rer Div Her 77), ἐλέγχειν καὶ παιδεύειν καὶ διδάσκειν (Sir 18,13); ἐπανόρθωσις νουθεσίας (Philo Decal 174); ἐπιτιμῶν, νουθετῶν, σωφρονίζων stehen nebeneinander Philo Jos 73; παιδεία καὶ νουθεσία (Eph 6,4), νουθετεῖν καὶ παιδεύειν (Philo Spec Leg IV 96), νουθετεῖν neben διδάσκειν (Plato, Prot 323D vgl Pol III 399B; Philo, Decal 87; Plut Mor 46B; Kol 1,28. 3,16), νουθέτησις neben ἐπιτίμησις und παράκλησις (Aristot Eth Nic 1,13. 1102b 34); παρακαλεῖν neben διαμαρτύρεσθαι (Apg 2,40); ὑπομιμνῄσκειν neben διδάσκειν (Test Lev 9,6f), verbunden mit νουθετεῖν (Sap 12,1); ὑποτίθεσθαι parallel verwendet zu διδάσκειν (Plut Mor 798B).

Die Beispiele zeigen nicht zufällig, daß παιδεύειν und διδάσκειν der Häufigkeit nach an erster Stelle stehen[171] im Rahmen dieses Begriffsfeldes, den anderen Begriffen gewissermaßen übergeordnet sind. Dem entspricht für Past die Feststellung, daß διδάσκειν und seine Ableitungen (διδασκαλία u.a.) innerhalb der Verkündigungsterminologie im Vordergrund stehen. Für παιδεύειν gilt dies nicht in gleicher Weise. Aber immerhin erscheint an wesentlicher Stelle, nämlich einem kerygmatischen Abschnitt, der Begriff der χάρις παιδεύουσα (T 2,11f); und in II 3,16 ist in Verbindung mit διδασκαλία, ἐλεγμός und ἐπανόρθωσις gewissermaßen als Oberbegriff von der παιδεία ἐν δικαιοσύνῃ die Rede. Das führt zu dem Schluß, daß die in Past verwendete Terminologie offensichtlich bewußt dem Sprachgebrauch für Lehre und Erziehung entnommen ist.

Wie in Exkurs 6 ausgeführt, haben Erziehung und Belehrung ihren primären Sitz in der Familie, im Verhältnis der Eltern zu den Kindern, vor allem aber des Vaters zu seinen Kindern. Die obengenannte Terminologie läßt das in ihrer Verwendung deutlich erkennen. Nur einige Beispiele sollen das zeigen (wobei auch hier wieder für παι-

---

[171] Das würde noch auffälliger durch weitere Beispiele, die hier jedoch nicht alle aufgeführt werden können. Vgl dazu die verschiedenen Konkordanzen und Indizes unter den betr Stichworten.

δεύειν und διδάσκειν die meisten Beispiele angeführt werden könnten):

οὐκ ἐδιδάξατό (= lehren lassen) σε ὁ πατὴρ καὶ ἐπαίδευσεν ἅπερ ... (Plato Theag 122E); ταῦτα ... ἐδίδαξε τοὺς παῖδας τοὺς αὐτοῦ (Plato Men 94C)[172]; ἐπετίμησεν αὐτῷ ὁ πατὴρ αὐτοῦ (Gen 37,10); νουθετητέον τοὺς δούλους, τοὺς παῖδας (Aristot Pol 1,13. 1260b 6)[173]; βέλτιον ἂν παιδεύσειαν τοὺς αὐτῶν παῖδας (Plato Hipp I 283D); παίδευε υἱόν σου (Prov 19,18)[174]; παρεκάλεσέ με ὁ πατήρ μου (Test Rub 4,4).

Einige Beispiele, vor allem im biblischen Bereich, machen deutlich, daß man sich bei der Verwendung solcher Terminologie ihres „Sitzes" im Bereich der Familie durchaus bewußt ist: ὡς εἴ τις ἄνθρωπος παιδεύσῃ τὸν υἱὸν αὐτοῦ (Dtn 8,5 AR); τούτους ὡς πατὴρ νουθετῶν (Sap 11,10); ὡς τέκνα μου ἀγαπητὰ νουθετῶν (1Kor 4,14); ὡς πατὴρ τέκνα ἑαυτοῦ παρακαλοῦντες ὑμᾶς (1Thess 2,12). Ähnlich auch zu μανθάνειν (als der Entsprechung zu διδάσκειν): ὡς ἄφρων καὶ νήπιος παῖς ἔμαθον (Philo Rer Div Her 73). Hier wird also bewußt darauf reflektiert, daß bei der Verwendung solcher Ausdrucksweise an das Modell Vater-Sohn (bzw Lehrer-Schüler) unter dem Aspekt der Erziehung und Belehrung gedacht ist. Die vorherrschende Verwendung solcher Terminologie in Past zur Bezeichnung der Amtstätigkeiten läßt also die Funktion des Amtsträgers in eben diesem Bereich erscheinen: wie der Hausvater oder der Lehrer gegenüber den Kindern hat er gegenüber den Gemeindegliedern die Aufgabe der Belehrung und Erziehung.

Die zur Verdeutlichung gesondert behandelte autoritative Terminologie ist von diesem Hintergrund her eng mit der Lehr- und Erziehungsterminologie zusammenzusehen. Denn die Autoritätsstellung des Lehrenden ist ja die Basis für die Ausübung seiner einzelnen Funktionen. Der Sprachgebrauch läßt verschiedentlich den autoritativen Charakter von Belehrung und Erziehung erkennen, wenn es zB heißen kann: πειθαρχεῖν τῷ διδάσκοντι (Philo Som II 68), ὑπακούειν νουθεσίας (Test Rub 3,8), hier also vom Gehorsam die Rede ist, oder wenn Anordnungen als Gegenstand des Lehrens bzw Ler-

---

172 Zu διδάσκειν in diesem Zshg vgl Aristot Pol 6,7. 1321a24; Plut Cato Mai 20,5 (348A); Dtn 11,19; Sir 30,3; Jer 9,14 (13); Test Lev 13,2; Test B 10,4.
173 Zu νουθετεῖν vgl Philo Spec Leg II 232; Sap 11,10; 1Kor 4,14; Herm 3,1f (Vis I 3).
174 Zu παιδεύειν vgl Plat Ap 24E; Aristot Eth Nic 10,1. 1172a20, Pol 8,3.1338 Herodian 3,10,3; Prov 28,17. 1,8. 4,11 u.ö. (παιδεία πατρός). Sir 42,5 (παιδεία τέκνων). 7,23. 30,2.

nens bezeichnet werden: παράγγελμα ὑποτίθεσθαι (Philo Poster C 12) und παράγγελμα μανθάνειν (Plut Lib Educ 7 = Mor 5C). Entsprechend wird in Past der autoritative Charakter der Lehrfunktion betont, wenn es heißt: ταῦτα λάλει καὶ παρακάλει καὶ ἔλεγχε μετὰ πάσης ἐπιταγῆς (T 2,15)[175]. Auch daran wird das autoritative Moment deutlich, daß παραγγέλλειν mit einem Begriff der Lehrterminologie verbunden wird: Παράγγελλε ταῦτα καὶ δίδασκε (I 4,11).

Wie für den Hausvater der Aspekt des Herrschens und der Fürsorge zusammengehört, so in seiner Erziehungsfunktion Strenge und Milde. So stellt zB Plutarch fest: δεῖ τοὺς πατέρας τὴν τῶν ἐπιτιμημάτων ἀποτομίαν τῇ πραότητι μιγνύναι (Lib Educ 18 = Mor 13D). Und auch andernorts finden diese beiden Aspekte Erwähnung: so bei Philo einerseits νουθεσία mit ἐπίπληξις verbunden (Vit Mos I 98), andererseits πρᾴως νουθετεῖν (Leg Gaj 43 vgl Vit Mos I 328). Beide Aspekte kommen auch in Past ganz deutlich zur Geltung[176]: auf der einen Seite Milde gegenüber den Gemeindegliedern, auch den irrenden − παιδεύειν ἐν πραΰτητι (II 2,25), ἔλεγξον, ἐπιτίμησον, παρακάλεσον ἐν πάσῃ μακροθυμίᾳ (II 4,2), μὴ ἐπιπλήξῃς (I 5,1); auf der anderen Seite aber, wo nötig, Strenge: ἔλεγχε αὐτοὺς ἀποτόμως (T 1,13) − bis hin zu schroffer Abweisung. Solche Abweisung gilt denen, die unbelehrbar sind, bei denen jedes erzieherische Bemühen versagt. Wie aktuell auch solches Verhalten für den Amtsträger der Past ist, zeigt sich daran, daß gleich mehrere Begriffe dafür verwendet werden: ἀποτρέπεσθαι (sich abwenden; II 3,5), ἐπιστομίζειν (zum Schweigen bringen; T 1,11), παραιτεῖσθαι (zurückweisen; T 3,10). Was den Unbelehrbaren und den Irrlehrern gilt, wird zT auch in bezug auf deren Lehren formuliert, die ebenfalls abzuweisen sind (παραιτεῖσθαι I 4,7; II 2,23) und zu meiden (περιίστασθαι II 2,16; T 3,9).

2.23.2 Verhalten der Gemeindeglieder

ἀκούειν und μανθάνειν sind die hauptsächlichen als Entsprechung zu παιδεύειν und διδάσκειν genannten Verhaltensweisen[177]. Auch

---

[175] Vgl Thurian, VC 15(1961), 60 zSt: „avec une autorité entière"; Spicq, Theologie morale II 581 Anm 2.

[176] Es ist darin also kein Widerspruch zu sehen − wie dies gelegentlich in den Kommentaren geschieht −, wenn einmal von Milde, einmal von Strenge die Rede ist.

[177] 1. διδάσκειν καὶ μανθάνειν Plat Leg XI 934E. Phil 16E; Philo Migr Abr 140; Rer Div Her 121 u.ö. μάθησις καὶ διδασκαλία Philo Mut Nom 99; Spec Leg IV 106 u.ö. ἀκούειν parallel zu διδάσκεσθαι Eph 4,21. διδασκαλίαν τὴν δι᾽ ἀκοῆς Philo Conf Ling 72. Zum Nebeneinander von ἀκούειν und μανθάνειν vgl Bauer, WB, s.v. μανθάνειν. − 2. ἀκούειν in Verbindung mit παιδεύειν

in Past sind diese beiden Begriffe an erster Stelle zu nennen: Von der Gemeinde ist als οἱ ἀκούοντες die Rede (I 4,16; II 2,14). μανθάνειν als das dem Lehren adäquate Verhalten wird ebenfalls mehrmals angesprochen (I 2,11; II 3,7.14). Aber auch der weitere Bezug von μανθάνειν nicht nur auf die Lehre, sondern allgemein auf die Erziehung wird angedeutet: wenn einerseits vom μανθάνειν hinsichtlich des Tuns guter Werke die Rede ist (T 3,14), andererseits die Fähigkeit zum guten Werk als Ziel der παιδεία ἐν δικαιοσύνῃ hingestellt wird (II 3,16f)[178].

Entsprechend der im Vollzug von Lehre und Erziehung gegebenen Autoritätsstruktur beinhalten ἀκούειν und μανθάνειν, sich der betreffenden Autorität unterzuordnen. So kann zB Plutarch ἀκούειν in Gegensatz zu κρατεῖν stellen (Praec coniug 6 = Mor 139A). Und ähnlich wird in Past ἀκούειν mit der Respektierung einer Autorität verbunden, wenn im gleichen Abschnitt (I 4,11–16), wo die Gemeinde als οἱ ἀκούοντές σου bezeichnet wird (4,16), es heißt: μηδείς σου καταφρονείτω (4,12). Noch deutlicher wird im Bezug auf μανθάνειν und die Relation zu διδάσκειν geredet. διδάσκειν wird in I 2,12 zu αὐθεντεῖν[179] parallel gesetzt: das Lehren also wird dem Herrschen analog gesehen. Dem wird das μανθάνειν gegenübergestellt und zweifach näher charakterisiert: ἐν ἡσυχίᾳ und ἐν πάσῃ ὑποταγῇ (I 2,11)[180]. Die Position, die der Lernende (bzw hier: die Lernende) in der Gemeinde einzunehmen hat, ist also die der Unterordnung[181]: so wie Kinder unter die Autorität eines Lehrers gestellt werden (ὑπὸ παιδαγωγοῖς τετάχθαι Plut Lib Educ 7 = Mor 4B)[182].

(παιδεία): Prov 1,8. 5,13. 19,20; Sir 23,7. μανθάνειν und παιδεύεσθαι Philo Som 99, vgl Fug 52. παιδεία gegenüber ἀμαθία Philo Abr 24 vgl Democr 185 (Liddell-Scott s.v. παιδεύειν).

[178] Zur Formulierung παιδεία ἐν δικαιοσύνῃ vgl Isokr XII (Panathen) 138.

[179] Zur Bedeutung vgl F. Zucker, αὐθεντής und Ableitungen. αὐθεντής hat in der hellenistischen und Kaiserzeit die doppelte Bedeutungsrichtung „Urheber" (mit Aspekt der Verantwortlichkeit) und „Herr" (mit Aspekt der Autorität). In Past Herm Sim 9,5,6 steht αὐθεντής im Wechsel mit κύριος und δεσπότης. In CGIL wird αὐθεντής mit auctor und pater familias, αὐθέντρια mit mater familias wiedergegeben. Das davon abgeleitete αὐθεντεῖν bedeutet entsprechend: „aus eigener Machtvollkommenheit handeln", „Vollmacht oder Autorität haben" über jmd oder etw; für I 2,12 gibt Zucker an: „herrschen über" (aaO 16ff). Vgl auch Hommes, Calvin Theological Journal 4(1969),16ff.

[180] Vgl Epiktet Diss II 15,15f: μανθάνειν parallel zu πείθεσθαι.

[181] Kähler, Stellung der Frau 155 will die Unterordnung der Frau im Gottesdiennicht im Zusammenhang mit der Unterordnung unter den Mann sehen. Doch die Fortsetzung I 2,13ff zeigt deutlich, daß dieser Zusammenhang vorliegt.

[182] Vgl auch Plut Amatorius (Mor 754D): ἄρχει ... παιδός ὁ διδάσκαλος. Philo Praem Poen 49: τὸν μανθάνοντα πιστεῦσαι δεῖ τῷ διδάσκοντι und die oben bereits zitierte Stelle Som II 68: πειθαρχεῖν τῷ διδάσκοντι.

Die zweite Bestimmung, ἐν ἡσυχίᾳ[183], besagt, daß das Lernen im Schweigen als angemessener Haltung geschehen soll. Kennzeichen des Lernenden ist eben Zuhören, also Schweigen und nicht selbst reden wollen[184].

Diese Näherbestimmungen von μανϑάνειν sind zwar an der betreffenden Stelle (I 2,11) im Blick auf die Frau gemacht. Aber andere Stellen bestätigen der Sache nach, daß dieses Verhalten gegenüber dem lehrenden Amtsträger generell die Auffassung der Past wiedergibt: am deutlichsten, wenn in T 1,9f von ἀντιλέγοντες und ἀνυπότακτοι gesprochen wird. Leute, die dem Lehrenden widersprechen, dh offensichtlich eine andere Meinung äußern, werden also als nicht unterwürfig, widersetzlich bezeichnet. Die Verwendung des (seltenen) Wortes ἀνυπότακτος, bei Epiktet mit ἀδούλευτος parallel gebraucht[185], zeigt wie I 2,11, daß Unterordnung (ὑποταγή) die angemessene, vom Gemeindeglied erwartete Haltung ist.

Wesentliches Merkmal irrender oder falscher Gemeindeglieder ist also aus der Sicht des Amtsträgers dies, daß sie sich nicht unterordnen. ἀντιλέγειν kann parallel zu ἀπειϑεῖν stehen (Jes 50,5. 65,2), läßt also an Ungehorsam denken. Ein anderes Wort in diesem Zusammenhang ist ἀντιδιατίϑεσϑαι (II 2,25)[186] im Sinne von „Widerstand leisten", „sich entgegenstellen", wobei — da kein Objekt genannt ist — wohl auch an den Widerspruch gegen den Lehrenden gedacht ist. Daneben ist auch vom Widerspruch gegen den Gegenstand der Lehre die Rede, womit zwar ein anderes Objekt formuliert, aber das gleiche Verhalten angesprochen wird: ἀνϑίστασϑαι (II 3,8. 4,15) kann parallel stehen zu ἀντειπεῖν (Lk 21,15) oder zu ἀντιτάσσεσϑαι (Röm 13,1f)[187], entspricht also den schon genannten Termini ἀντιλέγειν und ἀνυπότακτος. In Röm 13,1f und Jak 4,7 wird ὑποτάσσεσϑαι ausdrücklich als Gegensatz zu ἀνϑίστασϑαι formuliert. In den Bereich des Widerspruchs gegen die Lehre gehören schließlich noch die

---

[183] Bauer, WB s.v.: ἐν ἡσυχίᾳ = stillschweigend. Der Aspekt der Unterordnung schwingt offensichtlich auch bei ἡσύχιος mit, das in Jes 66,2 neben ταπεινός und τρέμων steht.

[184] Michel, Wurm-Festschr 91 versteht μανϑάνειν als Erfragen durch Lehrgespräch. Aber ἐν ἡσυχίᾳ ist mit solcher Deutung kaum vereinbar.

[185] Epiktet Diss. 2,10,1.

[186] Da διατίϑεσϑαι eine autoritative Verfügung bezeichnet (vgl Bauer, WB s.v.; Behm-Quell, ThW II 105), impliziert ἀντιδιατίϑεσϑαι wohl den Gedanken des Widerstands gegen autoritative Weisungen.

[187] Das Verhalten gegenüber dem Bischof wird mit ἀντιτάσσεσϑαι bezeichnet: Ign Eph 5,3.

Formulierungen: οὐκ ἀνέχεσθαι (II 4,3) und ἀκοὴν ἀποστρέφειν (II 4,3)[188].

Was von der Gemeinde erwartet wird anstelle von Widerspruch und Widersetzlichkeit, ist die volle Respektierung des Amtsträgers in Ausübung seiner Funktion. Das wird deutlich und unüberhörbar gesagt: μηδείς σου τῆς νεότητος καταφρονείτω (I 4,12) und μηδείς σου περιφρονείτω (T 2,15)[189].

2.3 Konsequenzen für Struktur und Verständnis der Gemeinde

2.31 Der Amtsträger in der Rolle des Hausvaters/Erziehers

Die Untersuchung des für die amtlichen Funktionen verwendeten Vokabulars hat gezeigt, daß dies dem Sprachgebrauch für Lehre und Erziehung entnommen ist. Zugleich ist deutlich geworden, daß nach Funktion und Autoritätsstellung das Modell des Hausvaters[190] und Erziehers Pate gestanden hat. Dadurch erscheinen zwei exegetische Tatbestände in einem neuen Licht: 1. die ausdrückliche Parallelisierung der Funktion des Amtsträgers mit der des Hausvaters in I 3,5; 2. der oft bemerkte auffällige Befund, daß in den Pflichtenlehren für die Amtsträger nur sehr allgemeine Eigenschaften enthalten sind, aber kaum solche, die speziell einen christlichen Verkündiger charakterisieren[191].

Beide Tatbestände sind von dem aufgezeigten Hintergrund her zu verstehen: die allgemeine Bewährung als Hausvater und Erzieher[192]

---

188 Zur Formulierung vgl ἀποστρέφεσθαι ὄψιν Plut Mor 771C, ἀποστρέφεσθαι τὰ ὦτα Mor 46E.

189 καταφρονεῖν von der Verachtung gegenüber einem Amt: Philo Ebr 57. Zu den Vergehen von Kindern zählen Ungehorsam und Geringschätzung gegenüber den Lehrern: παιδαγωγῶν ὀλιγωρία καὶ διδασκάλων παραγωγὴ καὶ ἀνηκουστία (Plut Lib Educ 16 = Mor 12 B).

190 Natürlich ist die Feststellung nicht neu, daß das Amt in Past im Gefolge des Presbyteramtes patriarchalisch geprägt ist (vgl vCampenhausen, Amt 82.121). Doch kommt es hier darauf an zu sehen, daß dies für Past in dem größeren Zusammenhang des Verständnisses der Gemeinde analog der Hausgemeinschaft steht.

191 Die Erklärung von Kühl, Gemeindeordnung, befriedigt nicht: die Forderungen seien allgemein, weil der Amtsträger Vorbild aller Christen sein solle (aaO 7); die Amtseigenschaften seien als bekannt hinzuzudenken (7.12).

192 Auffällig ist, daß die Eignung als Hausvater 2 Verse (I 3,4f) umfaßt, die Lehrbefähigung (διδακτικός V. 2) dagegen unter den verschiedenen Eigenschaf-

ist ausreichende Voraussetzung [193] für die Übernahme des Amtes, da Funktion und Autorität des Amtsträgers in der Gemeinde an diesem Modell orientiert sind. Daher ist nur von allgemein ethischer, aber nicht von speziell pneumatischer Qualifikation für die Ausübung des Amtes die Rede [194]. Die pneumatische Kategorie gewinnt Relevanz erst im Zusammenhang der Ordination [195]. Die geforderte Qualifikation gilt nach I 3,4f für Funktion und Autorität des Amtsträgers: V. 5 spricht vom nötigen $εἰδέναι$ im Blick auf $προστῆναι$ bzw $ἐπιμελεῖσθαι$, also gewissermaßen vom „know how" im Blick auf die leitende Funktion. V. 4b als Explikation [196] zu $καλῶς προϊστά-$ $μενος$ (4a) zeigt, daß es hier um die nötige Autorität geht, über die der einzusetzende Amtsträger für die Ausübung seines Dienstes verfügen muß.

Der Zusammenhang von Funktion und Autorität ist wesentlich in dem Sinne, daß die Geltung der Autorität nicht für sich allein zum Prinzip gemacht wird. Das gilt für den Begriff der Autorität [197] allgemein. Der Begriff von Gemeinschaft und die Funktion in dieser bestimmen Ausprägung und Zweck der auszuübenden Autorität [198]. Im Falle der Past: die Ordnung der Hausgemeinschaft und die Funktion des Hausvaters/Erziehers prägen das Verständnis der Autorität des Amtsträgers. Eine Einschränkung ist allerdings zu vollziehen: was zutage tritt, ist die Autoritäts*struktur*, die Form der Autoritätsausübung. Damit ist noch nichts über die eigentliche Begründung der Amtsautorität gesagt. Diesbezüglich sind an späterer Stelle in den Blick zu fassen: der Gegenstand der amtlichen Funktion (Evan-

---

ten erst an 7. Stelle steht. (Falsch Knoch, Testamente 51: Lehrfähigkeit „an erster Stelle genannt"!) Das zeigt m.E. deutlich, daß die Gesamtfunktion als Hausvater die einzelnen Funktionen wie die des Lehrens übergreift und daß demnach die Bewährung als Hausvater nicht nur eine Voraussetzung unter anderen ist, sondern die entscheidende.

[193] Daß es sich in I 3,2ff nicht nur um Ermahnungen an einen Episkopen handelt, sondern um Voraussetzungen für die Übernahme dieses Amtes, zeigt V. 6: $μὴ νεόφυτος$ (dh kein Neubekehrter).

[194] Vgl Beyer, $ἐπίσκοπος$, ThW II 613; vCampenhausen, Amt 123; Barnikol, Fuchs-Festschr 452.

[195] Siehe Kap V 1.2.

[196] Kühl, Gemeindeordnung 17; Kähler, Stellung der Frau 166.

[197] Autorität „ist die erwerbbare, z.T. übertragbare und zuweisbare Eigenschaft eines Status (einer Position, eines Amtes, eines Dienstgrades, eines Berufes usw.) in der Ausübung der diesem Status entsprechenden Rolle, bei den davon Bedienten oder Betroffenen in einem Überlegenheitsverhältnis ohne Vorbehalte als zuständig akzeptiert zu werden." (Schoeck, Kleines Soziologisches Wörterbuch 38f).

[198] Dazu: McKenzie, Autorität in der Kirche 13ff; Stanley, CBQ 29(1967), 555.

gelium/Lehre)[199] und die Einsetzung in die mit dem Amt gegebene Autoritätsstellung (Ordination)[200]. Hier geht es um die Erscheinungsform der Autorität in der Gemeinde, die aber nach dem Festgestellten — und bei der Betonung der Ordnung in den Past überhaupt — keineswegs etwas Sekundäres ist[201].

Der Befund zeigt die Dienstbarmachung einer vorgegebenen Form der Autoritätsausübung für die Gemeinde. Die These, wonach kirchliche Autorität nach dem NT eine generell andere Gestalt habe als jede sonstige Art von Autorität[202], trifft also zumindest für die Past nicht zu[203]. Für die Past ist dies zu sehen im Zusammenhang mit ihrer ethischen Konzeption: die in der Welt gegebenen Ordnungen werden als Schöpfungsordnungen voll bejaht. Demnach bedarf die Gemeinde keiner generell neuen Ordnung, sondern hält sich an die gegebenen. Wenn die Ordnung in der Gemeinde unter christlichem Vorzeichen steht, nimmt sie damit doch noch nicht eine andere Gestalt an. Vielmehr bleiben die Phänomene der Ordnungsstruktur die gleichen[204].

---

[199] Siehe Kap III 3.3.
[200] Siehe Kap V.
[201] Es entspricht dem Befund in Past nicht, wenn Schweizer, Leben des Herrn 78 schreibt: die „ganze Autorität ist die Autorität des Wortes selbst." Ähnlich wie Schweizer: Sand, Anfänge 235f;
[202] McKenzie, Autorität in der Kirche, passim (zB 11.90.177); ders, CBQ 26(1964) 420; vgl Stalder, Ortsgemeinde — Kirche — Autorität 26ff (34).
[203] Mehrfach finden sich Verallgemeinerungen für das NT, die aber durch den Befund in Past nicht gedeckt werden, zB Stalder, aaO 32: „gründet der Gehorsam ... auf der Verpflichtung der Mitverantwortung"; Punge, ZdZ 22(1968), 123: „in allen Schichten des Neuen Testaments an der Mitwirkung der Gesamtgemeinde in Fragen der Gemeindeordnung und Gemeindeleitung festgehalten wird."; McKenzie, Autorität in der Kirche 90: „kommt allen Gliedern ein Anteil beim Ausüben der Autorität zu.
[204] Die hier angeschnittene Problematik zeigt sich beispielhaft bei der Diskussion über die Interpretation von ὑποτάσσεσθαι im NT. Eine Reihe von Exegeten betont, daß ὑποτάσσεσθαι ein spezifisch christliches Verhalten bezeichne, unterschieden von dem, was sonst Gehorsam meine (dazu vor allem Kähler, ZEE 3 (1959), 1ff; Kamlah, Stählin-Festschr 237ff: Unterordnung als Verwirklichung der Demut vor Gott; vgl Michel, Wurm-Festschr 92 Anm 32: freier Akt der Anerkennung der Ordnung, die durch Wort Gottes in Christus gegeben). Demgegenüber betonen andere (und mE zu Recht), daß auch eine christlich verstandene Unterordnung doch an dem bestehenden Ordnungsgefüge nichts ändere (Crouch, Colossian Haustafel 155: „Ὑποτάσσεσθαι remains, e.g., ὑποτάσσεσθαι.") und zudem die christliche Motivierung der Unterordnung meist „nur recht äußerlich" sei (Frank, TThZ 79(1970), 138).

2.32 Hausgemeinschaft und Funktionen in der Gemeinde

Für Presbyter und Episkopen als die primären „Amtsträger" in der Gemeinde ergab sich somit: Die Rolle des Hausvaters/Erziehers ist in die Gemeinde übernommen, da sie als adäquat für die Lehr- und Leitungsaufgabe angesehen wird. Sie wird nur Männern übertragen, denen von Haus aus diese Rolle zukommt und die darin bewährt sind (I 3,4; T 1,6). Für die Diakone scheint die Analogie nicht zu bestehen, da ihrer Hausvaterfunktion (I 3,12) kein προΐστασθαι in der Gemeinde entspricht. Geht man aber davon aus, daß sie administrative und karitative Aufgaben in der Gemeinde haben, dann steht dies durchaus im Rahmen der Hausvaterfunktion und bedeutet auch eine gewisse Autoritätsstellung. Man kann zudem darauf hinweisen, daß offensichtlich Sklaven (die ja nicht Hausväter sind) demnach keine amtliche Tätigkeit in der Gemeinde übernehmen können.

Deutlich ist die Analogie der Stellung in der Hausgemeinschaft und in der Gemeinde bei der Frau. Während der Frau im Rahmen ihrer häuslichen Erziehungsfunktion durchaus die Aufgabe des Lehrens zugeschrieben wird (T 2,3 καλοδιδάσκαλος), wird ihr die Ausübung von Autorität in der Gemeinde und damit vor Männern, wie es das διδάσκειν impliziert [205], untersagt (I 2,12). Gelegentlich werden die Aussagen über die Frau in I 2,9ff als uneinheitlich bezeichnet [206], sofern einerseits vom Verhalten der Frau im Gottesdienst [207] die Rede ist (V. 9—12), dann aber (V. 13—15) die Unterordnung der Frau unter den Mann ganz generell begründet wird. Doch ist dies im Sinne der Past keine Differenz: Gemeinde und weltlicher Bereich sind nicht zwei Bereiche, in denen verschiedene Ordnungen gelten. Vielmehr gilt: die soziale Position des einzelnen, wie sie in der Hausgemeinschaft zum Ausdruck kommt, behält ihre Relevanz auch für die Stellung in der Gemeinde. Wo daher eine Funktion der Frau in

---

[205] McKenzie, Autorität in der Kirche, will dem διδάσκειν wie im NT allgemein (aaO 83) so auch in Past (87f) den autoritativen Charakter absprechen. Doch ist dies nach den aufgezeigten Befunden nicht möglich.
[206] Dib-Conz 5.
[207] Der Bezug auf den Gottesdienst ist zwar nicht eindeutig, ist aber mit den meisten Exegeten anzunehmen. Zu ὡσαύτως (V. 9) ist demnach προσεύχεσθαι (V. 8) zu ergänzen (vgl die sonstige Verwendung von ὡσαύτως in Past: in I 3,8.11 ist δεῖ ... εἶναι wie V. 2 zu denken; in I 5,25 εἰσίν wie V. 24; in T 2,3 εἶναι wie V. 2; anders V. 6). Dann ist (wie in 1Kor 11,4f) nacheinander vom Verhalten des Mannes und der Frau beim gottesdienstlichen Gebet die Rede. Die Warnung vor Schmuck und kostbarer Kleidung im Zusammenhang mit dem Gottesdienst leuchtet ein, da Kleidung und Schmuck ja gerade beim Verlassen des häuslichen Bereichs von Interesse sind (vgl Plut Praec Coniug 30 = Mor 142 C).

der Gemeinde im Blick ist, wie im Fall der Witwe, dann unter dem Vorzeichen der speziellen Rolle der Frau und unter der Voraussetzung ihrer Bewährung in dieser Rolle (I 5,4.8.10).

Über die Stellung von Sklaven und Kindern in der Gemeinde ist den Past nichts zu entnehmen. Doch kommen sie zumindest für irgendwelche amtlichen Funktionen wegen ihrer untergeordneten Stellung nicht in Frage[208].

2.33 Die Hausgemeinschaft als Modell für Funktionen und Ordnung in der Gemeinde

Für unsere Fragestellung (2.21) ist die Antwort deutlich geworden: Vom οἶκος θεοῦ ist nicht nur bildlich die Rede, sondern die Gemeinde lehnt sich in ihrer Struktur tatsächlich an die grundlegende Gemeinschaftsform des Hauses an. Auf die Konsequenzen für das Verständnis als οἶκος θεοῦ geht der nächste Abschnitt (3.) ein.

Hier ist noch ein anderer Aspekt zu berücksichtigen. Die Analogie der Gemeindeordnung zur Hausgemeinschaft könnte als selbstverständlich erscheinen, weil dies die grundlegende menschliche Gemeinschaftsform ist[209]. Aber die urchristliche Literatur zeigt ja, daß es auch andere Modelle der Ordnung in der Gemeinde gibt. Das ist bei Pls die Ordnung von Leib und Gliedern[210]. Auch diese Ordnung impliziert eine gewisse Rangordnung nach der Wichtigkeit der Funktionen, betont aber vor allem die Relation der Gegenseitigkeit. Es gibt keine einlinig festgelegte Autoritätsstruktur, sondern Autorität kommt jedem zu in Wahrnehmung seines Charismas (vgl 1Kor 14, 26ff[211]; Röm 12,7ff; 1Kor 12,8ff). Die Ordnung der Hausgemeinschaft, wie sie die Past zugrundelegen, hat demgegenüber feste Autoritätsstrukturen, die nicht umkehrbar sind. Noch stärker gilt dies freilich für das Modell militärischer Rangordnung in 1Clem 37, mit dem sich eine rein hierarchische Ordnung in der Gemeinde anmeldet. Für die Past wird man hinzufügen müssen, daß die sich zeigende Tendenz

---

208 Zu erwähnen ist die Annahme, daß es eine besondere Gruppe der νεώτεροι (T 2,6 vgl I 5,1), dh junger Erwachsener, evtl mit besonderen Funktionen, in der Gemeinde gebe: Spicq, RB 76(1969), 508ff; Elliott, CBQ 32(1970), 375ff. Doch muß hier alles Vermutung bleiben.

209 Vgl zB Sidl, Kirche als Lebensprinzip 57.

210 Siehe dazu Kap V 1.11.2.

211 1Kor 14,33b—36 ist — sollte es von Pls sein (Conzelmann, 1. Korinther 289f: nicht von Pls; zur Diskussion der Echtheitsfrage: Crouch, Colossian Haustafel 133 Anm 61) — jedenfalls anders zu werten als I 2,11f: bei Pls wäre es Konzession an die herrschende Sitte, nicht aber Element einer analog der Hausgemeinschaft verstandenen Gemeindeordnung.

zum monarchischen Episkopat in der Konsequenz des Modells der Hausgemeinschaft liegt, in der einer es ist, der das Ganze leitet.

Zusammenfassung (2)

Ordnung und Funktionen in der Gemeinde sind am Modell der Hausgemeinschaft orientiert: das ist zu folgern aus Funktionen und Autoritätsstruktur einerseits, aus den Bedingungen für die Übernahme eines Amtes andererseits. Im Mittelpunkt steht — analog dem Modell des Hausvaters/Erziehers — der lehrende und leitende Amtsträger: dargestellt an Timotheus und Titus als Typen, konkret in den Ämtern des Episkopos und der Presbyter. Dem Modell entsprechend kommt für Frauen Autoritätsausübung in der Gemeinde nicht in Frage, allenfalls Dienste in ihrer Rolle als Frau.

3. Das Amt in der Gemeinde als dem οἶκος θεοῦ

3.1 Die Gemeinde als οἶκος θεοῦ

3.11 οἶκος und οἶκος θεοῦ

Beim Aufzeigen der Gemeindestruktur war nur von οἶκος bzw Hausgemeinschaft die Rede, nicht von οἶκος θεοῦ. Die Relation zwischen beiden Begriffen ist zu klären. Man hat diese Relation ähnlich zu sehen wie die von Leib und Gliedern einerseits, σῶμα Χριστοῦ andererseits bei Pls[212]. Im einen Fall geht es um die konkrete Erscheinungsweise der Gemeinde, im anderen Fall um die theologische Interpretation dieser Gemeinde. Gemeinde ist dabei die einzelne Gemeinde, in der sich aber jeweils die Kirche konkretisiert[213].

Mit der Bezeichnung als οἶκος θεοῦ versteht sich die Gemeinde als die zu Gott gehörige Gemeinschaft der Christen[214]. Sie ist die von der Welt abgegrenzte Gemeinschaft, die die ἀλήθεια als Heilsgut im Besitz und zur Bewahrung hat. Als solche ist die Gemeinde zugleich eine im Sinne weltlicher Hausgemeinschaft geordnete Institution[214a]. Die Ordnungen der Welt sind die Ordnungen der Schöpfung Gottes und als solche auch in der Gemeinde verbindlich. Die Eigenart sol-

---

[212] Siehe V 1.11.2.
[213] Vgl III 1.11; zu Pls: Thyen, Problematik 133.
[214] Vgl Ferrier-Welty, EThR 32(1957), 113ff.
[214a] Vgl Haufe, Gemeinde 167.

chen Verständnisses ist am Gegenüber zu Pls zu verdeutlichen, dessen Auffassung so beschrieben werden kann: „Im Verband der Gemeinde gibt es ... nicht mehr den Menschen, dessen Funktion von seiner natürlichen Stellung im sozialen Gefüge bestimmt ist (vgl [scil 1Kor] 12,13; Gal 3,28), sondern nur noch den Erlösten als Glied am Leib Christi. Jenseits von allen ethnischen und sozialen Strukturen ist eine neue Einheit geschaffen, die ihre eigenen Lebensäußerungen und Wachstumsgesetze hat."[215] Für Pls sind durch die Taufe die Unterschiede weltlichen Standes und weltlicher Ordnung eschatologisch aufgehoben. Sie sind zwar nicht empirisch außer Kraft gesetzt, aber sie gelten in der Kirche nicht mehr. Die soziale Stellung des einzelnen ist durch das Heilsgeschehen neutralisiert, hat keine Heilsfunktion[216].

Das Zurücktreten der Naherwartung bedeutet für die Past ein Zurücktreten der eschatologischen Dialektik. Die vorfindlichen sozialen Ordnungen der Umwelt werden als Schöpfungsordnungen interpretiert und damit als verbindlich akzeptiert. Heil gibt es nicht jenseits dieser Ordnungen, sondern in ihnen; denn „der Gott der Welt und der Gott des Heils ist einer."[217] Die als anstößig empfundene Aussage[218], daß die christliche Frau durch Kindergebären die σωτηρία erlange (I 2,15), ist charakteristisch für die Past: die Erfüllung der sozialen Rolle hat für den Glaubenden geradezu soteriologische Relevanz[219]. Dann ist klar, daß es in der Gemeinde keine Neutralisierung oder gar Aufhebung bestehender Ordnungen und Autoritätsstrukturen geben kann.

3.12 Die Funktion der Gemeinde

Die Gemeinde (bzw Kirche) versteht sich als Vorhut der zur Erlangung des Heils bestimmten Menschheit, wie I 2,1ff in Verbindung mit T 3,1ff zeigt. Gleichwohl wird eine Betonung der missionarischen Dimension nicht sichtbar[220]. Wesentlich wird die Funktion der Gemeinde als nach innen gerichtet gesehen. Die Ermöglichung neuen Lebens und dh des Tuns guter Werke, der Erfüllung des in den Ord-

---

215 Maly, Mündige Gemeinde 241.
216 Vgl zur pln Auffassung: Bultmann, Glauben und Verstehen III 134; ders, NT-Theologie 309ff; Conzelmann, NT-Theologie 281.289f. 304; ders, 1.Korinther 151.249f; Dinkler, Taufaussagen des NT 86.
217 Conzelmann, Geschichte des Urchristentums 106.
218 zB Michel, Wurm-Festschr 93.
219 Wie für die christliche Frau an ihre Rolle als Mutter, so ist für den Amtsträger die σωτηρία an seine Stellung und Funktion als Lehrer gebunden: I 4,16.
220 Vgl Stuhlmacher, EvTh 28 (1968), 182.

nungen gegebenen Anspruchs ist in der Epiphanie der χάρις παιδεύουσα (T 2,11f) begründet. Das erziehende Wirken der χάρις wird
konkret im Vollzug der διδασκαλία in der Gemeinde. Darin liegt
die theologische Begründung für die Funktion des Amtsträgers im
Sinne eines Hausvaters/Erziehers. Das bedeutet die herausgehobene
Stellung der lehrenden Amtsträger, während die übrigen Glieder der
Gemeinde Objekt der Belehrung sind. Andererseits ist die Gemeinde
im ganzen als Hausgemeinschaft Einübungsfeld für das rechte Leben
in den Ordnungen.

3.2 Das Prinzip der οἰκονομία θεοῦ

Neben οἶκος θεοῦ fallen zwei Ausdrücke auf, die jedenfalls sprachlich in den gleichen Zusammenhang gehören: οἰκονομία θεοῦ (I 1,4)
und οἰκονόμος θεοῦ (T 1,7). Zu fragen ist, ob der Zusammenhang
auch sachlich besteht. Dabei ist zunächst die formale Entsprechung
zu beachten: die Verbindung jeweils mit dem artikellosen Genetiv
θεοῦ[221].

Während das Verständnis von οἰκονόμος θεοῦ als „Haushalter Gottes"
klar ist, ist das Verständnis von οἰκονομία[222] θεοῦ strittig. Vielfach
lautet die Interpretation: „göttliche Heilserziehung"[223] (im Glauben),
wie das Wort später bei Kirchenvätern verwendet wird, oder als
„Heilsplan Gottes"[224] wie an anderen Stellen des NT und in der
Gnosis. Doch ist es problematisch, das Verständnis in anderen Texten zugrundezulegen anstatt eine Interpretation im Kontext der Past
vorzunehmen. Die entsprechende Verwendung von οἶκος θεοῦ und
οἰκονόμος θεοῦ legt nahe, von der Grundbedeutung „Haushaltung,

---

[221] Das fällt auf im Unterschied zum übrigen neutestamentlichen Gebrauch, wobei außer Lk (eigentlicher Gebrauch) die übertragene Verwendung von οἰκονόμος
und οἰκονομία bei Pls und den Deuteropaulinen in Frage kommt. Abgesehen von
absolutem Gebrauch stehen Genetivverbindungen, die auf göttliche Gegenstände
o.ä. bezogen sind: 1Kor 4,1; 1Petr 4,10; Eph 1,10. 3,2.9. Nur Kol 1,25 heißt
es: οἰκονομία τοῦ θεοῦ.
[222] Die Textvariante οἰκοδομή ist als früher Versuch zur Erleichterung des Verständnisses zu werten. Vgl. Lillge, οἰκονομία 14 Anm 20.
[223] Michel, Art οἶκος, ThW V 155; Bauer, WB s.v.; Dib-Conz 14 (Übersetzung);
Lillge, οἰκονομία 14.
[224] Erwogen bei Dib-Conz 15. Zu dieser Bedeutung von οἰκονομία vgl: Reumann, Nov Test 3/4(1959), 282ff; ders, NTS 13(1967), 147ff; Tooley, SJTh
19(1966), 74ff; Zandee, Numen 11(1964), 65f; Langerbeck, Aufsätze zur
Gnosis 140f; Lillge, οἰκονομία 14 u.ö.

Hausverwaltung" für οἰκονομία auszugehen[225]. Bei der Verwendung des Wortes im profanen Griechisch werden zwei Aspekte sichtbar: 1. es geht um die leitende und verwaltende Tätigkeit zum Nutzen des Hauses und der zugehörigen Personen und Sachen[226]; 2. damit verbindet sich der wesentliche Gesichtspunkt, daß dies geordnet und geregelt vor sich geht[227].

Es zeigt sich nun in Past, daß οἰκονόμος und οἰκονομία in Zusammenhängen stehen, wo es um Bekämpfung von Irrlehrern geht, die ja — wie der ganze Tenor der Past beweist — Unruhe und Störung für die Gemeinde bedeuten (vgl καταστροφή II 2,14). Vom ἐπίσκοπος als dem οἰκονόμος θεοῦ wird erwartet, daß er die ἀντιλέγοντες zurechtweist (T 1,9): diese werden dann bezeichnet als solche, die sich nicht in die Ordnung fügen (ἀνυπότακτοι) und nutzlose Reden führen (ματαιολόγοι T 1,10). Im Zusammenhang von I 1,4 wird Stellung genommen gegen ἐτεροδιδασκαλεῖν sowie μῦθοι κτλ. und ihre nachteiligen Folgen: wie hier ἐκζητήσεις[228], so stehen in I 6,3f ζητήσεις und λογομαχίαι im Gefolge des ἐτεροδιδασκαλεῖν. Die Betonung der οἰκονομία θεοῦ steht also offensichtlich im Gegensatz zu den Unruhe und Verwirrung stiftenden Reden und Diskussionen der Irrlehrer in der Gemeinde. Es geht um die, vom Glauben bestimmte (ἐν πίστει I 1,4), auf das Gedeihen der Kirche als Haus Gottes gerichtete Haushalterschaft.

Es kann dann nicht als zufällig angesehen werden, wenn am Anfang von I das Stichwort οἰκονομία θεοῦ erscheint und im Abschluß des 1. Briefteils[229] dann die Kennzeichnung der Kirche als οἶκος θεοῦ

---

[225] Siehe dazu: Lillge, οἰκονομία 5ff; Wagner, Das Bild der frühen Ökonomik 55ff.

[226] Xen, Oec VI 4: οἰκονομία als ἐπιστήμη ... ᾗ οἴκους δύνανται αὔξειν ἄνθρωποι; vgl bei Philo Praem Poen 113 im Zshg mit οἰκονόμος und οἰκονομικῶς: συμφέρον ἐπανορθοῦσθαι.

[227] Vgl die Betonung der τάξις bei Xen, Oec VIII 3 (4ff: Vergleich mit einer τεταγμένη στρατιά); τάξις neben οἰκονομία bei Longin c 1 (Thesaurus Linguae Graecae, s.v. οἰκονομία); Epiktet, Diss II 14,26: εὐτάκτως οἰκονομεῖσθαι. Vgl Wagner, aaO 190.

[228] Die Lesart ζητήσεις würde die Übereinstimmung mit I 6,4 noch deutlicher machen: denn dann könnte beidemale an Diskussionen und Wortgefechte (vgl Bauer, WB s.v. ζήτησις, 3.) gedacht sein. Aber auch so wird kein großer Unterschied in der Verwendung von ἐκζήτησις („Grübelei") und ζήτησις zu sehen sein. Vgl Greeven, ThW II 896 Anm 3.

[229] Zu I 3,14—16 als Abschluß s Anm 3 und 4. Der besondere Charakter von I 1—3 wird formal auch daran deutlich, daß hier mehr als in anderen Teilen des Briefs die 1.Pers des anordnenden Apostels bestimmend ist, die 2.Pers des angeredeten Tim dagegen nur im Rahmen erscheint (I 1,3.18f. 3,15).

steht (I 3,15)[230]. Offensichtlich ist I 1—3 im besonderen unter dem
Aspekt der οἰκονομία ϑεοῦ zusammenzusehen. Immerhin stellen die
Kap 2—3 den größten zusammenhängenden Kirchenordnungsabschnitt
in den Past dar, während Kap 1 mit dem Verweis auf das paulinische
Evangelium die Grundlage für das ἐν πίστει darstellt. Wie am Beginn,
so wird auch am Ende dieses Briefteils der Gegensatz zu den Irrlehrern herausgestellt (I 4,1ff!), so daß dieser polemische Aspekt des
οἰκονομία-Gedankens nochmals deutlich wird.

οἰκονομία ϑεοῦ ist somit als Haushaltung bzw Hausverwaltung im
οἶκος ϑεοῦ zu verstehen. Im Zusammenhang mit dem sonst Festgestellten ist es Bezeichnung des leitenden und fürsorgenden Handelns[231] in der Gemeinde als Hausgemeinschaft. Die Verwendung im
Zusammenhang der Irrlehrerpolemik zeigt die in dem Wort enthaltene Betonung des geordnь..en Lebens in der Gemeinde.

3.3 Der Amtsträger als οἰκονόμος ϑεοῦ

3.31 Der οἰκονόμος

Die Bezeichnung des ἐπίσκοπος als οἰκονόμος ϑεοῦ (T 1,7) bedeutet
eine Präzisierung für das Verständnis der Stellung des Amtsträgers.
Seine Funktion im οἶκος ϑεοῦ wird zwar analog der des Hausvaters
gesehen, aber nicht der Amtsträger ist der δεσπότης, sondern Gott
(vgl II 2,21).

Im klassischen griechischen Sprachgebrauch konnte οἰκονόμος mit
δεσπότης gleichgesetzt werden[232]. In der hellenistischen Zeit jedoch
wird οἰκονόμος zur Bezeichnung von öffentlichen oder privaten Beam-
ten, also in unselbständiger Stellung[233]. In öffentlicher Stellung, aber
auch bei Privatvereinen hat der οἰκονόμος primär die Funktion eines
Hausverwalters, es lassen sich aber auch kultische Funktionen nachweisen[234]. Als Privatbeamter in der Monarchie oder bei Privatpersonen können es verschiedene Bereiche eines Haushalts sein, die der

---

[230] Zum Rückbezug von I 3,14—16 auf οἰκονομία I 1,4 vgl Tooley, SJTh
19(1966), 82.
[231] Vgl Wagner, aaO 191ff.
[232] Plat Polit 259 B; Xen Oec I 2f stellt neben den Normalfall, sein eigenes
Haus zu verwalten, die andere Möglichkeit, als Beauftragter das Haus eines
anderen zu verwalten (οἰκονομεῖν).
[233] Vgl P. Landvogt, Epigraphische Untersuchungen über den οἰκονόμος. Ein
Beitrag zum hellenistischen Beamtenwesen, Diss Straßburg 1908. — Ziebarth,
Art οἰκονόμος, PW XVII 2118f.
[234] Landvogt, aaO 12ff. 16ff; Reumann, JBL 77(1958), 339—49.

οἰκονόμος zu verwalten hat. Er kann auch dem gesamten Hauswesen seines Herrn vorstehen. Meist kommt der οἰκονόμος aus dem Sklavenstand oder ist Freigelassener[235].

Im ntl Sprachgebrauch wird der οἰκονόμος-Begriff in den Gleichnissen Jesu herangezogen (Lk 12,42. 16,1ff) und von Pls zur Charakterisierung der apostolischen Funktion verwendet (1Kor 4,1f). Die Past nehmen also wohl bereits traditionell christliche Terminologie auf[236]. Doch ist nach den bisherigen Ergebnissen der Untersuchung der Terminus viel stärker im Zusammenhang der Hausvorstellung zu sehen, als dies etwa bei Pls der Fall ist.

Ein Aspekt ist bei der Verwendung des οἰκονόμος-Begriffes herauszuheben: Absolute Treue und Zuverlässigkeit sind wesentliches Kennzeichen eines guten Haushalters. Guter Ruf war die Voraussetzung für die Übernahme eines öffentlichen οἰκονόμος-Amtes[237]. Andererseits war es die absolute Ergebenheit gegenüber ihrem Herrn, die Sklaven für eine solche Funktion bei Privatpersonen prädestinierte[238]. Wie in der rabbinischen Literatur[239] so ist auch in den ntl Stellen[240] die Treue die betonte Eigenschaft des Haushalters. Das gleiche ist also auch für die Bedeutung des Titels in Past zugrundezulegen. Um so mehr, als einige andere Stellen der Past die Treue und Gewissenhaftigkeit des Amtsträgers, angefangen vom Apostel, ausdrücklich betonen[241]. Das ist vor allem wichtig im Zusammenhang mit der παραϑήκη-Vorstellung[242].

3.32 Autorität und Funktion des Amtsträgers

Der Titel οἰκονόμος macht deutlich, daß die Stellung des Amtsträgers in der Gemeinde nicht auf eigener Macht und Autorität basiert. Er ist der von Gott beauftragte Haushalter im οἶκος ϑεοῦ. Die an anderen Stellen der Past verwendeten Bezeichnungen δοῦλος κυρίου (II 2,24) und διάκονος Χριστοῦ Ἰησοῦ (I 4,6) illustrieren diesen Status als Diener und Beauftragter. In diesem Verständnis der Begründung der Autorität stehen die Past durchaus auf einer Linie mit der

---

235 Landvogt, aaO 12f. 17ff. Dort S. 13: Inschrift aus Kios (CIGr 3878): οἰκονόμος als Καίσαρος δοῦλος. Michel, ThW V, 151f; Str-B II 192. 217f.
236 Vgl Tooley, aaO 78f. 82ff; Roloff 267; Michel, aaO 153.
237 Vgl zB P.Tebt 27 (W. Schmitz, πίστις in den Papyri 32).
238 Landvogt, aaO 13.
239 Str-B II 218: BB 9a; ExR 51.(103b) vgl S. 222; I 968: LvR 12 (113d).
240 Lk 12,42 (vgl Mt 24,45); 1Kor 4,2.
241 πιστός / πιστεύω (= anvertrauen): I 1,11.12; II 2,2. 4,7; T 1,3; καϑαρὰ συνείδησις I 3,9.
242 Vgl den Exkurs in Kap V 3.

sonst im Urchristentum vertretenen Auffassung. Der in Past vorliegende Wandel bezieht sich auf das Verständnis der Vermittlung dieser Autorität (Ordination!) und die Gestalt der Autoritätsausübung,
wie sie im Modell des Hausvaters/Erziehers aufgezeigt wurde. In diesem Sinne kommt einem Amtsträger volle Autorität gegenüber den
anderen Gemeindegliedern zu: wie die ἐπιταγὴ ϑεοῦ (I 1,1; T 1,3)
Grundlage für den Auftrag des Apostels und analog wohl auch jedes
Amtsträgers ist, so wird dem Amtsträger in der Gemeinde πᾶσα ἐπιταγή (T 2,15) zugeschrieben.

Die Reduktion der Autorität in der Gemeinde auf den lehrenden
Amtsträger entspricht der Betonung der διδασκαλία als der zentralen Funktion in der Gemeinde. Auf diese διδασκαλία konzentriert
sich daher die Aufgabe des Amtsträgers: sie ist der zentrale Inhalt
seines Amtes[243]. Ihm ist die παραϑήκη anvertraut, die er als ὑγιαίνουσα διδασκαλία zu entfalten und gegen jede Verfälschung zu bewahren hat.

Auf dem Hintergrund der οἶκος — οἰκονομία — Konzeption stellen
sich die einzelnen Funktionen des Amtsträgers in zwei Schwerpunk-
ten dar: der pädagogisch-lehrhaften Funktion einerseits, der leitend-
ordnenden Funktion andererseits. Es ist zum großen Teil eine Frage
dogmatisch o.ä. vorgeprägter Terminologie, welche Funktionen neben der Hauptaufgabe der Lehre als zum Amt der Past gehörig angesehen werden. Die Lehrtätigkeit impliziert gewiß eine seelsorger-
liche[244] Funktion an den einzelnen Gruppen der Gemeinde (vgl I
5,1f; T 2,1ff). Mit der Leitungsfunktion sind wohl administrative
Aufgaben verbunden[245]. Im Zusammenhang mit der Lehr- und Leitungsfunktion weist I 4,13[246] auf die wesentliche Rolle der Amtsträger im Gottesdienst. In betonter Weise ist aber vom Kult als Amtsfunktion nirgends die Rede[247]. Teil der Leitungsfunktion ist schließlich die Ausübung von Kirchenzucht[248], wie sie im Verhalten gegenüber den Anhängern der Irrlehre angesprochen wird (T 3,9f vgl I
1,3; T 1,9—11.13) sowie im speziellen Fall des Episkopos gegenüber
den Presbytern (I 5,19f).

---

[243] Vgl vCampenhausen, Amt 118f; Roloff 255.266; Hasenhüttl, Charisma
256ff; Knoch, Testamente 51f; u.a.
[244] Kühl, Gemeindeordnung 17.27; Roloff 255; Knoch, Testamente 56f.
[245] vCampenhausen, Amt 119.
[246] Vgl Hahn, Gottesdienst 75.
[247] Die Meinungen über die Relevanz des Kultes sind geteilt: vCampenhausen,
Amt 118; Hasenhüttl, Charisma 259; Bartsch, Rechtsbildungen 96; Schlier,
Besinnung auf das NT 183.
[248] vCampenhausen, Amt 119.156ff; Schlier, aaO 183.

Zusammenfassung (3)

Die Gemeinde (bzw Kirche) ist οἶκος θεοῦ als die Gemeinschaft der zu Gott Gehörenden, zugleich im Sinne weltlicher Hausgemeinschaft geordnete Institution, in der damit die weltlichen Ordnungen ihre (auch soteriologische) Relevanz behalten. Die lehrenden und leitenden Amtsträger haben die οἰκονομία θεοῦ wahrzunehmen. Ihre Autorität ist die von Haushaltern Gottes, die in ihrer Hauptfunktion, der Lehre (für deren Reinerhaltung sie die Verantwortung tragen), Werkzeuge der χάρις παιδεύουσα sind.

4. Die Kirche in der Situation der Konsolidierung

4.1 Allgemeine Kennzeichen

Die Past geben das Bild der Kirche in der Phase ihrer Konsolidierung wieder[249]. An die Stelle der eschatologisch geprägten Gemeinde tritt die sich ihrer Geschichtlichkeit bewußte Kirche[250]. Statt des dynamischen Charakters einer missionarisch aktiven Gemeinde zeigt sich eine mehr statische Gemeinde, die zunehmend mit ihren internen Problemen beschäftigt ist.

Die Konsolidierung der Gemeinde als geschichtliche Größe läßt in ihr deutlich die Merkmale zum Zuge kommen, wie sie für jede entwickelte soziale Gruppe gelten[251]. Die Ausbildung und Verfestigung bestimmter Normen und Rollen sind deutliche Symptome fortgeschrittenen Stadiums, also eben einer Konsolidierung. Als solche Normen sind etwa anzusehen: die παραθήκη, das überlieferte εὐαγγέλιον als Grundnorm inhaltlicher Art. Dann die einzelnen geprägten Verhaltensnormen, einerseits auf das alltägliche Leben der einzelnen ausgerichtet (Haustafeln), andererseits auf das Funktionieren der Gemeinde als Gruppe (Gemeindeordnung). Die Ausprägung fester Rol-

---

[249] Vgl Dib-Conz 7; Brox 147; Lippert, Leben als Zeugnis 18.
[250] Vgl vor allem Schütz 126ff. 143ff. Lippert, aaO 128 bestreitet eine grundlegende Wandlung des ekklesiologischen Selbstverständnisses; ähnlich Schnackenburg, Kirche 91.
[251] Zu den Charakteristika der sozialen Gruppe vgl zB: Schoeck, Kleines Soziologisches Wörterbuch s.v. „Gruppe", „Rolle", „Normen" u.a.; Funkkolleg Sprache, Studienbegleitbrief 10, 57ff; Bormann/Bormann-Heischkeil, Theorie und Praxis kirchlicher Organisation.

len wird an den bestehenden Ämtern und den mit deren Funktionen verbundenen Autoritätsstrukturen sichtbar.

Die Konsolidierung jeder sozialen Gruppe impliziert zwei Blickrichtungen: nach innen und nach außen. Beide Bereiche treten in den Past charakteristisch in Erscheinung: das Bemühen um innere Stabilisierung in der Auseinandersetzung mit den Häretikern; die Anpassung an die Umwelt durch Akzeptierung der bestehenden gesellschaftlichen Normen. Mit ersterem, dem antihäretischen Kampf, wird die Ausbildung der Gemeindeordnung im Zusammenhang gesehen[252], mit letzterem die Konzeption einer Ethik der „christlichen Bürgerlichkeit"[253]. Vielfach werden beide Bereiche — Ethik und Gemeindeordnung — getrennt betrachtet. Die Analyse der inneren Struktur der Gemeinde hat aber gezeigt, daß die allgemein gültigen Verhaltensweisen auch für die Ordnung in der Gemeinde verbindlich gemacht werden, daß also Ethik und Kirchenordnung nicht zu trennen sind. Beide Bereiche, innere Stabilisierung und äußere Anpassung, lassen sich also offensichtlich nicht voneinander trennen.

Für die Ausbildung der Gemeindeordnung, des Kirchen- und Amtsverständnisses werden meist zwei Grundlagen genannt: 1. unter verfassungsgeschichtlichem Gesichtspunkt die Einflüsse paulinischer und palästinensisch-judenchristlicher Gemeindeordnung[254]; 2. unter situationsgeschichtlichem Aspekt der Kampf gegen die Häresie als Nötigung zur Ausbildung fester Gemeindeordnung[255]. Damit wird die Entwicklung der Gestalt der Gemeinde als rein innerkirchlicher Vorgang angesehen. Es ist aber zu fragen, ob nicht auch hierbei die Lage der Gemeinde in ihrer Umwelt Rückwirkungen für die Gemeinde selbst hat. Diese Frage ist mit zu berücksichtigen, wenn im folgenden die beiden Aspekte der Konsolidierung nach innen und nach außen untersucht werden.

---

[252] Lippert, aaO 133 Anm 29: Betonung des Organisatorischen als antihäretische Antwort. Vgl Schütz 143ff; Schweizer, Gemeinde 77f; Käsemann, Amt 127f; ders, Pls und der Frühkatholizismus 249f; vCampenhausen, Amt 120f; Wegenast, Tradition 136; Hasenhüttl, Charisma 262; u.a.
[253] Dib-Conz 7.32f; Brox 124f; u.a.
[254] Vgl Anm 103.
[255] Vgl Anm 252.

4.2 Die Kirche und die Häretiker[256]

4.21 Das Auftreten der Häretiker

Alle drei Briefe sind geprägt von der Auseinandersetzung mit Häretikern[257]. Offensichtlich handelt es sich dabei um christliche Häretiker, also Leute, die zur Gemeinde gehörten oder sogar noch gehören, aber sich vom offiziell gelehrten Gemeindeglauben ($\pi\iota\sigma\tau\iota\varsigma$) abgewandt haben (I 1,6.19. 4,1. 6,21; II 2,18; T 1,14). Sie treten in den Gemeinden auf und beanspruchen für sich die Autorität von Lehrern ($\delta\iota\delta\acute{a}\sigma\kappa\epsilon\iota\nu$ $\kappa\tau\lambda$: I 1,3. 6,3; II 4,3; T 1,11; vgl II 3,7 $\mu\alpha\nu\vartheta\acute{a}\nu\epsilon\iota\nu$). Vermutlich sind sie als Wanderlehrer unterwegs und leben vom Unterhalt in den Gemeinden (T 1,11 vgl I 6,5). Sie gehen in die Häuser und suchen so — besonders unter Frauen — Anhänger zu gewinnen (II 3,6; T 1,11). Aber sie treten auch offen in gottesdienstlichen Versammlungen auf und provozieren dort Verwirrung stiftende Streitgespräche (II 2,14 vgl I 1,4. 6,4; II 2,23; T 3,9), vor denen die Amtsträger daher gewarnt werden. Aktivität und beachtliche Erfolge in der Gemeinde (II 2,17; T 1,11 vgl II 2,18. 4,3f; T 1,14) fordern die Reaktion der Amtsträger heraus — sowohl gegenüber den Irrlehrern selbst als auch gegenüber ihren Anhängern[258].

Die Kennzeichnung der Häretiker durch die Past läßt gnostische und jüdische (judenchristliche) Charakteristika deutlich werden. Hinweise auf die Zugehörigkeit zur Gnosis sind: die Selbstbezeichnung als $\gamma\nu\tilde{\omega}\sigma\iota\varsigma$ (I 6,20f) und der Anspruch, Gott zu kennen (T 1,16); die von ihnen verbreiteten „Mythen und Genealogien" (I 1,4 vgl 4,7; II 4,4; T 1,14. 3,9), unter denen wohl gnostische Äonenspekulationen zu verstehen sind. Jüdische Elemente werden sichtbar, wenn von 'Iουδαϊκοί μῦθοι (T 1,14) geredet wird; maßgebliche Leute der Häretiker werden als jüdischer Herkunft bezeichnet (T 1,10); dazu kommt die Bezugnahme auf das atl Gesetz in den Lehren der Häretiker (I 1,7; T 3,9 vgl 1,14).

---

[256] Zu den Häretikern der Past siehe Exkurse bzw Einleitungen der Kommentare sowie Lexikonartikel; weitere Literatur: Brox 39. Ferner: Wegenast, Tradition 135ff; Ziener, Gestalt und Anspruch des NT (Schreiner) 306ff; Ford, NTS 17(1971), 338ff; Haufe, Gnosis und Neues Testament 325ff; Karris, JBL 1973, 549ff; Müller, Frühchristl Theologiegeschichte 53ff. Vgl auch Schierse, Diakonia 1973, 76ff.

[257] Vor allem folgende Texte: I 1,3—11. 4,1—10. 6,3—5.20f; II 2,14—18.23—26. 3,1—9. 4,3f; T 1,10—16. 3,9—11.

[258] Es ist in den Texten nicht immer klar zwischen beiden zu unterscheiden.

Da die Past eine kategorische Abweisung der Irrlehre fordern und ihre Anschauungen nicht diskutieren[259], sondern pauschal als leeres Gerede bezeichnen (I 1,6. 6,20; II 2,16; T 1,10), sind diese Lehren im einzelnen nicht genau zu fassen. Direkt genannt und — in Verbindung mit der Bedeutung der religiösen Erkenntnis ($\gamma\nu\tilde{\omega}\sigma\iota\varsigma$) — wohl als grundlegende soteriologische Auffassung der Häretiker anzusehen ist ein spiritualisierter Auferstehungsglaube (II 2,18). Die Ablehnung der Ehe (I 4,3) und die Enthaltung von bestimmten Speisen (I 4,3 vgl 5,23 Wein) spiegeln die weltnegative Einstellung der Gnostiker. Bestimmte Reinheitsvorschriften (T 1,15) sind wohl auf jüdischem Hintergrund zu sehen. Weitere Züge der Irrlehre sind nur indirekt zu erheben. Wenngleich man nicht für jede von den Past eingeschärfte Auffassung die gegenteilige Meinung der Irrlehrer voraussetzen kann, ist doch in vielen Fällen damit zu rechnen: zB wird die Betonung universalen Heilsangebotes (I 2,4. 4,10) gegen die gnostische Auffassung stehen, wonach nur die Pneumatiker gerettet werden. Vor allem aber hat die Einschärfung der weltlichen Ordnungen sicher einen polemischen Akzent gegenüber einer aus Weltverneinung und Enthusiasmus begründeten Ignorierung dieser Ordnungen[260]. Am deutlichsten etwa, wenn die (Heils-)Notwendigkeit des Kindergebärens betont wird (I 2,15 vgl I 5,14), doch wohl im Gegensatz zur häretischen Ablehnung der Ehe. Die Betonung der Unterordnung der Frau (I 2,12ff; T 2,5) läßt auf emanzipatorische Tendenzen bei den Häretikern schließen, die den Frauen wohl auch Lehrautorität zugestanden (I 2,11f).

Während in der Literatur solche besonderen Auffassungen über die Frau bei den Häretikern ziemlich allgemein angenommen werden, werden die Mahnungen an die Sklaven dabei in der Regel außer acht gelassen. Aber es gibt deutliche Hinweise, daß die besonderen Mahnungen an die Frauen und an die Sklaven in engem Zusammenhang stehen. An der Haustafel T 2,1—10 ist auffällig, daß gerade die Unterordnung der Frauen und der Sklaven durch besonderen Hinweis auf Wort Gottes bzw Lehre hervorgehoben werden (T 2,5.10 vgl I 6,1). Es handelt sich also nicht einfach um traditionelle Elemente der Haustafel (zumal auch Mahnungen an die Männer bzw Herren zu entsprechendem Verhalten fehlen![261]), sondern um betonte Her-

---

[259] Vgl Ziener, aaO 306.308; Gewiess, Jaeger-Festschr 172f. — Allgemein zur Ketzerbekämpfung vgl: Schirr, Motive und Methoden frühchristlicher Ketzerbekämpfung, Diss Greifswald 1976 (lag mir nicht vor; s ThLZ 1978, 71f).
[260] Vgl Foerster, NTS 5 (1959), 213ff; Schmithals, RGG³ V 145f; Dib-Conz 53.
[261] Anders in den Haustafeln Eph 5,22—6,9; Kol 3,18—4,1; 1Petr 3,1—7 (in 1Petr 2,18—25 werden auch nur die Sklaven, nicht zugleich die Herren angeredet).

aushebung eines besonderen Aspektes: der in Frage gestellten Unterordnung[262]. In I 6,2 wird sogar ein Motiv genannt, das den Häretikern wohl als Argument für eine Sklavenemanzipation innerhalb der christlichen Gemeinde diente[263]: ὅτι ἀδελφοί εἰσιν — daß also als Folgerung aus dem ἀδελφός-Sein von Herr und Sklave das absolute Unterordnungsverhältnis aufhören müsse.

4.22 Die Reaktion der Kirche

Weitgehende Übereinstimmung besteht heute darin, daß die Entstehung der Past als pseudonymer Schriften[264] im Abwehrkampf gegen gnostische Häretiker begründet ist, denen gegenüber pln Autorität und Tradition in Anspruch genommen werden. Der Vf dieser Briefe will damit einen Beitrag zur Konsolidierung der Kirche seiner Zeit leisten.

Der Versuch, die bekämpfte Häresie mit einem bestimmten gnostischen System des 2. Jhs (zB Marcion) zu identifizieren, ist heute ziemlich aufgegeben[265]. Die Annahme jedoch, es solle überhaupt

---

262 Crouch, Colossian Haustafel 139 (zu 1Kor und Past): „we find women and slaves involved in enthusiastic excesses related to an enthusiastic-pneumatic movement." Crouch nimmt an (aaO 144f), daß die Mahnungen an Untergeordnete (Frauen, Sklaven) Ausgangspunkt der ntl Haustafeln waren. Schließt man sich dem an, ergibt sich für Past: innerhalb der inzwischen ausgebauten Haustafel werden wiederum die von Emanzipationstendenzen beeinflußten Untergeordneten besonders angeredet.

263 Der Kontext zeigt, daß in diesem Zusammenhang an Auffassungen von Irrlehrern gedacht ist: ταῦτα δίδασκε καὶ παρακάλει (V. 2) schließt die auf die Sklaven bezogene Mahnung ab (allenfalls kann noch 5,23—25 mit unter ταῦτα zusammengefaßt sein; die übrigen Aussagen von c 5 sind in ταῦτα — 5,21 — zusammengefaßt). Dann folgt: εἴ τις ἑτεροδιδασκαλεῖ. Demnach gab es wohl tatsächlich Leute, die bezüglich der Sklaven anderes lehrten. — Zum Verhältnis des frühen Christentums und der Sklaverei vgl aus neuester Zeit: Gülzow, Christentum und Sklaverei in den ersten drei Jahrhunderten, 1969; Benko-O'Rourke, The Catacombs and the Colosseum, 1971, 109ff; Bellen, Studien zur Sklavenflucht im römischen Kaiserreich, 1971, 78ff. 147ff; Schulz, Gott ist kein Sklavenhalter, 1972; Grimm, Untersuchungen zur sozialen Stellung der frühen Christen in der römischen Gesellschaft, 1975, 231ff. — Speziell zu Past vgl Lenzman, Christentum 174.

264 Zur frühchristlichen Pseudepigraphie vgl Brox 60ff; dort weitere Literatur. Ferner: Hegermann, Theol Versuche (Rogge/Schille) II 48ff; Speyer, Die literarische Fälschung im heidnischen und christlichen Altertum, 1971; Brox, Falsche Verfasserangaben, 1975.

265 vCampenhausen, Amt 121 Anm 1 und Entstehung der christlichen Bibel 212f hält am Bezug der Past auf Marcion fest: das würde eine unwahrscheinliche Spätdatierung der Past voraussetzen; auch verträgt sich die antijüdische Tendenz Marcions schlecht mit den jüdischen Elementen der Häresie in Past. — In andrer

nicht eine bestimmte, sondern jede mögliche Häresie abgewiesen werden[266], wird durch den aufgezeigten Befund widerlegt, daß die Past an einigen Punkten doch sehr deutlich auf bestimmte häretische Anschauungen Bezug nehmen. Die sich durch alle drei Briefe ziehende Polemik ist nur zu verstehen, wenn eine aktuelle Bedrohung durch Häretiker und somit eine konkrete Stoßrichtung dieser Polemik vorausgesetzt wird.

Theologiegeschichtliche Brisanz erhält dieser Befund dadurch, daß Hintergrund der Auseinandersetzung mit den Häretikern offensichtlich der Streit um die richtige pln Tradition bzw deren Interpretation ist[267]. Für diese Annahme sprechen zwei Gründe:

1. Ein direkter Hinweis ergibt sich daraus, daß die Past mehrfach ausdrücklich davon sprechen, daß Mitarbeiter des Pls sich von ihm — und das heißt: von der durch Past vertretenen Auffassung der Pls-Tradition — abgewandt haben (I 1,19f; II 1,15. 4,(10).14f). Der zu vermutenden Situation, daß die Häretiker sich ebenfalls auf Pls berufen, wird dadurch entgegengewirkt, daß sie durch den „Paulus" der Past als Abtrünnige und eben Irrlehrer bezeichnet werden. Damit soll klargestellt werden, daß sie sich zu Unrecht auf ihn berufen.

2. Einen indirekten Hinweis liefert der Befund, daß sich von der wohl grundlegenden Auffassung der Häretiker, der Lehre von präsentischer Auferstehung (II 2,18), eine Verbindungslinie zu andren deutero-pln Briefen (Kol 2,12; Eph 2,5f)[268] und somit zu Kreisen

---

Richtung versucht Ford (aaO) die Häresie der Past einzuordnen, indem er in ihr eine Frühform des Montanismus sieht. Dazu Merk, Glaube 93 Anm 23: unbewiesene Hypothese!

[266] Dib-Conz 54; Wegenast, Tradition 136: Vademekum für die Bekämpfung jeglicher Häresie. — Dagegen zB Brox 38; Karris, aaO 563 Anm 58.

[267] Vgl dazu: Bauer, Rechtgläubigkeit und Ketzerei 225ff; Weiß, Christentum und Gnosis (Eltester) 116ff; Hegermann, aaO 59; Beker, Art Pastoral Letters, The Interpreter's Dictionary III 675; Wendland, Ethik des NT 101; Haufe, Irrlehre 326.330.333; (Köster-)Robinson, Entwicklungslinien 33f; Müller, aaO 67ff.

[268] Kol 2,12 und Eph 2,5f sprechen von dem in der Taufe geschehenen Auferwecktsein der Glaubenden mit Christus. Wenngleich man darauf verweisen kann, daß in Kol und Eph immerhin der eschatologische Vorbehalt gewahrt ist (vgl Dinkler, Taufaussagen 101 u. 105), also nicht der wohl hinter II 2,18 stehende schwärmerische Enthusiasmus vorliegt (vgl Lohse, Kolosser 158), bleibt doch festzuhalten: Es ist ebenso deutlich der Abstand zu Pls (Röm 6,4f), wonach die Auferstehung nicht schon in der Taufe vollzogen wird, wie die Nähe zur Auffassung der Häretiker nach II 2,18, daß die Auferstehung schon geschehen sei. (Vgl Becker, Auferstehung 59) Dieser Befund ist dann wohl so zu deuten, daß von Pls abgewiesene Aspekte hellenistischen Taufverständnisses dennoch Eingang in die Pls-Schule fanden und in der These von II 2,18 in radikaler, gnostischer Form begegnen. Vgl dazu Haufe, Irrlehre 328; Müller, aaO 70ff.

der Pls-Tradition zeigt. Dafür sprechen auch Belege, daß man sich in häretischen Kreisen des 2. Jhs für eine spiritualisierte Auferstehungslehre und eine Ablehnung der Ehe auf Pls berief[269].

Als von den Past bekämpfte Gegner sind somit judenchristlich geprägte Vertreter der frühen Gnosis anzunehmen[270], die — zumindest teilweise — aus Kreisen der Pls-Tradition stammen[271].

Was die Lokalisierung der in Past bekämpften Häresie betrifft, so scheint die Existenz von T neben I und II ein Indiz dafür zu sein, daß Kreta neben Kleinasien ein besonderes Zentrum der Häresie war.

Das Anliegen der Past ist es, den Einfluß der Häresie aus den Gemeinden fernzuhalten, da durch eine Verbreitung der enthusiastischen und weltverneinenden Auffassungen die Konsolidierung der Kirche in Frage gestellt ist. Gegen die Häretiker und ihre Lehren wird

---

[269] Weiß, aaO 122 (valentinian Schrift); Dib-Conz 53 (Paulusakten) vgl Rohde, Studia Evangelica V, 309.

[270] Der Sache nach stimmt die Mehrzahl der heutigen Ausleger darin überein, wenngleich mit variierender Bezeichnung der Irrlehre („judaistische Gnosis", „judenchristliche Gnosis", „gnostisierendes Judenchristentum" u.ä.). Mehrfach wird auf Analogien zu der in Kol bekämpften Häresie hingewiesen.

[271] Müller versucht den Nachweis, daß Past nicht *eine* Gruppe von Häretikern bekämpfen, sondern einen Zweifrontenkrieg führen: gegen judenchristliche Wanderlehrer (aaO 58ff) und gegen enthusiastische Pauliner (aaO 67ff). Auf diese beiden Gruppen möchte M. die asketisch-nomistischen und die enthusiastisch-emanzipatorischen Tendenzen der Häretiker aufteilen. Aber die Stellen, die er als Beleg für die Existenz judenchristlicher Wanderlehrer (neben der Gruppe enthusiastischer Pauliner) sieht (61f), vermögen diese These nicht zu stützen, da in ihrem Kontext immer zugleich der Bezug auf die angeblich andere Gruppe begegnet:
1) T 1,10f: Leute jüdischer Herkunft, die von Haus zu Haus gehen — aber: V. 16 Bezug auf gnostische Tendenzen (ϑεὸν εἰδέναι) und 2,1ff, als Gegensatz (σὺ δέ) zur Irrlehre formuliert, enthält anti-emanzipatorische Mahnungen (V. 5 u. 9f). — 2) I 6,5: Bezug auf Gewinnsucht der Wanderlehrer — aber: im Kontext wird die von diesen Lehrern vertretene Irrlehre (V. 3 ἑτεροδιδασκαλεῖ) mit anti-emanzipatorischen Mahnungen (V. 1f) abgewiesen. (vgl Anm 263) — 3) II 3,6f: die Gegner gehen in die Häuser — aber: V. 7 Hinweis auf das Lernen, das doch nicht zur Erkenntnis der Wahrheit führt, ist wohl antignostische Polemik (vgl Exkurs 2). Erfolg asketischer Propaganda bei Frauen (Müller zu V. 6) ist wohl plausibler, wenn man Emanzipationstendenzen damit verbunden sieht. (Dafür, daß bei den Häretikern Propagierung der sexuellen Askese und der Emanzipation der Frau miteinander gekoppelt waren, spricht deutlich I 2,11—15, wo beide Tendenzen zugleich abgewehrt werden.) — Insgesamt ist zu folgern: Hätte der Vf der Past so klar gegen zwei Fronten gekämpft, wie Müller meint, müßte man in den Briefen auch eine deutlich auf zwei Fronten hin zielende Abwehr erwarten. Das ist aber, wie die Beispiele zeigen, nicht der Fall.

daher die Autorität des Pls aufgeboten: in Gestalt der Autorität der amtlichen Lehrer und der von ihnen vertretenen wahren „paulinischen" Tradition. Zweifellos stärkt diese Kampfsituation die Relevanz der Autorität des Amtes. Aber es bedeutet m.E. eine Überbetonung dieses Faktors, wenn heute weithin die Ausprägung der Gemeindeordnung in den Past als Folge der Kampfsituation verstanden wird[272]. Sieht man die Betonung der Ordnung in der Gemeinde auf der Basis der Akzeptierung der Ordnungen in der Welt, dann stellt sich die Frage: Kommt es zur Betonung der Ordnungen erst in Auseinandersetzung mit der Gnosis oder ist diese Konzeption nicht vielmehr vorauszusetzen? Letzteres ist doch wohl der Fall, wenn man sich den Zusammenhang zwischen Betonung der Ordnungen und Sicheinrichten der Kirche in der Welt vergegenwärtigt. Die Auseinandersetzung mit der Häresie ist dann gewiß ein zusätzliches Motiv, die Gemeindeordnung zu festigen und die Autorität der Amtsträger zu stärken. Aber man kann jedenfalls Gemeindeordnung und Stellung des Amtes in ihr im Ansatz nicht aus dem Kampf gegen die Häresie erklären[273].

4.3 Die Kirche und ihre Umwelt

Die Umwelt, in der die Kirche der Past lebt, tritt bewußt in den Blick, wenn vom Verhalten gegenüber allen Menschen (I 2,1; T 3,2) oder von der Unterordnung unter die politischen Autoritäten (T 3,1 vgl I 2,2) die Rede ist. Aber es wird auch deutlich sichtbar, wie sich die Gemeinde als Gruppe gegenüber ihrer Umwelt versteht: indem sie zB betont als ἡμεῖς (T 3,3) oder οἱ ἡμέτεροι (T 3,14) bezeichnet wird im Unterschied zu den οἱ ἔξω (I 3,7). Und zwar tritt die Umwelt in Erscheinung als Instanz, vor der die Gemeinde in gutem Ruf stehen soll. In den Pflichtenlehren für die Amtsträger wie in den Haustafeln begegnen mehrfach Begriffe und Wendungen, in denen die Forderung untadeligen Verhaltens vor den Augen der Öffentlichkeit zum Ausdruck kommt[274]. Die insgesamt nach der Auffassung der Past von den einzelnen Gemeindegliedern erwarteten Verhaltensweisen entsprechen ja den allgemein gültigen ethischen Forderungen menschlichen Lebens. Die „christliche Bürgerlichkeit", die Bewährung des Christseins im Alltäglichen hat demnach eine

---

[272] Siehe Anm 252.
[273] Vgl zB auch Gnilka, Foi et Salut (AnBibl 42) 241.
[274] Vgl dazu und zum Folgenden: Lippert, Leben als Zeugnis 17ff. L. verweist vor allem auf folgende Stellen: I 3,7.9f. 5,7.8.10.14. 6,1; T 1,6f. 2,5.8.10.

Öffentlichkeitsdimension, steht gegen eine mögliche „Ghetto-Mentalität"[275]. Wesentlich ist dabei, daß der Blick auf die Reaktion der Umwelt nicht primär missionarischen, sondern mehr defensiven Charakter hat[276]. So taucht zweimal (I 6,1; T 2,5) das Motiv auf, daß nicht der Name Gottes oder das Wort Gottes bzw die Lehre gelästert werden solle aufgrund des Verhaltens von Christen. Vermutlich ist hier an Lästerung durch Außenstehende gedacht[277]. Noch deutlicher sind zwei Stellen (I 5,14; T 2,8), wo ausdrücklich von Gegnern die Rede ist, mit denen dem Kontext nach übelwollende Nichtchristen gemeint sein müssen[278]. Die jeweiligen Textstellen fordern ein Verhalten, das den Gegnern der Christen keinen Anlaß zu Verleumdungen geben soll. Solche Aussagen legen es nahe, daß mit der Vermeidung von Verleumdung mögliche Gefahren für die Gemeinde vermieden werden sollen.

Nach den Aussagen der Past ergeben sich keine Hinweise, daß eine akute Verfolgungssituation vorliegt[279]. Aber ebenso deutlich ist, daß generell mit der Gefahr der Verfolgung für alle (II 3,12) gerechnet wird[280]. Die Betonung der Leidensbereitschaft des Amtsträgers in II scheint darauf hinzuweisen, daß solche Gefahr für Amtsträger in erhöhtem Maße besteht. Geht man von der Abfassung der Past um die Jh-Wende bzw zu Beginn des 2. Jhs aus, so handelt es sich um die Regierungszeit Trajans. Eine Anschauung über die Situation der christlichen Gemeinden in dieser Zeit vermittelt der Briefwech-

---

275 Schiwy 26.
276 Lippert, aaO 60; vgl Weidinger, Haustafeln 54.67.72; Schiwy 70. – Lippert, aaO 88ff verweist auf den Gedanken der werbenden Lebensführung im Judentum und Hellenismus, der aber für Past offensichtlich keine primäre Rolle spielt. Bezeichnenderweise kann Lippert (170), wo er die urchristliche „Werkapologetik" durch Verweis auf die missionarische Intention gegen Egoismus abgrenzt, dazu keine Stelle aus Past nennen. – Anders Le Fort, der den missionarischen Aspekt des christlichen Verhaltens stärker betont sehen möchte (aaO 6f. 11f).
277 Da βλασφημεῖν in I 6,1 und T 2,5 im Passiv steht, ist nicht eindeutig, wer Subjekt des Lästerns ist. Mit Lippert, aaO 46, ist wohl an Außenstehende zu denken. Dafür kann auch sprechen, daß in I 1,13 βλάσφημος und διώκτης verbunden sind.
278 Für I 5,14 ὁ ἀντικείμενος wird auch die Deutung auf den Satan (vgl 1Clem 51,1; MPol 17,1) erwogen, Dib-Conz 60. Doch läßt λοιδορία jedenfalls an konkrete Verleumdung denken. Für T 2,8 ὁ ἐξ ἐναντίας wird auch an Irrlehrer als Gegner gedacht (zB Brox 296). Doch steht der Blick auf das mögliche üble Gerede der Gegner hier gerade als Motiv für die gesunde Lehre: ein Abweichen von der gesunden Lehre wäre aber, wenn bei „Gegnern" an Irrlehrer gedacht wäre, doch gerade in derem Sinne, also nicht Anlaß zu übler Nachrede.
279 Vgl vCampenhausen, Idee des Martyriums 50f Anm 7; Hegermann, aaO 61.
280 Vgl Käsemann, Ruf der Freiheit 118; Schiwy 43.

sel Plinius — Trajan[281]. Der Pliniusbrief, der bisher kaum für die Er-
fassung der Situation der Past herangezogen wird, zeigt manche Entsprechungen zu Past: 1. er setzt Gemeinden mit Angehörigen jeden
Alters und aller Stände voraus (9.); 2. er bezeugt für die Christen
eine Art „christliche Bürgerlichkeit", wobei mit fides und deposi-
tum (= $\pi\alpha\rho\alpha\vartheta\acute{\eta}\kappa\eta$) für Past Wesentliches genannt wird (7.)[282]; 3. er
erwähnt mit den Anzeigen gegen Christen durch heidnische Gegner
eine Situation, wie sie möglicherweise als Gefahr in Past vorausgesetzt wird. Damit soll nicht gesagt sein, daß ein direkter Bezug
des Pliniusbriefes auf die Gemeinden der Past vorliege, aber die Wahrscheinlichkeit, daß Plinius und Past analog die Situation kleinasiati-
scher Gemeinden beschreiben.

Der Christenbrief des Plinius an Trajan macht deutlich, daß man
den Christen Vergehen nachsagt und viele Anzeigen, auch anonyme,
bei den Behörden eingingen (2. und 5.). Die Stellungnahme Trajans
besagt, daß die Behörden nicht von sich aus die Christen aufspüren
und gegen sie vorgehen sollten. Nur reguläre, nicht aber anonyme
Anzeigen sollen behandelt werden. Das Phänomen der Denunziation
zeigt, wie sehr die Christen als besondere Gruppe im Blickpunkt ih
rer Umwelt standen. Es ergab sich also die Notwendigkeit, nichts
zu tun, was besonderes Aufsehen erregen konnte und den umlaufen-
den Verleumdungen Nahrung geben konnte oder die Behörden auf
den Plan rief[283]. Letztlich parallel den staatlichen Intentionen[284]
ist es für die Past ein wesentliches Motiv, ein ruhiges Leben führen
zu können (I 2,2). Das eben setzt voraus, nicht aufzufallen und nichts
gegen die bestehenden Ordnungen zu tun.

Die mögliche Gefährdung der Kirche durch Verfolgung ist demnach
ein wesentliches Motiv, wenn die Beachtung der Reaktion der Umwelt bei den Mahnungen betont im Blick ist[285]. Äußere Ruhe war
nötig für eine Konsolidierung der Kirche. Anderseits gab es diese
äußere Ruhe nur, wenn nicht Leute innerhalb der Kirche Anlaß für

---

[281] Plinius, ep 10,96; beide Texte sind abgedruckt und interpretiert bei Freudenberger, Das Verhalten der römischen Behörden gegen die Christen im 2.
Jahrhundert, 1967.
[282] Die Christen verpflichten sich: ne fidem fallerent, ne depositum appellati
abnegarent. (Freudenberger, aaO 43).
[283] Vgl zur vorausgesetzten Situation: Judge, Christliche Gruppen in nichtchristlicher Gesellschaft 40.42.72ff; Danielou/Marrou, Geschichte der Kirche I 109;
Baus, Von der Urgemeinde zur frühchristlichen Großkirche 157ff; Winter, Klio
1970, 500f.
[284] Vgl Freudenberger, aaO 23 und das (spätere) Hadrian-Reskript (§ 1):
... $\text{ἵνα μήτε οἱ ἄνϑρωποι ταράττωνται}$.
[285] Vgl Lippert, aaO 168.169f; Judge, aaO 72f.

Verleumdungen von außen gaben. Der Kampf gegen die Häretiker ist daher auch auf diesem Hintergrund zu sehen: sie waren nicht nur eine Gefahr für die Wahrung der Glaubenstradition, sondern sie konnten auch eine Gefahr für die Existenz der Kirche bedeuten[286]. Wenn zB die grundlegende Ordnung der Hausgemeinschaft in Frage gestellt wurde, also die Emanzipation der Frau oder der Sklaven propagiert wurde: dann konnte das Christentum als anarchistische oder sozialrevolutionäre Bewertung angesehen werden und Verfolgung durch die Behörden provozieren[287]. Es war wohl die notwendige Folge des Bemühens der Kirche um ein Sicheinrichten in der Welt auf lange Dauer, daß dabei der Blick auf die Umwelt gerichtet wurde und deren Ordnungen und Normen für das eigene Leben in der einzelnen Gemeinde übernommen wurden.

Zusammenfassung (4)

Die Konsolidierung der Kirche als geschichtliche Größe verlangt die Bewältigung von Problemen, die sich von innen und von außen ergeben. Im Innern sind jüdisch-gnostische Häretiker (pln Herkunft) abzuwehren, bei denen sich mit enthusiastischer und weltverneinender Einstellung emanzipatorische Auffassungen verbinden. Nach außen verlangt die Situation der Gefährdung durch Verleumdung und drohende Verfolgung die Rücksichtnahme auf die Umweltreaktion. Die Betonung der allgemein anerkannten Ordnungen als für die Gemeinde gültig ist daher ein wesentlicher Faktor für die Konsolidierung.

---

[286] Dieser Aspekt wird bei der Erörterung der Auseinandersetzung der Past mit den Häretikern kaum berücksichtigt. Doch erscheint der antihäretische Kampf in einem ganz anderen Licht, wenn es dabei nicht nur um innerkirchliche, theologische Streitigkeiten, sondern auch um guten Ruf und Sicherheit der Gemeinde in ihrer Umwelt geht.
[287] Judge, aaO 74ff; Lippert, aaO 46f. 153; Schiwy 38.69f.

KAPITEL IV:
ANALYSE DER AUF DIE ORDINATION BEZOGENEN TEXTE

1. Analyse der Texte I 4,6–16 und II 1,3–2,13

Ziel der Arbeit ist die Frage nach dem Verständnis der Ordination in den Past. Als wesentliche Vorfrage ist zu klären, welche Relevanz die beiden Hinweise auf die Handauflegung (I 4,14; II 1,6) in ihrem Kontext haben. Erst wenn diese Relevanz erwiesen ist, ist es gerechtfertigt, die Frage nach dem Verständnis der Ordination als eine Frage zu stellen, die den Past gemäß ist und in ihrem Denken eine wesentliche Rolle spielt.

Die Analyse der Texte fragt nach deren Aufbau und innerem Zusammenhang. Die historische Frage nach dem Vorgang der Ordination bleibt hier außer acht.

1.1 I 4,6–16

1. Nach grundlegenden Darlegungen über das Apostolat des Paulus (c. 1), Anweisungen für das gottesdienstliche Leben der Gemeinde (c. 2) und Bestimmungen über die Ämter des ἐπίσκοπος und des διάκονος schließt c. 3 in V. 16 mit einem Hymnus ab. Im Gegensatz (δέ) dazu[1] bringt c. 4 die Sprache auf die Irrlehre in der Gemeinde. In 4,1–5 werden Hauptthemen der Irrlehre (Verbot der Ehe, Speisegebote) genannt und speziell die Speisegebote mit Hinweis auf den Schöpfungsgedanken abgelehnt. Jeweils mit zusammenfassendem ταῦτα[2] eingeleitet, bilden 4,6–10 und 4,11–16 weitere Abschnitte des Kapitels. Vielfach wird 4,1–10 zusammengenommen[3], da 4,6–10 mit Bezug auf Irrlehre und Askese gedanklich an 4,1–5 anknüpft. Doch ist 4,6–10 als Mahnung an Timotheus formuliert und daher — wofür noch weitere Beobachtungen zu nennen

---

[1] Vgl Holtzmann 335; Lock 47.
[2] Vgl dazu Kap III Anm 4.
[3] So Holtzmann, Dib-Conz, Holtz, Brox.

sind — mit dem ebenfalls paränetischen Abschnitt 4,11—16 zusammenzunehmen[4].

2. Bei den Verbformen in 4,6—16 fällt auf, daß hier erstmals in I Imperative an den Briefempfänger begegnen. Sie sind gehäuft in 11—16, wo jeder Vers einen oder mehrere Imperative enthält. Insgesamt überwiegen in 4,6—16 deutlich die auf die 2. Person bezogenen Verbformen[5], wie es in diesem Maße für keinen anderen Teil des I der Fall ist. Diese Beobachtung läßt 4,6—16 als besonders herausgehobenen paränetischen Abschnitt innerhalb des Briefs erkennen.

Die in 4,6—16 überwiegende Zeitform ist das Präsens. Nur 3 X steht eine Form der Vergangenheit (6.10.14), nur 2 X das Futur (6.16), und zwar jeweils in bezeichnenden Zusammenhängen. Während ἠλπί-καμεν (10) auf die allgemein-christliche Vergangenheit bezogen ist, beziehen sich παρηκολούθηκας (6) und ἐδόθη (14) auf die Vergangenheit des Tim. Dem entspricht der jeweilige Kontext, der in 6 und 13 von speziellen Aufgaben des Amtsträgers spricht, in 10 vom allgemein-christlichen Leben („wir"). Beide Futurformen sind als Verheißungen auf den Amtsträger bezogen. So zeigt sich für V. 6 und 14—16 als Beginn und Abschluß des Abschnitts die gleiche innere Struktur: präsentisch die dem Tim gestellte Aufgabe, perfektisch (Aorist) der Rückbezug auf einen für die Gegenwart relevanten Vorgang, futurisch die Verheißung bzw das Resultat bei Erfüllung des Gebotenen.

3. Im Teilabschnitt 4,11—16 überwiegen bei weitem die Imperative. Es sind daher die Ausdrücke auffällig, die andere Verb- und Satzformen beinhalten. Man wird in solchen Formulierungen besondere Nuancen für die Aussage des Textes sehen müssen. μηδείς σου τῆς νεότητος καταφρονείτω (12a)[6] bedeutet die kontrastierende Ergänzung und so Verstärkung zur Ermahnung, Vorbild zu sein[7]. Das ent-

---

[4] So auch Lock, Kelly. — Insofern V. 6 mit einem zusammenfassenden ταῦτα eingeleitet wird, ist dann ταῦτα in V. 11 als Fortführung und nicht völliger Neueinsatz zu verstehen (vgl Holtzmann).

[5] Verteilung der Verbformen: 1. Pers.sing. (Pls) = 1; 2. Pers.sing. (Tim) = 17; 3.Pers.sing. (meist unpersönlich) = 8.

[6] Der Bezug auf die Jugend des Tim wird verschieden interpretiert: nur wer Pls für den Vf hält, kann hier wirklich an einen jugendlichen Tim denken (zB Weiß). Der späteren Abfassung der Past gemäß ist wohl daran zu denken, daß auf das Problem von Amtsträgern eingegangen wird, die entgegen der Gewohnheit noch nicht höheren Alters waren (Brox). Möglich wäre auch die Aufnahme eines atl Motivs, vgl die Berufung des Jeremia JER 1,6ff.

[7] Diese Mahnung in 12b steht in Entsprechung zu dem in 7—10 Gesagten, auch wenn hier nicht εὐσέβεια steht, sondern einzelne Charakteristika christlichen Lebens. — Zu V. 12a vgl T 2,15.

sprechende Motiv in 15b (ἵνα σου ἡ προκοπὴ φανερὰ ᾖ πᾶσιν)
unterstreicht, daß Tim durch sein Verhalten zur Festigung seiner
Autorität in der Gemeinde beitragen soll[8]. Ging es in 12 — wie
schon vorher (7—10) — um ein Verhalten des Tim, worin er Vorbild
der Gläubigen sein soll, so ab 13 um die spezifischen Aufgaben als
Amtsträger. In ἕως ἔρχομαι (nur hier 1.pers.sing.!) muß man den
Hinweis sehen, daß Tim in Vertretung des Apostels seine Aufgaben
als Amtsträger erfüllen soll[9]. In dieser Funktion als apostolisch auto-
risierter Amtsträger ist Tim nicht Vorbild, das von der Gemeinde
nachzuahmen wäre, sondern hier besteht die unvertauschbare Relation des διδάσκων zu den ἀκούοντες. Die Verheißung in 16b differenziert deutlich zwischen dem Amtsträger (σεαυτόν) und den Hö-
rern. Auf diese besondere, apostolisch autorisierte Tätigkeit (13) ist
die Mahnung in 14 bezogen mit dem auffallend langen Nebensatz,
der die Verleihung des χάρισμα beschreibt: ὃ ἐδόθη σοι κτλ. Die
Ausführlichkeit dieser Beschreibung innerhalb der Imperativreihen
weist auf die Wichtigkeit, die dieser Rekurs in die Vergangenheit
für den Verfasser hat. Zudem ist die das χάρισμα betreffende Mahnung die letzte in der Reihe der Einzelmahnungen vor Beginn der
Zusammenfassung in 15f. Diese Stellung am Schluß spricht für die
Wichtigkeit[10], zumal auch von 12 nach 13 eine Steigerung des Ge-
wichts festzustellen war.

4. Für die ganze Paränese 4,6—16 wird ein gemeinsamer Vorstellungs-
hintergrund deutlich, der mit dem Begriff προκοπή (15) gekennzeichnet ist. Dieser der stoischen Philosophie entstammende Begriff bezeichnet als terminus technicus den Fortschritt im geistig-sittlichen
Werdeprozeß des Menschen. Die Voraussetzungen für die προκοπή
sind in der menschlichen Naturanlage gegeben. Zur Entwicklung
trägt wesentlich bei die Belehrung durch Philosophen und Freunde
sowie der eigene Wille. Wichtig ist das Ausgerichtetsein auf die προκοπή als auf die Selbstverwirklichung im Leben[11]. Die Verwendung
des Begriffs προκοπή allein wäre freilich nicht hinreichend dafür,
hierin den philosophischen terminus technicus zu sehen[12]. Es zeigt

---

[8] Vgl Kelly 108; Schiwy 32.
[9] Holtzmann 341; Holtz 109.
[10] Erst in Verbindung mit den genannten formalen Kriterien ist es gerechtfertigt, in 14 eine „bedeutsame Anspielung auf die Würde des Timotheus" (Dib-
Conz 56) zu sehen.
[11] Vgl Stählin, προκοπή, ThW VI 706f.
[12] Die Verbreitung des philosophischen term techn wird zB daran ersichtlich,
daß er im Rabbinischen als Fremdwort im Sinne von „Auszeichnung, Würde"
verwendet wird: Str-B III 619. — Für den prägnanten Gebrauch von προκοπή

sich aber, daß eine Reihe anderer Begriffe in 4,6—16 in der philosophischen Literatur in gleichem Zusammenhang begegnet[13]: so zB bei Philo, der den stoischen Gedanken der προκοπή übernommen hat, aber auch bei Epiktet.

Die Verwendung von Terminologie im Umkreis des προκοπή-Gedankens läßt den Abschnitt 4,6—16 nicht nur formal als Einheit deutlich werden, nämlich als zusammenhängende Paränese. Auch die mit dem Begriff προκοπή bezeichnete Vorstellung wirkt mit ein. Das entspricht den anderwärts gemachten Beobachtungen, daß das ethische und soziale Denken der Past sich an der Umwelt einerseits, speziell po-

---

in Past spricht auch die negative Anwendung von προκόπτειν auf die Irrlehrer (II 2,16. 3,9.13).

[13] ἐντρέφεσθαι (V. 6) begegnet in Beziehung auf Lehre und Lehrsätze (Philo Fug 173: δόγματα vgl im Kontext προκοπή und διδάσκειν, Leg Gaj 195; Epikt Diss IV 4,48), aber auch in Verbindung mit (abgelehnten) Mythen (Philo Sacr AC 76). παρακολουθεῖν (V. 6) ist — zB als Sichausrichten nach einem Wort (Diss II 24,19 vgl I 7,33. 6,18; IV 7,32) — ein wesentlicher Begriff bei Epiktet (vgl Dib-Conz 54; Kittel, ThW I 216). Der Standort des προκόπτων ist nach Philo Fug 213 zwischen den ἅγια und den βέβηλα (vgl V. 7). γυμνάζειν (V. 7) als nicht körperliche Übung, sondern bezogen auf die persönliche Entwicklung ist geläufiger Sprachgebrauch (Dib-Conz 55). Philo redet vom γυμνάζεσθαι des ἀσκητής (Migr Abr 199), der für ihn gleichbedeutend ist mit dem προκόπτων (Leg All III 144; Poster C 78). Der körperlichen Übung (V. 8: wohl gegen häretische Askese) des athletischen Kampfes wird in der Philosophie die geistige Tätigkeit entgegengestellt (Wendland, Philo und die kynisch-stoische Diatribe 43; Dib-Conz 55), bereits bei Philo (Spec Leg II 183; Sobr 40) auch die εὐσέβεια (V. 7f). Auch Philo kann dieses Bemühen mit ἀγωνίζεσθαι (V. 10) bezeichnen (vgl Virt 45). Auch der sich um die Tugend mühende philosophisch Engagierte kann von einer darauf bezogenen ἐπαγγελία (V. 8) sprechen (Epikt Diss I 4,3; Diss I 4 = Περὶ προκοπῆς!; vgl Ench 2). — Nach den Versen 11—14 mit ihrer mehr christlich bestimmten Terminologie enthält die zusammenfassende Mahnung 15f wieder in der philosophischen Paränese geläufige Termini. V. 15 stellt die προκοπή als ersten Zielpunkt der Mahnungen heraus (der zweite ist V. 16 mit dem Gedanken der σωτηρία). Vom Sichtbarwerden der eigenen προκοπή vor andren Menschen redet auch Epikt Diss I 4,13. Die Übung auf dem Weg zur Tugend kann mit μελέτη ausgedrückt werden (Diogenes Babylonicus = SVF III 221, 20; Epikt Diss IV 6,16). So begegnet das Verbum μελετᾶν (V. 15) häufig in entsprechenden Zusammenhängen profaner Paränese, auch in der zusammenfassenden Formulierung ταῦτα μελετᾶν (Beispiele bei Wettstein, auch Dib-Conz 57; zB Epikt Diss I 1,25; II 1,29; vgl Xen Cyrop 5,5,47). Geläufig sind auch die Verben ἐπέχειν (V. 16) bzw προσέχειν (Epikt Diss III 23,21; IV 3,3.7) und ἐπιμένειν (V. 16) bzw ἐμμένειν (Xen Hell 3,4,6; Epikt Diss II 20,26 vgl Ench 50) bei der Aufforderung, sein Augenmerk auf etwas zu richten oder bei einer Sache zu bleiben. Auch in philosophischer Paränese kann sich mit den Mahnungen der Hinweis auf daraus resultierendes Heil (V. 16 vgl ἐπαγγελία V. 8) oder Unheil verbinden (Epikt Diss IV 3,3. 2,1 vgl 1,170).

pularphilosophischen Auffassungen andererseits orientiert. Als charakteristische gemeinsame Züge werden im vorliegenden Abschnitt deutlich: die Betonung der Orientierung an der richtigen Lehre und Denkweise; die Notwendigkeit des eigenen Bemühens und Sichübens auf dem Weg der persönlichen Entwicklung und Selbstverwirklichung; die Ausrichtung des Tuns und Handelns auf die προκοπή als Nahziel, letztlich auf ein — wie auch immer verstandenes — Heil.

Einige Unterschiede aber sind nicht zu übersehen[14]. Der individualistische Aspekt des προκοπή-Gedankens wird durch den Blick auf die Gemeinde modifiziert[15]. Das hängt damit zusammen, daß hier nicht ein auf sich gestelltes Individuum, sondern der Amtsträger als Vorbild der Glaubenden angesprochen wird. Der Amtsträger ist nicht nur für sich, sondern auch für die ihn hörende und sehende Gemeinde verantwortlich. Dazu gehört auch, daß der Amtsträger über das allgemein Ethische hinaus an das besonders ihm gegebene χάρισμα erinnert wird. Für die Auffassung der Past vom χάρισμα ist dann zu beachten, daß es als Element innerhalb des προκοπή-Gedankens erscheint. Das χάρισμα wird damit auch als Gegenstand des Bemühens angesehen[16]. Bei aller Betonung des eigenen Bemühens im Blick auf προκοπή und σωτηρία ist als weiterer Unterschied zur popularphilosophischen Konzeption zu sehen: neben dem Hinweis auf die Verantwortung für das eigene Heil und das der Gemeinde (16) steht das Bekenntnis, daß die Hoffnung der Glaubenden sich auf Gott als σωτήρ richtet (10)[17].

5. Die Grundzüge des Abschnittes 4,6—16 sind jetzt erkennbar. Die Paränese ist bestimmt von dem Doppelaspekt, daß Tim als Amtsträger einerseits ein Vorbild christlicher Lebensführung zu geben hat, andererseits unverwechselbare Aufgaben als Amtsträger hat. Mit V. 6 und 14—16 hat die Mahnung an den Amtsträger ihre Fundierung: die Grundlegung in der Vergangenheit — der zu erfüllende gegenwärtige Auftrag — die Verheißung für die Zukunft. In 4,6—10 wird Tim ermahnt, entgegen der rigorosen Askese-Forderung der Irrlehrer sich

---

[14] Vgl dazu auch Stählin, ThW VI 713f.

[15] Für den Philosophen liegt dagegen ein starker Ton auf dem eigenen Bewußtsein hinsichtlich der προκοπή, vgl Seneca, Epist moral ad Lucilium 71,36.

[16] Vgl auch V 1.21. — Aber sicher ist es nach dem ganzen Zshg des Abschnitts nicht so, daß die προκοπή speziell als Entfaltung des χάρισμα zu verstehen sei, wie es nach Stählin, aaO 713, den Anschein hat. ταῦτα (V. 15) ist nicht nur auf V. 14, sondern auch auf die Mahnungen 12—14 zu beziehen! Mit Holtzmann 342; Kelly 108; Holtz 112; Brox 182.

[17] Aber auch bei Philo findet sich bereits eine entsprechende Auffassung: Fug 172.

auf die Einübung der εὐσέβεια gemäß der rechten Lehre auszurichten. Diese ihm gegebene Ermahnung soll er weitergeben (11) und dabei selbst Vorbild sein (12). Sein vorbildlicher christlicher Lebenswandel soll gewährleisten, daß seine Autorität in der Gemeinde nicht in Frage gestellt wird[18]. Den Versen 11f formal entsprechend ist der Gedankengang in 13f[19]. War Tim zuvor im Blick auf seine Lehraufgabe darauf verwiesen worden, auf seine Glaubwürdigkeit und Autorität zu achten, so wird er jetzt im Blick auf seine als Vertretung des Apostels verstandene Tätigkeit ermahnt, auf das ihm gegebene χάρισμα als das Grundlegende zu achten. Zwei verschiedene Momente werden so sichtbar: zunächst die Bezugnahme auf die Stellung des Amtsträgers in der Gemeinde (12), dann die Betonung der besonderen Ausrüstung durch die Gabe des χάρισμα (14).

Die Verse 15f fassen die Mahnungen in doppelter Zielrichtung zusammen: 1) Die προκοπή als Ergebnis des Bemühens um vorbildliches Christsein wie des Wirksamwerdens des χάρισμα in der Amtstätigkeit soll Tim vor der Gemeinde als vorbildlichen und glaubwürdigen Amtsträger ausweisen. 2) Er soll sich als Amtsträger seiner besonderen Verantwortung im Blick auf den Weg zum Heil bewußt sein. Mit der Unterscheidung zwischen seiner Person und der Gemeinde, zwischen ihm und der Lehre wird nochmals der Doppelaspekt der Mahnungen betont: die Anrede als Amtsträger und als Vorbild des Christseins.

1.2 II 1,3−2,13

1. Im Unterschied zu I und T lassen sich in II einzelne Abschnitte nach thematischen Gesichtspunkten weniger klar abgrenzen, da die wesentlichen Motive den ganzen Brief durchziehen: das Vorbild des Paulus, dem Tim folgen soll; die Bereitschaft zum Leiden, die der Verkündiger des Evangeliums zeigen soll; die Bewahrung der überkommenen Botschaft und ihre Verteidigung gegen die Irrlehrer.

Der Briefform entsprechend wird meist c. 1 als Einleitungsteil abgegrenzt[20]. An das Präskript 1,1−2 schließt sich das Proömium an, das mit dem Dank des Paulus für seine Glaubensverbundenheit mit

---

18 Vgl Brox 178ff; Weiß 177; Lock 52.
19 Man vergleiche den entsprechenden Aufbau: V. 11 Imperativ (positiv), V. 12 μηδείς + Jussiv, V. 13 Imperativ (positiv), V. 14 μή + Imperativ. V. 12a ist zwar auf die 3. Pers bezogen, aber sinngemäß kann man den Satz wiedergeben: gib keinen Anlaß, daß dich jemand wegen deiner Jugend verachtet! (vgl Bengel, Gnomon zSt).
20 Vgl Dib-Conz, Brox, Lock.

Tim 1,3—5 umfaßt. Doch ist es nicht in sich abgeschlossen, sondern begründet unmittelbar das Folgende, indem 6(—11) und 12(—14) jeweils mit δι' ἣν αἰτίαν den Zusammenhang weiterführen: das ist in 6—11 die an das verliehene χάρισμα geknüpfte Mahnung, wie Paulus für das Ev einzutreten und zu leiden; in 12—14 die Mahnung zur Wahrung der παραθήκη. 15—18 verweist auf negatives und positives Beispiel von Mitarbeitern des Paulus. Zwar bringt 2,1 einen Neueinsatz, doch wird mit σὺ οὖν zugleich an das Vorhergehende angeknüpft[21], so daß ein enger Zusammenhang mit c. 1 hergestellt wird. Verschiedene Hinweise sind noch zu nennen, die dafür sprechen, die Mahnungen in 2,1ff an c. 1 anzuschließen und 1,3—2,13 als zusammengehörig anzusehen[22]. 2,14ff bringt jedenfalls mit dem Eingehen auf die Irrlehrer eine neue Thematik und damit einen deutlichen Einschnitt.

2. Für die Verbalformen (soweit auf Menschen bezogen) gilt, daß in c. 1 die 1. Person (= Pls) gegenüber der 2. Person (= Tim) und 3. Person (= andere Mitarbeiter des Pls) überwiegt[23]: dies ist so in keinem anderen Teil der Past der Fall. Dieses Vorherrschen der 1. Person (sing.) markiert eine wesentliche Charakteristik dieses Kapitels und damit den Unterschied zu I 4,6—16: dort steht die das χάρισμα betreffende Mahnung an Tim innerhalb einer Reihe von Imperativen. 2,1—13 nähert sich dem eher an, sofern dort die 1. Person zurücktritt, die 2. Person dagegen in den Vordergrund tritt[24]. Wichtig ist aber, daß der Abschnitt in 11—13 mit 3 Versen endet, in denen die 1. Person Plural überwiegt[25]. Dann ergibt sich für den gesamten Abschnitt 1,3—2,13 folgende Beobachtung: in 1,3.6.12 werden die Unterabschnitte jeweils mit 1. pers.sing. Indikativ Präsens eingeleitet, in 2,1.8 jeweils mit 2. pers.sing. Imp. Präsens, während dann in den abschließenden Versen 2,11—13 1. und 2. pers.

---

[21] Mit σὺ wird betont Tim angeredet im Kontrast zu den in 15—18 genannten Personen. Während es aber sonst σὺ δέ heißt (I 6,11; II 3,10.14. 4,5; T 2,1), steht hier οὖν: dh daß die in Kap I bereits an Tim gerichteten Mahnungen nach dem „Exkurs" 1,15—18 hier fortgeführt werden (Weiß 261. Lock 93). Vgl Bl-Debr § 451,1: οὖν nach Zwischenbemerkungen; s auch Nauck, ZNW 49(1958), 134f.
[22] So auch Holtz 151; vgl Holtzmann 400.
[23] Relation der Verben: 1.:2.:3.Pers.sing. = 16:8:8 Verbformen. Weitere 13 X erscheint die 3.Pers.sing. in meist dogmatischen Formulierungen.
[24] Relation 1.:2.:3.Pers.sing. = 3:6:17. Von den 17 Verbformen 3.Pers.sing. sind 8 generalisierend auf den Amtsträger, somit auch auf die angeredete 2. Person bezogen. Dann ergibt sich 1.Pers. (= Pls) : 2.Pers. (= Tim) + 3:14!
[25] Nämlich 6 Formen der 1.Pers.pl; daneben 3 der 3.Pers.sing (= Gott bzw Christus).

im „wir" zusammengeschlossen werden. Anders gesagt: für c. 1 ist kennzeichnend, daß „Paulus" redet, indem er von seiner Person ausgeht, für c. 2,1–13, daß hier Tim angeredet wird und Paulus sich dann mit ihm zusammenschließt.

Eine parallele Beobachtung ergibt sich für die Tempora: in c. 1 steht kein einziges Futur. Stattdessen überwiegt die Vergangenheit gegenüber dem Präsens. Dabei ergeben sich für die Vergangenheit folgende Bezüge: 1. Aussagen des Paulus über sich, 2. kerygmatische Aussagen 3. Aussagen über positives und negatives Verhalten von Mitarbeitern des Paulus. Auf Tim bezogen steht explizit nur 1 × Vergangenheit: ἤκουσας 1,13; sachlich gehört dazu aber auch 1,6 mit dem Hinweis auf die ja in der Vergangenheit geschehene Handauflegung. Ein ganz anderes Bild zeigt 2,1–13: hier überwiegt das Präsens ganz eindeutig, hauptsächlich bezogen auf Tim. Die Vergangenheit tritt demgegenüber zurück. Dafür aber begegnet mehrmals das Futur, gehäuft in den abschließenden Versen mit „wir", die inhaltlich Ausdruck der gemeinsamen Hoffnung sind.

Das Fazit ist somit: In c. 1 redet Paulus primär unter Bezugnahme auf die Vergangenheit, während die präsentische Anrede an Tim nicht als selbständiges Element hervortritt. In c. 2 dagegen ist eben diese präsentische Anrede und Ermahnung als Folgerung aus dem zuvor Gesagten (οὖν 2,1!) bestimmend und bringt mit den abschließenden Versen den Hinweis auf die Paulus und Tim gemeinsam geltende Verheißung.

3. Auffällig ist für 1,3–2,13 das den ganzen Abschnitt durchziehende Motiv der Erinnerung. In dem Abschnitt finden sich 6 verschiedene Wortbildungen vom Stamm μνη- (1,3.4.5.6; 2,8.14)[26], an anderer Stelle innerhalb der Past nur noch T 3,1. Sinngemäß sind auch 1,15 (οἶδας) und 1,18 (γινώσκεις) hierzu zu rechnen, da auch hier Tim an ein Wissen erinnert wird. Interessant ist die Verschiebung von Pls als Subjekt des Sich-Erinnerns (1,3–5) und Erinnerns (1,6) zu Tim als Subjekt des Sich-Erinnerns (1,15.18; 2,8) und Erinnerns (2,14). Mit diesem Erinnerungsmotiv zeigt sich nochmals die Zusammengehörigkeit von 1,3–2,13 mitsamt der Verschiebung des Aspekts von Pls auf Tim. Pls erinnert sich an Tim und erinnert Tim an das, was beide miteinander verbindet und was Tim von Pls her hat. In diesem Horizont ist der Verweis auf das χάρισμα zu sehen, das Tim durch Handauflegung des Pls hat, sowie auf die Botschaft, die Tim von Pls

---

[26] 2,14 ist zwar Beginn eines neuen Abschnitts und Themas, aber ταῦτα bezieht sich (wie auch sonst) als Zusammenfassung auf das zuvor Gesagte.

übernommen hat[27]. Das Erinnerungsmotiv[28] betont also stark die Verbindung zwischen Pls und Tim.

4. Die Betonung der engen Beziehung zu Pls erreicht der Vf auch dadurch, daß er in 1,3—2,13 besonders häufig Gedanken und Formulierungen der pln und dtpln Briefe aufgreift[29]. Daraus wird der besondere Charakter des vorliegenden Abschnittes deutlich und damit zugleich seine Wichtigkeit für den Vf. Neben anderen Anlehnungen an Röm[30] ist besonders auffällig die enge Berührung des Proömiums von II mit dem in Röm 1[31]. Während die Parallelen bei einigen Motiven und Formulierungen evident sind[32], so daß mit bewußter Anlehnung zu rechnen ist, stellt sich die Frage, ob auch daran anschließende Parallelen bewußt sind. Im Proömium des Röm schließt sich nämlich als Ziel der Begegnung mit den Römern die Formulierung an: ἵνα τι μεταδῶ χάρισμα ὑμῖν πνευματικὸν εἰς τὸ στηριχθῆναι ὑμᾶς[33]. In II 1 dagegen wird nach der sehnsuchtsvollen Erinnerung Tim an das ihm von Pls durch Handauflegung vermittelte χάρισμα erinnert. Während in Röm die Wirkung des χ. mit στηριχθῆ-

---

[27] Es ist zu beachten, daß das Erinnerungsmotiv gerade auch in 1,6 (χάρισμα!) und 2,8 (εὐαγγέλιον!) verwendet wird.

[28] Zum Erinnerungsmotiv als festem Element des griechischen Briefstils, speziell des Freundschaftsbriefes: Koskenniemi, Studien zur Idee und Phraseologie des griechischen Briefes, vor allem 123f. 146f; als Motiv in der philosophischen Paränese zB häufig in Epiktets Ench: 2.4.15.17.20.22 u.ö. (meist μέμνησο).

[29] Holtzmann 110ff findet 43 Stellen der pln-dtpln Literatur (die für den Vf der Past natürlich alle als Plsbriefe gelten), aus denen im vorliegenden Abschnitt zitiert wird bzw Formulierungen und Gedanken entlehnt sein können. Für sämtliche übrigen Teile der Past zählt H. 65 solcher Stellen auf. Das ergibt auf die einzelnen Kapitel berechnet: für 1,3—2,13 einen Durchschnitt von 28 Stellen pro Kapitel, für den Rest der Past ca 6 verwendete Pls-Stellen pro Kapitel!

[30] Vgl zB II 1,8 mit Röm 1,16.

[31] Auffällig ist, daß von den drei Past nur II ein Proömium hat. — Auf die Berührung von II 1,3—5 mit Röm 1,8—11 wird in den Kommentaren verschiedentlich hingewiesen, zB Brox 225.

[32] Vgl:

Röm 1		2. Tim 1	
8	(εὐχαριστῶ τῷ θεῷ)	3	(χάριν ἔχω τῷ θεῷ)
	ἡ πίστις ὑμῶν	5a	τῆς ἐν σοὶ ... πίστεως
9	ὁ θεός, ᾧ λατρεύω	3	τῷ θεῷ, ᾧ λατρεύω
	ὡς ἀδιαλείπτως μνείαν ὑμῶν ποιοῦμαι		ὡς ἀδιάλειπτον ἔχω τὴν περὶ σοῦ μνείαν
10	(πάντοτε ἐπὶ τῶν προσευχῶν μου)		(ἐν ταῖς δεήσεσίν μου νυκτὸς καὶ ἡμέρας)
11	ἐπιποθῶν γὰρ ἰδεῖν ὑμᾶς	4	ἐπιποθῶν σε ἰδεῖν

[33] Bemerkenswert ist, daß Pls auch am Anfang des 1Kor (1,7) und des 2Kor (1,11) die Sprache auf χάρισμα bringt.

ναι angegeben wird, beinhaltet die Fortführung der Mahnung an Tim den Verweis auf das πνεῦμα δυνάμεως. Da Pls nur an der Röm-Stelle χάρισμα in einem Zusammenhang gebraucht, dem man — wenn man will — den Gedanken einer Vermittlung des χάρισμα entnehmen kann, ist eine bewußte Parallele von seiten des Vf der Past für II 1,6 durchaus möglich.

5. Tenor und Gedankengang von 1,3—2,13 sind mitbestimmt durch zahlreiche wiederkehrende Stichworte, mit deren Vorkommen im Text bestimmte Akzente gesetzt werden. Von hier aus können Aufschlüsse über Zusammenhänge in der inhaltlichen Struktur erwartet werden. Es handelt sich um folgende Stichworte:

χάρισμα / χάρις 1,6. 2,1: jeweils in Mahnung an Tim;
πνεῦμα 1,7.14: auf Pls und Tim bezogen [34];
δύναμις / ἐνδυναμοῦν 1,7: „wir"; 1,8. 2,1: Mahnung an Tim;
ἐπαισχύνεσθαι [35] 1,8: Mahnung an Tim; 1,12: Vorbild des Pls; 1,16: Vorbild des Onesiphorus;
πάσχειν / (συγ)κακοπαθεῖν [36] 1,8. 2,3: Mahnung an Tim; 1,12. 2,9: Vorbild des Pls;
εὐαγγέλιον [37] (jeweils in Verbindung mit πάσχειν κτλ.) 1,8: Tim; 1,10 mit 12; 2,8 mit 9: Pls;
παραθήκη / παρατίθεσθαι 1,12: Pls; 1,14. 2,2: Mahnung an Tim;
φυλάττειν 1,12.14: in Verbindung mit παραθήκη;
ἀκούειν 1,13. 2,2: Übernahme der Paratheke durch Tim von Pls;

Es fällt auf, daß die in c. 1 weiter auseinanderliegenden Stichworte in c. 2 vor allem in 3 Versen zu finden sind:
2,1—3

2,1	ἐνδυναμοῦν	—	1,7.8 δύναμις
	χάρις	—	1,6 χάρισμα
2,2	παρατίθεσθαι	—	1,12.14 παραθήκη
	ἀκούειν	—	1,13 ἀκούειν
2,3	συγκακοπαθεῖν	—	1,8.12 συγκακοπαθεῖν / πάσχειν

Explizit oder implizit (ἐπαισχύνεσθαι, εὐαγγέλιον, φυλάττειν) werden alle in c. 1 gefundenen Stichworte aufgegriffen. 2,1—3 erweist sich so als Konzentrat und Weiterführung dessen, was in c. 1 bereits anklang oder ausgeführt wurde: und zwar jetzt als Mahnung an Tim.

---

[34] Zu ἡμῖν in II 1,7.14 s Kap V 1.22.2.
[35] Dieses Verb in Past nur hier.
[36] Außer hier nur noch II 4,5.
[37] Außer hier nur noch I 1,11.

Sind in c. 1 immer Vorbild des Pls und Mahnung an Tim gekoppelt, so steht jetzt betont die Mahnung an Tim da. Dabei wird das Leidensgebot in 2,3ff näher exemplifiziert und wieder zurücklenkend auf das Vorbild des Pls (2,9f) mit der auf Tim und Pls bezogenen Hoffnung (2,11—13) abgeschlossen.

2,1—3 nennt die 3 Gesichtspunkte der Mahnung, wie sie auch in c. 1 zum Zuge kommen:

2,1 ἐνδυναμοῦν ἐν χάριτι   //   1,6—8 [38]
2,2 παρατίθεσθαι ἃ ἤκουσας   //   1,12—14
2,3 συγκακοπαθεῖν   //   1,8—12

Die Abschnitte in c. 1 greifen ineinander über, wodurch sichtbar wird, daß keine der Mahnungen in sich geschlossen ist, sondern verschiedene Aspekte darstellen. Auch stehen die 2. und 3. Mahnung in c. 2 in anderer Reihenfolge als in c. 1. Wichtig aber ist, daß als erste immer die gleiche Mahnung steht, diese also als grundlegend für die beiden anderen anzusehen ist: 2,1//1,6—8. Damit wird sichtbar, daß die Mahnung, das χάρισμα zu entfachen, auf die Mahnung zur Leidensbereitschaft einerseits, zur Wahrung der empfangenen Botschaft andererseits zielt.

6. In den Grundzügen ergibt die Analyse von 1,3—2,13 folgendes Bild:

Durch Wahl der Formulierungen und Aufgreifen bestimmter Gedanken will der Verfasser unterstreichen, daß es wirklich Paulus ist, der mit seiner ganzen Autorität hier redet. Für das, was dieser „Paulus" sagt, ist wesentlich, daß er von der engen Verbindung zwischen sich und Tim ausgeht. Anknüpfungspunkt ist der Blick auf die gemeinsame Herkunft im Glauben. Von dieser allgemeinen Grundlage, die der Glaube bedeutet, ist unterschieden der Verweis auf die spezielle Grundlage für den Dienst des Tim: dabei läßt sich auf bestimmte Daten verweisen, und es ist Pls, von dem her Tim diese Grundlage hat. Grundlage aller Mahnungen ist der Hinweis auf den Akt der Handauflegung durch Pls und die damit verbundene Gabe des χάρισμα. Grundlage für die Mahnung zur Wahrung und Weitergabe der anvertrauten Botschaft ist der Hinweis auf die Übergabe dieser Botschaft durch Pls an Tim in einem Akt vor Zeugen [39].

Der Dienst, zu dem Tim ermahnt wird, ist ganz und gar an „Paulus" orientiert: χάρισμα und εὐαγγέλιον (παραθήκη) sind ihm von Pau-

---

[38] Vgl Scott 100; Kelly 172; Holtz 169; auch Holtzmann 403; Lock 93.
[39] S. dazu Kap IV 2 (zu II 2,1f).

lus vermittelt. Pls ist Garant dieser Botschaft, da speziell er zu ihrer Verkündigung eingesetzt wurde. Mit seinem Leiden beglaubigt er seine Bindung an das Evangelium. In alledem ist er Vorbild und weist von da aus Tim an seine Aufgabe jetzt und in der Zukunft: so wird die Mahnung, das χάρισμα zu entfachen, entfaltet in der Doppelmahnung zum Bewahren der Botschaft und zur Leidensbereitschaft. An den Schluß der Mahnungen tritt der Hinweis auf die gemeinsame Hoffnung für die, die Glauben und Tradition treubleiben und bereit sind, dafür ihr Leben hinzugeben.

Zusammenfassung (1)

1. Die beiden Textabschnitte heben sich formal und sachlich als besonders charakteristisch innerhalb von I und II heraus. Auch innerhalb der formalen und inhaltlichen Struktur des engeren Kontextes stehen beide Hinweise auf die Ordination an wesentlicher Stelle. Die Frage nach dem Verständnis der Ordination zum Thema zu machen, erweist sich damit als der in Past sichtbar werdenden Gewichtigkeit dieses Vorgangs angemessen.

2. Gemeinsam ist beiden Texten, daß die Bezugnahme auf die Ordination die Form eines paränetischen Rückverweises auf ein in der Vergangenheit liegendes Datum hat. Die Stellung im Kontext zeigt, daß dieses Datum für den Amtsträger grundlegende Relevanz hat. Der Bezug auf dieses Geschehen wird deutlich unterschieden von der generellen Tatsache und Begründung seines Christseins.

3. Auch ohne Eingehen auf die exegetischen Details von I 4,14 und II 1,6 werden durch den Kontext einige Unterschiede sichtbar. Der Hintergrund, auf dem I 4,14 zu sehen ist, ist die Stellung und Aufgabe des Amtsträgers in der Gemeinde (Betonung der διδασκαλία!). Im Blick auf seine verantwortliche Funktion wird er auf das dazu grundlegende χάρισμα verwiesen. Wenngleich auch in I 4,13 die apostolische Autorisierung angesprochen ist, gilt dieser Gesichtspunkt doch viel stärker in II 1—2. Tim wird in diesem „Testament des Paulus" nicht nur als Typus des Amtsträgers angeredet, sondern betont als Apostelschüler, der aufgrund seiner Beziehung zu Pls Garant der pln Tradition ist (Betonung der παραϑήκη = εὐαγγέλιον!). Die Relation zu Pls vermittelt Grundlage und Vorbild für den Dienst des Tim, durch ihn aber auch für jeden weiteren Amtsträger.

2. Texte mit Bezügen auf die Ordination

I 1,18

Das Wort προφητεία begegnet in Past außer hier nur in I 4,14, also im Zusammenhang der Ordination. Der Verweis auf die προφητεῖαι in 1,18—20 (zusammenfassender Abschnitt zu c.1) erscheint formal analog den Hinweisen auf das χάρισμα in I 4,14 und II 1,6. Zudem weist der Ausdruck παρατίθεμαι auf den nach II 1,6ff im Zusammenhang der Ordination wesentlichen Komplex der παραθήκη. Mit den meisten Auslegern ist daher die Annahme als begründet anzusehen, daß die hier genannten προφητεῖαι mit der Ordination im Zusammenhang zu sehen sind. Auf die genaue Bedeutung des Wortes sowie die Relation zur Ordination ist in Kap. V einzugehen.

Sprachlich strittig ist, ob ἐπί σέ mit προαγούσας oder mit προφητείας zu verbinden sei. Das heißt im ersten Fall: προάγειν wird örtlich verstanden, also „auf dich (im Unterschied zu anderen Kandidaten) hinführende προφητεῖαι"[40]; im zweiten Fall: προάγειν zeitlich verstanden, also „frühere über dich (ergangene) προφητεῖαι"[41]. Verschiedenes spricht für letztere Interpretation: die sonstige Verwendung von προάγειν im NT zeigt als normal die Verbindung mit εἰς (so auch I 5,24), nie mit ἐπί; zwar nicht im NT (wo die Zahl der Belege geringer ist!), aber in der LXX erweist sich die Verbindung προφητεύειν ἐπί τινα als gebräuchlich[42]; die auffällige Wortstellung[43] τάς ... ἐπὶ σὲ προφητείας hat zB eine Analogie in I 4,14: τοῦ ἐν σοὶ χαρίσματος.

I 3,10

Innerhalb des Diakonenspiegels I 3,8ff wird in V. 10 vor deren Dienstbeginn eine Prüfung gefordert. Manche Ausleger denken an eine reguläre Prüfung[44] oder Probezeit[45], wahrscheinlicher aber ist allgemeiner an eine „Prüfung" im Sinne einer Beobachtung ihrer Eignung und ihres guten Rufes (ἀνέγκλητοι) gedacht[46]. Mit καὶ

---

[40] Weiß 102; Scott 16; Schlatter 65; Maehlum 77f.
[41] Holtzmann 303; Wohlenberg 100f. Zu diesem Gebrauch von προάγειν vgl die Belege bei Bauer, WB s.v. (2b).
[42] Häufig bei Ez, aber auch sonst gelegentlich.
[43] Weiß 102: sprachliche Härte.
[44] Wohlenberg 133.
[45] Schlatter 107; Brox 153; Holtz 84; vgl Wohlenberg 133.
[46] Holtzmann 321; Weiß 144; vSoden 234; Weidinger, Haustafeln 69; Lock 40; Kelly 83.

οὗτοι wird möglicherweise auf eine Analogie[47] zu dem Verfahren bei den Episkopen (3,2ff) angespielt, zudem auch bei diesen ἀνέγκλητος (T 1,7 vgl 6) bzw. ἀνεπίλημπτος (I 3,2) die erstgenannte Voraussetzung ist. Analog wie bei Episkopen/Presbytern kann dann auch bei den Diakonen an eine Ordination als Einsetzungsakt zu denken sein[48]. Aber das bleibt eine Vermutung. Angesichts der Andersartigkeit des Amtes der Diakonen im Vergleich zu dem der Presbyter/ Episkopen verbänden sich dann wohl auch mit dem Einsetzungsakt andere Aspekte. Bei der Frage nach der Ordination als der Einsetzung des lehrenden und leitenden Amtsträgers bleibt also die Einsetzung der Diakonen außer Betracht.

I 4,14

Nach der oben gegebenen Analyse von I 4,6—16 bleiben noch die einzelnen exegetischen Probleme des V. 14 zu klären. Da dies die Gesamtproblematik des Ordinationsverständnisses betrifft, ist der Ort dazu in Kap. V. Hier sind nur die wesentlichen Probleme zu nennen, die sich beim Vergleich mit anderen Texten ergeben: 1. Ist· προφητείας nach διά als acc.plur. zu verstehen (wie I 1,18) oder als gen.sing.? 2. Was hat es zu besagen, daß in Verbindung mit der Handauflegung hier die Präposition μετά steht, in II 1,6 dagegen διά? 3. Wie ist zu erklären, daß ἐπίθεσις τῶν χειρῶν einmal den Genitiv τοῦ πρεσβυτερίου, einmal μου (= Pls) nach sich hat?

I 5,9

(Siehe dazu am Ende der Ausführungen zu 5,22!)

I 5,22

Umstritten ist, ob die hier erwähnte Handauflegung die Ordination von Presbytern (V. 17ff)[49] meint oder den Ritus der Wiederaufnahme reuiger Sünder (Rekonziliation)[50].

---

[47] Kühl, Gemeindeordnung 14; vgl Holtzmann 321.
[48] Brox 152. Vgl Moody, RExp 56(1959), 39; Scott 67.
[49] Weiß 206; Wohlenberg 193; vSoden 248.170; Holtum, ThGl 19(1927), 478;· Fuchs, Ordinationstitel 31f; Kühl, Gemeindeordnung 39; Schnackenburg, Kirche 90; Michaelis, Ältestenamt 77f; Schelkle, Jüngerschaft 135; Schmithals, Apostelamt 224; Klostermann, Apostolat 311; Ehrhardt, Apostolic Succession 33; Kertelge, Gemeinde 148; Knoch, Testamente 55; u.a.
[50] Holtzmann 355; Lock 64; Holtz 129; vCampenhausen, Amt 161;. Chavasse, ET 81(1970), 150; Bornkamm, ThW VI 666 Anm 93; Schütz 101; Müller-Bardorf, Fascher-Festg 117; Bartsch, Rechtsbildungen 101ff; u.a.

Für den Bezug auf die Rekonziliation werden folgende Argumente vorgebracht[51]:

1. Vers 22 spricht nicht mehr von den Presbytern: a) Manche[52] nehmen an, daß bereits nach 19 eine Zäsur vorliegt; der Wechsel vom Singular (19) zum Plural (20) führt zur Folgerung, daß in 20 allgemein von Sündern, nicht aber von Presbytern mehr die Rede ist. b) Nach anderen[53] bezieht sich zwar 20 noch auf die Presbyter, aber 21 schließt diese Aussagen ab, so daß 22 unabhängig davon zu verstehen ist. Wegen der ausdrücklichen Erwähnung „fremder Sünden" in 22 und auch im Blick auf den weiteren Kontext (vgl. 24f) ist die Handauflegung am ehesten auf die Wiederaufnahme von Sündern zu beziehen.

2. $\kappa o\iota\nu\omega\nu\epsilon\hat{\iota}\nu$ bezeichnet im NT nur die Teilnahme an etwas Gegenwärtigem, hier an aktuellen Sünden. Die Mahnung zielt also nicht auf die Sorgfalt bei der Ordination wegen der Mitverantwortung für künftiges Verhalten eingesetzter Presbyter[54]. Zudem wäre diese Sorgfaltsregel nach dem in I 3 an Voraussetzungen Genannten hier überflüssig[55].

3. Ausgehend von dem später eindeutig bezeugten Brauch sprechen die verschiedenen Gesichtspunkte dafür, hier das erste Zeugnis für die Rekonziliation durch Handauflegung zu sehen.

Die Argumente für den Bezug auf die Ordination sind folgende[56]:

1. Vers 17—22 sind als durchgehender Zusammenhang anzusehen, der auf die Presbyter bezogen ist: a) Der Wechsel von Singular und Plural begegnet in Past mehrfach. Wie in 18 (Zitat) so kann man in 19 den Singular als generell verstehen. Dann ist es nicht auffällig, daß in 20 (wie schon in 17!) der Plural steht. Zu beachten ist, daß es $\dot{\alpha}\mu\alpha\rho\tau\dot{\alpha}\nu o\nu\tau\epsilon\varsigma$ und nicht $\dot{\alpha}\mu\alpha\rho\tau\omega\lambda o\acute{\iota}$ heißt. Das Partizip ist nicht substantivisch, sondern attributiv zu verstehen, so daß die Sündigen unter den Presbytern gemeint sind. b) Darüber hinaus ergibt sich bis 22 ein sinnvoller Gedankengang (mit „fallender Tendenz")[57]: 17f gute Presbyter, 19 verdächtigte Presbyter, 20f sündige Presbyter, 22 Vorbeugung im Blick auf einzusetzende Presbyter. 24f kann als

[51] Siehe dazu vor allem Galtier, RechSR 3(1912) 448ff sowie 39(1951), 317ff; ders, DThC 7, 1306ff.
[52] Galtier, DThC 7,1311; Bornkamm aaO.
[53] Holtzmann 354; Dib-Conz 62.
[54] Galtier, RechSR 39(1951), 319f.
[55] Holtzmann 355.
[56] Siehe dazu vor allem: Adler, Schmid-Festschr 1—6; Brox 201f.
[57] Das Folgende nach Adler, aaO 4f; etwas anders vSoden 248.

Hinweis auf Sünder im allgemeinen eine Fortsetzung dieses Gedankengangs sein[57a]; man kann aber nicht von 24f aus nach rückwärts den Gedankengang bestimmt sein lassen.

2. Die Verwendung von κοινωνεῖν besagt nichts gegen diese Deutung, da man an gegenwärtige Sünden unter Einschluß künftiger denken kann[58]. Auch die Wiederholung der Sorgfaltsregel aus I 3,6.10 besagt nichts angesichts der Verarbeitung älteren Regelguts in Past[59].

3. Die Handauflegung als Bußritus läßt sich erst im 3. Jh mit Sicherheit nachweisen. Da in Past sonst mit Handauflegung die Ordination gemeint ist, ist naheliegend, daß auch hier von der Ordination geredet wird.

Um zu einer Klärung zu kommen, sind weitere Überlegungen nötig:

1. Der von den Vertretern der zweiten These, aber auch von einem Teil der anderen angenommene Zusammenhang von 17—20 ist als schlüssig erwiesen anzusehen. Zu wenig beachtet ist aber von den Befürwortern des Bezugs auf die Ordination, daß mit ταῦτα in 21 tatsächlich ein zusammenfassender Abschluß markiert wird, wie dies auch sonst der Fall ist. Auf die Analogie von I 3 und I 5, wo jeweils Anweisungen über zwei verschiedene Ämter stehen und diese dann mit ταῦτα zusammenfassend abgeschlossen werden, wurde bereits hingewiesen[60]. In I 5,3ff geht es einerseits um die ὄντως χήρα (vgl V. 5 im Gegensatz zu 6: σπαταλῶσα), andererseits um die καλῶς προεστῶτες (und im Gegensatz dazu 20: ἁμαρτάνοντες). Im Blick auf die von Tim gegenüber diesen verschiedenen Gruppen geforderten Verhaltensweisen bedeutet 21 eine eindringliche abschließende Ermahnung zu unvoreingenommenem Vorgehen.

2. Vers 22 ist demgegenüber kein Neueinsatz, sondern eine ergänzende Fortführung der Abschlußmahnung. Eine Analogie dazu ist I 4,16 im Verhältnis zu 4,15 (Beginn mit ταῦτα!). Beidemal werden die gleichen Aspekte angesprochen: Person (4,16: ἔπεχε σεαυτῷ; 5,22b: μηδὲ κοινώνει κτλ.) und amtliche Funktion des Amtsträgers (4,16: τῇ διδασκαλίᾳ; 5,22a: χεῖρας κτλ.). Beide Aspekte sind durchaus zu differenzieren. Das geschieht aber bei der Interpretation von 5,22 zu wenig. Soweit ich sehe, wird bei der Argu-

---

57a Erwägenswert, aber nicht zwingend ist die Annahme von Meier (Presbyteros 334f), V. 24f sei auf schlechte und gute Presbyter-Kandidaten zu beziehen. M. sieht die Begründung dafür in einer V. 17—25 umfassenden chiastischen Struktur (aaO 335f).
58 Adler, aaO 4f.
59 Brox 202.
60 Siehe Kap III Anm 95.

mentation durchweg davon ausgegangen, als bestünde zwischen 22a
und 22b syntaktisch ein finaler bzw konsekutiver Zusammenhang:
Anteil an fremden Sünden als Folge voreiliger Handauflegung. Beide Aussagen sind aber syntaktisch gleichgeordnet, die genannte Interpretation beruht auf gedanklicher Assoziation der Interpreten. Liest
man zunächst 22a, dann wird man es nach Ausführungen über Ämter (wobei die Presbyter zuletztgenannt!) naheliegend auf die Ordination beziehen. 22b ist aber mE nicht auf den Bezug zur Handauflegung einzuengen[61], sondern weiter zu fassen: auf die gesamten Ermahnungen in c. 5; denn auch im Blick auf die Witwen war ja von
Verfehlungen die Rede, an denen sich der Amtsträger also auch mitschuldig machen kann[62].

3. Es ist zu folgern: Daß die Handauflegung in Past sonst die Ordination bezeichnet, als Bußritus aber erst im 3. Jh sicher belegt ist,
ist für das Verständnis von 5,22 gewichtig. Da dieser Vers im Anschluß an Anweisungen bezüglich Ämter steht, ist der Bezug auf die
Amtseinsetzung um so näherliegend. Man könnte fragen, ob dann
evtl auch an Witwen-Ordination zu denken sei[63]. Aber in I 5,9 steht
nur καταλεγέσθω[64], während in T 1,5 für die Presbyter mit καθιστάναι der Terminus technicus für Amtseinsetzung gebraucht wird.
Somit kommt für die in I 5,22 genannte Ordination nur der Bezug
auf die Presbyter infrage.

I 6,11−16

Handelt es sich bei diesem Abschnitt um das Formular einer Ordinationsparänese? Käsemann[65] hat diese These aufgestellt und darin

---

[61] Daß *auch* gemeint ist, eine voreilige Ordination könne den Ordinator mit-
schuldig machen, soll damit nicht in Frage gestellt werden. Der Gedanke, daß
Amtsinhaber bei der Einsetzung neuer Amtsträger oder bei der Wahl ihrer Mitarbeiter sorgfältig sein sollen, begegnet im jüdischen wie hellenistischen Bereich.
Nauck, Herkunft des Vf 71 (mit Anm 32 und 33) sieht hinter der Warnung vor
voreiliger Ordination rabbinisches Denken und verweist auf Sanh 7b (vgl Str-B
II 650) und pBikk 65d, 17. Für den hellenistischen Bereich vgl Ps-Isokr I
(Demon) 37: Εἰς ἀρχὴν κατασταθεὶς μηδενὶ χρῶ πονηρῷ πρὸς τὰς διοικήσεις ·
ὧν γὰρ ἂν ἐκεῖνος ἁμαρτῇ, σοὶ τὰς αἰτίας ἀναθήσουσιν.
[62] zB ist an die Abweisung junger Witwen zu denken (11 παραιτοῦ), an deren
πίστιν ἀθετεῖν (12) der Amtsträger sonst mitschuldig werden könnte.
[63] Dafür daß in der frühen Kirche der Gedanke einer Witwenordination aktuell
war, spricht, daß in den Apostolischen Konstitutionen VIII c 25, S. 71 ausdrücklich festgestellt wird, daß Witwen nicht ordiniert werden sollen (Bartsch,
Rechtsbildungen 124).
[64] Siehe Kap III Anm 128.
[65] Das Formular einer neutestamentlichen Ordinationsparänese, Exeget Vers I
101−108.

weithin Zustimmung gefunden. Vor allem Brox hat die These in seiner Interpretation des Textes konsequent ausgearbeitet. Wesentliche Gesichtspunkte für diese These sind folgende[66]:

1. Der formelhafte Charakter des Abschnitts läßt vermuten, daß hier ein festes Formular übernommen wurde und nicht eine vom Vf der Past ad hoc formulierte Paränese vorliegt, deren Art und Weise zudem durch den Kontext allein nicht motiviert wäre.

2. Die in V. 12 genannte καλὴ ὁμολογία meint das bei der Ordination, nicht bei der Taufe oder vor Gericht abgelegte Bekenntnis[67]. Wenngleich in 11f Material einer Taufparänese verwendet wurde, ist doch die Analogie des Bekenntnisses in 12 zum Bekenntnis Jesu (13) nur von der Ordination her sinnvoll: die gemeinsame Antithese zur feindlichen Welt (Leiden!) in der Zeugnissituation. Mit Verweis auf II 2,2 (Ordination vor Zeugen, s.u.) wird der Bezug auf die Ordination gestützt.

3. Dann bedeutet ἐντολή (14) nicht ein ethisches Gebot oder allgemein das christliche Glaubensgut, sondern den Amtsauftrag[68]. ἄνθρωπος θεοῦ (11) unterstreicht den Bezug auf die Ordination, indem hier der Ordinierte besonders als Geistträger angeredet wird.

4. Die verschiedenen Beobachtungen verbinden sich mit der „Tatsache, daß nur die Erinnerung der Ordinationsverpflichtung an dieser Stelle dieses Briefes sinnvoll erklärt werden kann"[69].

Man kann aber kaum sagen, daß mit dieser These die Probleme des Textes wirklich gelöst sind:

1. Wesentlich ist zunächst die Stellung im Kontext. Mit σὺ δέ und ταῦτα (11) liegen zwei übliche Stilmittel des Vf vor, mit denen Tim als Amtsträger angeredet und zu einem Verhalten im Gegensatz zu den vorgenannten Häretikern aufgefordert wird[70]. Die Wendung φεῦγε — δίωκε (vgl II 2,22) unterstreicht den ethischen Akzent der Mahnung, so daß dann ἐντολή (14) durchaus ethisch gemeint sein kann. Thurén[71] hat zu Recht darauf hingewiesen, daß die VV. 17—19

---

[66] Vgl Käsemann aaO; Brox 212ff.
[67] Die verschiedenen Interpretationsmöglichkeiten und ihre Vertreter: vgl Käsemann, aaO 103f.
[68] Auch hierzu die verschiedenen Interpretationen bei Käsemann, aaO 106.
[69] Brox 212.
[70] ταῦτα faßt das zuvor kritisierte Verhalten zusammen. σὺ δέ steht hier wie an allen anderen Stellen (II 3,10.14. 4,5; T 2,1) in ausdrücklichem Gegensatz zu Verhalten bzw Lehre von Anhängern der Häresie; vgl auch σὺ οὖν (II 2,1), das an positives und negatives Beispiel von Mitarbeitern des Pls anknüpft.
[71] Die Struktur der Schlußparänese 1Tim 6,3—21, ThZ 26(1970), 241ff.

nicht zusammenhanglos angehängt sind, sondern sich durchaus in den Zusammenhang fügen (vgl 6—10: Geld, 17—19: Reichtum; 12: ἐπιλαβεῖσθαι τῆς ζωῆς = 19, sonst nicht mehr in Past!)[72]. 20f ist dann zusammenfassender Abschluß des Briefes.

2. Auch bei einem Bezug auf das Ordinationsbekenntnis ist das tertium comparationis zwischen der ὁμολογία des Amtsträgers und Jesu nicht schlüssiger als bei anderen Deutungen. Brox verschiebt die im Text vorliegende Analogie (12 ὡμολόγησας: Datum der Vergangenheit!), wenn er das gegenwärtig (!) vom Amtsträger geforderte Zeugnis als dem Bekenntnis Jesu analog ansieht[73]. Zudem besteht Schweizers Einwand zu Recht, daß der Ruf in den Gegensatz zur feindlichen Welt für alle Christen (durch die Taufe!) gilt[74], wie II 3,12 (Verfolgung) und I 4,10 (ἀγωνίζεσθαι) zeigen.

3. Das Verständnis von ἐντολή als „Amtsauftrag" macht Schwierigkeiten. Die Mahnung zum Unversehrt-Bewahren läßt eher an eine materiale als an eine formale Größe denken (vgl den Paratheke-Gedanken mit Angabe eines Endtermins auch II 1,12). Brox sieht das zwar, bleibt aber in seiner Interpretation inkonsequent[75]. Es besteht kein Zweifel, daß Tim in 14 auf seine „amtliche Wirksamkeit" hin angeredet wird, aber als „Amtsauftrag" ist das Bewahren der ἐντολή zu verstehen, nicht das Wort ἐντολή. Mit diesem ist nach dem weiteren Kontext des Kapitels eher auf die ethischen Gebote des christlichen Glaubens Bezug genommen[76], deren Inhalt unversehrt zu bewahren ist.

4. Die Übernahme von I 6,11—16 als geschlossenes Formular muß als fraglich angesehen werden. Verschiedene Beobachtungen, die an eine Formulierung durch den Vf der Past (natürlich unter Verwendung von Formelgut) denken lassen, sind stichwortartig zu nennen: σὺ δέ und ταῦτα (11) entsprechen der Ausdrucksweise des Vf; ἀν-

---

[72] Daß trotz der Doxologie mit V. 16 noch nicht der Abschluß der Mahnungen erreicht ist, hat seine Entsprechung in II 4, wo nach V. 18 (Doxologie) noch Mitteilungen und Aufträge stehen. Daß I 6,17—19 nach einem gewissen Abschluß noch einmal auf ein zuvor behandeltes Thema zurückgreift (V. 6—10), hat eine Entsprechung in T 3,14 (καλῶν ἔργων προΐστασθαι), wo nach abschließenden Mitteilungen und Aufträgen noch einmal auf 3,8 zurückgegriffen wird.

[73] Brox 216: „Das ‚gute Bekenntnis' ist vom kirchlichen Amtsträger wie einst auch von Christus Jesus in zugespitzter Situation, unter gefährlichen Vorzeichen abzulegen, wovon 2Tim ausführlich handelt."

[74] Schweizer, Gemeinde 74 Anm 324.

[75] ἐντολή ist nach Brox 217 „alles dem Timotheus Anvertraute, zur Bewahrung und Weitergabe Übergebene", dann aber doch der „Auftrag und die amtliche Wirksamkeit selbst".

[76] Dann ist durchaus an einen Bezug auf 11f zu denken: gegen Käsemann 106.

ϑρωπος ϑεοῦ[77] (11) begegnet auch II 3,17, wo es aber allgemein den Christen bezeichnet; εὐσέβεια (11) ist wahrscheinlich wegen des vorausgehenden Kontextes durch den Vf eingefügt[78]; den Ausdruck καλὴ ὁμολογία (12.13) auf den Vf zurückzuführen, liegt angesichts seiner Vorliebe für das Attribut καλός (1/4 der NT-Belege!) nahe; die Verwendung von ὁμολογία und ἐντολή (14) erinnert an T 1,14—16, wo es ebenfalls um die Auseinandersetzung mit den Häretikern geht[79]; Mahnungen an den Amtsträger unterstreicht der Vf mehrfach mit der Wendung ἐνώπιον τοῦ ϑεοῦ κτλ (13 wie in I 5,21 und II 4,1; vgl II 2,14), wobei auch II 4,1 eine Bekenntnisformel zu verwenden scheint; die 1.pers.sing. παραγγέλλω (13) in einem festen Formular setzt die autoritative Stellung eines einzelnen (monarchischer Bischof? bei der Ordinationshandlung voraus; eher würde man einfach den Imperativ erwarten (vgl 11f).

Nach den zuletzt genannten Beobachtungen und den zuvor dargelegten Problemen kann das Vorliegen des Formulars einer Ordinationsparänese nicht als erwiesen angesehen werden. Der Bezug des Ganzen oder einzelner Teile (etwa V. 12b[79a] und 14) auf die Ordination ist zwar möglich, aber nicht zwingend nahegelegt. Für das Ordinationsverständnis der Past kann daher der Text — wenn überhaupt — nur mit Vorbehalt herangezogen werden.

---

[77] Von den drei Quellen, in denen Käsemann (107f) das Verständnis des ἄνϑρωπος ϑεοῦ als Pneumatiker belegt sieht (Philo, Corp Herm, epArist 140), läßt zumindest die letztgenannte diesen spezifischen Sinn nicht erkennen: dort werden die Juden damit im Unterschied zu den Ägyptern als die wahren Gottesverehrer bezeichnet. Schon im AT, dem der Begriff entstammt (אִישׁ הָאֱלֹהִים) und wo nur Einzelpersonen damit bezeichnet werden, zeigt sich eine Entwicklung vom Bezug auf Propheten und Wundertäter hin zur allgemeineren Bezeichnung für besondere Nähe zu Gott (Hallevy, JNES 1958, 243f; vgl van Selms, Herv Theol Stud 1959, 143). In epArist liegt offensichtlich eine weitere Verallgemeinerung zur Bezeichnung für die Juden insgesamt vor. Dann aber liegt die Verwendung in Past (vgl 2Petr 1,21) auf der Linie der Übernahme atl-jüd Titel (zB ἐκλεκτοί, ἅγιοι) durch das Urchristentum, so daß der Titel als Anrede in einer Taufparänese durchaus verständlich ist. Auch II 3,17 spricht für einen Bezug auf jeden Christen, da 1. πρὸς πᾶν ἔργον ἀγαϑόν mehrfach entsprechend verwendet wird (II 2,21; T 3,1. 1,16; I 5,10), 2. der in V. 16 Genannte als Objekt der in V. 15 genannten (amtlichen) Tätigkeiten erscheint. Vgl Holtzmann 442. (Lock 111). Weitere Lit (speziell zu Past): Moody, RExp 1959, 411ff; Baumann, Aber du, Gottesmensch.

[78] Vgl Kap II Anm 209.

[79] Vgl Thurén, aaO 247.

[79a] Kretschmar, Ordination 62 Anm 64, weist aber darauf hin, daß „ein ‚Bekenntnis' bei der Ordination in altkirchlicher Zeit sonst kaum belegt ist".

II 1,6

Vgl das zu I 4,14 Gesagte. Bei der Ausdrucksweise von II 1,6 im Unterschied zu I 4,14 ist u.a. auffällig der andere Aspekt, unter dem von χάρισμα gesprochen wird: ὅ ἐστιν (Zustand) anstatt ὅ ἐδόϑη (Vorgang).

II 1,13

(Siehe zu II 2,2)

II 2,1f

Mit der Mehrzahl der Exegeten ist die Wendung ἃ ἤκουσας παρ᾽ ἐμοῦ (vgl 1,13) διὰ πολλῶν μαρτύρων in V. 2 auf den Vorgang der Ordination des Tim zu beziehen[80] und meint nicht nur allgemein das Hören der Verkündigung des Paulus[81]. Für diesen Bezug (auch von V. 1) auf die Ordination spricht der in der Analyse aufgewiesene Kontextzusammenhang ab 1,6ff. Mit dem in 2,2 folgenden Stichwort παράϑου wird auf die παραϑήκη (1,12.14) verwiesen, die dann auch mit dem ἃ ἤκουσας gemeint ist. Man hat anzunehmen, daß im Verlauf der Ordinationshandlung dem Ordinanden eine festformulierte Zusammenfassung der tradierten Botschaft „übergeben" wurde[82]: als Hinweis auf die Verpflichtung zur Wahrung dieser Botschaft. Geht man von solchem Akt der Traditionsübergabe bei der Ordination aus, dann ist das sachlich naheliegendste Verständnis von διὰ πολλῶν μαρτύρων: „in Gegenwart von Zeugen". Zwar läßt sowohl διά als auch μαρτύρων mehrfache Deutungen zu[83]: aber das genannte Verständnis von διά ist jedenfalls möglich[84], und die Annahme, daß an die Gemeinde oder das Presbyterium als Zeugen bei der Ordination gedacht ist, gibt einen guten Sinn.

Entsprechend diesem Sinn von V. 2a ist 2b dann ein Hinweis auf die Ordination neuer Amtsträger durch Tim: ταῦτα παράϑου πιστοῖς ἀνϑρώποις κτλ. Die Mahnung, die Paratheke weiterzugeben, steht hier also als pars pro toto für die Mahnung, neue Amtsträger einzusetzen. Die Betonung der Lehrbefähigung der πιστοὶ ἄνϑρωποι stellt klar, daß hier tatsächlich an (einzusetzende) Amtsträger gedacht ist und

---

[80] Holtzmann 403; vSoden 191; (Scott 100) Kelly 173; Jeremias 47; Dib-Conz 80; Brox 240; Schlier, Ordnung 135; Lohse, Ordination 85; u.a.
[81] So Wohlenberg 289; Weiß 262; Holtz 163; vgl vSoden 191.
[82] Vgl Dib-Conz 80f (aber: „Evangelium", nicht „Lehre"!); s auch II 2.43.2.
[83] Spicq 738 stellt die verschiedenen Interpretationsmöglichkeiten zusammen.
[84] Vgl die Belege bei Bauer, WB s.v. (358f); Lock 93 verweist außerdem auf Plut Alex Fort Virt II 6 = Mor 338F: διὰ ϑεῶν μαρτύρων.

nicht allgemein an treue Gemeindeglieder, denen die Botschaft weiterzugeben sei.

T 1,5

Hier ist mit dem Fachterminus καϑιστάναι von der Einsetzung von Presbytern (bzw Episkopen) die Rede. Wie dieser Vorgang gedacht ist, ob allein durch Titus vollzogen oder mit Beteiligung der Gemeinde[85], bleibt Vermutungen anheimgestellt. Man wird aber annehmen können, daß auch hier — wie I 5,22 für die Presbyter und sonst für Tim als Typus des Amtsträgers — die Einsetzung durch Handauflegung, also die Ordination im Blick ist[86].

Zusammenfassung (2)

Als Texte für die Frage nach dem Ordinationsverständnis sind zugrundezulegen: I 1,18. 4,14. 5,22; II 1,6. 2,1f, wahrscheinlich T 1,5, nur mit Vorbehalt I 6,11ff.

---

[85] Letzteres (Wahl) zB Barkley, VC 11(1957), 232.
[86] Barkley aaO; Klostermann, Apostolat 311; Michaelis, Ältestenamt 76ff; Bläser, Catholica 18(1964), 182.184.

KAPITEL V:

DAS ORDINATIONSVERSTÄNDNIS
DER PASTORALBRIEFE

Nach I 4,14 und II 1,6 stehen im Blick auf die Ordination Handauflegung und Charisma in engem Zusammenhang. Eine getrennte Betrachtung beider Aspekte der Ordination geschieht aus methodischen Gründen, ist aber auch deshalb nötig, um nicht — wie es häufig der Fall ist — χάρισμα vom Verständnis der Handauflegung her[1] oder die Handauflegung vom Verständnis des χάρισμα her[2] zu interpretieren. Da der Begriff χάρισμα infolge seines Zusammenhangs mit dem Amtsverständnis eine die Ordinationshandlung übergreifende Bedeutung hat, wird er an erster Stelle analysiert.

1. Charisma und Amt im Zusammenhang der Ordination

Der Begriff χάρισμα, der im NT nur in pln und in pln Tradition stehenden Briefen vorkommt[3], ist ein sonst seltenes Wort. Es ist anzunehmen, daß Pls das — vor ihm nicht sicher belegte[4] — Wort in die christliche Sprache eingeführt hat[5]. Darum setzt die Frage nach dem Verständnis von χάρισμα in den Past eine gründliche Untersuchung der Verwendung bei Pls voraus.

---

[1] Wird die Handauflegung (= HA) als Gestus der Fürbitte verstanden, dann hat dies zur Folge, daß der Textbefund nicht genug berücksichtigt wird, wonach doch offensichtlich irgendwie an die „Vermittlung" eines χάρισμα gedacht ist. Wird dagegen die HA als sakramentaler Akt verstanden, dann ergibt sich schnell die Folgerung, χάρισμα als habituelle Amtsgnade oder character indelebilis zu verstehen.

[2] Ein Verständnis von χάρισμα im pln Sinn als Bezeichnung einer freien Wirkung des Geistes ergibt zwangsläufig, daß dann der HA keine wesentliche Relevanz für das Vorhandensein des χάρισμα beigemessen werden kann. Zu Anm 1 und 2 siehe: V 2.22.

[3] Röm 1,11. 5,15.16. 6,23. 11,29. 12,6; 1Kor 1,7. 7,7. 12,4.9.28.30.31; 2Kor 1,11; I 4,14; II 1,6; 1Petr 4,10.

[4] Siehe dazu: Conzelmann, ThW IX 393; Grau, Charisma 14ff; Brockhaus, Charisma 128; Käsemann, Amt 110 Anm 2; ders, Römer 317f.

[5] Darin besteht Übereinstimmung zwischen den Auslegern. Vgl zB Grau, aaO 41f; Käsemann, Amt 109; ders, Römer 318; Brockhaus, aaO 128ff. 238.

1.1 Das Verständnis von Charisma bei Paulus und in paulinischer Tradition

1.11 Charisma bei Paulus

1.11.1 Der Begriff χάρισμα und seine Bedeutung

Im außerchristlichen Sprachgebrauch hat χάρισμα die Bedeutung[6]: Gunstbezeugung, Wohltat, Geschenk, Gabe. Strittig ist, ob Pls den Begriff primär in diesem allgemeinen Sinn verwendet oder ob χάρισμα aufgrund der sprachlichen Beziehung zu χάρις wie dieses ein theologisch gefüllter Begriff ist[7]. Zuletzt hat U. Brockhaus[8] dezidiert die These vertreten, daß im pln Sprachgebrauch der semantische Gehalt von χάρισμα über die allgemeine hellenistische Bedeutung nicht hinausgehe. χάρισμα werde synonym mit anderen Begriffen für „Geschenk" wie zB δώρημα verwendet, wobei Menschen ebenso wie Gott der Geber sein können. Eine Beziehung zum theologischen Begriff χάρις liege nicht vor. Nur in 1Kor 12 und Röm 12 könne von spezifischem Gebrauch gesprochen werden, wo χάρισμα als paränetischer Terminus im Rahmen der pln Pneumatologie verwendet werde.

Brockhaus ist darin zuzustimmen, daß der Begriff χάρισμα nicht von einzelnen Textstellen aus vorschnell auf eine generell für alle Kontexte gültige spezifische Bedeutung festgelegt werden dürfe[9]. Aber Brockhaus schießt weit über das Ziel hinaus, wenn er die Verwendung von χάρισμα ohne Zusammenhang mit dem Gebrauch des Begriffs χάρις sieht. Diese These ist nicht haltbar[10]. Doch auch

---

[6] Vgl Bauer, WB s.v.; Conzelmann, ThW IX 393; Brockhaus, aaO 128.

[7] Die zweite Annahme ist die weit häufigere, wird aber meist ohne nähere Begründung festgestellt.

[8] U. Brockhaus, Charisma und Amt. Die paulinische Charismenlehre auf dem Hintergrund der frühchristlichen Gemeindefunktionen, 1972. Zur Begriffsbedeutung vor allem: 130ff. 237ff.

[9] aaO 140f. Dies vor allem gegen Grau, der — wie aber auch andere — ein einheitliches pln Begriffsverständnis mit den Hauptmomenten des Dienstgedankens und des Bezugs auf die Gemeinde annimmt.

[10] Gegen Vorgehen und Folgerungen von Brockhaus ist vor allem einzuwenden: 1.) Er beachtet zu wenig die Konsequenzen, die sich aus der Wortbildung mit dem Suffix -μα für χάρισμα und das vom gleichen Stamm √χαρ abgeleitete χάρις ergeben (Conzelmann, ThW IX 393: χάρισμα „bezeichnet das Ergebnis der als Aktion verstandenen χάρις"). Vielmehr läßt er den Eindruck entstehen, es handele sich um einen mehr zufälligen „Gleichklang" der beiden Worte (aaO 140 Anm 69). 2.) Er geht nur diachronisch (begriffsgeschichtlich), nicht synchron vor, dh er fragt nicht nach der Relation der Begriffe χάρις und χάρισμα im Sprachgebrauch des Pls. 3.) Durch Brockhaus' Übersetzung von χάρισμα mit „Gabe, Geschenk" (statt „Gnadengabe" o.ä.) scheint es

die nicht selten vertretene Ansicht, χάρισμα und χάρις seien im pln Sprachgebrauch teilweise auswechselbar[11], läßt sich so nicht halten. Da mit der Sicht dieser sprachlichen Relation bereits Vorentscheidungen über die Interpretation des χάρισμα-Begriffes fallen, ist eine Untersuchung des pln Sprachgebrauchs nötig.

[*Exkurs 7: Die Relation von χάρισμα und χάρις bei Paulus*

Wesentlich und besonders aufschlußreich ist die Textstelle Röm 5,15f[12]. Hier wird sowohl der Begriff χάρις als auch der Begriff χάρισμα (je zweimal) verwendet. Sachlich geht es im Rahmen der Adam-Christus-Typologie um Entsprechung und Überbietung im Verhältnis zwischen der Übertretung Adams und dem Christusgeschehen, wobei der Ton auf den Folgen für die Menschheit liegt. In 15a steht χάρισμα in Antithese zu παράπτωμα, in 16b im Gegenüber zu κρίμα. Drei Interpretationen von χάρισμα werden vertreten: 1. χάρισμα hat die allgemeine Bedeutung „Gabe, Geschenk" und ist synonym mit den ebenfalls hier verwendeten Begriffen δωρεά (15b) und δώρημα (16a)[13]. 2. χάρισμα hat die Bedeutung „Gnadengabe"[14], ist also entsprechend der Wortbildung auf -μα als Ergebnis des Gnadenhandelns zu verstehen; freilich ergebe sich dann in 15a keine „genaue logisch-begriffliche Parallelität"[15] zur Verfehlung Adams. 3. χάρισμα hat die Bedeutung „Gnadentat, Gnade", ist also gleichbedeutend mit χάρις[16]; die Verwendung von χάρισμα sei rhetorisch begründet, nämlich in der Anpassung an die anderen Wortbildungen auf -μα, vor allem in 16[17].

plausibel, daß kein unmittelbarer Zusammenhang mit dem theologischen Begriff χάρις („Gnade") besteht. Aber für Griechen ließ sich χάρις und χάρισμα kaum so trennen! 4.) Irreführend ist, wenn Brockhaus (238) im Blick auf χάρισμα als „Gabe" sagt, daß (bei Pls!) „solche Gaben von Gott, aber auch von Menschen ausgehen können". Dagegen richtig Bauer, WB s.v.: „in uns. Lit. nur v. Zuwendungen der göttl. Gnade." (auch Röm 1,11!). Vgl Wennemer, Begabung 503.

[11] Brosch, Charismen 42 Anm 112; Roberts, Charismata 23; Ruhbach, Charismaverständnis 412; Hasenhüttl, Charisma 105; Ratzinger, Frage der Charismen 262; Conzelmann, 1. Korinther 245 Anm 10.

[12] Vgl außer den Kommentaren: Brandenburger, Adam und Christus 219—231.

[13] Brockhaus, aaO 131f; vgl auch Käsemann, Amt 110 (s. jedoch unten Anm 16).

[14] Schlatter 190f; Michel 141; Kuss 234; Schmidt 101; Brandenburger, aaO 219.

[15] Brandenburger, aaO 219.

[16] Bornkamm, Paulinische Anakoluthe 85 (zu 15): Gnadentat (Christi); aaO 86 (zu 16): Gnade. Brandenburger, aaO 225 zu 5,16: χάρισμα = χάρις. Vgl Perels, Charisma 40; Wennemer, aaO 504; Herten, Charisma 77f. — Wohl zwischen Interpretation 2 und 3 einzuordnen: Käsemann, Römer 130. 144f („Gnadenwerk").

[17] Lietzmann, Römer 63; Bornkamm, aaO 86 Anm 23; Brandenburger, aaO 225.

Welche dieser Interpretationen ist die wahrscheinlichste? Die Annahme der Synonymität von χάρισμα mit δωρεά bzw δώρημα (1.) impliziert die Austauschbarkeit der Begriffe. Nach Brockhaus „wechselt Paulus beliebig zwischen χάρισμα und δώρημα bzw δωρεά hin und her."[18] Aber ist das wirklich „beliebig"? Es ist denkbar, daß für die beiden anderen Begriffe auch χάρισμα stehen könnte, aber in 16a doch unwahrscheinlich[19]. Aber ausgeschlossen scheint es, daß χάρισμα durch die beiden anderen Begriffe ersetzt werden könnte. Die Kapitel 5 (12ff) und 6 sind charakterisiert durch Gegensatzpaare mit χάρις: χάρις — παράπτωμα (5,15b.17), χάρις — ἁμαρτία (5,20.21. 6,1 vgl 14), χάρις — νόμος (6,14.15). Es kann dann kaum Zufall sein, daß bei entsprechenden Gegensätzen in 15a.16b das mit χάρις zusammenhängende Wort χάρισμα verwendet wird.

Die Interpretation, die χάρις mit χάρισμα gleichsetzt (3.), betont vor allem rhetorische Gründe für die Verwendung von χάρισμα. Aber daß in 15 und 16 die Wortbildungen auf -μα überwiegen, ist erst die Feststellung eines Tatbestands, nicht seine Erklärung. Auffällig ist doch, daß Pls von παράβασις (14) zu παράπτωμα (15) wechselt und daß er neben δικαίωμα (16) auch δικαιοσύνη (17) und δικαίωσις (18) verwendet. Das besagt, daß er — wäre ihm nur am rhetorischen Effekt gelegen — in 15f ebenso Wortbildungen auf -σις hätte zusammenstellen können, wozu dann auch χάρις gepaßt hätte, die Verwendung von χάρισμα also unnötig gewesen wäre. Berücksichtigt man, daß in der Regel die Wortbildungen auf -σις nomina actionis sind[20], die Wortbildungen auf -μα dagegen nomina rei actae[21], dann ist zu folgern, daß Pls daran lag, in 15 und 16 das Ergebnis der infragestehenden Geschehnisse einander gegenüberzustellen. Der Wech-

---

[18] aaO 131.
[19] V. 16a kann mit Kuss 236 (vgl auch Brandenburger, aaO 224) so ergänzt werden: „nicht wie das »durch Einen, der gesündigt hat« verursachte Unheil ist die Heilsgabe." Es ist möglich, daß in δώρημα als „neutralem" Begriff auch an die nicht ausdrücklich genannte Unheils„gabe" gedacht ist, die als Gegenüber zur Heilsgabe hier mitzudenken ist. Dann aber wäre die Verwendung von χάρισμα ungeeignet: das durch Adam verursachte Unheil kann allenfalls noch als „Gabe", aber nicht als „Gnaden"gabe bezeichnet werden.
[20] Kühner I 2,270 (§329,25); Schwyzer I 504; Mayser I 3,65ff (§ 83,19); Bl-Debr § 109,1; Moulton II 355 (§ 143). 373f (§ 155).
[21] Kühner I 2,272 (§ 329,30): meist das Ergebnis der Handlung bedeutend. Mayser I 3,54ff (§ 83,16); Bl-Debr § 109,2. Schwyzer I 522 und Moulton II 355 betonen, daß gerade in späterer (klassischer und hellenistischer) Zeit diese Differenzierung zwischen Wortbildungen auf -μα und -σις (bzw -μος) beachtet wurde.

sel von παράβασις (14) zu παράπτωμα (15)[22] macht das deutlich: παράβασις hat die Übertretung Adams als Aktion im Blick, die mit dem Handeln anderer Menschen in Bezug gesetzt wird[23]. παράπτωμα dagegen hat Adams Übertretung als abgeschlossene Handlung[24], somit deren „Ergebnis"[25] im Blick, da es im weiteren (15b) um die Folgen geht, die Adams Übertretung für die Menschen hatte.

Aus dem Dargelegten ergibt sich, daß χάρισμα im Sinne der 2. Interpretation als „Ergebnis des Gnadenhandelns" zu verstehen ist. Es besteht in 15a durchaus „logisch-begriffliche Parallelität", wenn man sich nicht vorschnell auf die Übersetzung „Gnadengabe" festlegt: Übertretung Adams und Gnadenhandeln Gottes werden einander als res actae gegenübergestellt. Dabei ist „Gnadengabe" in χάρισμα durchaus als wesentlicher Aspekt enthalten, nämlich — wenn man sich verdeutlicht, wie es zur Bedeutung „Gabe" kommt — als Konkretion. 15b stellt die Folgewirkung der Übertretung Adams der Wirksamkeit der Gnade gegenüber. Daß hier nun χάρις, nicht χάρισμα steht, resultiert aus der anderen Perspektive: die Wirksamkeit der Gnade wird hier als Vorgang beschrieben (ἐπερίσσευσεν), während mit χάρισμα bereits das Ergebnis im Blick war. Die Aussagen in Verbindung mit χάρις (15b) sind dann als Explikation des mit χάρισμα (15a) Gemeinten zu verstehen[26]. Für χάρισμα in 16b gilt das Entsprechende wie in 15a: dem Ergebnis des Richtens (κρίμα) wird das Ergebnis des Gnadenhandelns (χάρισμα) mit jeweiliger Angabe der Folge (εἰς) gegenübergestellt.

Die Verwendung von χάρισμα in Röm 6,23 kann das hier über die Relation von χάρις und χάρισμα Gesagte bestätigen. Selbst Ausle-

---

[22] Gelegentliche Erklärungsversuche für diesen Befund befriedigen nicht; Zahn 274f; Schmid 101. Brandenburger, aaO 219 Anm 1 setzt beide Begriffe gleich; ebenso aaO 250: „in 5,12—21 durchgehend παράπτωμα = παράβασις." Aber παράβασις steht nur 5,14, ab 5,15 immer παράπτωμα (6 ✕)!

[23] Vgl Michel 139.

[24] Vgl παράβασις Röm 2,23 mit παράπτωμα Röm 4,25!

[25] Zur begrifflichen Klarstellung: mit „Ergebnis" ist das aus -μα resultierende semantische Inhaltsmerkmal eines Begriffs gemeint, nicht Folge und Wirkung der gemeinten Sache, etwa: der Tod als „Folge" der Übertretung Adams. Letzteres ist Aussage des Pls, ersteres sprachliche Gegebenheit. Daß παράπτωμα „die Tat Adams u ihre Wirkung" bezeichne (Conzelmann, ThW IX 394 Anm 18), gilt nicht sprachlich, sondern allenfalls im pln Kontext. Anders bei χάρισμα: da das Gnadenhandeln immer eine bestimmte Richtung hat (hier: von Gott zu den Menschen), liegen „Ergebnis der Gnade" (sprachlich) und „Wirkung der Gnade" (sachlich) auf einer Linie. χάρισμα kann daher Folge und Wirkung des Gnadenhandelns bezeichnen: s Röm 6,23!

[26] Zahn 275; Michel 141. — Mit δωρεά wird offensichtlich der in χάρισμα enthaltene Aspekt der Gabe herausgehoben.

ger, die sonst den Zusammenhang von χάρισμα mit dem theologischen Begriff χάρις betonen, sehen hier χάρισμα in der allgemeinen Bedeutung „Gabe" verwendet[27]. Teilweise wird vermutet, daß hier im Bild gesprochen werde und χάρισμα den außerordentlichen Gnadensold (donativum) im Unterschied zum normalen Sold (ὀψώνιον 23a) meine[28]. Für die Interpretation von χάρισμα nicht berücksichtigt ist die Parallelität der Aussage in 6,23 mit 5,21. In 5,21 werden die Herrschaft der Sünde (ἁμαρτία) und die Herrschaft der Gnade (χάρις) einander gegenübergestellt: erstere vollzieht sich durch den Tod, letztere hat das ewige Leben zum Ziel. In 6,23 wird der Tod als ὀψώνια τῆς ἁμαρτίας bezeichnet, das ewige Leben als χάρισμα τοῦ θεοῦ. Zunächst scheint es, daß hier an die Stelle des Gegensatzes ἁμαρτία — χάρις (5,21) der Gegensatz ἁμαρτία — θεός tritt. Dazu ist zu beachten, daß neben die oben für Kap 5 und 6 genannten Gegensatzpaare mit χάρις in Kap 6 das Gegensatzpaar θεός — ἁμαρτία (6,11.13.22) tritt. Das ist sachlich nichts wesentlich anderes, da χάρις natürlich die χάρις τοῦ θεοῦ (5,15) ist. Dann aber liegt es nahe, in dem den Gedankengang zusammenfassenden[29] Vers 6,23 noch einmal beide Begriffe (χάρις und θεός) als Gegensatz zu ἁμαρτία[30] genannt zu finden und dann χάρισμα τοῦ θεοῦ zu verstehen als „Ergebnis des Gnadenhandelns Gottes". Dann besteht eine genaue Entsprechung zu 5,21[31]: die Folge der Herrschaft der Sünde ist der Tod, die Folge der Herrschaft der Gnade (Gottes) ist das ewige Leben. Es besteht nur der formale Unterschied, daß das „Ergebnis der Gnadenwirkung" durch den Begriff χάρισμα ausgedrückt werden kann, während eine entsprechende Wortbildung bei ἁμαρτία nicht verwendet werden kann[32].

Den Zusammenhang zwischen χάρις und χάρισμα läßt auch der Abschnitt 1Kor 1,4—7 deutlich werden[33]. Pls dankt für die den Ko-

---

27 Grau, aaO 76; Conzelmann, ThW IX 395.
28 Michel 163; Schmidt 118; Zahn 326 (aber einschränkend Anm 50). Nach Sanday-Headlam 170 übersetzt Tertullian χάρισμα mit donativum. Ein Anhaltspunkt, daß auch Pls dies im Sinn habe, ergibt sich daraus jedenfalls nicht.
29 Vgl Zahn 327; Kuss 394.
30 Zahn 327: Gegensatz in 6,23 zwischen „des Menschen Sünde und Gottes Gnade".
31 Dh es entsprechen sich: 5,21 ἐβασίλευσεν ἡ ἁμαρτία ἐν τῷ θανάτῳ = 6,23 τὰ ὀψώνια τῆς ἁμαρτίας θάνατος; 5,21 ἡ χάρις βασιλεύσῃ εἰς ζωὴν αἰώνιον = 6,23 τὸ χάρισμα (τοῦ θεοῦ) ζωὴ αἰώνιος.
32 Vgl Anm 25.
33 Vgl Grau, aaO 58ff; Wennemer, aaO 503.506; Conzelmann, 1. Korinther 40ff; ders, ThW IX 394; Robertson-Plummer, I Corinthians 6; Friedrich, Geist 82; Herten, Charisma 72f.

rinthern von Gott zugewandte Gnade (χάρις δοθεῖσα), deren Reichtum sich u.a. äußert ἐν παντὶ λόγῳ καὶ πάσῃ γνώσει (V. 5). Damit sind wohl konkrete „Gnadengaben" in der Gemeinde angesprochen, wie sie später (1Kor 12) in größerer Zahl genannt werden. Vers 7 zieht dann das Fazit (ὥστε), das sich für die Gemeinde aus dem zuvor Gesagten ergibt: μὴ ὑστερεῖσθαι ἐν μηδενὶ χαρίσματι; dh die Gemeinde hat keinen Mangel[34] an irgendeinem χάρισμα. Vom inneren Zusammenhang des Abschnitts her (ein Satz!) ist offensichtlich, daß mit χάρισμα an das konkrete „Ergebnis" der zugewendeten χάρις gedacht ist.

In ähnlicher Formulierung bestätigt diesen Sachverhalt Röm 12,6[35]: ἔχοντες χαρίσματα κατὰ τὴν χάριν τὴν δοθεῖσαν ἡμῖν διάφορα. Das „Haben" von χαρίσματα wird zurückgeführt auf das „Gegebenwerden" der χάρις. Hier ist nun, wie der Kontext zeigt, im speziellen Sinn von „Gnadengaben" und Funktionen in der Gemeinde die Rede. Der neue Aspekt gegenüber den bisher behandelten Stellen ist der, daß die zugewendete Gnade sich in verschiedenen (διάφορα) „Ergebnissen" realisiert und konkretisiert. In sprachlicher Hinsicht ist ein weiterer Befund wesentlich: daß χάρις und διδόναι verbunden werden, andererseits χάρισμα und ἔχειν, erweist sich als durchgehender Sprachgebrauch des Pls[36]. Darin drückt sich offensichtlich die unterschiedliche Perspektive aus, die mit der Verwendung von χάρις einerseits, χάρισμα andererseits gegeben ist. Wenn von der Zuwendung der χάρις an die Glaubenden gesprochen wird, geschieht dies unter der Perspektive des „Gebens"[37] (von seiten Gottes) und des „Empfangens"[38] (von seiten der Menschen). Aber man „hat" nicht die χάρις[39], sondern ein χάρισμα[40] als die konkrete Realisierung der χάρις. Andererseits ist im Blick auf χάρισμα nicht von

---

[34] ὑστερεῖσθαι = „Mangel leiden" anstatt „zurückstehen". Mit Weiß, 1.Korinther 9; Conzelmann, 1. Korinther 41f; Brockhaus, aaO 135 (Anm 39).
[35] Vgl Grau, aaO 53ff; Friedrich, aaO 82.
[36] Während der Zusammenhang von χάρις und χάρισμα immer wieder von Auslegern betont wird, ist diese Differenzierung in den Verbalverbindungen bisher nicht berücksichtigt worden.
[37] χάρις δοθεῖσα Röm 12,3.6. 15,15; 1Kor 1,4. 3,10; Gal 2,9.
[38] λαμβάνειν Röm 1,5. 5,17 (τὴν περισσείαν τῆς χάριτος); δέχεσθαι 2Kor 6,1.
[39] 2Kor 1,15 scheint Ausnahme zu sein, wenn χάριν — bezogen auf Besuch des Pls — gelesen wird. Aber ob man σχῆτε (ingressiv: eher „empfangen" statt „haben") oder ἔχητε liest, ist „Haben" nur Ziel, nicht schon präsentische Aussage. Eine besondere Wendung: Phil 1,7.
[40] χάρισμα ἔχειν Röm 12,6; 1Kor 7,7. 12,30. ὑστερεῖσθαι (1Kor 1,7) = „Mangel leiden" = Nicht-Haben entspricht der Perspektive des Habens. ζηλοῦν (1Kor 12,31) läßt sich im Blick auf „Haben" oder „Empfangen" nicht festlegen.

„Geben" die Rede[41], worin sich wohl ausdrückt, daß χάρισμα erst das Ergebnis der göttlichen Gnadenzuwendung bezeichnet, nicht aber bereits eine feste Größe, die „gegeben" werden kann.]

Für die Verwendung des Begriffs χάρισμα bei Pls ergibt sich aus der vorangehenden Untersuchung: Pls verwendet den Begriff bewußt wegen seines engen Zusammenhangs mit χάρις[42]. Das Wort χάρισμα eignet sich besonders deshalb für Pls, weil er damit Aspekte ausdrücken kann, die auszudrücken mit χάρις nicht oder nicht so gut möglich ist: χάρισμα bezeichnet Ergebnis, Konkretion der χάρις; mit χάρισμα läßt sich der Aspekt des „Habens" als Gabe, Geschenk ausdrücken; der Aspekt der Individuation[43] läßt sich besser herausheben, wie die Verwendung im Plural zeigt, während χάρις ja nur singularisch verwendet wird.

Das Wort χάρισμα hat für Pls insofern generell eine theologische Konnotation, als eben χάρις theologisch qualifiziert ist als χάρις θεοῦ. Darüber hinaus aber kann man χάρισμα nicht auf einen für alle Stellen gültigen Bedeutungsgehalt festlegen, etwa als speziell ekklesiologischen Begriff. Christologischen Bezug hat χάρισμα wegen seiner Verbindung zu χάρις als Inbegriff des Christusgeschehens, nicht aber allein wegen seiner Verwendung in Röm 5,15f. 6,23[44]. Auch eine Festlegung auf eine bestimmte Übersetzung ist nicht möglich, weil sich das jeweils mit χάρισμα Gemeinte im Deutschen offensichtlich nicht auf einen Begriff bringen läßt.

1.11.2 Intention und Umfang der paulinischen Charismenlehre

Übereinstimmung besteht zwischen den Auslegern darin, daß in 1Kor 12 und Röm 12 der Begriff in spezifischem Sinn auf die in der Ge-

---

41 Der Befund steht gegen die Feststellung von Ruhbach, Charismaverständnis 415 (mit Anm 31), daß mehrmals διδόναι im Zusammenhang mit den Charismen verwendet werde.

42 Daran ist mit vielen Auslegern also gegen Brockhaus festzuhalten. Vgl Friedrich, Geist 82; Kertelge, Gemeinde 106; Wennemer, Begabung 503; Ruhbach, Charismaverständnis 412; Herten, Charisma 79.83. Brockhaus vermag nicht einsichtig zu machen, inwiefern Pls gerade χάρισμα als „bewußt gewähltes Interpretament für die pneumatischen Begabungen" verwende (191), wenn es nicht mit χάρις zusammengehört. Dann wäre doch δωρεά o.ä. genauso gut möglich gewesen!

43 Individuation ist nicht das primäre Merkmal von χάρισμα, da individuelle Zuteilung auch von der χάρις ausgesagt wird (χάρις δοθεῖσα!). Darin ist Brockhaus (200 Anm 35) rechtzugeben gegen andere (zB Kertelge, Gemeinde 104). Primär ist das Merkmal der Konkretion.

44 So etwa Käsemann, Amt 110f; Ruhbach, aaO 413f; Friedrich, aaO 75; Kertelge, aaO 104.

meinde wirksamen Geistesgaben bezogen wird. Auch über die Grundzüge der in diesen Kapiteln entfalteten „Charismenlehre" herrscht im wesentlichen Einigkeit. Die Differenzen beginnen — wie noch zu zeigen ist — bei der Frage, ob andere Textstellen mit dem Begriff χάρισμα in den Komplex der Charismenlehre einzubeziehen sind, sowie bei der Frage nach den Konsequenzen für die Verhältnisbestimmung von Charisma und Amt.

Anliegen des Pls in 1Kor 12—14 ist es, den in Korinth auftretenden enthusiastischen Phänomenen den richtigen „Stellenwert" im Leben der Gemeinde zu geben. Röm 12,3 zeigt einen entsprechenden Einsatz, indem die Selbsteinschätzung des einzelnen in der Gemeinde zur Sprache gebracht wird. Pls knüpft an das korinthische Verständnis der ekstatischen Erscheinungen als πνευματικά (1Kor 12,1. 14,1) an, interpretiert diese aber korrigierend als χαρίσματα (1Kor 12,4). Der Selbsteinschätzung der Pneumatiker stellt er zwei Aussagen gegenüber, die er im einzelnen entfaltet: 1. Der „Pneumatiker" hat nicht mehr Geist als die anderen Glaubenden; jeder hat Anteil an Gnade und Geist, aber auf seine Weise. 2. Jeder hat seine Geistgabe nicht für sich als persönliche Qualität; Kriterium des χάρισμα ist die Ausrichtung auf die οἰκοδομή der Gemeinde als des Leibes Christi.

Pls sprengt den Rahmen des korinthischen Verständnisses der Geistwirkungen: nicht nur ein paar außergewöhnliche Erscheinungen sind Geistwirkungen, nicht nur einige wenige haben daran Anteil; sondern wie jeder Glaubende den Geist hat (vgl Röm 8,9), so hat jeder[45] ein χάρισμα als Wirkung des Geistes (1Kor 12,7.11), und das können ganz alltägliche Dinge sein. Die Aufzählung von Charismen (1Kor 12,8—10. 28—30; Röm 12,6—8) veranschaulicht die Vielfalt, darin die individuelle Verschiedenheit. So wie sich im einzelnen die πίστις verschieden realisiert[46], wie die Glaubenseinsicht in der συνείδησις unterschiedlich sein kann[47], so äußert sich die Wirkung des Geistes in einem je individuellen χάρισμα[48]. Als die andere Seite der Sache

---

[45] Daß „jeder" ein χάρισμα hat, ist aus ἕκαστος in Röm 12,3; 1Kor 12,7.11 nicht unmittelbar zu entnehmen, da der Ton jeweils nicht auf ἕκαστος liegt (Grau, aaO 188). Aber das Bild vom Leib und den Gliedern zeigt deutlich, daß Pls davon ausgeht, daß generell jeder in der Gemeinde ein χάρισμα hat, siehe vor allem 1Kor 12,18. Vgl Friedrich, aaO 76; Schürmann, Gnadengaben 248f.

[46] Siehe vor allem Röm 12,3: μέτρον πίστεως. (Zum Problem der genauen Interpretation dieser Wendung: Cranfield, NTS 8 (1961f), 345—51.)

[47] Vgl Kap II Anm 122.

[48] In welchem Verhältnis ein solches — unter dem Vorzeichen des eschatologischen Heilsgeschehens stehendes — χάρισμα zur natürlichen Begabung des

gehört zur Betonung der individuellen Zuteilung der Geistesgaben die Betonung des einheitlichen Ursprungs. Sie haben ihren Ursprung im gleichen Geber, als der der Geist, der κύριος und Gott genannt werden können (1Kor 12,4—6)[49]. Die Geistesgabe, die der einzelne hat, ist für ihn ein Geschenk der göttlichen Gnade (Röm 12,6), ist für ihn die „Individuation der Gnade" als Ausfluß des eschatologischen Christusgeschehens.

Das Bild vom Leib und den Gliedern, das Einheit und Verschiedenheit der Charismen veranschaulicht, dient zugleich dazu, Zweck und Bedeutung der Charismen darzulegen (Röm 12,4f; 1Kor 12,12—27): jeder hat eine verschiedene Funktion, aber mit allen Funktionen verbindet sich die Verantwortung für das Ganze. ἀγάπη (1Kor 13) und Dienstcharakter (1Kor 12,5) sind Kriterien der Ausübung der χαρίσματα. Sie sind ausgerichtet auf die οἰκοδομή der Gemeinde, woraus sich auch eine unterschiedliche Bewertung ergeben kann (1Kor 14)[50].

---

einzelnen steht, wird von Pls nicht gefragt. Vgl Grau, Charisma 165ff; Giesriegl, Amt und Charisma 56ff.

[49] Übereinstimmung besteht darin, daß mit den drei Begriffen χαρίσματα, διακονίαι und ἐνεργήματα nicht voneinander getrennte Gruppen von Geistesgaben gemeint seien. Doch wird von manchen die Reihenfolge der Begriffe als „integrierende Klimax" verstanden, so daß χαρίσματα einen engeren Bereich von Geisteswirkungen umfaßt als ἐνεργήματα und diese entsprechend dem πνεῦμα, dem κύριος und ϑεός zugewiesen werden (Hermann, Kyrios und Pneuma 71—76; Mühlen, Una Mystica Persona 163). Doch wird man eher in den drei Begriffen verschiedene Aspekte derselben Gaben ausgedrückt sehen, während die dreifache Benennung auf seiten des Gebers gerade den einheitlichen Ursprung durch rhetorische Steigerung betont. Vgl Brockhaus, aaO 161f; Friedrich, aaO 83; Greeven, Geistesgaben 111f; Eichholz, Charismatische Gemeinde 14; Maly, Mündige Gemeinde 188; Schürmann, aaO 239ff; Wennemer, aaO 507.

[50] Auch auf die Hervorhebung dreier Charismen durch Numerierung (1Kor 12,28) ist zu verweisen: *Apostel, Propheten, Lehrer.* Während man hier zur Vermutung gelangen kann, diese drei Ch. seien im Sinne göttlicher Rechtsordnung als „Ämter" „gesetzt" gemeint (vgl Schürmann, Gnadengaben 265; Stalder, IKZ 59(1969), 204; Wendland, Geist 295), die übrigen Charismen mehr assoziativ genannt, wird dies durch V. 18 widerlegt: ὁ ϑεὸς ἔϑετο gilt für *alle* Charismen. — Der Befund, daß hier wie in anderen Charismenlisten die *Leitungsdienste* (V. 28: ἀντιλήμψεις, κυβερνήσεις) an später Stelle stehen, ist zu beachten und kann nicht unter Verweis auf Phil 1,1, 1Thess 5,12, 1Kor 16,6 u.a. relativiert (und aus der Unsystematik der Listen erklärt) werden. Ausführliche Diskussion des Für und Wider der Existenz bevollmächtigter Leitungsorgane in Korinth: Giesriegl, aaO 116ff (kommt zu negativem Ergebnis 126). — Ein weiteres Problem in diesem Zusammenhang ist die Frage, ob Pls sein *Apostolat* zu den Charismen rechnet (Hasenhüttl, Charisma 163ff; Stuhlmacher, KuD 1971, 36; Kertelge, Gemeinde 110) oder nicht (Grau, Charisma 240f. 245; Brosch, Charismen 44; vCampenhausen, Amt 35 Anm 1. 325). Ein

Das Verständnis der Gemeinde als Leib wird bildlich entfaltet, meint aber auch eine Wirklichkeit: die Gemeinde als „Leib Christi"[51]. Die Glaubenden sind eine Einheit im Leib Christi (Röm 12,5; 1Kor 12,12.27), dem sie durch Taufe (1Kor 12,13) und Herrenmahl (1Kor 10,17) angehören. Was Pls als Einheit und Vielfalt der Charismen entfaltet, kennzeichnet also wesentlich sein Verständnis von Gemeinde: Die Gemeinde ist verstanden als Raum, in dem der Geist in der Mannigfaltigkeit wechselseitigen Dienens der Charismatiker wirksam wird (1Kor 12,11).

Daß Pls seine Auffassung paränetisch entfaltet[52], zeigt, daß er nicht einfach die Wirklichkeit der Gemeinde beschreibt, sondern wie er sie sehen möchte. Andererseits geben die Charismenlisten gewiß ein Bild von der Vielfalt der tatsächlichen Funktionen in einer damaligen Gemeinde, sei es in Korinth oder anderswo (Röm 12). Pls geht von der Existenz bestimmter Funktionen aus und ebenso davon, daß prinzipiell jeder als Glied der Gemeinde eine Funktion in ihr hat. Von diesem Ausgangspunkt her will er das Leben der Gemeinde verstanden wissen als Zusammenwirken aller zur Erbauung der Gemeinde, ohne im Detail eine „Gemeindeverfassung" festzulegen[53].

Anlaß, Pls bei den in 1Kor 12,28 genannten Aposteln auszuschließen (so Brosch, aaO 44; Satake, NTS 15(1968f), 103), besteht nicht. Angesichts der festgestellten Relation von χάρις und χάρισμα im pln Sprachgebrauch ist die mehrfache Bezeichnung des pln Apostolats als χάρις (δοθεῖσα) kein Argument gegen ein Verständnis als χάρισμα (so Satake, aaO 103 Anm 1; vgl Lohse, Amt 340f), sondern gerade dafür, daß Pls sein Apostolat analog den anderen χαρίσματα versteht. (Richtig: Hainz, Ekklesia 335) Also kann man auch nicht generell die Begründung der apostolischen Autorität durch Berufung gegen die der Charismen setzen (so vCampenhausen, Amt 325; Grau, aaO 248; u.a.), wenngleich natürlich Funktion und Autorität des Apostels klar hervorragende Relevanz haben.

[51] Mit der Mehrzahl der Ausleger wird die Leib-Christi-Vorstellung des Pls als nicht bildlich, sondern real gemeint verstanden. Auf die Frage der religionsgeschichtlichen Herkunft (griechisch? gnostisch? jüdisch?) braucht in unserem Zusammenhang nicht eingegangen zu werden. Vgl Käsemann, Leib und Leib Christi; ders, Paulinische Perspektiven 178ff; ders, Römer 320ff; Schweizer, ThW VII 1066ff; Conzelmann, NT-Theologie 286ff; Brockhaus, aaO 164ff; Mühlen, aaO 115ff. Gegen die Annahme einer realen Leib-Christi-Vorstellung: J. J. Meuzelaar, Der Leib des Messias.

[52] Vgl Brockhaus, aaO 142ff. 193ff. mit Schweizer, ThW VII 1066f und Merk, Handeln aus Glauben 235f. — Aber daraus kann nicht gefolgert werden, χάρισμα sei in diesem Zshg nur ein paränetischer Terminus, der demnach außerhalb dieses paränetischen Kontextes keine theologische Relevanz habe: gegen Brockhaus (190.202.238).

[53] Zu Recht weist Brockhaus 218ff darauf hin, daß man die pln Darstellung der Charismenlehre nicht eigentlich als Entwurf einer „Gemeindeverfassung" (in üblichem Verständnis des Wortes) ansehen kann.

Bei der Einordnung der „Charismenlehre" in das pln Denken stellt
sich die Frage, ob ihre Entfaltung im Blick auf das Zusammenwirken in der Gemeinde ihr Spezifikum ist oder aber das in Röm 12
und 1Kor 12 Dargelegte nur die besondere Anwendung einer um-
fassenderen „Charismenlehre" ist[54]. Der entscheidende Diskussions-
punkt ist 1Kor 7,7, wo es im Zusammenhang der Aussagen über Ehe
und Ehelosigkeit heißt, jeder habe sein eigenes χάρισμα von Gott.
Zwei Fragen stellen sich: 1. Wird hier die Enthaltsamkeit[55] oder die
Ehelosigkeit[56] sowie implizit auch die Ehe[57] als χάρισμα bezeichnet?
2. Ist χάρισμα hier im technischen Sinne[58] von 1Kor 12 und Röm
12 zu verstehen oder im allgemeinen Sinn[59]?

Eine unvoreingenommene Prüfung der Verwendung von χάρισμα im
Kontext von 1Kor 7,7 ergibt, daß von einem direkten Bezug auf die
οἰκοδομή der Gemeinde nicht die Rede ist[60]. Andererseits kann nicht
bestritten werden, daß 1. χάρισμα formal in gleicher Weise wie in
1Kor 12 und Röm 12 verwendet wird[61] und 2. der die Aussagen
von 1Kor 7 ins Grundsätzliche führende Abschnitt V. 17−24[62] wie
1Kor 12 und Röm 12 als wesentliches Element den Gedanken der
individuellen Zuteilung enthält. Während 1Kor 7,7 eine bestimmte
Befindlichkeit[63] als Ausdruck individueller Konkretion der χάρις
bezeichnet, so behaftet V. 17 den einzelnen in seiner individuell-

---

54 So insbesondere Käsemann, Amt 119.

55 Brockhaus, aaO 136; Conzelmann, 1. Korinther 142f mit Anm 34; Weiß,
1. Korinther 176. Vgl Ridderbos, Paulus 320 Anm 28.

56 Perels, aaO 41; Friedrich, aaO 82; Brosch, Charismen 178; Wennemer, aaO
507; Merk, Handeln aus Glauben 100; Grau, aaO 64ff; Schrage, Einzelgebote
144.

57 Ehelosigkeit und Ehe als χάρισμα: Käsemann, aaO 114; Hasenhüttl, aaO
153ff; Schürmann, aaO 241 Anm 28; Kertelge, Gemeinde 108.

58 Friedrich, aaO 82; Perels, aaO 41; Hasenhüttl, aaO 155; Käsemann, aaO 120;
Kertelge, aaO 108; Grau, aaO 65ff.

59 Brosch, aaO 178 Anm 732; Schürmann, aaO 241 Anm 38; Ridderbos, aaO
320; Brockhaus, aaO 224.

60 Mit Brockhaus, aaO 136f.

61 Es heißt wie dort: χάρισμα ἔχειν. Die Begriffe ἕκαστος ἴδιον κτλ sowie die
Wendung ὁ μὲν οὕτως, ὁ δὲ οὕτως implizieren den Gedanken an eine Mehrzahl
unterschiedlicher χαρίσματα.

62 Conzelmann, 1.Korinther 138; Merk, aaO 109ff (115); Robertson-Plummer,
I Corinthians 144.

63 Da V. 6 (τοῦτο) wohl auf V. 1−5 zu beziehen ist (Conzelmann, 1.Korinther
142; Robertson-Plummer, I Corinthians 135), wird man doch auch bei der
Aussage über die Verschiedenheit der χαρίσματα (7) an Ehelosigkeit und Ehe
zu denken haben. Warum die Wendung ὁ μὲν οὕτως, ὁ δὲ οὕτως das Verständnis auch der Ehe als χάρισμα ausschließen soll (Conzelmann, aaO 143), vermag
ich nicht einzusehen.

geschichtlichen Situation, in der ihn die göttliche Berufung[64] zum Heil traf. Nicht nur der Textzusammenhang[65], sondern auch die Relation der Begriffe κλῆσις und χάρισμα[66] legt nahe, daß in beiden Versen der gleiche Gedanke entfaltet wird: die individuelle Situation, der individuelle weltliche Status ist der Ort, an dem den einzelnen die göttliche Berufung bzw die Wirkung der Gnade erreicht. Die individuell verschiedene geschichtliche Befindlichkeit des einzelnen wird zwar eschatologisch aufgehoben, impliziert aber gerade dadurch die Folgerung, darin zu „bleiben" (V. 20.24)[67]. Bedeutet demnach die Situation des einzelnen den Ort, an dem sich für ihn Wirkung und Anspruch der Gnade „realisieren" (χάρισμα!), kann man durchaus folgern, daß jede Situation und Befindlichkeit unter „charismatischer Möglichkeit"[68] steht. Es ist dann lediglich eine Frage der terminologischen Übereinkunft[69], ob man in diesem weiten Rahmen christlicher Ethik von „charismatisch" sprechen will[70]. Denn der sachliche Zusammenhang mit der „Charismenlehre" von Röm 12 und 1Kor 12[71] ist ebenso klar wie die Unterschiedlichkeit der Aspekte[72]: redet 1Kor 7 generell von der individuellen Konkretion der

---

64 Unklar ist, ob κλῆσις in V. 20 „Berufung" oder „Stand" meint oder Pls bewußt doppeldeutig redet. Vgl zur Diskussion Brockhaus, aaO 224 Anm 102. Die Ausdrucksweise, die sich in der pln Tradition hielt, spricht für ein Verständnis als „Berufung": καλεῖν (ἐν) κλήσει wie 1Kor 7,20 auch Eph 4,1.4; II 1,9. Daß Eph 4,4 von der ἐλπίς τῆς κλήσεως redet, II 1,9 die κλῆσις als ἁγία bezeichnet, zeigt, daß man jedenfalls in der pln Tradition κλῆσις im Zshg der genannten Formulierung als „Berufung" (zum Heil) verstand. Dann wäre mit der Formulierung ἐν τῇ κλήσει ᾗ ἐκλήθη (1Kor 7,20) das gleiche ausgesagt wie mit den anderen Wendungen mit καλεῖν in V. 17 und V. 24: die individuelle, in der jeweiligen geschichtlichen Situation des einzelnen sich realisierende Berufung.

65 Weiß, 1.Korinther 183: V. 17 als Zusammenfassung zu V. 1–16. Conzelmann, 1.Korinther 150 (zu V. 17): „Der Gedanke von V. 7 wird jetzt allgemein formuliert."

66 Gegen Brockhaus, aaO 223 mit Käsemann, Amt 111.114. Dafür ist nicht nur auf Röm 11,29 zu verweisen (so Käsemann). Aufgrund des Zusammenhangs von χάρισμα und χάρις sind auch zu berücksichtigen: Gal 1,6 καλεῖν ἐν χάριτι und Gal 1,15 καλεῖν διὰ τῆς χάριτος. Zwar nicht terminologisch, aber sachlich zeigt auch Röm 9,12 die Zurückführung der κλῆσις auf das Gnadenhandeln Gottes: οὐκ ἐξ ἔργων ἀλλ᾿ ἐκ τοῦ καλοῦντος.

67 Vgl Conzelmann, 1.Korinther 151; Merk, aaO 115.

68 Käsemann, Amt 117.

69 Vgl Merk, aaO 160 zu Käsemann.

70 Vgl Wennemer, aaO 505.

71 Brockhaus, aaO 225. Vgl Merk, aaO 160: „Nicht die Sache, sondern die verwendete Begrifflichkeit scheint mir in K.s Ausführungen problematisch zu sein."

72 Diese Doppelheit des Aspekts gilt für das Wirken des πνεῦμα entsprechend wie für die χάρις: indem zu unterscheiden ist zwischen dem auf das gesamte

χάρις, so 1Kor 12 und Röm 12 speziell im Blick auf die Aktivitäten zur Erbauung der Gemeinde. Die Durchsetzung des speziellen Sprachgebrauchs von χάρισμα in der pln Tradition sowie der heute überwiegende Sprachgebrauch lassen es angebracht erscheinen, von „Charismenlehre" nur im Blick auf die Aussagen von Röm 12 und 1Kor 12 zu sprechen.

1.11.3 Charisma und Amt

Bis heute ist bei der Interpretation der pln Charismenlehre die Frage nach der Relation von Charisma und Amt aktuell, seit durch die Diskussion Sohm-Harnack[72a] die Frage nach der Vereinbarkeit von Geist und Ordnung, Charisma und Amt gestellt wurde. Im Gegensatz zu Sohm hat sich heute weitgehend der Konsens herausgebildet, daß von einer Unvereinbarkeit nicht die Rede sein kann: 1. Geist und Ordnung schließen sich nicht aus, vielmehr ist es nach Pls der Geist, der Einheit und Ordnung der Gemeinde setzt[73]. Wirken des Geistes und Gesichtspunkte der Zweckmäßigkeit können sich durchaus verbinden (1Kor 14)[74]. 2. Geist und Recht schließen sich nicht aus. Im geistgewirkten Leben der Gemeinde und in ihren Diensten werden Akte „heiligen Rechts", „eschatologischen Gottesrechts" ausgeübt[75]. Freilich ist dies zu unterscheiden von menschlich begründetem

---

Leben der Christen bezogenen καρπὸς τοῦ πνεύματος (Gal 5,22) und den speziell auf die οἰκοδομή der Gemeinde bezogenen πνευματικά/χαρίσματα. Vgl Grau, aaO 157ff; Schlink, Apostolische Sukzession 81; Schrage, aaO 141ff (143 Anm 8). — In der katholischen Auslegung wird die Differenzierung zwischen der generellen Wirkung der Gnade und den gemeindebezogenen Charismen gelegentlich mit der scholastischen Unterscheidung von gratia gratum faciens und gratia gratis data gleichgesetzt: Wennemer, aaO 520; Semmelroth, Institution und Charisma 445; Schürmann, aaO 241; vgl. Brosch, aaO 29ff.

[72a] Wesentliche Abschnitte aus der Darlegung von Sohms Position jetzt wiederabgedruckt in Kertelge, Kirchliches Amt 45—60. Zur Diskussion zwischen Sohm und Harnack vgl Bultmann, NT-Theologie 446—452; Maurer, Die Kirche und ihr Recht 364—387 (speziell zu Sohm: ebd 328—363); Schmitz, Frühkatholizismus 121—126.

[73] Küng, Charismatische Struktur 289; Wendland, Geist 289.293; ders, Wirken 465f; Friedrich, Geist 83; Duss-von Werdt, Laie 286; Kertelge, Gemeinde 63.114.127; Schweizer, Gemeinde 90.92; Grau, Charisma 236; vCampenhausen, Amt 62.

[74] Käsemann, Amt 124.

[75] Käsemann, Sätze heiligen Rechtes, passim; Wendland, Geist 291ff; Stoodt, Schrift und Kirchenrecht 358ff; Kohlmeyer, Charisma oder Recht, passim; Kertelge, aaO 112f.

Recht[76]. Zwar bestehen zT erhebliche Differenzen darin, wie die Relation von Charisma und Amt gesehen wird[77], aber auch hier besteht ein gewisser Konsens: 1. im Blick auf eine positive Relation von Charisma und Ordnung: mit dem Charisma sind Auftrag und Autorität verbunden; Autorität und Legitimation sind bezogen auf den Vollzug des als Dienst verstandenen Charismas[78]; Achtung und Gehorsam bringen die Glieder der Gemeinde einander unter dem Kriterium der Agape entgegen[79]. 2. Abgrenzung gegen einen „negativen" Amtsbegriff, der impliziert: (pneumatische) Privilegierung einzelner in der Gemeinde (Klerikalismus)[80]; einseitig juridisch-institutionell verstandenes Amt[81]; autoritäre Amtsstruktur, die sich in Herrschaftsformen äußert[82].

Die Differenzen ergeben sich in dem Spielraum zwischen beiden genannten Abgrenzungen. Im wesentlichen geht es um die Bewertung des Phänomens der Institutionalisierung: bedeuten festgeordnete Ämter, offizielle Einsetzung in ein Amt, kirchenrechtliche Regelung von Ämtern eine generelle Abkehr von der pln Charismenlehre, oder sind sie noch mit dieser vereinbar? Die verschiedenen Positionen in dieser Frage[83] können hier nicht diskutiert werden. Aber auf ein wesentliches Merkmal der Diskussion ist hinzuweisen: Sehe ich recht, dann liegen die Differenzen zu einem guten Teil darin begründet, daß der Begriff Charisma undifferenziert verwendet wird[84]. Dh es wird nicht

---

[76] Dh es handelt sich damit nicht schon um rechtlich-institutionelle Absicherung einer Ordnung.

[77] Eine Klassifizierung der verschiedenen Positionen versuchen Brockhaus, aaO 7ff und Perels, Charisma 39; vgl Schulz, Charismenlehre 448ff.

[78] Käsemann, Amt 112.121.124f; Schweizer, Gemeinde 89.162.164; vCampenhausen, Amt 64.68; Grau, Charisma 263; Brockhaus, aaO 124f; Martin, Amtspriestertum 28.30; Kertelge, aaO 112f; Schürmann, aaO 245.265 Anm 164.

[79] Käsemann, aaO 115.121; Schweizer, aaO 89.92.93f.162; vCampenhausen, aaO 61f. 75; Martin, aaO 27; Schürmann, aaO 263.

[80] Käsemann, aaO 123f; Schweizer, aaO 163.180; vCampenhausen, aaO 324.330; Brockhaus, aaO 216f; Kertelge, aaO 110; Küng, Kirche 215; Schürmann, aaO 242.249.

[81] Käsemann, aaO 123.126.129f; Schweizer, aaO 161f. 180; vCampenhausen, aaO 1f.86.324f.328ff; Grau, aaO 233; Brockhaus, aaO 213; Kertelge, aaO 113ff; Küng, aaO 215.463; Schürmann, aaO 246.265.

[82] Schweizer, aaO 90.162; vCampenhausen, aaO 329f; Brockhaus, aaO 124f; Küng, aaO 224f; Schürmann, aaO 266; Friedrich, Geist 78; Wendland, Geist 291.

[83] Brockhaus, aaO 90 stellt vier verschiedene Interpretationen der Entwicklung zum institutionalisierten Amt heraus: 1. als legitim-kontinuierliche Entwicklung, 2. als Abfall vom charismatischen Ansatz, 3. als geschichtliche Notwendigkeit, 4. als Konsequenz der menschlichen Sünde.

[84] Natürlich wird auch unter „Amt" nicht immer dasselbe verstanden. So ist zB klar, daß der Begriff „Amt" verschieden weit gefaßt ist, wenn einerseits

klar unterschieden zwischen dem soziologischen Begriff „Charisma"
als Bezeichnung eines (außergewöhnlichen) Phänomens[85] und der
Verwendung des Begriffs χάρισμα bei Pls als theologischem Interpretament[86]. Anders gesagt heißt das auch: es wird zu wenig differenziert zwischen der Wirklichkeit der pln Gemeinden und der Interpretation, die Pls in seiner Charismenlehre gibt[87]. Versteht man
alle Funktionen in den pln Gemeinden faktisch als Charismen im
soziologischen Sinn des Wortes, dann bedeutet die Herausbildung
fester Gemeindeämter notwendig eine Abweichung von der pln
Charismenlehre: denn Charisma und Amt stehen — soziologisch gesehen — per definitionem im Gegensatz zueinander[88]. Von solcher
Gleichsetzung des soziologischen und theologischen Begriffs aus
bleibt „charismatische" Gemeindeverfassung etwas Zeitbedingtes,
das der geschichtlich notwendigen Institutionalisierung — gleich wel-

---

jedes Charisma als „Amt" definiert wird (Käsemann, aaO 123; Friedrich, aaO
73; Perels, aaO 44), andererseits gesagt wird, daß die kirchlichen „Ämter"
unter das Charisma subsumiert werden können (Küng, Die Kirche 225). Denn
im ersten Fall ist im wesentlichen nur an Vollmacht und Autorität als amtliche
Elemente gedacht, während im zweiten Fall das Wort im üblichen Sinne eine
institutionelle Größe bezeichnet. Jedenfalls erweisen sich die Differenzen im
Gebrauch des Begriffes „Charisma" als gewichtiger.
85 Vgl Schoeck, Kleines Soziologisches Wörterbuch 73: „Ein Merkmal der
Führung durch Ch. ist die ‚Außeralltäglichkeit' ihrer Handhabung." Zum
„soziologische(n) und religionsgeschichtliche(n) Spannungsgesetz" von Charisma
und Amt: vCampenhausen, Amt 1f.
86 Immerhin verweist Schürmann, Gemeinde als Bruderschaft 71 Anm 25, auf
die Differenz zwischen dem heute üblichen und dem pln Sprachgebrauch. —
Zur Differenz zwischen dem modernen Charisma-Begriff (nach Max Weber)
und dem Befund bei Pls: J. H. Schütz, JR 1974, 51ff (der aber auch Pls mehr
unter soziologischem Aspekt analysiert).
87 Brockhaus hat betont diese notwendige methodische Unterscheidung herausgestellt (aaO 93f). Aber er übersieht, daß diese in der Forschung vernach-
lässigte Differenzierung aufs engste mit der Verwendung des Begriffs „Charisma"
zusammenhängt. Nur so kann B. sagen: „Zudem stimmen die meisten bei dem,
was sie unter Amt bzw Charisma verstehen, im Kern überein und gehen erst
an der Peripherie auseinander." (24 Anm 106). Natürlich zeigen sich viele Gemeinsamkeiten, wenn von „Charisma" geredet wird. Aber es macht doch einen
wesentlichen Unterschied aus, ob als Ausgangspunkt mehr das Phänomen oder
das Interpretament im Blick ist!
88 Das ist der deutliche Ansatz zB bei vCampenhausen, Amt 1f: in diesem Rahmen dann der Gegensatz zwischen (pln) charismatischer und (judenchristlicher)
amtlicher Gemeindeverfassung (aaO 326f). Vom gleichen soziologischen Ausgangspunkt kommt Semmelroth, Institution und Charisma (443) allerdings zu
anderer Interpretation der pln Auffassung. Die meisten Autoren formulieren
nicht ausdrücklich ihren Ausgangspunkt.

cher Form — weichen muß[89], und Charisma bleibt ein Ausnahme-
phänomen[90].

Soziologisch gesehen war aber die Wirklichkeit der Gemeinden wohl
differenzierter: es gab „Charismatiker"[91] und Dienste mehr „amtlichen"
Charakters[92] (wobei neben dem Moment dauernder Ausübung auch
Wahl und Einsetzung nicht unbedingt ausgeschlossen werden können[93]),

---

[89] vCampenhausen, Amt 327f. Käsemann, Amt, geht zwar ausdrücklich von
Charisma als theologischem Interpretament aus (109), gelangt aber, da er dann
Charisma als antiinstitutionell versteht, zur gleichen Folgerung wie vCampen-
hausen (Käsemann, Amt 130.133f).

[90] Vgl Stählin, Charisma, EKL I 680: „Wenn auch einige der urchristlichen
Ch. später nicht mehr aufgebrochen sind, so werden der Christenheit doch
immer wieder Ch. geschenkt." Entsprechend in der traditionellen katholischen
Auslegung: Ch. als außergewöhnliche Begnadung und Begabung einzelner
(vgl Anm 72); Spannung zwischen Amt und Ch. als gegenseitige Ergänzung,
wobei das Amt übergeordnet; so bereits im Urchristentum: Semmelroth,
Institution und Charisma (passim); Wennemer, Begabung 522ff; Brosch,
Charismen 43.45. In der Kirchengeschichte: die großen Heiligen (Kuss, Auslegung und Verkündigung I 280; Ratzinger, Frage der Charismen 267ff);
zum diesbezüglichen soziologischen Befund vgl Taeger, Charisma II 587.
Die anscheinend so unterschiedliche Interpretation der pln Charismenlehre
durch vCampenhausen u.a. einerseits, durch die katholische Auslegung andererseits hat ihren gemeinsamen Ansatzpunkt beim soziologischen Gegenüber
Amt — Charisma; darüber hinaus auch die gemeinsame Folgerung, daß es
zwischen beiden einen Kompromiß geben muß (vCampenhausen, Amt 325),
wobei dann freilich die Akzente verschieden gesetzt werden. Die Differenz
besteht im wesentlichen darin, daß auf katholischer Seite nicht genug ernst
genommen wird, daß nach Pls *alle* Glaubenden ein „Charisma" haben, während
die genannte protestantische Auslegung daraus zu schnell einen soziologischen
Tatbestand folgert.

[91] zB Prophetie, Glossolalie, Heilungsgabe.

[92] zB Tätigkeiten der Verwaltung und Leitung.

[93] 2Kor 8,19 erwähnt eine Abordnung ($\chi\epsilon\iota\rho\sigma\tau\sigma\nu\epsilon\tilde{\iota}\nu$) durch die Gemeinden.
Stuhlmacher, KuD 1971, 37 weist auf die Möglichkeit von Wahlen in den
pln Gemeinden analog der damaligen Vereinspraxis hin. Man braucht in
diesem Zusammenhang dann auch eine Einsetzung nicht auszuschließen, die
aber von einer Ordination im Sinne der Apg und der Past zu unterscheiden
wäre. Das gleiche gilt im Blick auf die Beauftragung von Mitarbeitern durch
Pls. (Vgl dazu vor allem Hainz, Ekklesia 302ff; ders, Kirche im Werden
119ff) In Kol 4,17 einen Hinweis auf Amtsübertragung durch einen „feier-
lich-kultischen Akt" zu sehen (Harnack nach Gewiess, HJ 1953, 15; Goguel,
L'église primitive 407: mit Handauflegung?), trägt angesichts des Nachweises
der nichtpln Verfasserschaft dieses Briefes (Bujard, Stilanalytische Untersuchungen) nichts für die Praxis zZ des Pls aus. — Für den Befund, daß in den
Briefen des Pls keine *Ordination* bezeugt ist, ist Folgendes zu beachten: 1)
Man kann die Ord. nicht stillschweigend voraussetzen, da sie im Zshg mit
der judenchristlichen Gemeindeordnung zu sehen ist (Duss-von Werdt, Con-

aber auch solche Dienste, die sich in keine der beiden Rubriken einordnen lassen[94]. Insgesamt gesehen war solche „Gemeindeverfassung" sicher von der Spontaneität der Anfangszeit[95] geprägt im Unterschied zu späterer Institutionalisierung. Wesentlich aber ist, daß Pls die soziologisch unterschiedlichen Dienste alle[96] als χαρίσματα *interpretiert*, sie damit gleichermaßen auf die χάρις zurückführt. Wird Charisma so als Interpretament verstanden, dann stellen Ansätze zur Ämterbildung oder bereits vorhandene Ämter nicht notwendig einen Widerspruch dazu dar[97]. Andererseits kann dann die spätere Institutionalisierung nicht so erklärt werden, daß das Charisma zum Amt tendiere[98]. Vielmehr wird man als soziologischen Befund festzustellen haben, daß eben bestimmte Dienste zu Ämtern institutionalisiert wurden, andere Dienste dagegen aus dem Blickfeld verschwinden. Die Beurteilung insti tutionalisierter Ämter von der Charismenlehre aus hat daher neben der Phänomenen wesentlich deren Interpretation in den Blick zu nehmen: ob nämlich diese Ämter noch verstanden werden als χαρίσματα innerhalb der Vielzahl von χαρίσματα in der Gemeinde oder ob sich Tendenzen zeigen, die diesem Verständnis zuwiderlaufen.

---

cilium 1968, 285; Gnilka, AnBibl 42, 239). 2) Im Zusammenhang der Aussagen des Pls über die Dienste in der Gemeinde ist wesentlich, daß eine Legitimation durch Einsetzung/Ordination offensichtlich für ihn keine Rolle spielt (Martin, Amtspriestertum 27; Küng, Kirche 221). 3) Die Sicht, wonach jeder Dienst als χάρισμα verstanden wird, während die Ord. nach den Past Übertragung eines χάρισμα ist, zeigt die Entfernung des Pls von solcher Ordination.

[94] zB Röm 12,8: μεταδιδόναι, ἐλεεῖν.

[95] Martin, Amtspriestertum 33.

[96] Vgl Kertelge, Gemeinde 109: „eine Aufteilung der Gemeinde in ‚Amt' und ‚Charisma' (ist) in dieser Konzeption nicht gefragt."

[97] Vgl Brockhaus, aaO 210ff.237. Käsemann, Amt, kommt von gleichem Ansatz zu anderem Ergebnis (s.o. Anm 89). Küng und Hasenhüttl nehmen Käsemanns Ansatz auf, ziehen aber gegen Käsemann die Konsequenz, daß pln Charismenlehre institutionelle Ämter nicht ausschließe. Vgl Küng, Kirche 226: Die charismatische Struktur der Kirche umgreift die Ämterstruktur und greift über diese hinaus.

[98] Die Abwegigkeit solcher generalisierender These (Ridderbos, Paulus 323; Michel, Gnadengabe 134; Grau, Charisma 260; vgl Merklein, Kirchl Amt 391) zeigt sich, wenn man sie konsequent zu Ende denkt: dann müßten alle von Pls genannten Charismen zu Ämtern geworden sein! Wo aber ist zB das Amt der Glossolalie? Faktisch greifen die genannten Autoren Funktionen, die zur Institutionalisierung tendieren (zB Leitung, bestimmte Weisen der Wortverkündigung), aus den Charismenlisten heraus und verallgemeinern einen an sich richtigen Befund. Ähnlich eklektisch geht andererseits vCampenhausen vor, wenn er zur Illustration des Gegensatzes Charisma — Amt solche Funktionen herausgreift, die sich gegen eine Institutionalisierung sperren (Propheten und Lehrer: aaO 195ff.331).

1.12 Charisma in paulinischer Tradition

Nach dem zuvor Gesagten ist zwischen der soziologischen Struktur
der Gemeindeordnung und der theologischen Interpretation durch
die Charismenlehre genau zu differenzieren. In unserem Zusammenhang interessiert die Frage, wo und wie die pln Charismenauffassung
übernommen wurde.

1.12.1 Epheserbrief

Am Beginn des paränetischen Briefteiles (4,1—6,20) steht in 4,1—16
die Mahnung zur Einheit der Kirche. Während V. 1—6 im besonderen
die Wahrung der Einheit betont (3) und die Grundlagen der Einheit
entfaltet (4—6), entfaltet 7—16 den Aspekt der Verschiedenheit innerhalb der Einheit: Christus hat jedem eine Gnadengabe gegeben, die der
gemeinsamen Auferbauung des Leibes dienen soll.

Innerhalb dieser Aussagen finden sich die wesentlichen Elemente der
pln Charismenlehre[99], wenn auch der Begriff $\chi \acute{\alpha} \rho \iota \sigma \mu \alpha$ nicht begegnet[100].
Wie Paulus bezeichnet der Verfasser in 3,2.7.8 das pln Apostolat als die
ihm gegebene $\chi \acute{\alpha} \rho \iota \varsigma : \chi \acute{\alpha} \rho \iota \varsigma \ \delta o \vartheta e \~{\iota} \sigma a$ bzw $\dot{e} \delta \acute{o} \vartheta \eta$. In 4,7 wird diese Aussage generalisiert, indem von der einem jeden gegebenen Gnade ge-
sprochen wird. Da auch hier $\dot{e} \delta \acute{o} \vartheta \eta$ steht, verwundert es nicht, wenn
in Beibehaltung des pln Sprachgebrauchs von $\chi \acute{\alpha} \rho \iota \varsigma$ und nicht von
$\chi \acute{\alpha} \rho \iota \sigma \mu \alpha$ die Rede ist. Diese und die weiteren Verse beinhalten die
Grundgedanken der paulinischen Auffassung: einem jeden (7.16) ist
die Gnade zuteilgeworden in Gestalt einer Gabe[101], und zwar nach
individuellem Maß (7.16). Als Kriterien der Ausübung und Ausrich-
tung der Charismen erscheinen u.a. $\delta \iota a \kappa o \nu \acute{\iota} a$ (12), $\dot{a} \gamma \acute{a} \pi \eta$ (15.16)
und $o \acute{\iota} \kappa o \delta o \mu \acute{\eta}$ (12.16). Dabei spielt bei $o \acute{\iota} \kappa o \delta o \mu \acute{\eta}$ — wie 2,20—22
zeigt — stärker als für Pls das Bild vom Bau mit[102]. Übergeordnet
ist aber auch hier das Verständnis der Gemeinde als Leib Christi mit
seinen Gliedern (vgl 4,25. 5,30) — gegenüber Pls aber deutlich modifiziert durch die Ausweitung ins Kosmische und die Differenzierung
zwischen dem Leib und Christus als Haupt[103].

---

[99] Daher wird Eph 4,7ff in den Darstellungen der pln Charismenlehre häufig
einbezogen, nicht nur bei solchen, die an pln Verfasserschaft festhalten.
[100] Da Brockhaus den Zshg mit $\chi \acute{\alpha} \rho \iota \varsigma$ bestreitet, geht er konsequenterweise
auf Eph 4,7 nicht ein.
[101] Daß anstelle der Verwendung des Begriffs $\chi \acute{\alpha} \rho \iota \sigma \mu \alpha$ der Gabe-Aspekt durch
das mit $\chi \acute{\alpha} \rho \iota \varsigma$ verbundene $\delta \omega \rho e \acute{a}$ (4,7. 3,7) betont wird (somit zusätzlich zu
$\delta \iota \delta \acute{o} \nu a \iota$), entspricht Röm 5,15b in Relation zu 5,15a.
[102] Vgl Steinmetz, Heils-Zuversicht 118; Schweizer, Gemeinde 97.
[103] Vgl die in Anm 51 angegebene Literatur.

Werden damit die Grundzüge der pln Auffassung übernommen, so bleibt doch die Frage, inwieweit dieser Ansatz in concreto durchgehalten ist[104]. Diese Frage stellt sich durch die in 4,11 genannten Dienste. Während ein Verständnis nur dieser fünf Dienste als Charismen[105] dem Kontext nicht entspricht, ist doch unklar, ob hier nur Beispiele für die Vielzahl von Diensten genannt werden sollen[106] oder aber die genannten Dienste als die wesentlichen und vorrangigen Charismen herausgehoben werden sollen[107]. Für letzteres spricht der (in der Zuordnung der einzelnen Präpositionalausdrücke allerdings nicht eindeutige)[108] Vers 12: daß nämlich die in 11 genannten Dienste verantwortlich sind für die Zurüstung aller übrigen Glieder der Kirche zum gemeinsamen Dienst der Erbauung des Leibes Christi. Dann scheint es so, daß in Eph primär die traditionellen Ämter[109] als Charismen verstanden werden, wenngleich prinzipiell die Begabung aller mit einem Charisma noch festgehalten ist.

1.12.2   Erster Petrusbrief

Innerhalb des wesentlich paränetisch bestimmten Briefes wird im Abschnitt 4,7—11 zur Nüchternheit angesichts des nahen Endes gemahnt (7) und im besonderen die Verwirklichung der ἀγάπη im Miteinander der Christen betont (8ff). Die Entfaltung dieser Mahnung geschieht mit dem Verweis auf das einem jeden gegebene χάρισμα (10).

---

[104] Vgl Schweizer, aaO 98.

[105] So Schlier, Epheser 191.195. Vgl Haupt, Epheser 131f.

[106] Scott, Ephesians 210. Dafür spricht ἔδωκεν (11), das sich an ἐδόϑη (7) und ἔδωκεν δόματα (8) anschließt.

[107] Grau, aaO 173; Kertelge, Gemeinde 133; Gaugler, Epheser 174; Herten, Charisma 85. Der Unterschied etwa zu 1Kor 12,28 ist der, daß dort zwar auch die wichtigsten Dienste betont vorangestellt werden, dann aber in offensichtlich beliebiger Weise weitere Charismen angereiht werden; hier dagegen macht die Betonung der Zurüstungs-Funktion (12) eine beliebige Erweiterung der Charismen-Reihe unmöglich.

[108] Am naheliegendsten ist, die „Zurüstung der Heiligen" als Funktion der in 11 genannten Dienste anzusehen und ἔργον διακονίας auf alle Gemeindeglieder (οἱ ἅγιοι) zu beziehen. Dibelius-Greeven, Epheser 82. Gegen Schlier, aaO 199.

[109] Apostel und Propheten sind wohl bereits Größen der Vergangenheit (2,20. 3,5), während Evangelisten, Hirten und Lehrer wohl die zZ des Verfassers ausgeübten „Ämter" sind, die beiden letzten wohl speziell als Gemeindeämter. Vgl Kertelge, Gemeinde 134. Darüber, ob bei den Gemeindeämtern an eine formelle Einsetzung zu denken ist (Abbott, Ephesians 117) oder nicht (Scott, aaO 210), läßt sich schlechterdings nichts ausmachen. Zu hypothetisch erscheint der Versuch von Fischer (Epheserbrief 21—39), Apostel und Propheten als die entscheidenden Ämter in der Gegenwart des Eph zu erweisen, während Eph gleichzeitig durch stillschweigendes Übergehen gegen die aufkommende episkopale Kirchenordnung polemisiere.

Die Aufnahme des χάρισμα-Begriffes ist im Rahmen des auch sonst für 1Petr festgestellten Einflusses pln Theologie [110] zu sehen. Die Gemeinsamkeiten zeigen dies: die grundlegende Aussage, daß jeder auf seine Weise ein Charisma bekommen [111] hat; die Ausrichtung des Charismas auf den gegenseitigen Dienst; die betonte Zurückführung auf die Gnade Gottes. Aber schon hier zeigt sich eine Verschiebung des Aspekts: nicht so sehr auf der Ausübung der Charismen im gegenseitigen Dienst liegt der Ton, sondern darauf, daß dies in Verantwortung vor Gott [112] und zur Verherrlichung Gottes geschehe — ein auch sonst für die Paränese des Briefes wesentliches Motiv [113]. Die Charismen haben kein so deutliches Eigengewicht wie bei Pls mehr. Das zeigt sich an der Relation zur ἀγάπη: während bei Pls die ἀγάπη ein Korrektiv der χαρίσματα war, sind hier die Charismen zum Mittel bei der Verwirklichung des Liebesgebotes geworden [114]. Der Charismenbegriff scheint sehr weit gefaßt, so daß nicht zu entscheiden ist, ob bei dem in V. 11 genannten λαλεῖν und διακονεῖν an spezifische Dienste in der Gemeinde gedacht ist [115] oder einfach an jede christliche Betätigung in „Wort und Tat" [116]. Eine ausdrückliche Beziehung zu ekklesiologischer Terminologie — dem pln „Leib Christi" entspricht hier die Vorstellung vom „geistlichen Haus" (2,5) [117] — wird nicht hergestellt. Auch das ausgeprägte gemeindeleitende Amt der Presbyter [118] mit Einsetzung, Vergütung [119] durch die Gemeinde und disziplinarischer Vollmacht erscheint nur in anderem Kontext (5,1—4).

---

[110] Schelkle, Petrusbriefe 7; Kertelge, Gemeinde 137; Goppelt, 1. Petrusbrief 50.
[111] Die Verbindung von χάρισμα mit dem Verb λαμβάνειν zeigt gegenüber Pls (vgl. S. 189 mit Anm 38) eine gewisse Formalisierung des Begriffs χάρισμα.
[112] V. 10: οἰκονόμοι impliziert den Gedanken der Verantwortung. V. 11 betont zu λαλεῖν und διακονεῖν jeweils Gott als den Wirkenden. Vgl Wohlenberg, Petrusbriefe 133; Moffat, General Epistles 153. Röm 12,3—8 (als häufig herangezogene Parallele) betont in V. 6—8, daß jedes Charisma auf seine besondere Weise ausgeübt wird. 1Petr 4,11 legt den Ton darauf, sich bei jeder Tätigkeit Gott als den Urheber bewußt zu machen.
[113] Vgl 2,12. 4,16.
[114] Vgl Grau, aaO 93. — Zum Verhältnis von χαρίσματα und ἀγάπη bei Pls darf man nicht — wie Goppelt, aaO 279f — nur auf das Nebeneinander beider Begriffe in Röm 12 verweisen (wo bezeichnenderweise die Reihenfolge gerade umgekehrt wie in 1Petr 4 ist!), sondern muß auch die Stellung von 1Kor 13 zwischen Kap. 12 und 14 berücksichtigen.
[115] Knopf, Briefe Petri 175f; Windisch-Preisker, Katholische Briefe 75f; Schelkle, Petrusbriefe 119f; Michl, Katholische Briefe 146.
[116] Vgl Schweizer, Gemeinde 100.
[117] Schweizer, aaO 99; Schnackenburg, Kirche 78.
[118] Vgl Bornkamm, ThW VI 665f.
[119] Mit Schelkle, aaO 129; Michl, aaO 149; Goppelt, aaO 327 gegen Knopf, aaO 190; Windisch-Preisker, aaO 79; Bornkamm, aaO 665.

So ist zu folgern, daß χάρισμα hier in erster Linie verstanden wird als Ermöglichung der ἀγάπη durch Gott und in Verantwortung vor Gott, während der Begriff gegenüber Pls nicht mehr die gleiche Relevanz für das Selbstverständnis der Gemeindefunktionen hat[120].

1.12.3 Apostolische Väter

Für die Schriften der Apostolischen Väter wird — wenn überhaupt darauf Bezug genommen wird — meist nur die abnehmende Relevanz des Begriffes χάρισμα und seiner speziellen pln Intention festgestellt[121] Infolge des seltenen Gebrauchs ist freilich kein eindeutiges Bild der Entwicklung zu gewinnen, gewisse Linien sind aber doch erkennbar. Neber der Anlehnung an pln Verwendung des Begriffes χάρισμα außerhalb der eigentlichen „Charismenlehre"[122] setzen sich die in Eph einerseits, 1Petr andererseits sichtbaren Modifikationen fort[123].

---

[120] Das Vorkommen der Charismenauffassung einerseits, die Bezeichnung der christlichen Gemeinde als „Priesterschaft" (2,5.9) andererseits haben immer wieder Anlaß gegeben, den 1Petr als Beleg für eine Gleichsetzung der Charismenlehre mit der *Lehre vom allgemeinen Priestertum* heranzuziehen: zB Käsemann, Amt 123f; Duss-von Werdt, Laie 285f. Die Frage nach der exegetischen Berechtigung dieser These stellt sich in doppelter Weise: 1. Wird 1Petr 2,5.9 zu Recht im üblichen Sinne des allgemeinen Priestertums verstanden? 2. Ist 2,4—10 im Zshg mit 4,7ff zu verstehen? Elliott, The Elect and the Holy, hat die erste Frage überzeugend mit Nein beantwortet, vor allem mit folgenden Gründen (aaO 219ff): die Prädikation des atl Gottesvolkes als ἱεράτευμα steht nicht im Zshg mit dem amtlichen, levitischen Priestertum; ἱεράτευμα ist als Prädikat der christlichen Gemeinschaft, also korporativ verwendet und denkt nicht an die einzelnen Glaubenden als „Priester"; das Prädikat ἱεράτευμα ist eines neben anderen und darf daher nicht isoliert herausgehoben werden. Zu 2. ist festzustellen: 2,9 (ἀρετὰς ἐξαγγείλητε) hat das Zeugnis der Gemeinde vor der Welt im Blick (vgl 2,12; dazu auch Lippert, Leben als Zeugnis 72.172), 4,7ff denkt an innergemeindlichen Dienst; im Unterschied zu 2,4—10 ist 4,7ff individuell ausgerichtet. Da 2,4ff nicht von „Amtsträgern" spricht, bedeutet auch 5,1ff keinen Gegensatz dazu. Vgl Elliott, aaO 224. Demnach kann also von 1Petr her nicht die Charismenlehre durch die Lehre vom allgemeinen Priestertum interpretiert werden (und umgekehrt). Ebenso gilt, daß sich die „Lehre" vom allgemeinen Priestertum (vertreten vor allem durch die Reformatoren) nicht auf das NT berufen kann. Vgl Pesch, Priestertum der Getauften 313ff. Das sagt natürlich nichts gegen das sachliche Recht dieser polemisch begründeten „Lehre" gegen ein privilegiertes Amtspriestertum. Aber in der neueren katholischen Exegese wird zunehmend anerkannt, daß ein Amtspriestertum aus dem NT nicht zu begründen ist. Dazu vor allem: Martin, Genese des Amtspriestertums. — Vgl Anm 361.
[121] Vgl Grau, Charisma 95ff; Conzelmann, ThW IX 397.
[122] Siehe 1.11.2.
[123] Es sollen hier nur gemeinsame Tendenzen aufgezeigt werden, ohne damit bestimmte traditionsgeschichtliche Abhängigkeiten aufweisen zu können.

1. Der 1Clem hält ähnlich wie 1Petr den Gedanken fest, daß alle ein χάρισμα haben, 38,1: ὑποτασσέσθω ἕκαστος τῷ πλησίον αὐτοῦ καθὼς ἐτέθη ἐν τῷ χαρίσματι αὐτοῦ. Der Wandel gegenüber Pls ist formal ähnlich wie in 1Petr: dort ist χάρισμα zum Mittel der ἀγάπη geworden; in 1Clem wird χάρισμα dem Ordnungsgedanken dienstbar gemacht, während bei Pls ἀγάπη und Ordnung jeweils nur Korrektiv und Grenze waren. Der Anschluß von 1Clem 38,1 (οὖν) an 37 zeigt dies; denn Kap. 37 entfaltet den Gedanken des analog militärischen Dienstgraden geordneten[124] Leibes der Gemeinde, woran 38,1 ausdrücklich anknüpft. Die in 38 aufgezählten χαρίσματα haben teils gegenseitige Hilfe im Blick (ὁ ἰσχυρός, ὁ πλούσιος), teils rein individuelle Eigenschaften (ὁ ἁγνός), wobei jeweils die rechte Ausführung intendiert wird[125]. Von dem für 1Clem doch so wichtigen gemeindeleitenden Amt ist nicht die Rede. Auffällig ist — wie 1Petr 4,11 — der doxologische Abschluß des Kap. 38.

Did 1,5 redet von dem Willen Gottes, daß alle von seinen[126] χαρίσματα erhalten. Dabei ist aber an irdische Güter gedacht, von denen der, der sie hat, dem Bittenden geben soll. Also auch hier besteht kein Zusammenhang zu Funktionen in der Gemeinde.

2. Die in Eph beginnende und in Past ausgeprägte Hervorhebung der Amtsträger als „Träger" eines χάρισμα zeigt sich auch in den Ignatiusbriefen. Zwar wird formell der Bezug auf die Gemeinde noch ausgedrückt[127], aber von einem individuellen χάρισμα aller ist nicht die Rede. Daß der spezielle Bezug von χάρισμα auf den Amtsträger (Pol 2,2) nicht zufällig ist, wird unterstrichen dadurch, daß dem Bischof mehrmals die χάρις zugeschrieben wird[128], insbesondere auch im nahen Kontext (Pol 1,2)[129].

---

[124] 37,3. In fast jedem Vers von 37 kommen ein oder mehrere Wörter vom Stamm ταττ- vor!

[125] Auch das rechte Selbstverständnis des „Charismatikers" wird angesprochen 38,2 (ὁ ἁγνός). Vgl dazu 1Petr 4,11.

[126] Gegen Knopf, Didache 9.

[127] Sm insc vgl Rom insc (χάρις).

[128] Pol 1,2; Magn insc; Sm 11,1; Magn 8,2 (Propheten).

[129] Ist mit ἐν χάριτι, ᾗ ἐνδέδυσαι an die Ordination gedacht? Auffällig ist nämlich die Parallelität einiger Motive und Begriffe von Pol 1 mit den auf die Ordination bezogenen Paränesen der Past (I 4,11—16; II 1,3—2,13). Es sind zu vergleichen: *Pol 1,2* παρακαλῶ σε ἐν χάριτι, ᾗ ἐνδέδυσαι, προσθεῖναι τῷ δρόμῳ mit II 1,6 ἀναμιμνῄσκω σε ἀναζωπυρεῖν τὸ χάρισμα τοῦ θεοῦ, ὅ ἐστιν ἐν σοί. — πάντας παρακαλεῖν, ἵνα σῴζωνται mit I 4,13 παράκλησις 4,16 τοῦτο ποιῶν ... σώσεις τοὺς ἀκούοντάς σου. — ἐκδίκει σου τὸν τόπον (deine Stellung) ἐν πάσῃ ἐπιμελείᾳ mit I 4,14 μὴ ἀμέλει τοῦ ἐν σοὶ χαρίσματος. — *1,3* αἰτοῦ σύνεσιν πλείονα ἧς ἔχεις (vgl 8,1 θεοῦ γνώμην κεκτημένος) mit II 2,7 δώσει σοι ὁ κύριος σύνεσιν. — γρηγόρει ἀκοίμητον πνεῦμα κεκτημένος

Beiden aufgezeigten Linien ist dies gemeinsam, daß die besonderen Funktionen und Ämter nicht mehr als χαρίσματα unter anderen verstanden werden: entweder wird der Gedanke eines allen gegebenen, aber in weiterem Sinne verstandenen χάρισμα festgehalten und die Ämter werden unabhängig davon gesehen; oder die Gabe eines χάρισμ bleibt auf den Dienst in der Gemeinde bezogen, kommt dann aber nur noch den Amtsträgern zu.

1.2 Das Charisma des Amtsträgers nach den Pastoralbriefen

In den Past ergeben sich vom exegetischen Befund her zwei wesentliche Feststellungen: von χάρισμα ist 1. nur im Bezug auf den Amtsträger, 2. nur im Zusammenhang der Handauflegung die Rede (I 4,14; II 1,6). Vom pln Gebrauch des Begriffs χάρισμα her stellen sich vor allem zwei Fragen: 1. Hat nur der Amtsträger ein Charisma oder ist vorauszusetzen, daß alle Glieder der Gemeinde ein solches haben? 2. Wird unter Charisma eine Funktion in der Gemeinde verstanden oder liegt eine andere Vorstellung zugrunde?

Das strittige Verständnis von χάρισμα in Past soll in drei Schritten geklärt werden: Zunächst ist zu fragen, welche sprachlichen Gesichtspunkte sich für die Verwendung des Begriffs χάρισμα ergeben. Dann soll im Blick auf Amtsträger und Gemeinde untersucht werden, in welchem sachlichen Zusammenhang χάρισμα zu sehen ist. Schließlich ist die zwischen χάρισμα und Amt bestehende Beziehung aufzuzeigen.

1.21 Sprachliche Aspekte zur Verwendung des Begriffs χάρισμα

Der Begriff χάρισμα steht in Past in auffällig anderen sprachlichen Verbindungen als an den anderen behandelten Stellen, insbesondere des Pls. Daß χάρισμα mit διδόναι verbunden wird (I 4,14 ἐδόθη), zeigt gegenüber dem pln Sprachgebrauch eine Formalisierung, wie sie freilich auch bereits an anderen Stellen sichtbar wurde. Auffällig und wesentlicher sind die Formulierungen τὸ χάρισμα, ὅ ἐστιν ἐν σοί (II 1,6) sowie τοῦ ἐν σοὶ χαρίσματος (I 4,14). Solche Aussagen,

---

(menschlicher oder hl Geist? — κεκτημένος wie 8,1 spricht für letzteres) mit II 1,14 διὰ πνεύματος ἁγίου τοῦ ἐνοικοῦντος ἐν ἡμῖν. — ὡς τέλειος ἀθλητής (vgl 2,3 νῆφε ὡς θεοῦ ἀθλητής) mit II 2,3 ὡς καλὸς στρατιώτης Χριστοῦ Ἰησοῦ und II 2,5 ἐὰν ... ἀθλῇ τις. — ὅπου πλείων κόπος, πολὺ κέρδος mit II 2,6 τὸν κοπιῶντα γεωργὸν δεῖ πρῶτον τῶν καρπῶν μεταλαμβάνειν. — Ob hier gemeinsame Motive einer Ordinationsparänese vorliegen, wie Käsemann sie für I 6,11ff vermutet?

wonach ein χάρισμα „in" einer Person ist, finden sich an keiner der oben genannten Stellen. Innerhalb der Past aber stehen diese Formulierungen nicht allein. In entsprechender Weise wird nämlich ein ἐνοικεῖν ἔν τινι (= Person) von πίστις (II 1,5) und πνεῦμα (II 1,14) ausgesagt. Vergleicht man den pln Sprachgebrauch, so finden sich dort vergleichbare ἔν-τινι-Aussagen zB von Christus[130] und personifizierten Mächten wie πνεῦμα[131] oder auch ἁμαρτία[132], bezeichnenderweise aber nie von πίστις, χάρις oder χάρισμα. Pls kennt nur die Formulierungen ἐν πίστει[133] und ἐν χάριτι[134], wie sie auch noch in Past begegnen[135]. Daß von πίστις ἔν τινι und χάρισμα ἔν τινι gesprochen werden kann, hat seinen Grund offensichtlich in einer Versachlichung und Vergegenständlichung der gemeinten Größen. Was in der Untersuchung für πίστις bereits festgestellt wurde, gilt demnach auch für χάρισμα: es wird verstanden als „objektive" und „gegenständliche" Größe. Es erscheint als eine dem Amtsträger inhärierende Größe[136], wobei die Verbindung mit ἐστίν (analog ἐνοικεῖν II 1,5.14) generell an einen dauernden Zustand denken läßt[137].

Während das bisher Gesagte ein habituelles Verständnis von χάρισμα nahelegt und der Gedanke an einen „character indelebilis" nicht auszuschließen ist, ergibt die Verwendung der Verben ἀμελεῖν und ἀναζω-πυρεῖν in Verbindung mit χάρισμα eine Präzisierung und Modifizierung des Bisherigen. Die in ἀμελεῖν und ἀναζωπυρεῖν enthaltenen Aspekte sind durch die Prüfung ihrer Verwendung im allgemeinen Sprachgebrauch zu verdeutlichen[138].

ἀμελεῖν ist ein im klassischen Griechisch wie in der hellenistischen Umgangssprache gebräuchliches Verb. Im biblischen Sprachgebrauch

---

[130] Röm 8,10; 2Kor 13,5; Gal 2,20. 4,19.
[131] Röm 8,9.11; 1Kor 3,16. 6,19.
[132] Röm 7,17. vgl 7,5.8.
[133] 1Kor 16,13; 2Kor 13,5; Gal 2,20.
[134] 2Kor 1,12; Röm 5,15; Gal 1,6.
[135] ἐν πίστει: I 1,2.4. 2,7.15. 3,13 u.ö.; ἐν χάριτι: II 2,1. Auffällig ist der Befund für πνεῦμα: Bei Pls überwiegen Aussagen mit ἐν πνεύματι (Röm 2,29. 8,9. 9,1. 14,17 u.ö.) gegenüber den genannten Formulierungen mit πνεῦμα ἔν τινι. Angesichts der relativ seltenen Verwendung des Begriffs πνεῦμα in Past (7X) ist es bezeichnend, daß an wesentlicher Stelle von ἐνοικεῖν ἔν τινι gesprochen wird (II 1,14), die Wendung ἐν πνεύματι dagegen nur noch in einem übernommenen Text (I 3,16) erscheint.
[136] Vgl Holtzmann 232; Weiß 178.244; Hasenhüttl, Charisma 255; Brox 181; Grau, Charisma 82f.
[137] Vgl Schlier, Ordnung 136f; Dornier 82.186; Spicq 517.
[138] Beide Begriffe werden im ThW nicht behandelt. Zu ἀμελεῖν vgl Spicq 516; zu ἀναζωπυρεῖν: Spicq 707f; Holtzmann 384; Wohlenberg 276. Zu beiden Verben s die Wörterbücher und Konkordanzen.

ist es jedoch selten: 4 × in der LXX (Sap 3,10; 2Makk 4,14; Jer 4,17. 38(31),32), 4 × im NT (Mt 22,5; I 4,14; Hebr 2,3. 8,9), 4 × in nachapostolischen Schriften (Polyk 6,1; Ign Pol 4,1; Diogn 8,10; PetrApk 30). Die Bedeutung des Wortes ist klar: vernachlässigen, sich nicht kümmern um. Es kann Beziehung auf Personen wie auf Sachen und Abstrakta vorliegen. So kann es um Aufgaben und Verpflichtunge gehen (zB Homer, Il P 697: ἐφημοσύνης; Isocr Busiris 18: τῶν κοινῶι προσταγμάτων; im Blick auf ein konkretes Gebot: Herodot 2,121γ), ι Wissen und Können (Plat Resp X 618 C: μαθημάτων; Xen Cyrop 7,5,75: τέχναι), aber auch um die ψυχή (Plat Clit 407E; Phaed 107C) Der Befund im biblisch-christlichen Sprachbereich ist entsprechend. Von der Vernachlässigung von Personen, für die offensichtlich beson- dere Verantwortung besteht, sprechen Polyk 6,1 (χήρας ἤ ὀρφανοῦ ἤ πένητος) und Ign Pol 4,1 (χῆραι). Von der Vernachlässigung Gottes durch Menschen redet Jer 4,17 (vgl die umgekehrte Relation Jer 38,3! LXX), von der Nichtbeachtung göttlicher Gebote Philo Exsecr 156 (τῶν χρηστῶν παραινέσεων) und PetrApk 30 (τῆς ἐντολῆς τοῦ θεοῦ), im Blick auf die σωτηρία: Hebr 2,3. In 2Makk 4,14 und Josephus Ant 4,67 ist von Priestern die Rede, die ihre Aufgabe ver- nachlässigen.

Daß die ältesten Belege (Homer) nur mit Negation stehen, deutet an, daß ἀμελεῖν ein Verhalten ist, von dem positiv gar nicht die Rede sein sollte. An vielen Stellen (verschiedener Zeit) klingt an, daß ἀμελεῖν nicht nur ein Desinteresse ist, das eben als Faktum festge- stellt wird, sondern daß es eher ein unverantwortliches, schuldhaftes Verhalten ist, das negativ zu bewerten ist. Vor allem im biblisch-christ lichen Sprachgebrauch wird dies deutlich. Für das Verständnis von χάρισμα in Verbindung mit ἀμελεῖν sind demnach zwei Aspekte zu betonen: es handelt sich bei χάρισμα um etwas, das man vernach- lässigen kann, das also Gegenstand des eigenen Handelns sein kann. Die in der Verwendung von ἀμελεῖν anklingende Wertung weist auf den Aspekt der Verantwortung hin, um die es im Blick auf das χάρισμα geht [139].

ἀναζωπυρεῖν ist im NT hapax legomenon. Das Verbum ist im klassischen Griechisch belegt seit Plato, das verbum simplex ζωπυρεῖν schon früher bei den Tragikern. Die Grundbedeutung leitet sich ab von ζώπυρον = Funke: entzünden, anfachen. Die Präposition ἀνά bedeutet entweder eine Verstärkung oder daß etwas „wieder" in

---

[139] Man kann nicht — wie Holtz 155 — sagen, daß die Ausdrucksweise μὴ ἀμέλει im Vergleich zu ἀναζωπυρεῖν „schwächlich" sei! ἀμελεῖν nur im Sinne von „Ungenütztlassen" (Weiß 178. vgl Kelly 106) zu verstehen, ist zu wenig.

einen früheren Zustand versetzt werden soll[140]. ἀναζωπυρεῖν wird häufig übertragen gebraucht, vor allem im Bereich des menschlichen Lebens: Menschen kommen zu Kräften (Plut Mor 695 A: intransitiv; Plat Charm 156D: Medium), werden fasziniert (Plut Cato minor 61,2: transitiv); es wird von Anlagen und Verhaltensweisen des Menschen — auch im zwischenmenschlichen Bereich — gesprochen, die entfaltet werden: ὄργανόν τι ψυχῆς (Plat Resp 527D), ὄψις = Sehvermögen (Plut Perikles 1,3), ἐχθρά (Dionys Hal Ars rhetorica 8,83,2), νεῖκος (mit ζωπυρεῖν: Eurip Elektra 1121). Wie von einzelnen Menschen gesagt wird, daß sie erstarken (s.o.), so auch im Blick auf menschliche Gemeinschaften: πόλις (Plut Timoleon 24,1), auch abstrakt: τὰ τῶν Θηβαίων (Xen Hellenica 5,4,46). Immer ist bei solchen Aussagen das Moment der Dynamisierung wesentlich: Streit wird entfacht, eine Stadt blüht auf, ein Mensch kommt zu Kräften.

In der hellenistischen Umgangssprache ist das Wort (als Simplex und Kompositum) nicht geläufig; bei Preisigke finden sich keine Belege. Erst in Zauberpapyri des 3./4. Jh nChr begegnet das Wort. Häufiger ist der Gebrauch in der jüdisch-hellenistischen Literatur. In der LXX bezieht sich ἀναζωπυρεῖν auf das Aufleben des Geistes (πνεῦμα), einmal eines einzelnen (Gen 45,27), einmal des Volkes (1Makk 13,7). Im speziellen Sinne von Wiederbelebung eines Toten oder eines gelähmten Körperteils verwendet Josephus das Wort in Ant 9,183 (νεκρόν) und 8,234 (τὴν δεξιάν); das gleiche wird in 4Kön 8,1.5 LXX mit ζωπυρεῖν ausgedrückt. Die weiteren Belege von ἀναζωπυρεῖν bei Josephus (Ant 11,240. 12,327; Bell 1,444) fügen sich in den oben aufgezeigten Sprachgebrauch ein. Auffällig ist das häufige Vorkommen von ζωπυρεῖν (nicht das Kompositum) bei Philo. Neben den anderen geläufigen Bezügen überwiegt ganz eindeutig der Bezug auf menschliche Eigenschaften und Verhaltensweisen, zB: ὀργή (Jos 16), μῖσος (Jos 7), ἐπιθυμία (Leg Gaj 337; Jos 41; vgl Spec Leg I 50), ἀρεταί (Abr 23), νοῦς (Rer Div Her 309), ἐλπίς (Plant 88). Zu erwähnen sind schließlich noch 2 Belege für ἀναζωπυρεῖν bei den Apostolischen Vätern, bezogen in 1Clem 27,3 auf Gottes Treue (πίστις), in Ign Eph 1,1 auf die glaubende Gemeinde (ἀναζωπυρήσαντες ἐν αἵματι θεοῦ).

Bei der Verwendung von ἀναζωπυρεῖν in Verbindung mit χάρισμα ist das im Verb enthaltene dynamische Moment zu betonen, wobei offen bleibt, ob mehr an intensives Entfachen oder Wieder-Entfachen gedacht ist. Eindeutig ist an die Entfaltung einer vorhandenen Größe gedacht (ἐστίν!), nicht nur einer latent oder potentiell

---

[140] Moulton, NT-Grammar II 295f.

vorhandenen (wie zB bei ἐχϑρά oder νεῖκος). Entsprechend der
Redeweise von psychologischen Vorgängen ist χάρισμα offenbar
analog einer menschlichen Anlage oder Fähigkeit verstanden, die
„im" Menschen liegt und entfaltet werden kann. Neben dem genannten Anfachen eines Seelenteils (ὄργανόν τι ψυχῆς) gehört in
diesen Zusammenhang auch die Formulierung bei Philo Praem
Poen 12: τὰς ἐν τῇ ψυχῇ κακίας ζωπυρήσαντες. Sachlich am
nächsten kommt der Formulierung in Past die Stelle Jamblichus,
Vita Pyth 16,70: ἀνεζωπύρει τὸ θεῖον ἐν αὐτῇ (sc ψυχῇ)[141].

1.22 Die pneumatische Qualifikation des Amtsträgers

Um für das Verständnis von χάρισμα inhaltliche Kriterien zu gewinnen, reicht der Kontext in I 4,6—16 und II 1,3—2,13 nicht aus.
Die unterschiedliche inhaltliche Definition des Begriffs χάρισμα in
der Auslegung zeigt, daß hier sehr stark Ermessensfragen entscheiden, da die Textaussagen die an sie herangetragenen Fragen nur
ungenügend beantworten. Die beiden leitenden Fragen, was χάρισμα
für den Amtsträger impliziert und welche Relation diesbezüglich
zur übrigen Gemeinde besteht, sind deshalb in einen weiteren Zusammenhang zu stellen.

Da χάρισμα beidemal innerhalb einer Amtsträgerparänese steht,
liegt es nahe, die an den Amtsträger gerichteten Paränesen mit den
Gemeindeparänesen zu vergleichen. Hier müßte sich zeigen, welche
Relevanz dem Verweis auf das χάρισμα gerade in der Amtsträgerparänese zukommt. Zweitens ist die Frage zu prüfen, inwieweit
χάρισμα ein „Mehr" an Gnade und Geist für den Amtsträger bedeutet. Dazu ist zu untersuchen, ob sich aus der verwendeten Terminologie in der Paränese, aber auch in den übrigen Texten Hinweise zur
Klärung ergeben. In einem dritten Abschnitt ist auf die Gegenüberstellung von Amtsträger und Irrlehrern einzugehen und zu fragen,
welche Aspekte für die Qualifikation des Amtsträgers dabei sichtbar
werden.

1.22.1 Amtsträgerparänese und Gemeindeparänese

Die umfassendste Begründung der Paränese[141a] ist mit der Bezugnahm
auf das Heilsgeschehen gegeben. Dies ist sowohl im Blick auf die
Gemeinde (I 2,4ff; T 2,11ff. 3,3ff) wie auf den Amtsträger (II 1,8ff)
der Fall. Aber bereits hier zeigt sich ein bezeichnender Unterschied:
in der Gemeindeparänese ist Zielpunkt der kerygmatischen Aussagen,

---

[141] Dieser Beleg entstammt allerdings späterer Zeit als Past: 4. Jh n Chr.
[141a] Vgl auch Kap II 4.1.

auf das möglich gewordene Vollbringen von καλὰ ἔργα hinzuweisen
(T 2,14. 3,8). In der Amtsträgerparänese erfahren die kerygmatischen
Aussagen ihren Abschluß damit, daß auf Pls verwiesen wird, der als
Verkündiger dieses Kerygmas eingesetzt wurde (II 1,11 vgl T 1,3)
und dieses an seinen Schüler — der zugleich Typus des Amtsträgers
ist — weitergab (II 1,12—14. 2,2). Durch diese unterschiedliche Zuspitzung der kerygmatischen Aussagen innerhalb der Paränese wird
eine verschiedene Perspektive in der Sicht von Amtsträger und Gemeinde sichtbar, die nicht zufällig ist. Sie zeigt sich auch da, wo ein
eschatologischer Bezug (σωτηρία, ζωὴ αἰώνιος) in der Paränese genannt wird. Denn während in der Gemeindeparänese vom eschatologischen Heil nur der jeweils angeredeten Gruppe die Rede ist (I 2,15.
6,19), wird im Blick auf die Amtsträger auch das Heil der anvertrauten Gemeinde einbezogen (I 4,16 vgl II 2,10; ohne diesen Bezug:
I 6,12). Damit zeigt sich ein grundsätzlich verschiedener Grad von
Verantwortung für die Gemeinde einerseits, für den Amtsträger andererseits. Darum gehört zu den Motiven in der Amtsträgerparänese
auch der Hinweis auf die Zurüstung der Gemeinde für ihr Christsein
(II 2,14. 3,17 [142]; T 1,13. 3,8 vgl auch I 1,4), wozu auch pädagogische
Motive rechnen (II 2,25; I 5,20 vgl 1,20). Dagegen erscheint in der
Gemeindeparänese kein Hinweis, wonach die einzelnen Gemeindeglie-
der eine vergleichbare Verantwortung für die Erbauung der Gemeinde
hätten.

Mehrere Motive werden ohne wesentlichen Unterschied in Gemeindeparänese und Amtsträgerparänese verwendet. Dazu gehört der Verweis
auf Beginn oder gegenwärtigen Stand des Christseins (I 4,10. 5,8. 6,2:
πιστοί. 6,12; T 3,3.4ff: Taufe; 3,8: πεπιστευκότες). Ein für Past sehr
wesentliches paränetisches Motiv ist das Verhalten gemäß der rechten
Lehre (I 6,1; T 2,5.10). Daß dies für den Amtsträger persönlicher
formuliert ist (I 4,6; II 3,10.14f), liegt am Charakter der Briefe, macht
aber sachlich keinen Unterschied aus. In die gleiche Richtung geht es,
wenn negatives Verhalten, insbesondere von Anhängern der Irrlehre,
als Motiv für positives Verhalten dienstbar gemacht wird: wiederum
für Gemeindeglieder (I 5,11.15) und Amtsträger (I 1,19. 6,11.21;
II 2,22f. 3,10.14). Für den Amtsträger gilt der Verweis auf das Verhalten der Irrlehrer zusätzlich als Motiv für sein amtliches Einschrei-

---

[142] Zu ἄνθρωπος θεοῦ vgl Kap IV Anm 77. — Aufschlußreich ist ein Vergleich
von II 3,17 mit Eph 4,12, insofern es beidemale um die Zurüstung (Eph:
καταρτισμός, hier: ἄρτιος, ἐξηρτισμένος) der Gemeindeglieder geht. In Eph
ist Ziel der Zurüstung das ἔργον διακονίας εἰς οἰκοδομὴν τοῦ σώματος τοῦ
Χριστοῦ. In Past dagegen zielt die Zurüstung nicht auf den Dienst für die
οἰκοδομή der Gemeinde, sondern ganz allgemein auf christliches Handeln.

ten gegen sie (II 2,16.23. 4,3; T 1,9. 3,10f). An wenigen Stellen dient als Begründung einer Mahnung ein Verweis auf atl Aussagen (I 2,13f. 5,18) oder eine allgemeine Sentenz (I 6,7). Häufig wird ein Handeln damit begründet, daß es als notwendig oder nützlich bezeichnet wird — sei es allgemein oder ausdrücklich im Blick auf den göttlichen Willen — (Gemeinde: I 2,3.10. 5,4; T 3,8. Amtsträger: I 4,8; II 2,14.24. 3,16; T 2,2. 3,8.9). Schließlich begegnen mehrmals das eigene Ergehen oder der gute Ruf (in der Umwelt wie in der Gemeinde) als Motiv des Verhaltens (Gemeinde: I 2,2. 5,7.14; Amtsträger: I 3,6f. 4,15. 5,22; T 2,8). Es ist klar, daß es auf Amtsträger beschränkt bleibt, wenn auf die Würde verwiesen wird, die mit dem jeweils ausgeübten Amt verbunden ist (I 3,1.13. 4,6).

Es bleiben nun einige Rückbezüge in der Amtsträgerparänese, zu denen Analogien in der Gemeindeparänese nicht zu sehen sind: so der Verweis auf die προφητεῖαι (I 1,18 vgl 4,14), insbesondere auf das in Verbindung mit der HA verliehene χάρισμα (I 4,14; II 1,6) sowie weitere Motive in II 1,6ff (13. 2,2). Da speziell bei der HA an ein bestimmtes Datum in der Vergangenheit zu denken ist, käme als Analogie auf seiten der Gemeinde nur der Verweis auf die Taufe (T 3,5) in Frage. Doch gälte der Bezug auf die Taufe ja auch zusätzlich für den Amtsträger; andererseits werden auf die Taufe keine Funktionen in der Gemeinde gegründet, wie dies der Fall sein müßte, wenn man darin eine Entsprechung zu I 4,14; II 1,6 sehen wollte.

Angesichts der zahlreichen gemeinsamen Motive in Gemeindeparänese und Amtsträgerparänese wird man die bestehenden Unterschiede als wesentlich ansehen müssen, dh daß darin die besondere Stellung und Verantwortung des Amtsträgers innerhalb und gegenüber der Gemeinde sich zeigt. Auf dieser Linie ist dann auch zu sehen, wenn im Hinblick auf die Tätigkeit des Amtsträgers dieser auf sein χάρισμα verwiesen wird. Es ergeben sich keine Anhaltspunkte, daß in analoger Weise auch von einem χάρισμα aller Gemeindeglieder zu reden wäre. Nur der Amtsträger hat demnach ein χάρισμα.

1.22.2 Die besondere Befähigung des Amtsträgers

Abgesehen von der Terminologie, mit der die Funktionen des Amtsträgers beschrieben werden[143], ist im wesentlichen kein Unterschied festzustellen bei der Terminologie, wie sie im Blick auf die Gemeinde oder auf den Amtsträger zur Charakterisierung christlichen Lebens (im weitesten Sinn verstanden) verwendet wird. Um so mehr fallen

---

[143] Vgl Kap III 2.23.1

dann Begriffe auf, die vorrangig oder ausschließlich in Zusammenhängen gebraucht werden, wo von Amtsträgern die Rede ist. Dazu
gehören das Wort $\pi\nu\epsilon\tilde{\nu}\mu\alpha$ und die Wortgruppe $\delta\acute{\nu}\nu\alpha\mu\iota\varsigma$ / $\dot{\epsilon}\nu\delta\nu\nu\alpha\mu o\tilde{\nu}\nu$.
Der Begriff $\pi\nu\epsilon\tilde{\nu}\mu\alpha$ erscheint in den Past — „völlig unpaulinisch"[144]
— nur 7 X. Davon bleibt II 4,22 außer Betracht, da hier vom mensch-
lichen, nicht vom göttlichen Geist die Rede ist[145]. In I 4,1 werden
die Irrlehrer als von dämonischen $\pi\nu\epsilon\acute{\nu}\mu\alpha\tau\alpha$ beeinflußt bezeichnet.
Ebenfalls I 4,1 redet traditionell vom prophetischen Geist[146], indem
die Ankündigung des Auftretens von Irrlehrern dem „Paulus" als vati-
cinium ex eventu in den Mund gelegt wird. Innerhalb eines durch
Past übernommenen christologischen Hymnus (I 3,16) bezeichnet
$\pi\nu\epsilon\tilde{\nu}\mu\alpha$ die Sphäre[147], in die Jesus erhöht wurde. Es bleiben drei
Stellen, an denen — der pln Auffassung entsprechend[147a] — vom
$\pi\nu\epsilon\tilde{\nu}\mu\alpha$ als der im Leben der Christen wirksamen Macht gesprochen
wird. Aber nur an der einen Stelle T 3,5f liegt der ausdrückliche
Bezug auf alle Glieder der Gemeinde vor: im Zusammenhang der
Taufe geschieht die Erneuerung durch den Geist ($\dot{\alpha}\nu\alpha\kappa\alpha\acute{\iota}\nu\omega\sigma\iota\varsigma$
$\pi\nu\epsilon\acute{\nu}\mu\alpha\tau o\varsigma$ $\dot{\alpha}\gamma\acute{\iota}o\nu$). Dieser innerhalb der Past allein eindeutige Bezug
auf alle Glaubenden führt zu dem Schluß, daß das Wirken des
$\pi\nu\epsilon\tilde{\nu}\mu\alpha$ in allen Christen offensichtlich im Denken der Past keine
wesentliche Rolle spielt. Dieser Eindruck wird dadurch verstärkt, daß
der Verfasser der Past in T 3,4ff wohl geprägte Terminologie aufgenommen hat, die in seinem sonstigen Sprachgebrauch nicht verwendet wird[148].

Angesichts dieses Befunds muß es auffallen, daß gerade in II 1,6ff
der Amtsträger zweimal (V. 7.14) auf das $\pi\nu\epsilon\tilde{\nu}\mu\alpha$ angesprochen wird,
das ihm gegeben ist bzw in ihm wohnt. Nun ist der ausschließliche
Bezug auf den Amtsträger aber nicht so eindeutig ausgesagt, da es
nicht heißt „ihm", sondern $\dot{\eta}\mu\tilde{\iota}\nu$. Es ist strittig, ob „Paulus" hierin
alle Christen einschließt[149] oder nur sich und Timotheus als Amts-
träger meint[150]. Letzteres läge nahe, wenn II 1,7 (Anschluß mit

---

[144] Schweizer, ThW VI 443.
[145] So mit den meisten Kommentatoren, vgl Schweizer, aaO Anm 775.
Gegen Spicq 824.
[146] Schweizer, aaO 444; Holtzmann 335; Dib-Conz 51.
[147] Dib-Conz 50; vgl Holtz 91; Brox 160.
[147a] Vgl Dunn, Jesus and the Spirit 347.
[148] Innerhalb der Past kommen nur hier vor: $\chi\rho\eta\sigma\tau\acute{o}\tau\eta\varsigma$, $\varphi\iota\lambda\alpha\nu\vartheta\rho\omega\pi\acute{\iota}\alpha$,
$\lambda o\nu\tau\rho\acute{o}\nu$, $\pi\alpha\lambda\iota\gamma\gamma\epsilon\nu\epsilon\sigma\acute{\iota}\alpha$, $\dot{\alpha}\nu\alpha\kappa\alpha\acute{\iota}\nu\omega\sigma\iota\varsigma$, $\dot{\epsilon}\kappa\chi\epsilon\tilde{\iota}\nu$, $\kappa\lambda\eta\rho o\nu\acute{o}\mu o\varsigma$; $\delta\iota\kappa\alpha\iota o\tilde{\nu}\nu$ nur noch
im Traditionsstück I 3,16.
[149] Weiß 245.257; Dib-Conz 73; vgl Holtz 155.
[150] Holtzmann 385.400; Brox 229.235; Spicq 709f. 722; vgl Scott 91.97f.

γάρ) im Verhältnis zu V. 6 (χάρισμα!) explikativ[151] anstatt begründend[152] zu verstehen ist, was aber unklar bleibt. Wie man ἡμῖν in V. 7 interpretiert, so wird man es dann auch in V. 14 verstehen[153]. Jedenfalls ist zweierlei festzuhalten: Wenn hier ausschließlich an den „Amtsgeist" gedacht ist, dann ist damit ja nicht gesagt, daß allen anderen Gemeindegliedern der Geist überhaupt abgesprochen wird (siehe T 3,5!). Umgekehrt: Wenn an den allen gegebenen Geist zu denken ist, dann aber doch so, daß eben vorrangig der Amtsträger daraufhin angesprochen wird[154], weil der Geist als besonders für die Amtsausübung relevant angesehen wird. Das zeigt deutlich V. 14 mit dem Verweis auf die Bewahrung der παραθήκη, worin ja eine vorrangige Aufgabe des Amtsträgers besteht.

Weit eindeutiger ist der Befund bei der Wortgruppe δύναμις κτλ. Dreimal wird der Begriff δύναμις gebraucht: zweimal in der Amtsträgerparänese (II 1,7.8), einmal im Blick auf die Irrlehrer, denen der Besitz der δύναμις εὐσεβείας abgesprochen wird (II 3,5). Für den Bezug von δύναμις auf den Amtsträger gilt in II 1,7 das zu πνεῦμα Gesagte, da hier vom πνεῦμα δυνάμεως κτλ die Rede ist. Der Gegenbegriff δειλία zeigt, daß der Ton auf der Charakterisierung des πνεῦμα als δυνάμεως liegt, wozu die weiteren Ausdrücke eine Ergänzung bedeuten. Die Intention der Aussage zielt wohl auf den Freimut der Verkündigung[155]; denn der anschließende V. 8 — ausdrücklich ist hier der Amtsträger angeredet — spricht von der δύναμις als der Ermöglichung, ganz zum Evangelium zu stehen und bei dessen Verkündigung zum Leiden bereit zu sein.

Das Verbum ἐνδυναμοῦν wird ausschließlich im Bezug auf einen Amtsträger verwendet. In I 1,12 ist offensichtlich an die Bevollmächtigung des Pls im Zusammenhang seiner Berufung durch Christus gedacht[156]. Der vorausgehende Hinweis, daß dem Pls das Evangelium anvertraut wurde (V. 11), sowie die nachfolgende Erwähnung der Einsetzung in

---

151 Explikatives γάρ („ja") siehe Kühner-Gerth II 2,331f. Der Sinn von V. 7 ist dann: „Gott hat uns ja das πνεῦμα δυνάμεως κτλ. gegeben" und kann dann als Explikation des durch die Handauflegung gegebenen χάρισμα (6) verstanden werden. In diesem Sinne interpretieren die in der vorigen Anm genannten Kommentatoren.

152 Der Verweis auf das πνεῦμα ist dann die verstärkende Begründung der Mahnung von V. 6. So Weiß 245; Dib-Conz 73.

153 So ausdrücklich Holtzmann 400; Weiß 257.

154 Lock 85.89. Vgl Scott 91.

155 Holtzmann 386f.

156 Holtzmann 298; Lock 14; Scott 12; Holtz 43; Brox 109; Spicq 340. Anders: Weiß 93; Wohlenberg 93.

die διακονία (V. 12b) zeigen den eindeutigen Bezug des ἐνδυναμοῦν auf Amt und Verkündigungsauftrag des Pls. Dies geht ebenso aus dem Sinn von ἐνδυναμοῦν in II 4,17 hervor. Mit dem anschließenden ἵνα-Satz wird gesagt, wozu das ἐνδυναμοῦν Christi Pls befähigte: daß Pls seinen Verkündigungsauftrag vollendete [157] und die Völker seine Verkündigung hörten. Wahrscheinlich ist hierbei — in hyperbolischer Ausdrucksweise [158] — an die Verteidigung des Pls vor Gericht in Rom gedacht [159]. Damit zeigt sich, daß wie bei δύναμις so auch bei ἐνδυναμοῦν der Gedanke des Bestehens in der Verfolgungssituation eingeschlossen ist. Beide Aspekte, also der Bezug auf die Verkündigungsaufgabe unter Einbeziehung der Leidensbereitschaft, werden auch in II 2,1 sichtbar, wo Timotheus zum ἐνδυναμοῦν aufgefordert wird. Die imperativische Redeweise bedeutet keinen Gegensatz dazu, daß an den beiden anderen Stellen Christus Subjekt des ἐνδυναμοῦν ist. Denn wie die Analyse von II 1,3—2,13 zeigte, nimmt II 2,1ff die Hauptmotive von 1,6ff wieder auf: war dort indikativisch von der geschenkten δύναμις die Rede (1,7f), so knüpft daran jetzt der Imperativ ἐνδυναμοῦ an. Zudem ist es wahrscheinlich, daß mit dem Attribut ἐν τῇ χάριτι auf das verliehene χάρισμα (1,6) Bezug genommen wird [160].

Die inhaltliche Bedeutung von πνεῦμα und δύναμις ist mit dem Gesagten nicht ausreichend geklärt. Allein mit dem Verständnis der Worte als „Geist" und „Kraft" ist noch nicht die Relevanz erfaßt, die beide Begriffe im Blick auf den Amtsträger haben. Das vermag erst eine Prüfung der verwendeten Terminologie in anderen ntl Schriften zu verdeutlichen.

[*Exkurs 8: δύναμις und πνεῦμα im pln und nachpln Sprachgebrauch*

Besonders signifikant ist die Verwendung des Begriffs δύναμις. Für Pls [161] ist grundlegend das Verständnis des verkündeten Heilsgeschehens als δύναμις θεοῦ (Röm 1,16). Die Vollmacht der apostolischen Verkündigung erweist sich darin, daß diese δύναμις in der

---

[157] Vgl II 4,5 sowie Röm 15,19.
[158] Spicq 820.
[159] Dies ist durch den Kontext (V. 16 ἀπολογία) nahegelegt. Vgl Weiß 324; Brox 276; Holtz 197; Spicq 820. Daß an eine erneute Missionstätigkeit des Pls nach erfolgter Freilassung zu denken sei (Wohlenberg 345; Scott 141f; Lock 119), ist dem Text jedenfalls nicht zu entnehmen.
[160] Vgl Lock 93; Holtz 163.
[161] Vgl dazu Grundmann, δύναμις, ThW II 312ff; der Artikel ist für unsere Fragestellung wenig ergiebig, da er nicht nach der Chronologie der ntl Schriften vorgeht.

und durch die Verkündigung wirksam wird (Röm 15,19; 1Kor 2,4; 2Kor 6,7; 1Thess 1,5). Die apostolische Verkündigung erfährt ihre Beglaubigung darin, daß sie von Machttaten (δυνάμεις) begleitet ist, von Zeichen und Wundern (Röm 15,19; 2Kor 12,12; Gal 3,5). Die Existenz des Apostels steht unter der Wirkung der δύναμις θεοῦ (2Kor 4,7. 12,9. 13,4). Aber es ist wesentlich für die pln Auffassung, daß solche Aussagen nicht exklusiv auf Existenz und Wirken des Apostels begrenzt sind. Die göttliche δύναμις erweist sich gleichermaßen in der Existenz der Glaubenden (Röm 15,13; 1Kor 2,5). Wundertaten (δυνάμεις) geschehen nicht nur durch Apostel, sondern gehören zu den Charismen in der Gemeinde (1Kor 12,10. 28.29) [162]. Von ἐνδυναμοῦν redet Pls im Blick auf seine apostolische Existenz (Phil 4,13), aber ebenso in Verbindung mit der πίστις (Röm 4,20). Das göttliche Wirken (ἐνεργεῖν) wird mit dem gleichen Begriff als Grundlage apostolischer Tätigkeit (Gal 2,8) wie der Ausübung von Charismen in der Gemeinde (1Kor 12,6.11) gesehen.

In Kol und Eph zeigt sich noch ein entsprechender Befund: die göttliche δύναμις erweist sich besonders am Apostel (Kol 1,29; Eph 3,7), aber ebenso an den Glaubenden (Kol 1,11; Eph 1,19. 3,20). (ἐν-)δυναμοῦν wird allgemein auf die Gemeinde bezogen (Kol 1,11; Eph 6,10). ἐνεργεῖν und ἐνέργεια kann das Wirken Gottes im Aposteldienst (Kol 1,29; Eph 3,7) wie in der Gemeinde (Kol 2,12; Eph 1,19. 3,20. 4,16) bezeichnen. Demgegenüber zeigen die lukanischen Schriften [163] einen verengten Sprachgebrauch. δύναμις ist für Lukas spezieller Vollmachtsbegriff. Solche Vollmacht wird nur einem beschränkten Personenkreis zugeschrieben: Johannes (Lk 1,17), Jesus (Lk 4,14.36. 5,17. 6,19. 8,46; Apg 10,38), den 12 Aposteln (Lk 9,1. 24,49; Apg 1,8. 3,12. 4,7.33), Stephanus (Apg 6,8). Dementsprechend bleiben die aus solcher Vollmacht hervorgehenden Wunder (δυνάμεις) auf diesen Personenkreis beschränkt: Jesus (Lk 10,13. 19,37; Apg 2,22), Philippus (Apg 8,13), Paulus (Apg 19,11). Nur einmal wird in der Apg das Wort ἐνδυναμοῦν gebraucht, bezogen auf Paulus nach seiner Bekehrung (Apg 9,22). Damit zeigt der lukanische Sprachgebrauch offensichtlich das gleiche Entwicklungsstadium wie die Past. δύναμις ist die Bezeichnung besonderer Vollmacht, die nur einem auserwählten Personenkreis zukommt, den „Amtsträgern".

---

[162] Auffällig ist aber, daß von σημεῖα καὶ τέρατα nur in Verbindung mit der Wirksamkeit des Apostels die Rede ist (Röm 15,19; 2Kor 12,12). Ähnlich in Apg und Hebr 2,4. Vgl auch 2Thess 2,9.
[163] Vgl dazu: V 2.12.2.

Auch beim Begriff πνεῦμα läßt der Sprachgebrauch einige Besonderheiten erkennen. Nach der pln Auffassung ist klar, daß jeder Glaubende das πνεῦμα als die christliche Existenz bestimmende Macht hat (Röm 8,9). Auffällig ist, daß vom πνεῦμα mehrmals in unmittelbarer Verbindung mit δύναμις gesprochen wird: im Blick auf die Erhöhung Jesu (Röm 1,4), zur Charakterisierung der vollmächtigen apostolischen Verkündigung (Röm 15,19; 1Kor 2,4; 1Thess 1,5), aber auch von der Existenz der Glaubenden (Röm 15, 13; vgl Eph 3,16). Auch Lukas kennt diese Verbindung von δύναμις und πνεῦμα: mit ihr kennzeichnet er die Vollmacht Johannes des Täufers (Lk 1,17), Jesu (Lk 4,14; Apg 10,38) sowie die der Apostel (Apg 1,8; vgl 4,7f).

Am πνεῦμα als der in der missionierenden Kirche wirksamen Macht hat auch nach Lukas grundsätzlich jeder Glaubende Anteil. Aber wenn Lukas einzelne Personen, die eine besondere Rolle spielen, herausheben will, so tut er dies vielfach mit der Charakterisierung als πλήρης bzw πλησθείς πνεύματος ἁγίου (Lk 4,1. vgl 1,15.41.67; Apg 4,8. 6,3.5. 7,55. 11,24. 13,9). Es handelt sich dabei vorwiegend um die Personen, die auch als Vollmachtsträger (δύναμις) bezeichnet werden. In Apg 20,28 werden die Presbyter auf ihre Einsetzung durch den heiligen Geist angesprochen und anschließend (V. 29ff) gemahnt, die Gemeinde vor Irrlehren zu schützen. Diese Stelle ist deswegen interessant, weil die Past in II 1,14 ebenfalls die Mahnung zur Wahrung der Überlieferung gegen Irrlehre mit dem Verweis auf den heiligen Geist verbinden.]

Es hat sich gezeigt, daß die Relevanz der Begriffe πνεῦμα und δύναμις im Zusammenhang der Verkündigungsaufgabe keine Besonderheit der Past ist. Während aber bei Pls von einer Exklusivität nicht die Rede sein kann, wird eine solche Tendenz bei Lukas klar sichtbar. Auf dem Hintergrund solcher Entwicklung wird die in den Past zutagetretende Auffassung verdeutlicht. Wenn auch mit der Verwendung der beiden Begriffe sich verschiedene Aspekte verbinden — wie der Unterschied der pln und lk Geistlehre zeigt —, so ist doch gemeinsam, daß es im Bezug auf die Verkündigungstätigkeit im Dienst des Evangeliums um Vollmacht und Befähigung dazu geht.

Die Analyse der Kapitel II 1—2,13 ergab, daß die Mahnung II 1,6 in den folgenden Versen entfaltet wird, während II 2,1—3 diese Mahnungen zusammenfassend aufnimmt. Wenn so einerseits 1,6 auf die Gabe des χάρισμα verweist, andererseits in den folgenden Versen auf πνεῦμα und δύναμις als Gaben Gottes verwiesen wird, aufgrund deren die Amtstätigkeit ausgeübt werden soll, dann besagt dies: für den Vf der Past ergaben sich die Begriffe δύναμις und πνεῦμα als Assoziationen zu χάρισμα, so daß beide Begriffe als Umschreibung des mit χάρισμα Gemeinten anzusehen sind. Somit ist χάρισμα näher zu fassen als Vollmacht und pneumatische Befähigung des Amtsträgers. Wie oben dargelegt, wird χάρισμα verstanden analog einer zu entfaltenden Anlage, weshalb imperativisch (II 1,6. 2,1) darauf verwiesen werden kann.

1.22.3 Gegenüberstellung von Irrlehrern und Amtsträger im Blick auf ihre Befähigung

Ergänzende Aspekte hinsichtlich der Befähigung des Amtsträgers ergeben sich aus der Gegenüberstellung zu dem von den Irrlehrern gezeichneten Bild. Solche Gegenüberstellung geschieht mehrmals ausdrücklich durch die Wendung σὺ δέ (I 6,11; II 3,10.14. 4,5; T 2,1; Vgl II 2,1). Nur teilweise ist dabei speziell an die Amtstätigkeit gedacht (so II 4,5; T 2,1 und II 2,1). Es kann auch allgemein auf die christliche Lebensführung des Amtsträgers Bezug genommen sein. Das entspricht dem Gedanken, daß der Amtsträger darin Vorbild für die Gemeinde sein soll (I 4,12; T 2,7). Bei der Gegenüberstellung zu den Irrlehrern spielt der Begriff der προκοπή, des individuellen Fortschritts auf die Verwirklichung der εὐσέβεια hin, eine wesentliche Rolle [164]. Die προκοπή des Amtsträgers soll der ganzen Gemeinde sichtbar werden (I 4,15). Im Blick auf die Irrlehrer kann nur ironisch [165] von einem προκόπτειν gesprochen werden, nämlich zum Schlechten, zur ἀσέβεια hin (II 2,16. 3,13). In Wirklichkeit gibt es bei ihnen keine προκοπή (II 3,9). Dazu fehlt es ihnen an einer Lebensweise, die der rechten Lehre folgt (I 4,1 vgl I 4,6; II 3,10). Immer wieder wird ein Punkt betont, der nach Auffassung der Past offensichtlich grundlegend für falsche Lebensweise und falsche Lehre der Irrlehrer ist: der gestörte Zustand ihres νοῦς (I 6,5; II 3,8f; T 1,15). Das ἑτεροδιδασκαλεῖν wird beidemal (I 1,3. 6,3) damit in Verbindung gebracht, daß die so Lehrenden im Grunde gar nichts von der Sache verstehen: I 1,7 μὴ νοοῦντες κτλ, I 6,4 μηδὲν ἐπιστάμενος. Wenngleich solche pauschalen Aussagen dem Stil der Ketzerpolemik entstammen und nichts über die Irrlehrer sagen, zeigen sie doch, worauf es den Past ankommt: auf das richtige Verstehen der christlichen Überlieferung. Darum wird der ordinierte Amtsträger auf

---

[164] Vgl I 4,7f.15; II 2,16. 3,5.9.12.13. Zu εὐσέβεια s Kap II, zu προκοπή Kap IV 1.1 (4.).
[165] Dib-Conz 83; Lock 99.

seine Fähigkeit zum νοεῖν angesprochen (II 2,7). Er kann bei seiner
Tätigkeit (ἐν πᾶσιν) mit der Gabe der σύνεσις rechnen (II 2,7). Nun
kann zwar von allen Christen gesagt werden, daß sie ἀνόητοι waren
(T 3,3), es demnach nicht mehr sind. Aber die Ausführungen der
Past zeigen, daß gegenüber den Frauen diesbezüglich eine generelle
Skepsis besteht, wonach diese als besonders anfällig für die Irrlehre
angesehen werden (II 3,6f; I 2,12 mit 14. 5,13.15). Auch kann wohl
allgemein bei der Zuhörerschaft ein kritisches Verstehen nicht vorausgesetzt werden, so daß Diskussionen über strittige Glaubensfragen
nur schädlich sind (II 2,14). Dann wird man die Betonung der σύνεσις des Amtsträgers im Zusammenhang damit sehen müssen, daß ihm
mit dem χάρισμα der Geist geschenkt wurde, um die christliche Überlieferung bewahren zu können (II 1,14). Die Irrlehrer dagegen stehen
unter dem Einfluß von πνεύματα πλάνα (I 4,1) anstatt des πνεῦμα
ἅγιον.

1.23 Charisma und Amt

1. Nach der Unterscheidung zwischen dem theologischen und soziologischen Begriff Charisma muß die Beschränkung des Begriffs χάρισμα
auf den Amtsträger noch nicht besagen, daß es in der Gemeinde der
Past nicht auch „charismatische", dh freie, nicht amtlich gebundene
Funktionen gebe. Manche Ausleger denken aufgrund von I 1,18. 4,14
an das Wirken von Gemeindepropheten[166]. Doch ist der Sinn der Erwähnung von προφητεία nicht so klar[167], daß sich daraus auf die
Existenz von Propheten schließen ließe. Unter Berufung auf I 2,12[168]
stellt Dibelius fest, daß das Lehramt „noch charismatisch verwaltet"
werde[169]. Aber die Basis für solche Annahme ist kaum gegeben. Wenn
den Frauen verboten wird zu lehren, erlaubt das noch nicht die Folgerung, daß es allen Männern generell erlaubt war. Mehr spricht dafür, daß das Verbot speziell im Zusammenhang mit der Praxis der
Häretiker steht[170]. Die Anforderungen für Bischof und Presbyter
(I 3,2ff; T 1,6ff) machen es unwahrscheinlich, daß daneben auch

---

[166] Vgl Anm 322.
[167] Siehe dazu V 2.21.
[168] So Dibelius, Die Pastoralbriefe (HNT 13), 2. Aufl. 1931, 35. Die 3. und 4.
Aufl (von Conzelmann bearbeitet), 1955 bzw 1966, jeweils S. 45, geben stattdessen an I 2,2, was aber offensichtlich ein Druckfehler ist. A. Satake (Die Gemeindeordnung in der Johannesapokalypse, WMANT 21, Neukirchen 1966, 13),
der die 3. Aufl benutzt, liest daher II 2,2, was durchaus möglich wäre. Zu dieser
Stelle s.u.
[169] Vgl auch Hasenhüttl, Charisma 246; Schweizer, Ntl Aufsätze 253; Martin,
Amtspriestertum 59; Hegermann, Theol Versuche II 60; u.a.
[170] Vgl III 4.21.

Lehrtätigkeit von Männern ausgeübt wird, an die solche Anforderungen nicht gestellt werden und die dazu nicht eingesetzt werden. Auch II 2,2, wo nur von Lehrbefähigung und Treue als Voraussetzung gesprochen wird, wird man auf dem Hintergrund von I 3,2ff und T 1,6ff sehen müssen. Die offensichtlich allen Gemeindegliedern zusteh‹ de aktive Beteiligung am gottesdienstlichen Gebet (I 2,8f) könnte ma allenfalls als charismatische Betätigung verstehen [171]. Im Unterschied dazu ist das durch Witwen ausgeübte Gebet (I 5,5) ja mit einem Amt verbunden. Das Gesamtbild zeigt also, daß charismatische, nichtamtliche Funktionen in der Gemeinde der Past kaum eine Rolle spielen[17] Dazu ließe wohl auch die gegebene Ämterstruktur nicht viel Raum.

2. Die Vorstellung von einem χάρισμα ist in Past beschränkt auf den Amtsträger als offiziellen Träger der Lehrtätigkeit [172]. Mag es auc andere Dienste in der Gemeinde geben: χάρισμα bezeichnet nicht mehr wie bei Pls den Dienst des einzelnen für die Gemeinde. Die fak tische Reduktion der Dienste in der Gemeinde ist zweifellos ein Grund für die Reduktion in der Verwendung des Begriffs χάρισμα[173]. Wesentlich kommt aber hinzu, daß die theologischen Voraussetzunge‹ für die Verwendung in pln Sinn nicht mehr gegeben sind. Für Pls stand die Interpretation von Funktionen in der Gemeinde als Individuationen der χάρις im Zusammenhang mit dem Verständnis von de‹ je individuellen Realisierung der πίστις. Der formalisierte Glaubensbegriff der Past, bei dem es wesentlich um den richtigen oder falsche‹ Glauben geht, entzog offensichtlich auch dem pln Charisma-Verständ nis den Boden. Indem in Past χάρισμα nur noch im Zusammenhang mit dem Amtsträger gesehen wird, ist zwar — wie bei Pls — die Verbindung mit dem Dienst in der Gemeinde geblieben, aber der Begriff hat einen ganz anderen Sinn erhalten.

---

[171] Hasenhüttl, aaO 246f. Holtz gründet u.a. darauf seine Auffassung, in den Past gelte noch das allgemeine Priestertum (64 vgl 22.97).

[171a] Schulz, Mitte der Schrift 103: „Charismatiker, pneumatische Lehrer und Propheten werden einfach totgeschwiegen." Wo aber ist ein Anhaltspunkt, daß es solche noch gab? Man könnte die Irrlehrer als charismatische Lehrer bezeichnen: aber diese werden nun gerade nicht totgeschwiegen! Daß die Charismen von Prophetie und Lehre infolge häretischen Mißbrauchs kompromittiert sind (Rohde, Ämter 86), kann auch nur im Blick auf die Lehre gesagt werden: das Motiv falscher Prophetie spielt ja in der Irrlehrerpolemik der Past keine Rolle.

[172] Es läßt sich nichts darüber sagen, ob eine entsprechende Vorstellung sich auch mit dem Amt des Diakons und der Witwe verbindet. Aber die enge Beziehung von χάρισμα auf die Lehr- und Verkündigungstätigkeit legt es nahe, daß sich der χάρισμα-Begriff vorrangig damit verbunden hat.

[173] Vgl Hasenhüttl, aaO 245ff (passim), der von soziologischer Reduktion der Charismen spricht.

3. Nach dem erarbeiteten Verständnis von χάρισμα als pneumatische Befähigung und Vollmacht sind zwei andere Interpretationen abzuweisen: 1) Wie bei Pls sei mit χάρισμα eine bestimmte Funktion bezeichnet, wobei vor allem auf I 4,13 verwiesen wird[174]. χάρισμα meint dann die Tätigkeit samt der pneumatischen Befähigung. Man wird den Aussagen der Past aber nur gerecht, wenn man zwischen beidem differenziert. Die Eignung zur Lehrtätigkeit ist ja Voraussetzung für die Ordination, durch die aber erst das χάρισμα gegeben wird. 2) χάρισμα sei als begründend vom Vollzug der Amtstätigkeit zu unterscheiden, meine aber das Moment der Beauftragung vor dem der Befähigung, bezeichne den Amtsauftrag[175]. Während die Verbindung mit ἀμελεῖν (I 4,14) solches Verständnis ermöglicht, läßt ἀναζωπυρεῖν ein Verständnis im Sinne der invariablen Größe eines Auftrags schwerlich zu[176]. Zudem müßte χάρισμα eine starke bedeutungsmäßige Wandlung erfahren haben, wenn statt „Gnadengabe" jetzt „Auftrag" gemeint sein soll, wofür aber keine Anhaltspunkte vorliegen.

4. Mit der Interpretation von χάρισμα als „pneumatische Befähigung und Vollmacht"[177] wird der Doppelaspekt betont, wonach diese Gabe für den Amtsträger Kraft und Befähigung durch den Geist bedeutet sowie zugleich Vollmacht, Legitimation, also auch „Auftrag" einschließt[178]. Unterschiedlich sind die Auffassungen, ob χάρισμα auf spezielle Tätigkeiten des Amtsträgers zu beziehen sei oder generell auf seine Amtsführung und auch Lebensführung. Als solche speziellen Tätigkeiten werden genannt: παράκλησις und διδασκαλία (I 4,13)[179],

---

[174] Wohlenberg 166; Schniewind, Aufbau der Ekklesia 206; Behm, Handauflegung 46.51; Diem, Theologie III 295.

[175] Roloff 260ff; Maehlum 79.85; Scott 52 (commission).91.

[176] Vgl die zum Sprachgebrauch von ἀναζωπυρεῖν angeführten Beispiele. ἀναζωπυρεῖν und ἀμελεῖν auf die gleiche Sache zu beziehen, ist keine Eigenheit der Past: s die genannten Beispiele bei Plato, der beides auf die ψυχή beziehen kann. Vgl auch Philo, Jos 4: ἐζώπυρει τὴν τοῦ παιδὸς φύσιν ἐξαιρετοῖς καὶ περιτταῖς ἐπιμελείαις (ἐπιμελεῖσθαι ist üblich als Gegenbegriff zu ἀμελεῖν!). Diese Beispiele mit ψυχή und φύσις zeigen, daß ein Verständnis von χάρισμα im Sinne einer zu entfaltenden Gabe näher liegt als im Sinne von „Auftrag".

[177] Sinngemäß entspricht diese Interpretation der heute großenteils vertretenen Auffassung. Bei den Versuchen, die Bedeutung von χάρισμα zu umschreiben, besteht große begriffliche Vielfalt, wobei man meist die nötige Präzision vermißt.

[178] Vgl Käsemann, Amt 129; Schweizer, Gemeinde 191; vCampenhausen, Amt 126; Kertelge, Gemeinde 148.

[179] Hier ergeben sich teilweise Überschneidungen mit der 3.1) genannten Interpretation von χάρισμα. Weiß 178 betont ausdrücklich, daß das χάρισμα nicht zugleich für die Leitungsfunktion (κυβέρνησις) gilt.

Reinerhaltung des tradierten Evangeliums[180], Lehraufsicht[181] u.a. Daß verschiedene Tätigkeiten Aufgaben des Amtsträgers sind, legt es aber gerade nicht nahe, ausschließlich die eine oder die andere zu betonen. Der Kontext[182] sowohl von I 4,14 wie II 1,6 spricht vielmehr dafür, χάρισμα als grundlegend für die amtliche Tätigkeit im ganzen[183], auch für die Lebensführung[184] des Amtsträgers, anzusehen. Da die gesamte Existenz des Amtsträgers unter dem Vorzeichen seiner Aufgabe steht, ist freilich der Bezug von χάρισμα auf die διδασκαλία (I 4) und die Wahrung der Paratheke (II 1) zentral[185].

Zusammenfassung (1)

Auf dem Hintergrund der pln Auffassung ergeben sich für das Verständnis von χάρισμα in Past folgende Merkmale:

1. Analog den Feststellungen zum Glaubensverständnis zeigt sich eine Versachlichung des Begriffes. χάρισμα ist nicht mehr die dynamische Wirkung des Geistes im Horizont des eschatologischen Geschehens, sondern ist zu einer fast habituellen Größe, analog einer psychologischen Anlage, geworden und so auch Gegenstand menschlicher Aktivität.

2. Ein innerer Zusammenhang besteht zwischen dem nicht mehr individuell verstandenen Glaubensbegriff und dem vorliegenden χάρισμα-Begriff: mit dem Wegfall der pln Auffassung individuell verschiedener Realisierung der πίστις hat auch der Gedanke individueller Realisierung der χάρις im Dienst aller füreinander (Leib und Glieder!) seine Basis verloren. Es gibt nicht mehr die χαρίσματα aller Glaubenden, sondern nur noch das χάρισμα des Amtsträgers.

3. Bei dieser Entwicklung spielt ebenso die soziologische Reduktion der Funktionen in der Gemeinde auf bestimmte Ämter eine wesentliche Rolle, was wiederum im Zusammenhang steht mit der Konsolidierung der Kirche als einer sich geschichtlich (Hausgemeinschaft!) anstatt primär eschatologisch bestimmt verstehenden Größe. Der Bezug des Begriffs χάρισμα auf den in der Gemeinde ausgeübten Dienst

---

[180] Käsemann, aaO 129; Wegenast, Tradition 141 Anm 2; Stuhlmacher, Evangelium-Apostolat-Gemeinde 41.
[181] Lock 53.
[182] Vgl die Textanalysen in IV 1.
[183] Blum, Tradition 58; Holtzmann 232; Schlier, Ordnung 135; Brox 181f; Spicq 516.708.730; Kertelge, aaO 150f; Wennemer, Begabung 519; Grau, Charisma 81(ff); Schlier, priesterliches Amt 174; Dornier 82f; Kelly 106.
[184] Blum, aaO 57.
[185] Vgl Schlier, Ordnung 135; Blum, aaO 57.

ist geblieben, aber mit der Reduktion der Dienste sind die Charismen reduziert.

4. Der Zusammenhang zwischen Charisma und Amt (Dienst) hat sich gewandelt. χάρισμα ist nicht mehr theologisches Interpretament für eine (ggf amtliche) Funktion in der Gemeinde, sondern pneumatische Befähigung und Vollmacht zur Ausübung einer amtlichen Funktion. Bei Pls wurden die Gemeindefunktionen als Wirkung der χάρις verstanden. Hier sind die amtlichen Funktionen eine institutionelle Vorgegebenheit, zu deren Ausübung außer der natürlichen Befähigung die Gabe des χάρισμα nötig ist.

2. Die Ordination als kirchliche Handlung

2.1 Die Frage nach Herkunft und Anfängen der urchristlichen Ordination

Bevor nach Sinn und Relevanz der Ordinationshandlung in den Past gefragt wird, ist auf die Frage nach Herkunft und Anfängen des urchristlichen Ritus der Amtseinsetzung durch Handauflegung einzugehen. Diese Frage ist in der Forschung gekennzeichnet durch die Intention, von einem möglichen Vorbild für den urchristlichen Ritus her dessen Sinn besser zu verstehen.

2.11 Die Ordination auf atl-jüdischem Hintergrund

Die religionsgeschichtlichen Untersuchungen haben Analogien zur Ordination durch HA außerhalb des atl-jüdischen Bereichs nicht festgestellt[186]. Es besteht daher Übereinstimmung in der Forschung, daß

---

186 Zum allgemein Religionsgeschichtlichen: Behm, Handauflegung 100ff; Lohse, Ordination 13ff; vgl auch Elderenbosch, Oplegging der Handen 1ff; im Register von van der Leeuw, Phänomenologie der Religion, fehlt das Stichwort „Handauflegung". Zwar ist die HA als Übertragungsritus im Zshg mit Heilung und Segnung häufig anzutreffen, kommt als Initiationsritus in den Mysterienreligionen vor (Morenz, RGG³III 53), vielfach im Kult der Mandäer (Rudolph, Die Mandäer II 188ff), nicht aber im Zusammenhang mit Amtseinsetzung. Während es von der christlichen Ordination (vor allem in ihrer späteren Ausprägung) manche naheliegenden Analogien zur Einführung in bürgerliche Ämter (Mommsen, Römisches Staatsrecht I 608ff: Amtstracht, Einnehmen des Amtssitzes, erste Amtshandlung, Beamteneid, Bestätigung durch die Bürgerschaft) und auch zur Einsetzung von Priestern (Mommsen, aaO II 34: Inaugurationsakt in Anwesenheit der Gemeinde; Latte, Römische Religionsgeschichte 403: Inaugurationsakt ursprünglich zur Übertragung der für das Priestertum nö-

hier die Wurzeln der christlichen Ordination liegen. Innerhalb dieses Rahmens bleiben aber noch verschiedene Möglichkeiten offen.

2.11.1 Die rabbinische Ordination als Vorbild

1. Weithin Anerkennung gefunden hat die durch Lohse ausgearbeitete, aber auch schon vorher vertretene These, daß die urchristliche Ordination die jüdische Gelehrtenordination zum Vorbild habe [187]: bei beiden Riten spielt die HA eine wesentliche Rolle; beide Riten bedeuten Bevollmächtigung und geistliche Ausrüstung zur Ausübung des Lehr- bzw. Verkündigungsamtes.

[Exkurs 9: Die jüdische Ordination [188]

Terminus technicus für die Ordination ist סְמִיכָה. Vor allem Daube [189] hat betont, daß סמך das Aufstützen, Aufstemmen (der Hände) [190] bezeichne im Unterschied zum einfachen Auflegen der Hände. Dazu verweist er auf den atl Sprachgebrauch, wo סמך die Handaufstemmung als Opferritus [191] sowie den Ritus bei der Einsetzung [192] des Josua als Nachfolger des Moses bezeichnet. Im Unterschied dazu wird die HA beim Segen mit שׂים bzw שׁית bezeichnet [193]. Während

---

tigen Kraft) gibt, ist dabei von einem Ritus der HA nichts bekannt (vgl Hatch-Harnack, Gesellschaftsverfassung 133; Nock, Early Gentile Christianity 86). Auch im atl-jüdischen Bereich spielt die HA im Zusammenhang der Einsetzung von Priestern (erblich!) und anderer Ämter (zB König: Salbung, Inthronisation) keine Rolle (vgl Noth, Gesammelte Studien 309ff; Torrance, SJTh 1958, 225ff; Schilling, Höfer-Festschr 199ff), nur bei der Einsetzung der Rabbinen und den dazu zu nennenden atl Vorbildern: siehe Text.

[187] Lohse, Die Ordination im Spätjudentum und im Neuen Testament, 1951; vgl Behm, Die Handauflegung im Urchristentum, 1911, 121ff; Coppens, L'imposition des mains, 1925, 162ff; Newman, Semikhah, 1950, 105f. Der These der Übernahme aus dem Judentum schließen sich zB an: Jeremias 30; Holtz 111; Scott 53; Kelly 106; Maehlum 81ff; Käsemann, Amt 128; Nauck, Herkunft des Vf 68; Schelkle, Jüngerschaft 95; Colson, Les Fonctions Ecclesiales 162; Kertelge, Gemeinde 150; Stuhlmacher, KuD 17(1971), 40.

[188] Die folgende Darstellung der jüdischen Ordination schließt sich — soweit nicht andere Literatur genannt — an die genannten Arbeiten von Lohse und Newman an. Quellen zur jüdischen Ordination: Str-B II 647—661.

[189] The New Testament and Rabbinic Judaism, 1956, 224—246.

[190] Vgl den untechnischen Gebrauch von סמך in Am 5,19: die Hände an die Wand stützen.

[191] Vgl Lohse, χείρ, ThW IX 417f.

[192] Num 27,18.23; Dtn 34,9; vgl Num 8,10 (Leviten).

[193] Gen 48,14.18. Auch wo ohne Bezug auf Segen vom Auflegen der Hand auf Kopf oder Mund die Rede ist, wird שׂים verwendet: 2Sam 13,19; 2Kön 13,16; Hi 29,9; Mi 7,16. — Die HA ist aber im AT nur eine unter verschiedenen Segensgesten: vgl Horst, RGG³V 1650; Link, ThBNT III, 1120; Brun,

die HA allgemein als Übertragungsritus [194] zu verstehen ist, scheint sich mit der speziellen Form der Handaufstemmung die Vorstellung besonderer Intensivität zu verbinden [195].

Die Begründung der Ordination als Bevollmächtigung des Schülers durch seinen Lehrer wurde von den Rabbinen in der Einsetzung des Josua zum Nachfolger Moses gesehen [196]. Wie Vollmacht und Geist der Weisheit [197] durch Handaufstützung von Mose auf Josua übertragen [198] wurden, so auch jeweils von dem Gelehrten auf seinen Schüler. Dabei wird die Ordination zugleich als Hineinstellen in eine von Mose herrührende Traditionskette verstanden. Neben diesem religiösen Aspekt der Ordination als Anteilgabe an der göttlichen Weisheit zur Befähigung für die Amtsführung ist ebenso wichtig, wenn nicht noch wichtiger der rechtliche Aspekt. Am Ende des Studiums bedeutet die Ordination einen Rechtsakt, durch den der Ordinand zum bevollmächtigten Lehrer und Richter erklärt, ihm damit dieses Amt übertragen wurde. Die Ordination berechtigt zum Führen des Titels „Rabbi" und verleiht dem Ordinierten auch den Würdetitel „zaken".

Wesentlichste Voraussetzung [199] für die Ordination war daher das gründliche Studium der Lehrtradition, um selbständige Lehr- und

---

Segen und Fluch 7; Wehmeier, Segen im AT, passim; Westermann, Segen in der Bibel, passim.

[194] Vgl Behm, aaO 102ff (speziell zum Segen 116ff); Lohse, Ordination 16; Wendland, RGG³III 54; Morenz, RGG³III 52f.

[195] Daube, aaO 225; Während יָד שִׂים nur eine Berührung im Sinne einer Kontaktwirkung meine, bedeute יָד סָמַךְ eine Mitteilung der eigenen Personalität. — Die Deutung von Daube ist aber jetzt infragegestellt durch die Analyse von Péter (VT 1977, 48ff), deren Ergebnis ist, daß in den Texten zwischen Aufstemmen *einer* Hand und *beider* Hände unterschieden wird: ersteres beim Opferritus (Bedeutung: Identifikation des Opfernden mit dem Opfer), letzteres u.a. bei den genannten Einsetzungsakten (Bedeutung: Übertragung).

[196] Das zeigt die rabbinische Auslegung von Num 27,18ff und Dtn 34,9: Str-B II 647f; Lohse, Ordination 25ff. 64; Newman, aaO 3ff. Zur Bedeutung der Rabbinenordination: Lohse, Ordination 50ff. 65f; Newman, aaO 24ff. 102ff (besonders 110ff).

[197] Also nicht der Hl Geist, der nach rabbinischer Auffassung seit Erlöschen der Prophetie aus Israel fern war. Vgl Schäfer, Die Vorstellungen vom Heiligen Geist in der rabbin. Literatur; Foerster, NTS 8(1961f), 117ff; Davies, Paul and Rabbinic Judaism 212f.

[198] Über die Wirkung der HA wird nichts gesagt. Aber die Interpretation in Tanch פנחס 241a (zu Num 27,20) zeigt die Vorstellung, daß etwas weitergegeben wird: „wie einer, der aus einem Gefäß in ein andres gießt" (Str-B II 648).

[199] Zu den Voraussetzungen: Str-B II 651f; Lohse, Ordination 41ff; Newman, aaO 82ff; Hruby, Maison Dieu 102, 44ff.

Rechtsentscheidungen treffen zu können. Bei der Ordinationszeremonie[200] war in älterer Zeit[201] die Handaufstützung wesentlich. Der Vollzug geschah öffentlich durch drei Gelehrte, wobei zwei wohl Assistenten- oder Zeugenfunktion hatten. Bei der Ordination wurde erklärt, welche Vollmachten der Ordinand übertragen bekam.

Die Ordinationszeremonie hat Wandlungen durchgemacht, die aber ebenso wie die Geschichte der Ordination nicht sicher zu erfassen sind. Der Jerusalemer Talmud[202] nennt 3 Perioden: bis in die Mitte des 2. Jhs wurde die Ordination im Verhältnis Lehrer-Schüler durchgeführt, dann hatte im Rahmen einer Zentralisierung nur noch der Patriarch (Nasi) das Recht zu ordinieren, in einem späteren dritten Stadium dann der Patriarch zusammen mit dem Synhedrion[203]. Da die erste datierbare Angabe[204] einer Ordination im Lehrer-Schüler-Verhältnis in die Zeit 70/80 nChr. führt, nehmen Mantel und Ehrhardt an, daß diese Periode nur privater Ordination durch die politischen Zeitverhältnisse bedingt war, dagegen bis zur Zerstörung des Tempels Ordinationen (ohne HA) durch das Synhedrion durchgeführt wurden[205]. Lohse, Newman u.a. sehen die Lehrer-Schüler-Ordination (mit HA) als das ursprüngliche an, wie es also auch in der Entstehungszeit des Christentums üblich war: die Bezeugung dieser Ordination als festem Brauch am Ende des 1. und zu Anfang des 2. Jhs spricht für bereits längeres Bestehen[206]. Die erste aus-

---

[200] Str-B II 653ff; Lohse, aaO 45ff; Newman, aaO 102ff; Hruby, aaO 50ff.
[201] Im 2. oder 3. Jh kam die HA bei der Ordination außer Gebrauch. Als Gründe dafür werden vermutet: 1) Aufgeben des Ritus wegen Übernahme durch die Christen (Behm, aaO 129; Str-B II 655; dagegen Mantel, HThR 57, 1964, 327f). 2) wegen Verbot der Ordination unter Hadrian (Newman, aaO 106; Coppens, aaO 168). 3) infolge der Zentralisation des Ordinationsrechts in der Hand des Patriarchen, wodurch die HA ihren ursprünglichen Sinn im Lehrer-Schüler-Verhältnis verlor (Coppens, aaO 167; Newman, aaO 109ff; Daube, aaO 232).
[202] pSanh 1,19a 43 (Str-B II 650). Dazu Lohse, aaO 35ff; Newman, aaO 13ff.
[203] Die weitere Geschichte der Ordination ist unklar. Nach manchen hörten die Ordinationen im 5. Jh auf (vgl Lohse, aaO 40), nach anderen wurden sie bis ins 11./12. Jh fortgeführt (Mantel, Studies 219). Über Versuche der Neubelebung der Ordination im Mittelalter, dann im 16. Jh vgl Lohse, aaO 40; Newm aaO 155; Benayahu, Baer-Festschr 248ff.
[204] pSanh 1,19a43 (Str-B II 650).
[205] Nach Ehrhardt, JEH 5(1954), 126ff, war der in der Anfangszeit des Christ tums vorauszusetzende Ordinationsritus die Inthronisation (vgl AssMos 12,2; Mt 23,2). Nach Mantel, HThR 57(1964), 328ff, bestanden zu dieser Zeit nebeneinander die Ordination als Richter durch das Synhedrion und die privat Ordination (durch HA) im Lehrer-Schüler-Verhältnis.
[206] Lohse, aaO 34; Coppens, aaO 167.

drückliche Erwähnung des Vollzugs der HA bei der Ordination entstammt zwar erst dem 4./5. Jh[207]. Doch ist in der Bezeichnung der Ordination als סְמִיכָה ein wichtiges Argument für die ursprüngliche Praxis der HA (als Handaufstützung) zu sehen[208]. Dazu kommt die rabbinische Auslegung der HA des Moses auf Josua, die als Niederschlag der rabbinischen Praxis zu verstehen ist[209].]

Davon ausgehend, daß die rabbinische Ordination durch HA in vorchristliche Zeit reicht, ist nach Lohse und vielen anderen die urchristliche Ordination als Übernahme dieses Vorbilds anzusehen. Da die jüdische Ordination nur in Palästina vollzogen wurde, muß sie dort übernommen sein, und es ist anzunehmen, daß dies bereits durch die Urgemeinde geschah[210]. Bei Gemeinsamkeit der Bedeutung als Ritus der Bevollmächtigung und geistlichen Amtsausrüstung impliziert die urchristliche Ordination gegenüber der jüdischen doch wesentliche Modifikationen (nach Lohse)[211]: sie ist auf die Wortverkündigung ausgerichtet; der Geist wirkt bei der Auswahl der Amtsträger mit und das Gebet ist neben der HA wichtig; es fehlen das Lehrer-Schüler-Verhältnis und der Gedanke der Weitergabe einer Qualität vom Ordinator an den Ordinanden.

2. Für die Übernahme der urchristlichen Ordination aus dem Judentum spricht, daß die rabbinische Ordination als einziger Ritus in der Umwelt des Urchristentums als Analogie in Frage kommt. Die These einer Übernahme ist aber — vor allem im angelsächsischen Bereich — auf Widerspruch gestoßen: 1. Die Quellenlage ermöglicht kein eindeutiges Bild der Geschichte der jüdischen Ordination; somit bleibt der historische Nachweis der Möglichkeit einer Übernahme des Ritus fraglich[212]. 2. Abgesehen von der historischen Frage bleibt problematisch, wie die Übernahme des jüdischen Ritus vereinbar sei mit der

---

[207] Sanh 13b (Str-B II 655). Dazu Newman, aaO 102.
[208] Str-B II 654: „diese Bezeichnung ist nur verständlich, wenn das Handauflegen der hervorstechendste Zug bei der Ordinationshandlung gewesen ist." Vgl Lohse, aaO 35; Newman, aaO 102.
[209] Str-B II 654. — Zur historischen Problematik vgl auch Kretschmar, Ordination 49ff.
[210] Lohse, Ordination 79; ders, ThW IX 422; vgl Behm, Handauflegung 141. — Läßt der Hinweis von Mt 23,8—10 auf ein christliches Rabbinat (Käsemann, Exeget Vers II 85; Trilling, Rigaux-Festschr 30f; Künzel, Studien 167f. 175ff) auch auf eine dort geübte Ordination schließen? Vgl Kretschmar, aaO 64 Anm 67a. Ordination bei den Ebioniten: Lohse, Ordination 34 Anm 3.
[211] Lohse, Ordination 67ff (passim) und ThW IX 422.
[212] Vor allem Ehrhardt, JEH 5 (1954), 126ff. Vgl Peacock, RExp 55 (1958), 267f; Ferguson, Ordination 14f; Torrance, SJTh 11 (1958), 235.

in den Evangelien sichtbaren Polemik gegen Pharisäer und Schrift-
gelehrte[213]. 3. Die Implikationen des jüdischen Ordinationsritus sind
unvereinbar mit den ntl Aussagen über das Amt[214]. 4. Auch bei Annahme einer Umdeutung des Ritus zeigt sich dann, daß selbst der
Vollzug des Ritus im Judentum und im Urchristentum in wesentlichen Punkten differiert[215]. Einzige stichhaltige Gemeinsamkeit bleibt
nur die HA, welcher Brauch sich aber auch anders erklären läßt.

2.11.2 Die atl Amtseinsetzung als Vorbild

1. Das AT erwähnt in 3 Texten die HA als Ritus bei einer Amtseinsetzung: bei der Einsetzung Josuas als Nachfolger des Mose Num
27,18.23; Dtn 34,9; bei der Einsetzung der Leviten Num 8,10. In
allen Fällen wird der Begriff der Handaufstemmung (סמך) verwendet.
Nun zeigen die zwei Texte der Apg, in denen eine ordinationsähn-
liche Handlung berichtet wird, auffällige sprachliche und sachliche
Berührungen mit diesen atl Texten.

Apg 6,1—6 hat Gemeinsamkeiten mit Num 27,15ff[216]:
1. Die Auswahl der/des Einzusetzenden wird beidemale mit ἐπι-
σκέπτεσθαι bezeichnet[217]; 2. die Einzusetzenden werden als
Männer bezeichnet, die πνεῦμα haben[218]; 3. Josua wird vor den
Priester Eleazar gestellt, die Sieben werden vor die Apostel gestellt[219]; 4. es erfolgt die HA[220].

Apg 13,1—3 weist Entsprechungen zu Num 8,5ff auf[221]:

---

213 Ehrhardt, aaO 134. Vgl auch Coppens, aaO 172; Daube, aaO 246.
214 Siehe dazu: Ehrhardt, aaO 125f; Ferguson, Ordination 16; Peacock, aaO
266ff; Parratt, ET 80(1969), 213. — An dieser Stelle zeigt sich die Problematik,
inwiefern von einer Analogie der jüdischen und christlichen Ordination die
Rede sein kann. Vor allem 3 Punkte sind strittig: 1) (rechtliche) Autorisation
— Analogie: Käsemann, Amt 128; Daube, aaO 237; keine Analogie: Goppelt,
Apost. Zeit 137; Schweizer, Gemeinde 74.191. 2) Geistmitteilung — Analogie:
Käsemann, Amt 128; Schelkle, Jüngerschaft 95; keine Analogie: Nauck, Herkunft 69; Schweizer, Gemeinde 191. 3) Sukzession — Analogie: Daube, aaO
245; Schelkle, aaO 95; Bourke, CBQ 30(1968), 505; keine Analogie: Goppelt,
aaO 136; Nauck, aaO 73; Roloff 263; Peacock, aaO 267.
215 Ehrhardt, aaO 135f; Parratt, aaO 213.
216 Ausführlich: Lohse, Ordination 77. Ferner Daube, aaO 239; Torrance,
aaO 237; Haenchen, Apostelgeschichte 216; Lake-Cadbury, The Beginnings of
Christianity IV 65.
217 Num 27,16; Apg 6,3.
218 Num 27,18; Apg 6,3.
219 Num 27,19; Apg 6,6.
220 Num 27,18.23; Apg 6,6.
221 Torrance, aaO 237; Ehrhardt, JEH 5 (1954), 135; ders, Apostolic Succession 32; Daube, aaO 240; Best, JThS 11(1960), 344ff; Coppens aaO 172
(Anm 3 und 4).

1. In beiden Texten begegnet ἀφορίζειν als Ausdruck der Aussonderung, und die Aussonderung wird als für Gott geschehend bezeichnet[222]; 2. es wird auf das ἔργον (κυρίου) verwiesen, zu dem die Männer bestimmt sind[223]; 3. es wird ein kultischer Vorbereitungsakt (Reinigung bzw Fasten) erwähnt[224]; 4. es wird die HA vollzogen[225].

Aus diesen Bezugnahmen auf die atl Einsetzungstexte folgern manche Forscher, daß hier Zeugnisse für eine Begründung der Ordination vom AT her vorliegen. Dann sei anzunehmen, daß die Urchristenheit ihren Brauch nicht vom Judentum übernommen, sondern aus dem atl Ritus abgeleitet habe[226]. Die eigentliche Wurzel liegt demnach im AT, selbst wenn es Anregungen durch einen jüdischen HA-Ritus gegeben haben mag[227].

2. Diese Lösung hat den Vorteil, daß die HA als Amtseinsetzungsritus erklärt werden kann ohne Rücksicht auf die unklare Geschichte der jüdischen Ordination. Damit werden auch die Widersprüche zum jüdischen Brauch irrelevant. Zugleich ist dann die Entstehung der urchristlichen Ordination nicht nur ein religionsgeschichtliches Phänomen der Übernahme eines Ritus, sondern geschah mit biblischer Begründung[228].

Doch wird das Verständnis der ntl Ordination auch durch diese Ableitung nicht klar. Denn die Verschiedenheit der atl Einsetzungstexte hat zur Folge, daß die Schwerpunkte für das ntl Verständnis ganz verschieden gesetzt werden können[229]. Unberücksichtigt bleibt bei alledem noch die Frage, inwieweit die Texte der Apg überhaupt etwas über die ersten Anfänge der urchristlichen Ordination auszusagen vermögen.

2.11.3 Die Zugrundelegung der „normalen" biblischen Handauflegung

1. Einige Forscher lehnen es ab, in der HA bei der Ordination einen spezifischen Amtseinsetzungsritus zu sehen. Stattdessen wird von

---

[222] Num 8,11: ἀφορίζειν. 8,14 stattdessen: διαστέλλειν und dann im gleichen Vers: καὶ ἔσονταί μοι (= Jahwe). Apg 13,2 (πνεῦμα als Subjekt): ἀφορίσατε δή μοι.
[223] Num 8,11; Apg 13,3.
[224] Num 8,6f; Apg 13,2f.
[225] Num 8,10; Apg 13,3.
[226] Torrance, aaO 235.239; Parratt, aaO 213; Moody, RExp 56(1959), 38.
[227] Torrance, aaO 235; Ehrhardt, JEH 5(1954), 136ff.
[228] Vgl auch Behm, Handauflegung 142; Coppens, aaO 172.
[229] Vgl zB Torrance, aaO 236 einerseits, Parratt, aaO 213 andererseits.

dem Brauch der HA allgemein ausgegangen, wie er im AT und NT bezeugt ist[230]. Wo Daubes Differenzierung zwischen סמך und שׂים im AT akzeptiert wird, wird darauf verwiesen, daß bereits die LXX keinen begrifflichen Unterschied mehr kenne. Hier wie im NT werde generell der Begriff ἐπιτιϑέναι (τὰς χεῖρας) bzw ἐπίϑεσις (τῶν χειρῶν) verwendet[231].

Die HA wird dann vielfach verstanden als Symbol oder äußeres Zeichen im Zusammenhang der jeweils intendierten Handlung: im NT sind dies Segen, Heilung, Geistverleihung und Ordination[232]. Die HA bei der Ordination ist dann eine von mehreren möglichen Anwendungen dieses Brauchs. Sie hat aber keine spezifische Relevanz im Sinne eines Amtsübertragungsritus.

2. Die These, daß die HA bei der Ordination nicht von der sonstigen, „normalen" HA zu unterscheiden ist, erhält eine indirekte Stütze dadurch, daß ein Qumrantext auch die terminologische Differenzierung für das AT und Judentum in Frage stellt. Die einzige Erwähnung der HA in den Qumrantexten[233] nennt diese als Ritus bei einer Heilung (1 Q Gen-Apokryphon 20,22.29)[234]. Flusser hat zwar darauf hingewiesen, daß hier das gleiche Wort סמך wie bei der jüdischen Ordination verwendet werde, aber Konsequenzen für die HA bei der Ordination wurden daraus bisher nicht gezogen[235]. Es ist aber offensichtlich, daß dann nicht mehr davon ausgegangen werden kann, daß סמך eine besondere Form der HA bezeichne, die von der HA bei Segen und Heilung generell zu unterscheiden sei[236].

---

[230] Stallmann, Luther. Rundblick 5(1957), 146ff; Adler, Taufe 67ff; Stacey, ET 75(1963f), 264ff; Chavasse, ET 81(1970),150.

[231] Ferguson, Ordination 13f; ders, Laying on of Hands 1—3; vgl Peacock, aaO 269ff: ntl HA verstanden auf der Linie des atl Segensgestus (שׂים). Anders Grayston, Rigaux-Festschr 485ff.

[232] Zu den verschiedenen Arten der ntl HA: Behm, aaO 8ff; Coppens, aaO (Kapitelüberschriften!); Wendland, RGG[3]III 54.

[233] Über die HA als Amtseinsetzungsritus ist den Qumrantexten also nichts zu entnehmen. Vgl Schilling, Höfer-Festschr 199ff (211f).

[234] Vgl dazu: Flusser, IEJ 7(1957), 107f; Fitzmyer, CBQ 22(1960), 284; ders, The Genesis Apocryphon 140f (Lit.). — Zu beachten ist, daß hier die HA auch mit einem Gebet verbunden ist.

[235] So betont Lohse, ThW IX 422 Anm 53, ausdrücklich die Unterscheidung Daubes für die ntl Ordination. Zwar nennt Lohse (417) den Qumrantext als einzigen jüdischen Beleg für die HA bei Heilung, erwähnt aber nicht die Verwendung von סמך. Bei Ferguson, der auf סמך in dem Qumrantext hinweist (Laying on of Hands 1), hat dies für sein Verständnis der HA keine Konsequenz, da er diese nicht im Sinne von סמך versteht (sondern שׂים). Vgl Anm 231

[236] Vgl auch Mantel, HThR 57(1964), 339f unter Verweis auf Sifre Zuta zu Num 27,18 (Str-B II 648); anders Daube, aaO 233!

Aber auch das Ausgehen von der HA allgemein führt nicht viel weiter, da deren Deutung keineswegs klar ist und es zudem schwierig
ist, für alle Anwendungen eine gemeinsame Bedeutung zu finden. Es
zeigt sich bei den Interpreten, daß offensichtlich von bestimmten
Vorentscheidungen her die HA entweder als Übertragungsritus[237] oder
nur als begleitender Akt[238] (bei Segen oder Fürbitte) verstanden wird.

2.11.4 Folgerungen

Es erweist sich als unmöglich, durch den Versuch einer Klärung der
Herkunft bereits den Sinn der urchristlichen Ordination zu klären.
Es dürfte sinnvoll sein, hier zwischen Ritus und Bedeutung klar zu
differenzieren. Es leuchtet am ehesten ein, daß analog der Übernahme
anderer Bräuche aus dem zeitgenössischen Judentum (Gottesdienst,
Taufe?, Presbyteramt) auch der jüdische Brauch der HA bei der Amtseinsetzung als Vorbild genommen wurde. Aber das besagt zunächst
nicht mehr, als daß man die HA beim Kasus Amtseinsetzung anwandte
(wie bei anderen Kasus auch), ohne daß diese HA damit schon einen
generell anderen Sinn haben muß als andere Anwendungen. Der religionsgeschichtliche Befund der Wandlung der Bedeutung von Riten
mahnt zur Vorsicht, das Verständnis der urchristlichen Ordination
von der jüdischen her bestimmen zu wollen. Der Vollzug der HA
bei einer Amtseinsetzung impliziert gewiß, daß daran — ganz allgemein formuliert — die Konstituierung der amtlichen Funktion geknüpft
ist, sagt aber nichts im Detail: über Verständnis des Amtes, über die
damit verbundene Vollmacht, somit über die mit dem Vollzug des
Ritus verbundenen Vorstellungen. Eine genauere Bedeutung ist erst
vom jeweiligen Kontext her zu ermitteln, und das heißt für das NT:
innerhalb des Kontextes der Apg einerseits, das Past andererseits.

2.12 Die Ordination in der Apostelgeschichte

2.12.1 Diskussionsstand

Die ältesten Zeugnisse für den christlichen Brauch der HA bei der
Einsetzung von Amtsträgern bietet die Apg in 6,6 und 13,3. Sowohl
die Deutung der in 6,1—6 und 13,1—3 dargestellten Einsetzungsakte je für sich als auch ihre Relation zueinander sind in der bisherigen Forschung umstritten. Die wichtigsten Problemstellungen sind
folgende:

---

[237] Vgl Anm 194.
[238] Ferguson, Ordination 15; Peacock, aaO 271; Stallmann, aaO 148f; Schütz,
ThBNT II 630.

1. Handelt es sich um eine sakramentale Weihehandlung mit Übertragung der Amtsgnade[239], um eine Ordination mit Ton auf Bevollmächtigung zu einem Amt[240] oder kennzeichnet die HA nur einen
Akt des Segens und der Fürbitte zu einer besonderen Aufgabe[241]?

2. Handelt es sich in c. 6 und 13 um gleichartige Vorgänge? Die Mehrzahl der Exegeten neigt heute dazu, nur in 6 eine eigentliche Amtseinsetzung (Ordination) zu sehen[242], während 13 nur von einer Ein-
segnung zu einem besonderen Auftrag rede[243]. Als dritte Stelle muß
die Einsetzung von Presbytern in 14,23 einbezogen werden: Wegen
der Parallelen zu 13,3 (Gebet und Fasten) sehen hier einige Exegeten klar eine Ordination oder Priesterweihe vorliegen[244], andere dagegen sehen wegen der Nichterwähnung der HA keinen direkten Bezug zu den vorgenannten Handlungen[245].

3. Die Texte in 6,6 und 13,3 sind zudem nicht eindeutig im Blick
auf die Frage, wer Subjekt des HA-Aktes ist[246]. Je nachdem ob es

---

[239] So die ältere katholische Exegese zu Apg 6 und 13. Vgl Gaechter, Sieben
139.146. Gegenüber solcher Auffassung bereits kritisch: Steinmann, Die Apostelgeschichte 64.130; Wikenhauser, Die Apostelgeschichte 83f.
[240] Wobei der Gedanke der Übertragung der Vollmacht und Begabung zum
Amt eingeschlossen ist, vgl zu *Apg 6*: Haenchen 217; Conzelmann, Apg 44;
Stählin, Apg 100; Bauernfeind, Apg 101; Zimmermann, Sieben 376f; Lohse,
Ordination 74ff; Lake-Cadbury, The Beginnings of Christianity V 137f; Mantel,
HThR 1964, 340. — zu *Apg 13*: Zahn, Apg 406; Klein, Apostel 168ff (mit Einschränkung); Stählin, Apg 174 (mit Einschränkung).
[241] Zu Apg 6 und 13: Sevenster, Zwaan-Festschr 196ff; ähnlich Holtzmann,
Apg 52; zu Apg 13: Conzelmann, Apg 73; Haenchen 338; Lohse, aaO 71ff;
Wikenhauser, Apg 84.
[242] Dabei wird freilich auch gesehen, daß eine eigentliche Bezeichnung des
Amtes, zu dem die Sieben eingeführt werden, von Lk nicht genannt wird. Siehe
dazu im einzelnen die Diskussion um die Frage, welches „Amt" die Sieben
hatten, in den Kommentaren.
[243] Siehe die in Anm 241 zu Apg 13 Genannten. Ferner: Williams, Apg 155;
Foakes-Jackson, Apg 110; Bauernfeind, Apg 169; Barlea, Weihe 144. Dagegen
Dockx, NRTh 1976, 238ff: Ordination, nicht nur Segen (250).
[244] Wikenhauser, Apg 84; Steinmann, Apg 149; Klein, aaO 169.175f; Conzelmann, Apg 119.
[245] Behm, aaO 44 Anm 4; Lohse, aaO 87f; Bauernfeind, Apg 185.
[246] *Apg 6:* in 6,6 sind die Apostel nicht eindeutig als Subjekt zu ἐπέθηκαν
τὰς χεῖρας zu erkennen. Man könnte auch an die Gemeinde (V. 3 ἀδελφοί,
5 πλῆθος) denken. Kodex D stellt daher den klaren Bezug auf die Apostel
durch οἵτινες her. Die Gemeinde sehen als Subjekt an zB: Torrance, SJTh 11
(1958), 237; Daube, aaO 237f. Zur Diskussion vgl Zimmermann, Sieben 376.
Apg 13: Bultmann, New Testament Essays 77, sieht in 13,3 die Gemeinde
als Subjekt. Zur Kritik eines (auch von anderen vertretenen) Bezuges auf die
Gemeinde: Sevenster, aaO 190f; vgl auch Klein, Apostel 173 Anm 813.

sich den Einzuführenden gegenüber um rangmäßig Höherstehende[247],
Gleichstehende[248] oder Niedrigerstehende[249] handelt, erhält der
ganze Vorgang ein unterschiedliches Gewicht.

4. Die genannten Alternativen wiegen um so schwerer, wenn aufgrund der Texte historische Fragen beantwortet werden sollen:
Selbst wenn die redaktionelle Hand des Lk berücksichtigt wird, sehen
doch sehr viele 6,1ff und 13,1ff als historisches Zeugnis für die Praxis
der HA als Amtseinsetzungsritus in der Zeit der Urgemeinde an[250].

Die genannten Schwierigkeiten erweisen es als unmöglich, anhand
der einzelnen Texte zu einem klaren Verständnis der in der Apg bezeugten Einsetzungsakte zu kommen. Solange man von historischer
Grundlage der Berichte ausgeht, ist man aber gezwungen, allein aufgrund der knappen Textaussagen in c. 6 und 13 zu einer Deutung der
Handlung zu kommen[251]. Die neuere Apg-Forschung, die die schrift-
stellerische und theologische Intention des Lk gegenüber der Quellen-
frage in den Vordergrund stellt, geht zwar davon aus, daß Lk die
Einsetzungsakte nach dem Brauch seiner Zeit beschreibt[252]. Aber
nur in Ansätzen ist der Frage nachgegangen, inwieweit von der theologischen und kompositorischen Intention des Lk her Licht auf das
Verständnis dieser Einführungshandlungen fällt[253]. Das soll im folgenden in zweifacher Richtung geschehen: 1. Welche Relevanz kommt

---

[247] Apg 6: die Apostel.
[248] Apg 13: die Propheten und Lehrer.
[249] Apg 6.13: die Gemeinde.
[250] Für Lohses Beweisführung (Ableitung der christlichen Ord. von der jüdischen) liegt viel daran, daß die Apg zuverlässiges Zeugnis für die Praxis der
Urgemeinde ist (Ordination 72.78f); demgegenüber modifiziert in ThW IX 422
und Amt 344. — Kretschmar, Ordination, folgert merkwürdigerweise, daß der
Ritus der HA in c.6 und 13 aus Quellen des Lk stamme (56ff), Lk für seine
Zeit aber diesen Ordinationsritus nicht kenne (59).
[251] Dann liegt von vornherein die Gefahr nahe, Deutungen einzutragen.
[252] Conzelmann, Apg 44. Gleiche Meinung wohl bei Haenchen, sofern beide
Szenen von Lk formuliert. Vgl Holtzmann, Apg 86; Bauernfeind, Apg 99;
Schnackenburg, Lukas 237. Einfluß der gegenwärtigen Praxis auf die lk
Darstellung erwägen Williams, Apg 155; Roloff 227.
[253] Zu *Apg 6,1—6:* Haenchen 219: Lk will erklären, wie Stephanus zu seiner
hervorragenden Stellung in der Gemeinde kam. Bihler, Stephanusgeschichte 9
und Zimmermann, aaO 369f betonen die Funktion des Abschnitts als Einführung zur Stephanus- und Philippusgeschichte; die beiden sollen bekanntge-
macht sein, bevor sie in den Mittelpunkt treten.
Zu *Apg 13,1—3:* Haenchen 343ff: Lk will den neuen Abschnitt der christlichen Missionsgeschichte herausheben und zeigen, daß er göttlichem Willen
entspringt. Vgl Conzelmann 72. Klein, aaO 170: die Perikope markiert den
Umschwung im Leben des christlichen Paulus; er ist jetzt selbst Träger apostolischer Sukzessionsgewalt. Vgl auch Best, JThS 11(1960), 344f.

den Einsetzungshandlungen im Aufbau der Apg und für die eingesetzten Personen zu? 2. Was tragen andere Aussagen der Apg zum
inhaltlichen Verständnis dieser Handlungen bei?

2.12.2 Die Relevanz der Einsetzungsakte 1,15—26. 6,1—6. 13,1—3

Mehrere Beobachtungen machen deutlich, daß die in Frage stehenden
Einsetzungsakte in c. 6 und 13 innerhalb der Komposition der Apg
und damit im lk Denken eine deutlich erkennbare Relevanz haben:

1. Nach allgemeiner Beobachtung stellen 6,1 und 13,1 jeweils einen
Neueinsatz im Handlungsablauf der Apg dar. In 6 wird der Kreis
der Hellenisten eingeführt, aus dem Stephanus und Philippus in den
Vordergrund treten und mit dessen Verfolgung das Weitergreifen
der Mission initiiert wird. Mit 13 treten Pls und Barnabas in den
Vordergrund, die zwar bereits vorher bekannt sind, aber erst jetzt
offiziell zur Mission beauftragt werden.

2. Neben c. 6 und 13 enthält bereits c. 1 Namenslisten[254] (1,13.23).
Mit der Neukonstituierung der Zwölf[255] ist dem Leser die Gruppe
vorgestellt, die bis einschließlich c. 5 allein im Mittelpunkt steht. So
zeigt sich, daß in c. 1, 6 und 13 jeweils eine Gruppe vorgestellt wird,
die im ganzen oder durch einzelne ihrer Mitglieder in den folgenden
Ereignissen zentrale Bedeutung hat[256], wobei freilich die Bedeutung
der 12 Apostel infolge ihrer Stellung durchgehend bleibt.

3. Zwischen den drei Wahl- und Einsetzungsakten in c. 1, 6 und 13
lassen sich im einzelnen verschiedene Parallelitäten[257] feststellen, insbesondere: aus einer größeren Zahl in Frage kommender Kandidaten
werden bestimmte ausgewählt. In 1 wie 13 geschieht die Auswahl
durch göttliche Weisung[258]. In 6 und 13 wird die Einsetzung durch
HA und Gebet vollzogen. Bestehende Unterschiede sind wohl durch
die jeweilige Situation bedingt. Gemeinsam ist jedenfalls, daß es sich

---

[254] Während ältere Kommentatoren die ganzen Szenen auf Quellen zurück-
führten, nehmen neuere Kommentatoren zumindest an, daß Lk die Namenslisten als Tradition vorgefunden hat. Vgl Haenchen 120.128.336; Conzelmann 43.73.
[255] Vgl zu 1,15—26 außer den Kommentaren: Gaechter, ZKTh 71(1949),
318ff; Stauffer, ThLZ 77(1952), 201ff; Menoud, RHPhR 37(1957), 71ff;
Colson, Maison Dieu 102, 22f.
[256] Vgl die entsprechende Gliederung der Apg zB bei Bauernfeind (VIIf).
[257] Zur Parallelität von 1,15ff und 6,1ff: Bihler, Stephanusgeschichte 192f;
Gaechter, Sieben 144f; ders, Matthias 346.
[258] Mit dem Unterschied, daß dies in 1 durchs Los geschieht (vor Pfingsten!).
Zur Lospraxis: Beardslee, Nov Test 1960, 245ff.

um Vorgänge der Auswahl und Einsetzung von Personen zu bestimmten Aufgaben handelt.

4. Durch Verwendung atl Reminiszenzen werden alle drei Szenen deutlich als Akte der Amtseinsetzung charakterisiert. Die sprachlichen und sachlichen Analogien zwischen Apg 6,1—6 und Num 27,15ff sowie zwischen Apg 13,1—3 und Num 8,5ff wurden bereits oben aufgezeigt[259]. 1,15—26 nimmt durch die Zitate in V. 20 auf das AT Bezug, die Wahl geschieht analog atl Vorbild durch Los als göttlichen Auswahlakt (vgl 1Sam 10,17ff)[260].

Stellung im Aufbau der Apg sowie analoge Gestaltung erweisen somit die Relevanz der Einsetzungsakte. Welche Relevanz hat die Amtseinsetzung für die einzelnen Personen? Hier sind auch die 12 Apostel einzubeziehen, da sie für Lk — ihre Sonderstellung vorausgesetzt — analog als in ein Amt eingesetzt gelten[261].

1. Weder Gabe des Geistes noch Vollmacht der Verkündigung sind an die Amtseinsetzung gebunden. Den Geist[262] hat jeder Getaufte, die geistgewirkte παρρησία zur Verkündigung kann allen gegeben werden (4,31 vgl 8,4. 11,19). Solche pneumatische oder charismatische Begabung ist aber offensichtlich Voraussetzung für solche, die in ein Amt eingesetzt werden[263]: πλήρης πνεύματος (ἁγίου) — nach 4,31 Grundlage der παρρησία — ist Voraussetzung[264] für die Sieben (6,3.5). Diese Voraussetzung erfüllt der als Verkündiger tätige Barnabas (11,24), die Verkündigungstätigkeit des Pls (9,27f) zeigt Entsprechendes.

2. Die besondere Vollmacht der eingesetzten Amtsträger zeigt sich darin, daß nur von ihnen σημεῖα und τέρατα bzw δυνάμεις berichtet werden[265]. Besonders deutlich ist das am Beispiel des Pls und Barnabas, die Zeichen und Wunder erst nach ihrer Einsetzung tun (14,3. 15,12 vgl 19,11), während sie bereits vorher als Verkündiger tätig sind. Das Geschehen von Wundern steht im Zusammenhang mit be-

---

[259] Siehe V 2.11.2.

[260] Vgl 1Chr 24,5.7. 25,8. 26,13f: Diensteinteilung durchs Los.

[261] Zu ἐκλέγεσθαι (1,24f) s im Blick auf die Apostel: 1,2 und Lk 6,13. Vgl Apg 6,5. 9,15.

[262] Zum Geistverständnis bei Lk vgl vBaer, Der Heilige Geist; Schweizer, ThW VI 402ff; Haenchen, Apg 83.

[263] Die Apostel natürlich ausgenommen!

[264] Auch wenn, wie in den Past, ein guter Ruf des Kandidaten für ein Amt verlangt wird, trifft der Hinweis auf die parallelen Anforderungen in Apg 6,3 und I 3 (so Haenchen 216) nur sehr bedingt zu: pneumatische Qualifikation wird in Past gerade nicht als Voraussetzung genannt!

[265] (Jesus: 2,22); Apostel: 2,43. 4,16.22. 5,12; Stephanus: 6,8; Philippus: 8,6.13; Barnabas und Pls: 14,3. 15,12 vgl 19,11.

sonderer Vollmacht ($\delta\acute{v}\nu\alpha\mu\iota\varsigma$)[266], wie 3,12. 4,7 mit 9 sowie 6,8 zeigen. Entsprechend dem lk Verständnis der Zeichen und Wunder als Legitimation der Verkündigung ergibt sich: die eingesetzten Amtsträger werden von Gott durch die geschehenden Zeichen als die offiziell legitimierten Verkündiger ausgewiesen[267].

3. Die Vollmacht der durch Einsetzung legitimierten Amtsträger bedeutet die Vollmacht zu selbständigem Handeln und eigenen Entscheidungen in amtlichem Tun. Deutlich zeigt sich am Beispiel des Pls, daß Verhalten und Tätigkeit vor der Einsetzung vielfach von der Initiative anderer abhängen (9,24—26.27.30; 11,25f.30; 12,25). Auch Barnabas wird primär als einer dargestellt, der von Fall zu Fall zu bestimmten Aufgaben ausgesandt wird[268], nicht aber zu selbständigem Handeln bevollmächtigt ist. Das Bild ändert sich mit der Amtseinsetzung in 13,1—3, von der ab deutlich die Selbständigkeit der beiden zu erkennen ist[269]. Allerdings gibt es auch Einschränkungen für die Selbständigkeit der Amtsträger: 1. Sie sind der Gemeinde Rechenschaft für ihre Tätigkeit schuldig (14,27) und können von ihr besondere Aufträge erhalten (15,2). 2. Der Geist kann Weisungen erteilen, die den eigenen Entscheidungen der Amtsträger zT zuwiderlaufen: Petrus (10,19. 11,12), Philippus (8,26.29), Paulus (16,6f vgl 21,4), 3. Die Tätigkeit der Amtsträger neben den Aposteln bleibt an die Legitimierung durch die 12 Apostel (und die Jerusalemer Gemeinde) gebunden[270].

2.12.3 Bedeutung und Darstellung der Ordinationshandlungen 6,1—6. 13,1—3. 14,23. (20,28.32)

Welche Bedeutung hat die Ordination als Ritus? [271]

Bei dieser Fragestellung wird vorausgesetzt, daß Lk von dem Ordinationsbrauch und -verständnis seiner Zeit ausgeht.

---

[266] Lk verwendet bereits im Lk-Ev $\delta\acute{v}\nu\alpha\mu\iota\varsigma$ als Ergänzung und Interpretation zum synoptischen Vollmachtsbegriff $\acute{\epsilon}\xi ov\sigma\acute{\iota}\alpha$: Lk 4,36. 9,1.

[267] Eine atl Illustration gibt Lk in der Stephanusrede: Mose tut Zeichen und Wunder (7,36) nach seiner Einsetzung (7,35; hier und V. 27 wird betont: $\kappa\alpha\vartheta\iota\sigma\tau\acute{\alpha}\nu\alpha\iota$).

[268] Lk unterscheidet — auch im Ev — genau zwischen Aussendungen zu bestimmten Aufgaben ohne besondere Bevollmächtigung und formeller Bevollmächtigung in einem Einsetzungsakt. Einfache Aussendung (mit Rückkehr) Lk-Ev: 7,18(24). 9,52. 19,29(35). 22,8; Apg: 8,14(25). 11,30(12,25). 15,2(30). 15,22(33). Aussendung mit Bevollmächtigung Lk-Ev: 9,1f. 10,1.17.19.

[269] Deutlich der Unterschied zwischen 13,3f (sie werden ausgesandt) und 15,36ff (Aufbruch aus eigener Initiative).

[270] Vgl Klein, Apostel 173; Schulz, Stunde 262.

[271] 1,15ff bleibt im folgenden außer acht, da keine HA.

1. Ein Ansatz zum Verständnis der Ordinationshandlung in 13,3 ergibt sich von 14,26 her[272]. Ortsangabe und das Wort ἔργον stellen einen klaren Bezug zu 13,1—3 her. Die in 13,3 vollzogene Handlung wird demnach verstanden als Übergabe, ja Auslieferung an die Gnade Gottes. Die für παραδιδόναι wesentliche Nuance ist die totale Übergabe in die Verfügung einer anderen Macht: hier der χάρις. Während 6,6 keinen Hinweis für eine Deutung gibt, enthält 6,8 die analoge Aussage, daß Stephanus unter der besonderen Wirkung der Gnade steht. Gnadenwirkung und damit verbundene Vollmacht (δύναμις) befähigen ihn, Zeichen zu tun, und erweisen ihn damit als legitimierten Verkündiger. Verbindet man diese Aussage mit dem zu 13,3 Festgestellten, so hat die Ordination den Sinn der Befähigung und Legitimation durch die Wirkung der χάρις. Das ist noch kein dogmatischer Begriff einer „Amtsgnade", aber Ansätze sind durchaus zu erkennen.

Welche Relevanz hat dabei die HA? Ein Übertragungsvorgang im strengen Sinne ist sie wohl nicht, da der Gedanke eher der ist, den Amtsträger der besonderen Wirkung der χάρις zu unterstellen, aber nicht, sie ihm zu übergeben. Die Analogie zur HA bei der Geistmitteilung kann zur Klärung beitragen. Nach 8,15 beten die Apostel für die Samaritaner: ὅπως λάβωσιν πνεῦμα ἅγιον. Nach 8,18 hat die HA der Apostel die Folge: ἐλάμβανον πνεῦμα ἅγιον. Die Reaktion des Simon Magus zeigt, daß die Geistgabe als durch die HA vermittelt erscheinen mußte. Für Lk ist es also keine Alternative, ob um den Geist als Gabe Gottes[273] nur gebeten[274] werden kann oder ob der Geist durch HA vermittelt wird[275]. Es verbindet sich für Lk beides in einem: der Geist wird von Gott gegeben, und der Geist wird durch HA gegeben. Entsprechendes ist dann für die HA bei der Ordination zu sagen: das Gebet macht deutlich, daß die Gnadenwirkung nur von Gott kommen kann — andererseits ist vorausgesetzt, daß der Ordinierte durch den Vollzug der HA als legitimierter Amtsträger unter der besonderen Wirkung der Gnade[276] steht.

---

[272] Vgl auch Sevenster, aaO 196ff; Stählin, Apg 174; Ferguson, Laying on of Hands 12. Die differierende Deutung bei ersteren (Sevenster 196; Stählin 197) zeigt aber, daß dieser Bezug allein ohne Berücksichtigung der lk Komposition für 13,1—3 nicht ausreicht.
[273] Vgl 15,8.
[274] Vgl Lk 3,21 (anders als Mt und Mk): Gebet Jesu vor dem Kommen des Geistes.
[275] Apg 19,6 redet von Geistempfang durch HA, ohne daß ein Gebet erwähnt wird.
[276] Die Relation von χάρις und πνεῦμα bei Lk ist schwer zu bestimmen. Offensichtlich ist χάρις der umfassendere Begriff für das Heilswirken Gottes, so daß

2. Differenzen zwischen 6,1—6 und 13,1—3 lassen sich von der verschiedenen Situation her erklären. Lk gestaltet nach eigenen Intentionen aus der Tradition übernommenes Material, ohne es völlig einem Schema unterwerfen zu können. 6 stellt die Einsetzung zu einem Amt in der Gemeinde dar, 13 die Einsetzung als Missionare. Gleichwohl geht es in 6 nicht mehr und nicht weniger um ein Amt als in 13. In beiden Fällen geht es um generelle Ordination zu einem Amt[277]. 14,26 besagt nicht, daß die Beauftragung in 13,1ff nur zeitweilig war; denn 15,36ff zeigt, daß die mit der Amtseinsetzung gegebene Verpflichtung weiterbesteht[278] und die eigene Initiative das Wie der Ausführung bestimmt.

Im Unterschied zu 6 betont 13 die Aktivität des Geistes, da hier 1. ein neuer Missionsabschnitt auf die Initiative des Geistes zurückgeführt werden soll[279] und 2. dem Tatbestand Rechnung getragen wird, daß Pls nicht von der Gemeinde ausgewählt wird, sondern bereits vorher zu seinem Amt berufen ist (13,2 $\pi\rho\sigma\sigma\kappa\acute{\epsilon}\kappa\lambda\eta\mu\alpha\iota$ vgl 9,15f[280]). Die ungezwungenste Antwort auf die Frage nach den jeweiligen Ordinatoren ist die, daß es in 6 die Apostel und in 13 die Kollegen des Pls und Barnabas sind. Der unterschiedliche Status der Ordinatoren ist für den Vollzug der HA nicht relevant. Wesentlich ist für Lk offensichtlich, daß der Vollzug durch autorisierte[281] Personen geschieht, aber nicht mehr: von der Weitergabe einer Amtsgnade durch die, die sie besitzen, ist nicht die Rede.

3. Die in 14,23 erwähnte Einsetzung von Presbytern zeigt große Übereinstimmung mit 13,3: 1. bei beiden Vorgängen werden Gebet und Fasten genannt: 2. die in 14,26 gegebene Deutung von 13,3 als $\pi\alpha\rho\alpha\delta\iota\delta\acute{o}\nu\alpha\iota$ $\tau\tilde{\eta}$ $\chi\acute{\alpha}\rho\iota\tau\iota$ $\tau o\tilde{\upsilon}$ $\vartheta\epsilon o\tilde{\upsilon}$ entspricht der Charakterisierung des Vorgangs von 14,23 als $\pi\alpha\rho\alpha\tau\acute{\iota}\vartheta\epsilon\sigma\vartheta\alpha\iota$ $\tau\tilde{\omega}$ $\kappa\upsilon\rho\acute{\iota}\omega$. Das spricht dafür, daß es sich in 14,23 ebenso um eine Ordination handelt wie in

---

die verkündigte Botschaft als $\lambda\acute{o}\gamma o\varsigma$ $\tau\tilde{\eta}\varsigma$ $\chi\acute{\alpha}\rho\iota\tau o\varsigma$ bezeichnet werden kann (Apg 14,3. 20,32 vgl 20,24). $\pi\nu\epsilon\tilde{\upsilon}\mu\alpha$ ist primär auf die missionierende Verkündigung bezogen, nicht auf die geschehenden Zeichen. Die Wirkung der $\chi\acute{\alpha}\rho\iota\varsigma$ umfaßt auch diese, wie 6,8 zeigt. Entsprechendes ist aus der Bedeutung von 14,26 für die Tätigkeit des Pls und Barnabas in c 13—14 zu folgern.
[277] Man wird $\chi\rho\epsilon\acute{\iota}\alpha$ (6,3) und $\acute{\epsilon}\rho\gamma o\nu$ (13,2) als einander entsprechend anzusehen haben.
[278] Vgl 20,24: Pls sieht Vollendung seines Dienstes noch vor sich.
[279] Vgl Haenchen 343ff.
[280] Dabei ist die lk Konstruktion zu beachten, daß nur Ananias, nicht Pls von seinem künftigen Amt erfuhr.
[281] Die Apostel sind von Amts wegen autorisiert, die „Propheten und Lehrer" vom Geist beauftragt.

13,3 und 6,6[282]. Die fehlende Erwähnung der HA erklärt sich aus der Kürze der Beschreibung[282a]. Wie der Vorgang der Auswahl mit χειροτονεῖν zusammenfassend wiedergegeben wird, so die eigentliche Amtseinsetzung durch παρατίϑεσϑαι τῷ κυρίῳ umschrieben. Um die Entsprechung zu 13,3 und 6,6 dem Leser vor Augen zu führen, sind dann doch die Begleitvorgänge Gebet und Fasten genannt. Die Kürze der Darstellung liegt daran, daß die Presbyter im Handlungsablauf der Apg keine herausragende Rolle spielen. Andererseits war die Erwähnung der Ordination von Presbytern wesentlich, da damit Vorbild und Legitimation für die Praxis zur Zeit des Lk gegeben sind.

Anklänge an die Ordination finden sich in 20,28.32, also in der Abschiedsrede[283] des Pls an die Presbyter von Ephesus. V. 28 ist gewissermaßen eine Erinnerung an die Ordination, wie sie ausführlicher dann auch die Past enthalten. Es ist anzunehmen, daß die Einsetzung durch den Heiligen Geist eine Charakterisierung der in 14,23 beschriebenen Ordination ist[284]; denn 14,23 als summarische Notiz besagt ja, daß in jeder Gemeinde Presbyter eingesetzt wurden. Die in 20,32 ausgesprochene Übergabe an Gott (vgl 14,23!) ist nicht als neue Amtseinsetzung anzusehen[285]. Aber die Stellung am Ende der speziell amtsbezogenen Mahnungen (20,28—32) zeigt doch, daß es hier um die Unterstellung unter Gott geht als den, von dem die Amtsträger Auftrag und Vollmacht haben.

4. Lk unterscheidet bewußt zwischen παρατίϑεσϑαι τῷ κυρίῳ und παραδιδόναι τῇ χάριτι τοῦ ϑεοῦ (bzw τοῦ κυρίου): ersteres wird nur auf die Presbyter (14,23. 20,32), letzteres nur auf Pls und Barnabas bezogen (14,26. 15,40). Zwei Aspekte können sich darin ausdrücken: 1. Es wird der Unterschied zwischen Anfangszeit und späterer Zeit angedeutet. Die Legitimation der ersten Amtsträger erwies sich durch Zeichen und Wunder, die ihre Verkündigung begleiteten. Vollmacht und Legitimation der neuen Amtsträger werden sich darin erweisen, daß sie die richtige Verkündigung zu erkennen und gegenüber der falschen Lehre zu bewahren vermögen[286]. 2. Im Sprachgebrauch von

---

[282] Vgl vCampenhausen, Amt 168 Anm 8; Klein, Apostel 176; Lohse, Ordination 87; Conzelmann, Apg 119; Stählin 196.
[282a] Vgl Richter, Ansätze 38.
[283] Vgl außer der schon genannten Literatur: Schürmann, Testament des Paulus; Dupont, Paulus an die Seelsorger; Michel, Abschiedsrede des Paulus.
[284] Vgl 13,4a zu 13,1—3.
[285] Gegen Klein, aaO 182.184.
[286] Die Irrlehre ist für Lk Phänomen der nachapostolischen Zeit. Schürmann, aaO 327; Klein, aaO 181. Während in der apostolischen Zeit das Nebeneinander charismatischer und amtlicher Verkündiger kein Problem war, erhält jetzt

παρατίθεσθαι[287] ist stärker als bei παραδιδόναι das übergebende
Subjekt betont, dh: nicht irgend jemand, sondern Pls hat die Presbyter
in ihre gottgegebene Vollmacht gestellt. Was für Philippus (8,14ff)
und Pls (c. 15) die Legitimation ihrer Tätigkeit durch die Apostel,
das bedeutet für die Presbyter ihre Legitimation durch Pls[288].

Zusammenfassung (2.1)

Die Herkunft des Handauflegungsritus bei der Amtseinsetzung aus
dem Judentum ist anzunehmen. Über den Inhalt der urchristlichen
Ordination ist damit noch nichts gesagt, da für die HA nicht von
vornherein ein eindeutiger Sinn feststellbar ist. Während die Anfänge
der urchristlichen Ordination im Dunkel liegen, vermittelt die Apg
Einblick in Brauch und Verständnis der Ordination ihrer Zeit. Die
Ordination der gegenwärtigen Amtsträger ist nach Lk vorgebildet
und begründet in der Ordination von Amtsträgern in der Anfangszeit
der Kirche. Während pneumatische Qualifikation vorausgesetzt wird,
begründet die Ordination die öffentliche Legitimation des Amtsträgers.
Die HA ist dabei verstanden als Unterstellung unter die bevollmächti-
gende Gnade, wobei der Gedanke der Übertragung verbunden ist mit
dem der Gabe Gottes (Gebet!).

2.2 Die Interpretation der Ordination in den Past

2.21 Konstituenten der Ordinationshandlung

Anders als die Apg nehmen die Past nicht darstellend auf die Ordination Bezug, sondern nur indirekt durch Rückverweise. Daher kann
auch nur indirekt erschlossen werden, wie der Vorgang der Ordination zu denken ist. Die in den Texten[289] enthaltenen Hinweise
sind aber nicht so, daß sie ein eindeutiges Bild zu geben vermögen.
Zur Verdeutlichung des Bildes können zwar spätere Zeugnisse über

---

die Vollmacht der ordinierten Amtsträger angesichts der Irrlehre besondere
Relevanz. Zur Auseinandersetzung mit der Irrlehre in der Apg vgl auch: Schürmann, BZ 1966, 70ff; van Unnik, ZNW 1967, 240ff; Talbert in: Jesus and
men's hope I 171ff.
[287] S. den Exkurs παραθήκη in V 3.
[288] Vgl Klein, aaO 175f.182.184.
[289] S. Kap IV.

die Ordination verglichen werden (Hippolyt[290], Pseudoklementinen[291]), aber daraus Rückschlüsse zu ziehen, ist doch methodisch nicht zulässig.

Zentraler Akt der Ordination ist nach I 4,14, II 1,6 und I 5,22 die *Handauflegung*. Die beiden Texte, die auf die Ordination des Tim Bezug nehmen (I 4,14; II 1,6), lassen aber durch differierende Aussagen unklar, durch wen die HA vollzogen zu denken ist; denn die ἐπίθεσις τῶν χειρῶν ist einmal als τοῦ πρεσβυτερίου, einmal als die des Paulus (μου) gekennzeichnet. Vier Interpretationen dieses Sachverhalts werden versucht:

1. In I 4 und II 1 wird auf zwei verschiedene Vorgänge Bezug genommen: in II 1 auf die Ordination des Tim durch Pls, in I 4 speziell auf seine Einsetzung zum Dienst in Ephesus durch das dortige Presbyterium[292]. Es ist aber die Frage, ob man für diese frühe Zeit schon einen Unterschied zwischen Ordination und „Installation" voraussetzen kann, wie dies hier faktisch geschieht. Beide Akte als jeweils zeitlich befristete Beauftragungen anzusehen[293], findet jedenfalls in II 1 keinen Anhaltspunkt[294].

2. Die in der traditionellen Auslegung häufigste Interpretation schafft einen Ausgleich zwischen beiden Texten durch die Annahme, daß die HA durch Pls unter Assistenz des Presbyteriums vollzogen wurde[295]. Viele Ausleger sehen diese Auffassung durch die Verwendung verschiedener Präpositionen bestätigt[296]: διά in II 1,6 bezeichne die

---

[290] Vgl dazu Stam, Episcopacy in the Apostolic Tradition of Hippolytus, 18ff; Botte, Das Apostolische Amt (Guyot) 14f. Ordinationsvorgang: Consentio im Anschluß an die Wahl − (1.) HA durch alle Bischöfe, allg Gebet − (2.) HA und Ordinationsgebet durch einen Bischof − Friedenskuß − Eucharistie. − Die Arbeit von K. Richter, Der Ritus der Bischofsweihe bis zu den ersten römischen Sakramentaren und Ordines, Diss. Münster 1969, war mir nicht erreichbar.

[291] Vgl Strecker, Das Judenchristentum in den Pseudoklementinen 97ff. Ordinationsvorgang: Ankündigung − Gebet − Appellation und Ablehnungsgespräch − Mahnrede − Einsetzung (HA mit Gebet, Inthronisation) − (Eucharistie).

[292] Maehlum 72ff. 84; vgl Lock 85.

[293] Eine solche Lösung wäre denkbar, wenn man − wie Jeremias 31 − annimmt, daß die urchristliche HA bei jeder neuen Beauftragung wiederholt wurde.

[294] Die Aussagen in II 1,6ff sind zu generell, als daß man an eine Wiederholung der HA denken könnte.

[295] Weiß 179; Wohlenberg 166f; Behm, Handauflegung 53; vSoden 242; Scott 53.91; Spicq 517f; Dornier 83ff.185; Adler, Taufe 66; Michaelis, Ältestenamt 74; Roloff 259; u.a.

[296] So Wohlenberg 166; Weiß 179; Spicq 517; Dornier 83f; Leonardi, Studia Patavina 8(1961), 20; Michaelis, aaO 74; u.a. Gegen einen daraus gefolgerten Wertunterschied zwischen der HA des Pls und der der Presbyter wendet sich Behm, aaO 52 Anm 3. Vgl Adler, aaO 66. Solchen Unterschied betont jedoch: Barlea, Weihe 146f.

das Charisma vermittelnde HA des Pls, μετά in I 4,14 kennzeichne die HA des Presbyteriums als begleitenden, assistierenden Akt. Aber es ist zu fragen, ob die unterschiedlichen Präpositionen diese Deutung rechtfertigen[297].

3. Durch Jeremias[298] und Daube[299] ist die These aufgestellt worden, es handele sich bei dem Ausdruck ἐπίθεσις τῶν χειρῶν τοῦ πρεσβυτερίου um die Wiedergabe eines rabbinischen Fachausdruckes für die Ordination: „Handauflegung zum Ältestenamt"[300]. Dann ist in I 4 nicht von einem Presbyterium die Rede[301], und es kann wie in II 1 die HA des Pls gemeint sein. Doch hat diese These zu Recht wenig Zustimmung gefunden[302]: Die zwei Belege, in denen πρεσβυτέριον nicht das Ältestenkollegium, sondern die Ältestenwürde bezeichnet, sind unsicher[303]. Schwerer wiegt aber, daß ein solcher rabbinischer Te minus technicus für griechische Leser kaum so verstanden werden konnte[304], außerdem einen entsprechend geschulten Verfasser vor- aussetzt[305].

4. Während die Interpretationen 1—3 darauf ausgehen, einen mög- lichen historischen Vorgang zu erfassen unabhängig von der Frage der Verfasserschaft, verzichtet eine 4. Interpretation bewußt darauf. Stattdessen wird von der Intention der (nichtpln) Briefe ausge- gangen[306]: II als „Testament des Paulus" will mit der HA durch Pls die enge Verbindung des Tim zu Pls herausstellen. Demgegen- über ist I in erster Linie als Gemeinderegel für die Zeit der Past zu verstehen, wobei in I 4 die gegenwärtige Praxis der HA durch

---

297 Siehe Exkurs 10 in V 2.22.3.
298 ZNW 48(1957), 127—132: ἐπίθεσις τῶν χειρῶν τοῦ πρεσβυτερίου als Wiedergabe des rabbinischen Terminus זְקֵנִים סְמִיכַת = „Handaufstemmung zur Verleihun
der Ältestenwürde"; τοῦ πρεσβυτερίου ist demnach gen.finalis, nicht gen.subjec-
tivus (auctoris). Vgl ders, ZNW 52(1961), 101—104 sowie Kommentar zu Past
30.
299 The New Testament and Rabbinic Judaism 244f.
300 Nach Hofius, ZNW 62(1971), 128f hat bereits Calvin — allerdings ohne Bezug auf den rabbinischen Terminus — diese Deutung erwogen.
301 Jeremias verbindet damit die These, es gebe in Past noch kein Presbyteramt,
was aber zu gezwungenen Interpretationen von I 5,17 und T 1,5 führt (siehe
dazu den Kommentar).
302 Kelly 108 und Holtz 111 schließen sich an. Völlig gegen den Befund in
der Literatur stellt Holtz zu τοῦ πρεσβυτερίου fest: „Die Deutung als Gen.subj.
... gilt heute weithin als überwunden."
303 Katz, ZNW 51(1960), 27—30; Jeremias, ZNW 52(1961), 102 mit Anm 1.
304 Kümmel, Einleitung 336.
305 Daß der Vf rabbinisch geschulter Judenchrist war, kann durch die Arbeit
von Nauck kaum als erwiesen angesehen werden. Vgl Brox 57.
306 Dib-Conz 57; Brox 229; vgl Holtzmann 230; Hanson 55.78; Leaney 66.

das Presbyterium zugrundeliegt. Diese Interpretation ist mE die einleuchtendste. [307]

In I 4,14 ist mit διὰ προφητείας neben der HA ein weiteres Element im Zusammenhang der Ordination angesprochen. Aber auch hier sind verschiedene Deutungen möglich:

1. Die Präposition διά ist mit Akkusativ konstruiert, es ist demnach wie in I 1,18 von προφητεῖαι (Plural) die Rede [308]. Versteht man die προφητεῖαι als Weisungen von Propheten, durch die Tim designiert wurde, dann besagt 4,14 daß die HA „auf Grund von" prophetischen Äußerungen vollzogen wurde.

2. διά ist mit Genitiv konstruiert, demnach ist nur von προφητεία (Singular) die Rede [309]. Wird διά im eigentlichen, instrumentalen Sinn verstanden [310], dann ist die προφητεία als wesentlicher Bestandteil des Ordinationsvorganges zu denken: durch prophetische Worte im Zusammenhang mit der HA wird dem Ordinanden das Charisma zu seinem Amt verliehen [311]. Die προφητεῖαι in 1,18 sind dann als die einzelnen Äußerungen der προφητεία zu verstehen [312]. Diese Interpretation hat einiges für sich, da sprachliche Gesichtspunkte dafür sprechen, διὰ προφητείας eher als gen.sing anstatt als acc.plur zu verstehen [313].

3. Während manche Autoren sich nicht zwischen 1 und 2 entscheiden, sondern sich damit begnügen, mit προφητεία das Wirken des Geistes im Zusammenhang der Ordination ausgedrückt zu sehen [314], hat Dekkers [315] eine andere Interpretation von προφητεία vorgeschlagen. διά ebenfalls als c.gen fassend, versteht er entsprechend später mehrfach bezeugtem Gebrauch προφητεία als praefatio, womit das Gebet (prière consécratoire) im Zusammenhang der HA gemeint

---

[307] Diese in der neuesten Literatur meist zugrundegelegte Lösung entspricht am besten der in der Textanalyse festgestellten jeweiligen Intention von I 4,14 bzw II 1,6.
[308] Wohlenberg 166; Schlier, Ordnung 135 Anm 14; Schweizer 74 (Anm 323); Adler, Taufe 65.67; Holtz 110f; Maehlum 73.80.84; Roloff 259; Peacock, Ordination 272f; Hasenhüttl, Charisma 247; Lohse, Ordination 81.
[309] Holtzmann 342; Weiß 179; vSoden 241; Behm, Handauflegung 47; Grau, Charisma 88; Spicq 516.
[310] Gegen eine abgeschwächte Interpretation von διά c gen. („unter, bei" anstatt „durch") wenden sich Wohlenberg 166 (Anm 2) und Maehlum 80.
[311] Weiß 178; vSoden 241; Grau, Charisma 88; Holtzmann 342.
[312] Holtzmann 230; vSoden 241.
[313] Siehe Exkurs 10 in 2.22.3.
[314] Dib-Conz 56; Brox 180; Leaney 65; Dornier 85f; u.a.
[315] In Mohrmann-Festschr 190—95.

sei[316]. Freilich bringt dies gewisse Schwierigkeiten für das Verständnis von I 1,18 mit sich; denn man fragt sich, warum dort von einer Mehrzahl von Gebeten die Rede ist.

Zwei weitere Elemente des Ordinationsvorganges nennt II 2,2: den Akt der formellen *Übergabe des tradierten Evangeliums* an den Ordinanden sowie den Tatbestand, daß dies *vor Zeugen* geschieht, womit die Gemeinde oder speziell das Presbyterium gemeint sein können. Möglich ist, daß der vor Zeugen geschehende Vorgang auch *Bekenntnis* und *Verpflichtung* des Ordinanden einschließt, wie viele Ausleger aus I 6,12 folgern[317]. Da jedoch der Bezug von I 6,11—16 auf die Ordination nicht zu erweisen ist, kann darüber nichts mit Sicherheit gesagt werden. Als selbstverständlich wird man annehmen können, daß im Ordinationsgottesdienst (wie in jedem anderen Gottesdienst[318]) das *Gebet* einen festen Platz hatte[319], auch wenn es nicht — wie in Apg — ausdrücklich erwähnt wird.

Die genannten Differenzen bei der Bestimmung der hauptsächlichen Elemente des Ordinationsvorganges hängen mit der Frage zusammen, auf *welche Ordinationshandlung* die Past Bezug nehmen. Bei Annahme pln Verfasserschaft kann man als historischen Vorgang zugrundelegen, Pls habe aufgrund prophetischer Weisung Tim unter Assistenz eines lokalen Presbyteriums zu seinem Dienst ordiniert. Da diese einfache Lösung wegen der nichtpln Verfasserschaft als unwahrscheinlich ausscheidet, wird heute meist angenommen, I 4,14 gebe die Praxis zur Zeit des Vf der Past wieder: Das Presbyterium führt die Ordination eines Amtsträgers durch, während bei der Wahl des Kandidaten und/oder bei der Ordination selbst Propheten beteiligt sind. Demgegenüber vertritt Hasenhüttl[320] die These, mit der Ordination des Tim sei die Praxis der zweiten christlichen Generation, nicht die der dritten, also der Past, geschildert. Die Aussagen

---

316 Dieser Deutung schließen sich an: Spicq 517; Hahn, Urchristlicher Gottesdienst, 73 Anm 42; Richter, Ansätze 39f. Bereits Behm, Handauflegung 50 erwägt, προφητεία auf das Ordinationsgebet zu beziehen. Vgl auch Wolf, Frage der Ordination 86; Lemaire, Les ministères 104. — Kritisch zur These von Dekkers und zur Beweiskraft seiner Belege: Brox, BZ 1976, 229ff.
317 Holtzmann 227.233; vSoden 186; Holtz 111; Käsemann, Formular 103ff; Brox 213ff; Goppelt, Apostolische Zeit 137; Knoch, Testamente 50f; Lohse, Ordination 85.
318 Bauer, Wortgottesdienst 35. — Daß die Ordination in gottesdienstlichem Rahmen geschah, wird man ohne weiteres anzunehmen haben. — Zum Gebet in Past vgl Greeven, Gebet 209ff; von der Goltz, Gebet (s Stellenregister).
320 Hasenhüttl, Charisma 245f. 255f. 259f.

von I 4,14 und II 1,6 gelten nur für Tim, können aber nicht für den Amtsträger der Past verallgemeinert werden.

Gegen Hasenhüttl ist geltend zu machen, daß Tim (und ebenso Tit) zwar als Apostelschüler eine Zwischenstellung zwischen apostolischer Zeit und der Zeit der Past einnimmt, aber im Sinne der Past zugleich Typus des Amtsträgers ist. Die Past wollen ja die gegenwärtige Ordnung und Praxis in der Gemeinde durch Rückgriff in die Vergangenheit fundieren. Dann aber wäre es unverständlich, wenn die Ordination, der so viel Gewicht beigelegt wird, in einer der Vergangenheit angehörenden Weise dargestellt würde. Andererseits bleibt zu beachten, daß die Past mit Hilfe persönlicher Notizen die Situation des „historischen" Tim fingieren[321]. So spielen auch im Blick auf die Ordination solche „biographischen" Notizen mit. Das ist klar in II 1,6, wonach Pls als Ordinator fungiert. Das ist aber auch in I 4,13 ($\check{\epsilon}\omega\varsigma$ $\check{\epsilon}\rho\chi o\mu\alpha\iota$!), also im Kontext von 4,14, der Fall. Es ist dann auch in 4,14 die Möglichkeit solcher nur auf Tim bezogenen Elemente nicht auszuschließen. Dies muß mE im Blick auf die Rolle der $\pi\rho o\varphi\eta\tau\epsilon i\alpha$ erwogen werden. Ausleger, die von der Praxis zZ der Past ausgehen, schließen aus diesem Vers (mit 1,18) meist auf die Existenz von Gemeindepropheten in der Gemeinde der Past[322]. Aber diese Annahme stößt auf mehrere zu wenig beachtete Schwierigkeiten: Es stünde in starkem Kontrast zueinander, wenn einerseits Propheten eine so entscheidende Rolle bei der Auswahl der Amtsträger spielen, andererseits aber für eine Aktivität von Propheten in der Gemeinde neben den für die Past wesentlichen Ämtern kaum ein Platz zu sehen ist. Schwerer noch wiegt, daß die festen Kriterien für einen Amtsträger, wie sie die Ämterspiegel enthalten, kaum zu vereinbaren sind mit freier Wahl durch den Geist, wofür prophetische Weisungen der Ausdruck wären[323]. Zudem zeigt I 3,1, daß man sich um die $\grave{\epsilon}\pi\iota\sigma\kappa o\pi\acute{\eta}$ „be-

---

[321] Zum literarischen Sinn solcher persönlicher Notizen: Brox 268ff (zu II 4,9—18).

[322] Brox 180; Roloff 259; Stuhlmacher, Gemeinde 41; Knoch, Testamente 51; Schweizer, Ntl Aufsätze 253.278; Rohde, Ämter 81 vgl 86; u.a. — Kretschmar, Ordination 63 Anm 67, denkt sogar an spezielle Zusammenhänge zwischen Ordination und prophetischen Traditionen. — Merklein (Kirchl Amt 389) hebt zu Recht hervor, „daß 1Tim 4,14 die Sach- und nicht die Personalbezeichnung verwendet." Man sollte nicht zu schnell vom Vorkommen des Begriffs $\pi\rho o\varphi\eta\tau\epsilon i\alpha$ auf die Existenz von Gemeindepropheten schließen! — Zur Geschichte der urchristlichen Prophetie und deren Rückgang bis zum Ende des 1. Jh.s: Dautzenberg, Urchristliche Prophetie 36ff.

[323] Aus den verschiedenen Eignungsbedingungen sei nur eine charakteristische herausgehoben: $\mu\grave{\eta}$ $\nu\epsilon\acute{o}\varphi\nu\tau o\varsigma$ (I 3,6). Indem Neubekehrte ausgeschlossen sind, ist jedenfalls der infragekommende Personenkreis schon eingeschränkt. Die Einschränkung geht weiter, da nur bewährte Hausväter in Frage kommen usw.

werben" kann [324], was mit prophetischer Auswahl doch auch nicht vereinbar ist. Es ist zu folgern: Sieht man mit $\pi\rho o\varphi\eta\tau\epsilon\acute\iota\alpha$ das Wirken von Propheten ausgedrückt, dann ist hierin ein nur auf die Ordination des Tim bezogenes Element zu sehen [325]. Näherliegend aber ist entsprechend dem Kontext I 4,6—16, der gerade typisch Stellung und Funktion des Amtsträgers in der Gemeinde zum Inhalt hat, auch 4,14 im ganzen als auf den Amtsträger der Past bezogen anzusehen. $\pi\rho o\varphi\eta\tau\epsilon\acute\iota\alpha$ bezeichnet dann wohl bei der Ordination gesprochene, als geistgewirkt verstandene Worte, ohne daß damit etwas über die Existenz von Gemeindepropheten gesagt ist [326].

Es ist schwer zu sehen, wie dann prophetische Auswahl sich noch von einer Wahl nach pragmatischen Gesichtspunkten der Eignung unterscheiden sollte.
[324] Vgl vCampenhausen, Amt 122.
[325] Mehrfach wird auf die Analogie zu Apg 13 hingewiesen. Holtzmann 231 denkt direkt an eine Abhängigkeit der Past von Apg 13. Das ist nicht anzunehmen. Aber es wäre denkbar, daß in Past wie in Apg 13 gleicherweise die Erinnerung an eine Praxis der Vergangenheit Niederschlag gefunden hat. — Gelegentlich wird darauf verwiesen, daß noch in späterer Zeit prophetische Hinweise bei Bischofswahlen bezeugt sind (Schweizer, Gemeinde 74 Anm 322). Daraus Rückschlüsse für die Praxis der Past zu ziehen, würde implizieren, daß nur von der Ordination eines Bischofs die Rede ist, was aber auszuschließen ist (s.u.).
[326] Für das Verständnis von $\pi\rho o\varphi\eta\tau\epsilon\acute\iota\alpha$ sind 2 Fragen offen: 1. welcher Inhalt? 2. durch welche Personen? — ad 1: a) Im Sinne von Weissagung, Enthüllung von Verborgenem wäre $\pi\rho$. die prophetische Kundgabe, daß Tim ein $\chi\acute\alpha\rho\iota\sigma\mu\alpha$ habe bzw zum Amt bestimmt sei. b) Im ntl Sprachgebrauch (vgl Fascher, $\Pi\rho o\varphi\acute\eta\tau\eta\varsigma$ 166ff; Friedrich, ThW VI 829ff) bezeichnet $\pi\rho$. aber auch in weiterem Sinn die inspirierte, von Gott bevollmächtigte Rede. Da nach I 4,14 das $\chi\acute\alpha\rho\iota\sigma\mu\alpha$ durch die $\pi\rho$. vermittelt wird (s Exkurs $\delta\iota\acute\alpha/\mu\epsilon\tau\acute\alpha$), ist hier das Naheliegendste, $\pi\rho$. zu verstehen als Zuspruch, Zusage des $\chi\acute\alpha\rho\iota\sigma\mu\alpha$ im Namen Gottes. c) Die erwähnte Deutung auf das Gebet könnte sich darauf stützen, daß verschiedentlich enger Zusammenhang zwischen Prophetie und Gebet sichtbar wird (1Kor 11,4f. 14, 13ff: dazu Friedrich, aaO 854; Did 10,7: dazu Fascher, aaO 170), da offensichtlich freies Gebet primär durch Propheten geschieht. Das besagt aber nicht, daß damit das Wort $\pi\rho o\varphi\eta\tau\epsilon\acute\iota\alpha$ anstelle von $\pi\rho o\sigma\epsilon\upsilon\chi\acute\eta$ stehen kann. Die Belege von Dekkers aus späterer Zeit können das für die Past jedenfalls nicht erweisen. d) Eine andere Deutung (ohne nähere Begründung) gibt Schiwy 32 (vgl 19): „vermutlich wurden Berufungsgeschichten von Propheten zur Deutung des Gemeindedienstes herangezogen." — ad 2: Infolge der Mehrdeutigkeit von $\pi\rho o\varphi\eta\tau\epsilon\acute\iota\alpha$ ist daraus die Folgerung auf die Existenz von Gemeindepropheten nicht zu rechtfertigen. Wenn — wie anzunehmen ist — an inspirierte, göttlich bevollmächtigte Worte bei der HA gedacht ist, läßt sich das nicht auf einen bestimmten Personenkreis (= die Propheten) beschränken, sondern kann durch die die HA vollziehenden Presbyter geschehen (vgl Pfleiderer, Urchristentum 279; Dauvillier, Temps Apostoliques 307).

Das Problem, welche Ordination gemeint ist, schließt auch die Frage ein, ob in gleicher Weise an Bischof und Presbyter gedacht ist. Autoren, die von bereits ausgeprägtem monarchischen Episkopat ausgehen, sehen in I 4,14 und II 1,6 die Ordination des Bischofs[327]. Aber da, wie gezeigt, noch nicht eindeutig von monarchischem Episkopat gesprochen werden kann, kann auch im Blick auf die Ordination kein genereller Unterschied zwischen Bischof und Presbyter gemacht werden[328]. Anzunehmen ist, daß ein Bischof durch das Presbyterium ordiniert wurde (vgl I 4,14), während die einzelnen Presbyter offensichtlich durch den Bischof (zusammen mit den Presbytern?) ordiniert wurden (vgl I 5,22).

2.22 Aspekte der Interpretation

Nicht zu trennen von der Frage nach den konstitutiven Elementen der Ordination ist die Frage nach der Interpretation der Ordinationshandlung. Die Differenzen der Auslegung sind im Detail derart, daß eine Darstellung der hauptsächlichen Unterschiede notwendig vereinfachen muß. Dazu kommt, daß sehr verschiedene (sich zum Teil überschneidende) Aspekte maßgeblicher Ausgangspunkt der Interpretation sein können. Anhand der wesentlichsten dieser Aspekte ist im folgenden die Interpretationsfrage zu diskutieren.

2.22.1 χάρισμα

Wer am pln Charismaverständnis festhalten will, kann das Charisma nicht durch die Ordination vermittelt ansehen, sondern setzt dessen Besitz beim Amtsträger voraus. Die Ordination ist dann Bestätigung und Anerkennung eines vorhandenen Charismas: sie kann einerseits als subjektive Vergewisserung[329] für den Amtsträger, andererseits als öffentliche Anerkennung[330] durch die Gemeinde verstanden werden. Die Mehrzahl der Ausleger aber anerkennt, daß die Ausdrucksweise der Past (I 4,14: ἐδόϑη σοι διά; II 1,6: ἐστὶν ἐν σοὶ διά) eine Verleihung des Charisma durch die Ordination (worunter nicht nur die HA zu verstehen ist) meint. Manche Ausleger versuchen indes, einen Kompromiß zu finden, indem sie in der Ordination das Charisma

---

[327] zB Holtzmann 230; Schütz 110.(113).
[328] Die meisten Ausleger (sofern sie nicht an den historischen Tim denken) reden daher allgemein von der Ordination des „Amtsträgers".
[329] Behm, Handauflegung 46f; ähnlich Holtz 111.
[330] Hasenhüttl, Charisma 248f.254; Duss-von Werdt, Laie 285; vgl Hunt, Ordination 13f. 21f.

„zugleich bestätigt und endgültig verliehen"[331] sehen; oder unter
Bezug auf die Apg betonen, daß der Ordinand schon den Geist be-
sitze, ihm dazu aber noch die Amtsgnade verliehen werde[332]. Es ist
aber exegetisch nicht zu rechtfertigen, den Aussagen der Past das
pln Charismaverständnis oder die Auffassung der Apg vorzuordnen.

2.22.2 προφητεία

Wo I 4,14 zum Ausgangspunkt der Interpretation gemacht wird, erhält die προφητεία (bzw. προφητεῖαι) vorrangige Relevanz, wobei
sich aus dem unklaren διὰ προφητείας die genannten Unterschiede
ergeben. Findet die Ordination aufgrund prophetischer Weisungen
statt, dann ist sie kaum mehr als ein formeller, bestätigender Akt.
Nach dem oben im Blick auf Propheten Gesagten ist dies aber für
die Praxis der Past nicht anzunehmen. Wenn — wie hier angenommen
wird — προφητεία als „prophetisches" Wort bei der Ordinationshandlung verstanden wird, dann kann darauf (als das Charisma vermittelnd)
der Schwerpunkt gelegt werden, so daß die HA nur bestätigendes,
versinnbildlichendes Zeichen ist[333]. Hier wie bei einem Verständnis
als Gebet stellt sich aber die Frage, in welcher Zuordnung Wort/
Gebet und HA tatsächlich zu sehen sind angesichts des Befunds, daß
I 5,22 und II 1,6 im Blick auf den gleichen Vorgang allein von der
HA reden.

2.22.3 Relevanz der Handauflegung

Den größten Raum in der exegetischen Diskussion nimmt die Frage
nach der Relevanz der HA innerhalb des Ordinationsvorgangs ein.
Übereinstimmung besteht darin, daß die HA nicht als magischer Übertragungsritus zu verstehen ist, sondern daß Gebet oder überhaupt ge-
sprochenes Wort damit verbunden zu denken sind, unabhängig davon,
ob und wie dies in Past ausgedrückt wird. Vereinfacht gesprochen sind
drei Möglichkeiten der Zuordnung denkbar: 1. Überordnung des Wortes gegenüber der HA, 2. gleiches Gewicht von Wort und HA, 3. Vor-
ordnung der HA gegenüber dem Wort. Im ersten Fall wird das zugesprochene Wort, der zugesprochene Segen oder das fürbittende Gebet als das Wesentliche der Ordination angesehen. Die HA hat dabei
nur begleitende Funktion als äußeres Zeichen, ist nur „symbolische"

---

331 Stuhlmacher, Gemeinde 41; vgl Goppelt, Apostolische Zeit 137; Auer, Corpus
Christi Mysticum 7.
332 Jeremias 31; vgl Holtz 110 und Maehlum 86.
333 Als das eigentlich vermittelnde Organ kann man dann den (proph) Geist
ansehen. Weiß 179.244; vgl vSoden 185; Wohlenberg 166 Anm 3.

Geste, Geste des Segens bzw der Fürbitte[334]. Dem steht betont gegenüber die 3. Auffassung, wonach die HA als Übertragungsritus im Zentrum der Ordination stehe. Die HA ist nicht „nur" Symbol, sondern „symbolum efficax"[335], sie ist die das Charisma vermittelnde „sakramentale" Handlung[336]. Dabei kann dann speziell der Gedanke ausgedrückt werden, daß der Geist oder die Amtsgnade weitergegeben wird[337]. Aber auch hier wird das Gebet als notwendig und Gott als der eigentliche Ordinator angesehen. Daß die Aussage über die HA in I 4,14 mit $\mu\varepsilon\tau\acute{a}$, in II 1,6 dagegen mit $\delta\iota\acute{a}$ formuliert ist, wird gelegentlich zur exegetischen Fundierung beider Gegenpositionen herangezogen: für die „symbolische" Deutung wird auf $\mu\varepsilon\tau\acute{a}$ als Ausdruck des begleitenden Momentes verwiesen[338], für die „sakramentale" Deutung auf $\delta\iota\acute{a}$ als Bezeichnung der instrumentalen Bedeutung[339]. Die jeweils andere Präposition wird dann ignoriert[340] oder entsprechend interpretiert[341]!

Eine weitere Interpretation versucht, Gebet und HA gleichermaßen zu betonen. In Abgrenzung gegen die „sakramentale" Deutung wird die instrumental-vermittelnde Funktion der HA abgelehnt[342] und demgegenüber das Gebet als wesentliches Charakteristikum der Ordination betont[343]. Andererseits wird gegenüber der „symbolischen" Interpretation geltend gemacht, daß die HA nicht nur eine rein äußerliche Handlung ohne Eigenwert sei[344]. Im Rahmen der Bedeu-

---

[334] Weiß 179; Wohlenberg 166; Behm, Handauflegung 49; Bieder, Berufung im NT 52 (generell für HA im NT); Peacock, Ordination 271ff.

[335] Schlier, Ordnung 135; Adler, Taufe 67; Neumann, Schmaus-Festschr 1426.

[336] Holtzmann 231; Harnack, Kirchenverfassung 20; Scott 91; vCampenhausen, Amt 126; Dib-Conz 56; Kohlmeyer, Charisma oder Recht 29f; Wennemer, Begabung 519; Colson, Les Fonctions Ecclesiales 161f; Goguel, L'Eglise primitive 408; Marxsen, Nachfolge 78; Brox 181; Spicq 517.709; Knoch, Testament 56.

[337] Scott 54; Spicq 517; Fuchs, Ordinationstitel 34f; Knoch, Testament 55; u.a.

[338] Weiß 179; Roloff 260 (Anm 95). Wohlenberg 166 gerät allerdings in einen Widerspruch, indem er ein zweites Motiv für die Verwendung von $\mu\varepsilon\tau\acute{a}$ gibt: Ausdruck für die assistierende HA des Presbyteriums. Demnach müßte doch das instrumentale $\delta\iota\acute{a}$ bei der HA des Pls (II 1) ausschlaggebend sein!

[339] Adler, Taufe 66; Spicq 708; Wobbe, Charis-Gedanke 67.

[340] So Roloff 260 mit Anm 95, der das differierende $\delta\iota\acute{a}$ (II 1,6) übergeht.

[341] Weiß 244 interpretiert II 1,6 nach I 4,14. Adler, Taufe 65 interpretiert auch $\mu\varepsilon\tau\acute{a}$ als Bezeichnung des Mittels („unter Anwendung von").

[342] Goppelt, Apostolische Zeit 137; vgl Hasenhüttl, Charisma 250.252.254.

[343] Lohse, Ordination 92; Hasenhüttl, Charisma 249.251; u.a. Das Gebot wird vor allem im Unterschied zur jüdischen Ordination betont. Anders Schütz, Werdende Kirche 56f.

[344] Barkley, Ordination 231; Lohse, Ordination 96; Jeremias 31; Hasenhüttl, Charisma 249.

tung der Ordination als Mitteilung des Charismas sind HA und Gebet gleichermaßen wesentlich.

Über Recht oder Unrecht der drei Positionen — die meist auf bestimmten, nicht aus den Texten stammenden Vorentscheidungen[345] beruhen — zu urteilen, ist nur möglich, wenn sich dafür exegetische Kriterien finden lassen. Ausgangspunkt hierzu ist die Frage, was sich anhand der Präpositionen διά und μετά über die Relation von προφητεία und HA in I 4,14 einerseits, über eine evtl unterschiedliche Relevanz der HA nach I 4,14 und II 1,6 andererseits aussagen läßt.

[*Exkurs 10: διά und μετά in I 4,14 und II 1,6*

1. διά c.gen mit der Bedeutung „durch" kann neben der räumlichen und zeitlichen Bedeutung auch bildlich und kausal gebraucht werden: zur Angabe eines Mittels, einer Vermittlung, einer Ursache. μετά c.gen („mit") wird räumlich gebraucht (innerhalb, inmitten) ebenso wie bildlich, wo es die Begleitung durch Personen oder Sachen (begleitende Umstände) bezeichnet (vgl die Grammatiken). In nachklassischer Zeit werden beide Präpositionen häufig anstelle des modalen bzw instrumentalen Dativs gebraucht (Mayser II 2,354ff. 358f.424.443), so daß beide Präpositionen sich in ihrer Verwendung überschneiden können. Während διά bereits modale und instrumentale Bedeutung umfaßt, bedeutet bei μετά der Gebrauch in instrumentalem Sinn eine Erweiterung der ursprünglichen Verwendung. Ein deutliches Beispiel für die Konkurrenz im Gebrauch von διά und μετά sind die Wendungen γράφειν διά μέλανος (Plut Solon 17) und γράφειν μετὰ μέλανος (PMag Lond 121.226), wo zwar der sprachliche Unterschied, aber kein Unterschied im Sinn feststellbar ist: da es zum Schreiben nur mit Hilfe der Tinte kommt, kann man ja nicht sagen, daß mit μετά ein nur begleitender Umstand ausgedrückt würde, der für das Schreiben nicht konstitutiv wäre. Andere Beispiele zeigen ähnliche Berührungen und Überschneidungen in der Verwendung von διά und μετά[346].

Ohne daß man folgern dürfte, διά und μετά seien damit als synonym anzusehen, ist jedenfalls Vorsicht geboten bei den Versuchen, Folge-

---

[345] zB daß aus dogmatischen Gründen die Ordination als Sakrament oder nicht als Sakrament angesehen wird; daß in Past das gleiche Ord.-Verständnis vorausgesetzt wird wie in Apg; u.a.

[346] Einen eindeutigen Beleg für die Verwendung von διά und μετά in gleichem Sinn gibt die LXX. Der gleiche hebräische Ausdruck בְּגוֹרָל wird in Num 26,55 mit διὰ κλήρων, in Num 34,13 mit μετὰ κλήρου wiedergegeben.

rungen aus den unterschiedlichen Wendungen διά bzw μετά ἐπιθέσεως τῶν χειρῶν in I 4,14 und II 1,6 zu ziehen. Beispiele im NT, auch in den Past zeigen, daß (offensichtlich gelegentlich aus stilistischen Gründen: vgl Dibelius, Thessalonicher 4f) Präpositionen wechseln können, ohne daß ein wesentlicher Unterschied des Sinns erkennbar würde (zB I 2,9f: ἐν – μετά – ἐν – διά). Zwei Thesen, die sich auf den Unterschied von διά und μετά stützen, müssen daher als zu weitreichend und sprachlich nicht fundiert abgelehnt werden:

1) aus den verschiedenen Präpositionen ein Zusammenwirken von Pls mit den Presbytern bei der HA (womöglich mit unterschiedlicher Relevanz) zu folgern; 2) aus den unterschiedlichen Präpositionen Thesen über den Gegensatz „symbolischer" und „sakramentaler" Auslegung der HA abzuleiten.

2. Bei den bisherigen Versuchen, die Unterschiede zwischen I 4,14 und II 1,6 zu interpretieren, ist – soweit ich sehe – ein wesentlicher sprachlicher Sachverhalt völlig unberücksichtigt geblieben: die verschiedene Aussageform der Sätze, in denen von χάρισμα gesprochen wird. Während in I 4,14b ein in der Vergangenheit liegender *Vorgang* (ἐδόθη) beschrieben wird, redet II 1,6b von einem gegenwärtigen *Zustand* (ἐστίν). Das besagt aber, daß auf die HA unter zwei verschiedenen Aspekten Bezug genommen wird. Eine einfache Überlegung zeigt, daß daher eine Verwendung der Präposition μετά in II 1,6 semantisch gar nicht möglich wäre: Es ergäbe sich nämlich der Sinn, daß das Charisma „zusammen mit" (vgl μετά in I 2,15. 6,6; II 2,10) der HA „in" Timotheus wäre! Der Gebrauch von μετά in I 4,14 kann zudem nicht isoliert betrachtet werden, sondern ist im Zusammenhang mit der vorausgehenden Wendung διά προφητείας zu interpretieren.

3. Die exegetische Streitfrage geht bei διά προφητείας darum, ob hier διά c.gen oder διά c.acc vorliegt. Die Argumente für das eine oder das andere entspringen dabei oft eher exegetischen Kombinationen (Bezug auf I 1,18 und II 1,6) als sprachlichen Indizien. Letztere aber sprechen eindeutig für ein Verständnis als διά c.gen. Wesentlichen Aufschluß gibt die Analyse der Verwendung von διά anhand der ntl Konkordanz.

Die Häufigkeit von διά c.gen und διά c.acc beträgt ca 380 : ca 270. Davon sind jeweils ca 120 Verwendungen in Verbindung mit Pronomina, Eigennamen u.a., also nicht mit Substantiven (einschließlich substantivierten Infinitiven). Das Zahlenverhältnis bei Substantiven mit Artikel sieht folgendermaßen aus: διά c.gen: διά c.acc = ca 140: ca 130. Im Unterschied zu diesem ausgeglichenen Verhältnis ist der

Befund bei Substantiven ohne Artikel konträr: διά c.gen: διά c.acc
= ca 120: 16 [347]. Der Befund zeigt, daß der Wegfall des Artikels nach
διά c.acc. selten ist, bei διά c.gen dagegen häufig. Eine Bestätigung
für diesen ntl Befund geben die bei Mayser aus der Papyrusliteratur
angeführten Beispiele. Von den mit διά c.gen verbundenen Substantiven stehen ca 1/3 ohne Artikel (aaO II 2,419ff. 425f). Dagegen
findet sich bei Substantiven mit διά c.acc unter ca 25 Beispielen nur
1 ohne Artikel (aaO II 2,426f). Daraus ist zu sehen, daß im Sprachgebrauch eine Weglassung des Artikels nach διά c.gen verbreitet war,
nach διά c.acc dagegen nur gelegentlich vorkam. Dann aber muß sich
in einem Fall wie διὰ προφητείας, der theoretisch zweideutig ist, ein
Verständnis als διά c.gen nahelegen. Sollte eine Akkusativkonstruktion
ausgedrückt werden, dann wäre eine Setzung des Artikels zu erwarten.

Für ein Verständnis als διά c.gen spricht weiterhin die Verbindung
ἐδόϑη . . . διά . Beispiele des NT zeigen, daß, wenn zu διδόναι die
vermittelnde Ursache oder Person angegeben wird, dies meist durch
διά c.gen geschieht: Joh 1,17; Apg 7,25. 8,18; 1Kor 12,8. 15,27.
Auch auf die korrelierenden Wendungen λαμβάνειν διά c.gen (Apg
10,43; Röm 1,5; Gal 3,14) und ἔχειν διά c.gen (Eph 1,7) ist zu verweisen. Es ist daher auch in I 4,14 das Naheliegende, daß im Anschluß an ἐδόϑη die Präposition διά das vermittelnde Element bezeichnen soll, daher als διά c.gen zu verstehen ist.]

Die Frage nach der Relevanz der HA und ihrer Relation zur προφητεία kann nun genauer beantwortet werden. Mit dem Verständnis von διά als c.gen ist erwiesen, daß προφητεία als Teil des Ordinationsvorganges gemeint ist. I 4,14 nennt somit die zwei konstitutiven Elemente der Ordination [348]: die προφητεία, zu verstehen als
im Namen Gottes gesprochene Zusage, „durch" die das Charisma
gegeben wird; die HA, die diese Zusage offensichtlich konkretisieren
soll. Wie dargelegt, kann μετά nicht so interpretiert werden, als
solle damit der HA nur eine Nebenrolle zugewiesen werden. Vielmehr stellt μετά ja eine enge syntaktische Verbindung zu der als
vermittelnd bezeichneten προφητεία her [349], so daß es vom Sinn

---

[347] Die 16 Stellen διά c.acc. ohne Artikel sind (nach Moulton-Geden): Mt 27,18;
Mk 15,10; Lk 1,78. 17,11. 23,19.25; Röm 8,10 (2 ×). 14,15; Gal 4,13; Phil
1,15 (2 ×); Hebr 3,19. 4,6; 1Petr 2,19. 3,14. Bruder liest Lk 17,11 anders,
hat dafür Hebr 5,14.
[348] Eine explizite Aussage über das bei der Ordination sicher auch vollzogene
Gebet ist dem Text also nicht zu entnehmen.
[349] Da — wie gezeigt — διδόναι die Präposition διά c.gen als Bezeichnung der
Vermittlung nach sich hat, ist die Formulierung μετὰ ἐπιϑέσεως κτλ nicht

her naheliegt zu übersetzen „durch Prophetie und Handauflegung"[350].
II 1,6 bestätigt die Relevanz der HA als „vermittelnd", indem es
den Besitz des Charismas allein auf diese zurückführt: offensichtlich
weil die HA als vollziehende und ins Auge springende Handlung bei
der Ordination die „optische" Priorität hat[351]. Das Gleiche ist in
I 5,22 der Fall, während andererseits I 1,18 mit Nennung der
προφητεῖαι (als den einzelnen Worten der προφητεία) ebenfalls nur
auf einen Teil der Ordinationshandlung Bezug nimmt.

2.22.4 Inhaltliche Bedeutung der Handauflegung

Die Interpretation der Ordination ist davon beeinflußt, welche Auffassung von der Bedeutung der HA zugrundeliegt. In der Regel
wird von einem bestimmten Vorverständnis der HA ausgegangen,
mit dessen Hilfe man die Vorstellung der Past zu erfassen sucht. Es
kommen in Frage: 1. HA als Segensgestus oder gebetsbegleitende
Geste[352]. Dabei wird auf atl Zeugnisse und das Beispiel Jesu nach
den Evv verwiesen. 2. HA als Gestus der Geistübertragung[353]. Dabei wird eine allgemein urchristliche Auffassung zugrundegelegt, wie
sie die Apg bezeuge. 3. HA als legitimierender Akt der Amtsüber-

---

ebenso direkt auf ἐδόϑη bezogen, sondern mittels seiner engen syntaktischen
Verbindung zu διὰ προφητείας.

[350] Vgl Mayser II 2,443: μετά kann in gewissen Verbindungen additive Bedeutung annehmen. Hinzuweisen ist auf Apg 14,23 προσευξάμενοι μετὰ
νηστειῶν παρέϑεντο κτλ neben 13,3 νηστεύσαντες καὶ προσευξάμενοι καὶ
ἐπιϑέντες κτλ. Behm, Handauflegung 43 Anm 1 zitiert (zu Apg 6,6) Euseb
KG II 1,1: καϑίστανται δι᾽ εὐχῆς καὶ χειρῶν ἐπιϑέσεως κτλ.

[351] Auch in II 1,6 kann man das in προφητεία enthaltene Moment, daß das
χάρισμα von Gott kommt, ausgedrückt sehen: χάρισμα τοῦ ϑεοῦ. — Die Alternative, ob das χάρισμα durch das Wort zugesagt *oder* durch die HA vermittelt
wird oder wie beides verbunden zu denken ist, ist gewiß keine Frage, die
den Vf der Past beschäftigt hat. Man wird daher kaum über den Befund hin-
auskommen, daß beides wesentlich ist.

[352] Weiß 244; Jeremias 30; Schlatter 220; Maehlum 74.80; Bieder, Berufung 52
(Anm 95); Peacock, Ordination 271ff. — Zwischen *Segen* und Gebet (Fürbitte)
wird allerdings bei einigen nicht differenziert. Vgl dagegen Westermann, Segen
45. Auch in der heutigen Diskussion des Ordinationsverständnisses spielt der
Begriff des Segens eine Rolle. Doch während manche ein solches Verständnis
gegen ein „sakramentales" Verständnis setzen, kann Westermann, ZdZ 1957,
251, vom „Sakramentscharakter des Segens" sprechen. Da die Verwendung des
Begriffs „Segen" vom Text in Past her für die Interpretation der Ordination
nicht gefordert ist, bleibt er außer Betracht, zumal er sich nach dem Gesagten nicht
als hilfreich erweist.

[353] Scott 54; Holtz 111; Dornier 84; Spicq 708; (Brox 181); Ehrhardt, JEH
1954, 136; Küng, Kirche 216.

tragung [354], wobei das AT wie die jüdische Praxis als Vorbild dienen können.

Aber nach dem zur Frage der Herkunft der Ordination Festgestellten ist die HA nicht an sich mit einem bestimmten Inhalt versehen, sondern bekommt ihn — auch wenn Einfluß durch vorhandene Bräuche vorliegt — durch den jeweiligen Kontext [355]. Nach Past ist die HA Teil des aus προφητεία und HA bestehenden Vorgangs, durch den das χάρισμα verliehen wird. Die HA ist der konkrete Vollzug der Verleihung der durch die προφητεία zugesagten „pneumatischen Befähigung und Vollmacht". In diesem Kontext also bedeutet die HA die Vermittlung des zur Ausübung des Amtes nötigen χάρισμα [356].

Es ist im Wesen dieser Ordinationshandlung als Vermittlung der pneumatischen Gabe für den Amtsträger begründet, daß sie den Doppelaspekt als pneumatisch-geistliches Geschehen und als institutionell-amtlicher Akt hat. Beide Aspekte sind im folgenden je für sich zu betrachten. [356a]

2.23 Die Ordination als „Sakrament"?

Die Frage der Interpretation der Ordination als eines geistlichen Aktes kreist um das Problem des „Sakramentes". Wie in 2.22.3 gezeigt, hat die Alternative sakramental-nichtsakramental für viele Exegeten großes Gewicht. Es zeigt sich aber, daß — abgesehen von der „symbolischen" Deutung — der Unterschied zwischen sakramentaler und nichtsakramentaler Interpretation oft nur in Nuancen besteht [357]. Die Erklärung für diesen Tatbestand ist darin zu sehen, daß

---

[354] Jeremias 31.43; Kelly 106; Brox 180.182; Torrance, SJTh 1958, 240; Barkley, VC 1957, 231.

[355] Vgl Elderenbosch, Oplegging der Handen 1.

[356] Die Bedeutung der HA im Zusammenhang der Ordination in Past muß also deutlich von dem Verständnis in Apg unterschieden werden. In Past ist zweifellos der Gedanke der Geistübertragung impliziert, während für Apg von einem generellen Zusammenhang HA — Geistübertragung keine Rede sein kann (gegen Bihler, Stephanusgeschichte 193 Anm 2; 210 Anm 1). In 6,6 und 13,3 ist von Geistempfang gerade nicht die Rede. Die pneumatische Qualifikation ist dort Voraussetzung der Amtseinsetzung, nicht ihre Wirkung!

[356a] Die getrennte Betrachtung der zwei Aspekte der Ordination geschieht aus methodischen Gründen (um einer klareren Darstellung willen), nicht aber, um etwa einen Gegensatz im Sinne Sohms (s Abschnitt 1.11.3 mit Anm 72a) andeuten zu wollen. Beide Aspekte sind als zwei zusammengehörige Seiten der gleichen Sache zu sehen.

[357] zB Nauck (Herkunft) bezieht sich bei seiner Deutung der Ordination auf Lohse und kommt dann zum Ergebnis (74): „darf man sie vielleicht sakramental nennen". Goppelt (Apostolische Zeit) bezieht sich ebenfalls auf Lohse

die Alternative mehr dogmatisch als exegetisch bestimmt ist. Das
ist vor allem da deutlich, wo von protestantischen Auslegern gegen
ein Verständnis im Sinne sakramentaler Priesterweihe Stellung genommen wird [358]; oder wenn unter Verweis auf Taufe und Abendmahl als die einzigen Sakramente ein Verständnis der Ordination als
Sakrament abgelehnt wird [359].

Mit dem Stichwort „sakramentale Priesterweihe" ist angedeutet,
daß bei der Diskussion um die sakramentale Interpretation zwei
Aspekte verbunden sind, die aber meist nicht explizit angesprochen
werden: einerseits das Verständnis der Ordinationshandlung als Sakrament im Sinne einer gnadenmitteilenden Handlung o.ä.; andererseits
die Koppelung eines „sakramentalen" Amtsverständnisses mit einer
sakramental verstandenen Amtsübertragung [360].

2.23.1 Sakramentales Amt?

Mit der Intention von Lohses Arbeit, aufzuzeigen, daß die ntl Ordination nicht als Priesterweihe zu verstehen sei, wird die traditionell
konfessionelle Diskussionslage deutlich. Nach traditionell katholischer Auslegung werden die ntl Zeugnisse über Ordination in Past,
zT auch in Apg, als Begründung der Priester- und Bischofsweihe
verstanden. Das Verständnis des kirchlichen Amtes als Priesteramt
wird ebenso als durch die ntl Texte belegt angesehen. Dieser Sicht
steht die Position der reformatorischen Kirchen gegenüber, die die
Ablehnung eines priesterlich-sakramentalen Amtsverständnisses im NT
fundiert sehen. Damit steht im Zusammenhang die Ablehnung der
Ordination im Sinne einer Priesterweihe.

Die Diskussionslage hat sich vor allem dadurch verschoben, daß in
der katholischen Exegese zunehmend die geringe Relevanz priesterlicher Terminologie im NT anerkannt wird und im besonderen das
Fehlen ausdrücklicher Relevanz für das urchristliche Verständnis kirchlicher Ämter [361].

(136 Anm 48), wendet sich aber klar gegen ein Verständnis als sakramentalen
Akt (137).

[358] Holtz 111. Vgl Conzelmann, Geschichte des Urchristentums 98.

[359] Goppelt, aaO 137. Vgl Anm 367.

[360] Dieser Doppelaspekt bestimmt die konfessionelle Diskussion von Anfang
an. Vgl dazu Melanchthons Ausführungen in der Apologie der Augsburger Kon-
fession, Art XIII: „(7) Sacerdotium intellegunt adversarii non de ministerio
verbi et sacramentorum aliis porrigendorum, sed intellegunt de sacrificio ...
(11) Si autem ordo de ministerio verbi intellegatur, non gravatim vocaverimus
ordinem sacramentum. ... (12) Si ordo hoc modo intellegatur, neque impositio-
nem manuum vocare sacramentum gravemur."

[361] Eine Zusammenstellung der Stellen mit *Priesterterminologie im NT* gibt
Blank, Kirchliches Amt und Priesterbegriff 24ff. 40f. — Die Interpretation

Auf diesem Hintergrund wird in der neueren katholischen Auslegung der Past auch dem Befund Rechnung getragen, daß kultisch-sakramentale Funktionen — wenn überhaupt — jedenfalls nicht zentral für das Amtsverständnis der Past sind[362]. Von daher entfällt dann auch der Versuch, die Ordination der Past im Sinne heutiger sakramentaler Priester- und Bischofsweihe zu verstehen. Verschiedentlich zeigt sich aber doch das Anliegen katholischen Amtsverständnisses, wenn vom Amt der Past noch als „sakramentalem" Amt gesprochen wird[363]. Exegetisch aufweisen läßt sich das damit Gemeinte freilich kaum, zumal mit dem Begriff „sakramental" ein ungeklärter Begriff eingetragen wird.

---

des exegetischen Befunds in der katholischen Auslegung zeigt allerdings zwei gegensätzliche Positionen. Konservative Auslegung wertet die ntl Aussagen als noch unentfaltet, aber die Prinzipien des späteren Priesteramtes enthaltend. Diese Position ist deutlich bei Schlier (Die neutestamentliche Grundlage des Priesteramtes in: Der priesterliche Dienst I 81—114; ders, Theol u Phil 1969, 161—180): Ausgehend von der Hohenpriester-Christologie des Hebr als Grundlage (I) wird anhand pln Aussagen (Röm 15,15f; Phil 2,17; u.a.) das Apostelamt als priesterlich aufgewiesen (II), dann (III) von der Kirche als priesterlichem Volk gesprochen (Apk, 1Petr 2), in dem die Amtspriester ihren besonderen Dienst tun (IV). Demgegenüber betonen kritische Ausleger den geringen Befund an priesterlicher Terminologie als ernstzunehmend und die Harmonisierung der Aussagen des Pls, des Hebr und des 1Petr als exegetisch unzulässig; zudem reden die meisten dieser Aussagen nicht von priesterlichen Funktionen im eigentlichen Sinn, sondern diese werden bildlich (Pls) oder nur als Prädikat (1Petr) verwendet. Dazu: Pesch, Priestertum und Neues Testament, TThZ 1970, 65—83; ders, Zu den Texten des NT über das Priestertum der Getauften, Stählin-Festschr 303—15; vgl Blank, aaO; Martin, Genese des Amtspriestertums. Der Gesamtbefund lautet bei Pesch, TThZ 1970, 69: „Die neutestamentlichen Texte schließen ... die spätere Entwicklung zum Amtspriestertum nicht aus, sie fordern sie aber auch nicht als einzig mögliche." (Zur Diskussionslage vgl Houdijk, Concilium 8, 1972, 774—781). — Als dem exegetischen Befund adäquat kann nur die zweite der genannten Positionen angesehen werden, da nur sie Ernst macht mit dem Tatbestand, daß die Priesterterminologie in ihrem eigentlichen Sinn keine Relevanz für das Verständnis der Kirche und der kirchlichen Ämter im NT hat. ZB kann man sich den bildlichen Charakter der sehr oft herangezogenen Aussagen in Röm 15,15f durch eine Gegenüberstellung zu 1Kor 3,9f verdeutlichen: beide Male bezieht sich Pls auf sein Apostolat als χάρις δοθεῖσα und beschreibt seinen Dienst einmal als den eines Priesters (die Heiden als Opfer), das andere Mal als den eines Baumeisters (die Gemeinde als Bau). Es ist nicht ersichtlich, inwiefern die erste Aussage weniger bildlich gemeint sein sollte als die zweite! — Vgl auch Anm 120.

[362] Im Unterschied etwa zu Ignatius. Vgl dazu Padberg, Jäger-Festschr 201ff.
[363] Knoch, Testamente 56f; Grelot, Vom Christus zur Kirche (Giblet) 212; Brox 180.

2.23.2 Sakramentale Handlung?

Eine Beantwortung der Frage, ob die Past die Ordination als „Sakrament" verstehen, scheitert bereits daran, daß nicht klar ist, was die Begriffe „Sakrament" und „sakramental" meinen, diese aber meist unreflektiert von den Exegeten verwendet werden. Es muß vielmehr — was in der allgemeinen Diskussion der Sakramentsfrage auch zunehmend geschieht — dem Rechnung getragen werden, daß die Anwendung des Sakramentsbegriffs auf ntl Sachverhalte anachronistisch ist, da er späterer Zeit entstammt [364]. Zudem erweisen sich manche Alternativen in der Interpretation als überholt, so die Entgegensetzung „symbolisch" — „sakramental", da in der systematischen Diskussion gerade der Symbolbegriff als möglicher Ansatz für heutiges Sakramentsverständnis aufgenommen wird [365].

Was sich traditionell mit dem Begriff „Sakrament" verbindet, ist die Vorstellung von heils-/gnadenmitteilender Wirkung bestimmter menschlicher Riten. Von daher erscheint die Umschreibung geeignet, die van Iersel für die in Frage kommenden ntl Handlungen verwendet: „konkrete menschliche Handlungen, die zu festen Riten geworden sind und als heilbringend erlebt werden." [366] Zu fragen ist, wie in dieser Hinsicht das Verständnis der Ordination in Past einzuordnen ist [367]. Methodisch bietet sich dafür an, nach sprachlichen und sachlichen Analogien in Past zu suchen, die zu einer Präzisierung der mit der Ordination verbundenen Vorstellungen beitragen können. Sprachlich vergleichbar sind Aussagen, wo in ähnlicher Weise Sachverhalte als „vermittelnd" (διά) bezeichnet werden. Sachlich vergleichbar sind andere kirchliche Handlungen samt den damit ver-

---

[364] Vgl Stendahl, Oecumenica 1970, 59; van Iersel, Concilium 1968, 2; Dinkler, Taufaussagen 142f; Reform und Anerkennung kirchlicher Ämter 192.198. — Zur juristischen Herkunft des Begriffs „Sakrament": Dinkler, aaO 142 Anm 254.
[365] Vgl Bro, Concilium 1968, 22; Schmemann, Oecumenica 1970, 106.
[366] aaO 2. Vgl die Umschreibung bei Betz, Oecumenica 1970, 61: „bedeutsame Zeichen, unter denen Heil vermittelt wird"; stärker interpretierend Peters, Oecumenica 1970, 131: „wortdurchwaltete Gebetshandlungen der im Namen Gottes versammelten Gemeinden".
[367] Jedenfalls ist es exegetisch unsachgemäß, das Verständnis von bestimmten Vor-Urteilen abhängig zu machen wie zB Behm, Handauflegung 47: „ . . . so kann (!) dies Wirken des Geistes doch nicht an eine der im Text genannten Handlungen gebunden gedacht werden, im Sinne einer einmaligen Geistbegabung in eben jener Stunde." Goppelt, Apostolische Zeit 137, lehnt ein sakramentales Verständnis der Ord. unter Hinweis auf 1Kor 10,1ff (Taufe und Abendmahl) ab, aber 1. ist in 1Kor 10 von einem Oberbegriff „Sakrament" nicht die Rede (vgl Dinkler, aaO 90 Anm 93; van Iersel, aaO 2) und 2. wäre damit noch nichts über das Verständnis in Past gesagt.

bundenen Vorstellungen: dafür kommt die Taufe in Betracht, die in T 3,5ff erwähnt wird.

2.23.21 „Vermittlung" des Charismas durch die Ordination

Mehrmals wird in Past in bezug auf pneumatisch-soteriologische Sachverhalte mit διά c.gen von einer vermittelnden Größe gesprochen: I 2,15. 4,5. 4,14; II 1,6. 1,10 (2 ×). 3,15; T 3,5. 3,6[368]. Davon sind die Stellen für die Auslegung kaum problematisch, in denen von Christus (II 1,10; T 3,6) oder vom Wort Gottes (I 4,5; II 1,10 εὐαγγέλιον) eine Vermittlung ausgesagt wird. Das gilt auch für die von Pls her bekannte Wendung διά πίστεως in II 3,15, wenngleich hier der Kontextzusammenhang nicht ganz klar ist[369]. Als problematisch werden dagegen Aussagen angesehen, in denen bestimmte Handlungen oder Vorgänge als „Mittel" bezeichnet werden: I 2,15 σωθήσεται διά τῆς τεκνογονίας; I 4,14 (χάρισμα) ἐδόθη σοι διά προφητείας; II 1,6 χάρισμα, ὅ ἐστιν ἐν σοὶ διά τῆς ἐπιθέσεως κτλ; T 3,5 ἔσωσεν ἡμᾶς διά λουτροῦ παλιγγενεσίας κτλ. Alle diese Stellen haben Erörterungen hervorgerufen, inwiefern die jeweilige Handlung wirklich als Medium für Gnade und Heil gemeint sei. Die Auslegung zeigt aber sehr deutlich, wie sich dabei statt exegetischen Kriterien die dogmatischen Positionen als wesentlich erweisen. Nur bei K. und M. Barth, wo die Taufe als Sakrament infragegestellt wird, wird es zum Problem, daß in T 3,5 von der Taufe als Medium der Rettung gesprochen wird. In I 4,14 und II 1,6 wird von den Auslegern, die ein sakramentales Verständnis der Ordination ablehnen, Einspruch erhoben dagegen, die Ordination und dabei insbesondere die HA als Medium der Mitteilung des Charismas zu verstehen.

Vor allem aber erregt I 2,15 Anstoß, indem — wenngleich mit der Einschränkung durch 15b — die Mutterschaft als Mittel zur Rettung erscheint. Daher gibt es zahlreiche Versuche, durch Abschwächung oder durch Postulierung anderer Interpretationen die naheliegende Textaussage zu vermeiden[370]. Aber man muß doch den sprach-

---

[368] διά c.gen. außerdem in I 2,10; II 1,1.14. 2,2. 4,17.

[369] Man kann διά πίστεως zu σωτηρία oder zu σοφίσαι ziehen.

[370] Die wichtigsten solcher Interpretationen sind: 1) nicht allgemein von der Frau ist die Rede, sondern von Eva (vSoden 231; vgl Lock 33) oder Maria (Lock 33), was vor allem Interpretation in der Alten Kirche war; 2) τεκνογονία wird weiter gefaßt, mit Einschluß der Kindererziehung (vgl Dib-Conz 39); 3) der Ton wird auf 15b (ἐὰν κτλ, wobei manche nicht die Frau als Subjekt annehmen) gelegt (Holtz 71; Kelly 69; Leaney 54); 4) διά wird nicht instrumental verstanden (Weiß 124f; Scott 28; Holtz 71; Spicq 383); 5) σωθήσεται wird abgeschwächt (Rettung vom Fluch: Weiß 214; Nauck, Herkunft 99); 6) eine beson-

lichen Befund ernstnehmen, daß der Vf an allen genannten Stellen
die gleiche Präposition διά verwendet, also die Aussage von I 2,15
offensichtlich unbefangen machen kann. Im Kontext anderer Aussagen der Past ist diese Stelle auch gar nicht so befremdlich [371].
Dann wird deutlich, daß gesagt werden soll: σωτηρία gibt es für
die Frau nicht jenseits ihrer sozialen Rolle, sondern gerade in deren
guter Erfüllung, die im Glauben an das Heilsgeschehen möglich ist.
Man wird sagen müssen, daß eine solche Vorstellung und Formulierung für den Vf der Past nicht die Problematik hat, die wir darin
sehen. Man muß dann auch im Blick auf I 4,14 und II 1,6 sagen,
daß hier unbefangen und unreflektiert die Ordination und damit
auch die HA als Medium für die Verleihung des Charismas verstanden wird, somit als Medium für eine von Gott kommende Gabe,
wie es ja auch die σωτηρία (I 2,15) ist.

Ein Teil der Exegeten folgert aus dem vorliegenden Gedanken einer
Vermittlung des Charismas durch die Ordination dessen Weitergabe
vom Ordinierenden zum Ordinanden [372]. Aber die Texte vermögen das
nicht zu erweisen. Auch wenn man ἐδόθη (I 4,14) nicht als passivum
divinum versteht [373], besagt dies noch nicht, daß die Presbyter im
eigentlichen Sinne als die „Gebenden" verstanden werden. Gewiß
wird es als wesentlich anzusehen sein, daß die Ordination durch
Amtsträger vollzogen wird, wie es I 4,14. 5,22 und II 1,6 besagen.
Aber gerade I 5,22 ist ein Hinweis darauf, daß es die mit der Einsetzung neuer Amtsträger verbundene Verantwortung ist, die eine
Beschränkung dieses Rechts auf die Amtsträger begründet, nicht
aber die Vorstellung, daß nur diese das zur Amtsausübung nötige
Charisma zu vermitteln vermögen.

Keine direkte Antwort geben die Past auf die — ja auch anachronisti-
sche — Frage, ob die Ordination das Charisma als einen „character
indelebilis" verleiht. Sowohl ἐδόθη wie auch (noch deutlicher) ἐστίν

---

dere Deutung vertritt Jebb, ET 1969f, 221f: „be saved from falling into this
error of usurping authority" (V. 12!).
[371] 1) Den Hintergrund für I 2,15 geben die häufigen Aussagen ab, die die
Frau auf ihre spezifische soziale Rolle verweisen, wobei die Mutterschaft zentral ist. 2) Die Betonung der Relevanz der Mutterschaft einerseits (15a), die
Bedingung des Bleibens im Glauben etc andererseits (15b) entspricht der Auffassung
der Past über Glaube und Werke. 3) Zu σωθήσεται διά sprachliche Parallele:
T 3,5; II 3,15; eine deutliche sachliche Analogie: I 4,16b. Was hier vom Amtsträger und seiner Aufgabe gesagt wird (... σεαυτὸν σώσεις), wird auf die
spezielle Rolle und Aufgabe der Frau bezogen in I 2,15 ausgedrückt.
[372] zB Scott 54; Schlier, Ordnung 135; Brox 182; Spicq 517; Colson, Fonctions Ecclesiales 149f; Holtzmann 230; vSoden 186.
[373] Vgl Maehlum 73: Presbyterium als logisches Subjekt.

weisen auf die Vorstellung eines durch die Ordination geschaffenen Tatbestandes, der in I 4,14 auch als Verpflichtung (μὴ ἀμέλει!) erkennbar ist. Auch die Mahnung I 5,22 beinhaltet wohl den Gedanken, daß mit der HA ein nicht einfach rückgängig zu machender Tatbestand geschaffen wird. Andererseits besagt die paränetische Bezugnahme auf das Charisma (I 4,14 und II 1,6), daß in letzter Konsequenz — wenn die Paränese einen Sinn haben soll — mit dieser „pneumatischen Befähigung und Vollmacht" nichts Unverlierbares gegeben ist.

2.23.22 Taufe und Ordination

1. Die Taufaussagen der Past[374]

Den deutlichsten Bezug auf die Taufe enthält der Abschnitt T 3,5—7. Der ganze Zusammenhang T 3,3ff mit dem Einst-Jetzt-Schema ist wohl ein Traditionsstück, das seinen „Sitz im Leben" in der Taufe hat. Mit den meisten Exegeten sind die Termini λουτρόν und παλιγγενεσία als Bezugnahme auf die Taufe anzusehen[375]. Die unklaren syntaktischen Zusammenhänge in V. 5—7 machen es schwierig, daraus ein eindeutiges Verständnis der Taufe zu erheben. Doch sind die wesentlichen Aspekte ersichtlich: die Taufe ist verstanden als Mittel (διά), wodurch das Heil (ἔσωσεν) konkret empfangen wird. Zwei Interpretamente drücken den Gedanken der Neuschöpfung aus, der sich mit der Taufe verbindet: παλιγγενεσία, wahrscheinlich ein Begriff aus der Sprache der Mysterien, und ἀνακαίνωσις πνεύματος ἁγίου, ein an Pls anklingender Gedanke. Den Aspekt der Geistgewirktheit des Taufgeschehens nimmt V. 6 auf, indem er die — nach allgemein urchristlicher Anschauung — mit der Taufe verbundene Geistbegabung als Ausgießung des Geistes umschreibt. Fraglich ist, inwieweit das in V. 7 genannte δικαιοῦσθαι nur als weiterer Aspekt des Taufgeschehens zu verstehen ist („sakramentale Rechtfertigung") oder als ein eigenes, danebenstehendes Geschehen[376].

Ein weiterer Bezug auf die Taufe liegt wahrscheinlich in I 6, 11f vor[377]. Das Schema φεῦγε — δίωκε könnte seinen Sitz in der Taufparänese haben und steht dann in Analogie zu dem Einst-Jetzt-

---

[374] Außer den Kommentaren vgl dazu die Arbeiten über die Taufe von M. Barth, Beasley-Murray, Bieder, Dinkler, Dunn, Flemington sowie Dey, ΠΑΛΙΓΓΕΝΕΣΙΑ. Vgl auch Luz, Rechtfertigung 370f. 376ff.
[375] Anders Dunn, aaO 168; Barth, aaO 454ff: fraglich.
[376] Ersteres nehmen an: Jeremias 67; Brox 309; Holtz 234f; Beasley-Murray, aaO 215f; Luz, Rechtfertigung 376f; letzteres: Dinkler, aaO 110; Dib-Conz 113; vgl vSoden 218.
[377] Vgl auch den betr Abschnitt in Kap IV.

Schema (T 3,3ff). Der Verweis auf ein Bekenntnis (V. 12) kann ebenfalls auf die Taufe gehen. In diesem Kontext stellt dann der Verweis auf die ζωὴ αἰώνιος wie in T 3,7 die Verbindung zwischen der Gegenwärtigkeit und der Zukünftigkeit des Heils her.

Nach T 3,5 besteht in der Gemeinde der Past die Taufe als fester Ritus. Die darin geschehende Heilsvermittlung wird als Neuschöpfung verstanden. Gegenüber der pln Auffassung, für die das ἀνακαινοῦσθαι ἡμέρα καὶ ἡμέρα geschieht (2Kor 4,16), erscheint hier die ἀνακαίνωσις eher als die Wirkung eines einmaligen Ritus, der das Heil gegenwärtig macht[378]. Welcher Zusammenhang zwischen Taufe und Glaube zu sehen ist, wird nicht gesagt[379]. I 6,12 deutet mit dem Bezug auf den Kampf des Glaubens an, daß die Taufe in die Verpflichtung des Glaubens stellt. πίστις aber ist ja für die Past primär die richtige Glaubenseinstellung, nicht mehr die umfassende Charakterisierung christlicher Existenz. An die Stelle eschatologischer Dialektik bei Pls tritt hier die Gegenwärtigkeit des Heils durch die Taufe einerseits, die Ausrichtung auf die ferner gerückte Heilszukunft der ζωὴ αἰώνιος andererseits.

2. Die Relation von Ordination und Taufe

Die Frage nach der Relation von Ordination und Taufe zu stellen, hat von daher ihre exegetische Berechtigung, daß beide verschiedene Gemeinsamkeiten aufweisen:

1. Taufe und Ordination haben gemeinsam, daß sie in der Gemeinde der Past praktizierte besondere kirchliche Handlungen sind, denen vermittelnde Funktion im Blick auf eine pneumatisch-soteriologische Gabe zugeschrieben wird und die man daher traditionell mit dem Begriff „Sakrament" kennzeichnen könnte. Dabei bestehen verschiedene Parallelen: Die Taufe bedeutet nach T 3,5f Geistverleihung; die Ordination impliziert in der Vermittlung des Charismas den Aspekt der befähigenden Geistgabe. Die Taufe ist verbunden mit einer Verpflichtung, wie es sich im Bekenntnis vor Zeugen äußert; die Ordination beinhaltet mit der Übergabe der Tradition vor Zeugen ebenfalls eine Verpflichtung, auch wenn sich exegetisch nicht erweisen läßt, daß dabei ein Bekenntnis abgelegt wurde.

---

[378] Vgl Dinkler, aaO 109.

[379] Scott 176 betont das Fehlen jeden Bezugs auf den Glauben, was dem Ritus eine Tendenz zum Magischen gebe. Dagegen weist Flemington, aaO 103 auf πεπιστευκότες im Kontext (T 3,8) hin, Beasley-Murray, aaO 213 darauf, daß auch Pls in Tauftexten nicht immer vom Glauben rede. In jedem Fall bleibt aber das sehr gewandelte Glaubensverständnis der Past zu beachten.

2. Parallel geschieht der paränetische Rückverweis auf Taufe und Ordination[380]. Der Bezug auf das Taufgeschehen in T 3,5ff geschieht mit dem Ziel der Ermahnung zum Tun guter Werke, die durch das in der Taufe zugeeignete Heil möglich geworden sind. Der Bezug auf die Ordination in I 4,14 und II 1,6 hat die Intention, den Amtsträger an seine Aufgaben zu weisen, die für ihn durch die Ordination begründet sind und deren Erfüllung ebenfalls durch die Ordination ermöglicht ist.

Dieses Nebeneinander von Taufe und Ordination ist in mehrfacher Hinsicht problematisch:

1. Da bei der Verleihung des Charismas in der Ordination an eine reale Mitteilung gedacht ist, besteht das Nebeneinander von Gnaden- bzw Geistmitteilung in Taufe und Ordination. Es ist die Folge des nicht mehr pln verstandenen Charismas, daß Charisma, anstatt individuelle Realisierung der allgemeinen Geist- und Gnadengabe zu sein[380a], etwas Zusätzliches zur Taufgabe wird. Der Grund liegt wohl auch hier in einer Versachlichung der Begriffe: nicht von der Einheit des Geistes her wird eine Verschiedenheit der Geistwirkungen beschrieben, sondern es wird ein Nacheinander von Geistgaben (in Taufe und Ordination) ausgesagt, wodurch der Eindruck einer Quantifizierung entsteht.

2. Mit der Taufe wie mit der Ordination ist eine Verpflichtung verbunden. Ist aber der in der Ordination erteilte Amtsauftrag nur eine Spezialisierung des Taufauftrags, wie Käsemann[381] meint? Selbst wenn man I 6,11f als in die Ordinationsliturgie übernommene Taufformel ansieht, genügt dies nicht als Rechtfertigung solcher Verhältnisbestimmung von Taufe und Ordination. Denn es muß ernst genommen werden, daß eben von einem Auftrag aller für Verkündigung und Leben der Gemeinde nirgends die Rede ist und die in der Gemeinde gegebene Ordnungs- und Autoritätsstruktur dafür auch keinen Raum läßt. Vielmehr wird mehrfach die generell andere Ver-

---

[380] Auf Analogien zum Verweis auf die Taufe im NT weisen Goppelt (Apostolische Zeit 137), vCampenhausen (Amt 129) und Roloff (Amt 526) hin.
[380a] Roloff (aaO) läßt diesen Befund außer acht, wenn er das „sachliche Verhältnis zwischen Ordination und Taufe" so sieht, „daß in der ersteren eine auf die besondere Situation des gemeindeleitenden Dienstes bezogene Konkretisierung und Zuspitzung der in der letzteren empfangenen Gnade erfolgt."
[381] Formular 107. – Auf den Widerspruch dieser Aussage zu der in Amt 128 (Entgegenstellung Taufe – Ordination: „ ... die urchristliche Anschauung, wonach jeder Christ in der Taufe den Geist empfängt, zurücktritt, ja faktisch verschwindet.") weist Diem, Theologie III 295 zu Recht hin (freilich mit nicht zu akzeptierenden Folgerungen).

antwortung des ordinierten Amtsträgers im Unterschied zur übrigen Gemeinde deutlich. Und das Charisma als Gabe der geistlichen Vollmacht für die amtliche Tätigkeit ist im Blick auf die Gemeinde ebenfalls ohne Analogie. Das alles bedeutet eine Heraushebung gegenüber den Getauften, die mehr ist als nur eine Spezialisierung eines allen in der Taufe gegebenen Auftrags.

3. Es bleibt als Befund festzustellen, daß die Ordination eine Bedeutung hat, die eine Abwertung der Taufe als Zeichen der allgemeinen Geist- und Gnadenmitteilung einerseits, als grundlegender Verpflichtung aller Glaubenden andererseits impliziert. Was hier an Abstufungen bei der Gabe von Geist und Gnade sichtbar wird, ist gewiß unreflektiert. Bewußt und reflektiert aber geschieht die Reduktion der Verantwortung für die Gemeinde auf den Amtsträger: nicht wer getauft ist, sondern wer ordiniert ist, steht in dieser Verpflichtung.

2.24 Die Ordination als rechtlich-institutioneller Akt

2.24.1 Rechtlich-institutionelle Aspekte der Gemeinde in Past

Die Phänomene, in denen sich die Gemeinde der Past darstellt, nötigen dazu, unter soziologischem Aspekt von „Institution" zu reden. Denn offensichtlich haben sich innerhalb der Größe „Gemeinde" feste Einrichtungen herausgebildet, hat sich eine ausgeprägte Form der Organisation herausgebildet. Wenngleich „mit der Entstehung der Kirche ... Formen der Organisation gegeben" sind[382], geben doch die Past ein fortgeschrittenes Stadium wieder. Die Frage, inwieweit man von ausgeprägtem „Kirchenrecht" sprechen könne, ist natürlich anachronistisch, wenn man moderne Begriffe zugrundelegt. Aber vor allem Bartsch[383] hat herausgearbeitet, daß die vorliegenden Gemeinde- und Ämterregeln Ausdruck fortgeschrittener „rechtlicher" Entwicklung sind[384], indem bestimmte Funktionen des Gemeindelebens festen Regeln unterworfen sind. Charakteristisches und für die Past vorrangiges Element solcher Ordnung sind die Ämter. Demnach ist der Akt der Amtseinsetzung auch auf diesem Hintergrund ausgeprägter Ordnung zu sehen und zu beurteilen: somit nicht nur als geistlicher, sondern auch rechtlich-institutioneller Akt.

---

[382] Conzelmann, Amt II. NT, RGG³I 335.
[383] Die Anfänge urchristlicher Rechtsbildungen. Studien zu den Pastoralbriefen, Hamburg 1965.
[384] vCampenhausen, Amt 129: „das Kirchenrecht ist da und erscheint auch als durchaus legitim." Vgl Brox, Amt, Kirche und Theologie 125.127; Gnilka, Strukturen der Kirche 31.

2.24.2 Soziologisch-rechtliche Relevanz der Amtseinsetzung

Vor allem drei Aspekte geben dem Akt der Amtseinsetzung seine Relevanz:

1. Man wird annehmen dürfen, daß die Ordination vor der versammelten Gemeinde stattfand, somit also öffentlich vor der Gemeinde[385]. Der Öffentlichkeitscharakter der Einsetzung wird aber deutlich unterstrichen, wenn auf die dabei anwesenden Zeugen verwiesen wird (II 2,2 vgl evtl I 6,12). Zugleich erhält der Akt durch die Anwesenheit von Zeugen einen rechtlich-verbindlichen Charakter.

2. Die Einsetzung bedeutet nicht einfach nur die Übertragung einer Aufgabe. Indem ein mit festen Kompetenzen ausgestattetes Amt übertragen wird, wird der Ordinand damit in eine bestimmte Autoritätsstellung versetzt[386]. Er ist durch die Einsetzung für die Ausübung seiner Amtsfunktionen legitimiert[387]. Autorität ist mit den Amtsfunktionen verbunden, sie wird vorgängig zuerkannt, ist also eine strukturell gegebene Autorität. Daß die Fähigkeit zur Autoritätsausübung (I 3,4f) und die Bewährung der Autorität (I 4,12.15)[388] betont werden, widerspricht dem nicht.

3. Daß von der überlieferten und bei der Ordination übertragenen Glaubenstradition als Paratheke gesprochen wird, kann nicht als zufällige Ausdrucksweise angesehen werden. Indem hiermit die Analogie eines Rechtsinstituts herangezogen wird[389], erhält das Anvertrauen der Glaubenstradition den Charakter rechtlicher Verpflichtung.

---

385 So mit vielen Auslegern, zB Kertelge, Gemeinde 149.
386 Siehe dazu Kap. III.
387 Vgl vCampenhausen, Amt 126; Wendland, Sukzession 41. Martin, Amtspriestertum 58 stellt fest, daß „die Legitimation des Amtes von der Ordination her noch schwach (bleibt)." Allerdings trifft es zu, daß Tim nicht an seine Ordination erinnert wird, „um ihn auf einen dadurch gewonnenen Status hinzuweisen." Aber da die Past einerseits eine ausgeprägte Autoritätsstellung des Amtsträgers erkennen lassen, andererseits dieser durch die Ordination in sein Amt eingesetzt wird, ist die Ordination mit der Legitimation seiner Tätigkeit in der Gemeinde faktisch auch die Begründung seiner Autoritätsstellung und so in dieser Hinsicht durchaus wesentlich.
388 Zu beachten ist, wie durch den Kontext in I 4,14 und II 1,6 die Aspekte der Ordination verschieden betont werden. Durch den Bezug auf die Gemeinde und die Autoritätsstellung in ihr kommt in I 4,14 stärker der institutionelle Aspekt der Ord. zur Geltung. II 1,6 stellt dagegen im Zusammenhang mit der Aufgabe der Bewahrung der Paratheke mehr den Aspekt geistlicher Bevollmächtigung durch die Ord. in den Vordergrund.
389 Siehe Exkurs 11 in V 3.11.

2.24.3 Verbindung mit theologischen Aspekten

Bei der Diskussion um die kirchlichen Ämter spielt die Unterscheidung zwischen ius divinum und ius humanum eine wichtige Rolle[390]. Eine solche Unterscheidung kann man in den Past natürlich nicht erwarten. Insofern hat das, was an rechtlichen Aspekten genannt wurde, zweifellos jeweils auch seine theologische Komponente. Wie der Akt der Amtseinsetzung rechtliche Legitimation bedeutet, so andererseits die geistliche Bevollmächtigung, wie ja mit dem Begriff Charisma ausgedrückt wird und worauf für Past der Ton liegt. Der Aspekt der Berufung durch Gott und der Einsetzung durch einen öffentlichen Akt in der Gemeinde werden nicht unterschieden.

Zusammenfassung (2.2)

Für den Vollzug der Ordination des Amtsträgers sind im Verständnis der Past wesentlich der im Namen Gottes geschehende Zuspruch (προφητεία) des χάρισμα und die gleichermaßen relevante, die Vermittlung des χάρισμα vollziehende HA. Teil des Ordinationsvorganges ist die Übergabe der Tradition an den neuen Amtsträger. Als Verleihung der von Gott kommenden Vollmacht und Befähigung zur Ausübung des institutionell ausgeprägten Amts ist die Ordinationshandlung unter doppeltem Aspekt zu sehen: 1. Als eine pneumatische Gabe vermittelnde Handlung steht die Ordination in Parallele zur Taufe und bedeutet damit eine Heraushebung des Amtsträgers aus der Gemeinde durch die ihm so übertragene besondere Verantwortung und besondere Vollmachtsgabe. 2. Auf dem Hintergrund der Relevanz von Ordnungen in der Gemeinde der Past sowie durch einzelne Elemente im Ordinationsvorgang (Zeugen, Übergabe der παραϑήκη) erhält die Ordination den Charakter eines institutionell-rechtlichen Aktes, durch den Funktion und Autoritätsstellung des Amtsträgers in der Gemeinde begründet werden.

3. Ordination — Tradition — Sukzession

3.1 Tradition und Ordination

3.11 Verständnis und Relevanz der Tradition

Intention der Past ist es, gegenwärtige Verkündigung und Ordnung in der Gemeinde durch Berufung auf die Autorität des Pls zu legi-

---

[390] Vgl zB Schürmann, Gnadengaben 265 (mit Anm 164); Kühn, Amt und Ordination 206.

timieren. Pls ist als einziger Apostel im Blick, er ist für die Gemeinden der Past die „schlechthinnige Autorität"[391]. Daher ist das als Tradition verstandene Evangelium, auf dem die Kirche basiert und für das sie verantwortlich ist (vgl I 3,15), allein das paulinische[392] und kann so von „Paulus" als εὐαγγέλιον μου (II 2,8) bezeichnet werden. Wesentliches Anliegen der Past ist es, daß die Kontinuität der pln Tradition gewahrt bleibt und diese Tradition inhaltlich unverfälscht erhalten wird — gegenüber Häretikern, die sich offensichtlich auch auf Pls berufen. Der entscheidende Begriff für das so gekennzeichnete Verständnis der Tradition ist παραϑήκη.

[*Exkurs 11:* παραϑήκη[393]

1. Das antike Rechtsinstitut der παραϑήκη

Im griechischen wie im römischen und jüdischen Recht gibt es die Praxis des Depositalrechts, wobei in den Grundzügen Übereinstimmung besteht. Der mit παραϑήκη (παρατίϑεσϑαι) bzw depositum (deponere) bzw פִּקָּדוֹן bezeichnete Vorgang beinhaltet die Übergabe beweglicher Sachen zu treuen Händen. Anlaß ist das Sicherheitsbedürfnis des Anvertrauenden, zB wenn er während einer Reise Wertgegenstände sicher verwahrt wissen will. Da es kaum öffentliche Hinterlegungsstellen gab, war diese Depositalpraxis unter Privatleuten verbreitet (vgl Kastner, Verwahrung 28).

---

[391] Gnilka, Strukturen der Kirche 32.

[392] Im Unterschied zur Mehrzahl der Ausleger schreibt Dias, Vielfalt der Kirche 274: „Die Belehrung aus dem Evangelium und die Paratheke werden in den Pastoralbriefen nicht als ausschließlich von Paulus stammend betrachtet. Sie schließen daher auch andere apostolische Traditionen und in der Gemeindeüberlieferung festgeprägte Glaubensformeln mit ein." Hier werden aber zwei auseinanderzuhaltende Dinge vermischt: das Selbstverständnis der Past und der faktische Befund des in ihnen enthaltenen Traditionsmaterials. Es ist kein Zweifel, daß die Past nicht nur aus pln Tradition schöpfen (vgl Elemente synoptischer Tradition und judenchristlicher Herkunft), aber es läßt sich aus Past nicht belegen, daß diese Tradition nicht als ausschließlich von Pls stammend „betrachtet" werde sowie daß sie sich in ihrem Traditionsverständnis „auf die mannigfache und gesamte apostolische Überlieferung des Evangeliums" beziehen. Man darf den Tatbestand nicht relativieren, daß von einem Bezug auf andere Apostel nicht die Rede ist!

[393] Außer der im Text genannten Literatur vgl: Leonhard, Depositum, PW V 233—236; Frezza, Παρακαταϑήκη, Symbolae R. Taubenschlag I 139ff; Cipriani, An Bibl 17f/II 127ff. — Nach Mehrzahl der Autoren besteht kein sachlicher Unterschied zwischen dem in älterer Zeit häufigeren Begriff παρακαταϑήκη und παραϑήκη (entsprechend für die Verben). Anders Kastner, Verwahrung 72ff.

Zu den wesentlichen Kennzeichen gehört, daß die Aufbewahrung unentgeltlich geschah.

Als Rechtsgeschäft gehört die παραθήκη zu den fiduziarischen Geschäften, dh Grundlage ist die zwischen beiden Geschäftspartnern bestehende πίστις (Ps-Plat Def 415d: παρακαταθήκη · δόμα μετὰ πίστεως; vgl Aristot Probl 29,2): fiducia auf seiten des Deponenten, fides auf seiten des Depositarius. Der Verwahrungsvertrag wird ohne besondere Rechtsformen durch den Vollzug der Übergabe des Verwahrgutes an den Verwahrer rechtsgültig. Gelegentliche Ausfertigung von Urkunden sowie Heranziehung von Zeugen dienen nur zu Beweiszwecken für den Tatbestand (vgl Isokr 21,4), sind aber nicht konstitutiv für den Vertrag (Ranft, RAC 3,779; Hellebrand, PW XVIII 3, 1192; Simon, ZSavRGRom 1965, 54 mit Anm 61). Manche Zeugnisse der Depositalpraxis heben sogar hervor, daß die Übergabe von Verwahrgut bewußt heimlich und ohne Mitwisser geschieht (Philo Spec Leg IV 31; ähnlich Sifra zu 3. Mose 5,21: Philo, Werke deutsch II 256 Anm 1). Rechtsgültige Vertragspartner können nur Männer sein (Kastner, aaO 16).

Der Depositarius übernimmt mit Abschluß des Vertrages die Pflicht zu treuer Verwahrung (terminus technicus: φυλάττειν παραθήκην) und hat keinerlei Nutzungsrecht am Verwahrgut. Das Verwahrgut ist bereitzuhalten zur Rückgabe (ἀπόδοσις), die der Eigentümer jederzeit fordern kann (vgl Plut Cons ad Apoll 28 = Mor 116B). Die Rückgabe hat in specie zu erfolgen, dh durch Rückgabe genau des empfangenen Gegenstandes. Nur bei Geld kann die Rückgabe in entsprechendem Gegenwert erfolgen. Für beide Geschäftspartner ist Rechtsnachfolge möglich (Kastner, aaO 17), dh: zB bei Unfähigkeit des Depositarius zur Erfüllung seiner Verpflichtung kann das Depositum an Angehörige weitergegeben werden (vgl im Talmud: Baba Mecia III 36a. 38bff = Goldschmidt VI 591f. 600ff; dazu auch Spicq, RB 1931, 500 Anm 5). Andererseits geht das Recht des Deponenten auf Rückforderung an seine Erben über (vgl Herodot VI 86,1ff).

Die Veruntreuung oder Ableugnung eines zur Verwahrung anvertrauten Gegenstandes wird mit Raub (ἀποστερεῖν) gleichgesetzt (vgl auch Baba Qamma IX 105b = Goldschmidt VI 392). Der Depositarius haftet für das ihm Anvertraute und hat es bei Verlust doppelt zu ersetzen. Das jüdische Recht schreibt bei unverschuldetem Verlust einen speziellen Reinigungseid vor, der von der Schadenersatzpflicht befreit. Bei Veruntreuung wird der Betreffende außer der Schadenersatzpflicht mit einer Strafe belegt, die im römischen Recht die infamia nach sich zieht. Ob das gleiche (ἀτιμία) auch in der griechischen Praxis galt, ist fraglich (Ranft, aaO 780; Hellebrand, aaO 1191; Geiger, Depositum irregulare 15). Jedenfalls galt allgemein die Treue in einer Depositalangelegenheit als besonders strenge sittliche Pflicht und war Untreue hier besonders ehrenrührig.

Während ursprünglich der Begriff der παραϑήκη streng auf die echte Verwahrung bezogen war, wird er später auch auf andere Rechtsgeschäfte angewandt: zB Darlehen, auch im Bereich des Erbrechts, insbesondere der römischen Einrichtung des Fideikommiß (Hellebrand, aaO 1194ff; Geiger, aaO 12; Simon, aaO 65). Entsprechend der allgemeinen Verbreitung und Bedeutung des παραϑήκη-Instituts wird die Terminologie schon früh in übertragenem Sinne, also ohne direkt juristischen Bezug gebraucht. So können anvertraute Worte und Lehren als π. bezeichnet werden (Herodot 9,45: ἔπεα; Isokr 1,22: λόγοι; Stob Flor III 41,2: λόγοι; Philo Ebr 213: δόγματα, Sacr AC 131: λόγος, Det Pot Ins 65: ἐπιστήμη). Gelegentlich begegnet der Gedanke, daß die Menschen ihr Leben und ihre Fähigkeiten als Paratheke von der Gottheit haben, worüber sie wachen und die sie beim unbekannten Zeitpunkt des Todes zurückgeben müssen (Plut Cons ad Apoll 28; Philo Rer Div Her 103ff; Phaborinos, PVaticano-Greco 11: zit Kastner, aaO 76f; vgl Ehrhardt, ZSavRGRom 1958, 57). Ob die Übergabe von Personen, zB Kindern, in die Obhut von Dritten als juristischer Akt einer π. zu verstehen ist, ist in der Interpretation umstritten (ja: Ehrhardt, aaO 51ff; nein: Kastner, aaO 24ff mit Hellebrand, aaO 1200).

2. Die παραϑήκη-Vorstellung in Past [394]

In der Verwendung der Begriffe παρατίϑεσϑαι und παραϑήκην φυλάττειν wird der Bezug auf das Paratheke-Institut sichtbar. Dabei zeigen sich im einzelnen verschiedene Berührungspunkte zum Paratheke-Institut, so daß offensichtlich eine bewußte Analogie vorliegt und nicht nur eine zufällige begriffliche Anspielung.

Das in I 1,18 schriftlich vollzogene παρατίϑεσϑαι läßt — entsprechend testamentarischen Zügen an anderen Stellen der Past — an eine Verwendung des Terminus analog testamentarischem Gebrauch denken. Die im gleichen Zusammenhang erwähnte Übergabe zweier vom Glauben Abgefallener an den Satan (V. 20) erinnert an die Bestrafung für Untreue gegenüber einem anvertrauten Gut. Zugleich wird hier schon die Stoßrichtung des παραϑήκη-Gedankens in der Auseinandersetzung mit der Irrlehre angedeutet, wie sie dann in I 6,20f betont zum Ausdruck kommt. Vor allem im Zusammenhang

---

[394] Siehe dazu, insbes zur Gleichsetzung παραϑήκη = εὐαγγέλιον, auch das in Kap II 2.43.2 Ausgeführte.

II 1,12—14 wird deutlich, daß mit παραϑήκη das tradierte pln
Evangelium gemeint ist (vgl dazu näher Kap II 2.43.2). II 1,12 bringt
neben der Verwahrungsformel einen weiteren Bezug zur Paratheke-
Praxis: die Erwähnung des Rückgabetermins, bis zu dem hin die
treue Bewahrung zu erfolgen hat (vgl auch I 6,14!). Daß hier an Gott
bzw Christus als Bewahrer gedacht ist, drückt die Gewißheit aus,
daß das pln Evangelium mit göttlicher Hilfe bis zur Wiederkunft
Christi bewahrt bleibe. Strittig ist, ob παραϑήκη μου die παραϑήκη
als dem Pls anvertraut (gen. poss.: Roloff 244ff; Merk, Glaube 96)
oder als von Pls als Deponenten herrührend (gen. auctoris: Schlier,
Ordnung 131; Wegenast, Tradition 140) kennzeichnet. Doch kann
daraus keine Alternative gemacht werden (gegen Roloff 246.249).
Daß auch für Pls das Ev nur anvertrautes Gut und nicht eigene
Schöpfung ist, wird durch ἐπιστεύϑην (I 1,11; T 1,3) und πιστός
(I 1,12) (vgl Plut Cicero 16,1 διαπιστεύειν im gleichen Sinn wie
παρακατατίϑεσϑαι 15,5), aber auch durch εἰς ὃ ἐτέϑην im unmittelbaren Kontext (II 1,11) klar belegt. Andererseits wird im Ganzen
der Past ebenso deutlich betont, daß das in der Kirche geltende Ev,
somit die παραϑήκη, von Pls und niemand anderem herkommt und
durch ihn garantiert ist.
Die Mahnung an Tim zur Bewahrung der Paratheke (II 1,14) nimmt
in Verbindung mit V. 13 Bezug darauf, daß der Apostel die Verwahrung der παραϑήκη in die Verantwortung des Tim gelegt hat. Der
Vorgang entspricht also der Rechtsnachfolge auf seiten des Deposi-
tärs. Ebenfalls den Vorgang der Weitergabe der παραϑήκη hat II
2,2 im Blick. Zwei Gesichtspunkte sind hier wichtig:
1. die von Pls zu Tim gehende Linie wird weitergeführt, indem Tim
zum παρατίϑεσϑαι an andere Personen aufgefordert wird, die als
πιστοί die Voraussetzung zur Übernahme der παραϑήκη haben und
zum damit verbundenen Lehrauftrag befähigt sind; 2. die Bezugnahme auf die Übergabe der π. an Tim erwähnt die Gegenwart
von Zeugen und unterstreicht damit den rechtlichen Charakter dieses Vorgangs.]

Bei der Entfaltung des παραϑήκη-Gedankens werden folgende Intentionen sichtbar, aus denen zT auch das Motiv für das Aufgreifen
dieser Konzeption sichtbar wird:
1. Gegenüber dem Eindringen der Irrlehre soll jede Verfälschung
des Ev verhindert werden, vielmehr soll es in der überlieferten
Weise rein erhalten werden [395].

---

[395] Vgl Spicq, RB 1931, 495; Cipriani, aaO 135ff; Ranft, RAC III 781; Brox
236.

2. Damit wird das tradierte Ev als feste, in sich abgeschlossene Größe gesehen, der nichts hinzuzufügen ist, sondern die in der konkreten Lehre und Verkündigung der Gemeinde einzuschärfen ist.

3. Betont wird die Notwendigkeit der absoluten Treue und Zuverlässigkeit der Amtsträger, da die Reinerhaltung des Ev in ihre Verantwortung gelegt ist [396].

4. Die Bewahrung der παραϑήκη bis zum fernen Tag der Wiederkunft Christi impliziert die Weitergabe an verantwortliche Personen der jeweils nächsten Generation [397].

5. Erster Inhaber und daher Garant der Paratheke ist der Apostel Pls; daher legt ihm der Vf der Past die Bezeichnung παραϑήκη μου ebenso in den Mund wie εὐαγγέλιον μου [398].

3.12 Relevanz der Ordination für die Tradition

Zwar ist die Kirche als ganze Ort und Hüterin der Tradition, aber entsprechend den Funktionen und Strukturen in der Gemeinde kommen als die Verantwortlichen nur die Amtsträger in Frage. In dieser Hinsicht hat die Ordination eine doppelte Bedeutung:

1. Indem im Verlauf des Ordinationsvorganges dem Amtsträger die Tradition anvertraut wird, wird er in die ausdrückliche Verpflichtung zur Wahrung der Tradition gestellt [399], verbunden mit dem Auftrag, diese Tradition in Verkündigung und Lehre gegenüber der Gemeinde in rechter Weise auszulegen.

2. Die Ordination als Mitteilung des χάρισμα impliziert die geistliche Vollmacht und Autorisierung zu dieser Funktion, speziell aber auch die Befähigung zur Bewahrung der Tradition durch den Geist (II 1,14 vgl 1,7. 2,7) [400].

---

[396] Ranft, aaO 781f; Spicq, aaO 497.500. Charakteristisch für die Betonung der Verantwortung des Amtsträgers für die Tradition und deren Konkretion in der Lehre ist I 4,16: ἔπεχε σεαυτῷ καὶ τῇ διδασκαλίᾳ; erst in zweiter Linie ist dann auch die Verantwortung für die ἀκούοντες genannt. Vgl demgegenüber Apg 20,28: προσέχετε ἑαυτοῖς καὶ παντὶ τῷ ποιμνίῳ.
[397] Vgl Brox 234.
[398] Brox 234.236. Vgl Blum, Tradition und Sukzession 57; Wegenast, Tradition 142; Schlier, Ordnung 130ff; u.a.
[399] Vgl Wegenast, aaO 142: Ordination als „Mittel, Amt und Tradition aufeinander zu beziehen".
[400] Das Problem der Relation von Tradition und Geist (vgl vCampenhausen, Tradition und Leben 1ff; Leuba, KuD 4, 1958, 234ff) wird in Past nicht reflektiert, aber faktisch „gelöst" durch die Bindung des Geistes einerseits, der Tradition andererseits an das Amt. Vgl Dinkler, RGG³VI 972.

3.2 Traditionsweitergabe und Amts-Sukzession

1. Entsprechend der Relevanz der „paulinischen" Tradition für die Gemeinde der Past ist die unveränderte Weitergabe dieser Tradition entscheidend. Der Begriff παραϑήκη impliziert ja den Gedanken des Anvertrauens zur sicheren Bewahrung. In eben dieser Terminologie (παρατίϑεσϑαι) wird der Tradierungsvorgang in II 2,2 beschrieben.

Insgesamt wird eine Traditionslinie von Pls über den Apostelschüler zu den gegenwärtigen Amtsträgern hergestellt. Das wird anhand der Terminologie παραϑήκη / παρατίϑεσϑαι und des in diesem Zusammenhang verwendeten πιστεύειν / πιστός deutlich: das Ev, das Pls als dem Apostel anvertraut wurde (I 1,11f; T 1,3), wird als „seine" Paratheke (II 1,12) dem Timotheus weitergegeben (II 1,13. 2,2 vgl I 1,18). Tim hat diese zu bewahren (I 6,20; II 1,14) und sie seinerseits an neue Amtsträger weiterzugeben (II 2,2).

Man wird diesen Traditionsgedanken nicht auf bestimmte religionsgeschichtliche Abhängigkeit zurückführen müssen, da er in dieser einfachen Form dem Denken der Umwelt in verschiedenen Lebensbereichen geläufig war [401]. Auch ist nicht wahrscheinlich zu machen, daß mit παραϑήκη eine begriffliche Antithese zu dem in der Gnosis verwendeten Begriff παράδοσις bewußt gewählt sei, wie im Anschluß an vCampenhausen [402] meist angenommen wird. Der von Past gewählte Begriff für Tradition entsprach eben dem intendierten Anliegen am besten. Dabei betont vCampenhausen zu Recht den Aspekt der Unverletzlichkeit. Doch muß gesehen werden, daß gleicherweise der Gedanke der Rückbindung an den „Eigentümer", dh an Pls als Ursprung der Tradition, darin zur Geltung kommen soll [403].

Der genannte Befund der Tradentenlinie von Pls her ist im wesentlichen unbestritten [404]. Kontrovers ist dagegen die Frage, ob und

---

[401] Vielfach wird speziell der jüdische Traditionsbegriff als Grundlage angenommen. Wegenast sieht dagegen — mE zu Recht — keinen unmittelbaren Zusammenhang zwischen dem jüdischen Traditionsdenken und dem der Past (aaO 154). Der in II 2,2 zugrundeliegende Gedanke, das Überkommene an die nächste Generation oder allgemein an andere weiterzugeben, findet sich zB: Xen Cyrop 3,3,35 (Feldherrnrede); Cassius Dio 56,3,2 (an junge Männer); zur Formulierung ἅ ἤκουσας παρ' ἐμοῦ in Verbindung mit Bewahrung und Weitergabe vgl: Test Dan 6,9. Lev 10,1. Jud 13,1.

[402] Lehrerreihen und Bischofsreihen im 2. Jahrhundert, in: Memoriam E. Lohmeyer 240ff (244f).

[403] Während bei παράδοσις der Ton mehr auf der Weitergabe liegt, ist bei παραϑήκη stärker die Bindung an den Übergebenden einbezogen.

[404] Eine falsche Alternative stellt Stenger (Timotheus 267) auf: der Vf der Past wolle (mittels Tim und Tit als literarischen Gestalten) sagen, daß in der

wieweit sich damit der Sukzessionsgedanke verbindet[405]. Besteht
für die Past ein Interesse an einer aufweisbaren Tradentenlinie in
Gestalt der aufeinanderfolgenden Amtsträger wie in der hinter den
späteren Sukzessionslisten stehenden Auffassung? Ist neben der
Traditionsweitergabe auch an Amtsweitergabe vom Apostel her gedacht? Gibt es für Past überhaupt so etwas wie Nachfolge des
Apostels? Die gegensätzlichen Antworten rühren zweifellos daher,
daß die Texte explizit nichts dazu sagen. Doch gibt es, wie im

---

„gesunden Lehre" seiner Zeit die Lehre des Apostels gegenwärtig sei, er habe
aber kein Interesse an Tim und Tit als historischen Vermittlern der apostolischen Paratheke. Beides gehört aber für Past zusammen. Stenger übersieht das,
weil er die Implikationen des Paratheke-Begriffs außer Acht läßt.

[405] In der katholischen Auslegung wird übereinstimmend das Vorliegen des
Sukzessionsgedankens festgestellt, wobei aber die Meinungen differieren, ob
man bereits von einem ausgeprägten Sukzessionsprinzip sprechen könne (besonders Schlier, Ordnung 144.146) oder nur von einem faktisch vorliegenden,
aber nicht reflektierten Sukzessionsgedanken (zB Brox 241; Knoch, Testamente
48). In der protestantischen Auslegung sind die Ansichten kontrovers: nach
einem Teil der Ausleger liegt noch keine Sukzession vor (Lohse, Ordination
94; Goppelt, Apost. Zeit 136f; Schweizer, Gemeinde 70; Dinkler, RGG[3]VI
972f: in Apg ja; Ritter, Amt 38: auch Apg nicht; Dib-Conz 80: in 1Clem ja;
vCampenhausen, Amt 170:?), nach anderen liegt der Sukzessionsgedanke,
wenn auch noch nicht ausgeprägt — so die meisten —, vor (Scott 101; Kelly
174; Hanson 82; Blum, Tradition 58; Wegenast, Tradition 143; Roloff 264;
Käsemann, Amt 129; Ehrhardt, Apostolic Succession 33). — Die Kontroverse
ist teils im jeweiligen Begriff von Sukzession, teils in verschiedener Interpretation der Past begründet. Die hauptsächlichen Differenzpunkte sind;
1) in der konfessionell verschiedenen Sicht spielt die unterschiedliche Zuordnung von Amt und Tradition/Verkündigung eine wesentliche Rolle; 2) in diesem Zusammenhang ist dann Verständnis und Relevanz der Ord. von Bedeutung, zB ob ein Ton auf fortlaufender Einsetzung durch HA liegt; 3) nach
manchen ist die Relation Pls — Tim persönlich, aber nicht amtlich zu sehen;
4) wenn für den Begriff der apostolischen Sukzession die Verbindung des
Traditionsgedankens mit dem Monepiskopat als wesentlich angesehen wird
(vCampenhausen, Lehrerreihen 246; Schmithals, Apostelamt 263), dann steht
der Befund im Zusammenhang mit der Frage, ob bereits monarchisches
Episkopat vorliegt; 5) relevant ist die Frage, ob die Sukzessionsidee religionsgeschichtlich aus dem Judentum abzuleiten sei (Karrer, ZKTh 1955, 135
unter Verweis auf Kohlmeyer und Stauffer; Ehrhardt, Apostolic Succession 7;
Schmithals, Apostelamt 264) oder aus den antiken Philosophenschulen (Talbert,
Jesus and men's hope I 198ff; Javierre, AnBibl 17f/II 111f), im letzteren Fall
entfaltet in Auseinandersetzung mit der Gnosis ab Mitte des 2. Jh (vCampenhausen, Lehrerreihen; ders, Amt 172ff), so daß zZ der Past noch nicht vorauszusetzen; 6) in Frage steht insgesamt der Begriff der „apostolischen Sukzession"
sofern a) fraglich, ob überhaupt von Nachfolge der Apostel geredet werden könne,
b) in Past noch kein Begriff des Apostolischen vorliege, da nur Pls als Apostel
im Blick (Brox 240 vgl Blum, Tradition 58).

folgenden zu zeigen ist, einige Indizien[406], die ein einigermaßen klares Bild gewinnen lassen. Der Begriff der Sukzession bleibt dabei zunächst ausgeklammert.

2. Die nächstliegende Frage ist: kennen die Past eine Kontinuität in den Funktionen des Pls? Ausgehend von der mehrfachen Kennzeichnung des Pls als κῆρυξ καὶ ἀπόστολος καὶ διδάσκαλος (I 2,7; II 1,11) ergibt sich folgendes Bild[407]:

Paulus	ἀπόστολος	κῆρυξ		διδάσκαλος
Apostelschüler	— — —	κηρύττειν (II 4,2)		διδάσκειν (I 4,11.
		(εὐαγγελιστής II 4,5)		6,2)
Amtsträger	— — —	— — —		διδάσκειν (II 2,2)

Es zeigt sich: a) Apostel ist eindeutig nur Pls und niemand nach ihm. b) Die Funktion des κηρύττειν wird außer von Pls auch von Tim ausgesagt. Mit dieser Funktion ist wohl auch der Titel εὐαγγελιστής zusammenzusehen, da in der Terminologie der Past κήρυγμα und εὐαγγέλιον gleicherweise als Bezeichnung der christlichen Botschaft stehen[408]. Da die genannte Funktion von Tim nur in II (als dem „persönlichen" Brief) ausgesagt wird, ist zu erwägen, ob nicht diese speziell für Tim als Apostelschüler, nicht aber zugleich als Typus des Amtsträgers gilt[409]. Gleiches gilt ja auch von der Ordination durch Pls in II 1,6. Dann ist mit dieser Funktion des Tim auf seine Zwischenstellung zwischen dem Apostel und den späteren Amtsträgern hingewiesen. c) Bleibende Funktion ist das διδάσκειν, das sich von Pls zu den Amtsträgern durchhält[410]. Der terminologische Befund könnte ergänzt werden durch das entsprechende Vorkommen von διδασκαλία[411]. Eine weitere Funktion, für die der gleiche Befund gilt, ist παρακαλεῖν. Paulus: I 1,3. 2,1;

---

[406] Die einzelnen Aspekte sind zwar zT nicht neu, aber bisher nicht vollständig und konsequent ausgewertet.

[407] Vgl auch die Zusammenstellung bei Dornier, Paul Apôtre 94 Anm 4.

[408] Siehe Kap II 2.41.

[409] Eine dritte Interpretation vertritt Hegermann, Theologische Versuche II 56.60, der in den „Evangelisten" übergemeindliche leitende Dienste (in Nachfolge des Tim) sieht, die von den Gemeindeämtern zu unterscheiden seien. Doch kann in dieser These nicht mehr als eine Vermutung ohne konkrete Anhaltspunkte gesehen werden.

[410] Allerdings wird auch hier der Unterschied zum Apostel festgehalten, indem nur er, der Heidenmissionar, den Titel διδάσκαλος ἐθνῶν trägt (I 2,7; von vielen Handschriften auch in II 1,11 ergänzt).

[411] Pls: II 3,10; Apostelschüler: I 4,13.16; II 3,16; T 2,1.7 (vgl διδακτικός II 2,24; διδαχή II 4,2); Amtsträger: I 5,17; T 1,9 (vgl διδακτικός I 3,2; διδαχή T 1,9).

Apostelschüler: I 5,1. 6,2; II 4,2; T 2,6.15; Amtsträger: T 1,9.
Demnach werden die zentrale Amtsfunktion des Lehrens sowie
die des autoritativen Mahnens als von Pls her sich durchhaltend angesehen. Es mag Zufall sein, daß der Befund nicht auch für andere
Funktionen neben παρακαλεῖν entsprechend ist. Aber für διδάσκειν
muß der genannte Tatbestand als konstitutiv für die Auffassung der
Past angesehen werden: mit seiner zentralen Amtsfunktion übt der
gegenwärtige Amtsträger eine zuerst von Pls ausgeübte Funktion aus,
steht also damit für diesen Bereich anstelle des Pls[412].

Eine weitere Funktion, deren Ausübung sich vom Apostel her fort-
setzt, ist die HA. Paulus: II 1,6; Apostelschüler I 5,22; Amtsträger
(Presbyter): I 4,14. Angesichts der wenigen Funktionen, von denen
gleiches gesagt werden kann, ist auch dieser Befund als wesentlich
anzusehen. Diejenigen also, die die amtliche Lehrtätigkeit ausüben,
sind berechtigt, neue Amtsträger einzusetzen. Von hier aus stellt sich
die Frage, ob sich in Verbindung damit ein Interesse an kontinuier-
licher Abfolge der Amtseinsetzung zeigt.

3. Die Betonung der Ordination in den Past ist ein Zeugnis für die
Wichtigkeit regulärer Amtseinsetzung. Liegt aber daran, eine Linie
auf Pls als ersten Ordinator zurückzuführen? Nach unserer Analyse
des Ordinationsverständnisses muß eine häufig vertretene Deutung
jedenfalls abgewiesen werden: daß an eine Weitergabe des Charismas
von einem Amtsträger zum nächsten, dh zu dem durch ihn Ordinierten gedacht sei[413]. Sollte eine solche Weitergabe des Charismas von
Pls an Tim gemeint sein, wäre eine klare Formulierung zu erwarten,
die nicht Tim einmal durch Pls, einmal durch das Presbyterium
ordiniert sein läßt[414].

Andererseits ist klar, daß die Apostelschüler jedenfalls als von Pls
zu ihrem Dienst beauftragt angesehen werden. Das ist ja die Voraussetzung, von der aus der Vf der Past pln Autorität für die Gegenwart geltend machen kann. Ebenso ist die Einsetzung neuer Amtsträger durch die Apostelschüler im Blick: in I 5,22, noch deutlicher

---

[412] Häufig wird in der Literatur über die Sukzessionsfrage die Auffassung vertreten, zwar sei das Apostolat in seinem eigentlichen Sinn (Auferstehungszeugen,
Gründung der Kirche) einmalig und unübertragbar, aber ein Teil seiner Funktionen (Verkündigung, Leitung der Kirche u.ä.) setze sich im kirchlichen („apostolischen") Amt fort. Nach dem genannten Befund können die Past diese These
stützen — damit ist aber noch nichts über die Auffassungen im übrigen NT gesagt! Zur genannten These vgl Schelkle, Jüngerschaft 133ff; Bläser, Catholica
1964, 180f; Martelet, VC 1961, 194; Colson, VC 1961, 170; Molland, RHPhR
1954, 12; u.a.
[413] Siehe V 2.23.21.
[414] Vgl Roloff 259.

in T 1,5. Eine so deutliche Formulierung wie für die Traditionsweitergabe (II 2,2) liegt für eine fortlaufende Amtseinsetzung allerdings nicht vor. Immerhin deutet T 1 derartiges an: 1,3 Berufung
des Pls zu seinem Amt; 1,5 Bezug auf Auftrag des Pls an Tit für
seinen Dienst in Kreta; 1,5 Einsetzung von Presbytern durch Tit.

Zur Klärung der Relation von Traditionsweitergabe und fortlaufender Amtseinsetzung kann die Art und Weise beitragen, in der von
der Berufung des Pls in sein Amt gesprochen wird. Einerseits kann
es heißen: τὸ εὐαγγέλιον (bzw κήρυγμα) ὃ ἐπιστεύθην ἐγώ (I 1,11;
T 1,3), andererseits: τὸ εὐαγγέλιον (bzw μαρτύριον) εἰς ὃ ἐτέθην
ἐγὼ κῆρυξ καὶ ἀπόστολος καὶ διδάσκαλος (II 1,10f; I 2,6f). Dh
einmal wird die Berufung des Pls zur Evangeliumsverkündigung als
Akt des Anvertrauens, das andere Mal als Akt der Einsetzung in
ein Amt beschrieben. In I 1,12 sind beide Aspekte verbunden:
πιστόν με ἡγήσατο θέμενος εἰς διακονίαν. Das bedeutet, daß beide
Aspekte als zwei Seiten des gleichen Vorgangs angesehen werden.
Man muß die gleiche Sicht dann auch annehmen, wo es um die
anvertrauende Weitergabe des Evangeliums als παραθήκη geht:
II 2,2[415]. Traditionsweitergabe impliziert demnach auch fortlaufende Amtseinsetzung. Die für Past zugrundeliegende Intention ist zu
beachten: es liegt ja nicht nur an der treuen Weitergabe der Tradition, sondern zugleich an deren Ausrichtung in der Gemeinde, die
eben durch die ordinierten Amtsträger geschieht.

4. Bei der Frage nach dem Vorliegen des Sukzessionsgedankens
wird gelegentlich als Einschränkung der Befund genannt, „daß die
Fortführung der Kette über den Apostelschüler hinaus unbestimmt
bleibt. Es ist noch nicht auf einen weiteren Nachfolger reflektiert".
Diese Feststellung Blums[416] hat aber nur ihr Recht unter der Voraussetzung der Spätdatierung der Past in die Mitte des 2. Jhs und
der Annahme des monarchischen Episkopats. Da beidem nicht zu-
gestimmt werden kann, ergibt sich ein durchaus schlüssiges Bild:
Wenn jeweils von einer unbestimmten Mehrzahl von Amtsträgern geredet wird (II 2,2; T 1,5), dann entspricht dies dem Befund, daß es
noch keine feste monarchische Spitze gab. Sieht man die Past in
der Situation der dritten christlichen Generation, dann sind die nach

---

[415] Es zeigt sich, daß in den Texten meist einer der beiden Aspekte vorrangig
angesprochen wird: 1) Amtseinsetzung: I 1,12.(18). 2,7. 4,14. 5,22; II 1,6.11;
T 1,5; 2) Anvertrauen/Übergabe des Evangeliums/der Paratheke: I 1,11.(18);
II 2,2; T 1,3. — Das Argument, daß zB in II 2,2 nicht auch von Handauflegung
die Rede sei (Schweizer, Gemeinde 75), vermag daher nichts gegen das mögliche Vorliegen eines „Sukzessions"-Gedankens zu besagen.
[416] Tradition und Sukzession 57; vgl vCampenhausen, Amt 170 Anm 2.

Pls (1. Generation) und den Apostelschülern (2. Generation) in Blick
genommenen Amtsträger diejenigen in der Gegenwart der Past. Daß
die betreffenden Amtsträger nicht genauer (etwa gar namentlich)
bezeichnet werden, liegt am fiktiven Charakter der Briefe; denn
„Paulus" konnte ja noch nicht die nach den Apostelschülern tätigen
Amtsträger kennen[417].

Ein weiteres Indiz dafür, daß die gegenwärtigen Amtsträger ausdrücklich ihre amtliche Vollmacht über die Apostelschüler auf Pls
zurückführen wollen, ist der Tatbestand der Existenz der Timotheus-
briefe *und* des Titusbriefes. Bei Annahme pln Verfasserschaft war
die Mehrzahl der Briefe kein Problem. Die Pseudonymität stellt
aber die Frage nach dem Motiv von *drei* Briefen[418]. Beide Tim-
Briefe lassen sich durchaus motivieren: der I als stärker auf die Gemeindeordnung bezogen neben dem II als mehr persönlich an Tim
gerichtetes Testament des Pls. Warum aber der Titusbrief? Die
Auskunft, I sei auf die Verhältnisse in einer bereits länger bestehenden Gemeinde bezogen, T dagegen auf eine junge Missionsgemein-
de[419], reicht nicht aus; denn die dafür vorgebrachten Anhaltspunkte
sind zu gering[420]. Auch der Hinweis, durch die drei Briefe sollten
die Anordnungen des Apostels „für ganze Kirchengebiete und für
alle Zeiten" in Geltung gesetzt werden[421], bleibt zu allgemein.
Nicht mehr als eine Verlegenheitsauskunft ist es aber, unter Verweis
auf die Joh-Briefe die Dreizahl als typisch für frühchristliche
Schriftensammlungen zu bezeichnen[422]. Warum dann nicht 3 Tim-
Briefe?

---

[417] Man muß also die Perspektive beachten, aus der die Past von kontinuier-
licher Amtseinsetzung reden. So leuchtet die Feststellung bei Dib-Conz 80 nicht
ein, daß zwar in 1Clem 42,1ff, nicht aber in Past die Sukzessionsidee vorliege;
denn 1Clem stellt doch einen ähnlichen Sachverhalt wie in Past nur aus anderer Perspektive (Rückblick) dar!
[418] Vgl Brox 58ff, jedoch 60: „Frage darf für die Interpretation auf sich beruhen bleiben."
[419] Marxsen, Einleitung 176f.
[420] Der Eindruck, daß I eine „relativ organisierte Gemeinde" voraussetze, T
eine „noch zu organisierende" (aaO 177), hängt auch damit zusammen, daß
T kürzer ist und daher weniger detaillierte Anweisungen für die Gemeinde
enthält. Auffällig ist auch das Fehlen eines Bezuges auf HA, Charisma und
Paratheke, was doch gewiß nicht für eine noch jüngere Gemeinde irrelevant ist.
Gerade die Kürze von T kann dafür sprechen, daß es nicht auf Vollständigkeit
ankam, sondern darauf, einen an Tit nach Kreta gerichteten Brief vorweisen
zu können.
[421] Schulz, Mitte der Schrift 108.
[422] Schmithals, RGG³ V 147. — Eine unbegründete Vermutung bleibt die
These von Sand (Anfänge 217 Anm 5), T sei ursprünglich ein Empfehlungs-
schreiben für Apollos und Zenas gewesen (T 3,13).

Auffällig ist in I und T: unmittelbar nach dem Präskript, also betont am Anfang, steht die Angabe des Ortes, wo der Adressat sich aufhält (I 1,3; T 1,5). Beidemal ist der Aufenthaltsort nicht ein zufälliger, sondern die dortige Tätigkeit geht auf die Anordnung des Apostels zurück. In beiden Briefen wird thematisch sehr bald auf die Abwehr der Irrlehre Bezug genommen und zwar in entsprechender Weise: der Apostelschüler soll dafür sorgen, daß nicht falsch gelehrt wird (I 1,3) bzw daß zum rechten Lehren geeignete Amtsträger eingesetzt werden (T 1,5ff, vor allem V. 9). Nach der Sicht der Past haben Tim bzw Tit in Ephesus bzw Kreta dafür gesorgt, daß recht lehrende Amtsträger sind. Offensichtlich liegt den Past an einer örtlichen Bindung der pln Tradition, die in der Kontinuität der Amtsträger zum Apostelschüler gegeben ist. Es genügt den Past nicht, die Tradition generell als inhaltlich von Pls legitimiert zu sehen (dazu hätten die Briefe an Tim genügt), sondern sie soll am betreffenden Ort als auf Pls-Schüler und durch diese auf Pls zurückführbar aufgewiesen werden. Dies eben geschieht mittels Amtsträger-„Sukzession": die Kontinuität der Amtsträger sichert die Kontinuität der wahren Tradition. Eine auf Kreta (man beachte das „Lokalkolorit" T 1,12!) besonders akute Irrlehre[423] gibt dann das Motiv für die Entstehung des T an als den Versuch, die dortigen Amtsträger gegen die Irrlehrer zu autorisieren, so wie das Entsprechende durch I für das Gebiet von Ephesus geschieht. Man muß es dann als Tatbestand ansehen, daß hier durchaus an eine feste Linie der Amtsträger von Pls her gedacht ist, wobei dann doch auch die fortlaufende Einsetzung durch Ordination von Bedeutung ist.

5. Die Frage, ob der Befund in Past als „Sukzession" zu bezeichnen sei, ist nicht nur eine terminologische. Die häufige Entgegensetzung „Tradition: ja — Sukzession: nein"[424] erweckt den Eindruck, etwas trennen zu können, was sich für Past nicht trennen läßt: die enge Beziehung von Tradition und Amt. Wenn man unter „Sukzession" versteht: Nachfolge im Amt der Apostel, Weitergabe des χάρισμα durch die Kette der HA in der Abfolge monarchischer Bischöfe — dann ist in Past von Sukzession nicht die Rede[425]. Wenn man mit

---

[423] Für den Schluß, „daß in Kreta das häretische Christentum überhaupt am Anfang der kirchlichen Entwicklung steht" (Haufe, Irrlehre 327 mit Verweis auf W. Bauer), scheinen mir allerdings die Anhaltspunkte zu gering.

[424] Vgl die in Anm 405 Genannten, nach denen von Sukzession nicht die Rede ist.

[425] Ebenso kann man in strengem Sinne nicht von „apostolischer" Sukzession reden, da auf Pls beschränkt; vgl Anm 405 (6b).

Marxsen[426] unterscheidet, daß „Kontinuität" an der Übereinstimmung mit den Anfängen, „Sukzession" an den Zwischengliedern interessiert sei — dann kann man nicht sagen, daß es den Past nur um Kontinuität gehe: die Apostelschüler als Zwischenglieder zur Gegenwart mit ihren Amtsträgern sind ja gerade wesentlich[427]. Es ist also in diesem Sinne durchaus von Sukzession zu reden, wobei klarzustellen ist: Es handelt sich nicht um ein für sich stehendes Sukzessionsprinzip, sondern die Sukzession der Amtsträger steht im Dienst der Kontinuität der Tradition[428].

Zusammenfassung (3)

Konstitutiv für die Gemeinde der Past ist die von Pls — als *der* Autorität — kommende Tradition des Evangeliums. Die Ordination stellt den Amtsträger in die Verantwortung für die Ausrichtung und Bewahrung dieser als παραϑήκη verstandenen Tradition und befähigt ihn dazu durch die pneumatische Gabe des χάρισμα. Im Dienst der Kontinuität dieser Tradition steht die Sukzession der Amtsträger durch kontinuierliche Ordination neuer Amtsträger. Nicht nur die Tradition, sondern auch die amtliche Vollmacht wird betont über die Apostelschüler auf Pls zurückgeführt. In der Ausübung der zentralen Funktion der Lehre steht der Amtsträger an der Stelle des Apostels, ohne im Vollsinne sein Nachfolger zu sein.

---

[426] Nachfolge der Apostel 81.
[427] Vgl Käsemann, Amt 129 (der allerdings monarchischen Episkopat annimmt).
[428] Vgl Roloff 264; ders, Amt 526; Talbert, Jesus and men's hope I 204; Knoch, Testamente 56; Lohfink, Normativität 104.

KAPITEL VI: SCHLUSS

1. Die Ordination in den Past

1. Das in der Untersuchung gewonnene Verständnis der Ordination ist nicht grundlegend neu, was angesichts der häufigen Auslegung der Texte auch kaum zu erwarten war. Doch liegt der wesentliche Ertrag der Arbeit darin, ein präziseres Bild von der Ordinationsauffassung der Past gewonnen zu haben, wozu in erster Linie der erweiterte Fragehorizont beitrug. Die bisherige konträre Interpretation beruhte zT auf Heranziehung zu geringer Textbasis, zT (was damit im Zusammenhang steht) auf einseitiger Überbetonung einzelner Aspekte und Aussagen.

2. Für das Verständnis der Ordination ist wichtig, daß die Interpretation nicht auf inadäquate Alternativen festgelegt wird, sondern gesehen wird, daß mehrfach Doppelaspekte wesentlich sind: a) Für die Ordinationshandlung sind gleichermaßen bedeutsame Elemente das vollmächtig zugesprochene Wort wie der Akt der HA. Durch dieses Geschehen wird nach der Vorstellung der Past das Charisma vermittelt. b) Als in der Gemeinde vollzogene Handlung ist die Ordination ein geistlicher Akt analog der Taufe, zugleich ein rechtlich-institutioneller Akt im Rahmen einer geordneten Gemeinde. c) Die Bedeutung der Ordination als Bevollmächtigung und Befähigung für den Amtsträger zielt auf dessen amtliche Funktion und Autorität in der Gemeinde einerseits, auf die Wahrung der Tradition durch Hineinstellen in amtliche Kontinuität andererseits.

3. Die Ordination wird richtig verstanden nur, wenn sie nicht als isolierte Handlung betrachtet wird, sondern im gesamten Kontext der Auffassungen der Past, zunächst von Gemeinde und Amt. a) Praxis und Verständnis der Ordination stehen in Korrelation zu einem Amtsverständnis, für das die institutionelle Ausprägung charakteristisch ist: das Charisma für das zentrale Amt der Lehre und Leitung wird durch die Ordination verliehen. b) Dieses Amt der Presbyter und des Episkopos steht in einer Gemeinde, in der Funktion und Autorität an die Struktur der Hausgemeinschaft angelehnt sind. Die Ordination als Einsetzung in Funktion und Autoritätsstellung bedeutet darin eine deutliche Heraushebung des Amtsträgers aus der Gemeinde.

4. Zum weiteren Rahmen des Ordinationsverständnisses gehört auch
die Auffassung vom Christentum in den Past. a) Für die Kirche konstitutiv ist das in ihr als Tradition bewahrte Evangelium, das durch die
lehrende Verkündigung konkretisiert wird, womit die Zentralstellung
gerade der Lehrfunktion begründet ist. b) Dem im Sinne fester, greif-
barer Inhalte verstandenen Evangelium entspricht ein primär inhaltlich geprägter Glaubensbegriff, für den angesichts der Gefährdung
durch Irrlehren die inhaltliche Integrität und subjektive Redlichkeit
der Glaubensbezeugung wesentlich sind. c) Dem intellektuellen Glaubensbegriff korreliert die Betonung zu vollbringender Werke in der
Ethik. Das Heilsgeschehen hat sein Ziel wesentlich darin, das Tun
solcher guter Werke zu ermöglichen, deren Inhalt den Normen der
Umwelt entspricht, was sich vor allem in einer starken Betonung der
geltenden weltlichen Ordnungen äußert (zB Hausgemeinschaft!).

5. Diese Auffassungen sind zu sehen auf dem Hintergrund der geschichtlichen Situation der Kirche der Past. a) In dem Maße als die
Naherwartung zurückgetreten ist, gewinnt das Verständnis der Kirche
als geschichtliche, institutionelle Größe an Bedeutung. Mit dem Verständnis als οἶκος θεοῦ kommt ein Zweifaches zum Ausdruck: die
Kirche als Gemeinschaft der zu Gott Gehörenden, insofern von der
Welt Geschiedenen, andererseits als festgefügte Institution im Sinne
weltlicher Ordnung der Hausgemeinschaft. b) Diese Situation der
Konsolidierung der Kirche als geschichtlicher Größe impliziert die
doppelte Problematik der Auseinandersetzung mit den Häretikern
im Innern einerseits, des Sicheinfügens in die Umwelt mit ihren
Ordnungen andererseits. c) Sowenig die Praxis der Ordination nur
aus der geschichtlichen Situation der Kirche zu erklären ist (siehe das
Vorbild im Judentum), so wird sie doch adäquat verstanden nur
in diesem geschichtlichen Kontext der Kirche und den in dieser Situation ausgeprägten Auffassungen und Strukturen.

2. Die Ordination der Past im Verhältnis zur
paulinischen Theologie

1. Die Ordination innerhalb der Gesamtkonzeption und der geschichtlichen Situation der Past zu verstehen, heißt, sie in kirchen-
und theologiegeschichtlichem Kontext anstatt als isoliertes Phänomen zu sehen. Zur Präzisierung der mit der Ordination verbundenen
Vorstellungen legt sich unter geschichtlichem Aspekt ein Vergleich
mit anderen Konzeptionen nahe (unabhängig von Vorkommen oder
Bezeugung der Ordination). Sinnvoll wäre ein Vergleich mit etwa

zeitgenössischen Auffassungen (Apostolische Väter); doch setzt dies eine Erarbeitung dieser Konzeptionen voraus, was hier nicht geleistet werden kann. Da die Past — wie in der Untersuchung vielfach deutlich wurde — faktisch im Einflußbereich paulinischer Tradition stehen und zudem beanspruchen, „paulinisch" zu sein, ist hier ein Eingehen auf die Relation zu Pls nahegelegt, soweit dies für das Verständnis der Ordination relevant ist[1].

2. Grundlegend für das Verständnis der Past im Unterschied zu Pls ist der Wandel der geschichtlichen Situation und damit des Selbstverständnisses der Kirche. a) Der unter dem Eindruck der Naherwartung stehenden, missionarisch bestimmten Kirche pln Zeit tritt die institutionelle, zunehmend mit inneren Problemen beschäftigte Kirche der Past entgegen. b) Konfrontiert mit dem Problem der Kontinuität und in Auseinandersetzung mit als Häresie verstandener abweichender Verkündigung wandelt sich das Verständnis des Evangeliums von der heilswirksamen Macht zur formalisierten, inhaltlich festgelegten Tradition.

3. Charakteristisch ist der Wandel im Verständnis des christlichen Glaubens. a) Konzentriert sich bei Pls im Glauben das Wesentliche christlicher Existenz und menschlichen Verhältnisses zu Gott, so sind in Past bei dem auch hier grundlegenden Glauben Glaubensinhalt und Gläubigkeit betont, womit aber nicht mehr das Ganze christlicher Existenz erfaßt wird. Ist bei Pls der Glaube als sich individuell verschieden realisierend gedacht, so liegt in Past alles an dem (weil inhaltlich verstandenen) einheitlichen Glauben bei allen Gliedern der Gemeinde. b) Das verschiedene Verständnis des Glaubens zeigt sich auch in der Konzeption der Ethik. Für Past sind die Werke die notwendige Ergänzung des Glaubens: den gegebenen ethischen Imperativ zu erfüllen, ist dem Glaubenden ermöglicht und daher geboten. Darin liegt das Ziel des Heilsgeschehens. Anders als bei Pls heißt die Alternative nicht Glaube oder Werke, sondern rechter oder falscher Glaube. Die Verbindung von Glaube und Werken ist daher unproblematisch. Das Problem der Freiheit und ihres rechten Gebrauchs durch den Glaubenden stellt sich für Past nicht, da das zu Tuende als eindeutig angesehen wird.

4. Als empirisches Phänomen ist der Wandel in der Struktur der Gemeinde festzustellen. a) Der Wandel liegt gewiß zunächst in der Zusammensetzung der Gemeinde. Man wird für die Gemeinden der Past eine größere Zahl anzunehmen haben ebenso wie das stärkere

---

[1] Es geht hier also nicht um einen umfassenden Vergleich zwischen Past und Pls, sondern um die Zusammenfassung der Gesichtspunkte, die sich im Verlauf der Untersuchung als wesentlich erwiesen.

Vertretensein aller Altersgruppen. Das bringt dann zweifellos auch
Änderungen in der Organisation der Gemeinde mit sich. b) Die Ämterstruktur — von der man so in den pln Gemeinden gar nicht reden
kann — markiert den wesentlichen Unterschied von Past zu Pls. Für
die pln Gemeinden ist kennzeichnend die Vielfalt der Dienste und
deren geringe Organisiertheit. Man kann von der Spontaneität des An-
fangs (Martin) reden. Demgegenüber zeigen Past klar ausgebildete
Strukturen. Die wenigen Dienste, die es noch gibt, sind Ämter in ge-
regelter Form: Episkopos, Presbyter, Diakon, Witwen. Zentrale
Stellung nach Funktion und Autorität nimmt das Amt der Lehre
und Leitung ein.

5. Im Blick auf die gewandelte Wirklichkeit der Gemeinden ist
dann das Verständnis der Gemeinde und der Dienste in ihr von
Interesse. a) Der Unterschied zeigt sich im Verständnis der Gemeinde
als Leib Christi bei Pls, als Haus Gottes in Past: dieser theologischen
Interpretation entspricht bei Pls das Verständnis der konkreten Gemeinde nach dem Modell von Leib und Gliedern, in Past nach dem
Modell der Hausgemeinschaft. b) Entsprechend werden die Dienste
in der Gemeinde verschieden gesehen. Das pln Modell impliziert,
daß alle Glieder der Gemeinde auch eine Funktion in ihr haben
und daß jeder in seiner Funktion auch Autorität hat. Das Modell
der Hausgemeinschaft in Past impliziert von vornherein unumkehr-
bare Autoritätsstrukturen und eine viel stärkere und exklusive
Festgelegtheit der Funktionen. Während nach Pls jeder seinen Anteil an der Erbauung der Gemeinde hat, ist nach Past für den Großteil der Gemeinde eine aktive Mitwirkung nicht im Blick, beschränkt
sich die Verpflichtung innerhalb der Gemeinde auf das Leben und
Verhalten gemäß den Regeln der Gemeindeordnung. Entsprechend
der Mitwirkung aller interpretiert Pls die Dienste in der Gemeinde
als das Charisma des einzelnen, dh als individuelle Realisierung der
Gnade und der Geisteswirkung beim einzelnen. Sowenig wie eine
individuelle Realisierung des Glaubens kennen Past eine individuelle
Realisierung von Gnade und Geist im Sinne eines allen gegebenen
Charismas. Vielmehr nur der Amtsträger erhält ein solches durch
die Ordination als Befähigung und Bevollmächtigung zu seinem Amt.
c) Das Fehlen jeden Hinweises auf besondere Einsetzung zu Diensten
in der Gemeinde bei Pls zeigt, daß solche Einsetzung offensichtlich
für ihn keine Relevanz hat. Pls kann sagen, daß jeder mit seiner
Funktion als Glied am Leibe von Gott „gesetzt" ist (1Kor 12,18
vgl 28)[2]. Für Past dagegen liegen Zugehörigkeit zur Gemeinde und

---

[2] Insofern liegt also Pls durchaus wesentlich an „Einsetzung" als Begründung
von Vollmacht und Autorität eines Funktionsträgers. Das wird vor allem deut-

Eingesetztsein als Amtsträger auf zwei verschiedenen Ebenen. Erst die Ordination konstituiert Funktion und Autorität eines Amtsträgers in der Gemeinde. Indem die Ordination ein geistlicher Akt analog der Taufe ist, mit dieser sich überschneidend im Verständnis als Geistmitteilung, bedeutet die Ordination eine Heraushebung des Amtsträgers aus den anderen Getauften und markiert damit einen deutlichen Abstand zur Auffassung des Pls.

3. Gesichtspunkte für die heutige Diskussion um die Ordination

3.1 Es stellt sich die Frage, was die Ergebnisse der Untersuchung für die heutige Diskussion um die Ordination austragen. Dabei ist zu unterscheiden zwischen dem methodischen und dem sachlichen Ertrag.

1. Der methodische Ertrag betrifft das Problem, welche Fragestellungen überhaupt im Blick auf den Befund in den Past angemessen sind. Die Untersuchung zeigte, daß das Verständnis der Ordination erst im Kontext der gesamten Auffassungen der Past deutlich wird. Sachgemäße Rückfrage hat daher den Gesamtzusammenhang zu berücksichtigen, in dem das Ordinationsverständnis der Past — sachlich und historisch — steht. Unangemessen und nicht zu beantworten sind Rückfragen, die nicht beachten, ob die gemeinte Sache in den Past angesprochen wird bzw damals überhaupt relevant war: zB ob die Ordination als „Sakrament" zu bezeichnen sei; ob die Ordination Voraussetzung für den Leiter des Abendmahls sei; u.ä. Unangemessen (weil nur im Gesamtkontext zu beantworten) sind ferner Fragen, wenn sie sich isoliert auf die Ordinationshandlung und die diesbezüglichen Textstellen beziehen, ohne den gesamten Kontext der Briefe zu beachten: zB welche Relevanz die HA bei der Ordination habe; was durch die Ordination vermittelt werde; ob die Ordination die Amtssukzession impliziere; u.ä.[3]

---

lich, wo es um seine Autorität als Apostel geht. Aber gerade hier legt er ja Wert darauf, daß seine Berufung nicht durch menschlich-institutionelle Vermittlung — wie dies die Ordination bedeutet — geschehen ist (Gal 1,1).

[3] Wie sich zB in der interkonfessionellen Diskussion zeigt, werden die Schwerpunkte bei dem, was Ordination bedeutet, ganz verschieden gesetzt, indem — von traditionellen Positionen her — evangelischerseits mehr die Ausrichtung auf die Wortverkündigung, katholischerseits mehr die Ausrichtung auf die Sakramentsverwaltung, zudem die Verbindung mit dem Sukzessionsgedanken betont wird. Eine sinnvolle Diskussion um die Ordination setzt daher die Berücksichtigung eben solchen Kontextes voraus.

2. Der sachliche Ertrag ist dagegen schwerer zu erfassen, weil er von
der Frage abhängig ist, welche Relevanz dem Befund in den Past als
ntl Schrift zugemessen wird. Angemessen erscheint weder die einfache
Übernahme dieses Ordinationsverständnisses als normativ noch die
grundsätzliche Ablehnung aus Gründen theologischer Sachkritik:
Das Ordinationsverständnis der Past als *die* biblische Begründung
und Legitimierung für die heutige Ordination zu übernehmen, hieße
zu übersehen, daß es nur das Zeugnis und die Auffassung *einer*
Schrift des NT ist[4]. Dieses Ordinationsverständnis generell abzulehnen, bedeutet ein Werturteil, das den geschichtlichen Kontext dieses
Ordinationsverständnisses außer acht läßt. Am angemessensten erscheint es, das Ordinationsverständnis der Past als unter bestimmten
geschichtlichen Gegebenheiten ausgeprägtes Modell anzusehen: dh
es ist nicht eo ipso verbindlich für heute, aber es ist als Modell ernstzunehmen, das auf seine Gültigkeit für heute hin zu prüfen ist[5].

3.2 Einige Überlegungen sollen hier angefügt werden, die sich aus
dieser Sicht des Ordinations- (und Amts-) verständnisses der Past
als Modell ergeben. Sie verstehen sich als Andeutungen, die nicht
vollständig sein wollen, und sie werfen Fragen auf, die in der heutigen Diskussion zu bedenken wären[6].

---

[4] G. Lohfink (Normativität) fragt, ob „die Past eigentlich ihre eigenen Amtsvorstellungen als Norm (deklarieren)" (aaO 93) und kommt zur Feststellung,
daß dies nicht der Fall sei. Ob dies wirklich so ist, kann strittig sein (vgl dazu Kap II Anm 88a). Aber auch wenn die Past ihre Aussagen als Norm verstanden wissen wollten, wäre damit nicht gesagt, daß sie Norm für die heutige
Kirche sind. Denn die andren — zT konträren — Aussagen des NT sind ja
gleichfalls zu berücksichtigen. Daß aber die Gemeindeordnung der Past nicht
einfach die folgerichtige Weiterentwicklung und Entfaltung der pln Gemeindeordnung und somit legitimes und verbindliches Endstadium ntl Amtsentwicklung ist (so die traditionelle katholische Auslegung, vgl zB Schlier, Ekklesiologie
des NT 181: „bleibend verbindliche Ordnung", 182: „sachgemäße Wandlung
auf Grund der neuen nachpaulinischen Situation", ebd Anm 66: „Es geht um
eine den ursprünglich angelegten Sachverhalt in einer bestimmten Hinsicht zu
Tage bringende und daher sachgemäße Transformation."), setzt sich heute
auch in der katholischen Exegese immer mehr durch.
[5] Vgl zB „Malta-Bericht" der evang.-luth./röm.-kath. Studienkommission
„Das Evangelium und die Kirche" Absatz 54 (Gassmann, Um Amt und Herrenmahl 43): „Ordnungen des Neuen Testaments sind (...) weithin als Modelle
zu betrachten, die für immer neue Aktualisierungen offen sind."
[6] Es ist hier nicht möglich, alle für das Ordinationsverständnis der Past gewonnenen Ergebnisse im Detail auf die heutige Diskussion hin zu explizieren.
Das würde ein ausführliches Eingehen auf die gegenwärtige Diskussion einschließlich der systematischen Erörterungen erfordern, was aber den Rahmen
der exegetischen Untersuchung sprengen würde.

1. Die Prüfung der Gültigkeit des Modells für heute setzt die Frage nach möglicher Analogie der Situation der Kirche damals und heute voraus. Was unsre heutige Situation mit der der Past verbindet, ist dies, daß die Kirche zur geschichtlichen Größe, zur Institution geworden ist, während die Naherwartung der ersten Christenheit keine Rolle mehr spielt. Wenn auch in anderen zeitlichen Ausmaßen, so doch analog steht die Kirche unsrer Zeit wie die der Past vor dem Problem, wie die Kontinuität zur Anfangszeit zu wahren und die überlieferte Botschaft in der Gegenwart sachgemäß auszurichten sei. Um Recht und Grenze der Übernahme des Modells der Past auf Grund analoger Situation festzustellen, wäre freilich auch genau nach den Unterschieden der Situation zu fragen. Ferner wäre zu fragen, worin sich die Motive für die Relevanz der Ordination damals und heute decken und worin sie verschieden sind.

2. Wenn die Aussagen der Past nicht normativ verstanden werden, sind sie also nicht einfach Legitimierung gegenwärtiger Ordinationspraxis und gegenwärtigen Ordinationsverständnisses. Welche Funktion hat dann heutige Bezugnahme auf die Ordination in den Past? Es zeigen sich zwei Möglichkeiten: a) Das Zeugnis der Past dient nur als historischer Beleg für den *Brauch* der Ordination, um die Kontinuität dieses auch heute für angemessen gehaltenen Brauches aufzuzeigen. Dann ist allerdings das Ordinations*verständnis* der Past nur sekundär im Blick, weil man dann gleichermaßen auch auf die Apg als Zeugnis für den Brauch der HA zur Amtseinsetzung im Urchristentum verweisen kann. Das Verständnis der Ordination wird dann primär aus heutigen Gesichtspunkten gewonnen, der Bezug auf das NT aber wird für heutiges Verständnis der Ordination im einzelnen irrelevant[7]. b) Der Rückgriff auf das Ordinationsverständnis der Past erfolgt als auf ein Modell für heutiges Ordinationsverständnis. Dann darf freilich nicht eklektisch vorgegangen werden. Vielmehr ist das Ordinationsverständnis in seinem ganzen Kontext zu sehen und als solches ernstzunehmen[8]. Folgerichtig muß auch die Problematik solchen Ordinationsverständnisses im gesamt-ntl Kontext (zB Pls) gesehen

---

[7] Das Verhältnis zwischen heutigem Ordinationsverständnis und dem im NT vorgefundenen ist dann ähnlich wie der Zusammenhang zwischen jüdischer und urchristlicher Ordination: Man greift auf einen vorhandenen Brauch zurück, bindet sich aber nicht an das vorhandene Verständnis dieses Brauchs.
[8] Eklektisch geht zB Hahn (Neutestamentliche Grundlagen) vor. Er stellt fest, daß in den Past „ein Verständnis der *Ordination* hervor(tritt), das unsere heutigen Probleme wesentlich weiterführen und klären könnte." (aaO 30) Er fragt aber nicht, ob Verständnis und Struktur von Amt und Gemeinde in Past ebenfalls für heute relevant gemacht werden können.

werden und gesagt werden, ob man diesem Modell im ganzen folgen will oder aber nur mit Einschränkungen oder gar nicht.

3. Der Kontext, in dem die Ordination in den Past steht, erweist sich als problematisch für eine Übernahme des Modells. Die Ordination der Past ist Korrelat eines bestimmten Amtsverständnisses, und sie ist dies vielfach auch in der heutigen Diskussion: es ist ein — vom pln Gemeindeverständnis her gesehen — verengtes Amtsverständnis damit verbunden, indem letztlich nur ein Amt als das eigentliche Amt im Blick ist. Es ist dies nach den Past das Amt der Lehre und Leitung, heute das „kirchliche Amt" mit den Funktionen der Verkündigung, der Sakramentsverwaltung und der Gemeindeleitung. Darin drückt sich die geschichtlich gewordene Konzentration vieler Funktionen in der Gemeinde in einem einzigen Amt aus. In der heutigen Diskussion wird sichtbar, daß das Festhalten an der Ordination in einem traditionellen Verständnis vielfach zusammengeht mit einem Festhalten an einem verengten Amtsverständnis[9]. Die in der Gegenwart in Gang gekommene kritische Überprüfung des traditionellen Amtsverständnisses von Pls her muß dann auch eine Überprüfung des Ordinationsverständnisses zur Folge haben.

4. Wesentlich im Blick auf die Übernahme des Modells ist die Frage der Angemessenheit für die Situation der Kirche und der einzelnen Gemeinde — mit Pls gesprochen: die Frage der Oikodome. a) Das Verständnis der Auffassungen der Past als Modell ermöglicht es, dessen Recht und Notwendigkeit in einer bestimmten geschichtlichen Situation der Kirche zu erkennen und zu würdigen. Betrachtet man die Gemeinde- und Amtsstruktur der Past unter dem Gesichtspunkt, was zu ihrer Zeit zur „Erbauung" der Gemeinde nötig war oder nötig schien, dann kann man sie durchaus als angemessen ansehen[10]. Aber

---

[9] Das wird auch noch in dem Memorandum der ökumenischen Universitätsinstitute („Reform und Anerkennung kirchlicher Ämter") deutlich. Die Ordination wird verstanden als „die herkömmlicherweise unter Gebet und Handauflegung erfolgende Berufung in das Amt" (aaO 19). Zwar wird von der Vielgestaltigkeit der Dienste nach dem NT ausgegangen (17), aber der Umfang der Ausführungen über die Gemeindeleitung zeigt doch, daß hier der Schwerpunkt gesehen wird, also wohl auch wenn die Ordination im Blick ist. Sehr deutlich wird dieses verengte Verständnis von Ordination in dem in der Münsteraner Studie (aaO 29ff) genannten 2. Modell einer Reform des kirchlichen Amtes (82): das traditionelle Priesteramt wird aufgegliedert in Presbyter (Gemeindeleiter), seelsorgerlichen Berater, Theologen und Verwaltungsfunktionär — Ordination aber ist nur für den Gemeindeleiter vorgesehen!

[10] Das wird auch von den Auslegern anerkannt, die an den in den Past vorliegenden Auffassungen Sachkritik üben. Vgl zB Schulz, Mitte der Schrift 109, der im Blick auf Past schreibt: „An der Zeitgemäßheit der frühkatho-

gerade dann ist im Blick auf heutige Gestaltung der Ordnung in der
Gemeinde danach zu fragen, was unter dem Kriterium der „Erbauung"
heute notwendig und sinnvoll ist. Man wird dann das pln Verständnis
der Dienste in der Gemeinde als ein umfassenderes ansehen, das
mehr Möglichkeiten für eine variable und vielfältige Gestaltung der
Dienste in der Gemeinde entsprechend den Notwendigkeiten und
Möglichkeiten bietet[11]. Eine Ordination als Übertragung dieser
Dienste[12] hätte in solchem Kontext aber einen andren Stellenwert[13]
und würde nicht die gleiche Problematik implizieren wie in Past.

b) Als modellhaft kann der Befund in den Past auch unter dem
Aspekt angesehen werden, auf welche Weise eine angemessen er-
scheinende Form der Gemeindeordnung ausgebildet wurde: Mit
der Anwendung der Ordnung der Hausgemeinschaft für die Gemeindeordnung geben die Past ein Beispiel für die Übernahme
und Indienstnahme einer in der Umwelt gegebenen Struktur. Pls
hatte in andrer Weise für sein Verständnis der Gemeindeordnung
nicht auf eine bestimmte Form menschlichen Zusammenlebens zurückgegriffen, sondern es an der Funktion des menschlichen Leibes
mit seinen Gliedern ausgerichtet. Heute dagegen lassen sich analoge
Vorgänge zu den Past feststellen, wenn demokratische Strukturen

---

lischen Theologie dürfte — historisch geurteilt — wohl kein Zweifel bestehen.
Völlig anders dagegen steht es um die Sachgemäßheit dieser Theologie."
[11] Daß die heutige Situation der Kirche in manchem den Past nähersteht
als Pls (s.o.), besagt ja keineswegs, daß damit das Gemeindeverständnis
des Pls in Frage gestellt wäre! Die traditionelle Hervorhebung der Gemeindeleitung läßt den Eindruck entstehen, daß entscheidend sei, daß die Gemeinde
geleitet werde: daß die ganze Gemeinde eine Sendung habe, die in der Vielzahl von Diensten konkret wird, kommt demgegenüber zu kurz.
[12] Vgl die konsequente Lösung in der Münsteraner Studie (s Anm 9), die
im 3. Modell den „Regelfall der Ordination für alle, die in ihrer Tätigkeit
die Sendung der Kirche öffentlich vollziehen", vorsieht (aaO 85). Dem liegt
zugrunde: „Alle die Berufe sollten gemeinsam das *kirchliche Amt* bilden, die
a) in der zentralen religiösen Aufgabe der Kirche begründet sind und b) in
und für eine kirchliche Gemeindeöffentlichkeit ausgeübt werden." (83).
[13] Zunächst ist festzustellen, daß in andrer geschichtlicher Situation als z.Z.
des Pls eine Ordination als Regelfall förmlicher Übertragung eines Dienstes
in der Gemeinde durchaus angemessen sein kann. Eine solche Ordination
muß aber nicht notwendig im Sinne der Past so verstanden werden, daß dadurch die pneumatische Befähigung und Vollmacht zu dem betreffenden
Dienst vermittelt wird, wodurch eine Entwertung der Taufe droht. Eine so verstandene Ordination wäre mit pln Verständnis der Dienste in der Gemeinde nicht
vereinbar. Durchaus aber ist vom pln Verständnis her eine Ordination denkbar, die
im Interesse der Ordnung und Kontinuität in der Gemeinde vollzogen wird,
aber nicht als besonderer Akt der Befähigung und Bevollmächtigung theologische
Qualität erhält.

aus der Umwelt für die Gestaltung der Gemeindeordnung übernommen und dienstbar gemacht werden[14]. c) Als Folgerung aus
den vorhergehenden Überlegungen ist festzuhalten: Das Verständnis der ntl Aussagen als Modelle legt nicht auf die Übernahme und
Beibehaltung bestimmter Ordnungen fest, sondern läßt Freiheit zu
einer Gestaltung der Gemeinde- und Amtsstrukturen entsprechend
heutigen Erfordernissen und dem, was theologisch als sachgemäß
zu verantworten ist. Dann bedeuten die Aussagen der Past über Ordination, Amt und Gemeinde nicht nur ein Problem. Vielmehr können
sie, wo man sich kritisch mit ihnen auseinandersetzt, Anstöße geben,
wie zu jeder Zeit Kirche als ecclesia semper reformanda ihre angemessene Ordnung zu finden vermag. Jede Ordnung hat sich dabei
der kritischen Frage zu stellen, ob sie dem Evangelium und dem
(der ganzen Gemeinde gegebenen) Auftrag seiner Ausrichtung,
also der „Erbauung" der Gemeinde entspricht.

---

[14] Demokratisierung in der Kirche bedeutet keine Auflösung von Autorität in
der Kirche. Demokratische Ordnung schließt auch das Element der Leitung
nicht aus. Entscheidend aber ist zu sehen, daß Autorität nicht — wie in Past
und traditionell — patriarchalische Autorität sein muß. Vgl Metz, Autorität
112ff (115: „Zeugnisautorität" statt „Vaterautorität").

ABKÜRZUNGSVERZEICHNIS

Für die in der Arbeit gebrauchten Abkürzungen ist das Abkürzungsverzeichnis von RGG, 3. Auflage, Bd. VI zugrundegelegt. Außerdem werden folgende Abkürzungen verwendet:

a)

Past	=	Pastoralbriefe
I	=	1. Timotheus
II	=	2. Timotheus
T	=	Titus
HA	=	Handauflegung
zit	=	zitiert bei ...

b)

AGThL	=	Arbeiten zur Geschichte und Theologie des Luthertums
BiLeb	=	Bibel und Leben
Dib-Conz	=	Dibelius M.—Conzelmann, H., Die Pastoralbriefe (HNT 13), 4. Aufl., Tübingen 1966
GeLeb	=	Geist und Leben
M-M	=	Moulton J.H.—Milligan, G., The Vocabulary of the Greek Testament
QD	=	Quaestiones Disputatae
RExp	=	Review and Expositor
RNT	=	Regensburger Neues Testament
SBM	=	Stuttgarter Biblische Monographien
SBS	=	Stuttgarter Bibelstudien
StANT	=	Studien zum Alten und Neuen Testament
StNT	=	Studien zum Neuen Testament
StUNT	=	Studien zur Umwelt des Neuen Testaments
ThBNT	=	Theologisches Begriffslexikon, hg von L. Coenen, E. Beyreuther, H. Bietenhard
WMANT	=	Wissenschaftliche Monographien zum Alten und Neuen Testament

c)

Aristoteles-Index: s. unter H. Bonitz
Plato-Index: s. unter F. Astius
Plutarch-Index: s. unter D. Wyttenbach
Thesaurus (Graecae Linguae): s. unter H. Stephanus

LITERATURVERZEICHNIS

Vorbemerkung

1. In das Literaturverzeichnis nicht aufgenommen sind Titel, die nur im Einleitungskapitel im Blick auf die Aktualität der Frage nach der Ordination zitiert werden, z.B. Lehrbücher der Dogmatik.

2. Verwendete Lexikonartikel werden nur an der jeweiligen Stelle in den Anmerkungen zitiert, sind aber nicht einzeln in das Literaturverzeichnis aufgenommen.

3. Die Kommentare zu den Pastoralbriefen werden in den Anmerkungen durchgehend nur mit der Nennung des Autors zitiert, ebenso einige andere häufig herangezogene Titel, wofür die genauen Angaben dem Literaturverzeichnis zu entnehmen sind. Die übrige verwendete Literatur wird in den Anmerkungen mit Verfasser + Kurztitel (Stichwort bzw Zeitschrift) zitiert und ist nur im Literaturverzeichnis vollständig bibliographiert.

4. Für die Ausgaben der außerbiblischen antiken Literatur sowie die Abkürzungen der Schriften der einzelnen Autoren: siehe das Verzeichnis bei Kittel, Theologisches Wörterbuch.

Literatur

Abbott, T.K., Epistles to the Ephesians and to the Colossians (ICC), Edinburgh 1953.

Adam, A., Die Entstehung des Bischofsamtes, WuD 5(1957), 104—13.

Adams, W.W., Exposition of 1 and 2 Timothy, RExp 56(1959), 367—387.

Adler, N., Die Handauflegung im Neuen Testament bereits ein Bußritus? Zur Auslegung von 1Tim 5,22, in: Festschr J. Schmid, Regensburg 1963, 1—6.

—, Taufe und Handauflegung. Eine exegetisch-theologische Untersuchung von Act 8,14—17 (NTA 19,3), Münster 1951.

Alfaro, J., Fides in terminologia biblica, Gregorianum 42(1961), 463—505.

—, Der Glaube als persönliche Hingabe des Menschen an Gott und als Annahme der christlichen Botschaft, Concilium 3(1967), 24—30.

Allan, J.A., The „In Christ" Formula in the Pastoral Epistles, NTS 10(1963), 115—121.

Almquist, H., Plutarch und das Neue Testament, Uppsala 1946.

Andresen, C. ua, Lexikon der Alten Welt, Zürich—Stuttgart 1965.

Asting, R., Die Verkündigung des Wortes im Urchristentum. Dargestellt an den Begriffen „Wort Gottes", „Evangelium" und „Zeugnis", Stuttgart 1939.

Astius, F., Lexicon Platonicum sive Vocum Platonicarum Index, Darmstadt 1956 (Nachdr 1835—38).

Auer, J., Corpus Christi mysticum. Das „Leib-Modell" in seiner Bedeutung für das Verständnis der Kirche und ihrer Ämter, in: Festschr J. Frings, Köln 1960, 1—23.

Baer, H. v., Der Heilige Geist in den Lukasschriften (BWANT III 3), Stuttgart 1926.

Baljon, J.M.S., Grieksch-Theologisch Woordenboek, Utrecht 1897/1899.

Barclay, W., Paul's Certainties VII. Our Security in God — 2 Timothy I 12, ET 69(1958), 324—327.

Barkley, J.M., La signification de l'ordination, VC 11(1957), 226—250.

Bârlea, O., Die Weihe der Bischöfe, Presbyter und Diakone in vornicänischer Zeit, Acta Philos et Theol 3 (Societas Academica Dacoromana), München 1969.

Barnikol, E., Bischof und Bibel. Die fünf Episkopos-Stellen und die episkopale Textrezension des Neuen Testaments nach 140/150, in: Festg Emil Fuchs, Leipzig 1964, 447—460.

Barr, J., Bibelexegese und moderne Semantik. Theologische und linguistische Methode in der Bibelwissenschaft, München 1965.

—, Biblical Words for Time, London 1962.

Barrett, C.K., Pauline Controversies in the Post-Pauline Period, NTS 20(1974), 229—245.

Barth, M., Die Taufe — ein Sakrament? Ein exegetischer Beitrag zum Gespräch über die kirchliche Taufe, Zürich 1951.

Barton, J.M.T., „Bonum certamen certavi . . . fidem servavi" (2Tim. 4,7), Bibl 40(1959), 878—884.

Bartsch, H.W., Die Anfänge urchristlicher Rechtsbildungen. Studien zu den Pastoralbriefen (ThF 34), Hamburg 1965.

Bauer, W., Rechtgläubigkeit und Ketzerei im ältesten Christentum (BHTh 10), Tübingen [2]1964, 225ff.

—, Der Wortgottesdienst der ältesten Christen, Tübingen 1930.

—, Griechisch-Deutsches Wörterbuch zu den Schriften des Neuen Testaments und der übrigen urchristlichen Literatur, Berlin [5]1963.

Bauernfeind, O., Die Apostelgeschichte (ThHK 5), Leipzig 1939.

Baumann, R., Aber du, Gottesmensch. Bischöfe, Priester und Laien im Licht der Heiligen Schrift, Kevelaer 1964.

Baus, K., Von der Urgemeinde zur frühchristlichen Großkirche (Hdb d KG, hg H. Jedin, I), Freiburg 1963.

Bauza, M., Ut resuscites gratiam Dei (2Tim 1,6), El Sacerdocio de Cristo y los diversos grados de su participación en la Iglesia (XXVI Semana Española de Teologia), Madrid 1969, 55—65.

Beardslee, W.A., The Casting of Lots at Qumran and in the Book of Acts, NovTest 4(1960), 245—252.

Beasley-Murray, G.R., Baptism in the New Testament, London 1963.

Beck, J.T., Erklärung der zwei Briefe Pauli an Timotheus, Gütersloh 1879.

Becker, J., Auferstehung der Toten im Urchristentum, SBS 82, Stuttgart 1976.

Behm, J., Die Handauflegung im Urchristentum. Nach Verwendung, Herkunft und Bedeutung in religionsgeschichtlichem Zusammenhang untersucht, Darmstadt [2]1968 (Nachdr 1911).

Beker, J.C., The Pastoral Letters, The Interpreter's Dictionary of the Bible, New York/Nashville 1962, III 668—675.

Bellen, H., Studien zur Sklavenflucht im römischen Kaiserreich (Forschungen zur Antiken Sklaverei 4), Wiesbaden 1971.

Benayahu, M., בצפת הסמיכה של חידושה Jubilee volume Y.F. Baer, Jerusalem 1960, 248—269.

Bengel, J.A., Gnomon Novi Testamenti, Tübingen [3]1855.

Benko, St. — O'Rourke, J. J. The Catacombs and the Colosseum. The Roman Empire as the Setting of Primitive Christianity, Valley Forge 1971.

Berbuir, E., Die Herausbildung der kirchlichen Ämter von Gehilfen und Nachfolgern der Apostel, Wissenschaft und Weisheit 36 (1973), 110—128.

Best, E., Acts XIII.1—3, JThS 11(1960), 344—348.

—, Spiritual Sacrifice. General Priesthood in the New Testament, Interpretation 14(1960), 273—299.

Betz, J., Die neutestamentliche Struktur des Sakraments, aufgewiesen am Abendmahl, Oecumenica 1970, 61—81.

Betz, O., Felsenmann und Felsengemeinde. Eine Parallele zu Mt 16,17—19 in den Qumrantexten, ZNW 48(1957), 49—77.

Bieder, W., Die Berufung im Neuen Testament (AThANT 38), Zürich 1961.

—, Die ökumenisch-missionarische Bedeutung der Ordination im Lichte des Neuen Testaments, EMM 109(1965), 97—107.

—, Die Verheißung der Taufe im Neuen Testament, Zürich 1966.

Bihler, J., Die Stephanusgeschichte im Zusammenhang der Apostelgeschichte (MThS I 16), München 1963.

Binder, H., Der Glaube bei Paulus, Berlin 1968.

—, Die historische Situation der Pastoralbriefe, in: Festschr Bischof Fr. Müller, Stuttgart 1967, 70—83.

Bläser, P., Amt und Gemeinde im Neuen Testament und in der reformatorischen Theologie, Catholica 18(1964), 167—192.

—, Zum Problem des urchristlichen Apostolats, in: Festschr L. Jaeger (Unio Christianorum), Paderborn 1962, 92—107.

—, Amt und Eucharistie im Neuen Testament, in: Amt und Eucharistie (Hg P. Bläser), Paderborn 1973, 9—50.

Blank, J., Kirchliches Amt und Priesterbegriff, in: Weltpriester nach dem Konzil (Münchner Akademie-Schriften 46), München 1969, 11—52.

—, Kirche — Gemeinde oder/und Institution? Exegetische Reflexionen zu einem aktuellen Thema, in: Biblische Randbemerkungen (Festschr R. Schnackenburg), Würzburg 1974, 79—93.

Blaß, F. — Debrunner, A., Grammatik des neutestamentlichen Griechisch, Göttingen [12] 1965.

Blum, G.G., Das Amt der Frau im Neuen Testament, NovTest 7(1964), 142—161.

—, Tradition und Sukzession. Studien zum Normbegriff des Apostolischen von Paulus bis Irenäus (AGThL 9), Berlin—Hamburg 1963.

Bonitz, H., Index Aristotelicus, Darmstadt 1955 (Nachdr 1870).

Bonnard, P., Ministères et laicat chez saint Paul, VC 18 (71f) (1964), 56—66.

—, Le Nouveau Testament connaît-il la transmission d'une fonction apostolique? VC 15(1961), 132—137.

Bormann, G. — Bormann-Heischkeil, S., Theorie und Praxis kirchlicher Organisation (Beitr zur soziolog Forschung 3), Opladen 1971.

Bornkamm, G., Paulinische Anakoluthe im Römerbrief, in: Das Ende des Gesetzes (Ges Aufs I), BEvTh 16, München 1958, 76—92.

Botte, B., Das Weihesakrament nach den Gebeten des Weiheritus, in: Das Apostolische Amt (Hg J. Guyot), Mainz 1961 (Paris 1957), 13—33.

Botterweck, G.J., Hirt und Herde im Alten Testament und im Alten Orient, in: Festschr J. Frings, Köln 1960, 339—352.

Bourke, M.M., The Catholic Priest: Man of God for Others, Worship 43(1969), 68—81.

—, Reflections on Church Order in the New Testament, CBQ 30(1968), 493—511.

Brandenburger, E., Adam und Christus. Exegetisch-religionsgeschichtliche Untersuchung zu Röm 5,12—21 (WMANT 7), Neukirchen 1962.

Braun, H., Qumran und das Neue Testament, Tübingen 1966.

Bro, B., Der Mensch und die Sakramente, Concilium 4(1968), 15—24.

Brockhaus, U., Charisma und Amt. Die paulinische Charismenlehre auf dem Hintergrund der frühchristlichen Gemeindefunktionen, Wuppertal 1972.

Brosch, J., Charismen und Ämter in der Urkirche, Bonn 1951.

—, Die kirchlichen Ämter und die Gnadengaben (Kreuzringbücherei 56), Trier 1970.

Brown, R.E., Semitic Background of the New Testament mystêrion, Bibl 39 (1958), 426—448 (I) und 40(1959), 70—87 (II).

Brox, N., Amt, Kirche und Theologie in der nachapostolischen Epoche — Die Pastoralbriefe, in: Gestalt und Anspruch des Neuen Testaments (Hg J. Schreiner), Würzburg 1969, 120—33.

—, Historische und theologische Probleme der Pastoralbriefe des Neuen Testaments. Zur Dokumentation der frühchristlichen Amtsgeschichte, Kairos 11(1969), 81—94.

—, Lukas als Verfasser der Pastoralbriefe? JAC 13(1970), 62—77.

—, Die Pastoralbriefe (RNT 7,2), Regensburg [4]1969 (=Brox).

—, Zeuge und Märtyrer. Untersuchungen zur frühchristlichen Zeugnis-Terminologie (StANT 5), München 1961.

—, Falsche Verfasserangaben. Zur Erklärung der frühchristlichen Pseudepigraphie, SBS 79, Stuttgart 1975.

—, Προφητεία im ersten Timotheusbrief, BZ 20(1976), 229—232.

Bruce, F.F., The True Apostolic Succession: Recent Study of the Book of Acts, Interpretation 13(1959), 131—143.

Bruder, C.H., Concordantiae omnium vocum Novi Testamenti Graeci, Göttingen 1913.

Brun, L., Segen und Fluch im Urchristentum, Oslo 1932.

Brunotte, H. — Weber, O., Evangelisches Kirchenlexikon. Kirchlich-theologisches Handwörterbuch, Göttingen 1956ff.

Buber, M., Zwei Glaubensweisen, Zürich 1950.

Bujard, W., Stilanalytische Untersuchungen zum Kolosserbrief als Beitrag zur Methodik von Sprachvergleichen, StUNT 11, Göttingen 1973.

Bultmann, R., Zur Frage nach den Quellen der Apostelgeschichte, in: New Testament Essays (Studies in Memory of Th. W. Manson), Manchester 1959, 68—80.

—, Die drei Johannesbriefe (MeyerK 14), Göttingen [7 (1)] 1967.

—, Theologie des Neuen Testaments, Tübingen [6]1968.

—, Die Wandlung des Selbstverständnisses der Kirche in der Geschichte des Urchristentums, in: Glauben und Verstehen III, Tübingen[3] 1965, 131—141.

Burchard Chr., Der dreizehnte Zeuge. Traditions- und kompositionsgeschichtliche Untersuchungen zu Lukas' Darstellung der Frühzeit des Paulus (FRLANT 103), Göttingen 1970.

—, Paulus in der Apostelgeschichte, ThLZ 100 (1975), 881—895.

—, Formen der Vermittlung christlichen Glaubens im Neuen Testament. Beobachtungen anhand von κήρυγμα, μαρτυρία und verwandten Wörtern, EvTh 38(1978), 313—340.

Burck, E., Die Frau in der griechisch-römischen Antike, München 1969.

Burke, P., The Monarchical Episcopate at the End of the First Century, Journal of Ecumenical Studies 7(1970), 499—518.

Butler, Chr., The Object of Faith according to St. Paul's Epistles, AnBibl 17f/I, 1963, 15—30.

Campenhausen, H. Frh. v., Die Anfänge des Priesterbegriffs in der alten Kirche, in: Tradition und Leben, Tübingen 1960, 272—89.

—, Die Christen und das bürgerliche Leben nach den Aussagen des Neuen Testaments, ebd 180—202.

—, Die Entstehung der christlichen Bibel (BHTh 39), Tübingen 1968.

—, Die Idee des Martyriums in der alten Kirche, Göttingen 1936.

—, Kirchliches Amt und geistliche Vollmacht in den ersten drei Jahrhunderten (BHTh 14), Tübingen ²1963.

—, Lehrerreihen und Bischofsreihen im 2. Jahrhundert, in: In Memoriam Ernst Lohmeyer, Stuttgart 1951, 240—249.

—, Polykarp von Smyrna und die Pastoralbriefe (SAH Phil-Hist Kl 51,2), Heidelberg 1951.

—, Das Problem der Ordnung im Urchristentum und in der alten Kirche, in: Tradition und Leben, Tübingen 1960, 157—179.

—, Tradition und Geist im Urchristentum, ebd 1—16.

Cancrini, A., Syneidesis. Il tema semantico della ‚con-scientia' nella Grecia antica, Lessico intellettuale europeo 6, Rom 1970.

Carrington, Ph., The Early Christian Church, I und II, Cambridge 1957.

Chavasse, C., The Laying on of Hands, ET 81 (1970), 150.

Cipriani S., La dottrina del „depositum" nelle lettere pastorali, AnBibl 17f/II, 1963, 127—142.

Coenen, L. — Beyreuther, E. — Bietenhard, H., Theologisches Begriffslexikon zum Neuen Testament, Wuppertal 1967ff.

Cohn, L. ua, Philo von Alexandria. Die Werke in deutscher Übersetzung, Berlin ²1962.

Colson, J., Désignation des ministres dans le Nouveau Testament, Maison Dieu 102(1970), 21—29.

—, Les Fonctions Ecclésiales aux deux premiers Siècles, Paris 1956.

—, La succession apostolique au niveau du premier siècle. Problème historique, VC 15(1961), 138—172.

Concilium 4(1968), 237—319: zum Thema der Apostolischen Sukzession.

Conzelmann, H., Die Apostelgeschichte (HNT 7), Tübingen 1963.

—, Geschichte des Urchristentums (Grundrisse zum NT 5), Göttingen ²1971.

—, Grundriß der Theologie des Neuen Testaments, München 1967.

—, Der erste Brief an die Korinther (MeyerK 5), Göttingen 11(1) 1969.

—, Die Mitte der Zeit. Studien zur Theologie des Lukas (BHTh 17), Tübingen ⁵1964.

Coppens, J., L'imposition des mains et les rites connexes dans le Nouveau Testament et dans l'église ancienne, Paris 1925.

Corsani, B., L'Imposizione delle Mani nel Nuovo Testamento, Protestantesimo 27(1972), 161—171,

Cox, G.S.R., The Emerging Organization of the Church in the New Testament and the Limitations Imposed Thereon, Evangelical Quarterly 33(1966), 22—39.

Cranfield, C.E.B., Μέτρον πίστεως in Romans XII 3, NTS 8(1961f), 345—351.

Cremer, H. — Kögel, J., Biblisch-theologisches Wörterbuch der Neutestamentlichen Gräzität, Gotha ¹⁰1915 (= Cremer-Kögel).

Crouch, J.E., The Origin and Intention of the Colossian Haustafel (FRLANT 109), Göttingen 1972.

Cruvellier, Y., La notion de piété dans les épîtres pastorales, Études Evangeliques 23(1963), 41–61.

Cullmann, O., Die Tradition als exegetisches, historisches und theologisches Problem, Zürich 1954.

Dahl, N.A., Das Volk Gottes. Eine Untersuchung zum Kirchenbewußtsein des Urchristentums, Oslo 1941.

Danielou, J. – Marrou, H.I., Von der Gründung der Kirche bis zu Gregor dem Großen (Geschichte der Kirche, Hg L. J. Rogier ua, I), Einsiedeln – Zürich –Köln 1963.

Dassmann, E., Die Bedeutung des Alten Testaments für das Verständnis des kirchlichen Amtes in der frühpatristischen Theologie, BiLeb 11(1970), 198–214.

Daube, D., The New Testament and Rabbinic Judaism, London 1956.

Dautzenberg, G., Urchristliche Prophetie. Ihre Erforschung, ihre Voraussetzungen im Judentum und ihre Struktur im ersten Korintherbrief, BWANT 104, Stuttgart/Berlin/Köln/Mainz 1975.

Dauvillier, J., Les Temps Apostoliques. 1er siècle (Histoire du Droit et des Institutions de l'Église en Occident II), Paris 1970.

Davies, W.D., Paul and Rabbinic Judaism, London 1955.

Deichgräber, R., Gotteshymnus und Christushymnus in der frühen Christenheit (StUNT 5), Göttingen 1967.

Dekkers, E., ΠΡΟΦΗΤΕΙΑ – PRAEFATIO, in: Mélanges Chr. Mohrmann, Utrecht- Anvers 1963, 190–195.

Delling, G., Merkmale der Kirche nach dem Neuen Testament, NTS 13(1966f), 297–316.

–, Wort Gottes und Verkündigung im Neuen Testament (SBS 53), Stuttgart 1971.

Delorme, J. (Hg), Le ministère et les ministères selon le Nouveau Testament. Dossier exégétique et réflexion théologique, Parole de Dieu 10, Paris 1974.

Dey, J. ΠΑΛΙΓΓΕΝΕΣΙΑ. Ein Beitrag zur Klärung der religionsgeschichtlichen Bedeutung von Tit 3,5 (NTA 17.5). Münster 1937.

Dias, P. V., Dogmatische Überlegungen zu Amt, Vollmacht und Weihe, in: Zum Thema Priesteramt, Stuttgart 1970, 54ff.

–, Vielfalt der Kirche in der Vielfalt der Jünger, Zeugen und Diener (Ökumen Forschungen I 2), Freiburg etc 1968.

–, Kirche. In der Schrift und im 2. Jahrhundert, Handbuch der Dogmengesch III, 3a (Hg M. Schmaus u.a.), Freiburg/Basel/Wien 1974.

Diaz y Diaz J., Die Wortgruppe σῴζειν, σωτηρία, σωτήρ in den neutestamentlichen Briefen, Diss Heidelberg 1965.

Dibelius, M., Ἐπίγνωσις ἀληθείας, in: Neutestamentliche Studien für G. Heinrici, Leipzig 1914, 176–189.

– (–Greeven, H.), An die Kolosser Epheser. An Philemon (HNT 12), Tübingen ³1953.

– (–Conzelmann, H.), Die Pastoralbriefe (HNT 13), Tübingen ⁴1966. (=Dib-Conz).

–, An die Thessalonicher I II. An die Philipper (HNT 11), Tübingen³1937.

Diem, H., Theologie als kirchliche Wissenschaft 3. Die Kirche und ihre Praxis, München 1963.

Dinkler, E., Die Taufaussagen des Neuen Testaments, in: Zu Karl Barths Lehre von der Taufe (Hg F. Viering), Gütersloh 1971, 60–153.
Dockx, S., L'Ordination de Barnabé et de Saul d'après Actes 13,1–3, NRTh 98 (1976), 238–250.
Döpfner, J., Das Bleibende und Sichwandelnde am Priestertum, HerKorr 23 (1969), 369–373.
Dornier, P., Les Épîtres Pastorales, Paris 1969. (= Dornier).
–, Les Épîtres Pastorales A. Paul Apôtre, in: Le ministère et les ministères selon le Nouveau Testament (Hg Delorme), Paris 1974, 93–102.
Doughty, D.J., The Priority of ΧΑΡΙΣ, NTS 19(1973), 163–180.
Dreier, R., Das kirchliche Amt. Eine kirchenrechtstheoretische Studie (Jus Ecclesiasticum 15), München 1972.
Duncker, P.G., „quae vere viduae sunt" (1Tim 5,3), Angelicum 35(1958), 121–138.
Dunn, J.D.G., Baptism in the Holy Spirit (Studies in Biblical Theology 2,15), London 1970.
–, Jesus and the Spirit. A Study of the Religious and Charismatic Experience of Jesus and the First Christians as Reflected in the New Testament, London 1975.
Dupont, J., Gnosis. Le connaissance religieuse dans les épîtres de Saint Paul, Paris – Louvain 1949.
–, Paulus an die Seelsorger. Das Vermächtnis von Milet (Apg 20,18–36), Düsseldorf 1966 (Paris 1962).
–, Syneidesis. Aux origines de la notion chrétienne de conscience morale, in: Studia Hellenistica (Hg. L. Cerfaux – W. Peremans), Louvain 1948, 119–153.
Duss-von Werdt, J., Was kann der Laie ohne den Priester? Concilium 4(1968), 284–288.
Eckardt, K.-G., Urchristliche Tauf- und Ordinationsliturgie (Col 1,9–20. Act 26,18), ThViat 8(1961), 23–37.
Edge, F.B., Priesthood of Believers, RExp 60(1963), 9–21.
Ehrhardt, A., The Apostolic Succession in the first two Centuries of the Church, London 1953.
–, Jewish and Christian Ordination, JEH 5(1954), 125–138.
–, Parakatatheke, ZSavRG Roman Abt 75(1958), 32–90.
Eichholz, G., Was heißt charismatische Gemeinde? 1Kor 12 (ThEx 77), München 1960.
–, Glaube und Werk bei Paulus und Jakobus (ThEx 88), München 1961.
Eising, H., Geist – Amt – Charisma. Eine alttestamentliche Besinnung, in: Die Kirche im Wandel der Gesellschaft (Hg J. Schreiner), Würzburg 1970, 273–286.
Elderenbosch, P. A., De Oplegging der Handen, 's-Gravenhage 1953.
Elliott, J.H., The Elect and the Holy. An Exegetical Examination of 1Peter 2,4–10 and the Phrase βασίλειον ἱεράτευμα (Suppl NT 12), Leiden 1966.
–, Ministry and Church order in the New Testament. A traditio-historical analysis (I Pt V 1–5 and plls), CBQ 32(1970), 367–391.
d'Ercole, G., Forschungsnotizen zur Kollegialität der Bischöfe, Concilium 4 (1968), 68–74.
Ernst, J., Amt und Autorität im Neuen Testament, ThGl 58(1968), 170–183.
–, Die Witwenregel des ersten Timotheusbriefes – ein Hinweis auf die biblischen Ursprünge des weiblichen Ordenswesens? ThGl 59 (1969), 434–445.
Everling, O., Die paulinische Angelologie und Dämonologie, Göttingen 1888.

Fascher, E., Προφήτης. Eine sprach- und religionsgeschichtliche Untersuchung, Gießen 1927.

Ferguson, E., Jewish and Christian Ordination, HThR 56(1963), 12—19.

—, Laying on of Hands: Its Significance in Ordination, JThS NS 26(1975), 1—12.

Ferrier-Welty, M., La transmission de l'Evangile. Recherche sur la relation personelle dans l'Église d'après les épîtres pastorales, EThR 32(1957), 75—131.

—, Vocation et Consécration de Timothée, ebd 132—135.

Fischer, K.M., Tendenz und Absicht des Epheserbriefes, FRLANT 111, Göttingen 1973.

Fitzmyer, J.A., The Genesis Apocryphon of Qumran Cave I. A Commentary (Biblica et Orientalia 18A), Rom ²1971.

—, Some Observations on the Gn Apocryphon, CBQ 22(1960), 277—291.

Flemington, W.F., The New Testament Doctrine of Baptism, London 1953.

Flusser, D., Healing through the Laying-on of Hands in a Dead Sea Scroll, IEJ 7(1957), 107f.

Foakes-Jackson, F.J., The Acts of the Apostles (Moffat), London ⁸1951.

Foerster, W., ΕΥΣΕΒΕΙΑ in den Pastoralbriefen, NTS 5(1959), 213—18.

—, Der Heilige Geist im Spätjudentum, NTS 8(1961f), 117—134.

Ford, J.M., A note on Proto-Montanism in the Pastoral Epistles, NTS 17 (1971), 338—346.

Le Fort, P., La responsabilité politique de l'Église d'après les épîtres pastorales, EThR 49 (1974), 1—14.

Frank, S., Griechischer und christlicher Gehorsam, TThZ 79(1970), 129—143.

Freudenberger, R., Das Verhalten der römischen Behörden gegen die Christen im 2. Jahrhundert. Dargestellt am Brief des Plinius an Trajan und den Reskripten Trajans und Hadrians (Münchner Beitr zur Papyrusforschung u Antiken Rechtsgesch 12), München 1967.

Freyne, S., The Exercise of Christian Authority according to the New Testament, Irish Theological Quarterly 37(1970), 93—117.

Frezza, P., Παρακαταθήκη, in: Symbolae R. Taubenschlag I (Eos 48,1), Breslau-Warschau 1956, 139—172.

Fridrichsen, A., Themelios (1.Kor 3,11), ThZ 2(1946), 316f.

Friedrich, G., Geist und Amt, WuD 3(1952), 61—85.

Frisk, H., Griechisches Etymologisches Wörterbuch, 2 Bde, Heidelberg 1960/1970.

Fuchs, V., Der Ordinationstitel von seiner Entstehung bis auf Innozenz III, Amsterdam 1963 (Nachdr Bonn 1930).

Funkkolleg Sprache. Eine Einführung in die moderne Linguistik, Studienbegleitbriefe 1—11 (Hg Deutsches Institut für Fernstudien an der Universität Tübingen), Weinheim etc 1971f.

Gaechter, P., Die Sieben (Apg 6,1—6), ZKTh 74(1952), 129—166.

—, Die Wahl des Matthias (Apg 1,15—26), ZKTh 71(1949), 318—46.

Galling, K. (Hg), Die Religion in Geschichte und Gegenwart. Handwörterbuch für Theologie und Religionswissenschaft, Tübingen ³1957ff.

Galtier, P., Imposition des mains, DThC 7, 1302—1425.

—, La reconciliation des pécheurs dans S. Paul, RechSR 3(1912), 448—460.

—, La reconciliation des pécheurs dans la première epître à Timothée, RechSR 39(1951), 317—320.

Gassmann, G. u.a. (Hg), Um Amt und Herrenmahl. Dokumente zum evangelisch/römisch-katholischen Gespräch, Frankfurt/M. 1974.

Gaugler, E., Der Epheserbrief (Auslegung ntl Schriften 6), Zürich 1966.
Geiger, K., Das Depositum irregulare als Kreditgeschäft, Diss Freiburg 1962.
Gewiess, J., Die neutestamentlichen Grundlagen der kirchlichen Hierarchie, HJ 72(1953), 1—24.
—, Die Kirche des Neuen Testaments in der Sorge um die Erhaltung ihrer Einheit, in: Festschr L. Jaeger, Paderborn 1962, 160—75.
Giese, G., ΧΑΡΙΣ ΠΑΙΔΕΥΟΥΣΑ. Zur biblischen Begründung des evangelischen Erziehungsgedankens, ThViat 5(1953f), 150—173.
Giesriegl, R., Amt und Charisma nach dem ersten Korintherbrief des Apostels Paulus, Diss theol Salzburg 1969.
Glombitza, O., Zur Charakterisierung des Stephanus in Act 6 und 7, ZNW 53 (1962), 238—244.
Gnilka, J., Geistliches Amt und Gemeinde nach Paulus, Kairos 11(1969), 95—104 und AnBibl 42 (Foi et Salut selon St. Paul, Rom 1970), 233—245.
—, Der Philipperbrief, HThK X 3, Freiburg etc 1968.
—, Strukturen der Kirche nach dem Neuen Testament, in: Die Kirche im Wandel der Gesellschaft (Hg J. Schreiner), Würzburg 1970, 30—40.
Goessler, L., Plutarchs Gedanken über die Ehe, Zürich 1962.
Goguel, M., L'eglise primitive, Paris 1947.
Goitia, J. de, El rito de la imposición de manos en el Nuevo Testamento, Verdad y Vida 16(1958), 173—188.
Goldammer, K., Der Kerygma-Begriff in der ältesten christlichen Literatur, ZNW 48(1957), 77—101.
Goltz, E. von der, Das Gebet in der ältesten Christenheit, Leipzig 1901.
Goppelt, L., Die apostolische und nachapostolische Zeit (Die Kirche und ihre Geschichte 1A), Göttingen 21966.
—, Kirchenleitung in der palästinensischen Urkirche und bei Paulus, in: Festschr W. Maurer, Berlin—Hamburg 1965, 1—8.
—, Das kirchliche Amt nach den lutherischen Bekenntnisschriften und nach dem Neuen Testament, Festg P. Brunner, Kassel 1965, 97—115 (= LR 14, 1964, 517—36).
—, Tradition nach Paulus, KuD 4(1958), 213—233.
—, (Hg F. Hahn), Der Erste Petrusbrief, MeyerK 12,1, Göttingen 8(1)1978.
Gräßer, E., Die Naherwartung Jesu (SBS 61), Stuttgart 1973.
Grau, F., Der neutestamentliche Begriff χάρισμα, seine Geschichte und seine Theologie, Diss Tübingen 1946.
Grayston, K., The Significance of the word HAND in the New Testament, in: Mélanges Bibliques B. Rigaux, Gembloux 1970, 479—87.
Greenslade, C.S.L., Ordo, SJTh 9(1956), 161—174.
Greeven, H., Gebet und Eschatologie im Neuen Testament (Ntl Forschungen 3,1), Gütersloh 1931.
—, Die Geistesgaben bei Paulus, WuD 6(1959), 111—120.
—, Propheten, Lehrer, Vorsteher bei Paulus. Zur Frage der Ämter im Urchristentum, ZNW 44 (1952f), 1—43.
Grelot, P., Das kirchliche Amt im Dienst des Gottesvolkes, in: Vom Christus zur Kirche (Hg J. Giblet), Wien etc 1966, 203—21.
Grimm, B., Untersuchungen zur sozialen Stellung der frühen Christen in der römischen Gesellschaft, Diss phil München 1975.
Gülzow, H., Christentum und Sklaverei in den ersten drei Jahrhunderten, Bonn 1969.

Gundry, R. H., The Form, Meaning and Background of the Hymn Quoted in 1Tim 3,16, in: Festschr F.F. Bruce, Exeter 1970, 203—22.

Gutierrez P., La Paternité spirituelle selon Saint Paul, Paris 1968.

Haas, O., Berufung und Sendung Pauli nach Gal 1, ZM 46(1962), 81—92.

Haenchen, E., Die Apostelgeschichte (MeyerK 3), Göttingen 15 (6) 1968.

—, Die Apostelgeschichte als Quelle für die christliche Frühgeschichte, in: Die Bibel und wir, Tübingen 1968, 312—337.

Häring, H., Kirche und Kerygma. Das Kirchenbild in der Bultmannschule (Ökumen Forschg I 6), Freiburg etc 1972.

Hahn, F., Neutestamentliche Grundlagen für eine Lehre vom kirchlichen Amt, in: Dienst und Amt, Regensburg 1973, 7—40.

—, Das Problem „Schrift und Tradition" im Urchristentum, EvTh 30(1970), 449—468.

—, Der urchristliche Gottesdienst (SBS 41), Stuttgart 1970.

—, Taufe und Rechtfertigung. Ein Beitrag zur paulinischen Theologie in ihrer Vor- und Nachgeschichte, in: Rechtfertigung (Käsemann-Festschr), Tübingen/Göttingen 1976, 95—124.

—, Frühkatholizismus im Neuen Testament, EvTh 38(1978), 341ff.

Hahn, G.L., Die Lehre von den Sakramenten in ihrer geschichtlichen Entwickelung innerhalb der abendländischen Kirche bis zum Concil von Trient, Breslau 1864.

Hainz, J., Amt und Amtsvermittlung bei Paulus, in: Kirche im Werden, München/Paderborn/Wien 1976, 109—122.

—, Die Anfänge des Bischofs- und Diakonenamtes, ebd 91—107.

—, Ekklesia. Strukturen paulinischer Gemeinde-Theologie und Gemeinde-Ordnung, Bibl Untersuchungen 9, Regensburg 1972.

— (Hg), Kirche im Werden. Studien zum Thema Amt und Gemeinde im Neuen Testament, München/Paderborn/Wien 1976.

Hallevy, R., Man of God, JNES 17(1958), 237—244.

Hanson, A.T., The Pastoral Letters (Cambridge Bible Commentary), Cambridge 1966. (= Hanson)

Harnack, A.v., Entstehung und Entwickelung der Kirchenverfassung und des Kirchenrechts in den zwei ersten Jahrhunderten, Leipzig 1910.

Harvey, A.E., Elders, JThS 25(1974), 318—332.

Hasenhüttl, G., Charisma. Ordnungsprinzip der Kirche (Ökumen Forschg I 5), Freiburg 1969.

Hasler, V., Das nomistische Verständnis des Evangeliums in den Pastoralbriefen, Schweizerische Theol Umschau 28(1958), 65—77.

—, Epiphanie und Christologie in den Pastoralbriefen, ThZ 33(1977), 193—209.

Hatch, E. — Harnack, A.v., Die Gesellschaftsverfassung der christlichen Kirchen im Altertum, Gießen 1883.

Hatch, W.H.P., The Pauline Idea of Faith in its Relation to Jewish and Hellenistic Religion, Cambridge 1917.

Haufe, Chr., Die antike Beurteilung der Sklaven, WZ Leipzig Gesellschafts- u sprachwiss Reihe 9(1959f), 603—616.

Haufe, G., Gemeinde im Neuen Testament. Variabilität und Kontinuität ihres Selbstverständnisses, ZdZ 26(1972), 161—171.

—, Gnostische Irrlehre und ihre Abwehr in den Pastoralbriefen, in: Gnosis und Neues Testament. Studien aus Religionswissenschaft und Theologie (Hg K.-W.Tröger), Gütersloh 1973, 325—339.

Haug, M., Amt und Geist, in: Festschr Th. Wurm, Stuttgart 1948, 219—36.

Haupt, E., Die Gefangenschaftsbriefe (MeyerK 8/9), Göttingen 7/8 1902.

Hegermann, H., Der geschichtliche Ort der Pastoralbriefe, in: Theologische Versuche II (J. Rogge/G. Schille), Berlin 1970, 47—64.

Heine, G., Synonymik des Neutestamentlichen Griechisch, Leipzig 1898.

Heinz, G., Das Problem der Kirchenentstehung in der deutschen protestantischen Theologie des 20. Jahrhunderts, Tübinger Theol Studien 4, Mainz 1974.

Hempel, J., Der Symbolismus von Reich, Haus und Stadt in der biblischen Sprache, WZ Greifswald Gesellschafts- u sprachwiss Reihe 5(1955f), 123—130.

Hengel, M., Nachfolge und Charisma (BZNW 34), Berlin 1968.

Hermann, I., Kerygma und Kirche, in: Festschr J. Schmid, Regensburg 1963, 110—114.

—, Kyrios und Pneuma. Studien zur Christologie der paulinischen Hauptbriefe (StANT 2), München 1962.

Herten, J., Charisma — Signal einer Gemeindetheologie des Paulus, in: Kirche im Werden (Hg J. Hainz), München/Paderborn/Wien 1976, 57—89.

Heubach, J., Die Ordination zum Amt der Kirche (AGThL 2), Berlin 1956.

Heyl, C. Frhr. v., Ordination zum heiligen Predigtamt und Apostolische Sukzession, Lutherische Blätter 13(1961), 119—136. 157—176.

Hierzenberger, G., Evangelium oder heilige Lehre? Zur Verobjektivierung der Glaubensinhalte, in: Wort Gottes in der Zeit (Schelkle-Festschr), Düsseldorf 1973, 427—435.

Hilgenfeld, A., Die Gemeindeordnung der Hirtenbriefe des Paulus, ZWTh 29 (1886), 456—473.

Hitchcock, F.R.M., Philo and the Pastorals, Hermathena Nr. 56, 1940, 113—135.

Hofius, O., Zur Auslegungsgeschichte von πρεσβυτέριον 1Tim 4,14, ZNW 62 (1971), 128f.

Hommes, N.J., Let Women be Silent in Church: A message concerning the worship service and the decorum to be observed by women, Calvin Theological Journal 4(1969), 5—22.

Holtum, G.v., Die Terminologie bezüglich der kirchlichen Ämter in der Apostelgeschichte, den Briefen des hl. Paulus und anderen neutestamentlichen Schriften, ThGl 19(1927), 461—488.

Holtz, G., Die Pastoralbriefe (ThHK XIII), Berlin 1965. (= Holtz).

Holtzmann, H.J., Die Apostelgeschichte (HC I 2), Tübingen-Leipzig 3 1901.

—, Lehrbuch der neutestamentlichen Theologie, Freiburg 2 1911.

—, Die Pastoralbriefe, kritisch und exegetisch behandelt, Leipzig 1880. (= Holtzmann).

Holzmeister, U., Apparuit gratia Dei salvatori nostri (Tit 2,11—15), VD 11 (1931), 353—356.

Houdijk, M., Eine Diskussion aus letzter Zeit über die neutestamentlichen Grundlagen des Priesteramtes, Concilium 8(1972), 774—781.

Hruby, K., La notion d'ordination dans la tradition juive, Maison Dieu 102 (1970), 30—56.

Hull, W.E., The Man — Timothy, RExp 56(1959), 355—366.

Hunt, W.B., Ordination in the New Testament, Southwestern Journal of Theology 11(1969), 9—27.

Jaeger, W., Das frühe Christentum und die griechische Bildung, Berlin 1963.

—, Paideia. Die Formung des griechischen Menschen, 3 Bde, Berlin 1934/1944/ 1947.

Jaubert, A., L'image de la colonne (1Tim 3,15), AnBibl 17f/II, 1963, 101—108.

Javierre, A.M., ΠΙΣΤΟΙ ΑΝΘΡΩΠΟΙ (2Tim 2,2): Episcopado y sucesión apostólica en el Nuovo Testamento, AnBibl 17f/II, 1963, 109—118.

Jebb, S., A Suggested Interpretation of 1Ti 2:15, ET 81(1969f), 221—222.

Jentsch, W., Urchristliches Erziehungsdenken, Gütersloh 1951 (BFChTh 45,3).

Jeremias, J., Abba. Studien zur neutestamentlichen Theologie und Zeitge-schichte, Göttingen 1966.

—, Die Briefe an Timotheus und Titus (NTD 9), Göttingen [8]1963. (= Jeremias)

—, Zur Datierung der Pastoralbriefe, ZNW 52(1961), 101—104.

—, Jerusalem zur Zeit Jesu, II 1, Leipzig 1929.

—, PRESBYTERION außerchristlich bezeugt, ZNW 48(1957), 127—32.

Iersel, B. van, Einige biblische Voraussetzungen des Sakraments, Concilium 4 (1968), 2—9.

Jewett, R., Paul's Anthropological Terms. A Study of Their Use in Conflict Settings (Arbeiten zur Gesch des antiken Judentums und des Urchristen-tums 10), Leiden 1971.

Joannou, P., Episkopoi und Presbyteroi im frühen Christentum, ThRv 55 (1959), 258f.

Judge, E.A., Christliche Gruppen in nichtchristlicher Gesellschaft. Die Sozial-struktur christlicher Gruppen im ersten Jahrhundert. (Neue Studienreihe 4), Wuppertal 1964.

Kähler, E., Die Frau in den paulinischen Briefen. Unter besonderer Berück-sichtigung des Begriffes der Unterordnung, Zürich—Frankfurt 1960.

—, Zur „Unterordnung" der Frau im Neuen Testament, ZEE 3(1959), 1—13.

Käsemann, E., Amt und Gemeinde im Neuen Testament, in: Exegetische Versuche und Besinnungen I, Göttingen 1964, 109—134.

—, Die Anfänge christlicher Theologie, ebd II, 82—104.

—, Das Formular einer neutestamentlichen Ordinationsparänese, ebd I, 101—108.

—, Die Heilsbedeutung des Todes Jesu bei Paulus, in: Paulinische Perspek-tiven, Tübingen 1969, 61—107.

—, Das theologische Problem des Motivs vom Leibe Christi, ebd 178—210.

—, Leib und Leib Christi (BHTh 9), Tübingen 1933.

—, Paulus und der Frühkatholizismus, in: Exeget Versuche u Besinnungen II, Göttingen 1964, 239—252.

—, Sätze heiligen Rechtes im Neuen Testament, ebd II 69—82.

—, Der Ruf der Freiheit, Tübingen [1]1968.

—, An die Römer, HNT 8a, Tübingen 1973.

Kaiser, M., Die Einheit der Kirchengewalt nach dem Zeugnis des Neuen Testa-ments und der Apostolischen Väter (MThS 3,7), München 1956.

Kamlah, E., Die Form der katalogischen Paränese im Neuen Testament (WUNT 7), Tübingen 1964.

—, ὑποτάσσεσθαι in den neutestamentlichen Haustafeln, in: Festschr G. Stäh-lin, Wuppertal 1970, 237—243.

Karrer, O., Apostolische Nachfolge und Primat. Ihre biblischen Grundlagen im Licht der neueren Theologie, ZKTh 77(1955), 129—168.

Karris, R.J., The Background and Significance of the Polemic of the Pastoral Epistles, JBL 92(1973), 549—564.

—, The Function and Sitz im Leben of the Paraenetic Elements in the Pastoral Epistles, Diss Harvard 1970/71 (vgl HThR 64, 1971, 572).

Kastner, K., Die zivilrechtliche Verwahrung des gräko-ägyptischen Obligations-rechts im Lichte der Papyri (παραθήκη), Diss jur Erlangen—Nürnberg 1962.

Katz, P., πρεσβυτέριον im I Tim 4,14 and Susanna 50, ZNW 51(1960), 27—30.

Kehnscherper, G., Die Stellung der Bibel und der alten christlichen Kirche zur Sklaverei, Halle 1957.

Kelly, J.N.D., A Commentary on the Pastoral Epistles (Black), London 1963. (= Kelly).

Kern, O., Die Religion der Griechen 1, Berlin 1926.

Kertelge, K., Gemeinde und Amt im Neuen Testament (Bibl Handbibliothek X), München 1972.

—, Verkündigung und Amt im Neuen Testament, BiLeb 10(1969), 189—198.

— (Hg), Das kirchliche Amt im Neuen Testament, Wege der Forschung 439, Darmstadt 1977.

Kiefer, O. — Seethaler, P. (Hg), Mitarbeiter Gottes. Kirchlicher Dienst im Licht des Neuen Testaments, Stuttgart 1968.

Kilpatrick, G.D., I Tim V 22 and Tertullian De Baptismo XVIII 1, JThS 16 (1965), 127f.

Kittel, G. (Hg), Theologisches Wörterbuch zum Neuen Testament, Stuttgart 1933ff.

Klauser, Th. (Hg), Reallexikon für Antike und Christentum, Stuttgart 1950ff.

Klein, G., Die zwölf Apostel. Ursprung und Gehalt einer Idee, (FRLANT 77), Göttingen 1961.

Klinzing, G., Die Umdeutung des Kultus in der Qumrangemeinde und im Neuen Testament (StUNT 7), Göttingen 1971.

Klöpper, A., Zur Soteriologie der Pastoralbriefe (Tit 3,4—7; 2.Tim 1,9—11; Tit 2,11—14), ZWTh 47(1904), 57—88.

Klostermann, F., Das christliche Apostolat, Innsbruck etc 1962.

Knight, G.W., The Faithful Sayings in the Pastoral Letters, Kampen 1968.

Knoch, O., Die „Testamente" des Petrus und Paulus. Die Sicherung der apostolischen Überlieferung in der spätneutestamentlichen Zeit (SBS 62), Stuttgart 1973.

Knopf, R., Die Lehre der Zwölf Apostel. Die zwei Clemensbriefe (HNT ErgBd 1), Tübingen 1920.

—, Das nachapostolische Zeitalter, Tübingen 1905.

—, Die Briefe Petri und Judä (MeyerK 12), Göttingen 71912.

Koep, L., Consecratio I, RAC 3, 1957, 269—283.

Köster, H. — Robinson, J.M., Entwicklungslinien durch die Welt des frühen Christentums, Tübingen 1971.

Kötting, B., Amt und Verfassung in der Alten Kirche, in: Zum Thema Priesteramt, Stuttgart 1970, 25—53.

Kohl, J., Verfasser und Entstehungszeit der Pastoralbriefe im Lichte der neueren Kritik, Diss kath theol Wien 1964.

Kohlmeyer, E., Charisma oder Recht. Vom Wesen des ältesten Kirchenrechts, ZSavRG Kan Abt 69(1952), 1—36.

Konidaris, G., Warum die Urkirche von Antiochia den „προεστῶτα πρεσβύτερον" der Ortsgemeinde als „ho Episkopos" bezeichnete, MThZ 12(1961), 269—284.

Kos, V., Fides personalitatis perfectae constitutiva secundum S. Pauli epistolas ad Timotheum, Scriptorium Victoriense 4(1957), 105—141.

Koskenniemi, H., Studien zur Idee und Phraseologie des griechischen Briefes bis 400 n.Chr. (Annales Academiae Scientiarum Fennicae B 102,2), Helsinki 1956.

Kottje, R. — Moeller, B. (Hg), Ökumenische Kirchengeschichte I. Alte Kirche und Ostkirche, München—Mainz 1970.

Koulomzine, N., Images of the Church in Saint Paul's Epistles, St. Vladimir's Theological Quarterly 14(1970), 5—27.

Kraft, H., Die Anfänge des geistlichen Amts, ThLZ 100(1975), 81—98.

Kretschmar, G., Die Ordination im frühen Christentum, Freiburger Zeitschrift für Philosophie und Theologie 22(1975), 35—69.

Kühl, E., Die Gemeindeordnung in den Pastoralbriefen, Diss Breslau 1885.

Kühn, U., Amt und Ordination (12 Thesen), Theologische Versuche II (Hg J. Rogge/G. Schille), Berlin 1970, 193—214.

Kühner, R., Ausführliche Grammatik der griechischen Sprache I 1 und 2 (F. Blass), Hannover 1890/1892, II 1 und 2 (B. Gerth), Hannover 1898/1904.

Kümmel, W.G. (P. Feine — J. Behm), Einleitung in das Neue Testament, Heidelberg [17]1973.

—, Der Glaube im Neuen Testament, seine katholische und reformatorische Deutung, in: Heilsgeschehen und Geschichte, Marburg 1965, 67ff.

Küng, H., Die charismatische Struktur der Kirche, Concilium 1(1965), 282—290.

—, Der Frühkatholizismus im Neuen Testament als kontroverstheologisches Problem, ThQ 142(1962), 385—424.

—, Die Kirche (Ökumen Forschg I 1), Freiburg etc 1967.

Künzel, G., Studien zum Gemeindeverständnis des Matthäus-Evangeliums, Calwer Theolog Monographien Reihe A, Bd 10, Stuttgart 1978.

Kuss, O., Kirchliches Amt und freie geistliche Vollmacht, in: Auslegung und Verkündigung I, Regensburg 1963, 271—280.

—, Der Römerbrief, Regensburg 1957ff.

Lackmann, M., Paulus ordiniert Timotheus. Wie das katholische Bischofs- und Priesteramt entsteht (1Tim 4,14 etc), Bausteine 4(1964), Nr. 13, 1—6, Nr. 14, 1—4.

Lake, K. — Cadbury, H.J., The Beginnings of Christianity I. The Acts of the Apostles, Vol. IV und V, London 1933.

Lammers, K., Hören, Sehen und Glauben im Neuen Testament (SBS 11), Stuttgart 1966.

Landvogt, P., Epigraphische Untersuchungen über den OIKONOMOΣ, Diss phil Strassburg 1908.

Langerbeck, H., Aufsätze zur Gnosis (Hg H. Dörries), Göttingen 1967.

Latte, K., Römische Religionsgeschichte (HAW V 4), München 1960.

Leaney, A.R.C., The Epistles to Timothy, Titus and Philemon (Torch Bible Commentary), London 1960. (= Leaney)

Lee, E. K., Words Denoting „Pattern" in the New Testament, NTS 8(1961), 166—173.

Leipoldt, J., Die Frau in der antiken Welt und im Urchristentum, Leipzig 1955.

Lemaire, A., Pastoral Epistles: Redaction and Theology, Biblical Theology Bulletin 2(1972), 25—42.

—, Conseils pour le ministère. 2Tm 1,6—8.13—14, Assemblées du Seigneur 58 (1974), 61—66.

—, Les Épîtres Pastorales B. Les ministères dans l'église, in: Le ministère et les ministères selon le Nouveau Testament (Hg J. Delorme), Paris 1974, 102—117.

—, The Ministries in the New Testament. Recent Research, Biblical Theology Bulletin 3(1973), 133—166.

Lenzman, J., Wie das Christentum entstand, Wuppertal 1974.

Leonardi, G., „Imposizioni delle mani" e „unzioni" nella Sacra Scrittura, Studia Patavina 8(1961), 3—51.

Leuba, J.L., Der Zusammenhang zwischen Geist und Tradition nach dem Neuen Testament, KuD 4(1958), 234—250.

Leuenberger, R., Berufung und Dienst. Beitrag zu einer Theologie des evangelischen Pfarrerberufes, Zürich 1966.

Liddell, H.G. — Scott, R., A Greek — English Lexikon, Oxford 1961 (Repr). (= Liddell-Scott)

Lietzmann, H., Zur altchristlichen Verfassungsgeschichte, ZWTh 55(1914), 97—153 (= Kleine Schriften I, Berlin 1958, 141—185).

—, An die Römer (HNT 8), Tübingen ⁴1933.

Lillge, O., Das patristische Wort οἰκονομία; seine Geschichte und seine Bedeutung bis auf Origenes, Diss Erlangen 1955.

Linton, O., Das Problem der Urkirche in der neueren Forschung, Uppsala 1932.

Lippert, P., Leben als Zeugnis. Die werbende Kraft christlicher Lebensführung nach dem Kirchenverständnis neutestamentlicher Briefe (SBM 4), Stuttgart 1968.

Lock, W., The Pastoral Epistles (ICC), Edinburgh ³1952. (= Lock).

Loenen, D., Eusebeia en de cardinale deugden, Amsterdam 1960.

Löning, K., Die Saulustradition in der Apostelgeschichte, NTA NF 9, Münster 1973.

Löwe, R., Ordnung in der Kirche im Lichte des Titusbriefes, Gütersloh 1947.

Lohfink, G., Die Normativität der Amtsvorstellungen in den Pastoralbriefen, ThQ 157 (1977), 93—106.

Lohfink, N., Die deuteronomistische Darstellung des Übergangs der Führung Israels von Mose auf Josue, Schol 37(1962), 32—44.

Lohse, E., Die Ordination im Spätjudentum und im Neuen Testament, Göttingen 1951.

—, Umwelt des Neuen Testaments (Grundrisse zum NT 1), Göttingen 1971.

—, Die Briefe an die Kolosser und an Philemon, MeyerK 9,2, Göttingen ¹⁴⁽¹⁾1968.

—, Die Gemeinde und ihre Ordnung bei den Synoptikern und bei Paulus, in: Jesus und Paulus (Kümmel-Festschr), Göttingen 1975, 189—200.

—, „Das Amt, das die Versöhnung predigt", in: Rechtfertigung (Käsemann-Festschr), Tübingen/Göttingen 1976, 339—349.

Lührmann, D., Epiphaneia. Zur Bedeutungsgeschichte eines griechischen Wortes, in: Festg K. G. Kuhn, Göttingen 1971, 185—199.

—, Glaube im frühen Christentum, Gütersloh 1976.

Luz, U., Erwägungen zur Entstehung des ‚Frühkatholizismus'. Eine Skizze, ZNW 65(1974), 88—111.

—, Rechtfertigung bei den Paulusschülern, in: Rechtfertigung (Käsemann-Festschr), Tübingen/Göttingen 1976, 365—383.

Lyonnet, S., „Unius uxoris vir" (1Tim 3,2.12; Tit 1,6), VD 45(1967), 3—10.

Maehlum, H., Die Vollmacht des Timotheus nach den Pastoralbriefen (Theolog Diss 1), Basel 1969. (= Maehlum)

Maly, K., Mündige Gemeinde. Untersuchungen zur pastoralen Führung des Apostels Paulus im 1. Korintherbrief (SBM 2), Stuttgart 1967

Mantel, H., Ordination and Appointment in the Period of the Temple, HThR 57(1964), 325—346.

—, Studies in the History of the Sanhedrin (Harvard Semitic Series XVII), Cambridge (Mass) 1965.

Margot, J.-C., L'apostolat dans le Nouveau Testament et la succession aposto-lique, VC 11(1957), 213—225.

Marquardt, J., Das Privatleben der Römer, Darmstadt 1964 (= Leipzig ²1886).

Martelet, G., Elements transmissibles et intransmissibles de la succession apostolique. Le point de vue catholique, VC 15(1961), 185—198.

Martin, J., Die Genese des Amtspriestertums in der frühen Kirche (Der priesterl Dienst III: QD 48), Freiburg etc 1972.

Marxsen, W., Einleitung in das Neue Testament, Göttingen ²1964.

—, Der „Frühkatholizismus" im Neuen Testament, Neukirchen 1958.

—, Die Nachfolge der Apostel. Methodische Überlegungen zur neutesta-mentlichen Begründung des kirchlichen Amtes, in: Der Exeget als Theologe, Gütersloh 1968, 75—90.

Maurer, W., Die Kirche und ihr Recht. Gesammelte Aufsätze zum evang. Kirchenrecht (Hg G. Müller — G. Seebass), Jus Ecclesiasticum 23, Tübin-gen 1976.

Mayser, E., Grammatik der griechischen Papyri aus der Ptolemäerzeit mit Einschluß der gleichzeitigen Ostraka und der in Ägypten verfaßten Inschrif-ten, I Berlin-Leipzig ²1934ff, II 1926ff.

McEleney, N.J., The Vice Lists of the Pastoral Epistles, CBQ 36(1974), 203—219.

McKelvey, R.J., The New Temple. The Church in the New Testament, Oxford 1969.

McKenzie, J.L., Authority and Power in the New Testament, CBQ 26(1964), 413—422.

—, Autorität in der Kirche, Paderborn 1968 (New York 1967).

Meier, J. P., Presbyteros in the Pastoral Epistles, CBQ 35(1973), 323—345.

Menoud, Ph.H., Les additions au groupe des douze apôtres, d'après le livre des Actes, RHPhR 37(1957), 71—80.

—, L'église et les ministères selon le Nouveau Testament, Neuchâtel 1949.

Merk, O., Handeln aus Glauben. Die Motivierung der Paulinischen Ethik (Marburger Theol Studien 5), Marburg 1968.

—, Glaube und Tat in den Pastoralbriefen, ZNW 66 (1975), 91—102.

Merklein, H., Das kirchliche Amt nach dem Epheserbrief, StANT 33, München 1973.

Metz, J. B., Autorität vor dem Anspruch der Freiheit, in: Die Kirche im Wandel der Gesellschaft (J. Schreiner), Würzburg 1970, 102—124.

Metzger, W., Die neoterikai epithymiai in 2.Tim. 2,22, ThZ 33(1977), 129—136. 1960).

Meuzelaar, J. J., Der Leib des Messias, Assen 1961.

Michaelis, W., Das Ältestenamt der christlichen Gemeinde im Lichte der Heiligen Schrift, Bern 1953.

Michel, H. J., Die Abschiedsrede des Paulus an die Kirche, Apg 20, 17—38. Motivgeschichte und theologische Bedeutung, StANT 35, München 1973.

Michel, O., Gnadengabe und Amt, DTh 9(1942), 133—139.

—, Grundfragen der Pastoralbriefe, in: Festschr Wurm, Stuttgart 1948, 83—99.

—, Der Brief an die Hebräer (MeyerK 13), Göttingen ¹²⁽⁶⁾1966.

—, Der Brief an die Römer (MeyerK 4), Göttingen ¹²1963.

—, Zeuge und Zeugnis. Zur neutestamentlichen Traditionsgeschichte, in: Festschr O. Cullmann, Tübingen 1972, 15—31.

Michl, J., Die katholischen Briefe (RNT 8,2), Regensburg ²1968.

Miller, J. K., The Layman and His Vication, RExp 60(1963), 47—61.

Minear, P. S., Bilder der Gemeinde. Eine Studie über das Selbstverständnis der Gemeinde anhand von 96 Bildbegriffen des Neuen Testaments, Kassel 1964 (Philadelphia 1960).

Moffat, J., The General Epistles (Moffat), London ⁷1953.

Molland, E., Le développement de l'idée de succession apostolique, RHPhR 34 (1954), 1—29.

—, Das kirchliche Amt im Neuen Testament und in der Alten Kirche, Oecumenica III, 1968, 15—36.

Mommsen, Th., Römisches Staatsrecht 1—3, Leipzig ³1887.

Moody, D., Charismatic and Official Ministries, Interpretation 19(1965), 168—181.

—, The Man of God, RExp 56(1959), 411—416.

—, The Ministry of the New Testament, ebd 31—42.

Morgenthaler, R., Statistik des neutestamentlichen Wortschatzes, Zürich—Frankfurt 1958.

Moule, C.F.D., An idiom Book of New Testament Greek, Cambridge 1953.

Moulton, J.H., A Grammar of New Testament Greek, Edinburgh ³1957. (= Moulton)

Moulton, J.H. — Milligan, G., The Vocabulary of the Greek Testament, London 1957. (= MM).

Moulton, W.F. — Geden, A.S., A Concordance to the Greek Testament, Edinburgh 1967.

Mühlen, H., Una Mystica Persona, München etc 1964.

Müller, U.B., Zur frühchristlichen Theologiegeschichte. Judenchristentum und Paulinismus in Kleinasien an der Wende vom ersten zum zweiten Jahrhundert n.Chr., Gütersloh 1976.

Müller-Bardorff, O., Zur Exegese von 1.Tim 5,3—16, in: Festg E. Fascher, Berlin 1958, 113—133.

Mundle, W., Der Glaubensbegriff des Paulus, Leipzig 1932.

Murphy-O'Connor, J., La „vérité" chez Saint Paul et à Qumrân, RB 72 (1965), 29—76.

Muschalek, G., Glaubensgewißheit in Freiheit (QD 40), Freiburg 1968.

Mussner, F., Die Ablösung des apostolischen durch das nachapostolische Zeitalter und ihre Konsequenzen, in: Festschr K.H. Schelkle, Düsseldorf 1973, 166—177.

Nägeli, Th., Der Wortschatz des Apostels Paulus, Göttingen 1905.

Nauck, W., Die Herkunft des Verfassers der Pastoralbriefe, Diss Göttingen 1950.

—, Das οὖν Paräneticum, ZNW 49(1958), 134f.

—, Probleme des frühchristlichen Amtsverständnisses (1Ptr 5,2f), ZNW 48 (1957), 200—220.

Neufeld, K.H., Das Gewissen. Ein Deutungsversuch im Anschluß an Röm 13,1—7, BiLeb 12(1971), 32—45.

—, „Frühkatholizismus" — Idee und Begriff, ZKTh 94(1972), 1—28.

Neuhäusler, E., Der Bischof als geistlicher Vater. Nach den frühchristlichen Schriften, München 1964.

Neumann, J., Salbung und Handauflegung als Heilszeichen und Rechtsakt, Festschr M. Schmaus II, München etc 1967, 1419—34.

Newman, J., Semikhah (Ordination), Manchester 1950.

Nieder, L., Die Motive der religiös-sittlichen Paränese in den paulinischen Gemeindebriefen (MThS I 12), München 1956.

Niederwimmer, K., Askese und Mysterium. Über Ehe, Ehescheidung und Eheverzicht in den Anfängen des christlichen Glaubens, FRLANT 113, Göttingen 1975.

Nock, A.D., Early Gentile Christianity and its Hellenistic Background, New York 1964.

—, — Festugière, A.J. (Hg), Corpus Hermeticum, Paris 1945ff.

Nötscher, F., Vorchristliche Typen urchristlicher Ämter? Episkopos und Mebaqqer, in: Festg J. Frings, Köln 1960, 315–338.

—, ‚Wahrheit‘ als theologischer Terminus in den Qumran-Texten, Vom Alten Testament zum Neuen Testament, Bonn 1962, 112–125.

Norden, E., Agnostos Theos, Leipzig–Berlin 1913.

Noth, M., Amt und Berufung im Alten Testament, in: Gesammelte Studien zum Alten Testament (ThB 6), München ²1960, 309–33.

Oates, W.E., The Conception of Ministry in the Pastoral Epistles, RExp 56 (1959), 388–410.

O'Callaghan, J., ?1Tim 3,16; 4,1.3 en 7Q4? Bibl 53(1972), 362–67.

Ökumenische Diskussion IV 4, Hg Studienabteilung Ökumenischer Rat der Kirchen, Genf 1968, 170–200: zur Ordination.

Padberg, R., Geordnete Liebe. Amt, Pneuma und kirchliche Einheit bei Ignatius von Antiochien, in: Festschr L. Jäger, Paderborn 1962, 201–217.

Parrat, J.K., The Laying on of Hands in the New Testament. A Reexamination in the Light of the Hebrew Terminology, ET 80(1968f), 210–214.

Patton, T.P., Ordination, ET 76(1964f), 71.

Paulys Real-Encyclopaedie der Klassischen Altertumswissenschaft. Neue Bearbeitung hg von G. Wissowa, Stuttgart 1894ff.

Pax, E., Epiphaneia (MThS I 10), München 1955.

Peacock, H.F., Ordination in the New Testament, RExp 55(1958), 262–274.

Penna, A., „In magna autem domo ...“ (2Tim 2,20sg), AnBibl 17f/II, 1963, 119–125.

Perels, O., Charisma im Neuen Testament, Fuldaer Hefte 15, Berlin–Hamburg 1964, 39–45.

Pesch, W., Kirchlicher Dienst und Neues Testament, Zum Thema Priesteramt, Stuttgart 1970, 9–24.

—, Priestertum und Neues Testament, TThZ 79(1970), 65–83.

—, Zu den Texten des Neuen Testaments über das Priestertum der Getauften, Festschr G. Stählin, Wuppertal 1970, 303–315.

Péter, R., L'imposition des mains dans l'Ancien Testament, VT 27(1977), 48–55.

Peters, A., Evangelium und Sakrament nach den Bekenntnissen der lutherischen Reformation, Oecumenica 1970, 125–176.

Peterson, E., La Λειτουργία des Prophètes et des Didascales à Antioche, RechSR 36(1949), 577–579.

Pfammatter, J., Die Kirche als Bau (Analecta Gregoriana 110, B 33), Rom 1960.

Pfleiderer, O., Das Urchristentum, seine Schriften und Lehren in geschichtlichem Zusammenhang, Berlin ²1902.

Pierce, C.A., Conscience in the New Testament (Studies in Bibl Theology 15), London 1955.

Pokorny, P., Der Epheserbrief und die Gnosis. Die Bedeutung des Haupt-Glieder-Gedankens in der entstehenden Kirche, Berlin 1965.

Powers, B.W., Patterns of New Testament Ministry. II. Deacons, Churchman 88 (1974), 245–260.

Preisigke, F. (Hg E. Kiessling), Wörterbuch der griechischen Papyrusurkunden. Mit Einschluß der griechischen Inschriften, Aufschriften, Ostraka, Mumienschilder usw. aus Ägypten, Berlin 1925ff.

Probst, F., Sakramente und Sakramentalien in den drei ersten Jahrhunderten, Tübingen 1872.

Prümm, K., Zur Phänomenologie des paulinischen Mysterion und dessen seelischer Aufnahme. Eine Übersicht, Bibl 37(1956), 135—161.

Punge, M., Kirchenleitung — Gemeindeleitung im Neuen Testament, ZdZ 22 (1968), 121—126.

Raiser, K.(Hg), Löwen 1971. Studienberichte und Dokumente der Sitzung der Kommission für Glauben und Kirchenverfassung (Bh zur ÖR 18/19), Stuttgart 1971.

Ratzinger, J., Bemerkungen zur Frage der Charismen in der Kirche, in: Festschr. H. Schlier, Freiburg etc 1970, 257—272.

Reform und Anerkennung kirchlicher Ämter. Ein Memorandum der Arbeitsgemeinschaft ökumenischer Universitätsinstitute, München—Mainz 1973.

Reicke, B., Glaube und Leben der Urgemeinde. Bemerkungen zu Apg 1—7 (AThANT 32), Zürich 1957.

—, Chronologie der Pastoralbriefe, ThLZ 101 (1976), 81—94.

Reid, J.K.S., The Biblical Doctrine of the Ministry, 1955.

Reumann, J., Οἰκονομία = Covenant. Terms for Heilsgeschichte in Early Christian Usage, NovTest 3(1959), 282—292.

—, Oikonomia-Terms in Paul in comparison with Lucan Heilsgeschichte, NTS 13(1967), 147—167.

—, „Stewards of God" — Pre-christian Religious Application of Oikonomos in Greek, JBL 77(1958), 339—349.

Richter, K., Der Ritus der Bischofsweihe bis zu den ersten römischen Sakramentaren und Ordines. Eine liturgiehistorische Arbeit, Diss. Münster 29.10.1969.

—, Ansätze für die Entwicklung einer Weiheliturgie in apostolischer Zeit, ALW 16 (1974), 32—52.

Richter, W., Exegese als Literaturwissenschaft, Göttingen 1971.

Ridderbos, H., Paulus. Ein Entwurf seiner Theologie, Wuppertal 1970 (Kampen 1966).

Ritter, A.M., Amt und Gemeinde im Neuen Testament und in der Kirchengeschichte, in: A.M. Ritter — G. Leich, Wer ist die Kirche, Göttingen 1968, 21—77.

Roberts, J.H., Die Gees en die Charismata in die Briewe van Paulus, in: Die Pneuma by Paulus. Enkele gedagtes oor die Heilige Gees in die Briewe van Paulus (Raad vir geesteswetenskaplike navorsing, Publikasiereeks Nr. 18 = Neotestamentica 3), Potchefstroom (SAU) 1971, 21—36.

Roberts, J.W., Note on the adjective after πᾶς in 2 Timothy 3:16, ET 76 (1965), 359.

Robertson, A. — Plummer, A., First Epistle of St. Paul to the Corinthians (ICC), Edinburgh ²1955.

Robinson, J.M.: siehe Köster, H. — Robinson, J.M.

Rohde, J., Pastoralbriefe und Acta Pauli, Studia Evangelica 5 = TU 103, 1968, 303—310.

—, Urchristliche und frühkatholische Ämter. Eine Untersuchung zur frühchristlichen Amtsentwicklung im Neuen Testament und bei den apostolischen Vätern, ThA 33, Berlin 1976.

Roloff, J., Apostolat — Verkündigung — Kirche. Ursprung, Inhalt und Funktion des kirchlichen Apostelamtes nach Paulus, Lukas und den Pastoralbriefen, Gütersloh 1965. (= Roloff)

—, Amt/Ämter/Amtsverständnis IV. Im Neuen Testament, in: Theologische Realenzyklopädie (Hg G. Krause — G. Müller), Bd II, 509—533. Berlin/New York 1978.

—, Apostel/Apostolat/Apostolizität I. Neues Testament, ebd Bd III, 430—445.

Romaniuk, C., Le Sacerdoce dans le Nouveau Testament, Le Puy — Lyon 1966.

Rudolph K., Die Mandäer II. Der Kult, Göttingen 1961.

Ruef, J.S., The Continuation of the Word and Sacrament through Ordination, Anglican Theological Review 44(1962), 85—90.

Ruhbach, G., Das Charismaverständnis des Neuen Testaments, MPTh 53(1964), 407—419.

Sabourin, L., Novum Templum, VD 47(1969), 65—82.

Sand, A., Witwenstand und Ämterstrukturen in den urchristlichen Gemeinden, BiLeb 12(1971), 186—197.

—, Anfänge einer Koordinierung verschiedener Gemeindeordnungen nach den Pastoralbriefen, in: Kirche im Werden (Hg J. Hainz), München/Paderborn/Wien 1976, 215—237.

Sanday, W. — Headlam, A.C., The Epistle to the Romans (ICC), Edinburgh ⁵1955.

Satake, A., Apostolat und Gnade bei Paulus, NTS 15(1968f), 96—107.

—, Die Gemeindeordnung in der Johannesapokalypse (WMANT 21), Neukirchen 1966.

Schäfer, Peter, Die Vorstellungen vom Heiligen Geist in der rabbinischen Literatur (StANT 28), München 1972.

Schattenmann, J., Studien zum neutestamentlichen Prosahymnus, München 1965.

Schelkle, K.H., Jüngerschaft und Apostelamt, Freiburg 1957.

—, Die Petrusbriefe. Der Judasbrief (HThK 13,2), Freiburg 1961.

—, Theologie des Neuen Testaments, Bd III. Ethos, Düsseldorf 1970,

—, Theologie des Neuen Testaments IV,2: Jüngergemeinde und Kirche, Kommentare u. Beitr zum A u. NT 10, Düsseldorf 1976.

Schenk, W., Der Segen im Neuen Testament, Berlin 1967.

Schenke, H.-M., Das Weiterwirken des Paulus und die Pflege seines Erbes durch die Paulus-Schule, NTS 21(1975), 505—518.

Schierse, F J., Eschatologische Existenz und christliche Bürgerlichkeit, GeLeb 32(1959), 280—291.

—, Wesenszüge und Geist der kirchlichen Autorität nach dem Neuen Testament, ebd 49—56.

—, Kennzeichen gesunder und kranker Lehre. Zur Ketzerpolemik der Pastoralbriefe, Diakonia 4(1973), 76—86.

Schilling, O., Amt und Nachfolge im Alten Testament und in Qumran, in: Festg J. Höfer, Freiburg 1967, 199—214.

Schirr, J., Motive und Methoden frühchristlicher Ketzerbekämpfung, Diss Greifswald 1976. (vgl ThLZ 103, 1978, 71f).

Schiwy, G., Weg ins Neue Testament. Kommentar und Material. Bd IV: Nachpaulinen. Register, Würzburg 1970. (= Schiwy).

Schlatter, A., Gottes Gerechtigkeit. Ein Kommentar zum Römerbrief, Stuttgart ³1959.

—, Die Kirche der Griechen im Urteil des Paulus. Eine Auslegung seiner Briefe an Timotheus und Titus, Stuttgart ²1958.

—, Der Glaube im Neuen Testament, Stuttgart 1963 (= ⁴1927).

Schlier, H., Besinnung auf das Neue Testament, Freiburg 1964.

—, Der Brief an die Epheser. Ein Kommentar, Düsseldorf ⁵1965.

—, Grundelemente des priesterlichen Amtes im Neuen Testament, Theologie und Philosophie 44(1969), 161—180.

—, Zu den Namen der Kirche in den paulinischen Briefen, in: Festschr L. Jaeger, Paderborn 1962, 147—159.

—, Die neutestamentliche Grundlage des Priesteramts, in: A. Deissler, H. Schlier, J.-P. Audet, Der priesterliche Dienst I (QD 46), Freiburg etc 1970, 81—114.

—, Die Ordnung der Kirche nach den Pastoralbriefen, in: Die Zeit der Kirche, Freiburg 1956, 129—147.

—, Ekklesiologie des Neuen Testamentes, in: Mysterium Salutis Bd IV/1 Das Heilsgeschehen in der Gemeinde (Hg J. Feiner — M. Löhrer), Einsiedeln/ Zürich/Köln 1972, 101—221.

Schlink, E., Apostolische Sukzession, KuD 7(1961), 79—114.

Schmemann, A., Sacrament: An Orthodox Presentation, Oecumenica 1970, 94—107.

Schmidt, H.W., Der Brief des Paulus an die Römer (ThHK 6), Berlin 1962.

Schmithals, W., Das kirchliche Apostelamt. Eine historische Untersuchung (FRLANT 79), Göttingen 1961.

Schmitz, H.-J., Frühkatholizismus bei Adolf von Harnack, Rudolph Sohm und Ernst Käsemann, Düsseldorf 1977.

Schmitz, W., Ἡ πίστις in den Papyri, Diss Jur Köln 1964.

Schnackenburg, R., Apostolizität: Stand der Forschung, in: R. Groscurth (Hg), Katholizität und Apostolizität, Göttingen 1971, 51ff.

—, Episkopos und Hirtenamt (Apg 20,28), in: Festschr Faulhaber 1949, 66—88 (= Schriften zum Neuen Testament, München 1971, 247—267).

—, Die Kirche im Neuen Testament. Ihre Wirklichkeit und theologische Deutung, ihr Wesen und ihr Geheimnis (QD 14), Freiburg ²1961.

—, Lukas als Zeuge verschiedener Gemeindestrukturen, BiLeb 12 (1971), 232—247.

Schneemelcher, W., Paulus in der griechischen Kirche des 2. Jahrhunderts, ZKG 75(1964), 1—20.

—, Der diakonische Dienst in der alten Kirche, in: Das Diakonische Amt der Kirche (Hg H. Krimm), Stuttgart ²1965, 61—105.

Schneider, C., Kulturgeschichte des Hellenismus, 2 Bde, München 1967/1969.

Schniewind, J., Aufbau und Ordnung der Ekklesia nach dem Neuen Testament, in: Festschr Bultmann, Stuttgart—Köln 1949, 203—207.

Schoch, M., Evangelisches Kirchenrecht und biblische Weisung. Ein Beitrag zur theologischen Grundlegung des Kirchenrechts, Zürich 1954.

Schoeck, H., Kleines Soziologisches Wörterbuch (Herder-Bücherei 312/313), Freiburg etc 1969.

Schrage, W., Die Christen und der Staat nach dem Neuen Testament, Gütersloh 1971.

—, Die konkreten Einzelgebote in der paulinischen Paränese, Gütersloh 1961.

Schreiber, A., Die Gemeinde in Korinth. Versuch einer gruppendynamischen Betrachtung der Entwicklung der Gemeinde von Korinth auf der Basis des ersten Korintherbriefes, NTA NF 12, Münster 1977.

Schürmann, H., Die geistlichen Gnadengaben in den paulinischen Gemeinden, in: Ursprung und Gestalt, Düsseldorf 1970, 236—267.

—, Gemeinde als Bruderschaft, ebd 61—73.

—, Das Testament des Paulus für die Kirche (Apg 20,18—35), in: Traditionsgeschichtliche Untersuchungen zu den synoptischen Evangelien, Düsseldorf 1968, 310—340.

—, Die Warnung des Lukas vor der Falschlehre, BZ 10(1966), 70ff.

Schütte, H., Amt, Ordination und Sukzession im Verständnis evangelischer und katholischer Exegeten und Dogmatiker der Gegenwart sowie in Dokumenten ökumenischer Gespräche, Düsseldorf 1974.

Schütz, E., Werdende Kirche im Neuen Testament. Eine Einführung in die Pastoralbriefe, Kassel 1969.

Schütz, H.G., „Kirche" in spät-neutestamentlicher Zeit. Untersuchung über das Selbstverständnis des Urchristentums an der Wende vom 1. zum 2. Jahrhundert anhand des 1. Petr., des Hebr. und der Past., Diss. Bonn 1964. (= Schütz).

Schütz, J.H., Charisma and Social Reality in Primitive Christianity, JR 54 (1974), 51—70.

Schulz, S., Evangelium und Welt. Hauptprobleme einer Ethik des Neuen Testaments, in: Festschr H. Braun, Tübingen 1973, 483—501.

—, Gott ist kein Sklavenhalter. Die Geschichte einer verspäteten Revolution, Zürich 1972.

—, Die Stunde der Botschaft. Einführung in die Theologie der vier Evangelisten, Hamburg 1967.

—, Die Charismenlehre des Paulus. Bilanz der Probleme und Ergebnisse, in: Rechtfertigung (Käsemann-Festschr), Tübingen/Göttingen 1976, 443—460.

—, Die Mitte der Schrift. Der Frühkatholizismus im Neuen Testament als Herausforderung an den Protestantismus, Stuttgart 1976.

Schulze, W.A., Ein Bischof sei eines Weibes Mann ... Zur Exegese von 1Tim 3,2 und Tit 1,6, KuD 4(1958), 287—300.

Schweizer, E., Beiträge zur Theologie des Neuen Testaments. Neutestamentliche Aufsätze (1955—1970), Zürich 1970.

—, Gemeinde und Gemeindeordnung im Neuen Testament (AThANT 35), Zürich 1959.

—, Das Leben des Herrn in der Gemeinde und ihren Diensten (AThANT 8), Zürich 1946.

Schwyzer, E., Griechische Grammatik (HAW II 1,1), München ²1953.

Scott, E.F., The Epistles of Paul to the Colossians, to Philemon and to the Ephesians (Moffat), London ⁹1958.

—, The Pastoral Epistles (Moffat), London ⁷1957 (= Scott).

Scott, W., The Laying on of Hands in OT Theology and in NT Thought, Diss Newcastle upon Tyne 1967/68.

Scott, W.M.F., Priesthood in the New Testament, SJTh 10(1957), 399—415.

Seeberg, A., Der Katechismus der Urchristenheit (ThB 26), München 1966 (Leipzig 1903).

Selms, A. van, Die uitdrukking „Man van God" in die Bybel, Hervormde Teologiese Studies 15(1959), 133—149.

Semmelroth, O., Institution und Charisma, GeLeb 36(1963), 443—54.

Sevenster, G., De wijding van Paulus en Barnabas (Act 13,1—3), in: Studia Paulina J. de Zwaan, Haarlem 1953, 188—201.

Sidl, F., Die Kirche als Lebensprinzip der menschlichen Gesellschaft in den Briefen des Neuen Testaments, Diss. Wien 1963.

Siegwalt, G., Die Autorität in der Kirche. Ihre Institution und ihre Verfassung, in: Das Evangelium und die Zweideutigkeit der Kirche (Hg V. Vajta), Göttingen 1973, 195—251.

Simon, D., Quasi-παρακαταϑήκη. Zugleich ein Beitrag zur Morphologie griechisch-hellenistischer Schuldrechtstatbestände, ZSavRG RomAbt 82 (1965), 39—66.

Soden, H. von, Die Briefe an die Kolosser, Epheser, Philemon. Die Pastoralbriefe. Der Hebräerbrief. Die Briefe des Petrus, Jakobus, Judas (HC), Freiburg-Leipzig ²1893.

Sohm, R., Begriff und Organisation der Ekklesia (1892/1923), in: Das Kirchliche Amt im Neuen Testament (Hg K. Kertelge), Darmstadt 1977, 45—60.

Speyer, W., Die literarische Fälschung im heidnischen und christlichen Altertum (HAW I 2), München 1971.

Spicq, C., Saint Paul. Les épîtres pastorales, Paris ⁴1969.

—, Saint Paul et la Loi des Dépots, RB 40(1931), 481—502.

—, La place ou le rôle des jeunes dans certaines communautés néotestamentaires, RB 76(1969), 508—527.

—, Theologie Morale du Nouveau Testament, Paris 1970.

Stacey, W.D., Concerning the Ministry — Three Addresses to Ordinands II. Ordination, ET 75(1963f), 264—266.

Stählin, G., Die Apostelgeschichte (NTD 5), Göttingen 1966.

Stalder, K., Die Nachfolge der Apostel, IKZ 59(1969), 192—211.

—, Ortsgemeinde — Kirche — Autorität in der Sicht des Neuen Testaments, Zürich — Frankfurt 1965.

—, ΕΠΙΣΚΟΠΟΣ, IKZ 61(1971), 200—232.

Stallmann, H., Die biblische Lehre von der Handauflegung, Lutherischer Rundblick 5(1957), 146—151.

Stam, J.E., Episcopacy in the Apostolic Tradition of Hippolytus (Theologische Dissertationen III), Basel 1969.

Stanley, D.M., Authority in the Church: A New Testament Reality, CBQ 29(1967), 555—573.

Stauffer, E., Jüdisches Erbe im urchristlichen Kirchenrecht (Apg 1,12—26), ThLZ 77(1952), 201—206.

Steinmann, A., Die Apostelgeschichte (Hl. Schrift des NT 4), Bonn ⁴1934.

Steinmetz, F J., Protologische Heils-Zuversicht. Die Strukturen des soteriologischen und christologischen Denkens im Kolosser- und Epheserbrief (Frankfurter Theol Studien 2), Frankfurt/M. 1969.

Stelzenberger, J., Syneidesis, Conscientia, Gewissen. Studie zum Bedeutungswandel eines moraltheologischen Begriffes (Abh zur Moraltheologie 5), Paderborn 1963.

Stendahl, K., The New Testament background for the doctrine of the Sacraments, Oecumenica 1970, 41—60.

Stenger, W., Der Christushymnus in 1Tim 3,16. Aufbau — Christologie — Sitz im Leben, TThZ 78(1969), 33—48.

—, Timotheus und Titus als literarische Gestalten. (Beobachtungen zur Form und Funktion der Pastoralbriefe), Kairos 16(1974), 252—267.

Stephanus, H., Thesaurus Graecae Linguae (Hg C.B. Hase u.a.), Paris o.J. (1865).

Stoodt, D., Schrift und Kirchenrecht. Zu Eduard Schweizers: Gemeinde und Gemeindeordnung im Neuen Testament, ZevKR 8(1962), 340—360.

Strack, H.L. — Billerbeck, P., Kommentar zum Neuen Testament aus Talmud und Midrasch, München ²1956.

Straub, W., Die Bildersprache des Apostels Paulus, Tübingen 1937.

Strecker, G., Das Judenchristentum in den Pseudoklementinen (TU 70), Berlin 1958.

—, Paulus in nachpaulinischer Zeit, Kairos 12 (1970), 208—216.

—, Das Evangelium Jesu Christi, in: Jesus Christus in Historie und Theologie (Conzelmann-Festschr), Tübingen 1975, 503—548.

Strobel, A., Der Begriff des „Hauses" im griechischen und römischen Privatrecht, ZNW 56(1965), 91—100.

—, Schreiben des Lukas? Zum sprachlichen Problem der Pastoralbriefe, NTS 15(1969), 191—210.

Stuhlmacher, P., Christliche Verantwortung bei Paulus und seinen Schülern, EvTh 28(1968), 165—186.

—, Evangelium — Apostolat — Gemeinde, KuD 17(1971), 28—45.

Sullivan, K., Epígnosis in the Epistles of St. Paul, AnBibl 17/18, II, 1963, 405—416.

Tachau, P., „Einst" und „Jetzt" im Neuen Testament (FRLANT 105), Göttingen 1972.

Taeger, F., Charisma. Studien zur Geschichte des antiken Herrscherkultes, 2 Bde, Stuttgart 1957/1960.

Talbert, Ch.H., The redaction critical quest for Luke the theologian, in: Jesus and men's hope I, Pittsburgh 1970, 171—222.

Theissen, G., Legitimation und Lebensunterhalt: Ein Beitrag zur Soziologie urchristlicher Missionare, NTS 21 (1975), 192—221.

Thrall, M.E., The Pauline Use of Syneidesis, NTS 14(1967), 118—25.

Thurén, J., Die Struktur der Schlußparänese 1Tim 6,3—21, ThZ 26(1970), 241—253.

Thurian, M., La tradition, VC 15(1961), 49—98.

—, L'ordination des pasteurs, VC 15(1961), 199—213.

Thyen, H., Zur Problematik einer neutestamentlichen Ekklesiologie, in: Frieden — Bibel — Kirche (Hg G. Liedke, Studien zur Friedensforschung 9), Stuttgart—München 1972, 96—173.

Tillich, P., Symbol und Wirklichkeit, Göttingen ²1966.

Tillmann, F., Über „Frömmigkeit" in den Pastoralbriefen des Apostels Paulus, Pastor Bonus 53(1942), 129—36. 161—65.

Tooley, W., Stewards of God. An Examination of the Terms οἰκονόμος and οἰκονομία in the New Testament, SJTh 19(1966), 74—86.

Torrance, T.F., Consecration and Ordination, SJTh 11(1958), 225—52.

Trench, R.Ch., Synonyma des Neuen Testaments. Ausgewählt und übersetzt von H. Werner, Tübingen 1907.

Trilling, W., Amt und Amtsverständnis bei Matthäus, in: Melanges Bibliques B. Rigaux, Gembloux 1970, 29—44.

Trummer, P., Einehe nach den Pastoralbriefen. Zum Verständnis der Termini μιᾶς γυναικὸς ἀνήρ und ἑνὸς ἀνδρὸς γυνή, Bibl 51(1970), 471—484.

—, Die Paulustradition der Pastoralbriefe (Beitr zur bibl Exegese u Theol VIII), Frankfurt/M. — Bern — Las Vegas 1978.

Unnik, W.C. van, Die Apostelgeschichte und die Häresien, ZNW 58(1967), 240—246.

(VELKD), Erklärung des Ökumenischen Ausschusses der VELKD zur Frage der Apostolischen Sukzession, ELKZ 12(1958), 72—74.

Vielhauer, Ph., Oikodome. Das Bild vom Bau in der christlichen Literatur vom Neuen Testament bis Clemens Alexandrinus, Karlsruhe 1940 (Diss).

—, Geschichte der urchristlichen Literatur. Einleitung in das Neue Testament, die Apokryphen und die Apostolischen Väter, Berlin/New York 1975.

Viering, F. (Hg), Gemeinde — Amt — Ordination, Gütersloh 1970.

Vischer, L., Le problème du diaconat, VC 18(1964), 30—51.

Vögtle, A., Kirche und Schriftprinzip nach dem Neuen Testament, BiLeb 12 (1971), 153—162. 260—281.

—, Die Tugend- und Lasterkataloge im Neuen Testament, exegetisch, religions- und formgeschichtlich untersucht (NTA 16, 4/5), Münster 1936.

Völker, A., Lehmann, K., Dombois, H., Ordination heute (Kirche zwischen Planen und Hoffen 5), Kassel 1972.

Völkl, R., Christ und Welt nach dem Neuen Testament, Würzburg 1961.

Vogt, E., „Mysteria" in textibus Qumran, Bibl 37(1956), 247—257.

Vries, P. Penning de, Wesen und Leben der christlichen Gemeinde nach der lukanischen Theologie, GeLeb 41(1968), 165—176.

Wagner, F., Das Bild der frühen Ökonomik. Eine Soziologie des frühgriechischen Oikos, Salzburg—München 1969.

Warnach, V., Das Wirken des Pneuma in den Gläubigen nach Paulus, in: Festg L. Jaeger — W. Stählin, Münster—Kassel 1963, 156—202.

Wegenast, K., Das Verständnis der Tradition bei Paulus und in den Deuteropaulinen (WMANT 8), Neukirchen 1962.

Wehmeier, G., Der Segen im Alten Testament. Eine semasiologische Untersuchung der Wurzel brk (Theolog Diss VI), Basel 1970.

Weidinger, K., Die Haustafeln (UNT 14), Leipzig 1928.

Weigandt, P., Zur sogenannten „Oikosformel", NovTest 6(1963), 49—74.

Weinel, H., Die Wirkungen des Geistes und der Geister im nachapostolischen Zeitalter bis auf Irenäus, Freiburg 1899.

Weiß, B., Die Briefe Pauli an Timotheus und Titus (MeyerK 11), Göttingen 71902. (= Weiß)

Weiss, H.F., Paulus und die Häretiker. Zum Paulusverständnis in der Gnosis, in: Christentum und Gnosis (Hg W. Eltester), BZNW 37, Berlin 1969, 116—128.

Weiß, J., Der erste Korintherbrief (MeyerK 5), Göttingen 1970 (= 91910).

Weiss, K., Paulus — Priester der christlichen Kultgemeinde, ThLZ 79(1954), 355—364.

Weizsäcker, K., Das apostolische Zeitalter der christlichen Kirche, Tübingen 31902.

Wendland, H.-D., Ethik des Neuen Testaments (Grundrisse zum NT 4), Göttingen 1970.

—, Geist, Recht und Amt in der Urkirche, AevKR 2(1938), 289—300.

—, Sukzession im Neuen Testament, in: Credo Ecclesiam. Von der Kirche heute (Hg Evang. Michaelsbruderschaft), Kassel 1955, 37—44.

—, Das Wirken des Heiligen Geistes in den Gläubigen nach Paulus, ThLZ 77 (1952), 457—470.

Wendland, P., Philo und die Kynisch-stoische Diatribe (Beiträge zur Geschichte der griechischen Philosophie und Religion), Berlin 1895.

Wengst, K., Christologische Formeln und Lieder des Urchristentums (StNT 7), Gütersloh 1972.

Wennemer, K., Die charismatische Begabung der Kirche nach dem heiligen Paulus, Schol 34(1959), 503—525.

Westermann, C., Frage nach dem Segen, ZdZ 11(1957), 244—253.

—, Der Segen in der Bibel und im Handeln der Kirche, München 1968.

Wettstein, J.J., Novum Testamentum Graecum, Bd II, Amsterdam 1752 (Nachdr Graz 1962).

Wibbing, S., Die Tugend- und Lasterkataloge im Neuen Testament und ihre Traditionsgeschichte unter besonderer Berücksichtigung der Qumran-Texte (BZNW 25), Berlin 1959.

Wikenhauser, A., Die Apostelgeschichte (RNT 5), Regensburg ²1951.

—, — J. Schmid, Einleitung in das Neue Testament, Freiburg etc ⁶1972.

Wilamowitz-Moellendorff, U. von, Der Glaube der Hellenen, Bd I, Berlin 1931.

Wilkens, W., Wassertaufe und Geistempfang bei Lukas, ThZ 23(1967), 26—47.

Williams, C.S.M., A Commentary on the Acts of the Apostles (Black), London 1957.

Williams, R.R., Authority in the Apostolic Age, London 1950.

Wilson, R. McLachlan, Gnosis und Neues Testament (Urban-Taschenbücher 118), Stuttgart etc 1971.

Windisch, H., Taufe und Sünde im ältesten Christentum bis auf Origenes, Tübingen 1908.

—, — Preisker, H., Die Katholischen Briefe (HNT 15), Tübingen ³1951.

Winter, P., Tacitus and Pliny on Christianity, Klio 52 (1970), 497—502.

Wobbe, J., Der Charis-Gedanke bei Paulus (NTA 13,3), Münster 1932.

Wohlenberg, G., Die Pastoralbriefe (KNT 13), Leipzig ²1911.

—, Der erste und zweite Petrusbrief und der Judasbrief (KNT 15), Leipzig ¹ᐟ²1915.

Wolf, E., Zur Frage der Ordination, in: Gemeinde—Amt—Ordination (Hg Viering F.), Gütersloh 1970, 63—93.

Wyttenbach, D., Lexicon Plutarcheum, Hildesheim 1962 (Oxford 1830).

Zahn, Th., Die Apostelgeschichte des Lukas (KNT 5), Leipzig ¹ᐟ²1919/1921.

—, Der Brief des Paulus an die Römer (KNT 6), Leipzig ¹ᐟ²1910.

Zandee, J., Gnostic Ideas on the Fall and Salvation, Numen 11(1964), 13—74.

Ziegler, K., — Sontheimer, W. (Hg), Der Kleine Pauly. Lexikon der Antike, Stuttgart 1964.

Ziener, G., Die Sicherung der rechten Lehre — Formen der Auseinandersetzung mit der Irrlehre in neutestamentlicher Zeit, in: Gestalt und Anspruch des Neuen Testaments (Hg J. Schreiner), Würzburg 1969, 299—312.

Zimmermann, H., Die Wahl der Sieben (Apg 6,1—6), in: Festg J. Frings, Köln 1960, 364—378.

Zucker, F., αὐθεντής und Ableitungen (Sitzungsber. Sächs. Akad. d. Wiss. Leipzig, Phil-hist Kl. 107,4), Berlin 1962.

Bibelstellenregister (Auswahl)

Altes Testament

Exodus
19,5   101

Numeri
8,5ff   228f, 235
8,10   224
27,15ff   228, 235
27,18.23   224, 228

Deuteronomium
34,9   224, 228

1. Samuel
10,17ff   235

Jeremia
1,6ff   162

Sapientia Salomonis
15,7   97

Assumptio Mosis
12,2   226

Neues Testament

Matthäus
7,16   69
23,2   226
23,8—10   227

Lukas
3,21   237
4,14   216f
7,18.24   236
9,1f   216, 236
9,52   236
10,1.17.19   236
12,42   148
16,1ff   148
19,29.35   236
22,8   236

Johannes
8,32   36

Apostelgeschichte
1,15—26   234f
3,12   216, 236
4,7.9   216f, 236
4,31   235
6,1—6   14, 228, 231—240
6,3.5   217, 235
6,6   12, 231f, 237, 239, 254
6,8   216, 236ff
7,35f   236

8,4   235
8,13   216
8,14.25   236
8,15.18   237
8,26.29   236
9,15f   238
9,24ff   236
9,27f   235
10,19   236
11,12   236
11,19   235
11,24   235
11,25ff   236
12,25   236
13,1—3   14, 228f, 231—240, 246
13,2   238
13,3   12, 231f, 238f, 253f
13,4   239
14,3   235
14,23   232, 236, 238f, 253
14,26   237ff
14,27   236
15,2   236
15,12   235
15,22.33   236
15,36ff   236, 238
15,40   239

16,6f	236
19,6	237
19,11	216, 235
20,17	117
20,28	117, 217, 236, 239, 270
20,29ff	217
20,32	236, 239
21,4	236

Römer
1,8—11	169
1,16	43, 215
4,19	70
4,20	70, 216
5,12ff	186f
5,15	188, 201
5,15f	185—187, 190
5,21	188
6,1ff	186, 188
6,4f	155
6,23	187f, 190
8,9	191, 217
9,1	60
9,12	195
9,21	97
11,29	195
12	71, 184, 190ff, 203
12,3—8	203
12,3	71, 189, 191
12,6	71, 189
12,7ff	142
14,1ff. 15f.62, 70f
20ff
15,15(f)	189, 256
15,19	216f
16,1	117
16,17f	81
16,26	132

1. Korinther
1,4—7	188f
1,7	169, 189
2,4	216f
3,9f	189, 256
3,11	99
3,16	96f
4,1f	148
7	71, 194f
7,6	132
7,7	189, 194
7,17ff	71, 194f
7,25	132

7,29ff	91
8.10	71
8,7—13	62
9	82
10,1ff	257
10,23—
11,1	62
11,4f	246
11,16	96
12	184, 189ff, 203, 216
12,8ff	142
12,13	144
12,18	192, 282
12,28	192f, 202, 216, 282
13	203
14	191f, 196, 203
14,13ff	246
14,26ff	105, 142
14,33b—36	142
16,6	192

2. Korinther
1,11	169
1,15	189
4,16	261
6,16	96f
8,7	70
8,8	132
8,19	199
10,5	36

Galater
1,1	283
1,6	195
1,15	195
2,9	189
3,28	144
5,13ff	90
5,22	196

Epheser
1,13	33
2,5f	155
2,19	97
2,20	99, 201f
2,22	96
3,2.7.8	201, (216)
3,5	202
4,1.4	195
4,7ff	201f
4,11	202
4,12	202, 211

Philipper
1,1   115f, 192
1,25   70, 85

Kolosser
1,5f   33
1,10   36
2,12   155, 216
4,17   199

1. Thessalonicher
1,5   216f
2,1—7 60
2,14   96
5,12   192

2. Thessalonicher
1,4   96
2,12f 34

1. Timotheus
1—3   146f
1,1   132, 149
1,2   32
1,3   39, 45, 149, 152, 218,
       277
1,4   121, 145f, 152, 211
1,5   27, 37, 57f, 64ff, 68, 73
1,6   152f
1,7   152, 218
1,8f   27
1,9   46, 48, 90
1,10   38, 45f, 48
1,11   42, 44, 214, 269, 271,
       275
1,12   42, 92, 214f, 269, 271,
       275
1,12ff 44
1,13   90, 158
1,15   40, 44, 88
1,16   29, 44, 85, 88, 90
1,18   18f, 49, 173, 182, 212,
       219, 243ff, 253, 268,
       271, 275
1,19   57f, 65, 152, 155, 211
1,20   155, 211, 268
2   78
2—3   77
2,1ff 144
2,1   24, 92, 157
2,2   24, 81, 157, 159, 212
2,3   212
2,4—6 42, 210

2,4   32, 35, 88, 90, 153
2,5   44
2,6   42ff, 88f, 275
2,7   32, 42, 45, 47, 273, 275
2,8   92, 130, 220
2,9   110, 220, 251
2,9ff   115, 141
2,10   74, 86, 212, 251
2,11—15 156
2,11   122, 136f, 142, 153
2,12   125, 130, 136, 141f, 153,
         219
2,12ff   52, 153
2,13f   74, 136, 212, 219
2,15   31, 53, 74, 86, 91, 119,
         125, 144, 153, 211, 258f
3,1ff   110, 114, 235
3,1   40, 74, 212, 245
3,2ff   139, 174, 219, 220
3,2   111ff, 124, 138
3,4   109, 122, 124f, 141
3,4f   52, 112, 121f, 138f, 264
3,5   95ff, 120f, 131, 138
3,6   52, 139, 212, 245
3,7   74, 114, 157, 212
3,8ff   110, 116f, 173
3,8   117
3,9   57, 64, 66ff, 84
3,10   18, 173f
3,11   117f
3,12   52, 122, 124f, 141
3,13   109, 117, 212
3,14   110
3,14—16 95, 146
3,15   34, 37, 39, 95ff, 98—100,
         101, 147, 266
3,16   34, 47, 81, 84, 100, 207
4   78
4,1—10   46
4,1ff   100, 103, 147, 161
4,1   30, 34, 38f, 45, 55f, 89,
         91, 152, 213, 218f
4,2   57, 58—60, 64, 66, 68
4,3—5   61, 71
4,3   31f, 34ff, 55, 73, 88,
         103, 152f
4,4   73, 92, 152
4,5   40, 92
4,6—16   161—166, 167, 210, 246
4,6   29f, 45f, 49, 102, 107,
         110, 148, 211f, 218

4,7	49, 52, 81, 85, 152	6,1	31, 40, 46, 69, 73, 125, 153, 156, 158, 211
4,8	49, 74, 81, 85, 88f, 91, 212	6,2	46, 73, 102f, 122, 125, 154, 156, 211, 273
4,9	40	6,3	39, 45f, 51, 81, 146, 152, 218
4,10	74, 90, 92, 103, 153, 179, 211	6,4	69ff, 73, 146, 152, 218
4,11—16	104, 136, 161ff, 205	6,5	34f, 38, 56, 67, 70f, 81, 152, 156, 218
4,11	46, 52, 135, 273	6,5f	81
4,12	103, 122, 136, 138, 264	6,7	212
4,13	149, 172, 205, 221, 245	6,7f	74
4,14	12, 14, 17ff, 109, 161ff, 172ff, 182f, 205f, 212, 219, 221f, 240—254, 258ff, 262, 264, 274f	6,10	38, 70
		6,11—16	177—180, 182, 206, 244
4,15	49, 78, 212, 218, 264	6,11	77, 79, 81, 85ff, 107, 211, 260, 262
4,16	91, 104, 136, 144, 205, 211, 259, 270	6,12	18, 28, 85, 90, 92, 211, 244, 260ff, 264
5	110	6,14	89, 269
5,1	108, 135	6,15	88f
5,1f	110, 115, 149	6,17—19	178f
5,3—16	118f	6,17	88f, 91f
5,3	110, 118f	6,18f	76, 93
5,3ff	110, 118	6,19	74, 89, 211
5,4	81, 119ff, 142, 212	6,20	24, 153, 271
5,5	92, 120f, 220	6,20f	49, 69, 82, 84, 152, 179, 268
5,7	73f, 212	6,21	37, 152, 211
5,8	31, 69, 73, 85, 119ff, 125, 142, 211		
5,9—16	118	*2. Timotheus*	
5,9	118, 120f, 125, 174	1—2	48f, 166ff, 172
5,10	102, 120f, 125, 142	1,1	91
5,11ff	120	1,1f	166
5,11	120, 177, 211	1,3—2,13	166—172, 205f, 210, 215, 217
5,12	25f, 28, 118, 177	1,3	57, 64, 66f, 120
5,13	119ff, 219	1,3—5	169
5,14	38, 119f, 125, 130, 153, 158, 212	1,5	27, 66f, 120, 207
		1,6ff	212f, 215
5,15	120, 211, 219	1,6	12, 14, 17ff, 161, 166ff, 172f, 181ff, 205f, 212, 214f, 217f, 222, 240— 254, 258ff, 262, 264, 273ff
5,16	95f, 103, 118ff		
5,17ff	110, 113, 174ff		
5,17	40, 108ff, 114, 122, 242		
5,18	52, 109f, 212		
5,19	108, 110f, 115, 149	1,7	92, 213ff, 270
5,20	110, 111, 115, 149, 211	1,8	43f, 214f
5,21	110	1,8—14	49, 210
5,22	18, 174—177, 182, 212, 247f, 253, 259f, 274f	1,9	44, 75, 88ff, 195
		1,9—11	87
5,23	153	1,10	42ff, 88ff, 275
5,24	89	1,11	42f, 45, 211, 269, 273, 275
5,24f	91, 175f		
6	78		

1,12–14	211, 269	3,13	49, 73, 78, 218
1,12	29, 43, 49, 89, 92, 179, 181, 269, 271	3,14	31f, 52, 211
		3,15	27, 32, 52, 88, 211, 258f
1,13	18, 50, 181, 212, 269, 271	3,15ff	52
		3,16	73, 75, 133, 136, 212
1,14	49, 92, 181, 206f, 213f, 217, 219, 269ff	3,17	75, 136, 180, 211
		4,1	89, 91
1,15	155	4,2	43, 132, 135, 273
1,18	89, 91	4,3	38f, 45, 55, 91, 138, 152, 212
2–3	78		
2,1ff	166ff, 215, 217	4,4	34, 38f, 152
2,1	92, 170f, 181f, 207, 215, 218	4,5	43, 107, 132, 273
		4,7f	76
2,2	18, 49f, 68, 109, 170f, 181f, 211f, 219f, 244, 264, 269, 271, 273, 275	4,8	89, 91, 103
		4,10	89, 91, 104, 155
		4,14(f)	91, 155
2,3	170f, 206	4,17	42ff, 47, 92, 215
2,5f	206	4,18	88ff
2,7	92, 205, 219, 270	4,21	102
2,8	43f, 48f, 266	4,22	92
2,9	43, 88	*Titus*	
2,10	88, 90f, 102, 211	1–2	77
2,11	40	1,1–3	87
2,14	48, 61, 104f, 136, 146, 152, 211f, 219	1,1	31f, 35, 37, 39, 81, 102
		1,2	44, 88, 92f
2,15	29f, 33	1,3	42ff, 88f, 91, 132, 149, 211, 269, 271, 275
2,16	34, 78, 153, 212, 218		
2,17	152	1,4	32, 88
2,18	34, 37, 152f, 155	1,5ff	112ff, 277
2,19ff	61, 95, 104	1,5	18, 107ff, 113f, 130f, 182, 242, 275, 277
2,19	100f, 104		
2,20f	97, 100	1,6ff	219f
2,21	75, 98, 122, 147	1,6	114, 118, 124f, 129, 141
2,22	65f, 77, 79, 86f, 92, 104, 178, 211	1,7	111ff, 121, 145, 147, 174
		1,8	76, 114
2,23	152, 211f	1,9	40, 45, 108, 112, 114f, 122, 125, 137, 146, 149, 211, 277
2,24	34, 107, 148, 212		
2,25	32, 34f, 56, 135, 137, 211		
		1,10–16	46, 60, 156
2,26	56	1,10	114, 122, 137, 146, 152f
3,1	55, 89, 91	1,11	45, 81, 120, 149, 152
3,5	69, 81, 83ff, 214	1,12	277
3,6f	120, 152, 156, 219	1,13–16	61, 70, (180)
3,7	32, 34f	1,13	30, 32, 53, 69f, 135, 149, 211
3,8	34f, 38, 56, 73, 85, 218		
3,9	35, 49, 73, 78, 218	1,14	38, 56, 61, 152
3,10	46, 49, 68, 73, 86, 211, 218	1,15	34f, 56f, 60–64, 65, 68, 153, 218
3,11	86, 92		
3,12	24, 49, 81, 83, 86, 158, 179	1,16	31, 56, 61f, 69, 73, 75, 83ff, 152

2,1ff	149, 153, 156		3,7	90, 92f, 261
2,1	45f, 132		3,8	29, 40, 73f, 92f, 103,
2,2	30, 53, 69f, 74, 212			130, 211f, 261
2,3	110, 141		3,9	152, 212
2,5	31, 73, 122, 125, 153,		3,9f	149
	158, 211		3,10f	212
2,7	45		3,13	276
2,8	74, 158, 212		3,14	136, 157, 179
2,9	114, 122		*Hebräer*	
2,10	25f, 31, 40, 46, 69, 73,		3,6	96f
	118, 125, 153, 211		3,12	55
2,11—14	44, 46, 51, 78, 87, 89,		10,26	35
	101, 210			
2,11	73, 75, 88ff, 133, 145		*Jakobus*	
2,12	73, 75ff, 81, 89ff, 133,		1,18	33
	145			
2,13	88f, 91ff		*1. Petrus*	
2,14	75, 88, 90, 93, 101, 211		2,4—10	204
2,15	122, 132, 135, 138, 149		2,5	96f, 203f
3,1ff	144		2,9	204
3,1	24, 47, 75, 157		4,7—11	202—204, 205
3,2	47, 157		4,17	96
3,3—7	44, 47, 89f, 210f, 261		5,1—4	203f
3,3	75, 90, 157, 219		5,2	81
3,4—7	75, 87f, 102, 213		*2. Petrus*	
3,4	89f		2,3	81
3,5—7	77, 92, 258, 260—262		*2. Johannes*	
3,5	75, 88ff, 212, 214, 258f,		1	36
	261		*3. Johannes*	
3,5f	92, 213, 261		5—8	81

Apostolische Väter

1. Clemens			Pol 1,2	205
37	142, 205		1,3	205f
38,1	205		2,2	205
42,1ff	276			
Ignatius			*Didache*	
Magn insc	205		1,5	205
8,2	205		10,7	246
Sm 11,1	205		11,3ff	82

Namen- und Sachregister

Amt 11ff, 20, 22f, 94, 106ff, 127, 130, 151, 157, 183, 196—200, 205f, 212, 215, 219—223, 224f, 228, 231f, 235, 238, 243, 254f, 264f, 270, 272, 279, 284ff.

Ämter, Dienste 106—121, 123, 141—143, 151, 192f, 198ff, 202ff, 219f, 222ff, 245, 255f, 263, 265, 282, 287.

Amtseinsetzung 12f, 18, 94, 131, 140, 174, 177, 181f, 197, 199f, 202f, 214, 217, 223ff, 228ff, 233—240, 241, 253ff, 263—265, 274ff, 279, 282, 285.

Amtsfunktionen 20, 108f, 112ff, 119ff, 125, 130—135, 138f, 141—143, 148—150, 199f, 212, 221ff, 256, 264, 270, 273f, 282.

Amtsgnade 18f, 183, 232, 237f, 248f.

Amtsträger 15f, 19f, 32, 44, 49ff, 68, 70, 74, 78, 92, 94, 104ff, 108, 114, 116, 118, 122, 125, 130ff, 137, 138—140, 141, 143, 145, 147—150, 152, 157f, 161ff, 176ff, 205ff, 210—219, 236ff, 244ff, 254, 259, 262ff, 270ff, 282f.

Apostel, Apostolat („Paulus" der Past) 15, 19f, 32, 42f, 45, 48ff, 55, 67f, 106ff, 120, 123, 130f, 149, 154f, 157, 163, 166ff, 181, 211, 213ff, 241f, 251, 265f, 269ff, 283.

— übriges NT 192, 201f, 215ff, 233, 235f, 238, 240.

Apostelschüler (Tim, Tit) 15, 43, 50, 68, 106—108, 120, 123, 130(ff), 143, 161ff, 181, 213, 215, 242f, 245f, 269, 271, 273ff.

Aristoteles 68, (77), 79, 126ff, 130ff, 267.

Autorität 11, (106), 122, (123), 126f, 130—132, 134ff, 138ff, 148—150,

151ff, 157, 163, 166, 171f, 180, 197f, 221, 228, 262, 264f, 270, 274, 277ff, 282f.

Bekenntnis 178, 179, 180, 244.

Charismenlehre 190—196, 197, 199f, 204, 220, 247f.

„Christliche Bürgerlichkeit" 23, 76, 91, 151, 157, 159.

Corpus Hermeticum 70, 82f, 85.

Datierung der Past 16, 21, 24, 118, 154, 158, 275.

Diakone 110, 113, 115, 116—118, 123, 141, 173f, 220.

Epiktet 36f, 63, 68, 70, 137, 146, 164, 169.

Episkopos 107f, 110, 111—116, 117, 121f, 123, 130(ff), 141, 143, 146f, 149, 174, 182, 202, 205, 219, 246f, 279.

— monarch. Episkopat 16, 24, 107, 112ff, 116, 143, 180, 246f, 272, 274, 277.

Eschatologie 54, 73f, 87ff, 99f, 103ff, 144, 150, 211, 222, 261, 280f, 285.

Ethik 31, 46f, 49, 51, 53, 56f, 61f, 64, 69, 72—87, 90f, 93, 98, 123f, 140, 144f, 151, 157—160, 163—165, 178f, 195, 210—212, 218, 259, 262, 280f.

Frauen 118—121, 122, 124ff, 127—129, 141ff, 153, 156, 160, 219, 258f.

Frühkatholizismus 21f, 24.

Gebet 14, 19, 24, 40, 92, 121, 141, 183, 220, 227, 230, 232, 234, 237ff, 243f, 246, 248ff, 252f.

Geist 14f, 18, 20, 92, 139, 178, 183f, 191, 193, 196, 210, 213f, 217f, 221ff, 227f, 230, 235ff, 243, 245, 248f, 253f, 260ff, 270, 282.

Gemeinde(glieder) 12, 19f, 48, 51, 53f, 61, 68, 70, 72, 94—105, 106ff, 112, 121ff, 125, 132, 135—

138, 143—147, 149, 152, 157f,
163, 165f, 172, 181, 189ff, 196ff,
205f, 210ff, 216ff, 222, 232f,
236, 244ff, 262ff, 270, 275, 279,
282, 286ff.
Gemeindeordnung 16, 21, 24, 49,
100, 102, 105, 122, 139f, 141—
143, 150f, 157, 192f, 198—200,
202, 219f, 245, 262, 263—265,
270, 276, 279, 281f, 284ff.
Geschichtl. Situation 15f, 21f, 24,
54, 150ff, 280, 284f, 287.
Glaube s. πίστις
— fides quae creditur 38, 40, 67.
Gnosis 16, 21, 24, 37, 82, 98, 121,
152, 154, 156f, 160, 271f.
Gottesdienst 141, 149, 152, 220,
231, 244.
Handauflegung 12ff, 18f, 22f, 117,
161, 168f, 171, 174ff, 182f,
199, 206, 212, 223—243, 246f,
248—254, 258—260, 265, 272,
274, 276f, 279, 283, 285.
— religionsgeschichtlich 14, 17ff,
223f, 231.
Hausgemeinschaft 97f, 100, 105,
121—138, 139, 141—143, 145ff,
160, 222, 279f, 282, 287.
Haustafeln 78, 122f, 150, 153f, 157.
Heil(sgeschehen) 43, 46, 75f, 87—93,
144, 150, 153, 191, 210, 257ff,
280f.
Hellenismus 34ff, 57f, 64f, 69, 76ff,
87, 90, 108, 111, 129, 147, 158,
177, 184, 186.
Herrenmahl 92, 117, 193, 255, 283.
Institutionalisierung 21, 100,105f,
197f, 200, 223, 254, 263—265,
279ff.
Josephus 59, 63, 208f.
Irrlehre, Irrlehrer 16, 24, 34f, 37,
45f, 53f, 55ff, 64, 67ff, 72, 75,
81ff, 91, 93, 95, 97, 100, 103ff,
120, 122, 135, 146f, 149, 151,
152—157, 158, 160f, 164ff, 178,
210f, 213f, 217ff, 239f, 266, 268f,
277, 280f.
Judenchristentum 109, 112, 151f,
156, 198f, 266.
Judentum 14, 17, 23, 34, 36, 40, 57,
77, 79f, 98f, 108, 111, 126(ff),

148, 152ff, 158, 177, 223—228,
229f, 231, 233, 240, 242, 254,
266(ff), 271f, 280, 285.
Kirche (s. auch Gemeinde) 15, 23,
94—105, 106, 121, 150f, 154,
201, 266, 280f, 285ff.
Lehre, Lehrer 20, 31, 39, 44, 73,
112, 114, 116f, 132—135, 137,
141, 143, 149f, 152f, 181, 192,
200, 202, 219, 220, 224, 233,
269f, 273, 278ff, 282, 286.
Leiden (s. auch Verfolgung) 43, 48,
158, 166, 172, 214f.
Leitung (s. auch προϊστάναι) 20,
112f, 116f, 130—132, (138—
140), 141, 143, 146f, 149f, 192,
199f, 205, 221, 274, 279, 282,
286f.
Modell (der Gem.ordnung) 138, 140,
142f, 149, 282, 284ff.
Norm 48, 51, 53, 150f, 160, 284f.
Ordination 11—20, 22—24, 94, 109,
139f, 149, 161, 172ff, 199f, 205f,
218, 221, 223—265, 270, 274f,
277f, 279—288.
Ordnung(en) 15f, 51f, 81, 83f, 124,
125, 139ff, 146, 150, 153, 157,
159f, 196f, 205, 265, 280, 287.
Paulus-Theologie 18, 21, 24ff, 33,
37f, 57f, 62, 67, 70—72, 75, (82),
85f, 88, 90f, 96, 103, 132, 142ff,
148, 155, 170, 183—200, 201,
203, 205, 207, 213, 215—217,
220, 222, 247, 261f, 280—283,
284, 286f.
Paulinische Tradition (Sprache und
Theologie) 18, 24, 57, 65, 74f, 77,
79f, 102, 151, 155f, 169, 183,
196, 201—206, 215—217, 260,
281.
Pflichtenlehren 78, 123, 138, 157.
Philo 35f, 59, 62, 64, 126ff, 146,
164f, 208ff, 267f.
Plato 56, 63, 68, 76f, 79, (82),
126ff, 147, 208f, (267).
Pliniusbrief 24, 118, 159.
Plutarch 63, 126ff, 132ff, 181, 209,
267f.
Presbyter 19, 108—116, 117, 123,
130(ff), 141, 143, 149, 174—
177, 181f, 203, 217, 219, 231f,

238ff, 246f, 251, 259, 274f, 279.
Priester 11f, 14, 204, 223f, 232,
   255f, 286.
— allg. Priestertum 11, 19, 204, 220.
Propheten 18f, 82, 192, 199f, 202,
   219, 220, 233, 243ff, 248.
Qumran 23, 35f, 84, 96ff, 111, 230.
Recht 14, 196f, 225, 228, 263—265,
   266—268, 269, 279.
Sakrament 11ff, 16, 19, 183, 232,
   249ff, 253, 254—263, 282, 286.
Segen 223f, 230, 232, 248f, 253.
Sklaven 46, 122, 125f, 129f, 132,
   141f, 153f, 160.
Sukzession 12, 14ff, 19f, (225), 228,
   233, 271—278, 283.
Synoptische Tradition 67, 74, 88,
   266.
Taufe 11, 16, 20, 75, 90, 92, 102,
   144, 155, 178f, 193, 211ff, 231,
   255, 258, 260—263, 265, 279,
   283, 287.
Testamente der 12 Patr. 34ff, 55f,
   67f, 79, 131, 133f, 271.
Tradition, Überlieferung 14ff, 18, 20,
   22, 48ff, 52f, 55, 106, 108, 154f,
   157, 160, 168, 171f, 181, 218f,
   221, 225, 244, 261, 264, 265—
   270, 271f, 275, 277ff.
Tugenden, Tugendkatalog 28, 76—80,
   87, 123, 164.

Umwelt 48, 52, 64f, 78, 87, 125,
   126(ff), 144, 151, 157—160, 164,
   212, 227, 271, 280, 287f.
Urchristentum 12, 14, 22, 74, 77,
   223, 227f, 229, 231, 233, 240,
   253, 260, 285.
Verfasserfrage der Past. 15, 20f, 24,
   106, 154, 242, 244, 276.
Verfolgung 24, 83, 158ff, 215.
Verkündigung 14, 29f, 33f, 40, 42,
   46ff, 91, 93, 109, 111, 116, 132ff,
   168, 172, 211, 214f, 217, 224,
   227, 235, 237, 239, 262, 270,
   274, 281
— Terminologie 40f, 44, 132ff.
Verpflichtung 18, 244, 261f, 264, 270.
Vollmacht, Bevollmächtigung 12, 14f,
   18, 198, 203, 215—218, 221,
   223ff, 231f, 235f, 237, 239f, 254,
   260, 263ff, 270, 276, 278f, 282, 287.
Wahl, Auswahl 199, 234f, 239, 241,
   244ff.
Welt, Schöpfung (s. auch Ordnungen)
   61, 83, 91, 93, 99, 140f, 143f,
   153, 157, 161.
Witwen 110f, 118—121, 123, 142,
   176f, 220.
Xenophon 63f, 76, 82, 126ff, 146f,
   164, 208f, 271.
Zeugen 18, 171, 178, 181, 226, 244,
   261, 264f, 267, 269.

Verzeichnis der griechischen Wörter

ἀγαθός 56ff, 60, 63ff, 74, 86
ἀγάπη 28, 64, 73, 79, 86, 93, 192, 201ff
ἅγιοι 101f
ἀγωγή 46, 68
ἀδελφοί 101f, 154, 232
ἀδόκιμος 28, 56, 75, 85
αἰών (νῦν) 89, 91, 104
ἀκούειν, ἀκοή 34, 38, 42, 48ff, 54, 104f, 135f, 163, 168, 170f, 181
ἀλήθεια 29f, 31—40, 41, 44, 53ff, 61, 67, 95, 98ff, 103, 132, 143
ἀμελεῖν 207f, 221, 260
ἀναζωπυρεῖν 207—210, 221
ἀνακαίνωσις 213, 260f
ἀνέγκλητος 114, 173f
ἀνεπίλημπτος 73, 114, 174
ἀνθίστασθαι 38, 54, 138
ἄνθρωπος θεοῦ 107, 115, 178ff
ἄνοια 35, 73, 219
ἀντίκεισθαι 38, 158
ἀντιλέγειν 54, 114, 122, 129f, 137, 146
ἀνυπόκριτος 55, 58, 64f, 66—68, 73, 86
ἀνυπότακτος 114, 122, 124, 137, 146
ἀπειθής 124, 137
ἀπόστολος 42, 45, 273, 275
ἀρνεῖσθαι 28, 31, 54, 73, 83, 85, 90, 92
ἀσέβεια 33, 78, 90, 218
αὐθεντεῖν 122, 125, 136
βαθμός 117
βλασφημεῖν 31, 46, 124, 158
βούλομαι 130
γινώσκειν, γνῶσις 35—37, 82ff, 152f.
γραφή 52
δεῖ 70, 74, 76, 81, 90, 120.
δεσπότης 98, 122, 125f, 130, 132, 147.
διά 241, 243, 249—253, 257—260.
διακονία 14, 107, 110, 148, 201ff, 211, 215, 275

διατάσσομαι 130.
διδακτικός 30, 34, 43f, 117, 138, 273.
διδασκαλία 29—31, 38—52, 54, 69, 91, 93, 104, 109, 133, 145, 149, 172, 221f, 273
διδάσκαλος 30, 34, 39, 42ff, 129, 136, 273, 275
διδάσκειν 30, 43ff, 81, 108, 120, 122, 127, 129, 133ff, 141, 152, 154, 163f, 273f.
διδαχή 30, 41, 44, 273.
δικαιοσύνη 28, 33, 76f, 79f, 86f, 89, 133, 136
δικαιοῦσθαι 90, 102, 260.
διώκειν 28, 79f, 85ff, 178, 260.
δοῦλος 107, 115, 125, 130, 148.
δύναμις 83, 170, 213—218, 235ff.
δωρεά, δώρημα 184ff, 190, 201.
ἑδραίωμα 95, 98—100.
ἐκκλησία 95f, 98, 100, 105
ἐκλεκτοί 101f.
ἐλέγχειν, ἔλεγχος 32, 45, 57, 108, 114f, 133, 135
ἔλεος 90, 92
ἐλπίς, ἐλπίζειν 63f, 74, 79, 89, 92f, 162, 209
ἐνδυναμοῦν 70, 72, 92, 170f, 213—216
ἐντολή 178ff, 208
ἐξουσία 236
ἐπαγγελία 43, 46, 164
ἐπαισχύνεσθαι 43, 170
ἐπιγινώσκειν, ἐπίγνωσις 32ff, 35—37, 53, 56, 103
ἐπίθεσις τῶν χειρῶν 230, 232, 241f, 251f, 258
ἐπιμελεῖσθαι 112, 126ff, 139, 221.
ἐπιταγή 122, 131f, 135, 149
ἐπιτιμᾶν 133ff.
ἐπιτρέπω 130f
ἐπιφαίνειν, ἐπιφάνεια 87, 89, 91, 103f.
ἔργον 56, 63f, 74f, 86f, 89, 91, 93, 123, (144), 180, 211, 229, 237

έτεροδιδασκαλεῖν 30, 39, 44ff, 146,
    154, 156, 218.
εὐαγγέλιον 33, 40—44, 45, 47—53,
    91, 150, 170ff, 258, 266, 268ff,
    273, 275
εὐσέβεια 23, 39, 45f, 49, 51ff, 67,
    74, 76ff, 79—87, 89, 100, 120,
    124, 127, 162, 164, 166, 180,
    214, 218
εὔχρηστος 98, 122.
ζωή 43, 46, 74, 85, 88, 91, 93, 179,
    211, 261
ἡμέρα 55, 89.
ἡσυχία 136f.
θεμέλιος 95, 100
θεοσέβεια 78, 86
καθαρός 57ff, 64f, 66ff
καθιστάναι 109, 131, 177, 182, 236
καιροί (ἴδιοι, ὕστεροι) 43, 55, 88f, 91
κακοπαθεῖν 43, 170f
καλεῖσθαι, κλῆσις 90, 195
καλοδιδάσκαλος 30, 44, 141
καλός 45, 57, 63f, 74, 76, 89, 109f
καρδία 55, 58, 64—66, 68
καταλέγειν 118, 177
καταστροφή 100, 105, 146
καταφρονεῖν 122, 124, 136, 138
καυστηριάζειν 58f
κήρυγμα, κηρύσσειν 40, 41—44, 45,
    47, 53, 132, 273, 275
κληρονόμοι 101f
κολακεία 59f
κρίσις 89, 91, 93
λαλεῖν 46, 120, 128, 132, 135, 203
λαός 101
λόγος 14, 26, 29ff, 33f, 40f, 43, 50,
    51, 54, 69, 91, 109, 132, 238,
    268
μανθάνειν 31, 34, 54, 119, 121f,
    129, 134ff, 152
μαρτύριον 40—44, 45, 47, 53, 275
μένειν 28, 31, 53f, 86
μετά 242, 249—253
μετάνοια 32, 35, 56
μῦθος 34f, 39, 54, 146, 152
μυστήριον 40, 54, 68, 84, 100, 116
νόμος 27, 75, 186
νοσεῖν 69
νουθεσία 133ff
νοῦς, νοεῖν 34f, 55—56, 59ff, 209,
    218f

οἰκία 95, 97, 121, 126f
οἰκοδεσπότης 125f, 128
οἰκοδομή 105, 191f, 194, 196, 201,
    211, (286ff)
οἰκονομία (θεοῦ) 121, 127, 145—147,
    149f
οἰκονόμος (θεοῦ) 112, 121, 126, 128,
    145—148, 203
οἶκος 96, 119, 121, 124, 126f, 130,
    143, 149
οἶκος θεοῦ 95ff, 100, 121, 142f,
    145ff, 150, 280
οἰκουργός, οἰκουρός 125, 128
ὁμολογεῖν, ὁμολογία 61, 92, 178ff
παιδεύειν, παιδεία 32, 34, 75, 89f, 92,
    127, 129, 133ff, 145, 150
παραγγέλλειν 41, 45f, 49, 73, 130f,
    135, 180
παραδιδόναι, παράδοσις 237ff, 271
παραθήκη, παρατίθεσθαι 26, 40f,
    47—53, 148ff, 159, 167, 170ff,
    181, 214, 222, 238ff, 264f, 266—
    271, 275f, 278
παρακαλεῖν 45, 108, 133ff, 154, 221,
    273f
παρακολουθεῖν 46, 49, 162, 164
παρρησία 59f, 62, 117, 235
πάσχειν 43, 83, 170
πειθαρχεῖν 124, 129, 131f, 134, 136
περιφρονεῖν 122, 138
πιστεύειν 25f, 29, 34, 42, 48, 92,
    103, 136, 148, 211, 261, 269,
    271, 275
πίστις 23, 25—32, 34, 37, 39f, 47,
    52, 53—58, 65—72, 73, 75, 78—
    80, 84—87, 92f, 103, 116, 118,
    120, 124, 146f, 152, 159, 177,
    191, 207, 216, 220, 222, 258f,
    261, 267
πιστός 25f, 40, 103f, 118, 120, 124,
    130, 148, 181, 211, 269, 271, 275
πνεῦμα 34, 54, 56, 170, 191, 195f,
    207, 209, 213—215, 217ff, 228,
    235, 237, 260
πρέπει 46, 74
πρεσβυτέριον 109, 174, 241f
πρόθεσις 46, 68
προϊστάναι 108ff, 117, 122, 124,
    126ff, 130f, 139, 141, 176
προκοπή 49, 70, 78, 85f, 163ff, 218
προνοεῖν 125, 127

προφητεία 19, 173f, 212, 219, 243ff, 248, 250ff, 265
στῦλος 95, 98—100
συνείδησις, συνειδός 23, 55, 57—69, 72, 148, 191
σύνεσις 92, 219
σωτηρία, σῴζειν 27, 32, 40, 46, 74f, 87ff, 92, 104, 144, 164f, 208, 211, 258ff
σωφροσύνη, σώφρων 28, 76f, 79, 86, 89f, 124, 127f, 133
τίθεσθαι 42, 192, 205, 269, 275
τιμή 109f, 124
ὑγιαίνειν 28, 30, 32, 39ff, 45f, 50f, 53ff, 61, 65, 69—72, 86, 149
ὑπόκρισις 58—60, 66f

ὑπομονή 28, 79, 83
ὑποτάσσεσθαι, ὑποταγή 114, 122, 124f, 128, 136f, 140, 205
ὑποτύπωσις 50
φανεροῦν 87, 91
φεύγειν 79, 178, 260
χάρις 75, 88ff, 133, 145, 150, 170f, 184—190, 193f, 196, 200f, 205, 207, 210, 215, 220, 222f, 237ff, 256ff, 262f, 282
χάρισμα (bzw. Charisma) 15, 17ff, 22f, 71f, 163, 165ff, 181, 183— 210, 212, 214f, 218ff, 242f, 246f, 249ff, 258ff, 265, 270, 274, 276ff, 282
χειροτονεῖν 199, 239
ὠφέλιμος 74, 76, 90

Forschungen zur Religion und Literatur des Alten und Neuen Testaments

Herausgegeben von Ernst Käsemann und Ernst Würthwein

102 Eta Linnemann · Studien zur Passionsgeschichte
1970. 187 S., Kt. und Ln.

103 Christoph Burchardt · Der dreizehnte Zeuge
1970. 196 S., Br. und Ln.

104 Karl F. Pohlmann · Studien zum dritten Esra
1971. 164 S., Kt. und Ln.

105 Peter Tachau · „Einst" und „Jetzt" im Neuen Testament
1972. 166 S., Kt. und Ln.

106 Thomas Willi · Die Chronik als Auslegung
1972. 167 S., Br. und Ln.

107 Klaus Seybold · Das davidische Königtum im Zeugnis der Propheten
1972. 183 S., Ln.

108 Walter Dietrich · Prophetie und Geschichte
1972. 158 S. und 1 Falttafel, Br. und Ln.

109 James E. Crouch · The Origin and Intention of the Colossian Haustafel
1973. 178 S., Br. und Ln.

110 Wolfgang Harnisch · Eschatologische Existenz
1973. 187 S., Br. und Ln.

111 Karl M. Fischer · Tendenz und Absicht des Epheserbriefes
1973. 220 S., Br. und Ln.

112 Peter von der Osten-Sacken · Römer 8 als Beispiel paulinischer Soteriologie
1975. 339 S., Ln.

113 Kurt Niederwimmer · Askese und Mysterium
1975. 267 S., Ln.

114 Jörn Halbe · Das Privilegrecht Jahwes Ex. 34, 10–28
1975. 571 S., Ln.

115 Odil H. Steck · Der Schöpfungsbericht der Priesterschrift
1975. 270 S., Ln.

116 Claus Westermann · Die Verheißungen an die Väter
1976. 171 S., Kt. und Ln.

117 Christian Jeremias · Die Nachtgesichte des Sacharja
1977. 248 S., Kt. und Ln.

118 Karl F. Pohlmann · Studien zum Jeremiabuch
1978. 229 S., Ln.

119 Hans Hübner · Das Gesetz bei Paulus
1978. 195 S., Ln.

120 Hans Weder · Die Gleichnisse Jesu als Metaphern
1978. 312 S., Ln.

121 Othmar Keel · Jahwes Entgegnung an Ijob
1978. 192 S. mit 102 Abb. im Text u. 7. Bildtafeln, Ln.

VANDENHOECK & RUPRECHT IN GÖTTINGEN UND ZÜRICH